解读中国共产党人的精神密码
探寻革命建设改革的成功基因

信仰的力量

（图文版）

中宣部党建杂志社
红旗出版社编辑部　编著

红旗出版社

图书在版编目（CIP）数据

信仰的力量·理论卷/中宣部党建杂志社，红旗出版社编辑部编著．
—北京：红旗出版社，2016.5（2020.6重印）
ISBN 978-7-5051-3773-8

Ⅰ.①信… Ⅱ.①中…②红… Ⅲ.①共产主义思想教育-中国-学习参考资料 Ⅳ.①D648

中国版本图书馆CIP数据核字（2016）第087392号

书　　名：信仰的力量·理论卷
编　　著：中宣部党建杂志社　红旗出版社编辑部

出 品 人：唐中祥	责任校对：李　娟
总 监 制：褚定华	封面设计：李　妍
责任编辑：毛传兵　张明林	封式设计：张春生

出版发行：红旗出版社
地　　址：北京市沙滩北街2号
邮政编码：100727
E - mail：hongduboliansheng@sina.com
欢迎品牌畅销图书项目合作
印　　刷：河北远涛彩色印刷有限公司

编 辑 部：010-64037146
发 行 部：010-57270296
项 目 部：010-57270270

开　　本：787毫米×1092毫米　　1/16
字　　数：1168千字　　　　印　张：50
版　　次：2016年7月北京第1版　2020年6月河北第12次印刷

ISBN 978-7-5051-3773-8　　　　定　价：98.00元（全三卷）

欢迎品牌畅销图书项目合作　联系电话：010-57270270
凡购本书，如有缺页、倒页、脱页，本社发行部负责调换

CONTENTS

目 录

理论卷
（没有革命的理论，就不会有革命的运动）

一、信仰之本：宣言奠定信仰基

共产党宣言 ·················· 马克思 恩格斯 / 4
中国共产党章程（中国共产党第十九次全国代表大会部分修改，
　2017年10月24日通过） ················· / 31
认真学习党章　严格遵守党章 ············· 习近平 / 52

二、信仰之旗：红旗飘飘指航向

为人民服务 ························ 毛泽东 / 56
一靠理想二靠纪律才能团结起来 ············ 邓小平 / 60
真正无愧于共产党员的光荣称号 ············ 江泽民 / 62
牢固树立社会主义荣辱观 ················ 胡锦涛 / 66
决胜全面建成小康社会　夺取新时代中国特色社会主义伟大胜利
　——在中国共产党第十九次全国代表大会上的报告 ········ 习近平 / 68
习近平在十九届中共中央政治局常委同中外记者见面时强调
　新时代要有新气象更要有新作为 中国人民生活一定会一年更比一年好 ······ / 100

1

习近平在中共中央政治局第一次集体学习时强调
　　切实学懂弄通做实党的十九大精神 努力在新时代开启新征程续写新篇章 … / 106
习近平在瞻仰中共一大会址时强调
　　铭记党的奋斗历程时刻不忘初心 担当党的崇高使命矢志永远奋斗 ………… / 109
在庆祝中国共产党成立95周年大会上的讲话 ……………………………… 习近平 / 112
"平语"近人——习近平谈理想信念 ……………………………………………… / 124

三、信仰之光：一脉相承话信仰

我的修养要则 ……………………………………………………………… 周恩来 / 130
过好"五关" ………………………………………………………………… 周恩来 / 131
论共产党员的修养（节选） ……………………………………………… 刘少奇 / 135
八路军新四军的英雄主义（节选） ……………………………………… 朱　德 / 142
关于增强党性问题的报告大纲（节选） ………………………………… 任弼时 / 144
怎样做一个共产党员（节选） …………………………………………… 陈　云 / 148
干部子弟千万不可以革命功臣子弟自居 ………………………………… 陈　云 / 153

四、信仰之论：与时俱进论理想

历久弥坚的理想信念
　　——以习近平同志为核心的党中央治国理政品格之四 ……………… 辛识平 / 156
习近平总书记谈坚定理想信念的三个维度 ……………………………… 杨桂华 / 157
革命理想高于天 …………………………………………………………… 秋　石 / 159
"赶考"在继续　党性要加强
　　——学习习近平同志关于新形势下加强党性修养的重要论述 ……… 刘　源 / 163
筑牢理想信念的思想根基 ………………………………………………… 蒋金锵 / 168
"山沟里的马克思主义"为何能赢得中国 ………………………………… 辛　鸣 / 171
在"两学一做"中全力坚定理想信念 …………………………………… 黄思慎 / 174
党员干部要自觉增强"四个意识" ……………………………………… 李　佳 / 175
火红炽热的信念　跨越世纪的坚守 ……………………………………… 李斌等 / 180
不朽的丰碑　永远的怀念 ………………………………………………… 赵承等 / 184

精神卷
（人是要有一点精神的）

五、信仰之魂：信仰铸就不屈魂

（一）碧血丹心誓为党——血染风采

狱中题壁	何孟雄 / 200
就义诗	杨　超 / 202
绝笔诗	周文雍 / 204
就义诗	夏明翰 / 207
遗书	郭　亮 / 211
给哥哥的遗书	钟志申 / 216
绝命诗	罗亦农 / 217
遗言	向警予 / 219
就义前给妻子的遗书	陈　觉 / 222
客上海	熊亨瀚 / 225
寄谢左明	何挺颖 / 226
遗嘱	苏兆征 / 228
给陆若冰的信	林育南 / 229
狱中诗	恽代英 / 231
诀别	邓恩铭 / 233
遗书	李硕勋 / 234
狱中遗言	邓中夏 / 236
胜利	邓中夏 / 237
诗一首	吉鸿昌 / 238
带镣行	刘伯坚 / 240
遗书	刘伯坚 / 242
绝笔信	刘伯坚 / 243

诗一首	方志敏 / 245
遗书	赵一曼 / 247
狱中歌声	何功伟 / 249
囚徒歌	林基路 / 252
囚歌	叶　挺 / 254
给铭兄的信	王若飞 / 258
征途	关向应 / 260
就义诗	罗世文 / 262
愿把这牢底坐穿！	何敬平 / 263
狱中给亲友的信	江竹筠 / 265
灵魂颂	何雪松 / 268

（二）赤胆铁骨夺胜利——必胜信念

自题诗	高君宇 / 269
劳动节歌	彭　湃 / 271
别了，哥哥（算作是向一个"阶级"的告别词吧！）	殷　夫 / 274
革命总有胜利日	罗石冰 / 277
给中国共产党和同志们的遗书	裴古怀 / 278
给妻子的遗书	裴古怀 / 278
胜利就在明天	田位东 / 280
革命精神歌	赵博生 / 281
自勉诗	彭干臣 / 283
遗墨	吴焕先 / 284
滨江抒怀	赵一曼 / 286
梅岭三章	陈　毅 / 288
七律	江上青 / 290
中朝民族联合抗日歌	杨靖宇 / 292
挽父联	罗炳辉 / 294
露营之歌	李兆麟 / 296
自誓诗	车耀先 / 299
前途是光明的	王孝和 / 301
革命即将成功	李　白 / 303

我的"自白"书	陈　然 / 305
示儿	蓝蒂裕 / 307
迎接胜利	何雪松 / 308
赠别	许晓轩 / 309
吊许建业烈士	许晓轩 / 309
以胜利者的姿态第四次到南昌	陈　赓 / 312

（三）千古绝唱树美德——崇高境界

光明之灯——恽代英论信仰箴言摘抄	恽代英 / 314
可爱的中国	方志敏 / 318
清贫	方志敏 / 335
给三立同志的信	毛岸英 / 339
降衔申请	许光达 / 343
理想，情操，精神生活（节选）	陶　铸 / 346
雷锋日记（节选）	雷　锋 / 352
焦裕禄言论录	焦裕禄 / 355

（四）创业维艰精神多——宝贵精神

构建复兴伟业的精神坐标
　　——以习近平同志为核心的党中央关心精神文明建设纪实　张晓松　黄小希　罗争光 / 359
以信仰之光照亮奋斗之路
　　——写在中国共产党成立95周年之际（上）　任仲平 / 368
以真理之光引领复兴征程
　　——写在中国共产党成立95周年之际（下）　任仲平 / 376
论中国共产党的伟大精神　任理轩 / 384
传承和弘扬中国共产党的"精神谱系"　陈　晋 / 392
大力弘扬"红船精神"　葛慧君 / 396
弘扬"红船精神"　做到"三个必须"　游文昌 / 400
让井冈山精神放射出新的时代光芒　张晓明 / 403
弘扬长征精神　推进民族复兴伟业　李世明 / 407
大力弘扬伟大抗战精神　李振锟　张洪兴 / 411
让延安精神放射出新的时代光芒　中共陕西省委 / 413

西柏坡精神永远闪耀中国 ·················· 任信民 / 418
伟大的抗美援朝精神万岁 ··················· 罗 援 / 425
让雷锋精神在改革强军中释放时代力量 ······ 李桥铭 徐远林 / 430
大力学习弘扬焦裕禄精神
——习近平总书记在河南兰考调研指导党的群众路线
教育实践活动纪实 ······················· 李 斌 / 435

践行卷
（为有牺牲多壮志 敢教日月换新天）

六、信仰之行：矢志不渝献身党

浩气长虹烁古今——赵世炎 ····························· / 444
临难不屈赴刑场——瞿秋白 ····························· / 446
尽善尽美唯解放——王尽美 ····························· / 448
不惜唯我身先死——邓恩铭 ····························· / 450
广州起义主要领导人——张太雷 ························· / 452
为苏维埃流尽最后一滴血——何叔衡 ····················· / 455
中国共产党最早的党员之一——陈潭秋 ··················· / 456
视死如归的革命者——陈延年 ··························· / 458
杰出的工人运动领导人——苏兆征 ······················· / 460
头可断，志不可夺——杨闇公 ··························· / 461
为信仰奋斗，为真理献身——萧楚女 ····················· / 462
一心永为党——杨殷 ··································· / 463
生死为革命——王尔琢 ································· / 465
革命者是杀不绝的——冯平 ····························· / 466
湘鄂西红军和苏区创建人——周逸群 ····················· / 467
革命者要不怕难，不怕死——韦拔群 ····················· / 468
铁骨铮铮为革命——段德昌 ····························· / 470
"龙潭三杰"之一——钱壮飞 ···························· / 471
井冈会师牵线人——毛泽覃 ····························· / 472

群众领袖　人民英雄——刘志丹	/474
英雄壮举　民族魂魄——"八女投江"	/475
视死如归　宁死不屈——狼牙山五壮士	/476
民族英雄　吾党战士——马本斋	/478
死也死在战场上——赵尚志	/480
不平倭寇誓不休——李林	/481
太行浩气传千古——左权	/482
奠基炮兵功勋著——朱瑞	/484
立场坚定美名扬——毛泽民	/485
犀利之笔铸丰碑——邹韬奋	/486
为人民利益而牺牲——张思德	/487
怕死不当共产党——刘胡兰	/489
侦察英雄——杨子荣	/490
舍身炸碉堡——董存瑞	/491
碧血丹心贯长虹——毛岸英	/493
甘当革命螺丝钉——雷锋	/494
县委书记好榜样——焦裕禄	/495
根治风沙为人民——谷文昌	/497
青山处处埋忠骨　一腔热血洒高原——孔繁森	/499
第一书记——沈浩	/500
公仆本色一辈子——杨善洲	/503

七、信仰之范：卓越风范励后人

毛泽东六位亲人为革命事业献出生命	黄　文	/506
毛泽东的家风	牛保良	/511
周恩来的十一条"家规"	周秉德等	/516
周恩来对晚辈的教诲	高长武　王皓羲	/518
1961年刘少奇在湖南农村调查的44天	高志中　罗平汉	/521
刘少奇对儿女的严格教育	李　林	/527
朱德高呼——要革命的跟我走	刘学民	/532
朱德的"五心"世界观	王留强　江雪樵	/535

任弼时的三大思想作风	李　昌	/ 538
我爷爷任弼时生活中的"三怕"	任继宁	/ 540
邓小平的伟人风范	肖东波	/ 543
邓小平的革命风格	王　宁	/ 546
共产党员的楷模——陈云	龙平平	/ 557
陈云的高尚品德	余建亭	/ 562
重现历史 解读崇高——老一代共产党人的优良作风	王建柱	/ 566
中国共产党老一代革命家的人格风范	谢春涛　李庆刚	/ 574

八、信仰之火：薪火相传继信仰

李大钊故乡：进取精神薪火相传	/ 580
张太雷女儿忆父亲：尝个人离别之苦　换人民解放之福	/ 581
林祥谦后人："三有"家训代代传	/ 585
侄子追忆陈延年：甘做革命"苦行僧"　舍生取义谱颂歌	/ 586
彭湃孙女："祖父那一代的革命理想是如此神圣而动人"	/ 588
冯平精神激励后人："革命不怕死，怕死不革命"	/ 590
追思夏明翰：一门五英烈，代代"主义真"	/ 591
杨开慧后人：身为"骄杨"之后，不做俗人之举	/ 593
杨殷长女："父亲始终是我的人生的榜样"	/ 595
苏兆征外孙女："我们肩负着一份特殊的责任"	/ 597
恽代英后人：继承先辈精神，一切靠自己	/ 599
邓恩铭后人："大伯不是资本，而是榜样！"	/ 600
王尽美后人：革命家族的"红色基因"	/ 601
陈潭秋长子忆父亲：对党忠诚，任劳任怨	/ 604
李明瑞之子忆父亲：浴血奋战，战功彪炳	/ 606
黄公略后人：革命精神早已化作血脉	/ 608
赵博生故里：先烈精神激励英雄城人民	/ 609
韦拔群后代：革命精神代代传	/ 611
纪念馆长忆谢子长：永远活在子长人民心中	/ 612
刘志丹女儿：像父亲一样做对人民有益的人	/ 613
周逸群后人：把家训世代传承下去	/ 615

旷继勋外孙：坚韧精神不能忘 ······ / 616
段德昌孙子：不劳而获的事儿不能干 ······ / 618
刘伯坚革命精神激励后人："生是为中国，死是为中国" ······ / 619
何叔衡勤勉家风励后人："不为一身一家升官发财以愚懦子孙" ······ / 620
许继慎后人的"传家宝" ······ / 622
吴焕先后人的"幸福观" ······ / 623
钱壮飞嫡孙："对信仰的忠诚是爷爷留下的最大财富" ······ / 625
陈树湘乡亲：视死如归英雄气概感天动地 ······ / 626
毛泽覃堂侄：他的坚定信念一直激励着韶山冲的乡亲 ······ / 627
女儿眼中的吉鸿昌："我自豪，我是中国人！" ······ / 629
杨靖宇后人的"四平"精神 ······ / 630
袁国平儿子忆父亲：赤胆忠心，拳拳报国 ······ / 632
刘英之女忆父亲：父亲的足迹 ······ / 635
毛泽民后人：寻找先辈红色足迹 ······ / 638
邹韬奋之女：父亲追求的不是个人得失 ······ / 640
彭雪枫之子："我要做父亲那样的人" ······ / 641
王若飞独子：一生一世念党恩 ······ / 642
叶挺长子忆父亲：不辞艰难哪辞死 ······ / 644
罗荣桓之子忆父亲："你们决不能做八旗子弟" ······ / 646
贺龙之女忆往事：全家前后109位烈士 ······ / 649
粟裕之子忆父亲：未了的心愿要我们后人去完成 ······ / 651
陈赓之子：感受父亲 ······ / 653
王树声之女忆父亲：对党忠诚　谦虚谨慎 ······ / 655
跨越时空的大爱 ······ / 658

九、信仰之路：信仰引我跟党走

梦想，从这里启航
　　——记习近平瞻仰中共一大会址、南湖红船 ······ 杜尚泽　霍小光 / 664
信仰的味道 ······ 伍正华 / 669
韶山寻根 ······ 王真波 / 675
红船，让我们共沐风雨 ······ 周铁株 / 677

军旗从这里升起	卞民德 / 679
井冈三章	王保安 / 681
古田的灯光	李立泰 / 683
红旗跃过汀江	张胜友 / 686
子弹碑下	毛 眉 / 690
瑞金，共和国的摇篮	周铁株 / 692
那柔肠百转却又坚毅决绝的身影	马卡丹 / 695
信仰与激情的力量	曾纪鑫 / 697
体验红军路	钱万成 / 702
生死攸关的转折点——走近遵义会议会址	李惊亚 / 704
有一个地方叫"鸡鸣三省"	张笑天 / 705
中国工农红军中鲜为人知的故事	静 流 / 708
探究中国工农红军由弱到强的动力之源	黎 云 / 713
寻梦延安	杨绍碧 / 716
延安窑洞颂	周新寰 / 719
访八路军西安办事处有感	李 敏 / 721
上饶集中营观后感	吴 名 / 722
不能忘却的记忆	鲁 楠 / 724
颂歌一曲动九州	陈建强 / 725
西柏坡的彩霞	曹 昱 / 728
在那遥远的小山村	叶 兴 / 730
两条"红色小路"	林治波 / 733
面向未来的赶考	李从军 赵 承 李柯勇 / 736
信有长风破浪时	
——坚定"四个自信"推进中国特色社会主义伟大事业述评	秦 杰 霍小光等 / 752

再版后记 .... / 764

领导我们事业的核心力量是中国共产党。指导我们思想的理论基础是马克思列宁主义。

——毛泽东

　　我坚信,世界上赞成马克思主义的人会多起来的,因为马克思主义是科学。它运用历史唯物主义揭示了人类社会发展的规律。

——邓小平

　　我们共产党人的根本政治信仰是社会主义和共产主义,世界观是马克思主义的辩证唯物主义和历史唯物主义,这是任何时候都丝毫不能动摇的。

——江泽民

　　全党同志要更加紧密地团结起来,坚持以马克思列宁主义、毛泽东思想、邓小平理论和"三个代表"重要思想为指导,全面贯彻落实科学发展观,不负人民重托,不辱历史使命,为全面建设小康社会、不断开创中国特色社会主义事业新局面而继续奋斗!

——胡锦涛

　　只有学懂了马克思列宁主义、毛泽东思想、邓小平理论、"三个代表"重要思想、科学发展观,特别是领会了贯穿其中的马克思主义立场、观点、方法,才能心明眼亮,才能深刻认识和准确把握共产党执政规律、社会主义建设规律、人类社会发展规律,才能始终坚定理想信念,才能在纷繁复杂的形势下坚持科学指导思想和正确前进方向,才能带领人民走对路,才能把中国特色社会主义不断推向前进。

——习近平

理论卷

(没有革命的理论,就不会有革命的运动)

一　信仰之本

宣言奠定信仰基

共产党宣言

马克思　恩格斯

一个幽灵，共产主义的幽灵，在欧洲游荡。为了对这个幽灵进行神圣的围剿，旧欧洲的一切势力，教皇和沙皇、梅特涅和基佐、法国的激进派和德国的警察，都联合起来了。

有哪一个反对党不被它的当政的敌人骂为共产党呢？又有哪一个反对党不拿共产主义这个罪名去回敬更进步的反对党人和自己的反动敌人呢？

从这一事实中可以得出两个结论：

共产主义已经被欧洲的一切势力公认为一种势力；

现在是共产党人向全世界公开说明自己的观点、自己的目的、自己的意图并且拿党自己的宣言来反驳关于共产主义幽灵的神话的时候了。

为了这个目的，各国共产党人集会于伦敦，拟定了如下的宣言，用英文、法文、德文、意大利文、弗拉芒文和丹麦文公布于世。

一、资产者和无产者

至今一切社会的历史都是阶级斗争的历史。

自由民和奴隶、贵族和平民、领主和农奴、行会师傅和帮工，一句话，压迫者和被压迫者，始终处于相互对立的地位，进行不断的、有时隐蔽有时公开的斗争，而每一次斗争的结局都是整个社会受到革命改造或者斗争的各阶级同归于尽。

在过去的各个历史时代，我们几乎到处都可以看到社会完全划分为各个不同的等级，看到社会地位分成多种多样的层次。在古罗马，有贵族、骑士、平民、奴隶，在中世纪，有封建主、臣仆、行会师傅、帮工、农奴，而且几乎在每一个阶级内部又有一些特殊的阶层。

从封建社会的灭亡中产生出来的现代资产阶级社会并没有消灭阶级对立。它只是用新的阶级、新的压迫条件、新的斗争形式代替了旧的。

但是，我们的时代，资产阶级时代，却有一个特点：它使阶级对立简单化了。整个社会日益分裂为两大敌对的阵营，分裂为两大相互直接对立的阶级：资产阶级和无产阶级。

从中世纪的农奴中产生了初期城市的城关市民；从这个市民等级中发展出最初的资产阶级分子。

美洲的发现、绕过非洲的航行，给新兴的资产阶级开辟了新天地。东印度和中国的市场、美洲的殖民化、对殖民地的贸易、交换手段和一般商品的增加，使商业、航海业和工业空前高涨，因而使正在崩溃的封建社会内部的革命因素迅速发展。

以前那种封建的或行会的工业经营方式已经不能满足随着新市场的出现而增加的需求了。工场手工业代替了这种经营方式。行会师傅被工业的中间等级排挤掉了；各种行业组织之间的分工随着各个作坊内部的分工的出现而消失了。

马克思　　　　　　　　　　恩格斯

但是，市场总是在扩大，需求总是在增加。甚至工场手工业也不再能满足需要了。于是，蒸汽和机器引起了工业生产的革命。现代大工业代替了工场手工业；工业中的百万富翁，一支一支产业大军的首领，现代资产者，代替了工业的中间等级。

大工业建立了由美洲的发现所准备好的世界市场。世界市场使商业、航海业和陆路交通得到了巨大的发展。这种发展又反过来促进了工业的扩展。同时，随着工业、商业、航海业和铁路的扩展，资产阶级也在同一程度上得到发展，增加自己的资本，把中世纪遗留下来的一切阶级排挤到后面去。

由此可见，现代资产阶级本身是一个长期发展过程的产物，是生产方式和交换方式的一系列变革的产物。

资产阶级的这种发展的每一个阶段，都伴随着相应的政治上的进展。它在封建主统治下是被压迫的等级，在公社里是武装的和自治的团体，在一些地方组成独立的城市共和国，在另一些地方组成君主国中的纳税的第三等级；后来，在工场手工业时期，它是等级君主国或专制君主国中同贵族抗衡的势力，而且是大君主国的主要基础；最后，从大工业和世界市场建立的时候起，它在现代的代议制国家里夺得了独占的政治统治。现代的国家政权不过是管理整个资产阶级的共同事务的委员会罢了。

资产阶级在历史上曾经起过非常革命的作用。

资产阶级在它已经取得了统治的地方把一切封建的、宗法的和田园般的关系都破坏了。它无情地斩断了把人们束缚于天然尊长的形形色色的封建羁绊，它使人和人之间除了赤裸裸的利害关系，除了冷酷无情的"现金交易"，就再也没有任何别的联系了。它把宗教虔诚、骑士热忱、小市民伤感这些情感的神圣发作，淹没在利己主义打算的冰水之中。它把人的尊严变成了交换价值，用一种没有良心的贸易自由代替了无数特许的和自力挣得的自由。总而言之，它用公开的、无耻的、直接的、露骨的剥削代替了由宗教幻想和政治幻想掩盖着的剥削。

资产阶级抹去了一切向来受人尊崇和令人敬畏的职业的神圣光环。它把医生、律师、教士、诗人和学者变成了它出钱招雇的雇佣劳动者。

资产阶级撕下了罩在家庭关系上的温情脉脉的面纱，把这种关系变成了纯粹的金钱关系。

资产阶级揭示了，在中世纪深受反动派称许的那种人力的野蛮使用，是以极端怠惰作为相应补充的。它第一个证明了，人的活动能够取得什么样的成就。它创造了完全不同于埃及金字塔、罗马水道和哥特式教堂的奇迹；它完成了完全不同于民族大迁徙和十字军征讨的远征。

资产阶级除非对生产工具，从而对生产关系，从而对全部社会关系不断地进行革命，否则就不能生存下去。反之，原封不动地保持旧的生产方式，却是过去的一切工业阶级生存的首要条件。生产的不断变革，一切社会状况不停的动荡，永远的不安定和变动，这就是资产阶级时代不同于过去一切时代的地方。一切固定的僵化的关系以及与之相适应的素被尊崇的观念和见解都被消除了，一切新形成的关系等不到固定下来就陈旧了。一切等级的和固定的东西都烟消云散了，一切神圣的东西都被亵渎了。人们终于不得不用冷静的眼光来看他们的生活地位、他们的相互关系。

不断扩大产品销路的需要，驱使资产阶级奔走于全球各地。它必须到处落户，到处开发，到处建立联系。

资产阶级，由于开拓了世界市场，使一切国家的生产和消费都成为世界性的了。使反动派大为惋惜的是，资产阶级挖掉了工业脚下的民族基础。古老的民族工业被消灭了，并且每天都还在被消灭。它们被新的工业排挤掉了，新的工业的建立已经成为一切文明民族的生命攸关的问题；这些工业所加工的，已经不是本地的原料，而是来自极其遥远的地区的原料；它们的产品不仅供本国消费，而且同时供世界各地消费。旧的、靠本国产品来满足的需要，被新的、要靠极其遥远的国家和地带的产品来满足的需要所代替了。过去那种地方的和民族的自给自足和闭关自守状态，被各民族的各方面的互相往来和各方面的互相依赖所代替了。物质的生产是如此，精神的生产也是如此。各民族的精神产品成了公共的财产。民族的片面性和局限性日益成为不可能，于是由许多种民族的和地方的文学形成了一种世界的文学。

资产阶级，由于一切生产工具的迅速改进，由于交通的极其便利，把一切民族甚至最野蛮的民族都卷到文明中来了。它的商品的低廉价格，是它用来摧毁一切万里长城、征服野蛮人最顽强的仇外心理的重炮。它迫使一切民族——如果它们不想灭亡的话——采用资产阶级的生产方式；它迫使它们在自己那里推行所谓的文明，即变成资产者。一句话，它按照自己的面貌为自己创造出一个世界。

资产阶级使农村屈服于城市的统治。它创立了巨大的城市，使城市人口比农村人口大大增加起来，因而使很大一部分居民脱离了农村生活的愚昧状态。正像它使农村从属于城市一样，它使未开化和半开化的国家从属于文明的国家，使农民的民族从属于资产阶级的民族，使东方从属于西方。

资产阶级日甚一日地消灭生产资料、财产和人口的分散状态。它使人口密集起来，使生产资料集中起来，使财产聚集在少数人的手里。由此必然产生的结果就是政治的集中。各自独立的、几乎只有同盟关系的、各有不同利益、不同法律、不同政府、不同关税的各个地区，现在已经结合为一个拥有统一的政府、统一的法律、统一的民族阶级利益和统一的关税的统一的民族。

资产阶级在它的不到一百年的阶级统治中所创造的生产力，比过去一切世代创造的全部生产力还要多，还要大。自然力的征服，机器的采用，化学在工业和农业中的应用，轮船的行驶，铁路的通行，电报的使用，整个整个大陆的开垦，河川的通航，仿佛用法术从地下呼唤出来的大量人口，——过去哪一个世纪料想到在社会劳动里蕴藏有这样的生产力呢？

由此可见，资产阶级赖以形成的生产资料和交换手段，是在封建社会里造成的。在这些生产资料和交换手段发展的一定阶段上，封建社会的生产和交换在其中进行的关系，封建的农业和工场手工业组织，一句话，封建的所有制关系，就不再适应已经发展的生产力了。这种关系已经在阻碍生产而不是促进生产了。它变成了束缚生产的桎梏。它必须被炸毁,它已经被炸毁了。

起而代之的是自由竞争以及与自由竞争相适应的社会制度和政治制度、资产阶级的经济统治和政治统治。

现在,我们眼前又进行着类似的运动。资产阶级的生产关系和交换关系,资产阶级的所有制关系,这个曾经仿佛用法术创造了如此庞大的生产资料和交换手段的现代资产阶级社会,现在像一个魔法师一样不能再支配自己用法术呼唤出来的魔鬼了。几十年来的工业和商业的历史,只不过是现代生产力反抗现代生产关系、反抗作为资产阶级及其统治的存在条件的所有制关系的历史。只要指出在周期性的重复中越来越危及整个资产阶级社会生存的商业危机就够了。在商业危机期间,总是不仅有很大一部分制成的产品被毁灭掉,而且有很大一部分已经造成的生产力被毁灭掉。在危机期间,发生一种在过去一切时代看来都好像是荒唐现象的社会瘟疫,即生产过剩的瘟疫。社会突然发现自己回到了一时的野蛮状态;仿佛是一次饥荒、一场普遍的毁灭性战争,使社会失去了全部生活资料;仿佛是工业和商业全被毁灭了,——这是什么缘故呢?因为社会上文明过度,生活资料太多,工业和商业太发达。社会所拥有的生产力已经不能再促进资产阶级文明和资产阶级所有制关系的发展;相反,生产力已经强大到这种关系所不能适应的地步,它已经受到这种关系的阻碍;而它一着手克服这种障碍,就使整个资产阶级社会陷入混乱,就使资产阶级所有制的存在受到威胁。资产阶级的关系已经太狭窄了,再容纳不了它本身所造成的财富了。——资产阶级用什么办法来克服这种危机呢?一方面不得不消灭大量生产力,另一方面夺取新的市场,更加彻底地利用旧的市场。这究竟是怎样的一种办法呢?这不过是资产阶级准备更全面更猛烈的危机的办法,不过是使防止危机的手段越来越少的办法。

资产阶级用来推翻封建制度的武器,现在却对准资产阶级自己了。

但是,资产阶级不仅锻造了置自身于死地的武器;它还产生了将要运用这种武器的人——现代的工人,即无产者。

随着资产阶级即资本的发展,无产阶级即现代工人阶级也在同一程度上得到发展;现代的工人只有当他们找到工作的时候才能生存,而且只有当他们的劳动增殖资本的时候才能找到工作。这些不得不把自己零星出卖的工人,像其他任何货物一样,也是一种商品,所以他们同样地受到竞争的一切变化、市场的一切波动的影响。

由于推广机器和分工,无产者的劳动已经失去了任何独立的性质,因而对工人也失去了任何吸引力。工人变成了机器的单纯的附属品,要求他做的只是极其简单、极其单调和极容易学会的操作。因此，花在工人身上的费用，几乎只限于维持工人生活和延续工人后代所必需的生活资料。但是，商品的价格，从而劳动的价格，是同它的生产费用相等的。因此，劳动越使人感到厌恶，工资也就越少。不仅如此，机器越推广，分工越细致，劳动量出就越增加，这或者是由于工作时间的延长，或者是由于在一定时间内所要求的劳动的增加，机器运转的加速，等等。

现代工业已经把家长式的师傅的小作坊变成了工业资本家的大工厂。挤在工厂里的工人群众就像士兵一样被组织起来。他们是产业军的普通士兵，受着各级军士和军官的层层监视。他们不仅仅是资产阶级的、资产阶级国家的奴隶，他们每日每时都受机器、受监工、首先是受各个经营工厂的资产者本人的奴役。这种专制制度越是公开地把营利宣布为自己的最终目的，它就越是可鄙、可恨和可恶。

手的操作所要求的技巧和气力越少，换句话说，现代工业越发达，男工也就越受到女工和童工的排挤。对工人阶级来说，性别和年龄的差别再没有什么社会意义了。他们都只是劳动工具，不过因为年龄和性别的不同而需要不同的费用罢了。

当厂主对工人的剥削告一段落，工人领到了用现钱支付的工资的时候，马上就有资产阶级中的另一部分人——房东、小店主、当铺老板等等向他们扑来。

以前的中间等级的下层，即小工业家、小商人和小食利者，手工业者和农民——所有这些阶级都

比利时首都布鲁塞尔大广场的白天鹅咖啡馆，马克思、恩格斯在这里起草《共产党宣言》

降落到无产阶级的队伍里来了，有的是因为他们的小资本不足以经营大工业，经不

起较大的资本家的竞争；有的是因为他们的手艺已经被新的生产方法弄得不值钱了。无产阶级就是这样从居民的所有阶级中得到补充的。

无产阶级经历了各个不同的发展阶段。它反对资产阶级的斗争是和它的存在同时开始的。

最初是单个的工人，然后是某一工厂的工人，然后是某一地方的某一劳动部门的工人，同直接剥削他们的单个资产者作斗争。他们不仅仅攻击资产阶级的生产关系，而且攻击生产工具本身；他们毁坏那些来竞争的外国商品，捣毁机器，烧毁工厂，力图恢复已经失去的中世纪工人的地位。

在这个阶段上，工人是分散在全国各地并为竞争所分裂的群众。工人的大规模集结，还不是他们自己联合的结果，而是资产阶级联合的结果，当时资产阶级为了达到自己的政治目的必须而且暂时还能够把整个无产阶级发动起来。因此，在这个阶段上，无产者不是同自己的敌人作斗争，而是同自己的敌人的敌人作斗争，即同专制君主制的残余、地主、非工业资产者和小资产者作斗争。因此，整个历史运动都集中在资产阶级手里；在这种条件下取得的每一个胜利都是资产阶级的胜利。

但是，随着工业的发展，无产阶级不仅人数增加了，而且它结合成更大的集体，它的力量日益增长，它越来越感觉到自己的力量。机器使劳动的差别越来越小，使工资几乎到处都降到同样低的水平，因而无产阶级内部的利益、生活状况也越来越趋于一致。资产者彼此间日益加剧的竞争以及由此引起的商业危机，使工人的工资越来越不稳定；机器的日益迅速的和继续不断的改良，使工人的整个生活地位越来越没有保障；单个工人和单个资产者之间的冲突越来越具有两个阶级的冲突的性质。工人开始成立反对资产者的同盟；他们联合起来保卫自己的工资。他们甚至建立了经常性的团体，以便为可能发生的反抗准备食品。有些地方，斗争爆发为起义。

工人有时也得到胜利，但这种胜利只是暂时的。他们斗争的真正成果并不是直接取得的成功，而是工人的越来越扩大的联合。这种联合由于大工业所造成的日益发达的交通工具而得到发展，这种交通工具把各地的工人彼此联系起来。只要有了这种联系，就能把许多性质相同的地方性的斗争汇合成全国性的斗争，汇合成阶级斗争。而一切阶级斗争都是政治斗争。中世纪的市民靠乡间小道需要几百年才能达到的联合，现代的无产者利用铁路只要几年就可以达到了。

无产者组织成为阶级，从而组织成为政党这件事，不断地由于工人的自相竞争而受到破坏。但是，这种组织总是重新产生，并且一次比一次更强大，更坚固，更有力。它利用资产阶级内部的分裂，迫使他们用法律形式承认工人的个别利益。英国的十小时工作日法案就是一个例子。

旧社会内部的所有冲突在许多方面都促进了无产阶级的发展。资产阶级处于不断的斗争中：最初反对贵族；后来反对同工业进步有利害冲突的那部分资产阶级；经常反对一切外国的资产阶级。在这一切斗争中，资产阶级都不得不向无产阶级呼吁，要求无产阶级援助，这样就把无产阶级卷进了政治运动。于是，资产阶级自己就把自己的教育因素即反对自身的武器给予了无产阶级。

其次，我们已经看到，工业的进步把统治阶级的整批成员抛到无产阶级队伍里去，或者至少也使他们的生活条件受到威胁。他们也给无产阶级带来了大量的教育因素。

最后，在阶级斗争接近决战的时期，统治阶级内部的、整个旧社会内部的瓦解过程，就达到非常强烈、非常尖锐的程度，甚至使得统治阶级中的一小部分人脱离统治阶级而归附于革命的阶级，即掌握着未来的阶级。所以，正像过去贵族中有一部分人转到资产阶级方面一样，现在资产阶级中也有一部分人，特别是已经提高到从理论上认识整个历史运动这一水平的一部分资产阶级思想家，转到无产阶级方面来了。

在当前同资产阶级对立的一切阶级中，只有无产阶级是真正革命的阶级。其余的阶级都随着大工业的发展而日趋没落和灭亡，无产阶级却是大工业本身的产物。

中间等级，即小工业家、小商人、手工业者、农民，他们同资产阶级作斗争，都是为了维护他们这种中间等级的生存，以免于灭亡。所以，他们不是革命的，而是保守的。不仅如此，他们甚至是反动的，因为他们力图使历史的车轮倒转。如果说他们是革命的，那是鉴于他们行将转入无产阶级的队伍，这样，他们就不是维护他们目前的利益，而是维护他们将来的利益，他们就离开自己原来的立场，而站到无产阶级的立场上来。

流氓无产阶级是旧社会最下层中消极的腐化的部分，他们在一些地方也被无产阶级革命卷到运动里来，但是，由于他们的整个生活状况，他们更甘心于被人收买，去干反动的勾当。

在无产阶级的生活条件中，旧社会的生活条件已经被消灭了。无产者是没有财产的；他们和妻子儿女的关系同资产阶级的家庭关系再没有任何共同之处了；现代的工业劳动，现代的资本压迫，无论在英国或法国，无论在美国或德国，都是一样的，都使无产者失去了任何民族性。法律、道德、宗教在他们看来全都是资产阶级偏见，隐藏在这些偏见后面的全都是资产阶级利益。

过去一切阶级在争得统治之后，总是使整个社会服从于它们发财致富的条件，企图以此来巩固它们已获得的生活地位。无产者只有废除自己的现存的占有方式，从而废除全部现存的占有方式，才能取得社会生产力。无产者没有什么自己的东西必须加以保护，他们必须摧毁至今保护和保障私有财产的一切。

过去的一切运动都是少数人的或者为少数人谋利益的运动。无产阶级的运动是绝大多数人的、为绝大多数人谋利益的独立的运动。无产阶级，现今社会的最下层，如果不炸毁构成官方社会的整个上层，就不能抬起头来，挺起胸来。

如果不就内容而就形式来说，无产阶级反对资产阶级的斗争首先是一国范围内的斗争。每一个国家的无产阶级当然首先应该打倒本国的资产阶级。

在叙述无产阶级发展的最一般的阶段的时候，我们循序探讨了现存社会内部或多或少隐蔽着的国内战争，直到这个战争爆发为公开的革命，无产阶级用暴力推翻资产阶级而建立自己的统治。

我们已经看到，至今的一切社会都是建立在压迫阶级和被压迫阶级的对立之上的。但是，为了有可能压迫一个阶级，就必须保证这个阶级至少有能够勉强维持它的奴隶般的生存的条件。农奴曾经在农奴制度下挣扎到公社成员的地位，小资产者曾经在封建专制制度的束缚下挣扎到资产者的地位。现代的工人却相反，他们并不是随着工业的进步而上升，而是越来越降到本阶级的生存条件以下。工人变成赤贫者，贫困比人口和财富增长得还要快。由此可以明显地看出，资产阶级再不能做社会的统治阶级了，再不能把自己阶级的生存条件当作支配一切的规律强加于社会了。资产阶级不能统治下去了，因为它甚至不能保证自己的奴隶维持奴隶的生活，因为它不得不让自己的奴隶落到不能养活它反而要它来养活的地步。社会再不能在它统治下生存下去了，就是说，它的生存不再同社会相容了。

资产阶级生存和统治的根本条件，是财富在私人手里的积累，是资本的形成和增殖；资本的条件是雇佣劳动。雇佣劳动完全是建立在工人的自相竞争之上的。资产阶级无意中造成而又无力抵抗的工业进步，使工人通过结社而达到的革命联合代替了他们由于竞争而造成的分散状态。于是，随着大工业的发展，资产阶级赖以生产和占有产品的基础本身也就从它的脚下被挖掉了。它首先生产的是它自身的掘墓人。资产阶级的灭亡和无产阶级的胜利是同样不可避免的。

二、无产者和共产党人

共产党人同全体无产者的关系是怎样的呢？

共产党人不是同其他工人政党相对立的特殊政党。

他们没有任何同整个无产阶级的利益不同的利益。

他们不提出任何特殊的原则，用以塑造无产阶级的运动。

共产党人同其他无产阶级政党不同的地方只是：一方面，在无产者不同的民族的斗争中，共产党人强调和坚持整个无产阶级共同的不分民族的利益；另一方面，在无产阶级和资产阶级的斗争所经历的各个发展阶段上，共产党人始终代表整个运动的利益。

因此，在实践方面，共产党人是各国工人政党中最坚决的、始终起推动作用的部分；在理论方面，他们胜过其余无产阶级群众的地方在于他们了解无产阶级运动的条件、进程和一般结果。

共产党人的最近目的是和其他一切无产阶级政党的最近目的一样的：使无产阶级形成为阶级，推翻资产阶级的统治，由无产阶级夺取政权。

共产党人的理论原理，决不是以这个或那个世界改革家所发明或发现的思想、原则为根据的。

这些原理不过是现存的阶级斗争、我们眼前的历史运动的真实关系的一般表述。废除先前存在的所有制关系，并不是共产主义所独具的特征。

英国伦敦海格特公墓的卡尔·马克思墓

一切所有制关系都经历了经常的历史更替、经常的历史变更。

例如，法国革命废除了封建的所有制，代之以资产阶级的所有制。

共产主义的特征并不是要废除一般的所有制，而是要废除资产阶级的所有制。

但是，现代的资产阶级私有制是建立在阶级对立上面、建立在一些人对另一些人的剥削上面的产品生产和占有的最后而又完备的表现。

从这个意义上说，共产党人可以把自己的理论概括为一句话：消灭私有制。

有人责备我们共产党人，说我们消灭个人挣得的、自己劳动得来的财产，要消灭构成个人的一切自由、活动和独立的基础的财产。

好一个劳动得来的、自己挣得的、自己赚来的财产！你们说的是资产阶级财产出现以前的那种小资产阶级、小农的财产吗？那种财产用不着我们去消灭，工业的发展已经把它消灭了，而且每天都在消灭它。

或者，你们说的是现代的资产阶级的私有财产吧？

但是，难道雇佣劳动，无产者的劳动，会给无产者创造出财产来吗？没有的事。这种劳动所创造的资本，即剥削雇佣劳动的财产，只有在不断产生出新的雇佣劳动来重新加以剥削的条件下才能增殖的财产。现今的这种财产是在资本和雇佣劳动的对立中运动的。让我们来看看这种对立的两个方面吧。

做一个资本家，这就是说，他在生产中不仅占有一种纯粹个人的地位，而且占有一种社会地位。资本是集体的产物，它只有通过社会许多成员的共同活动，而且归根到底只有通过社会全体成员的共同活动，才能运动起来。

因此，资本不是一种个人力量，而是一种社会力量。

因此，把资本变为公共的、属于社会全体成员的财产，这并不是把个人财产变为社会财产。这里所改变的只是财产的社会性质。它将失掉它的阶级性质。

现在，我们来看看雇佣劳动。

雇佣劳动的平均价格是最低限度的工资，即工人为维持其工人的生活所必需的生活资料的数额。因此，雇佣工人靠自己的劳动所占有的东西，只够勉强维持他的生命的再生产。我们决不打算消灭这种供直接生命再生产用的劳动产品的个人占有，这种占有并不会留下任何剩余的东西使人们有可能支配别人的劳动。我们要消灭的只是这种占有的可怜的性质，在这种占有下，工人仅仅为增殖资本而活着，只有在统治阶级的利益需要他活着的时候才能活着。

在资产阶级社会里，活的劳动只是增殖已经积累起来的劳动的一种手段。在共产主义社会里，已经积累起来的劳动只是扩大、丰富和提高工人的生活的一种手段。

因此，在资产阶级社会里是过去支配现在，在共产主义社会里是现在支配过去。在资产阶级社会里，资本具有独立性和个性，而活动着的个人却没有独立性和个性。

而资产阶级却把消灭这种关系说成是消灭个性和自由！说对了。的确，正是要消灭资产者的个性、独立性和自由。

在现今的资产阶级生产关系的范围内，所谓自由就是自由贸易，自由买卖。

但是，买卖一消失，自由买卖也就会消失。关于自由买卖的言论，也像我们的资产阶级的其他一切关于自由的大话一样，仅仅对于不自由的买卖来说，对于中世纪被奴役的市民来说，才是有意义的，而对于共产主义要消灭买卖、消灭资产阶级生产关系和资产阶级本身这一点来说，却是毫无意义的。

我们要消灭私有制，你们就惊慌起来。但是，在你们的现存社会里，私有财产对十分之九的成员来说已经被消灭了；这种私有制之所以存在，正是因为私有财产对十分之九的成员来说已经不存在。可见，你们责备我们，是说我们要消灭那种以社会上的绝大多数人没有财产为必要条件的所有制。

总而言之，你们责备我们，是说我们要消灭你们的那种所有制。的确，我们是要这样做的。

从劳动不再能变为资本、货币、地租，一句话，不再能变为可以垄断的社会力量的时候起，就是说，从个人财产不再能变为资产阶级财产的时候起，你们说，个性被消灭了。

由此可见，你们是承认，你们所理解的个性，不外是资产者、资产阶级私有者。这样的个性确实应当被消灭。

共产主义并不剥夺任何人占有社会产品的权力，它只剥夺利用这种占有去奴役他人劳动的权力。

有人反驳说，私有制一消灭，一切活动就会停止，懒惰之风就会兴起。

这样说来，资产阶级社会早就应该因懒惰而灭亡了，因为在这个社会里劳者不获，获者不劳。所有这些顾虑，都可以归结为这样一个同义反复：一旦没有资本，也就不再有雇佣劳动了。

所有这些对共产主义的物质产品的占有方式和生产方式的责备，也被扩及到精神产品的占有和生产方面。正如阶级的所有制的终止在资产者看来是生产本身的终止一样，阶级的教育的终止在他们看来就等于一切教育的终止。

资产者唯恐失去的那种教育，对绝大多数人来说是把人训练成机器。

但是，你们既然用你们资产阶级关于自由、教育、法等等的观念来衡量废除资产阶级所有制的主张，那就请你们不要同我们争论了。你们的观念本身是资产阶级的生产关系和所有制关系的产物，正像你们的法不过是被奉为法律的你们这个阶级的意志一样，而这种意志的内容是由你们这个阶级的物质生活条件决定的。

你们的利己观念使你们把自己的生产关系和所有制关系从历史的、在生产过程中是暂时的关系变成永恒的自然规律和理性规律，这种利己观念是你们和一切灭亡了的统治阶级所共有的。谈到古代所有制的时候你们所能理解的，谈到封建所有制的时候你们所能理解的，一谈到资产阶级所有制你们就再也不能理解了。

消灭家庭！连极端的激进派也对共产党人的这种可耻的意图表示愤慨。

现代的、资产阶级的家庭是建立在什么基础上的呢？是建立在资本上面，建立在私人发财上面的。这种家庭只是在资产阶级那里才以充分发展的形式存在着，而无产者的被迫独居和公开的卖淫则是它的补充。

资产者的家庭自然会随着它的这种补充的消失而消失，两者都要随着资本的消失而消失。

你们是责备我们要消灭父母对子女的剥削吗？我们承认这种罪状。

但是，你们说，我们用社会教育代替家庭教育，就是要消灭人们最亲密的关系。

而你们的教育不也是由社会决定的吗？不也是由你们进行教育时所处的那种社会关系决定的吗？不也是由社会通过学校等等进行的直接的或间接的干涉决定的吗？共产党人并没有发明社会对教育的作用；他们仅仅是要改变这种作用的性质，要使教育摆脱统治阶级的影响。

无产者的一切家庭联系越是由于大工业的发展而被破坏，他们的子女越是由于这种发展而被变成单纯的商品和劳动工具，资产阶级关于家庭和教育、关于父母和子女的亲密关系的空话就越是令人作呕。

但是，你们共产党人是要实行公妻制的啊，——整个资产阶级异口同声地向我们这样叫喊。

资产者是把自己的妻子看作单纯的生产工具的。他们听说生产工具将要公共使用，自然就不能不想到妇女也会遭到同样的命运。

他们想也没有想到，问题正在于使妇女不再处于单纯生产工具的地位。

其实，我们的资产者装得道貌岸然，对所谓的共产党人的正式公妻制表示惊讶，那是再可笑不过了。公妻制无需共产党人来实行，它差不多是一向就有的。

我们的资产者不以他们的无产者的妻子和女儿受他们支配为满足，正式的卖淫更不必说了，他们还以互相诱奸妻子为最大的享乐。

资产阶级的婚姻实际上是公妻制。人们至多只能责备共产党人，说他们想用正式的、公开的公妻制来代替伪善地掩蔽着的公妻制。其实，不言而喻，随着现在的生产关系的消灭，从这种关系中产生的公妻制，即正式的和非正式的卖淫，也就消失了。

有人还责备共产党人，说他们要取消祖国，取消民族。

工人没有祖国。决不能剥夺他们所没有的东西。因为无产阶级首先必须取得政治统治，上升为民族的阶级，把自身组织成为民族，所以它本身还是民族的，虽然完全不是资产阶级所理解的那种意思。

随着资产阶级的发展，随着贸易自由的实现和世界市场的建立，随着工业生产以及与之相适应的生活条件的趋于一致，各国人民之间的民族分隔和对立日益消失。

无产阶级的统治将使它们更快地消失。联合的行动，至少是各文明国家的联合的行动，是无产阶级获得解放的首要条件之一。

人对人的剥削一消灭，民族对民族的剥削就会随之消灭。

民族内部的阶级对立一消失，民族之间的敌对关系就会随之消失。

从宗教的、哲学的和一切意识形态的观点对共产主义提出的种种责难，都不值得详细讨论了。

人们的观念、观点和概念，一句话，人们的意识，随着人们的生活条件、人们的社会关系、人们的社会存在的改变而改变，这难道需要经过深思才能了解吗？

思想的历史除了证明精神生产随着物质生产的改造而改造，还证明了什么呢？任何一个时代的统治思想始终都不过是统治阶级的思想。

比利时首都布鲁塞尔大广场白天鹅咖啡馆外墙上的马克思纪念牌（下），上写"1845年2月-1848年3月马克思在布鲁塞尔居住。他于1847-1848年新年前夜在此与德国工人协会和民主协会一起庆祝"

当人们谈到使整个社会革命化的思想时，他们只是表明了一个事实：在旧社会内部已经形成了新社会的因素，旧思想的瓦解是同旧生活条件的瓦解步调一致的。

当古代世界走向灭亡的时候，古代的各种宗教就被基督教战胜了。当基督教思想在18世纪被启蒙思想击败的时候，封建社会正在同当时革命的资产阶级进行殊死的斗争。信仰自由和宗教自由的思想，不过表明竞争在信仰领域里占统治地位罢了。

"但是"，有人会说，"宗教的、道德的、哲学的、政治的、法的观念等等在历史发展的进程中固然是不断改变的,而宗教、道德、哲学、政治和法在这种变化中却始终保存着。

此外,还存在着一切社会状态所共有的永恒真理,如自由、正义等等。但是共产主义要废除永恒真理,它要废除宗教、道德,而不是加以革新,所以共产主义是同至今的全部历史发展相矛盾的。"

这种责难归结为什么呢?至今的一切社会的历史都是在阶级对立中运动的,而这种对立在不同的时代具有不同的形式。

但是,不管阶级对立具有什么样的形式,社会上一部分人对另一部分人的剥削却是过去各个世纪所共有的事实。因此,毫不奇怪,各个世纪的社会意识,尽管形形色色、千差万别,总是在某些共同的形式中运动的,这些形式,这些意识形式,只有当阶级对立完全消失的时候才会完全消失。

共产主义革命就是同传统的所有制关系实行最彻底的决裂;毫不奇怪,它在自己的发展进程中要同传统的观念实行最彻底的决裂。

不过,我们还是把资产阶级对共产主义的种种责难撇开吧。

前面我们已经看到,工人革命的第一步就是使无产阶级上升为统治阶级,争得民主。

无产阶级将利用自己的政治统治,一步一步地夺取资产阶级的全部资本,把一切生产工具集中在国家即组织成为统治阶级的无产阶级手里,并且尽可能快地增加生产力的总量。

要做到这一点,当然首先必须对所有权和资产阶级生产关系实行强制性的干涉,也就是采取这样一些措施,这些措施在经济上似乎是不够充分的和没有力量的,但是在运动进程中它们会越出本身,而且作为变革全部生产方式的手段是必不可少的。

这些措施在不同的国家里当然会是不同的。

但是,最先进的国家几乎都可以采取下面的措施:

1. 剥夺地产,把地租用于国家支出。
2. 征收高额累进税。
3. 废除继承权。
4. 没收一切流亡分子和叛乱分子的财产。
5. 通过拥有国家资本和独享垄断权的国家银行,把信贷集中在国家手里。
6. 把全部运输业集中在国家的手里。
7. 按照总的计划增加国家工厂和生产工具,开垦荒地和改良土壤。
8. 实行普遍劳动义务制,成立产业军,特别是在农业方面。

9. 把农业和工业结合起来，促使城乡对立逐步消灭。

10. 对所有儿童实行公共的和免费的教育。取消现在这种形式的儿童的工厂劳动。把教育同物质生产结合起来，等等。

当阶级差别在发展进程中已经消失而全部生产集中在联合起来的个人的手里的时候，公共权力就失去政治性质。原来意义上的政治权力，是一个阶级用以压迫另一个阶级的有组织的暴力。如果说无产阶级在反对资产阶级的斗争中一定要联合为阶级，如果说它通过革命使自己成为统治阶级，并以统治阶级的资格用暴力消灭旧的生产关系，那么它在消灭这种生产关系的同时，也就消灭了阶级对立的存在条件，消灭阶级本身的存在条件，从而消灭了它自己这个阶级的统治。

代替那存在着阶级和阶级对立的资产阶级旧社会的，将是这样一个联合体，在那里，每个人的自由发展是一切人的自由发展的条件。

三、社会主义的和共产主义的文献

1. 反动的社会主义

（甲）封建的社会主义

法国和英国的贵族，按照他们的历史地位所负的使命，就是写一些抨击现代资产阶级社会的作品。在法国的1830年七月革命和英国的改革运动中，他们再一次被可恨的暴发户打败了。从此就再谈不上严重的政治斗争了。他们还能进行的只是文字斗争。但是，即使在文字方面也不可能重弹复辟时期的老调了。为了激起同情，贵族们不得不装模作样，似乎他们已经不关心自身的利益，只是为了被剥削的工人阶级的利益才去写对资产阶级的控诉书。他们用来泄愤的手段是：唱唱诅咒他们的新统治者的歌，并向他叽叽咕咕地说一些或多或少凶险的预言。

这样就产生了封建的社会主义，半是挽歌，半是谤文，半是过去的回音，半是未来的恫吓；它有时也能用辛辣、俏皮而尖刻的评论刺中资产阶级的心，但是它由于完全不能理解现代历史的进程而总是令人感到可笑。

为了拉拢人民，贵族们把无产阶级的乞食袋当作旗帜来挥舞。但是，每当人民跟着他们走的时候，都发现他们的臀部带有旧的封建纹章，于是就哈哈大笑，一哄而散。

一部分法国正统派和"青年英国"，都演过这出戏。

封建主说，他们的剥削方式和资产阶级的剥削不同，那他们只是忘记了，他们是在完全不同的、目前已经过时的情况和条件下进行剥削的。他们说，在他们的统治下并没有出现过现代的无产阶级，那他们只是忘记了，现代的资产阶级正是他们的社会制度的必然产物。

不过，他们毫不掩饰自己的批评的反动性质，他们控告资产阶级的主要罪状正是在于：在资产阶级的统治下有一个将把整个旧社会制度炸毁的阶级发展起来。

他们责备资产阶级，与其说是因为它产生了无产阶级，不如说是因为它产生了革命的无产阶级。

因此，在政治实践中，他们参与对工人阶级采取的一切暴力措施，在日常生活中，他们违背自己的那一套冠冕堂皇的言词，屈尊拾取金苹果，不顾信义、仁爱和名誉去做羊毛、甜菜和烧酒的买卖。

正如僧侣总是同封建主携手同行一样，僧侣的社会主义也总是同封建的社会主义携手同行的。

要给基督教禁欲主义涂上一层社会主义的色彩，是再容易不过了。基督教不是也激烈反对私有财产，反对婚姻，反对国家吗？它不是提倡用行善和求乞、独身和禁欲、修道和礼拜来代替这一切吗？基督教的社会主义，只不过是僧侣用来使贵族的怨愤神圣的圣水罢了。

（乙）小资产阶级的社会主义

封建贵族并不是被资产阶级所推翻的、其生活条件在现代资产阶级社会里日益恶化和消失的唯一阶级。中世纪的城关市民和小农等级是现代资产阶级的前身。在工商业不很发达的国家里，这个阶级还在新兴的资产阶级身旁勉强生存着。

在现代文明已经发展的国家里，形成了一个新的小资产阶级，它摇摆于无产阶级和资产阶级之间，并且作为资产阶级社会的补充部分不断地重新组成。但是，这一阶级的成员经常被竞争抛到无产阶级队伍里去，而且，随着大工业的发展，他们甚至觉察到，他们很快就会完全失去他们作为现代社会中一个独立部分的地位，在商业、工业和农业中很快就会被监工和雇员所代替。

在农民阶级远远超过人口半数的国家，例如在法国，那些站在无产阶级方面反对资产阶级的著作家，自然是用小资产阶级和小农的尺度去批判资产阶级制度的，是从小资产阶级的立场出发替工人说话的。这样就形成了小资产阶级的社会主义。西斯蒙第不仅对法国而且对英国来说都是这类著作家的首领。

这种社会主义非常透彻地分析了现代生产关系中的矛盾。它揭穿了经济学家的虚伪的粉饰。它确凿地证明了机器和分工的破坏作用、资本和地产的积聚、生产过剩、危机、小资产者和小农的必然没落、无产阶级的贫困、生产的无政府状态、财富分配的极不平均、各民族之间的毁灭性的工业战争，以及旧风尚、旧家庭关系和旧民族性的解体。

但是，这种社会主义按其实际内容来说，或者是企图恢复旧的生产资料和交换手段，从而恢复旧的所有制关系和旧的社会，或者是企图重新把现代的生产资料和交换手段硬塞到已被它们突破而且必然被突破的旧的所有制关系的框子里去。它在这两种场合都是反动的，同时又是空想的。

工业中的行会制度，农业中的宗法经济，——这就是它的结论。

这一思潮在它以后的发展中变成了一种怯懦的悲叹。

（丙）德国的或"真正的"社会主义

法国的社会主义和共产主义的文献是在居于统治地位的资产阶级的压迫下产生的，并且是同这种统治作斗争的文字表现，这种文献被搬到德国的时候，那里的资产阶级才刚刚开始进行反对封建专制制度的斗争。

德国的哲学家、半哲学家和美文学家，贪婪地抓住了这种文献，不过他们忘记了：在这种著作从法国搬到德国的时候，法国的生活条件却没有同时搬过去。在德国的条件下，法国的文献完全失去了直接实践的意义，而只具有纯粹文献的形式。它必然表现为关于真正的社会、关于实现人的本质的无谓思辨。这样，第一次法国革命的要求，在18世纪的德国哲学家看来，不过是一般"实践理性"的要求，而革命的法国资产阶级的意志的表现，在他们心目中就是纯粹的意志、本来的意志、真正人的意志的规律。

德国著作家的唯一工作，就是把新的法国的思想同他们的旧的哲学信仰调和起来，或者毋宁说，就是从他们的哲学观点出发去掌握法国的思想。

《共产党宣言》中文版封面

这种掌握，就像掌握外国语一样，是通过翻译的。

大家知道，僧侣们曾经在古代异教经典的手抄本上面写上荒诞的天主教圣徒传。德国著作家对世俗的法国文献采取相反的作法。他们在法国的原著下面写上自己的哲学胡说。例如，他们在法国人对货币关系的批判下面写上"人的本质的外化"，在法国人对资产阶级国家的批判下面写上所谓"抽象普遍物的统治的扬弃"，等等。

这种在法国人的论述下面塞进自己哲学词句的做法，他们称之为"行动的哲学"、"真正的社会主义"、"德国的社会主义科学"、"社会主义的哲学论证",等等。

法国的社会主义和共产主义的文献就这样被完全阉割了。既然这种文献在德国人手里已不再表现一个阶级反对另一个阶级的斗争,于是德国人就认为:他们克服了"法国人的片面性",他们不代表真实的要求,而代表真理的要求,不代表无产者的利益,而代表人的本质的利益,即一般人的利益,这种人不属于任何阶级,根本不存在于现实界,而只存在于云雾弥漫的哲学幻想的太空。

这种曾经郑重其事地看待自己那一套拙劣的小学生作业并且大言不惭地加以吹嘘的德国社会主义,现在渐渐失去了它的自炫博学的天真。

德国的特别是普鲁士的资产阶级反对封建主和专制王朝的斗争,一句话,自由主义运动,越来越严重了。

于是,"真正的"社会主义就得到了一个好机会,把社会主义的要求同政治运动对立起来,用诅咒异端邪说的传统办法诅咒自由主义,诅咒代议制国家,诅咒资产阶级的竞争、资产阶级的新闻出版自由、资产阶级的法、资产阶级的自由和平等,并且向人民群众大肆宣扬,说什么在这个资产阶级运动中,人民群众非但一无所得,反而会失去一切。德国的社会主义恰好忘记了,法国的批判(德国的社会主义是这种批判的可怜的回声)是以现代的资产阶级社会以及相应的物质生活条件和相当的政治制度为前提的,而这一切前提当时在德国正是尚待争取的。

这种社会主义成了德意志各邦专制政府及其随从——僧侣、教员、容克和官僚求之不得的、吓唬来势汹汹的资产阶级的稻草人。

这种社会主义是这些政府用来镇压德国工人起义的毒辣的皮鞭和枪弹的甜蜜的补充。

既然"真正的"社会主义就这样成了这些政府对付德国资产阶级的武器,那么它也就直接代表了一种反动的利益,即德国小市民的利益。在德国,16世纪遗留下来的、从那时起经常以不同形式重新出现的小资产阶级,是现存制度的真实的社会基础。

保存这个小资产阶级,就是保存德国的现存制度。这个阶级胆战心惊地从资产阶级的工业统治和政治统治那里等候着无可幸免的灭亡,这一方面是由于资本的积聚,另一方面是由于革命无产阶级的兴起。在它看来,"真正的"社会主义能起一箭双雕的作用。"真正的"社会主义像瘟疫一样流行起来了。

德国的社会主义者给自己的那几条干瘪的"永恒真理"披上一件用思辨的蛛丝织成的、绣满华丽辞藻的花朵和浸透甜情蜜意的甘露的外衣,这件光彩夺目的外衣只是使他们的货物在这些顾客中间增加销路罢了。

同时，德国的社会主义也越来越认识到自己的使命就是充当这种小市民的夸夸其谈的代言人。

它宣布德意志民族是模范的民族，德国小市民是模范的人。它给这些小市民的每一种丑行都加上奥秘的、高尚的、社会主义的意义，使之变成完全相反的东西。它发展到最后，就直接反对共产主义的"野蛮破坏的"倾向，并且宣布自己是不偏不倚地超乎任何阶级斗争之上的。现今在德国流行的一切所谓社会主义和共产主义的著作，除了极少数的例外，都属于这一类卑鄙龌龊的、令人委靡的文献。

2. 保守的或资产阶级的社会主义

资产阶级中的一部分人想要消除社会的弊病，以便保障资产阶级社会的生存。

这一部分人包括：经济学家、博爱主义者、人道主义者、劳动阶级状况改善派、慈善事业组织者、动物保护协会会员、戒酒协会发起人以及形形色色的小改良家。这种资产阶级的社会主义甚至被制成一些完整的体系。

我们可以举蒲鲁东的《贫困的哲学》作为例子。

社会主义的资产者愿意要现代社会的生存条件，但是不要由这些条件必然产生的斗争和危险。他们愿意要现存的社会，但是不要那些使这个社会革命化和瓦解的因素。他们愿意要资产阶级，但是不要无产阶级。在资产阶级看来，它所统治的世界自然是最美好的世界。资产阶级的社会主义把这种安慰人心的观念制成半套或整套的体系。它要求无产阶级实现它的体系，走进新的耶路撒冷，其实它不过是要求无产阶级停留在现今的社会里，但是要抛弃他们关于这个社会的可恶的观念。

这种社会主义的另一种不够系统、但是比较实际的形式，力图使工人阶级厌弃一切革命运动，硬说能给工人阶级带来好处的并不是这样或那样的政治改革，而仅仅是物质生活条件即经济关系的改变。但是，这种社会主义所理解的物质生活条件的改变，绝对不是只有通过革命的途径才能实现的资产阶级生产关系的废除，而是一些在这种生产关系的基础上实行的行政上的改良，因而丝毫不会改变资本和雇佣劳动的关系，至多只能减少资产阶级的统治费用和简化它的财政管理。

资产阶级的社会主义只有在它变成纯粹的演说辞令的时候，才获得自己的适当的表现。

自由贸易！为了工人阶级的利益；保护关税！为了工人阶级的利益；单身牢房！为了工人阶级的利益。——这才是资产阶级的社会主义唯一认真说出的最后的话。

资产阶级的社会主义就是这样一个论断：资产者之为资产者，是为了工人阶级的利益。

3. 批判的空想的社会主义和共产主义

在这里,我们不谈在现代一切大革命中表达过无产阶级要求的文献(巴贝夫等人的著作)。

无产阶级在普遍激动的时代、在推翻封建社会的时期直接实现自己阶级利益的最初尝试,都不可避免地遭到了失败,这是由于当时无产阶级本身还不够发展,由于无产阶级解放的物质条件还没具备,这些条件只是资产阶级时代的产物。随着这些早期的无产阶级运动而出现的革命文献,就其内容来说必然是反动的。这种文献倡导普遍的禁欲主义和粗陋的平均主义。

本来意义的社会主义和共产主义的体系,圣西门、傅立叶、欧文等人的体系,是在无产阶级和资产阶级之间的斗争还不发展的最初时期出现的。关于这个时期,我们在前面已经叙述过了(见《资产阶级和无产阶级》)。

诚然,这些体系的发明家看到了阶级的对立,以及占统治地位的社会本身中的瓦解因素的作用。但是,他们看不到无产阶级方面的任何历史主动性,看不到它所特有的任何政治运动。

由于阶级对立的发展是同工业的发展步调一致的,所以这些发明家也不可能看到无产阶级解放的物质条件,于是他们就去探求某种社会科学、社会规律,以便创造这些条件。

社会的活动要由他们个人的发明活动来代替,解放的历史条件要由幻想的条件来代替,无产阶级的逐步组织成为阶级要由一种特意设计出来的社会组织来代替。在他们看来,今后的世界历史不过是宣传和实施他们的社会计划。

诚然,他们也意识到,他们的计划主要是代表工人阶级这一受苦最深的阶级的利益。在他们心目中,无产阶级只是一个受苦最深的阶级。

但是,由于阶级斗争不发展,由于他们本身的生活状况,他们就以为自己是高高超乎这种阶级对立之上的。他们要改善社会一切成员的生活状况,甚至生活最优裕的成员也包括在内。因此,他们总是不加区别地向整个社会呼吁,而且主要是向统治阶级呼吁。他们以为,人们只要理解他们的体系,就会承认这种体系是最美好的社会的最美好的计划。

因此,他们拒绝一切政治行动,特别是一切革命行动;他们想通过和平的途径达到自己的目的,并且企图通过一些小型的、当然不会成功的试验,通过示范的力量来为新的社会福音开辟道路。

这种对未来社会的幻想的描绘,在无产阶级还很不发展、因而对本身的地位的认识还基于幻想的时候,是同无产阶级对社会普遍改造的最初的本能的渴望相适应的。

但是，这些社会主义和共产主义的著作也含有批判的成分。这些著作抨击现存社会的全部基础。因此，它们提供了启发工人觉悟的极为宝贵的材料。它们关于未来社会的积极的主张，例如消灭城乡对立，消灭家庭，消灭私人营利，消灭雇佣劳动，提倡社会和谐，把国家变成纯粹的生产管理机构，——所有这些主张都只是表明要消灭阶级对立，而这种阶级对立在当时刚刚开始发展，它们所知道的只是这种对立的早期的、不明显的、不确定的形式。因此，这些主张本身还带有纯粹空想的性质。

批判的空想的社会主义和共产主义的意义，是同历史的发展成反比的。阶级斗争越发展和越具有确定的形式，这种超乎阶级斗争的幻想，这种反对阶级斗争的幻

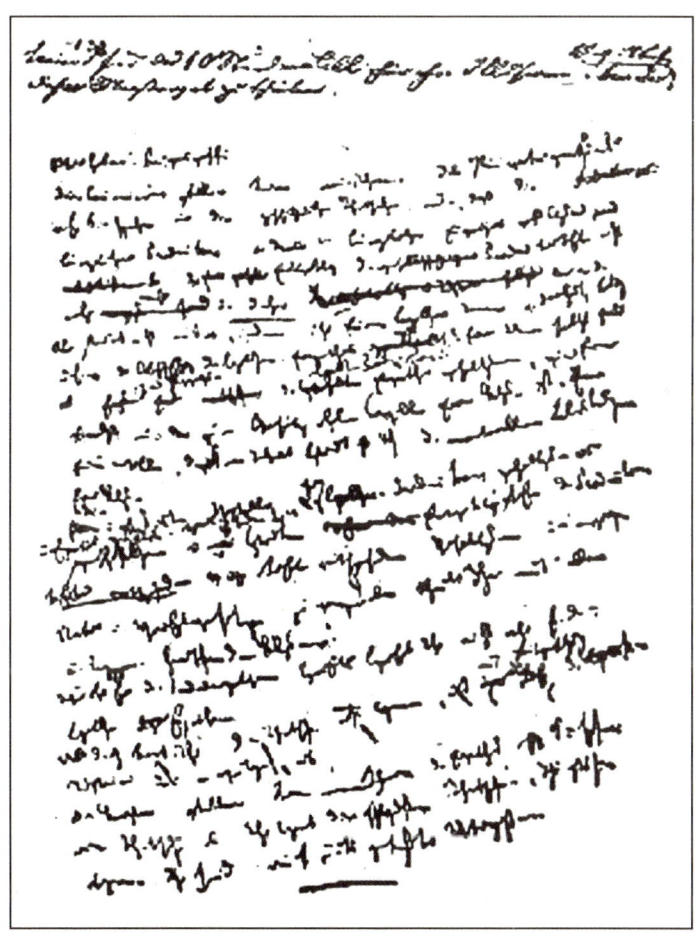

马克思所写《共产党宣言》草稿仅存的一页
（头两行字为马克思夫人燕妮所写）

想,就越失去任何实践意义和任何理论根据。所以,虽然这些体系的创始人在许多方面是革命的,但是他们的信徒总是组成一些反动的宗派。这些信徒无视无产阶级的历史进展,还是死守着老师们的旧观点。因此,他们一贯企图削弱阶级斗争,调和对立。他们还总是梦想用试验的办法来实现自己的社会空想,创办单个的法伦斯泰尔,建立国内移民区,创立小伊加利亚,即袖珍版的新耶路撒冷,——而为了建造这一切空中楼阁,他们就不得不呼吁资产阶级发善心和慷慨解囊。他们逐渐地堕落到上述反动的或保守的社会主义者的一伙中去了,所不同的只是他们更加系统地卖弄学问,狂热地迷信自己那一套社会科学的奇功异效。

因此,他们激烈地反对工人的一切政治运动,认为这种运动只是由于盲目地不相信新福音才发生的。

在英国,有欧文主义者反对宪章派,在法国,有傅立叶主义者反对改革派。

四、共产党人对各种反对党派的态度

看过第二章之后,就可以了解共产党人同已经形成的工人政党的关系,因而也就可以了解他们同英国宪章派和北美土地改革派的关系。

共产党人为工人阶级的最近的目的和利益而斗争,但是他们在当前的运动中同时代表运动的未来。在法国,共产党人同社会主义民主党联合起来反对保守的和激进的资产阶级,但是并不因此放弃对那些从革命的传统中承袭下来的空谈和幻想采取批判态度的权利。

在瑞士,共产党人支持激进派,但是并不忽略这个政党是由互相矛盾的分子组成的,其中一部分是法国式的民主社会主义者,一部分是激进的资产者。

在波兰人中间,共产党人支持那个把土地革命当作民族解放的条件的政党,即发动过1846年克拉科夫起义的政党。

在德国,只要资产阶级采取革命的行动,共产党就同它一起去反对专制君主制、封建土地所有制和小市民的反动性。

但是,共产党一分钟也不忽略教育工人尽可能明确地意识到资产阶级和无产阶级的敌对的对立,以便德国工人能够立刻利用资产阶级统治所必然带来的社会的和政治的条件作为反对资产阶级的武器,以便在推翻德国的反动阶级之后立即开始反对资产阶级本身的斗争。

共产党人把自己的主要注意力集中在德国,因为德国正处在资产阶级革命的前夜,因为同17世纪的英国和18世纪的法国相比,德国将在整个欧洲文明更进步的条件下,拥有发展得多的无产阶级去实现这个变革,因而德国的资产阶级革命只能是

无产阶级革命的直接序幕。

总之，共产党人到处都支持一切反对现存的社会制度和政治制度的革命运动。

在所有这些运动中，他们都强调所有制问题是运动的基本问题，不管这个问题的发展程度怎样。

最后，共产党人到处都努力争取全世界民主政党之间的团结和协调。

共产党人不屑于隐瞒自己的观点和意图。他们公开宣布：他们的目的只有用暴力推翻全部现存的社会制度才能达到。让统治阶级在共产主义革命面前发抖吧。无产者在这个革命中失去的只是锁链。他们获得的将是整个世界。

全世界无产者，联合起来！

【提要】

《共产党宣言》的基本思想就是三个相互联系的基本思想。第一，人类社会的历史，首先是生产方式的历史，这里讲的是马克思主义唯物史观；第二，自从原始社会解体以来，人类社会的历史都是阶级斗争的历史，这里讲的是马克思主义阶级斗争学说；第三，阶级斗争发展到现阶段，主要表现为无产阶级反对资产阶级的斗争，这里讲的是马克思主义无产阶级革命学说。结论就是"两个必然"，即"资产阶级的灭亡和无产阶级的胜利是同样不可避免的"，共产党人的最高纲领就是实现共产主义；所谓共产主义，就是自由人联合体，即如《共产党宣言》所说："代替那存在着阶级和阶级对立的资产阶级旧社会的，将是这样一个联合体，在那里，每个人的自由发展是一切人的自由发展的条件"。这三个相互联系的基本思想，揭示了人类社会发展的规律、阶级社会发展的规律、资本主义社会发展的规律。共产党人的崇高社会理想正是建立在对这些规律的正确认识基础之上的，因而不仅是革命的，而且是科学的。如《共产党宣言》1888年版序言所说，"这一思想对历史学必定会起到像达尔文生物学所起的那样的作用。"只要存在着阶级剥削和阶级压迫，只要存在阶级对立和阶级差别，《共产党宣言》的基本思想就是永存的；不管历史走着怎样曲折的道路，《共产党宣言》所揭示的"两个必然"的历史发展总趋势是不可改变的。正如胡锦涛同志所说："实现物质财富极大丰富、人们精神境界极大提高、每个人自由而全面发展的共产主义社会，是马克思主义最崇高的社会理想。"所谓老祖宗不能丢，最根本的就是马克思主义的世界观、方法论不能丢，马克思主义崇高的社会理想不能丢。读《共产党宣言》，最重要的就是要坚定这样的信念。

【链接】

中共领袖与《共产党宣言》

日一夫

《共产党宣言》是历史进步的伟大旗帜。1920年8月,《共产党宣言》中文全译本在上海秘密刊印并向全国传播,为创建中国共产党提供了理论指导。毛泽东、刘少奇、周恩来、邓小平等早期中国共产党人大多是读了这本书后开始确立马克思主义信仰,走上革命道路的。

毛泽东:《共产党宣言》"使我树立起对马克思主义的信仰"

1918年8月,毛泽东经人介绍到北大图书馆做助理员,在李大钊的影响下,开始接受马克思主义。毛泽东在回顾自己的思想转变情况时说:我第二次到北京期间,"有三本书特别深刻地铭记在我的心中,使我树立起对马克思主义的信仰。我接受马克思主义,认为它是对历史的正确解释以后,就一直没有动摇过。这三本书是:陈望道译的《共产党宣言》,这是用中文出版的第一本马克思主义的书;考茨基著的《阶级斗争》;以及柯卡普著的《社会主义史》。到了1920年夏天,在理论上,而且在某种程度的行动上,我已成为一个马克思主义者了,而且从此我也认为自己是一个马克思主义者了。"

1920年5月,毛泽东第二次到上海找陈独秀,此时,陈独秀正为筹建上海共产党早期组织忙碌着,并在校阅陈望道译的《共产党宣言》译稿,随即将清样送给毛泽东详阅。毛泽东回忆说:"我第二次到上海去的时候,曾经和陈独秀讨论我读过的马克思主义书籍。在我一生中可能是关键性的这个时期,陈独秀表明自己信仰的那些话留下了深刻的印象。"

刘少奇:"从这本书中,我了解共产党是干什么的"

上海共产主义小组成立后,在上海创办了一所干部学校,对外宣称外国语学社。1920年夏秋之际,刘少奇、任弼时、罗亦农、萧劲光等都是这里的学员。那时,每个学员都发一本《共产党宣言》,并由陈望道给他们讲授。从此,刘少奇开始认真阅读《共产党宣言》,并联系思考中国革命问题。解放后,他在回忆这一时期说:"那时我还没有参加共产党,我在考虑入不入党的问题。当时我把《共产党宣言》看了又看,看了好几遍……从这本书中,我了解共产党是干什么的,是怎样的一个党,我准不准备献身于这个党所从事的事业,经过一段时间的深思熟虑,最后决定参加共产党,同时也准备献身于党的事业。"

1921年5月,莫斯科东方劳动者共产主义大学成立了,上海共产党早期组织介绍刘少奇等同学到苏联学习马克思主义。刘少奇被分配到东方大学的中国班,学习的主要课程就有《共产党宣言》。刘少奇对马克思主义这部经典著作的学习非常刻苦,后来写下了《论共产党员的修养》等许多光辉篇章,为传播和实践《共产党宣言》的伟大思想作出了重要贡献。

周恩来:"在赴法国之前,我从译文中读过《共产党宣言》"

1936年,周恩来在与斯诺谈话中说:"在赴法国之前,我从译文中读过《共产党宣言》。"

周恩来与《共产党宣言》有着深厚的感情。1922年8月旅欧期间,他在《少年》上发表了《共产党宣言与中国》的著名论文,指出:"全世界无产阶级为创造新社会所共负的艰难责任,我们也应当分担起来。""共产主义在全世界,尤其是在中国。""永远不许忘掉!"抗战时期,身兼党政军要职的周恩来,总是随身带着一个公文包,包内装有《共产党宣言》等马列著作和毛泽东著作。不论在什么地方,周恩来总是抓紧时间,不知疲倦地学习。

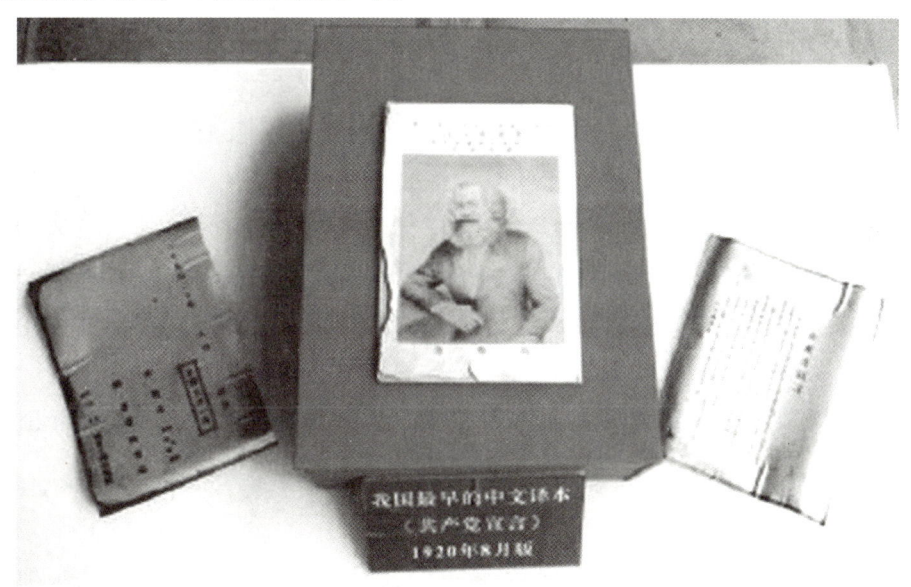

最早的《共产党宣言》中文译本

解放后,在全国第一届文代会上,周恩来当着代表们的面说:"陈望道先生,我们都是您教育出来的。"他生前一直关注着《共产党宣言》首译本的寻找,1975年,身患癌症的周总理还关切地询问陈望道是否找到首译本。陈望道遗憾地摇了摇头。他说:"这是马列老祖宗在我们中国的第一本经典著作,找不到它,是中国共产党人的心病啊！"就在这年秋天，山东广饶发现了中文第一版《共产党宣言》，这正是周总理要找的首译本。

邓小平："我的入门老师是《共产党宣言》"

1949年5月，百万雄师突破长江天险，直捣国民党南京"总统府"，在"总统府图书室"，邓小平与陈毅曾纵论旅欧经历，都说是读了《共产党宣言》等启蒙书的缘故，才走上革命道路。

1992年，邓小平在视察南方的谈话中又语重心长地对大家说："我的入门老师是《共产党宣言》和《共产主义ABC》。""我坚信，世界上赞成马克思主义的人会多起来，因为马克思主义是科学。""马克思主义是打不倒的。打不倒，并不是因为本子多，而是因为马克思主义的真理颠扑不破。"

《共产党宣言》作为马克思主义创始之作，以深邃的唯物史观揭示了人类社会的发展规律。马克思恩格斯在《共产党宣言》问世后反复向后人昭示其科学态度，阐述《共产党宣言》的一般原理整个说来是完全正确的，应当坚持；但这些原理的实际运用，随时随地都要以当时的历史条件为转移。一个半多世纪风雨历程，马克思主义在当代中国发展进入了一个新阶段，邓小平以对社会主义本质的深刻理解和对中国国情的透彻把握，在社会主义面临严峻挑战的重大时刻，为我们留下了坚持和发展马克思主义、总结新经验的南方谈话，成为当代中国改革开放和现代化建设的又一个宣言书。

江泽民同志、胡锦涛同志都十分重视对《共产党宣言》等马克思主义著作的学习。江泽民同志在1996年中央党校的一次讲话中讲到，他在上海交大读书时，曾打着手电筒在晚上读《共产党宣言》，并强调党的高级干部要认真学习马克思主义的经典著作。

（原载《新湘评论》）

中国共产党章程

(中国共产党第十九次全国代表大会部分修改，2017年10月24日通过)

总　纲

中国共产党是中国工人阶级的先锋队，同时是中国人民和中华民族的先锋队，是中国特色社会主义事业的领导核心，代表中国先进生产力的发展要求，代表中国先进文化的前进方向，代表中国最广大人民的根本利益。党的最高理想和最终目标是实现共产主义。

中国共产党以马克思列宁主义、毛泽东思想、邓小平理论、"三个代表"重要思想、科学发展观、习近平新时代中国特色社会主义思想作为自己的行动指南。

马克思列宁主义揭示了人类社会历史发展的规律，它的基本原理是正确的，具有强大的生命力。中国共产党人追求的共产主义最高理想，只有在社会主义社会充分发展和高度发达的基础上才能实现。社会主义制度的发展和完善是一个长期的历史过程。坚持马克思列宁主义的基本原理，走中国人民自愿选择的适合中国国情的道路，中国的社会主义事业必将取得最终的胜利。

以毛泽东同志为主要代表的中国共产党人，把马克思列宁主义的基本原理同中国革命的具体实践结合起来，创立了毛泽东思想。毛泽东思想是马克思列宁主义在中国的运用和发展，是被实践证明了的关于中国革命和建设的正确的理论原则和经验总结，是中国共产党集体智慧的结晶。在毛泽东思想指引下，中国共产党领导全国各族人民，经过长期的反对帝国主义、封建主义、官僚资本主义的革命斗争，取得了新民主主义革命的胜利，建立了人民民主专政的中华人民共和国；新中国成立以后，顺利地进行了社会主义改造，完成了从新民主主义到社会主义的过渡，确立了社会主义基本制度，发展了社会主义的经济、政治和文化。

十一届三中全会以来，以邓小平同志为主要代表的中国共产党人，总结新中国成立以来正反两方面的经验，解放思想，实事求是，实现全党工作中心向经济建设的转移，实行改革开放，开辟了社会主义事业发展的新时期，逐步形成了建设中国特色社会主义的路线、方针、政策，阐明了在中国建设社会主义、巩固和发展社会主义的基本问题，创立了邓小平理论。邓小平理论是马克思列宁主义的基本原理同当代中国实践和时代特征相结合的产物，是毛泽东思想在新的历史条件下的继承和发展，是马克思主义在中国发展的新阶段，是当代中国的马克思主义，是中国共产党集体智慧的结晶，引导着我国社会主义现代化事业不断前进。

十三届四中全会以来，以江泽民同志为主要代表的中国共产党人，在建设中国特色社会主义的实践中，加深了对什么是社会主义、怎样建设社会主义和建设什么样的党、怎样建设党的认识，积累了治党治国新的宝贵经验，形成了"三个代表"重要思想。"三个代表"重要思想是对马克思列宁主义、毛泽东思想、邓小平理论的继承和发展，反映了当代世界和中国的发展变化对党和国家工作的新要求，是加强和改进党的建设、推进我国社会主义自我完善和发展的强大理论武器，是中国共产党集体智慧的结晶，是党必须长期坚持的指导思想。始终做到"三个代表"，是我们党的立党之本、执政之基、力量之源。

十六大以来，以胡锦涛同志为主要代表的中国共产党人，坚持以邓小平理论和"三个代表"重要思想为指导，根据新的发展要求，深刻认识和回答了新形势下实现什么样的发展、怎样发展等重大问题，形成了以人为本、全面协调可持续发展的科学发展观。科学发展观是同马克思列宁主义、毛泽东思想、邓小平理论、"三个代表"重要思想既一脉相承又与时俱进的科学理论，是马克思主义关于发展的世界观和方法论的集中体现，是马克思主义中国化重大成果，是中国共产党集体智慧的结晶，是发展中国特色社会主义必须长期坚持的指导思想。

十八大以来，以习近平同志为主要代表的中国共产党人，顺应时代发展，从理论和实践结合上系统回答了新时代坚持和发展什么样的中国特色社会主义、怎样坚持和发展中国特色社会主义这个重大时代课题，创立了习近平新时代中国特色社会主义思想。习近平新时代中国特色社会主义思想是对马克思列宁主义、毛泽东思想、邓小平理论、"三个代表"重要思想、科学发展观的继承和发展，是马克思主义中国化最新成果，是党和人民实践经验和集体智慧的结晶，是中国特色社会主义理论体系的重要组成部分，是全党全国人民为实现中华民族伟大复兴而奋斗的行动指南，必须长期坚持并不断发展。在习近平新时代中国特色社会主义思想指导下，中国共产党领导全国各族人民，统揽伟大斗争、伟大工程、伟大事业、伟大梦想，推动中国特色社会主义进入了新时代。

改革开放以来我们取得一切成绩和进步的根本原因，归结起来就是：开辟了中国特色社会主义道路，形成了中国特色社会主义理论体系，确立了中国特色社会主义制度，发展了中国特色社会主义文化。全党同志要倍加珍惜、长期坚持和不断发展党历经艰辛开创的这条道路、这个理论体系、这个制度、这个文化，高举中国特色社会主义伟大旗帜，坚定道路自信、理论自信、制度自信、文化自信，贯彻党的基本理论、基本路线、基本方略，为实现推进现代化建设、完成祖国统一、维护世界和平与促进共同发展这三大历史任务，实现"两个一百年"奋斗目标、实现中华民族伟大复兴的中国梦而奋斗。

我国正处于并将长期处于社会主义初级阶段。这是在原本经济文化落后的中国建设社会主义现代化不可逾越的历史阶段，需要上百年的时间。我国的社会主义建设，必须从我国的国情出发，走中国特色社会主义道路。在现阶段，我国社会的主要矛盾是人民日益增长的美好生活需要和不平衡不充分的发展之间的矛盾。由于国内的因素和国际的影响，阶级斗争还在一定范围内长期存在，在某种条件下还有可能激化，但已经不是主要矛盾。我国社会主义建设的根本任务，是进一步解放生产力，发展生产力，逐步实现社会主义现代化，并且为此而改革生产关系和上层建筑中不适应生产力发展的方面和环节。必须坚持和完善公有制为主体、多种所有制经济共同发展的基本经济制度，坚持和完善按劳分配为主体、多种分配方式并存的分配制度，鼓励一部分地区和一部分人先富起来，逐步消灭贫穷，达到共同富裕，在生产发展和社会财富增长的基础上不断满足人民日益增长的美好生活需要，促进人的全面发展。发展是我们党执政兴国的第一要务。必须坚持以人民为中心的发展思想，坚持创新、协调、绿色、开放、共享的发展理念。各项工作都要把有利于发展社会主义社会的生产力，有利于增强社会主义国家的综合国力，有利于提高人民的生活水平，作为总的出发点和检验标准，尊重劳动、尊重知识、尊重人才、尊重创造，做到发展为了人民、发展依靠人民、发展成果由人民共享。跨入新世纪，我国进入全面建设小康社会、加快推进社会主义现代化的新的发展阶段。必须按照中国特色社会主义事业"五位一体"总体布局和"四个全面"战略布局，统筹推进经济建设、政治建设、文化建设、社会建设、生态文明建设，协调推进全面建成小康社会、全面深化改革、全面依法治国、全面从严治党。在新世纪新时代，经济和社会发展的战略目标是，到建党一百年时，全面建成小康社会；到新中国成立一百年时，全面建成社会主义现代化强国。

中国共产党在社会主义初级阶段的基本路线是：领导和团结全国各族人民，以经济建设为中心，坚持四项基本原则，坚持改革开放，自力更生，艰苦创业，为把我国建设成为富强民主文明和谐美丽的社会主义现代化强国而奋斗。

中国共产党在领导社会主义事业中，必须坚持以经济建设为中心，其他各项工作都服从和服务于这个中心。要实施科教兴国战略、人才强国战略、创新驱动发展战略、乡村振兴战略、区域协调发展战略、可持续发展战略、军民融合发展战略，充分发挥科学技术作为第一生产力的作用，充分发挥创新作为引领发展第一动力的作用，依靠科技进步，提高劳动者素质，促进国民经济更高质量、更有效率、更加公平、更可持续发展。

坚持社会主义道路、坚持人民民主专政、坚持中国共产党的领导、坚持马克思列宁主义毛泽东思想这四项基本原则，是我们的立国之本。在社会主义现代化建设的整个过程中，必须坚持四项基本原则，反对资产阶级自由化。

坚持改革开放，是我们的强国之路。只有改革开放，才能发展中国、发展社会主义、发展马克思主义。要全面深化改革，完善和发展中国特色社会主义制度，推进国家治理体系和治理能力现代化。要从根本上改革束缚生产力发展的经济体制，坚持和完善社会主义市场经济体制；与此相适应，要进行政治体制改革和其他领域的改革。要坚持对外开放的基本国策，吸收和借鉴人类社会创造的一切文明成果。改革开放应当大胆探索，勇于开拓，提高改革决策的科学性，更加注重改革的系统性、整体性、协同性，在实践中开创新路。

中国共产党领导人民发展社会主义市场经济。毫不动摇地巩固和发展公有制经济，毫不动摇地鼓励、支持、引导非公有制经济发展。发挥市场在资源配置中的决定性作用，更好发挥政府作用，建立完善的宏观调控体系。统筹城乡发展、区域发展、经济社会发展、人与自然和谐发展、国内发展和对外开放，调整经济结构，转变经济发展方式，推进供给侧结构性改革。促进新型工业化、信息化、城镇化、农业现代化同步发展，建设社会主义新农村，走中国特色新型工业化道路，建设创新型国家和世界科技强国。

中国共产党领导人民发展社会主义民主政治。坚持党的领导、人民当家作主、依法治国有机统一，走中国特色社会主义政治发展道路，扩大社会主义民主，建设中国特色社会主义法治体系，建设社会主义法治国家，巩固人民民主专政，建设社会主义政治文明。坚持和完善人民代表大会制度、中国共产党领导的多党合作和政治协商制度、民族区域自治制度以及基层群众自治制度。发展更加广泛、更加充分、更加健全的人民民主，推进协商民主广泛、多层、制度化发展，切实保障人民管理国家事务和社会事务、管理经济和文化事业的权利。尊重和保障人权。广开言路，建立健全民主选举、民主决策、民主管理、民主监督的制度和程序。完善中国特色社会主义法律体系，加强法律实施工作，实现国家各项工作法治化。

中国共产党领导人民发展社会主义先进文化。建设社会主义精神文明，实行依法治国和以德治国相结合，提高全民族的思想道德素质和科学文化素质，为改革开放和社会主义现代化建设提供强大的思想保证、精神动力和智力支持，建设社会主义文化强国。加强社会主义核心价值体系建设，坚持马克思主义指导思想，树立中国特色社会主义共同理想，弘扬以爱国主义为核心的民族精神和以改革创新为核心的时代精神，培育和践行社会主义核心价值观，倡导社会主义荣辱观，增强民族自尊、自信和自强精神，抵御资本主义和封建主义腐朽思想的侵蚀，扫除各种社会丑恶现象，努力使我国人民成为有理想、有道德、有文化、有纪律的人民。对党员要进行共产主义远大理想教育。大力发展教育、科学、文化事业，推动中华优秀传统文化创造性转化、创新性发展，继承革命文化，发展社会主义先进文化，提高国家文化软实力。牢牢掌握意识形态工作领导权，不断巩固马克思主义在意识形态领域的指导地位，巩固全党全国人民团结奋斗的共同思想基础。

中国共产党领导人民构建社会主义和谐社会。按照民主法治、公平正义、诚信友爱、充满活力、安定有序、人与自然和谐相处的总要求和共同建设、共同享有的原则，以保障和改善民生为重点，解决好人民最关心、最直接、最现实的利益问题，使发展成果更多更公平惠及全体人民，不断增强人民群众获得感，努力形成全体人民各尽其能、各得其所而又和谐相处的局面。加强和创新社会治理。严格区分和正确处理敌我矛盾和人民内部矛盾这两类不同性质的矛盾。加强社会治安综合治理，依法坚决打击各种危害国家安全和利益、危害社会稳定和经济发展的犯罪活动和犯罪分子，保持社会长期稳定。坚持总体国家安全观，坚决维护国家主权、安全、发展利益。

中国共产党领导人民建设社会主义生态文明。树立尊重自然、顺应自然、保护自然的生态文明理念，增强绿水青山就是金山银山的意识，坚持节约资源和保护环境的基本国策，坚持节约优先、保护优先、自然恢复为主的方针，坚持生产发展、生活富裕、生态良好的文明发展道路。着力建设资源节约型、环境友好型社会，实行最严格的生态环境保护制度，形成节约资源和保护环境的空间格局、产业结构、生产方式、生活方式，为人民创造良好生产生活环境，实现中华民族永续发展。

中国共产党坚持对人民解放军和其他人民武装力量的绝对领导，贯彻习近平强军思想，加强人民解放军的建设，坚持政治建军、改革强军、科技兴军、依法治军，建设一支听党指挥、能打胜仗、作风优良的人民军队，切实保证人民解放军有效履行新时代军队使命任务，充分发挥人民解放军在巩固国防、保卫祖国和参加社会主义现代化建设中的作用。

中国共产党维护和发展平等团结互助和谐的社会主义民族关系，积极培养、选拔少数民族干部，帮助少数民族和民族地区发展经济、文化和社会事业，铸牢中华民族共同体意识，实现各民族共同团结奋斗、共同繁荣发展。全面贯彻党的宗教工作基本方针，团结信教群众为经济社会发展作贡献。

中国共产党同全国各民族工人、农民、知识分子团结在一起，同各民主党派、无党派人士、各民族的爱国力量团结在一起，进一步发展和壮大由全体社会主义劳动者、社会主义事业的建设者、拥护社会主义的爱国者、拥护祖国统一和致力于中华民族伟大复兴的爱国者组成的最广泛的爱国统一战线。不断加强全国人民包括香港特别行政区同胞、澳门特别行政区同胞、台湾同胞和海外侨胞的团结。按照"一个国家、两种制度"的方针，促进香港、澳门长期繁荣稳定，完成祖国统一大业。

中国共产党坚持独立自主的和平外交政策，坚持和平发展道路，坚持互利共赢的开放战略，统筹国内国际两个大局，积极发展对外关系，努力为我国的改革开放和现代化建设争取有利的国际环境。在国际事务中，坚持正确义利观，维护我国的独立和主权，反对霸权主义和强权政治，维护世界和平，促进人类进步，推动构建人类命运共同体，推动建设持久和平、共同繁荣的和谐世界。在互相尊重主权和领土完整、互不侵犯、互不干涉内政、平等互利、和平共处五项原则的基础上，发展我国同世界各国的关系。不断发展我国同周边国家的睦邻友好关系，加强同发展中国家的团结与合作。遵循共商共建共享原则，推进"一带一路"建设。按照独立自主、完全平等、互相尊重、互不干涉内部事务的原则，发展我党同各国共产党和其他政党的关系。

中国共产党要领导全国各族人民实现"两个一百年"奋斗目标、实现中华民族伟大复兴的中国梦，必须紧密围绕党的基本路线，坚持党要管党、全面从严治党，加强党的长期执政能力建设、先进性和纯洁性建设，以改革创新精神全面推进党的建设新的伟大工程，以党的政治建设为统领，全面推进党的政治建设、思想建设、组织建设、作风建设、纪律建设，把制度建设贯穿其中，深入推进反腐败斗争，全面提高党的建设科学化水平。坚持立党为公、执政为民，发扬党的优良传统和作风，不断提高党的领导水平和执政水平，提高拒腐防变和抵御风险的能力，不断增强自我净化、自我完善、自我革新、自我提高能力，不断增强党的阶级基础和扩大党的群众基础，不断提高党的创造力、凝聚力、战斗力，建设学习型、服务型、创新型的马克思主义执政党，使我们党始终走在时代前列，成为领导全国人民沿着中国特色社会主义道路不断前进的坚强核心。党的建设必须坚决实现以下五项基本要求：

第一，坚持党的基本路线。全党要用邓小平理论、"三个代表"重要思想、科学发展观、习近平新时代中国特色社会主义思想和党的基本路线统一思想，统一行动，并且毫不动摇地长期坚持下去。必须把改革开放同四项基本原则统一起来，全面落实党的基本路线，反对一切"左"的和右的错误倾向，要警惕右，但主要是防止"左"。加强各级领导班子建设，培养选拔党和人民需要的好干部，培养和造就千百万社会主义事业接班人,从组织上保证党的基本理论、基本路线、基本方略的贯彻落实。

第二,坚持解放思想,实事求是,与时俱进,求真务实。 党的思想路线是一切从实际出发,理论联系实际,实事求是,在实践中检验真理和发展真理。全党必须坚持这条思想路线,积极探索,大胆试验,开拓创新,创造性地开展工作,不断研究新情况,总结新经验,解决新问题,在实践中丰富和发展马克思主义,推进马克思主义中国化。

第三,坚持全心全意为人民服务。 党除了工人阶级和最广大人民群众的利益,没有自己特殊的利益。党在任何时候都把群众利益放在第一位,同群众同甘共苦,保持最密切的联系,坚持权为民所用、情为民所系、利为民所谋,不允许任何党员脱离群众,凌驾于群众之上。我们党的最大政治优势是密切联系群众,党执政后的最大危险是脱离群众。党风问题、党同人民群众联系问题是关系党生死存亡的问题。党在自己的工作中实行群众路线,一切为了群众,一切依靠群众,从群众中来,到群众中去,把党的正确主张变为群众的自觉行动。

第四,坚持民主集中制。 民主集中制是民主基础上的集中和集中指导下的民主相结合。它既是党的根本组织原则,也是群众路线在党的生活中的运用。必须充分发扬党内民主,尊重党员主体地位,保障党员民主权利,发挥各级党组织和广大党员的积极性创造性。必须实行正确的集中,牢固树立政治意识、大局意识、核心意识、看齐意识,坚定维护以习近平同志为核心的党中央权威和集中统一领导,保证全党的团结统一和行动一致,保证党的决定得到迅速有效的贯彻执行。加强和规范党内政治生活,增强党内政治生活的政治性、时代性、原则性、战斗性,发展积极健康的党内政治文化,营造风清气正的良好政治生态。党在自己的政治生活中正确地开展批评和自我批评,在原则问题上进行思想斗争,坚持真理,修正错误。努力造成又有集中又有民主,又有纪律又有自由,又有统一意志又有个人心情舒畅生动活泼的政治局面。

第五,坚持从严管党治党。 全面从严治党永远在路上。新形势下,党面临的执政考验、改革开放考验、市场经济考验、外部环境考验是长期的、复杂的、严峻的,精神懈怠危险、能力不足危险、脱离群众危险、消极腐败危险更加尖锐地摆在全党面前。要把严的标准、严的措施贯穿于管党治党全过程和各方面。坚持依规治党、标本兼治,坚持把纪律挺在前面,加强组织性纪律性,在党的纪律面前人人平等。强化管党治党主体责任和监督责任,加强对党的领导机关和党员领导干部特别是主要领导干部的监督,不断完善党内监督体系。深入推进党风廉政建设和反腐败斗争,以零容忍态度惩治腐败，构建不敢腐、不能腐、不想腐的有效机制。

中国共产党的领导是中国特色社会主义最本质的特征，是中国特色社会主义制度的最大优势。党政军民学，东西南北中，党是领导一切的。党要适应改革开放和社会主义现代化建设的要求，坚持科学执政、民主执政、依法执政，加强和改善党的领导。党必须按照总揽全局、协调各方的原则，在同级各种组织中发挥领导核心作用。党必须集中精力领导经济建设，组织、协调各方面的力量，同心协力，围绕经济建设开展工作，促进经济社会全面发展。党必须实行民主的科学的决策，制定和执行正确的路线、方针、政策，做好党的组织工作和宣传教育工作，发挥全体党员的先锋模范作用。党必须在宪法和法律的范围内活动。党必须保证国家的立法、司法、行政、监察机关，经济、文化组织和人民团体积极主动地、独立负责地、协调一致地工作。党必须加强对工会、共产主义青年团、妇女联合会等群团组织的领导，使它们保持和增强政治性、先进性、群众性，充分发挥作用。党必须适应形势的发展和情况的变化，完善领导体制，改进领导方式，增强执政能力。共产党员必须同党外群众亲密合作，共同为建设中国特色社会主义而奋斗。

第一章　党　员

第一条　年满十八岁的中国工人、农民、军人、知识分子和其他社会阶层的先进分子，承认党的纲领和章程，愿意参加党的一个组织并在其中积极工作、执行党的决议和按期交纳党费的，可以申请加入中国共产党。

第二条　中国共产党党员是中国工人阶级的有共产主义觉悟的先锋战士。

中国共产党党员必须全心全意为人民服务，不惜牺牲个人的一切，为实现共产主义奋斗终身。

中国共产党党员永远是劳动人民的普通一员。除了法律和政策规定范围内的个人利益和工作职权以外，所有共产党员都不得谋求任何私利和特权。

第三条　党员必须履行下列义务：

（一）认真学习马克思列宁主义、毛泽东思想、邓小平理论、"三个代表"重要思想、科学发展观、习近平新时代中国特色社会主义思想，学习党的路线、方针、政策和决议，学习党的基本知识，学习科学、文化、法律和业务知识，努力提高为人民服务的本领。

（二）贯彻执行党的基本路线和各项方针、政策，带头参加改革开放和社会主义现代化建设，带动群众为经济发展和社会进步艰苦奋斗，在生产、工作、学习和社会生活中起先锋模范作用。

（三）坚持党和人民的利益高于一切，个人利益服从党和人民的利益，吃苦在前，享受在后，克己奉公，多做贡献。

（四）自觉遵守党的纪律，首先是党的政治纪律和政治规矩，模范遵守国家的法律法规，严格保守党和国家的秘密，执行党的决定，服从组织分配，积极完成党的任务。

（五）维护党的团结和统一，对党忠诚老实，言行一致，坚决反对一切派别组织和小集团活动，反对阳奉阴违的两面派行为和一切阴谋诡计。

（六）切实开展批评和自我批评，勇于揭露和纠正违反党的原则的言行和工作中的缺点、错误，坚决同消极腐败现象作斗争。

（七）密切联系群众，向群众宣传党的主张，遇事同群众商量，及时向党反映群众的意见和要求，维护群众的正当利益。

（八）发扬社会主义新风尚，带头实践社会主义核心价值观和社会主义荣辱观，提倡共产主义道德，弘扬中华民族传统美德，为了保护国家和人民的利益，在一切困难和危险的时刻挺身而出，英勇斗争，不怕牺牲。

第四条　党员享有下列权利：

（一）参加党的有关会议，阅读党的有关文件，接受党的教育和培训。

（二）在党的会议上和党报党刊上，参加关于党的政策问题的讨论。

（三）对党的工作提出建议和倡议。

（四）在党的会议上有根据地批评党的任何组织和任何党员，向党负责地揭发、检举党的任何组织和任何党员违法乱纪的事实，要求处分违法乱纪的党员，要求罢免或撤换不称职的干部。

（五）行使表决权、选举权，有被选举权。

（六）在党组织讨论决定对党员的党纪处分或作出鉴定时，本人有权参加和进行申辩，其他党员可以为他作证和辩护。

（七）对党的决议和政策如有不同意见，在坚决执行的前提下，可以声明保留，并且可以把自己的意见向党的上级组织直至中央提出。

（八）向党的上级组织直至中央提出请求、申诉和控告，并要求有关组织给以负责的答复。

党的任何一级组织直至中央都无权剥夺党员的上述权利。

第五条　发展党员，必须把政治标准放在首位，经过党的支部，坚持个别吸收的原则。

申请入党的人，要填写入党志愿书，要有两名正式党员作介绍人，要经过支部大会通过和上级党组织批准，并且经过预备期的考察，才能成为正式党员。

介绍人要认真了解申请人的思想、品质、经历和工作表现，向他解释党的纲领和党的章程，说明党员的条件、义务和权利，并向党组织作出负责的报告。

党的支部委员会对申请入党的人，要注意征求党内外有关群众的意见，进行严格的审查，认为合格后再提交支部大会讨论。

上级党组织在批准申请人入党以前，要派人同他谈话，作进一步的了解，并帮助他提高对党的认识。

在特殊情况下，党的中央和省、自治区、直辖市委员会可以直接接收党员。

第六条　预备党员必须面向党旗进行入党宣誓。誓词如下：我志愿加入中国共产党，拥护党的纲领，遵守党的章程，履行党员义务，执行党的决定，严守党的纪律，保守党的秘密，对党忠诚，积极工作，为共产主义奋斗终身，随时准备为党和人民牺牲一切，永不叛党。

第七条　预备党员的预备期为一年。党组织对预备党员应当认真教育和考察。

预备党员的义务同正式党员一样。预备党员的权利，除了没有表决权、选举权和被选举权以外，也同正式党员一样。

预备党员预备期满，党的支部应当及时讨论他能否转为正式党员。认真履行党员义务，具备党员条件的，应当按期转为正式党员；需要继续考察和教育的，可以延长预备期，但不能超过一年；不履行党员义务，不具备党员条件的，应当取消预备党员资格。预备党员转为正式党员，或延长预备期，或取消预备党员资格，都应当经支部大会讨论通过和上级党组织批准。

预备党员的预备期，从支部大会通过他为预备党员之日算起。党员的党龄，从预备期满转为正式党员之日算起。

第八条　每个党员，不论职务高低，都必须编入党的一个支部、小组或其他特定组织，参加党的组织生活，接受党内外群众的监督。党员领导干部还必须参加党委、党组的民主生活会。不允许有任何不参加党的组织生活、不接受党内外群众监督的特殊党员。

第九条　党员有退党的自由。党员要求退党，应当经支部大会讨论后宣布除名，并报上级党组织备案。

党员缺乏革命意志，不履行党员义务，不符合党员条件，党的支部应当对他进行教育，要求他限期改正；经教育仍无转变的，应当劝他退党。劝党员退党，应当经支部大会讨论决定，并报上级党组织批准。如被劝告退党的党员坚持不退，应当提交支部大会讨论，决定把他除名，并报上级党组织批准。

党员如果没有正当理由，连续六个月不参加党的组织生活，或不交纳党费，或不做党所分配的工作，就被认为是自行脱党。支部大会应当决定把这样的党员除名，并报上级党组织批准。

第二章　党的组织制度

第十条　党是根据自己的纲领和章程，按照民主集中制组织起来的统一整体。党的民主集中制的基本原则是：

（一）党员个人服从党的组织，少数服从多数，下级组织服从上级组织，全党各个组织和全体党员服从党的全国代表大会和中央委员会。

（二）党的各级领导机关，除它们派出的代表机关和在非党组织中的党组外，都由选举产生。

（三）党的最高领导机关，是党的全国代表大会和它所产生的中央委员会。党的地方各级领导机关，是党的地方各级代表大会和它们所产生的委员会。党的各级委员会向同级的代表大会负责并报告工作。

（四）党的上级组织要经常听取下级组织和党员群众的意见，及时解决他们提出的问题。党的下级组织既要向上级组织请示和报告工作，又要独立负责地解决自己职责范围内的问题。上下级组织之间要互通情报、互相支持和互相监督。党的各级组织要按规定实行党务公开，使党员对党内事务有更多的了解和参与。

（五）党的各级委员会实行集体领导和个人分工负责相结合的制度。凡属重大问题都要按照集体领导、民主集中、个别酝酿、会议决定的原则，由党的委员会集体讨论，作出决定；委员会成员要根据集体的决定和分工，切实履行自己的职责。

（六）党禁止任何形式的个人崇拜。要保证党的领导人的活动处于党和人民的监督之下，同时维护一切代表党和人民利益的领导人的威信。

第十一条　党的各级代表大会的代表和委员会的产生，要体现选举人的意志。选举采用无记名投票的方式。候选人名单要由党组织和选举人充分酝酿讨论。可以直接采用候选人数多于应选人数的差额选举办法进行正式选举。也可以先采用差额选举办法进行预选，产生候选人名单，然后进行正式选举。选举人有了解候选人情况、要求改变候选人、不选任何一个候选人和另选他人的权利。任何组织和个人不得以任何方式强迫选举人选举或不选举某个人。

党的地方各级代表大会和基层代表大会的选举，如果发生违反党章的情况，上一级党的委员会在调查核实后，应作出选举无效和采取相应措施的决定，并报再上一级党的委员会审查批准，正式宣布执行。

党的各级代表大会代表实行任期制。

第十二条　党的中央和地方各级委员会在必要时召集代表会议，讨论和决定需要及时解决的重大问题。代表会议代表的名额和产生办法，由召集代表会议的委员会决定。

第十三条　凡是成立党的新组织，或是撤销党的原有组织，必须由上级党组织决定。

在党的地方各级代表大会和基层代表大会闭会期间，上级党的组织认为有必要时，可以调动或者指派下级党组织的负责人。

党的中央和地方各级委员会可以派出代表机关。

第十四条　党的中央和省、自治区、直辖市委员会实行巡视制度，在一届任期内，对所管理的地方、部门、企事业单位党组织实现巡视全覆盖。

中央有关部委和国家机关部门党组（党委）根据工作需要，开展巡视工作。

党的市（地、州、盟）和县（市、区、旗）委员会建立巡察制度。

第十五条　党的各级领导机关，对同下级组织有关的重要问题作出决定时，在通常情况下，要征求下级组织的意见。要保证下级组织能够正常行使他们的职权。凡属应由下级组织处理的问题，如无特殊情况，上级领导机关不要干预。

第十六条　有关全国性的重大政策问题，只有党中央有权作出决定，各部门、各地方的党组织可以向中央提出建议，但不得擅自作出决定和对外发表主张。

党的下级组织必须坚决执行上级组织的决定。下级组织如果认为上级组织的决定不符合本地区、本部门的实际情况，可以请求改变；如果上级组织坚持原决定，下级组织必须执行，并不得公开发表不同意见，但有权向再上一级组织报告。

党的各级组织的报刊和其他宣传工具，必须宣传党的路线、方针、政策和决议。

第十七条　党组织讨论决定问题，必须执行少数服从多数的原则。决定重要问题，要进行表决。对于少数人的不同意见，应当认真考虑。如对重要问题发生争论，双方人数接近，除了在紧急情况下必须按多数意见执行外，应当暂缓作出决定，进一步调查研究，交换意见，下次再表决；在特殊情况下，也可将争论情况向上级组织报告，请求裁决。

党员个人代表党组织发表重要主张，如果超出党组织已有决定的范围，必须提交所在的党组织讨论决定，或向上级党组织请示。任何党员不论职务高低，都不能个人决定重大问题；如遇紧急情况，必须由个人作出决定时，事后要迅速向党组织报告。不允许任何领导人实行个人专断和把个人凌驾于组织之上。

第十八条　党的中央、地方和基层组织，都必须重视党的建设，经常讨论和检查党的宣传工作、教育工作、组织工作、纪律检查工作、群众工作、统一战线工作等，注意研究党内外的思想政治状况。

第三章　党的中央组织

第十九条　党的全国代表大会每五年举行一次，由中央委员会召集。中央委员会认为有必要，或者有三分之一以上的省一级组织提出要求，全国代表大会可以提前举行；如无非常情况，不得延期举行。

全国代表大会代表的名额和选举办法，由中央委员会决定。

第二十条　党的全国代表大会的职权是：

（一）听取和审查中央委员会的报告；

（二）审查中央纪律检查委员会的报告；

（三）讨论并决定党的重大问题；

（四）修改党的章程；

（五）选举中央委员会；

（六）选举中央纪律检查委员会。

第二十一条　党的全国代表会议的职权是：讨论和决定重大问题；调整和增选中央委员会、中央纪律检查委员会的部分成员。调整和增选中央委员及候补中央委员的数额，不得超过党的全国代表大会选出的中央委员及候补中央委员各自总数的五分之一。

第二十二条　党的中央委员会每届任期五年。全国代表大会如提前或延期举行，它的任期相应地改变。中央委员会委员和候补委员必须有五年以上的党龄。中央委员会委员和候补委员的名额，由全国代表大会决定。中央委员会委员出缺，由中央委员会候补委员按照得票多少依次递补。

中央委员会全体会议由中央政治局召集，每年至少举行一次。中央政治局向中央委员会全体会议报告工作，接受监督。

在全国代表大会闭会期间，中央委员会执行全国代表大会的决议，领导党的全部工作，对外代表中国共产党。

第二十三条　党的中央政治局、中央政治局常务委员会和中央委员会总书记，由中央委员会全体会议选举。中央委员会总书记必须从中央政治局常务委员会委员中产生。

中央政治局和它的常务委员会在中央委员会全体会议闭会期间，行使中央委员会的职权。

中央书记处是中央政治局和它的常务委员会的办事机构；成员由中央政治局常务委员会提名，中央委员会全体会议通过。

中央委员会总书记负责召集中央政治局会议和中央政治局常务委员会会议，并主持中央书记处的工作。

党的中央军事委员会组成人员由中央委员会决定，中央军事委员会实行主席负责制。

每届中央委员会产生的中央领导机构和中央领导人，在下届全国代表大会开会期间，继续主持党的经常工作，直到下届中央委员会产生新的中央领导机构和中央领导人为止。

第二十四条　中国人民解放军的党组织，根据中央委员会的指示进行工作。中央军事委员会负责军队中党的工作和政治工作，对军队中党的组织体制和机构作出规定。

第四章　党的地方组织

第二十五条　党的省、自治区、直辖市的代表大会，设区的市和自治州的代表大会，县（旗）、自治县、不设区的市和市辖区的代表大会，每五年举行一次。

党的地方各级代表大会由同级党的委员会召集。在特殊情况下，经上一级委员会批准，可以提前或延期举行。

党的地方各级代表大会代表的名额和选举办法，由同级党的委员会决定，并报上一级党的委员会批准。

第二十六条　党的地方各级代表大会的职权是：

（一）听取和审查同级委员会的报告；

（二）审查同级纪律检查委员会的报告；

（三）讨论本地区范围内的重大问题并作出决议；

（四）选举同级党的委员会，选举同级党的纪律检查委员会。

第二十七条　党的省、自治区、直辖市、设区的市和自治州的委员会，每届任期五年。这些委员会的委员和候补委员必须有五年以上的党龄。

党的县（旗）、自治县、不设区的市和市辖区的委员会，每届任期五年。这些委员会的委员和候补委员必须有三年以上的党龄。

党的地方各级代表大会如提前或延期举行，由它选举的委员会的任期相应地改变。

党的地方各级委员会的委员和候补委员的名额，分别由上一级委员会决定。党的地方各级委员会委员出缺，由候补委员按照得票多少依次递补。

党的地方各级委员会全体会议，每年至少召开两次。

党的地方各级委员会在代表大会闭会期间，执行上级党组织的指示和同级党代表大会的决议，领导本地方的工作，定期向上级党的委员会报告工作。

第二十八条　党的地方各级委员会全体会议，选举常务委员会和书记、副书记，并报上级党的委员会批准。党的地方各级委员会的常务委员会，在委员会全体会议闭会期间，行使委员会职权；在下届代表大会开会期间，继续主持经常工作，直到新的常务委员会产生为止。

党的地方各级委员会的常务委员会定期向委员会全体会议报告工作，接受监督。

第二十九条　党的地区委员会和相当于地区委员会的组织，是党的省、自治区委员会在几个县、自治县、市范围内派出的代表机关。它根据省、自治区委员会的授权，领导本地区的工作。

第五章　党的基层组织

第三十条　企业、农村、机关、学校、科研院所、街道社区、社会组织、人民解放军连队和其他基层单位，凡是有正式党员三人以上的，都应当成立党的基层组织。

党的基层组织，根据工作需要和党员人数，经上级党组织批准，分别设立党的基层委员会、总支部委员会、支部委员会。基层委员会由党员大会或代表大会选举产生，总支部委员会和支部委员会由党员大会选举产生，提出委员候选人要广泛征求党员和群众的意见。

第三十一条　党的基层委员会、总支部委员会、支部委员会每届任期三年至五年。基层委员会、总支部委员会、支部委员会的书记、副书记选举产生后，应报上级党组织批准。

第三十二条　党的基层组织是党在社会基层组织中的战斗堡垒，是党的全部工作和战斗力的基础。它的基本任务是：

（一）宣传和执行党的路线、方针、政策，宣传和执行党中央、上级组织和本组织的决议，充分发挥党员的先锋模范作用，积极创先争优，团结、组织党内外的干部和群众，努力完成本单位所担负的任务。

（二）组织党员认真学习马克思列宁主义、毛泽东思想、邓小平理论、"三个代表"重要思想、科学发展观、习近平新时代中国特色社会主义思想，推进"两学一做"学习教育常态化制度化，学习党的路线、方针、政策和决议，学习党的基本知识，学习科学、文化、法律和业务知识。

（三）对党员进行教育、管理、监督和服务，提高党员素质，坚定理想信念，增强党性，严格党的组织生活，开展批评和自我批评，维护和执行党的纪律，监督党员切实履行义务，保障党员的权利不受侵犯。加强和改进流动党员管理。

（四）密切联系群众，经常了解群众对党员、党的工作的批评和意见，维护群众的正当权利和利益，做好群众的思想政治工作。

（五）充分发挥党员和群众的积极性创造性，发现、培养和推荐他们中间的优秀人才，鼓励和支持他们在改革开放和社会主义现代化建设中贡献自己的聪明才智。

（六）对要求入党的积极分子进行教育和培养，做好经常性的发展党员工作，重视在生产、工作第一线和青年中发展党员。

（七）监督党员干部和其他任何工作人员严格遵守国家法律法规，严格遵守国家的财政经济法规和人事制度，不得侵占国家、集体和群众的利益。

（八）教育党员和群众自觉抵制不良倾向，坚决同各种违纪违法行为作斗争。

第三十三条 街道、乡、镇党的基层委员会和村、社区党组织，领导本地区的工作和基层社会治理，支持和保证行政组织、经济组织和群众自治组织充分行使职权。

国有企业党委（党组）发挥领导作用，把方向、管大局、保落实，依照规定讨论和决定企业重大事项。国有企业和集体企业中党的基层组织，围绕企业生产经营开展工作。保证监督党和国家的方针、政策在本企业的贯彻执行；支持股东会、董事会、监事会和经理（厂长）依法行使职权；全心全意依靠职工群众，支持职工代表大会开展工作；参与企业重大问题的决策；加强党组织的自身建设，领导思想政治工作、精神文明建设和工会、共青团等群团组织。

非公有制经济组织中党的基层组织，贯彻党的方针政策，引导和监督企业遵守国家的法律法规，领导工会、共青团等群团组织，团结凝聚职工群众，维护各方的合法权益，促进企业健康发展。

社会组织中党的基层组织，宣传和执行党的路线、方针、政策，领导工会、共青团等群团组织，教育管理党员，引领服务群众，推动事业发展。

实行行政领导人负责制的事业单位中党的基层组织，发挥战斗堡垒作用。实行党委领导下的行政领导人负责制的事业单位中党的基层组织，对重大问题进行讨论和作出决定，同时保证行政领导人充分行使自己的职权。

各级党和国家机关中党的基层组织，协助行政负责人完成任务，改进工作，对包括行政负责人在内的每个党员进行教育、管理、监督，不领导本单位的业务工作。

第三十四条 党支部是党的基础组织，担负直接教育党员、管理党员、监督党员和组织群众、宣传群众、凝聚群众、服务群众的职责。

第六章　党的干部

第三十五条 党的干部是党的事业的骨干，是人民的公仆，要做到忠诚干净担当。党按照德才兼备、以德为先的原则选拔干部，坚持五湖四海、任人唯贤，坚持事业为上、公道正派，反对任人唯亲，努力实现干部队伍的革命化、年轻化、知识化、专业化。

党重视教育、培训、选拔、考核和监督干部，特别是培养、选拔优秀年轻干部。积极推进干部制度改革。

党重视培养、选拔女干部和少数民族干部。

第三十六条 党的各级领导干部必须信念坚定、为民服务、勤政务实、敢于担当、清正廉洁，模范地履行本章程第三条所规定的党员的各项义务，并且必须具备以下的基本条件：

（一）具有履行职责所需要的马克思列宁主义、毛泽东思想、邓小平理论、"三个代表"重要思想、科学发展观的水平，带头贯彻落实习近平新时代中国特色社会主义思想，努力用马克思主义的立场、观点、方法分析和解决实际问题，坚持讲学习、讲政治、讲正气，经得起各种风浪的考验。

（二）具有共产主义远大理想和中国特色社会主义坚定信念，坚决执行党的基本路线和各项方针、政策，立志改革开放，献身现代化事业，在社会主义建设中艰苦创业，树立正确政绩观，做出经得起实践、人民、历史检验的实绩。

（三）坚持解放思想，实事求是，与时俱进，开拓创新，认真调查研究，能够把党的方针、政策同本地区、本部门的实际相结合，卓有成效地开展工作，讲实话，办实事，求实效。

（四）有强烈的革命事业心和政治责任感，有实践经验，有胜任领导工作的组织能力、文化水平和专业知识。

（五）正确行使人民赋予的权力，坚持原则，依法办事，清正廉洁，勤政为民，以身作则，艰苦朴素，密切联系群众，坚持党的群众路线，自觉地接受党和群众的批评和监督，加强道德修养，讲党性、重品行、作表率，做到自重、自省、自警、自励，反对形式主义、官僚主义、享乐主义和奢靡之风，反对任何滥用职权、谋求私利的行为。

（六）坚持和维护党的民主集中制，有民主作风，有全局观念，善于团结同志，包括团结同自己有不同意见的同志一道工作。

第三十七条 党员干部要善于同党外干部合作共事，尊重他们，虚心学习他们的长处。

党的各级组织要善于发现和推荐有真才实学的党外干部担任领导工作，保证他们有职有权，充分发挥他们的作用。

第三十八条 党的各级领导干部，无论是由民主选举产生的，或是由领导机关任命的，他们的职务都不是终身的，都可以变动或解除。

年龄和健康状况不适宜于继续担任工作的干部，应当按照国家的规定退、离休。

第七章　党的纪律

第三十九条 党的纪律是党的各级组织和全体党员必须遵守的行为规则，是维护党的团结统一、完成党的任务的保证。党组织必须严格执行和维护党的纪律，共产党员必须自觉接受党的纪律的约束。

第四十条 党的纪律主要包括政治纪律、组织纪律、廉洁纪律、群众纪律、工作纪律、生活纪律。

坚持惩前毖后、治病救人，执纪必严、违纪必究，抓早抓小、防微杜渐，按照错误性质和情节轻重，给以批评教育直至纪律处分。运用监督执纪"四种形态"，让"红红脸、出出汗"成为常态，党纪处分、组织调整成为管党治党的重要手段，严重违纪、严重触犯刑律的党员必须开除党籍。

党内严格禁止用违反党章和国家法律的手段对待党员，严格禁止打击报复和诬告陷害。违反这些规定的组织或个人必须受到党的纪律和国家法律的追究。

第四十一条 对党员的纪律处分有五种：警告、严重警告、撤销党内职务、留党察看、开除党籍。

留党察看最长不超过两年。党员在留党察看期间没有表决权、选举权和被选举权。党员经过留党察看，确已改正错误的，应当恢复其党员的权利；坚持错误不改的，应当开除党籍。

开除党籍是党内的最高处分。各级党组织在决定或批准开除党员党籍的时候，应当全面研究有关的材料和意见，采取十分慎重的态度。

第四十二条 对党员的纪律处分，必须经过支部大会讨论决定，报党的基层委员会批准；如果涉及的问题比较重要或复杂，或给党员以开除党籍的处分，应分别不同情况，报县级或县级以上党的纪律检查委员会审查批准。在特殊情况下，县级和县级以上各级党的委员会和纪律检查委员会有权直接决定给党员以纪律处分。

对党的中央委员会委员、候补委员，给以警告、严重警告处分，由中央纪律检查委员会常务委员会审议后，报党中央批准。对地方各级党的委员会委员、候补委员，给以警告、严重警告处分，应由上一级纪律检查委员会批准，并报它的同级党的委员会备案。

对党的中央委员会和地方各级委员会的委员、候补委员，给以撤销党内职务、留党察看或开除党籍的处分，必须由本人所在的委员会全体会议三分之二以上的多数决定。在全体会议闭会期间，可以先由中央政治局和地方各级委员会常务委员会作出处理决定，待召开委员会全体会议时予以追认。对地方各级委员会委员和候补委员的上述处分，必须经过上级纪律检查委员会常务委员会审议，由这一级纪律检查委员会报同级党的委员会批准。

严重触犯刑律的中央委员会委员、候补委员，由中央政治局决定开除其党籍；严重触犯刑律的地方各级委员会委员、候补委员，由同级委员会常务委员会决定开除其党籍。

第四十三条 党组织对党员作出处分决定，应当实事求是地查清事实。处分决定所依据的事实材料和处分决定必须同本人见面，听取本人说明情况和申辩。如果本人对处分决定不服，可以提出申诉，有关党组织必须负责处理或者迅速转递，不得扣压。对于确属坚持错误意见和无理要求的人，要给以批评教育。

第四十四条 党组织如果在维护党的纪律方面失职，必须问责。

对于严重违犯党的纪律、本身又不能纠正的党组织，上一级党的委员会在查明核实后，应根据情节严重的程度，作出进行改组或予以解散的决定，并报再上一级党的委员会审查批准，正式宣布执行。

第八章　党的纪律检查机关

第四十五条 党的中央纪律检查委员会在党的中央委员会领导下进行工作。党的地方各级纪律检查委员会和基层纪律检查委员会在同级党的委员会和上级纪律检查委员会双重领导下进行工作。上级党的纪律检查委员会加强对下级纪律检查委员会的领导。

党的各级纪律检查委员会每届任期和同级党的委员会相同。

党的中央纪律检查委员会全体会议，选举常务委员会和书记、副书记，并报党的中央委员会批准。党的地方各级纪律检查委员会全体会议，选举常务委员会和书记、副书记，并由同级党的委员会通过，报上级党的委员会批准。党的基层委员会是设立纪律检查委员会，还是设立纪律检查委员，由它的上一级党组织根据具体情况决定。党的总支部委员会和支部委员会设纪律检查委员。

党的中央和地方纪律检查委员会向同级党和国家机关全面派驻党的纪律检查组。纪律检查组组长参加驻在部门党的领导组织的有关会议。他们的工作必须受到该机关党的领导组织的支持。

第四十六条 党的各级纪律检查委员会是党内监督专责机关，主要任务是：维护党的章程和其他党内法规，检查党的路线、方针、政策和决议的执行情况，协助党的委员会推进全面从严治党、加强党风建设和组织协调反腐败工作。

党的各级纪律检查委员会的职责是监督、执纪、问责，要经常对党员进行遵守纪律的教育，作出关于维护党纪的决定；对党的组织和党员领导干部履行职责、行使权力进行监督，受理处置党员群众检举举报，开展谈话提醒、约谈函询；检查和处理党的组织和党员违反党的章程和其他党内法规的比较重要或复杂的案件，决定或取消对这些案件中的党员的处分；进行问责或提出责任追究的建议；受理党员的控告和申诉；保障党员的权利。

各级纪律检查委员会要把处理特别重要或复杂的案件中的问题和处理的结果，向同级党的委员会报告。党的地方各级纪律检查委员会和基层纪律检查委员会要同时向上级纪律检查委员会报告。

各级纪律检查委员会发现同级党的委员会委员有违犯党的纪律的行为，可以先进行初步核实，如果需要立案检查的，应当在向同级党的委员会报告的同时向上一级纪律检查委员会报告；涉及常务委员的，报告上一级纪律检查委员会，由上一级纪律检查委员会进行初步核实，需要审查的，由上一级纪律检查委员会报它的同级党的委员会批准。

第四十七条 上级纪律检查委员会有权检查下级纪律检查委员会的工作，并且有权批准和改变下级纪律检查委员会对于案件所作的决定。如果所要改变的该下级纪律检查委员会的决定，已经得到它的同级党的委员会的批准，这种改变必须经过它的上一级党的委员会批准。

党的地方各级纪律检查委员会和基层纪律检查委员会如果对同级党的委员会处理案件的决定有不同意见，可以请求上一级纪律检查委员会予以复查；如果发现同级党的委员会或它的成员有违犯党的纪律的情况，在同级党的委员会不给予解决或不给予正确解决的时候，有权向上级纪律检查委员会提出申诉，请求协助处理。

第九章　党　组

第四十八条 在中央和地方国家机关、人民团体、经济组织、文化组织和其他非党组织的领导机关中，可以成立党组。党组发挥领导核心作用。党组的任务，主要是负责贯彻执行党的路线、方针、政策；加强对本单位党的建设的领导，履行全面从严治党责任；讨论和决定本单位的重大问题；做好干部管理工作；讨论和决定基层党组织设置调整和发展党员、处分党员等重要事项；团结党外干部和群众，完成党和国家交给的任务；领导机关和直属单位党组织的工作。

第四十九条 党组的成员，由批准成立党组的党组织决定。党组设书记，必要时还可以设副书记。

党组必须服从批准它成立的党组织领导。

第五十条 对下属单位实行集中统一领导的国家工作部门可以建立党委，党委的产生办法、职权和工作任务，由中央另行规定。

第十章 党和共产主义青年团的关系

第五十一条 中国共产主义青年团是中国共产党领导的先进青年的群团组织，是广大青年在实践中学习中国特色社会主义和共产主义的学校，是党的助手和后备军。共青团中央委员会受党中央委员会领导。共青团的地方各级组织受同级党的委员会领导，同时受共青团上级组织领导。

第五十二条 党的各级委员会要加强对共青团的领导，注意团的干部的选拔和培训。党要坚决支持共青团根据广大青年的特点和需要，生动活泼地、富于创造性地进行工作，充分发挥团的突击队作用和联系广大青年的桥梁作用。

团的县级和县级以下各级委员会书记，企业事业单位的团委员会书记，是党员的，可以列席同级党的委员会和常务委员会的会议。

第十一章 党徽党旗

第五十三条 中国共产党党徽为镰刀和锤头组成的图案。

第五十四条 中国共产党党旗为旗面缀有金黄色党徽图案的红旗。

第五十五条 中国共产党的党徽党旗是中国共产党的象征和标志。党的各级组织和每一个党员都要维护党徽党旗的尊严。要按照规定制作和使用党徽党旗。

认真学习党章　严格遵守党章

(2012 年 11 月 16 日)

习近平

刚刚闭幕的中国共产党第十八次全国代表大会,从继续推进党的理论创新、推进党和国家事业发展、推进党的建设新的伟大工程出发,对中国共产党章程进行修改,把我们党在推进中国特色社会主义伟大事业和党的建设新的伟大工程中取得的重大实践成果、理论成果、制度成果体现在党章中,实现了党章又一次与时俱进。

党章是党的总章程,集中体现了党的性质和宗旨、党的理论和路线方针政策、党的重要主张,规定了党的重要制度和体制机制,是全党必须共同遵守的根本行为规范。没有规矩,不成方圆。党章就是党的根本大法,是全党必须遵循的总规矩。在各级党组织的全部活动中,都要坚持引导广大党员、干部特别是领导干部自觉学习党章、遵守党章、贯彻党章、维护党章,自觉加强党性修养,增强党的意识、宗旨意识、执政意识、大局意识、责任意识,切实做到为党分忧、为国尽责、为民奉献。

我们党历来高度重视制定和完善党章。党的一大制定了党纲,党的二大制定了我们党的第一部党章。在 90 多年的奋斗历程中,我们党总是认真总结革命建设改革的成功经验,及时把党的实践创新、理论创新、制度创新的重要成果体现到党章中,从而使党章在推进党的事业、加强党的建设中发挥了重要指导作用。

党的十八大通过的党章修正案,把科学发展观同马克思列宁主义、毛泽东思想、邓小平理论、"三个代表"重要思想一道,确立为党的行动指南;在党章中完整表述了中国特色社会主义道路、中国特色社会主义理论体系、中国特色社会主义制度,全面揭示了中国特色社会主义的科学内涵;把生态文明建设纳入中国特色社会主义事业总体布局;把加强党的执政能力建设、先进性和纯洁性建设,整体推进党的思想建设、组织建设、作风建设、反腐倡廉建设、制度建设,全面提高党的建设科学化水平,建设学习型、服务型、创新型的马克思主义执政党等内容写入党章,并对党员义务、党的基层组织和党的干部的要求作了充实。通过这次修改,党章这个党的总章程更加完善,必将在推进党的事业和党的建设中更好发挥根本性规范和指导作用。

认真学习党章、严格遵守党章，是学习贯彻党的十八大精神的重要内容。要把学习党章同学习党的十八大精神紧密结合起来，同学习中国特色社会主义理论体系紧密结合起来。要深刻理解把科学发展观同马克思列宁主义、毛泽东思想、邓小平理论、"三个代表"重要思想一道确立为党的指导思想的重大意义，深入领会科学发展观的精神实质，增强贯彻落实科学发展观的自觉性和坚定性，坚定不移走科学发展之路。要深刻理解在党章中完整表述中国特色社会主义道路、中国特色社会主义理论体系、中国特色社会主义制度的重大意义，深入领会中国特色社会主义的科学内涵，增强道路自信、理论自信、制度自信，坚定不移推进中国特色社会主义伟大事业。要深刻理解把生态文明建设纳入中国特色社会主义事业总体布局的重大意义，深入领会生态文明建设的指导原则和主要着力点，自觉把生态文明建设融入经济建设、政治建设、文化建设、社会建设各方面和全过程。要深刻理解党章增写党的建设总体要求新内容和关于党员、党的基层组织、党的干部新要求的重大意义，深入领会各项新内容新要求的科学内涵，坚持用党章指导和规范党的建设各项工作，全面提高党的建设科学化水平。

认真学习党章、严格遵守党章，是加强党的建设的一项基础性经常性工作，也是全党同志的应尽义务和庄严责任，对强化全党党章意识，增强党的创造力、凝聚力、战斗力具有极为重要的作用。要以党的十八大党章修正案颁布为契机，在全党兴起学习党章、遵守党章的热潮。

要全面掌握党章基本内容。党章对党的性质、宗旨、指导思想、奋斗纲领和重大方针政策作出了明确规定，对党员权利和义务作出了明确规定，对党的制度和各级党组织的行为规范作出了明确规定，对党的各级领导干部的基本条件作出了明确规定，对党的纪律作出了明确规定。对这些重要内容，全党同志都要全面了解和掌握。要把党章学习教育作为经常性工作来抓，通过日常学习、专题培训等形式，组织党员学习党章。要把学习党章作为各级党校、干校培训党员领导干部的必备课程。要把检查学习和遵守党章情况作为组织生活会、民主生活会的重要内容。通过学习教育，使全党同志对党章内化于心、外化于行。

要严格遵守党章各项规定。全党要牢固树立党章意识，真正把党章作为加强党性修养的根本标准，作为指导党的工作、党内活动、党的建设的根本依据，把党章各项规定落实到行动上、落实到各项事业中。建立健全党内制度体系，要以党章为根本依据；判断各级党组织和党员、干部的表现，要以党章为基本标准；解决党内矛盾，要以党章为根本规则。要加强对遵守党章、执行党章情况的督促检查，对党章意识不强、不按党章规定办事的要及时提醒，对严重违反党章规定的行为要坚决纠正，全党共同来维护党章的权威性和严肃性。

<u>党员领导干部要做学习党章、遵守党章的模范</u>。各级领导干部要把学习党章作为必修课，走上新的领导岗位的同志要把学习党章作为第一课，带头遵守党章各项规定。凡是党章规定党员必须做到的，领导干部要首先做到；凡是党章规定党员不能做的，领导干部要带头不做。要严格按照党章规定的党员领导干部必须具备的六项基本条件，提高自身素质和能力，经常检查和弥补自身不足。特别是要在坚定理想信念、坚持实事求是、推动科学发展、密切联系群众、加强道德修养、严守党的纪律等方面为广大党员作出表率。要严格执行党章关于民主集中制的各项规定，并落实到制定决策、选人用人等领导工作各个环节。要带头执行党的政治纪律，自觉维护中央权威，厉行工作规程，做到令行禁止，保证中央政令畅通。要严格执行党章关于党内政治生活的各项规定，敢于坚持原则，勇于开展批评和自我批评，带头弘扬正气、抵制歪风邪气。要坚持党的群众路线，从群众中来、到群众中去，深入基层调查研究，亲近群众，联系群众，服务群众，做好新形势下的群众工作，朝气蓬勃地带领人民为全面建成小康社会、坚持和发展中国特色社会主义而共同奋斗。

二 信仰之旗

红旗飘飘指航向

为人民服务

毛泽东

我们的共产党和共产党所领导的八路军、新四军，是革命的队伍。我们这个队伍完全是为着解放人民的，是彻底地为人民的利益工作的。张思德同志就是我们这个队伍中的一个同志。

人总是要死的，但死的意义有不同。中国古时候有个文学家叫做司马迁的说过："人固有一死，或重于泰山，或轻于鸿毛。"为人民利益而死，就比泰山还重；替法西斯卖力，替剥削人民和压迫人民的人去死，就比鸿毛还轻。张思德同志是为人民利益而死的，他的死是比泰山还要重的。

因为我们是为人民服务的，所以，我们如果有缺点，就不怕别人批评指出。不管是什么人，谁向我们指出都行。只要你说得对，我们就改正。你说的办法对人民有好处，我们就照你的办。"精兵简政"这一条意见，就是党外人士李鼎铭先生提出来的；他提得好，对人民有好处，我们就采用了。只要我们为人民的利益坚持好的，为人民的利益改正错的，我们这个队伍就一定会兴旺起来。

我们都是来自五湖四海，为了一个共同的革命目标，走到一起来了。我们还要和全国大多数人民走这一条路。我们今天已经领导着有九千一百万人口的根据地，但是还不够，还要更大些，才能取得全民族的解放。我们的同志在困难的时候，要看到成绩，要看到光明，要提高我们的勇气。中国人民正在受难，我们有责任解救他们，我们要努力

在张思德像前重温毛泽东《为人民服务》

奋斗。要奋斗就会有牺牲，死人的事是经常发生的。但是我们想到人民的利益，想到大多数人民的痛苦，我们为人民而死，就是死得其所。不过，我们应当尽量地减

少那些不必要的牺牲。我们的干部要关心每一个战士，一切革命队伍的人都要互相关心，互相爱护，互相帮助。

今后我们的队伍里，不管死了谁，不管是炊事员，是战士，只要他是做过一些有益的工作的，我们都要给他送葬，开追悼会。这要成为一个制度。这个方法也要介绍到老百姓那里去。村上的人死了，开个追悼会。用这样的方法，寄托我们的哀思，使整个人民团结起来。

（1944年9月8日）

【提要】

《为人民服务》是毛泽东在中央警备团追悼张思德会上的讲演。毛泽东在讲演中阐述了为人民利益而牺牲的意义，提出了"为人民服务"这一中国共产党的历史使命和立党之本。此后，毛泽东在七大政治报告《论联合政府》中，对"为人民服务"作了进一步的阐述。他指出，紧紧地和中国人民站在一起，全心全意地为人民服务，一刻也不脱离群众，一切从人民利益出发，向人民负责和向党的领导机关负责的一致性，这是我们党及其领导的人民军队的宗旨，是我们一切工作的出发点，是我们共产党人区别于其他任何政党的一个显著的标志。

为人民服务讲演台

【链接】

永葆全心全意为人民服务的政治情怀

王明方

习近平同志多次强调，我们党是为人民服务的，是要为人民做事的。他明确指出："我们讲宗旨，讲了很多话，但说到底还是为人民服务这句话。"这既重申了我们党的一贯主张，又道出了新形势下共产党人必须永葆的政治情怀。

1944年，毛泽东同志在张思德烈士追悼会上发表讲演，精辟概括出我们党的根本宗旨是全心全意为人民服务。在全党开展"两学一做"学习教育的今天，重温《为人民服务》这一经典著作，进一步把握蕴含其中的精神财富，对于贯彻落实以习近平同志为总书记的党中央治国理政新理念新思想新战略，对于我们党保持先进性和纯洁性、应对新的风险挑战、团结带领全国各族人民实现中华民族伟大复兴的中国梦，具有重大意义。

《为人民服务》一文意蕴深刻，堪称党的建设的不朽文献，是共产党人加强党性修养的经典，党员干部务必不断学习、始终践行。《为人民服务》的丰富内涵和精神实质，概括起来主要有以下几个方面。

中国共产党的宗旨。文章开门见山地说："我们的共产党和共产党所领导的八路军、新四军，是革命的队伍。我们这个队伍完全是为着解放人民的，是彻底地为人民的利益工作的。"这告诉我们，我们党来自人民、服务人民，完全彻底地为人民服务是党和军队的最高宗旨。当前，我们大力推进全面从严治党，归根到底是要把全心全意为人民服务的根本宗旨在党员干部的思想和行动中根植得更加牢固、更加扎实；就是要牢牢坚持以人民为中心的发展思想，把增进人民福祉、促进人的全面发展作为发展的出发点和落脚点。

中国共产党人的价值观。文章指出，为人民利益而死，就比泰山还重；替法西斯卖力，替剥削人民和压迫人民的人去死，就比鸿毛还轻。这告诉我们，人民的利益高于一切。正如习近平同志所指出的，作为党的干部，就是要全心全意为人民服务，就是要诚心诚意为党和人民的事业奋斗，就是要讲大公无私、公私分明、先公后私、公而忘私。党员干部在自己的岗位上大公无私、全心全意为人民服务，是应该做到、能够做到的，也是必须做到的。做到这一点，并不意味着党员干部不能有正当的个人利益，而是要求党员干部在自己的岗位上履行职责、谋事干事，行使职权必须尽心尽力、尽职尽责，不夹带任何私心杂念。

中国共产党不断壮大的逻辑。毛泽东同志指出："只要我们为人民的利益坚持好的，为人民的利益改正错的，我们这个队伍就一定会兴旺起来。"这句话表明了中国共产党的立党之本、力量之源。人民是创造历史的主体，这是共产党人任何时候都不能忘记的基本道理。始终做到为人民的利益坚持好的、改正错的，不断提高自我净化、自我完善、自我革新、自我提高的能力，就能始终保持我们党的先进性和纯洁性，就能始终保持党的生机和活力，就能不断巩固党的执政基础和执政地位。

中国共产党人的理想信念。文章中说，我们的同志在困难的时候，要看到成绩，要看到光明，要看到希望，要提高我们的勇气。这告诉我们，为了追求崇高理想，在艰难困苦面前要认清方向、看清前途、英勇奋斗。"革命理想高于天。"有了坚定的理想信念，站位就高了，心胸就开阔了，就能坚持正确政治方向，在顺境或逆境中都不急不躁，经受住各种风险和困难的考验。我们做工作、干事业，要有不畏艰险、敢打硬仗、攻城拔寨的气概。现实中之所以出现为官不为、慵懒懈怠、推脱刁难、敷衍塞责的现象，很重要的一点就是一些党员干部的理想信念不够坚定，缺失了精神上的"钙"。

中国共产党的奋斗目标。文章中说，中国人民正在受难，我们有责任解救他们，我们要努力奋斗。我们党一切奋斗的根本目标是为了人民当家作主，让人民过上好日子。正因如此，劳苦大众才会跟着共产党前仆后继，奋力夺取民族独立、人民解放的伟大胜利。淮海战役期间，人民解放军的武器主要是小米加步枪，而国民党军队装备精良、人数占优。最后在广大人民群众的支持下，我们取得了胜利。没有广大人民群众的支持，就不可能有这场战役的胜利。我们任何时候都不能忘记没有人民就没有一切，不能忘记让人民过上幸福生活的奋斗目标。

人心是最大的政治。毛泽东同志指出："我们都是来自五湖四海，为了一个共同的革命目标，走到一起来了。我们还要和全国大多数人民走这一条路。"这就要求来自方方面面的同志，为了共同的奋斗目标搞好大团结；并且和各界、各方面的人民群众搞好大联合，同心同德走好国家富强、民族振兴、人民幸福之路。人心向背、力量对比是决定党和人民事业成败的关键，是最大的政治。坚持大团结大联合，解决的就是人心和力量的问题。有了为人民服务的共同宗旨，坚持大团结大联合，就能最大限度地调动一切积极因素，共同致力于实现中华民族伟大复兴的中国梦。

（作者王明方系安徽省政协原主席、党组书记）

一靠理想二靠纪律才能团结起来

邓小平

现在我们国内形势很好。有一点要提醒大家，就是我们在建设具有中国特色的社会主义社会时，一定要坚持发展物质文明和精神文明，坚持五讲四美三热爱，教育全国人民做到有理想、有道德、有文化、有纪律。这四条里面，理想和纪律特别重要。我们一定要经常教育我们的人民，尤其是我们的青年，要有理想。为什么我们过去能在非常困难的情况下奋斗出来，战胜千难万险使革命胜利呢？就是因为我们有理想，有马克思主义信念，有共产主义信念。我们干的是社会主义事业，最终目的是实现共产主义。这一点，我希望宣传方面任何时候都不要忽略。现在我们搞四个现代化，是搞社会主义的四个现代化，不是搞别的现代化。我们采取的所有开放、搞活、改革等方面的政策，目的都是为了发展社会主义经济。我们允许个体经济发展，还允许中外合资经营和外资独营的企业发展，但是始终以社会主义公有制为主体。社会主义的目的就是要全国人民共同富裕，不是两极分化。如果我们的政策导致两极分化，我们就失败了；如果产生了什么新的资产阶级，那我们就真是走了邪路了。我们提倡一部分地区先富裕起来，是为了激励和带动其他地区也富裕起来，并且使先富裕起来的地区帮助落后的地区更好地发展。提倡人民中有一部分人先富裕起来，也是同样的道理。对一部分先富裕起来的个人，也要有一些限制，例如，征收所得税。还有，提倡有的人富裕起来以后，自愿拿出钱来办教育、修路。当然，决不能搞摊派，现在也不宜过多宣传这样的例子，但是应该鼓励。

总之，一个公有制占主体，一个共同富裕，这是我们所必须坚持的社会主义的根本原则。我们就是要坚决执行和实现这些社会主义的原则。从长远说，最终是过渡到共产主义。现在有人担心中国会不会变成资本主义。这个担心不能说没有一点道理。我们不能拿空话而是要拿事实来解除他们的这个忧虑，并且回答那些希望我们变成资本主义的人。我们的报刊、电视和所有的宣传工作都要注意这个问题。我们这些人的脑子里是有共产主义理想和信念的。要特别教育我们的下一代下两代，一定要树立共产主义的远大理想。一定不能让我们的青少年作资本主义腐朽思想的俘虏，那绝对不行。

有了理想，还要有纪律才能实现。纪律和自由是对立统一的关系，两者是不可分的，缺一不可。我们这么大一个国家，怎样才能团结起来、组织起来呢？一靠理想，二靠纪律。组织起来就有力量。没有理想，没有纪律，就会像旧中国那样一盘散沙，那我们的革命怎么能够成功？我们的建设怎么能够成功？现在有一些值得注意的现象，就是没有理想、没有纪律的表现，比如说，一切向钱看。对这种现象的批评当然要准确，不要不适当，但是这种现象确实存在。有的党政机关设了许多公司，把国家拨的经费拿去做生意，以权谋私，化公为私。还有其他的种种不正之风。对于这些，群众很不满意。我们要提醒人们，尤其是共产党员们，不能这样做。不是在整党吗？应该首先把这些不正之风整一整。

当前在经济改革中出现了一些歪门邪道。"你有政策，我有对策。"违反法纪和政策的种种"对策"，可多了。共产党员一定要严格遵守党的纪律。无论是不是党员，都要遵守国家的法律，对于共产党员来说，党的纪律里就包括这一条。遵守纪律的最高标准，是真正维护和坚决执行党的政策，国家的政策。所以，有理想，有纪律，这两件事我们务必时刻牢记在心。一定要让我们的人民，包括我们的孩子们知道，我们是坚持社会主义和共产主义的，我们采取的各方面的政策，都是为了发展社会主义，为了将来实现共产主义。

（1985年3月7日）

【提要】

这是邓小平在全国科技工作会议上作《改革科技体制是为了解放生产力》的讲话后，即席作的一次讲话。邓小平指出：我们在建设具有中国特色的社会主义社会时，一定要坚持发展物质文明和精神文明，坚持五讲四美三热爱，教育全国人民做到有理想、有道德、有文化、有纪律。这四条里面，理想和纪律特别重要。关于理想信念，他讲了一段非常精辟的话："为什么我们过去能在非常困难的情况下奋斗出来，战胜千难万险使革命胜利呢？就是因为我们有理想，有马克思主义信念，有共产主义信念。我们干的是社会主义事业，最终目的是实现共产主义。这一点，我希望宣传方面任何时候都不要忽略。"

真正无愧于共产党员的光荣称号

江泽民

中国共产党从诞生到现在六十七年的历史表明，我们这个党由小到大、由弱到强，历经艰难曲折，不断走向胜利，确实是充满希望、富有生机和活力的工人阶级先锋队。六十七年来，我们党为着民族的解放和振兴，前赴后继，百折不挠，把马克思主义基本原理同中国具体实际结合起来，实现了两次历史性的伟大飞跃。第一次飞跃，发生在新民主主义革命时期，我们党找到了有中国特色的实现民族解放的革命道路，建立了社会主义的新中国。第二次飞跃，发生在党的十一届三中全会以后，我们党找到了一条建设有中国特色的社会主义的道路。历史已经证明了这样一条颠扑不破的真理：没有共产党，就没有新中国！历史还必将证明：在中国共产党领导下，中华民族在九百六十万平方公里的国土之上一定能够建成一个富强、民主、文明的社会主义现代化国家！

改革开放，是我们党在新的历史条件下实现中华民族伟大复兴的开创性事业。争取改革开放和现代化建设的成功，实现中华民族的全面振兴，使世界五分之一的人口根本改变贫困落后的状态，是我们中国共产党人义不容辞的历史责任，党的十一届三中全会以来，上海各条战线上的共产党员清醒地认识到自己肩负的历史责任，积极投身于改革开放和社会主义现代化建设的伟大实践，以自身的模范行动，为现代化建设建功立业，为党的旗帜增添新的光彩，从而赢得了广大人民群众的信任和爱戴。据统计，近年来，上海党员获得各类荣誉称号的人数逐年上升，上海评选的市级劳动模范中，一九八三年党员占百分之五十九点七，一九八五年党员占百分之七十五点六，一九八七年党员占百分之八十点八。

同时，我们也应该清醒地看到改革开放的艰巨性、复杂性、深刻性。改革是又一次革命。上海党员队伍正在经受着改革开放环境和执政党地位的严峻考验。在这急剧变革的历史时期，党员队伍中的一部分意志薄弱者落伍了，他们过不了权力关、金钱关，极少数甚至已经堕落成为腐败分子。这部分人数量虽少，但败坏党风，损害党的威信。近年来，上海党员因违法乱纪而受到党纪处分和刑事处理的比例也逐年上升，这应该引起我们每个同志重视和警惕。历史已经向我们每个共产党员提出了这样一个严肃的问题：在改革开放和发展社会主义商品经济的新形势下，怎样才能真正无愧于共产党员的光荣称号。

纵观我们党的历史和当今一切优秀共产党员的革命实践和先进业绩，我认为：

要无愧于共产党员的光荣称号，就必须始终坚持共产主义的最高理想。我们的最高理想是建立共产主义社会。这个最高理想，无论过去、现在还是将来，都是我们共产党人的精神支柱和力量源泉。在新的历史时期，党员的先进性就体现在把坚持党的最高理想同贯彻党在社会主义初级阶段的基本路线统一起来，把远大理想同脚踏实地、艰苦奋斗的行动统一起来，胸怀大局，立足本职，为实现四化、振兴中华而充分发挥党员的先锋模范作用。

要无愧于共产党员的光荣称号，就必须坚持改革开放。当前，改革已经到了攻坚战斗的紧要关头，我们共产党员一定要同党中央保持高度一致，以坚如磐石的决心、百折不回的斗志，迎着风浪前进，为建立和完善社会主义商品经济的新秩序作出积极贡献。

要无愧于共产党员的光荣称号，就必须坚持把党和人民的利益放在第一位，为了党和人民的利益甘愿自觉牺牲个人的利益。全心全意为人民服务，是党的根本宗旨，是我们共产党人一切言行的出发点。在新的历史时期，共产党员要坚持把党和人民的利益摆在高于一切的地位。改革已经并最终必将给人们带来实惠，但改革不能也不可能同时给每个人带来同等的利益，有时还会在利益问题上产生一些难以避免的矛盾。共产党员在改革中要有吃苦在先、享受在后的高尚思想境界，做到克己奉公，不与民争利。身居党政机关领导岗位的共产党员，尤其应该把经济要繁荣、党政机关要廉洁作为座右铭，为广大党员、干部作出表率。

要无愧于共产党员的光荣称号，就必须坚持刻苦学习马克思主义，学习科学文化，努力提高觉悟，精通本行业务。共产党员既要有为人民服务的愿望和决心，又要不断提高为人民服务的本领；既要在思想上、政治上、作风上为群众作出表率，又要成为现代化建设"三百六十行"中的佼佼者。考察一名党员是否充分发挥先锋模范作用，一个重要标准就是看他对发展社会生产力有无贡献和贡献大小。一名共产党员不认真学习马克思主义，不好好学习专业知识，在本职工作方面长期当外行，不能对现代化建设作出真正的贡献，那么，他的所谓政治觉悟和先进性就成为空话。

要无愧于共产党员的光荣称号，就必须坚持随时随地维护群众利益，勇于同一切不正之风和违法犯罪活动作坚决斗争。在改革开放和发展社会主义商品经济中，共产党员要自觉抵制资本主义腐朽思想的侵蚀，模范遵守党纪国法，在搞活经济的过程中坚持严以律己、廉洁奉公，坚决反对和抵制各种不正之风，做一名一身正气、捍卫党的原则和人民利益的忠诚战士。

我们正在从事改造和振兴上海并为全国现代化建设作贡献的伟大事业，我们的任务是光荣而又艰巨的。在新的形势下，各级党组织一定要切实贯彻党要管党、从严治党的精神，重视和加强党的建设，加强组织性和纪律性，提高党组织的战斗力，充分发挥党员的先锋模范作用，在中央统一领导下，和全市人民一道，把改革推向前进。

当前，我们要十分注意改进和加强党员特别是党员领导干部的教育工作。要严格对党员的管理，尽快改变目前党内教育和管理不适应新形势要求的状况。要进一步发展和健全党内民主。要坚持新时期党员标准，提高党员队伍素质，严格执行党的纪律。一方面，要在保证质量的前提下，积极慎重地吸收新生力量入党。另一方面，对党内那些贪污受贿，敲诈勒索，腐化堕落，依仗手中的权力为非作歹，严重侵害国家和群众利益，破坏党的改革开放政策，对党的事业危害极大的极少数腐败分子，必须采取坚决清除的方针，发现一个清除一个。对不合格党员要本着坚持标准、立足教育、区别对待、综合治理的方针，严肃妥善地区别不同情况，予以处置。

我们还要十分注意对党内外干部群众进行形势教育，深入分析一定时期内的社会思想动向，加强思想政治工作。当前，总的形势是好的，虽然人们对物价等问题有不少意见，但广大工人、农民、知识分子是坚决支持改革的。问题是有一种错误思想，抹煞改革开放的巨大成就，夸大改革过程中不可避免的一些消极现象，悲观失望，牢骚满腹，斗志松弛。这就需要进行正确引导。为此，我们必须注意以下三个问题。第一，要理直气壮地宣传十年来改革的成就。理论研究、文学艺术、新闻宣传都要向前看，要激发人们内在的精神力量，激发广大群众的积极性。那种好像我们的政府腐败得不得了、好像共产党没有给人民做什么好事的论调，是根本违背事实的。对形势必须有正确的认识，对十年改革的成就要有足够的估计，对存在的问题要作具体的分析。宣传要实事求是，恰如其分，也不能只讲成绩不讲缺点，要避免另外一种片面性。第二，要引导人们正确认识当前存在的问题。现在，党和政府内部确实存在某些腐败现象，社会上也确实存在一些问题和不好的风气，人们对此表示不满，要求改变它，是完全正当的。党和政府也正在采取措施，努力加以解决。但是，看待和解决这些问题，都不能离开我们正处于巨大变革时期这一客观现实。改革给我国社会各个方面带来了积极变化，给经济发展带来了巨大活力，同时也带来了某些矛盾和问题。在新旧体制交替中，这是难以避免的代价。这些问题，必须重视，必须解决，也是完全可以解决的。但是，如果怕出现这些问题，或者要求根本不出现这些问题，那就只能回到旧体制上去，而回到旧体制是根本没有出路的。第三，要宣传目前改革处在关键时期，情况复杂，矛盾很多，存在风险，必须锐意改革。这对改革的成败，对中华民族的命运，关系极大。全党全国必须紧密团结，同心协力，支持中央的决心和决策，维护党和政府的权威。在此关键时期，必须强调纪律性，党和政府要实行坚强的领导。政治体制改革只能按照党的十三大确定的方针，有步骤地进行。事实上，我们已经做了大量工作，取得了很好的成果。假若离开党的十三大确定的方针，就只能把政治体制改革引向邪路。我们的使命是实现四化、振兴中华，这也是团结和激励人民共同奋斗的精神支柱。任何离开和干扰这个奋斗目标的行为都是错误的，是党和人民所不允许的。总之，我们要做深入细致的思想政治工作，使广大党员、干部和群众认清形势和任务。

上海是中国工人阶级的摇篮，是中国共产党的诞生地，是具有光荣革命传统的英雄城市。让我们继承优良传统，争取更大光荣，为改革开放和社会主义现代化建设建立新的功勋，作出我们这一代人应有的贡献。

（1988年6月30日）

【提要】

这是江泽民在上海市举行的中国共产党成立67周年大会上的讲话。他指出，要无愧于共产党员的光荣称号，就必须始终坚持共产主义的最高理想；就必须坚持改革开放；就必须坚持把党和人民的利益放在第一位，为了党和人民的利益甘愿自觉牺牲个人的利益；就必须坚持刻苦学习马克思主义，学习科学文化，努力提高觉悟，精通本行业务；就必须坚持随时随地维护群众利益，勇于同一切不正之风和违法犯罪活动作坚决斗争。

牢固树立社会主义荣辱观

胡锦涛

全面建设小康社会、加快推进社会主义现代化，要求我们必须把发展社会主义先进文化放到十分突出的位置，着眼于提高人的素质、促进人的全面发展，加强思想道德建设，发展教育科学文化，培育有理想、有道德、有文化、有纪律的社会主义公民。

一是要提高全民族素质。当今世界的综合国力竞争，说到底是民族素质竞争。要充分发挥教育对提高人的素质的基础性作用，坚持教育优先发展，全面推进素质教育，加大统筹城乡教育发展的力度，加大对义务教育尤其是农村义务教育的投入，使每一个适龄青少年都能接受良好教育。要努力建设学习型社会，在全社会树立全民学习、终身学习的理念，通过多种形式和渠道的学习培训，使每个人都不断获得新知、增长才干，跟上时代前进步伐。要在全体人民中大力弘扬科学精神、普及科学知识、树立科学观念、提倡科学方法，努力在全社会形成学习科学、相信科学、依靠科学的良好氛围，促进全民族科学素质的提高。要牢牢把握文化发展的正确方向，积极推动文化创新，大力发展文化事业和文化产业，为广大人民群众提供更多更好的精神文化产品，充分发挥文化启迪思想、陶冶情操、传授知识、鼓舞人心的积极作用。

二是要培养大批优秀人才。国家兴盛，人才为本。要全面实施人才强国战略，大力加强人力资源能力建设，加大投入力度，完善工作措施，重点培养人的学习能力、实践能力，着力提高人的创新能力，努力造就大批优秀人才。要进一步优化人才发展的环境，不拘一格选人才，建立健全育才、引才、聚才、用才的体制机制，形成鼓励人才干事业、支持人才干成事业、帮助人才干好事业的社会氛围，开创人尽其才、才尽其用、用当其时、人才辈出的局面。

三是要树立良好的社会风气。社会风气是社会文明程度的重要标志，是社会价值导向的集中体现。树立良好的社会风气是广大人民群众的强烈愿望，也是经济社会顺利发展的必然要求。在我们的社会主义社会里，是非、善恶、美丑的界限绝对不能混淆，坚持什么、反对什么，倡导什么、抵制什么，都必须旗帜鲜明。要在全社会大力弘扬爱国主义、集体主义、社会主义思想，倡导社会主义基本道德规范，扶正祛邪，扬善惩恶，促进良好社会风气的形成和发展。要教育广大干部群众特别是广大青少年树立社会主义荣辱观，坚持以热爱祖国为荣、以危害祖国为耻，以服务人民为荣、以背离人民为耻，以崇尚科学为荣、以愚昧无知为耻，以辛勤劳动为荣、以好逸恶劳为耻，以团结互助为荣、以损人利己为耻，以诚实守信为荣、以见利忘义为耻，以遵纪守法为荣、以违法乱纪为耻，以艰苦奋斗为荣、以骄奢淫逸为耻。

（2006年3月4日）

【提要】

这是胡锦涛2006年3月4日在参加全国政协十届四次会议民盟、民进界委员联组讨论时讲话的一部分。胡锦涛指出，全面建设小康社会、加快推进社会主义现代化，要求我们必须把发展社会主义先进文化放到十分突出的位置，着眼于提高人的素质、促进人的全面发展，加强思想道德建设，发展教育科学文化，培育有理想、有道德、有文化、有纪律的社会主义公民。要教育广大干部群众特别是广大青少年树立社会主义荣辱观，坚持以热爱祖国为荣、以危害祖国为耻，以服务人民为荣、以背离人民为耻，以崇尚科学为荣、以愚昧无知为耻，以辛勤劳动为荣、以好逸恶劳为耻，以团结互助为荣、以损人利己为耻，以诚实守信为荣、以见利忘义为耻，以遵纪守法为荣、以违法乱纪为耻，以艰苦奋斗为荣、以骄奢淫逸为耻。

决胜全面建成小康社会　夺取新时代中国特色社会主义伟大胜利

——在中国共产党第十九次全国代表大会上的报告

（2017年10月18日）

习近平

同志们：

现在，我代表第十八届中央委员会向大会作报告。

中国共产党第十九次全国代表大会，是在全面建成小康社会决胜阶段、中国特色社会主义进入新时代的关键时期召开的一次十分重要的大会。

大会的主题是：不忘初心，牢记使命，高举中国特色社会主义伟大旗帜，决胜全面建成小康社会，夺取新时代中国特色社会主义伟大胜利，为实现中华民族伟大复兴的中国梦不懈奋斗。

不忘初心，方得始终。中国共产党人的初心和使命，就是为中国人民谋幸福，为中华民族谋复兴。这个初心和使命是激励中国共产党人不断前进的根本动力。全党同志一定要永远与人民同呼吸、共命运、心连心，永远把人民对美好生活的向往作为奋斗目标，以永不懈怠的精神状态和一往无前的奋斗姿态，继续朝着实现中华民族伟大复兴的宏伟目标奋勇前进。

当前，国内外形势正在发生深刻复杂变化，我国发展仍处于重要战略机遇期，前景十分光明，挑战也十分严峻。全党同志一定要登高望远、居安思危，勇于变革、勇于创新，永不僵化、永不停滞，团结带领全国各族人民决胜全面建成小康社会，奋力夺取新时代中国特色社会主义伟大胜利。

一、过去五年的工作和历史性变革

十八大以来的五年，是党和国家发展进程中极不平凡的五年。面对世界经济复苏乏力、局部冲突和动荡频发、全球性问题加剧的外部环境，面对我国经济发展进入新常态等一系列深刻变化，我们坚持稳中求进工作总基调，迎难而上，开拓进取，取得了改革开放和社会主义现代化建设的历史性成就。

为贯彻十八大精神，党中央召开七次全会，分别就政府机构改革和职能转变、全面深化改革、全面推进依法治国、制定"十三五"规划、全面从严治党等重大问题作出决定和部署。五年来，我们统筹推进"五位一体"总体布局、协调推进"四

个全面"战略布局,"十二五"规划胜利完成,"十三五"规划顺利实施,党和国家事业全面开创新局面。

经济建设取得重大成就。坚定不移贯彻新发展理念,坚决端正发展观念、转变发展方式,发展质量和效益不断提升。经济保持中高速增长,在世界主要国家中名列前茅,国内生产总值从五十四万亿元增长到八十万亿元,稳居世界第二,对世界经济增长贡献率超过百分之三十。供给侧结构性改革深入推进,经济结构不断优化,数字经济等新兴产业蓬勃发展,高铁、公路、桥梁、港口、机场等基础设施建设快速推进。农业现代化稳步推进,粮食生产能力达到一万二千亿斤。城镇化率年均提高一点二个百分点,八千多万农业转移人口成为城镇居民。区域发展协调性增强,"一带一路"建设、京津冀协同发展、长江经济带发展成效显著。创新驱动发展战略大力实施,创新型国家建设成果丰硕,天宫、蛟龙、天眼、悟空、墨子、大飞机等重大科技成果相继问世。南海岛礁建设积极推进。开放型经济新体制逐步健全,对外贸易、对外投资、外汇储备稳居世界前列。

全面深化改革取得重大突破。蹄疾步稳推进全面深化改革,坚决破除各方面体制机制弊端。改革全面发力、多点突破、纵深推进,着力增强改革系统性、整体性、协同性,压茬拓展改革广度和深度,推出一千五百多项改革举措,重要领域和关键环节改革取得突破性进展,主要领域改革主体框架基本确立。中国特色社会主义制度更加完善,国家治理体系和治理能力现代化水平明显提高,全社会发展活力和创新活力明显增强。

民主法治建设迈出重大步伐。积极发展社会主义民主政治,推进全面依法治国,党的领导、人民当家作主、依法治国有机统一的制度建设全面加强,党的领导体制机制不断完善，社会主义民主不断发展，党内民主更加广泛，社会主义协商民主全面展开，爱国统一战线巩固发展，民族宗教工作创新推进。科学立法、严格执法、公正司法、全民守法深入推进，法治国家、法治政府、法治社会建设相互促进，中国特色社会主义法治体系日益完善，全社会法治观念明显增强。国家监察体制改革试点取得实效，行政体制改革、司法体制改革、权力运行制约和监督体系建设有效实施。

思想文化建设取得重大进展。加强党对意识形态工作的领导，党的理论创新全面推进，马克思主义在意识形态领域的指导地位更加鲜明，中国特色社会主义和中国梦深入人心，社会主义核心价值观和中华优秀传统文化广泛弘扬，群众性精神文明创建活动扎实开展。公共文化服务水平不断提高，文艺创作持续繁荣，文化事业和文化产业蓬勃发展，互联网建设管理运用不断完善，全民健身和竞技体育全面发展。主旋律更加响亮，正能量更加强劲，文化自信得到彰显，国家文化软实力和中华文化影响力大幅提升，全党全社会思想上的团结统一更加巩固。

人民生活不断改善。深入贯彻以人民为中心的发展思想，一大批惠民举措落地实施，人民获得感显著增强。脱贫攻坚战取得决定性进展，六千多万贫困人口稳定脱贫，贫困发生率从百分之十点二下降到百分之四以下。教育事业全面发展，中西部和农村教育明显加强。就业状况持续改善，城镇新增就业年均一千三百万人以上。城乡居民收入增速超过经济增速，中等收入群体持续扩大。覆盖城乡居民的社会保障体系基本建立，人民健康和医疗卫生水平大幅提高，保障性住房建设稳步推进。社会治理体系更加完善，社会大局保持稳定，国家安全全面加强。

生态文明建设成效显著。大力度推进生态文明建设，全党全国贯彻绿色发展理念的自觉性和主动性显著增强，忽视生态环境保护的状况明显改变。生态文明制度体系加快形成，主体功能区制度逐步健全，国家公园体制试点积极推进。全面节约资源有效推进，能源资源消耗强度大幅下降。重大生态保护和修复工程进展顺利，森林覆盖率持续提高。生态环境治理明显加强，环境状况得到改善。引导应对气候变化国际合作，成为全球生态文明建设的重要参与者、贡献者、引领者。

强军兴军开创新局面。着眼于实现中国梦强军梦，制定新形势下军事战略方针，全力推进国防和军队现代化。召开古田全军政治工作会议，恢复和发扬我党我军光荣传统和优良作风，人民军队政治生态得到有效治理。国防和军队改革取得历史性突破，形成军委管总、战区主战、军种主建新格局，人民军队组织架构和力量体系实现革命性重塑。加强练兵备战，有效遂行海上维权、反恐维稳、抢险救灾、国际维和、亚丁湾护航、人道主义救援等重大任务，武器装备加快发展，军事斗争准备取得重大进展。人民军队在中国特色强军之路上迈出坚定步伐。

港澳台工作取得新进展。全面准确贯彻"一国两制"方针，牢牢掌握宪法和基本法赋予的中央对香港、澳门全面管治权，深化内地和港澳地区交流合作，保持香港、澳门繁荣稳定。坚持一个中国原则和"九二共识"，推动两岸关系和平发展，加强两岸经济文化交流合作，实现两岸领导人历史性会晤。妥善应对台湾局势变化，坚决反对和遏制"台独"分裂势力，有力维护台海和平稳定。

全方位外交布局深入展开。全面推进中国特色大国外交，形成全方位、多层次、立体化的外交布局，为我国发展营造了良好外部条件。实施共建"一带一路"倡议，发起创办亚洲基础设施投资银行，设立丝路基金，举办首届"一带一路"国际合作高峰论坛、亚太经合组织领导人非正式会议、二十国集团领导人杭州峰会、金砖国家领导人厦门会晤、亚信峰会。倡导构建人类命运共同体，促进全球治理体系变革。我国国际影响力、感召力、塑造力进一步提高，为世界和平与发展作出新的重大贡献。

全面从严治党成效卓著。全面加强党的领导和党的建设，坚决改变管党治党宽松软状况。推动全党尊崇党章，增强政治意识、大局意识、核心意识、看齐意识，坚决维护党中央权威和集中统一领导，严明党的政治纪律和政治规矩，层层落实管党治党政治责任。坚持照镜子、正衣冠、洗洗澡、治治病的要求，开展党的群众路线教育实践活动和"三严三实"专题教育，推进"两学一做"学习教育常态化制度化，全党理想信念更加坚定、党性更加坚强。贯彻新时期好干部标准，选人用人状况和风气明显好转。党的建设制度改革深入推进，党内法规制度体系不断完善。把纪律挺在前面，着力解决人民群众反映最强烈、对党的执政基础威胁最大的突出问题。出台中央八项规定，严厉整治形式主义、官僚主义、享乐主义和奢靡之风，坚决反对特权。巡视利剑作用彰显，实现中央和省级党委巡视全覆盖。坚持反腐败无禁区、全覆盖、零容忍，坚定不移"打虎"、"拍蝇"、"猎狐"，不敢腐的目标初步实现，不能腐的笼子越扎越牢，不想腐的堤坝正在构筑，反腐败斗争压倒性态势已经形成并巩固发展。

五年来的成就是全方位的、开创性的，五年来的变革是深层次的、根本性的。五年来，我们党以巨大的政治勇气和强烈的责任担当，提出一系列新理念新思想新战略，出台一系列重大方针政策，推出一系列重大举措，推进一系列重大工作，解决了许多长期想解决而没有解决的难题，办成了许多过去想办而没有办成的大事，推动党和国家事业发生历史性变革。这些历史性变革，对党和国家事业发展具有重大而深远的影响。

五年来，我们勇于面对党面临的重大风险考验和党内存在的突出问题，以顽强意志品质正风肃纪、反腐惩恶，消除了党和国家内部存在的严重隐患，党内政治生活气象更新，党内政治生态明显好转，党的创造力、凝聚力、战斗力显著增强，党的团结统一更加巩固，党群关系明显改善，党在革命性锻造中更加坚强，焕发出新的强大生机活力，为党和国家事业发展提供了坚强政治保证。

同时，必须清醒看到，我们的工作还存在许多不足，也面临不少困难和挑战。主要是：发展不平衡不充分的一些突出问题尚未解决，发展质量和效益还不高，创新能力不够强，实体经济水平有待提高，生态环境保护任重道远；民生领域还有不少短板，脱贫攻坚任务艰巨，城乡区域发展和收入分配差距依然较大，群众在就业、教育、医疗、居住、养老等方面面临不少难题；社会文明水平尚需提高；社会矛盾和问题交织叠加，全面依法治国任务依然繁重，国家治理体系和治理能力有待加强；意识形态领域斗争依然复杂，国家安全面临新情况；一些改革部署和重大政策措施需要进一步落实；党的建设方面还存在不少薄弱环节。这些问题，必须着力加以解决。

五年来的成就，是党中央坚强领导的结果，更是全党全国各族人民共同奋斗的结果。我代表中共中央，向全国各族人民，向各民主党派、各人民团体和各界爱国人士，向香港特别行政区同胞、澳门特别行政区同胞和台湾同胞以及广大侨胞，向关心和支持中国现代化建设的各国朋友，表示衷心的感谢！

同志们！改革开放之初，我们党发出了走自己的路、建设中国特色社会主义的伟大号召。从那时以来，我们党团结带领全国各族人民不懈奋斗，推动我国经济实力、科技实力、国防实力、综合国力进入世界前列，推动我国国际地位实现前所未有的提升，党的面貌、国家的面貌、人民的面貌、军队的面貌、中华民族的面貌发生了前所未有的变化，中华民族正以崭新姿态屹立于世界的东方。

经过长期努力，中国特色社会主义进入了新时代，这是我国发展新的历史方位。

中国特色社会主义进入新时代，意味着近代以来久经磨难的中华民族迎来了从站起来、富起来到强起来的伟大飞跃，迎来了实现中华民族伟大复兴的光明前景；意味着科学社会主义在二十一世纪的中国焕发出强大生机活力，在世界上高高举起了中国特色社会主义伟大旗帜；意味着中国特色社会主义道路、理论、制度、文化不断发展，拓展了发展中国家走向现代化的途径，给世界上那些既希望加快发展又希望保持自身独立性的国家和民族提供了全新选择，为解决人类问题贡献了中国智慧和中国方案。

这个新时代，是承前启后、继往开来、在新的历史条件下继续夺取中国特色社会主义伟大胜利的时代，是决胜全面建成小康社会、进而全面建设社会主义现代化强国的时代，是全国各族人民团结奋斗、不断创造美好生活、逐步实现全体人民共同富裕的时代，是全体中华儿女勠力同心、奋力实现中华民族伟大复兴中国梦的时代，是我国日益走近世界舞台中央、不断为人类作出更大贡献的时代。

中国特色社会主义进入新时代，我国社会主要矛盾已经转化为人民日益增长的美好生活需要和不平衡不充分的发展之间的矛盾。我国稳定解决了十几亿人的温饱问题，总体上实现小康，不久将全面建成小康社会，人民美好生活需要日益广泛，不仅对物质文化生活提出了更高要求，而且在民主、法治、公平、正义、安全、环境等方面的要求日益增长。同时，我国社会生产力水平总体上显著提高，社会生产能力在很多方面进入世界前列，更加突出的问题是发展不平衡不充分，这已经成为满足人民日益增长的美好生活需要的主要制约因素。

必须认识到，我国社会主要矛盾的变化是关系全局的历史性变化，对党和国家工作提出了许多新要求。我们要在继续推动发展的基础上，着力解决好发展不平衡不充分问题，大力提升发展质量和效益，更好满足人民在经济、政治、文化、社会、生态等方面日益增长的需要，更好推动人的全面发展、社会全面进步。

必须认识到，我国社会主要矛盾的变化，没有改变我们对我国社会主义所处历史阶段的判断，我国仍处于并将长期处于社会主义初级阶段的基本国情没有变，我国是世界最大发展中国家的国际地位没有变。全党要牢牢把握社会主义初级阶段这个基本国情，牢牢立足社会主义初级阶段这个最大实际，牢牢坚持党的基本路线这个党和国家的生命线、人民的幸福线，领导和团结全国各族人民，以经济建设为中心，坚持四项基本原则，坚持改革开放，自力更生，艰苦创业，为把我国建设成为富强民主文明和谐美丽的社会主义现代化强国而奋斗。

同志们！中国特色社会主义进入新时代，在中华人民共和国发展史上、中华民族发展史上具有重大意义，在世界社会主义发展史上、人类社会发展史上也具有重大意义。全党要坚定信心、奋发有为，让中国特色社会主义展现出更加强大的生命力！

二、新时代中国共产党的历史使命

一百年前，十月革命一声炮响，给中国送来了马克思列宁主义。中国先进分子从马克思列宁主义的科学真理中看到了解决中国问题的出路。在近代以后中国社会的剧烈运动中，在中国人民反抗封建统治和外来侵略的激烈斗争中，在马克思列宁主义同中国工人运动的结合过程中，一九二一年中国共产党应运而生。从此，中国人民谋求民族独立、人民解放和国家富强、人民幸福的斗争就有了主心骨，中国人民就从精神上由被动转为主动。

中华民族有五千多年的文明历史，创造了灿烂的中华文明，为人类作出了卓越贡献，成为世界上伟大的民族。鸦片战争后，中国陷入内忧外患的黑暗境地，中国人民经历了战乱频仍、山河破碎、民不聊生的深重苦难。为了民族复兴，无数仁人志士不屈不挠、前仆后继，进行了可歌可泣的斗争，进行了各式各样的尝试，但终究未能改变旧中国的社会性质和中国人民的悲惨命运。

实现中华民族伟大复兴是近代以来中华民族最伟大的梦想。中国共产党一经成立，就把实现共产主义作为党的最高理想和最终目标，义无反顾肩负起实现中华民族伟大复兴的历史使命，团结带领人民进行了艰苦卓绝的斗争，谱写了气吞山河的壮丽史诗。

我们党深刻认识到，实现中华民族伟大复兴，必须推翻压在中国人民头上的帝国主义、封建主义、官僚资本主义三座大山，实现民族独立、人民解放、国家统一、社会稳定。我们党团结带领人民找到了一条以农村包围城市、武装夺取政权的正确革命道路，进行了二十八年浴血奋战，完成了新民主主义革命，一九四九年建立了中华人民共和国，实现了中国从几千年封建专制政治向人民民主的伟大飞跃。

我们党深刻认识到，实现中华民族伟大复兴，必须建立符合我国实际的先进社会制度。我们党团结带领人民完成社会主义革命，确立社会主义基本制度，推进社会主义建设，完成了中华民族有史以来最为广泛而深刻的社会变革，为当代中国一切发展进步奠定了根本政治前提和制度基础，实现了中华民族由近代不断衰落到根本扭转命运、持续走向繁荣富强的伟大飞跃。

我们党深刻认识到，实现中华民族伟大复兴，必须合乎时代潮流、顺应人民意愿，勇于改革开放，让党和人民事业始终充满奋勇前进的强大动力。我们党团结带领人民进行改革开放新的伟大革命，破除阻碍国家和民族发展的一切思想和体制障碍，开辟了中国特色社会主义道路，使中国大踏步赶上时代。

九十六年来，为了实现中华民族伟大复兴的历史使命，无论是弱小还是强大，无论是顺境还是逆境，我们党都初心不改、矢志不渝，团结带领人民历经千难万险，付出巨大牺牲，敢于面对曲折，勇于修正错误，攻克了一个又一个看似不可攻克的难关，创造了一个又一个彪炳史册的人间奇迹。

同志们！今天，我们比历史上任何时期都更接近、更有信心和能力实现中华民族伟大复兴的目标。

行百里者半九十。中华民族伟大复兴，绝不是轻轻松松、敲锣打鼓就能实现的。全党必须准备付出更为艰巨、更为艰苦的努力。

实现伟大梦想，必须进行伟大斗争。 社会是在矛盾运动中前进的，有矛盾就会有斗争。我们党要团结带领人民有效应对重大挑战、抵御重大风险、克服重大阻力、解决重大矛盾，必须进行具有许多新的历史特点的伟大斗争，任何贪图享受、消极懈怠、回避矛盾的思想和行为都是错误的。全党要更加自觉地坚持党的领导和我国社会主义制度，坚决反对一切削弱、歪曲、否定党的领导和我国社会主义制度的言行；更加自觉地维护人民利益，坚决反对一切损害人民利益、脱离群众的行为；更加自觉地投身改革创新时代潮流，坚决破除一切顽瘴痼疾；更加自觉地维护我国主权、安全、发展利益，坚决反对一切分裂祖国、破坏民族团结和社会和谐稳定的行为；更加自觉地防范各种风险，坚决战胜一切在政治、经济、文化、社会等领域和自然界出现的困难和挑战。全党要充分认识这场伟大斗争的长期性、复杂性、艰巨性，发扬斗争精神，提高斗争本领，不断夺取伟大斗争新胜利。

实现伟大梦想，必须建设伟大工程。 这个伟大工程就是我们党正在深入推进的党的建设新的伟大工程。历史已经并将继续证明，没有中国共产党的领导，民族复兴必然是空想。我们党要始终成为时代先锋、民族脊梁，始终成为马克思主义执政党，自身必须始终过硬。全党要更加自觉地坚定党性原则，勇于直面问题，敢于刮骨疗毒，消除一切损害党的先进性和纯洁性的因素，清除一切侵蚀党的健康肌体的病毒，不断增强党的政治领导力、思想引领力、群众组织力、社会号召力，确保我们党永葆旺盛生命力和强大战斗力。

实现伟大梦想，必须推进伟大事业。 中国特色社会主义是改革开放以来党的全部理论和实践的主题，是党和人民历尽千辛万苦、付出巨大代价取得的根本成就。中国特色社会主义道路是实现社会主义现代化、创造人民美好生活的必由之路，中国特色社会主义理论体系是指导党和人民实现中华民族伟大复兴的正确理论，中国特色社会主义制度是当代中国发展进步的根本制度保障，中国特色社会主义文化是激励全党全国各族人民奋勇前进的强大精神力量。全党要更加自觉地增强道路自信、理论自信、制度自信、文化自信，既不走封闭僵化的老路，也不走改旗易帜的邪路，保持政治定力，坚持实干兴邦，始终坚持和发展中国特色社会主义。

伟大斗争，伟大工程，伟大事业，伟大梦想，紧密联系、相互贯通、相互作用，其中起决定性作用的是党的建设新的伟大工程。 推进伟大工程，要结合伟大斗争、伟大事业、伟大梦想的实践来进行，确保党在世界形势深刻变化的历史进程中始终走在时代前列，在应对国内外各种风险和考验的历史进程中始终成为全国人民的主心骨，在坚持和发展中国特色社会主义的历史进程中始终成为坚强领导核心。

同志们！使命呼唤担当，使命引领未来。我们要不负人民重托、无愧历史选择，在新时代中国特色社会主义的伟大实践中，以党的坚强领导和顽强奋斗，激励全体中华儿女不断奋进，凝聚起同心共筑中国梦的磅礴力量！

三、新时代中国特色社会主义思想和基本方略

十八大以来，国内外形势变化和我国各项事业发展都给我们提出了一个重大时代课题，这就是必须从理论和实践结合上系统回答新时代坚持和发展什么样的中国特色社会主义、怎样坚持和发展中国特色社会主义，包括新时代坚持和发展中国特色社会主义的总目标、总任务、总体布局、战略布局和发展方向、发展方式、发展动力、战略步骤、外部条件、政治保证等基本问题，并且要根据新的实践对经济、政治、法治、科技、文化、教育、民生、民族、宗教、社会、生态文明、国家安全、国防和军队、"一国两制"和祖国统一、统一战线、外交、党的建设等各方面作出理论分析和政策指导，以利于更好坚持和发展中国特色社会主义。

围绕这个重大时代课题，我们党坚持以马克思列宁主义、毛泽东思想、邓小平理论、"三个代表"重要思想、科学发展观为指导，坚持解放思想、实事求是、与时俱进、求真务实，坚持辩证唯物主义和历史唯物主义，紧密结合新的时代条件和实践要求，以全新的视野深化对共产党执政规律、社会主义建设规律、人类社会发展规律的认识，进行艰辛理论探索，取得重大理论创新成果，形成了新时代中国特色社会主义思想。

新时代中国特色社会主义思想，明确坚持和发展中国特色社会主义，总任务是实现社会主义现代化和中华民族伟大复兴，在全面建成小康社会的基础上，分两步走在本世纪中叶建成富强民主文明和谐美丽的社会主义现代化强国；明确新时代我国社会主要矛盾是人民日益增长的美好生活需要和不平衡不充分的发展之间的矛盾，必须坚持以人民为中心的发展思想，不断促进人的全面发展、全体人民共同富裕；明确中国特色社会主义事业总体布局是"五位一体"、战略布局是"四个全面"，强调坚定道路自信、理论自信、制度自信、文化自信；明确全面深化改革总目标是完善和发展中国特色社会主义制度、推进国家治理体系和治理能力现代化；明确全面推进依法治国总目标是建设中国特色社会主义法治体系、建设社会主义法治国家；明确党在新时代的强军目标是建设一支听党指挥、能打胜仗、作风优良的人民军队，把人民军队建设成为世界一流军队；明确中国特色大国外交要推动构建新型国际关系，推动构建人类命运共同体；明确中国特色社会主义最本质的特征是中国共产党领导、中国特色社会主义制度的最大优势是中国共产党领导，党是最高政治领导力量，提出新时代党的建设总要求，突出政治建设在党的建设中的重要地位。

新时代中国特色社会主义思想，是对马克思列宁主义、毛泽东思想、邓小平理

论、"三个代表"重要思想、科学发展观的继承和发展，是马克思主义中国化最新成果，是党和人民实践经验和集体智慧的结晶，是中国特色社会主义理论体系的重要组成部分，是全党全国人民为实现中华民族伟大复兴而奋斗的行动指南，必须长期坚持并不断发展。

全党要深刻领会新时代中国特色社会主义思想的精神实质和丰富内涵，在各项工作中全面准确贯彻落实。

（一）**坚持党对一切工作的领导**。党政军民学，东西南北中，党是领导一切的。必须增强政治意识、大局意识、核心意识、看齐意识，自觉维护党中央权威和集中统一领导，自觉在思想上政治上行动上同党中央保持高度一致，完善坚持党的领导的体制机制，坚持稳中求进工作总基调，统筹推进"五位一体"总体布局，协调推进"四个全面"战略布局，提高党把方向、谋大局、定政策、促改革的能力和定力，确保党始终总揽全局、协调各方。

（二）**坚持以人民为中心**。人民是历史的创造者，是决定党和国家前途命运的根本力量。必须坚持人民主体地位，坚持立党为公、执政为民，践行全心全意为人民服务的根本宗旨，把党的群众路线贯彻到治国理政全部活动之中，把人民对美好生活的向往作为奋斗目标，依靠人民创造历史伟业。

（三）**坚持全面深化改革**。只有社会主义才能救中国，只有改革开放才能发展中国、发展社会主义、发展马克思主义。必须坚持和完善中国特色社会主义制度，不断推进国家治理体系和治理能力现代化，坚决破除一切不合时宜的思想观念和体制机制弊端，突破利益固化的藩篱，吸收人类文明有益成果，构建系统完备、科学规范、运行有效的制度体系，充分发挥我国社会主义制度优越性。

（四）**坚持新发展理念**。发展是解决我国一切问题的基础和关键，发展必须是科学发展，必须坚定不移贯彻创新、协调、绿色、开放、共享的发展理念。必须坚持和完善我国社会主义基本经济制度和分配制度，毫不动摇巩固和发展公有制经济，毫不动摇鼓励、支持、引导非公有制经济发展，使市场在资源配置中起决定性作用，更好发挥政府作用，推动新型工业化、信息化、城镇化、农业现代化同步发展，主动参与和推动经济全球化进程，发展更高层次的开放型经济，不断壮大我国经济实力和综合国力。

（五）**坚持人民当家作主**。坚持党的领导、人民当家作主、依法治国有机统一是社会主义政治发展的必然要求。必须坚持中国特色社会主义政治发展道路，坚持和完善人民代表大会制度、中国共产党领导的多党合作和政治协商制度、民族区域自治制度、基层群众自治制度，巩固和发展最广泛的爱国统一战线，发展社会主义协商民主，健全民主制度，丰富民主形式，拓宽民主渠道，保证人民当家作主落实到国家政治生活和社会生活之中。

（六）**坚持全面依法治国**。全面依法治国是中国特色社会主义的本质要求和重要保障。必须把党的领导贯彻落实到依法治国全过程和各方面，坚定不移走中国特色社会主义法治道路，完善以宪法为核心的中国特色社会主义法律体系，建设中国特色社会主义法治体系，建设社会主义法治国家，发展中国特色社会主义法治理论，坚持依法治国、依法执政、依法行政共同推进，坚持法治国家、法治政府、法治社会一体建设，坚持依法治国和以德治国相结合，依法治国和依规治党有机统一，深化司法体制改革，提高全民族法治素养和道德素质。

（七）**坚持社会主义核心价值体系**。文化自信是一个国家、一个民族发展中更基本、更深沉、更持久的力量。必须坚持马克思主义，牢固树立共产主义远大理想和中国特色社会主义共同理想，培育和践行社会主义核心价值观，不断增强意识形态领域主导权和话语权，推动中华优秀传统文化创造性转化、创新性发展，继承革命文化，发展社会主义先进文化，不忘本来、吸收外来、面向未来，更好构筑中国精神、中国价值、中国力量，为人民提供精神指引。

（八）**坚持在发展中保障和改善民生**。增进民生福祉是发展的根本目的。必须多谋民生之利、多解民生之忧，在发展中补齐民生短板、促进社会公平正义，在幼有所育、学有所教、劳有所得、病有所医、老有所养、住有所居、弱有所扶上不断取得新进展，深入开展脱贫攻坚，保证全体人民在共建共享发展中有更多获得感，不断促进人的全面发展、全体人民共同富裕。建设平安中国，加强和创新社会治理，维护社会和谐稳定，确保国家长治久安、人民安居乐业。

（九）**坚持人与自然和谐共生**。建设生态文明是中华民族永续发展的千年大计。必须树立和践行绿水青山就是金山银山的理念，坚持节约资源和保护环境的基本国策，像对待生命一样对待生态环境，统筹山水林田湖草系统治理，实行最严格的生态环境保护制度，形成绿色发展方式和生活方式，坚定走生产发展、生活富裕、生态良好的文明发展道路，建设美丽中国，为人民创造良好生产生活环境，为全球生态安全作出贡献。

（十）**坚持总体国家安全观**。统筹发展和安全，增强忧患意识，做到居安思危，是我们党治国理政的一个重大原则。必须坚持国家利益至上，以人民安全为宗旨，以政治安全为根本，统筹外部安全和内部安全、国土安全和国民安全、传统安全和非传统安全、自身安全和共同安全，完善国家安全制度体系，加强国家安全能力建设，坚决维护国家主权、安全、发展利益。

（十一）坚持党对人民军队的绝对领导。建设一支听党指挥、能打胜仗、作风优良的人民军队，是实现"两个一百年"奋斗目标、实现中华民族伟大复兴的战略支撑。必须全面贯彻党领导人民军队的一系列根本原则和制度，确立新时代党的强军思想在国防和军队建设中的指导地位，坚持政治建军、改革强军、科技兴军、依法治军，更加注重聚焦实战，更加注重创新驱动，更加注重体系建设，更加注重集约高效，更加注重军民融合，实现党在新时代的强军目标。

（十二）坚持"一国两制"和推进祖国统一。保持香港、澳门长期繁荣稳定，实现祖国完全统一，是实现中华民族伟大复兴的必然要求。必须把维护中央对香港、澳门特别行政区全面管治权和保障特别行政区高度自治权有机结合起来，确保"一国两制"方针不会变、不动摇，确保"一国两制"实践不变形、不走样。必须坚持一个中国原则，坚持"九二共识"，推动两岸关系和平发展，深化两岸经济合作和文化往来，推动两岸同胞共同反对一切分裂国家的活动，共同为实现中华民族伟大复兴而奋斗。

（十三）坚持推动构建人类命运共同体。中国人民的梦想同各国人民的梦想息息相通，实现中国梦离不开和平的国际环境和稳定的国际秩序。必须统筹国内国际两个大局，始终不渝走和平发展道路、奉行互利共赢的开放战略，坚持正确义利观，树立共同、综合、合作、可持续的新安全观，谋求开放创新、包容互惠的发展前景，促进和而不同、兼收并蓄的文明交流，构筑尊崇自然、绿色发展的生态体系，始终做世界和平的建设者、全球发展的贡献者、国际秩序的维护者。

（十四）坚持全面从严治党。勇于自我革命，从严管党治党，是我们党最鲜明的品格。必须以党章为根本遵循，把党的政治建设摆在首位，思想建党和制度治党同向发力，统筹推进党的各项建设，抓住"关键少数"，坚持"三严三实"，坚持民主集中制，严肃党内政治生活，严明党的纪律，强化党内监督，发展积极健康的党内政治文化，全面净化党内政治生态，坚决纠正各种不正之风，以零容忍态度惩治腐败，不断增强党自我净化、自我完善、自我革新、自我提高的能力，始终保持党同人民群众的血肉联系。

以上十四条，构成新时代坚持和发展中国特色社会主义的基本方略。全党同志必须全面贯彻党的基本理论、基本路线、基本方略，更好引领党和人民事业发展。

实践没有止境，理论创新也没有止境。世界每时每刻都在发生变化，中国也每时每刻都在发生变化，我们必须在理论上跟上时代，不断认识规律，不断推进理论创新、实践创新、制度创新、文化创新以及其他各方面创新。

同志们！时代是思想之母，实践是理论之源。只要我们善于聆听时代声音，勇于坚持真理、修正错误，二十一世纪中国的马克思主义一定能够展现出更强大、更有说服力的真理力量！

四、决胜全面建成小康社会，开启全面建设社会主义现代化国家新征程

改革开放之后，我们党对我国社会主义现代化建设作出战略安排，提出"三步走"战略目标。解决人民温饱问题、人民生活总体上达到小康水平这两个目标已提前实现。在这个基础上，我们党提出，到建党一百年时建成经济更加发展、民主更加健全、科教更加进步、文化更加繁荣、社会更加和谐、人民生活更加殷实的小康社会，然后再奋斗三十年，到新中国成立一百年时，基本实现现代化，把我国建成社会主义现代化国家。

从现在到二〇二〇年，是全面建成小康社会决胜期。要按照十六大、十七大、十八大提出的全面建成小康社会各项要求，紧扣我国社会主要矛盾变化，统筹推进经济建设、政治建设、文化建设、社会建设、生态文明建设，坚定实施科教兴国战略、人才强国战略、创新驱动发展战略、乡村振兴战略、区域协调发展战略、可持续发展战略、军民融合发展战略，突出抓重点、补短板、强弱项，特别是要坚决打好防范化解重大风险、精准脱贫、污染防治的攻坚战，使全面建成小康社会得到人民认可、经得起历史检验。

从十九大到二十大，是"两个一百年"奋斗目标的历史交汇期。我们既要全面建成小康社会、实现第一个百年奋斗目标，又要乘势而上开启全面建设社会主义现代化国家新征程，向第二个百年奋斗目标进军。

综合分析国际国内形势和我国发展条件，从二〇二〇年到本世纪中叶可以分两个阶段来安排。

第一个阶段，从二〇二〇年到二〇三五年，在全面建成小康社会的基础上，再奋斗十五年，基本实现社会主义现代化。到那时，我国经济实力、科技实力将大幅跃升，跻身创新型国家前列；人民平等参与、平等发展权利得到充分保障，法治国家、法治政府、法治社会基本建成，各方面制度更加完善，国家治理体系和治理能力现代化基本实现；社会文明程度达到新的高度，国家文化软实力显著增强，中华文化影响更加广泛深入；人民生活更为宽裕，中等收入群体比例明显提高，城乡区域发展差距和居民生活水平差距显著缩小，基本公共服务均等化基本实现，全体人民共同富裕迈出坚实步伐；现代社会治理格局基本形成，社会充满活力又和谐有序；生态环境根本好转，美丽中国目标基本实现。

第二个阶段，从二〇三五年到本世纪中叶，在基本实现现代化的基础上，再奋斗十五年，把我国建成富强民主文明和谐美丽的社会主义现代化强国。到那时，我国物质文明、政治文明、精神文明、社会文明、生态文明将全面提升，实现国家治理体系和治理能力现代化，成为综合国力和国际影响力领先的国家，全体人民共同富裕基本实现，我国人民将享有更加幸福安康的生活，中华民族将以更加昂扬的姿态屹立于世界民族之林。

同志们！从全面建成小康社会到基本实现现代化，再到全面建成社会主义现代化强国，是新时代中国特色社会主义发展的战略安排。我们要坚忍不拔、锲而不舍，奋力谱写社会主义现代化新征程的壮丽篇章！

五、贯彻新发展理念，建设现代化经济体系

实现"两个一百年"奋斗目标、实现中华民族伟大复兴的中国梦，不断提高人民生活水平，必须坚定不移把发展作为党执政兴国的第一要务，坚持解放和发展社会生产力，坚持社会主义市场经济改革方向，推动经济持续健康发展。

我国经济已由高速增长阶段转向高质量发展阶段，正处在转变发展方式、优化经济结构、转换增长动力的攻关期，建设现代化经济体系是跨越关口的迫切要求和我国发展的战略目标。必须坚持质量第一、效益优先，以供给侧结构性改革为主线，推动经济发展质量变革、效率变革、动力变革，提高全要素生产率，着力加快建设实体经济、科技创新、现代金融、人力资源协同发展的产业体系，着力构建市场机制有效、微观主体有活力、宏观调控有度的经济体制，不断增强我国经济创新力和竞争力。

（一）**深化供给侧结构性改革**。建设现代化经济体系，必须把发展经济的着力点放在实体经济上，把提高供给体系质量作为主攻方向，显著增强我国经济质量优势。加快建设制造强国，加快发展先进制造业，推动互联网、大数据、人工智能和实体经济深度融合，在中高端消费、创新引领、绿色低碳、共享经济、现代供应链、人力资本服务等领域培育新增长点、形成新动能。支持传统产业优化升级，加快发展现代服务业，瞄准国际标准提高水平。促进我国产业迈向全球价值链中高端，培育若干世界级先进制造业集群。加强水利、铁路、公路、水运、航空、管道、电网、信息、物流等基础设施网络建设。坚持去产能、去库存、去杠杆、降成本、补短板，优化存量资源配置，扩大优质增量供给，实现供需动态平衡。激发和保护企业家精神，鼓励更多社会主体投身创新创业。建设知识型、技能型、创新型劳动者大军，弘扬劳模精神和工匠精神，营造劳动光荣的社会风尚和精益求精的敬业风气。

（二）**加快建设创新型国家**。创新是引领发展的第一动力，是建设现代化经济体系的战略支撑。要瞄准世界科技前沿，强化基础研究，实现前瞻性基础研究、引领性原创成果重大突破。加强应用基础研究，拓展实施国家重大科技项目，突出关键

共性技术、前沿引领技术、现代工程技术、颠覆性技术创新，为建设科技强国、质量强国、航天强国、网络强国、交通强国、数字中国、智慧社会提供有力支撑。加强国家创新体系建设，强化战略科技力量。深化科技体制改革，建立以企业为主体、市场为导向、产学研深度融合的技术创新体系，加强对中小企业创新的支持，促进科技成果转化。倡导创新文化，强化知识产权创造、保护、运用。培养造就一大批具有国际水平的战略科技人才、科技领军人才、青年科技人才和高水平创新团队。

（三）实施乡村振兴战略。农业农村农民问题是关系国计民生的根本性问题，必须始终把解决好"三农"问题作为全党工作重中之重。要坚持农业农村优先发展，按照产业兴旺、生态宜居、乡风文明、治理有效、生活富裕的总要求，建立健全城乡融合发展体制机制和政策体系，加快推进农业农村现代化。巩固和完善农村基本经营制度，深化农村土地制度改革，完善承包地"三权"分置制度。保持土地承包关系稳定并长久不变，第二轮土地承包到期后再延长三十年。深化农村集体产权制度改革，保障农民财产权益，壮大集体经济。确保国家粮食安全，把中国人的饭碗牢牢端在自己手中。构建现代农业产业体系、生产体系、经营体系，完善农业支持保护制度，发展多种形式适度规模经营，培育新型农业经营主体，健全农业社会化服务体系，实现小农户和现代农业发展有机衔接。促进农村一二三产业融合发展，支持和鼓励农民就业创业，拓宽增收渠道。加强农村基层基础工作，健全自治、法治、德治相结合的乡村治理体系。培养造就一支懂农业、爱农村、爱农民的"三农"工作队伍。

（四）实施区域协调发展战略。加大力度支持革命老区、民族地区、边疆地区、贫困地区加快发展，强化举措推进西部大开发形成新格局，深化改革加快东北等老工业基地振兴，发挥优势推动中部地区崛起，创新引领率先实现东部地区优化发展，建立更加有效的区域协调发展新机制。以城市群为主体构建大中小城市和小城镇协调发展的城镇格局，加快农业转移人口市民化。以疏解北京非首都功能为"牛鼻子"推动京津冀协同发展，高起点规划、高标准建设雄安新区。以共抓大保护、不搞大开发为导向推动长江经济带发展。支持资源型地区经济转型发展。加快边疆发展，确保边疆巩固、边境安全。坚持陆海统筹，加快建设海洋强国。

（五）加快完善社会主义市场经济体制。经济体制改革必须以完善产权制度和要素市场化配置为重点，实现产权有效激励、要素自由流动、价格反应灵活、竞争公平有序、企业优胜劣汰。要完善各类国有资产管理体制，改革国有资本授权经营体制，加快国有经济布局优化、结构调整、战略性重组，促进国有资产保值增值，推动国有资本做强做优做大，有效防止国有资产流失。深化国有企业改革，发展混合所有制经济，培育具有全球竞争力的世界一流企业。全面实施市场准入负面清单制度，清理废除妨碍统一市场和公平竞争的各种规定和做法，支持民营企业发展，激发各类市场主体活力。深化商事制度改革，打破行政性垄断，防止市场垄断，加快要素价格市场化改革，放宽服务业准入限制，完善市场监管体制。创新和完善宏观调控，发挥国家发展规划的战略导向作用，健全财政、货币、产业、区域等经济政策协调机制。完善促进消费的体制机制，增强消费对经济发展的基础性作用。深化投融资体制改革，发挥投资对优化供给结构的关键性作用。加快建立现代财政制度，建立权责清晰、财力协调、区域均衡的中央和地方财政关系。建立全面规范透明、标准科学、约束有力的预算制度，全面实施绩效管理。深化税收制度改革，健全地方税体系。深化金融体制改革，增强金融服务实体经济能力，提高直接融资比重，促进多层次资本市场健康发展。健全货币政策和宏观审慎政策双支柱调控框架，深化利率和汇率市场化改革。健全金融监管体系，守住不发生系统性金融风险的底线。

（六）**推动形成全面开放新格局**。开放带来进步，封闭必然落后。中国开放的大门不会关闭，只会越开越大。要以"一带一路"建设为重点，坚持引进来和走出去并重，遵循共商共建共享原则，加强创新能力开放合作，形成陆海内外联动、东西双向互济的开放格局。拓展对外贸易，培育贸易新业态新模式，推进贸易强国建设。实行高水平的贸易和投资自由化便利化政策，全面实行准入前国民待遇加负面清单管理制度，大幅度放宽市场准入，扩大服务业对外开放，保护外商投资合法权益。凡是在我国境内注册的企业，都要一视同仁、平等对待。优化区域开放布局，加大西部开放力度。赋予自由贸易试验区更大改革自主权，探索建设自由贸易港。创新对外投资方式，促进国际产能合作，形成面向全球的贸易、投融资、生产、服务网络，加快培育国际经济合作和竞争新优势。

同志们！解放和发展社会生产力，是社会主义的本质要求。我们要激发全社会创造力和发展活力，努力实现更高质量、更有效率、更加公平、更可持续的发展！

六、健全人民当家作主制度体系，发展社会主义民主政治

我国是工人阶级领导的、以工农联盟为基础的人民民主专政的社会主义国家，国家一切权力属于人民。我国社会主义民主是维护人民根本利益的最广泛、最真实、最管用的民主。发展社会主义民主政治就是要体现人民意志、保障人民权益、激发人民创造活力，用制度体系保证人民当家作主。

中国特色社会主义政治发展道路，是近代以来中国人民长期奋斗历史逻辑、理论逻辑、实践逻辑的必然结果，是坚持党的本质属性、践行党的根本宗旨的必然要求。世界上没有完全相同的政治制度模式，政治制度不能脱离特定社会政治条件和

历史文化传统来抽象评判，不能定于一尊，不能生搬硬套外国政治制度模式。要长期坚持、不断发展我国社会主义民主政治，积极稳妥推进政治体制改革，推进社会主义民主政治制度化、规范化、程序化，保证人民依法通过各种途径和形式管理国家事务，管理经济文化事业，管理社会事务，巩固和发展生动活泼、安定团结的政治局面。

（一）坚持党的领导、人民当家作主、依法治国有机统一。党的领导是人民当家作主和依法治国的根本保证，人民当家作主是社会主义民主政治的本质特征，依法治国是党领导人民治理国家的基本方式，三者统一于我国社会主义民主政治伟大实践。在我国政治生活中，党是居于领导地位的，加强党的集中统一领导，支持人大、政府、政协和法院、检察院依法依章程履行职能、开展工作、发挥作用，这两个方面是统一的。要改进党的领导方式和执政方式，保证党领导人民有效治理国家；扩大人民有序政治参与，保证人民依法实行民主选举、民主协商、民主决策、民主管理、民主监督；维护国家法制统一、尊严、权威，加强人权法治保障，保证人民依法享有广泛权利和自由。巩固基层政权，完善基层民主制度，保障人民知情权、参与权、表达权、监督权。健全依法决策机制，构建决策科学、执行坚决、监督有力的权力运行机制。各级领导干部要增强民主意识，发扬民主作风，接受人民监督，当好人民公仆。

（二）加强人民当家作主制度保障。人民代表大会制度是坚持党的领导、人民当家作主、依法治国有机统一的根本政治制度安排，必须长期坚持、不断完善。要支持和保证人民通过人民代表大会行使国家权力。发挥人大及其常委会在立法工作中的主导作用，健全人大组织制度和工作制度，支持和保证人大依法行使立法权、监督权、决定权、任免权，更好发挥人大代表作用，使各级人大及其常委会成为全面担负起宪法法律赋予的各项职责的工作机关，成为同人民群众保持密切联系的代表机关。完善人大专门委员会设置，优化人大常委会和专门委员会组成人员结构。

（三）发挥社会主义协商民主重要作用。有事好商量，众人的事情由众人商量，是人民民主的真谛。协商民主是实现党的领导的重要方式，是我国社会主义民主政治的特有形式和独特优势。要推动协商民主广泛、多层、制度化发展，统筹推进政党协商、人大协商、政府协商、政协协商、人民团体协商、基层协商以及社会组织协商。加强协商民主制度建设，形成完整的制度程序和参与实践，保证人民在日常政治生活中有广泛持续深入参与的权利。

人民政协是具有中国特色的制度安排，是社会主义协商民主的重要渠道和专门协商机构。人民政协工作要聚焦党和国家中心任务，围绕团结和民主两大主题，把协商民主贯穿政治协商、民主监督、参政议政全过程，完善协商议政内容和形式，着力增进共识、促进团结。加强人民政协民主监督，重点监督党和国家重大方针政策和重要决策部署的贯彻落实。增强人民政协界别的代表性，加强委员队伍建设。

（四）深化依法治国实践。全面依法治国是国家治理的一场深刻革命，必须坚持厉行法治，推进科学立法、严格执法、公正司法、全民守法。成立中央全面依法治国领导小组，加强对法治中国建设的统一领导。加强宪法实施和监督，推进合宪性审查工作，维护宪法权威。推进科学立法、民主立法、依法立法，以良法促进发展、保障善治。建设法治政府，推进依法行政，严格规范公正文明执法。深化司法体制综合配套改革，全面落实司法责任制，努力让人民群众在每一个司法案件中感受到公平正义。加大全民普法力度，建设社会主义法治文化，树立宪法法律至上、法律面前人人平等的法治理念。各级党组织和全体党员要带头尊法学法守法用法，任何组织和个人都不得有超越宪法法律的特权，绝不允许以言代法、以权压法、逐利违法、徇私枉法。

（五）深化机构和行政体制改革。统筹考虑各类机构设置，科学配置党政部门及内设机构权力、明确职责。统筹使用各类编制资源，形成科学合理的管理体制，完善国家机构组织法。转变政府职能，深化简政放权，创新监管方式，增强政府公信力和执行力，建设人民满意的服务型政府。赋予省级及以下政府更多自主权。在省市县对职能相近的党政机关探索合并设立或合署办公。深化事业单位改革，强化公益属性，推进政事分开、事企分开、管办分离。

（六）巩固和发展爱国统一战线。统一战线是党的事业取得胜利的重要法宝，必须长期坚持。要高举爱国主义、社会主义旗帜，牢牢把握大团结大联合的主题，坚持一致性和多样性统一，找到最大公约数，画出最大同心圆。坚持长期共存、互相监督、肝胆相照、荣辱与共，支持民主党派按照中国特色社会主义参政党要求更好履行职能。全面贯彻党的民族政策，深化民族团结进步教育，铸牢中华民族共同体意识，加强各民族交往交流交融，促进各民族像石榴籽一样紧紧抱在一起，共同团结奋斗、共同繁荣发展。全面贯彻党的宗教工作基本方针，坚持我国宗教的中国化方向，积极引导宗教与社会主义社会相适应。加强党外知识分子工作，做好新的社会阶层人士工作，发挥他们在中国特色社会主义事业中的重要作用。构建亲清新型政商关系，促进非公有制经济健康发展和非公有制经济人士健康成长。广泛团结联系海外侨胞和归侨侨眷，共同致力于中华民族伟大复兴。

同志们！中国特色社会主义政治制度是中国共产党和中国人民的伟大创造。我们完全有信心、有能力把我国社会主义民主政治的优势和特点充分发挥出来，为人类政治文明进步作出充满中国智慧的贡献!

七、坚定文化自信,推动社会主义文化繁荣兴盛

文化是一个国家、一个民族的灵魂。文化兴国运兴,文化强民族强。没有高度的文化自信,没有文化的繁荣兴盛,就没有中华民族伟大复兴。要坚持中国特色社会主义文化发展道路,激发全民族文化创新创造活力,建设社会主义文化强国。

中国特色社会主义文化,源自于中华民族五千多年文明历史所孕育的中华优秀传统文化,熔铸于党领导人民在革命、建设、改革中创造的革命文化和社会主义先进文化,植根于中国特色社会主义伟大实践。发展中国特色社会主义文化,就是以马克思主义为指导,坚守中华文化立场,立足当代中国现实,结合当今时代条件,发展面向现代化、面向世界、面向未来的,民族的科学的大众的社会主义文化,推动社会主义精神文明和物质文明协调发展。要坚持为人民服务、为社会主义服务,坚持百花齐放、百家争鸣,坚持创造性转化、创新性发展,不断铸就中华文化新辉煌。

(一)**牢牢掌握意识形态工作领导权**。意识形态决定文化前进方向和发展道路。必须推进马克思主义中国化时代化大众化,建设具有强大凝聚力和引领力的社会主义意识形态,使全体人民在理想信念、价值理念、道德观念上紧紧团结在一起。要加强理论武装,推动新时代中国特色社会主义思想深入人心。深化马克思主义理论研究和建设,加快构建中国特色哲学社会科学,加强中国特色新型智库建设。坚持正确舆论导向,高度重视传播手段建设和创新,提高新闻舆论传播力、引导力、影响力、公信力。加强互联网内容建设,建立网络综合治理体系,营造清朗的网络空间。落实意识形态工作责任制,加强阵地建设和管理,注意区分政治原则问题、思想认识问题、学术观点问题,旗帜鲜明反对和抵制各种错误观点。

(二)**培育和践行社会主义核心价值观**。社会主义核心价值观是当代中国精神的集中体现,凝结着全体人民共同的价值追求。要以培养担当民族复兴大任的时代新人为着眼点,强化教育引导、实践养成、制度保障,发挥社会主义核心价值观对国民教育、精神文明创建、精神文化产品创作生产传播的引领作用,把社会主义核心价值观融入社会发展各方面,转化为人们的情感认同和行为习惯。坚持全民行动、干部带头,从家庭做起,从娃娃抓起。深入挖掘中华优秀传统文化蕴含的思想观念、人文精神、道德规范,结合时代要求继承创新,让中华文化展现出永久魅力和时代风采。

(三)**加强思想道德建设**。人民有信仰,国家有力量,民族有希望。要提高人民思想觉悟、道德水准、文明素养,提高全社会文明程度。广泛开展理想信念教育,

深化中国特色社会主义和中国梦宣传教育，弘扬民族精神和时代精神，加强爱国主义、集体主义、社会主义教育，引导人们树立正确的历史观、民族观、国家观、文化观。深入实施公民道德建设工程，推进社会公德、职业道德、家庭美德、个人品德建设，激励人们向上向善、孝老爱亲，忠于祖国、忠于人民。加强和改进思想政治工作，深化群众性精神文明创建活动。弘扬科学精神，普及科学知识，开展移风易俗、弘扬时代新风行动，抵制腐朽落后文化侵蚀。推进诚信建设和志愿服务制度化，强化社会责任意识、规则意识、奉献意识。

（四）繁荣发展社会主义文艺。社会主义文艺是人民的文艺，必须坚持以人民为中心的创作导向，在深入生活、扎根人民中进行无愧于时代的文艺创造。要繁荣文艺创作，坚持思想精深、艺术精湛、制作精良相统一，加强现实题材创作，不断推出讴歌党、讴歌祖国、讴歌人民、讴歌英雄的精品力作。发扬学术民主、艺术民主，提升文艺原创力，推动文艺创新。倡导讲品位、讲格调、讲责任，抵制低俗、庸俗、媚俗。加强文艺队伍建设，造就一大批德艺双馨名家大师，培育一大批高水平创作人才。

（五）推动文化事业和文化产业发展。满足人民过上美好生活的新期待，必须提供丰富的精神食粮。要深化文化体制改革，完善文化管理体制，加快构建把社会效益放在首位、社会效益和经济效益相统一的体制机制。完善公共文化服务体系，深入实施文化惠民工程，丰富群众性文化活动。加强文物保护利用和文化遗产保护传承。健全现代文化产业体系和市场体系，创新生产经营机制，完善文化经济政策，培育新型文化业态。广泛开展全民健身活动，加快推进体育强国建设，筹办好北京冬奥会、冬残奥会。加强中外人文交流，以我为主、兼收并蓄。推进国际传播能力建设，讲好中国故事，展现真实、立体、全面的中国，提高国家文化软实力。

同志们！中国共产党从成立之日起，既是中国先进文化的积极引领者和践行者，又是中华优秀传统文化的忠实传承者和弘扬者。当代中国共产党人和中国人民应该而且一定能够担负起新的文化使命，在实践创造中进行文化创造，在历史进步中实现文化进步！

八、提高保障和改善民生水平，加强和创新社会治理

全党必须牢记，为什么人的问题，是检验一个政党、一个政权性质的试金石。带领人民创造美好生活，是我们党始终不渝的奋斗目标。必须始终把人民利益摆在至高无上的地位，让改革发展成果更多更公平惠及全体人民，朝着实现全体人民共同富裕不断迈进。

保障和改善民生要抓住人民最关心最直接最现实的利益问题，既尽力而为，又

量力而行，一件事情接着一件事情办，一年接着一年干。坚持人人尽责、人人享有，坚守底线、突出重点、完善制度、引导预期，完善公共服务体系，保障群众基本生活，不断满足人民日益增长的美好生活需要，不断促进社会公平正义，形成有效的社会治理、良好的社会秩序，使人民获得感、幸福感、安全感更加充实、更有保障、更可持续。

（一）优先发展教育事业。建设教育强国是中华民族伟大复兴的基础工程，必须把教育事业放在优先位置，深化教育改革，加快教育现代化，办好人民满意的教育。要全面贯彻党的教育方针，落实立德树人根本任务，发展素质教育，推进教育公平，培养德智体美全面发展的社会主义建设者和接班人。推动城乡义务教育一体化发展，高度重视农村义务教育，办好学前教育、特殊教育和网络教育，普及高中阶段教育，努力让每个孩子都能享有公平而有质量的教育。完善职业教育和培训体系，深化产教融合、校企合作。加快一流大学和一流学科建设，实现高等教育内涵式发展。健全学生资助制度，使绝大多数城乡新增劳动力接受高中阶段教育、更多接受高等教育。支持和规范社会力量兴办教育。加强师德师风建设，培养高素质教师队伍，倡导全社会尊师重教。办好继续教育，加快建设学习型社会，大力提高国民素质。

（二）提高就业质量和人民收入水平。就业是最大的民生。要坚持就业优先战略和积极就业政策，实现更高质量和更充分就业。大规模开展职业技能培训，注重解决结构性就业矛盾，鼓励创业带动就业。提供全方位公共就业服务，促进高校毕业生等青年群体、农民工多渠道就业创业。破除妨碍劳动力、人才社会性流动的体制机制弊端，使人人都有通过辛勤劳动实现自身发展的机会。完善政府、工会、企业共同参与的协商协调机制，构建和谐劳动关系。坚持按劳分配原则，完善按要素分配的体制机制，促进收入分配更合理、更有序。鼓励勤劳守法致富，扩大中等收入群体，增加低收入者收入，调节过高收入，取缔非法收入。坚持在经济增长的同时实现居民收入同步增长、在劳动生产率提高的同时实现劳动报酬同步提高。拓宽居民劳动收入和财产性收入渠道。履行好政府再分配调节职能，加快推进基本公共服务均等化，缩小收入分配差距。

（三）加强社会保障体系建设。按照兜底线、织密网、建机制的要求，全面建成覆盖全民、城乡统筹、权责清晰、保障适度、可持续的多层次社会保障体系。全面实施全民参保计划。完善城镇职工基本养老保险和城乡居民基本养老保险制度，尽快实现养老保险全国统筹。完善统一的城乡居民基本医疗保险制度和大病保险制度。完善失业、工伤保险制度。建立全国统一的社会保险公共服务平台。统筹城乡社会救助体系，完善最低生活保障制度。坚持男女平等基本国策，保障妇女儿童合法权益。完善社会救助、社会福利、慈善事业、优抚安置等制度，健全农村留守儿童和妇女、老年人关爱服务体系。发展残疾人事业，加强残疾康复服务。坚持房子是用来住的、不是用来炒的定位，加快建立多主体供给、多渠道保障、租购并举的住房制度，让全体人民住有所居。

（四）**坚决打赢脱贫攻坚战**。让贫困人口和贫困地区同全国一道进入全面小康社会是我们党的庄严承诺。要动员全党全国全社会力量，坚持精准扶贫、精准脱贫，坚持中央统筹省负总责市县抓落实的工作机制，强化党政一把手负总责的责任制，坚持大扶贫格局，注重扶贫同扶志、扶智相结合，深入实施东西部扶贫协作，重点攻克深度贫困地区脱贫任务，确保到二〇二〇年我国现行标准下农村贫困人口实现脱贫，贫困县全部摘帽，解决区域性整体贫困，做到脱真贫、真脱贫。

（五）**实施健康中国战略**。人民健康是民族昌盛和国家富强的重要标志。要完善国民健康政策，为人民群众提供全方位全周期健康服务。深化医药卫生体制改革，全面建立中国特色基本医疗卫生制度、医疗保障制度和优质高效的医疗卫生服务体系，健全现代医院管理制度。加强基层医疗卫生服务体系和全科医生队伍建设。全面取消以药养医，健全药品供应保障制度。坚持预防为主，深入开展爱国卫生运动，倡导健康文明生活方式，预防控制重大疾病。实施食品安全战略，让人民吃得放心。坚持中西医并重，传承发展中医药事业。支持社会办医，发展健康产业。促进生育政策和相关经济社会政策配套衔接，加强人口发展战略研究。积极应对人口老龄化，构建养老、孝老、敬老政策体系和社会环境，推进医养结合，加快老龄事业和产业发展。

（六）**打造共建共治共享的社会治理格局**。加强社会治理制度建设，完善党委领导、政府负责、社会协同、公众参与、法治保障的社会治理体制，提高社会治理社会化、法治化、智能化、专业化水平。加强预防和化解社会矛盾机制建设，正确处理人民内部矛盾。树立安全发展理念，弘扬生命至上、安全第一的思想，健全公共安全体系，完善安全生产责任制，坚决遏制重特大安全事故，提升防灾减灾救灾能力。加快社会治安防控体系建设，依法打击和惩治黄赌毒黑拐骗等违法犯罪活动，保护人民人身权、财产权、人格权。加强社会心理服务体系建设，培育自尊自信、理性平和、积极向上的社会心态。加强社区治理体系建设，推动社会治理重心向基层下移，发挥社会组织作用，实现政府治理和社会调节、居民自治良性互动。

（七）**有效维护国家安全**。国家安全是安邦定国的重要基石，维护国家安全是全国各族人民根本利益所在。要完善国家安全战略和国家安全政策，坚决维护国家政治安全，统筹推进各项安全工作。健全国家安全体系，加强国家安全法治保障，提高防范和抵御安全风险能力。严密防范和坚决打击各种渗透颠覆破坏活动、暴力恐怖活动、民族分裂活动、宗教极端活动。加强国家安全教育,增强全党全国人民国家安全意识,推动全社会形成维护国家安全的强大合力。

同志们!党的一切工作必须以最广大人民根本利益为最高标准。我们要坚持把人民群众的小事当作自己的大事,从人民群众关心的事情做起,从让人民群众满意的事情做起,带领人民不断创造美好生活!

九、加快生态文明体制改革,建设美丽中国

人与自然是生命共同体,人类必须尊重自然、顺应自然、保护自然。人类只有遵循自然规律才能有效防止在开发利用自然上走弯路,人类对大自然的伤害最终会伤及人类自身,这是无法抗拒的规律。

我们要建设的现代化是人与自然和谐共生的现代化,既要创造更多物质财富和精神财富以满足人民日益增长的美好生活需要,也要提供更多优质生态产品以满足人民日益增长的优美生态环境需要。必须坚持节约优先、保护优先、自然恢复为主的方针,形成节约资源和保护环境的空间格局、产业结构、生产方式、生活方式,还自然以宁静、和谐、美丽。

(一)推进绿色发展。加快建立绿色生产和消费的法律制度和政策导向,建立健全绿色低碳循环发展的经济体系。构建市场导向的绿色技术创新体系,发展绿色金融,壮大节能环保产业、清洁生产产业、清洁能源产业。推进能源生产和消费革命,构建清洁低碳、安全高效的能源体系。推进资源全面节约和循环利用,实施国家节水行动,降低能耗、物耗,实现生产系统和生活系统循环链接。倡导简约适度、绿色低碳的生活方式,反对奢侈浪费和不合理消费,开展创建节约型机关、绿色家庭、绿色学校、绿色社区和绿色出行等行动。

(二)着力解决突出环境问题。坚持全民共治、源头防治,持续实施大气污染防治行动,打赢蓝天保卫战。加快水污染防治,实施流域环境和近岸海域综合治理。强化土壤污染管控和修复,加强农业面源污染防治,开展农村人居环境整治行动。加强固体废弃物和垃圾处置。提高污染排放标准,强化排污者责任,健全环保信用评价、信息强制性披露、严惩重罚等制度。构建政府为主导、企业为主体、社会组织和公众共同参与的环境治理体系。积极参与全球环境治理,落实减排承诺。

(三)加大生态系统保护力度。实施重要生态系统保护和修复重大工程,优化生态安全屏障体系,构建生态廊道和生物多样性保护网络,提升生态系统质量和稳定性。完成生态保护红线、永久基本农田、城镇开发边界三条控制线划定工作。开展国土绿化行动,推进荒漠化、石漠化、水土流失综合治理,强化湿地保护和恢复,

加强地质灾害防治。完善天然林保护制度，扩大退耕还林还草。严格保护耕地，扩大轮作休耕试点，健全耕地草原森林河流湖泊休养生息制度，建立市场化、多元化生态补偿机制。

（四）改革生态环境监管体制。加强对生态文明建设的总体设计和组织领导，设立国有自然资源资产管理和自然生态监管机构，完善生态环境管理制度，统一行使全民所有自然资源资产所有者职责，统一行使所有国土空间用途管制和生态保护修复职责，统一行使监管城乡各类污染排放和行政执法职责。构建国土空间开发保护制度，完善主体功能区配套政策，建立以国家公园为主体的自然保护地体系。坚决制止和惩处破坏生态环境行为。

同志们！生态文明建设功在当代、利在千秋。我们要牢固树立社会主义生态文明观，推动形成人与自然和谐发展现代化建设新格局，为保护生态环境作出我们这代人的努力！

十、坚持走中国特色强军之路，全面推进国防和军队现代化

国防和军队建设正站在新的历史起点上。面对国家安全环境的深刻变化，面对强国强军的时代要求，必须全面贯彻新时代党的强军思想，贯彻新形势下军事战略方针，建设强大的现代化陆军、海军、空军、火箭军和战略支援部队，打造坚强高效的战区联合作战指挥机构，构建中国特色现代作战体系，担当起党和人民赋予的新时代使命任务。

适应世界新军事革命发展趋势和国家安全需求，提高建设质量和效益，确保到二〇二〇年基本实现机械化，信息化建设取得重大进展，战略能力有大的提升。同国家现代化进程相一致，全面推进军事理论现代化、军队组织形态现代化、军事人员现代化、武器装备现代化，力争到二〇三五年基本实现国防和军队现代化，到本世纪中叶把人民军队全面建成世界一流军队。

加强军队党的建设，开展"传承红色基因、担当强军重任"主题教育，推进军人荣誉体系建设，培养有灵魂、有本事、有血性、有品德的新时代革命军人，永葆人民军队性质、宗旨、本色。继续深化国防和军队改革，深化军官职业化制度、文职人员制度、兵役制度等重大政策制度改革，推进军事管理革命，完善和发展中国特色社会主义军事制度。树立科技是核心战斗力的思想，推进重大技术创新、自主创新，加强军事人才培养体系建设，建设创新型人民军队。全面从严治军，推动治军方式根本性转变，提高国防和军队建设法治化水平。

军队是要准备打仗的，一切工作都必须坚持战斗力标准，向能打仗、打胜仗聚焦。扎实做好各战略方向军事斗争准备，统筹推进传统安全领域和新型安全领域军

事斗争准备，发展新型作战力量和保障力量，开展实战化军事训练，加强军事力量运用，加快军事智能化发展，提高基于网络信息体系的联合作战能力、全域作战能力，有效塑造态势、管控危机、遏制战争、打赢战争。

坚持富国和强军相统一，强化统一领导、顶层设计、改革创新和重大项目落实，深化国防科技工业改革，形成军民融合深度发展格局，构建一体化的国家战略体系和能力。完善国防动员体系，建设强大稳固的现代边海空防。组建退役军人管理保障机构，维护军人军属合法权益，让军人成为全社会尊崇的职业。深化武警部队改革，建设现代化武装警察部队。

同志们！我们的军队是人民军队，我们的国防是全民国防。我们要加强全民国防教育，巩固军政军民团结，为实现中国梦强军梦凝聚强大力量！

十一、坚持"一国两制"，推进祖国统一

香港、澳门回归祖国以来，"一国两制"实践取得举世公认的成功。事实证明，"一国两制"是解决历史遗留的香港、澳门问题的最佳方案，也是香港、澳门回归后保持长期繁荣稳定的最佳制度。

保持香港、澳门长期繁荣稳定，必须全面准确贯彻"一国两制"、"港人治港"、"澳人治澳"、高度自治的方针，严格依照宪法和基本法办事，完善与基本法实施相关的制度和机制。 要支持特别行政区政府和行政长官依法施政、积极作为，团结带领香港、澳门各界人士齐心协力谋发展、促和谐，保障和改善民生，有序推进民主，维护社会稳定，履行维护国家主权、安全、发展利益的宪制责任。

香港、澳门发展同内地发展紧密相连。要支持香港、澳门融入国家发展大局，以粤港澳大湾区建设、粤港澳合作、泛珠三角区域合作等为重点，全面推进内地同香港、澳门互利合作，制定完善便利香港、澳门居民在内地发展的政策措施。

我们坚持爱国者为主体的"港人治港"、"澳人治澳"，发展壮大爱国爱港爱澳力量，增强香港、澳门同胞的国家意识和爱国精神，让香港、澳门同胞同祖国人民共担民族复兴的历史责任、共享祖国繁荣富强的伟大荣光。

解决台湾问题、实现祖国完全统一，是全体中华儿女共同愿望，是中华民族根本利益所在。 必须继续坚持"和平统一、一国两制"方针，推动两岸关系和平发展，推进祖国和平统一进程。

一个中国原则是两岸关系的政治基础。体现一个中国原则的"九二共识"明确界定了两岸关系的根本性质，是确保两岸关系和平发展的关键。承认"九二共识"的历史事实，认同两岸同属一个中国，两岸双方就能开展对话，协商解决两岸同胞关心的问题，台湾任何政党和团体同大陆交往也不会存在障碍。

两岸同胞是命运与共的骨肉兄弟，是血浓于水的一家人。我们秉持"两岸一家亲"理念，尊重台湾现有的社会制度和台湾同胞生活方式，愿意率先同台湾同胞分享大陆发展的机遇。我们将扩大两岸经济文化交流合作，实现互利互惠，逐步为台湾同胞在大陆学习、创业、就业、生活提供与大陆同胞同等的待遇，增进台湾同胞福祉。我们将推动两岸同胞共同弘扬中华文化，促进心灵契合。

　　我们坚决维护国家主权和领土完整，绝不容忍国家分裂的历史悲剧重演。一切分裂祖国的活动都必将遭到全体中国人坚决反对。我们有坚定的意志、充分的信心、足够的能力挫败任何形式的"台独"分裂图谋。我们绝不允许任何人、任何组织、任何政党、在任何时候、以任何形式、把任何一块中国领土从中国分裂出去！

　　同志们！实现中华民族伟大复兴，是全体中国人共同的梦想。我们坚信，只要包括港澳台同胞在内的全体中华儿女顺应历史大势、共担民族大义，把民族命运牢牢掌握在自己手中，就一定能够共创中华民族伟大复兴的美好未来！

十二、坚持和平发展道路，推动构建人类命运共同体

　　中国共产党是为中国人民谋幸福的政党，也是为人类进步事业而奋斗的政党。中国共产党始终把为人类作出新的更大的贡献作为自己的使命。

　　中国将高举和平、发展、合作、共赢的旗帜，恪守维护世界和平、促进共同发展的外交政策宗旨，坚定不移在和平共处五项原则基础上发展同各国的友好合作，推动建设相互尊重、公平正义、合作共赢的新型国际关系。

　　世界正处于大发展大变革大调整时期，和平与发展仍然是时代主题。世界多极化、经济全球化、社会信息化、文化多样化深入发展，全球治理体系和国际秩序变革加速推进，各国相互联系和依存日益加深，国际力量对比更趋平衡，和平发展大势不可逆转。同时，世界面临的不稳定性不确定性突出，世界经济增长动能不足，贫富分化日益严重，地区热点问题此起彼伏，恐怖主义、网络安全、重大传染性疾病、气候变化等非传统安全威胁持续蔓延，人类面临许多共同挑战。

　　我们生活的世界充满希望，也充满挑战。我们不能因现实复杂而放弃梦想，不能因理想遥远而放弃追求。没有哪个国家能够独自应对人类面临的各种挑战，也没有哪个国家能够退回到自我封闭的孤岛。

　　我们呼吁，各国人民同心协力，构建人类命运共同体，建设持久和平、普遍安全、共同繁荣、开放包容、清洁美丽的世界。要相互尊重、平等协商，坚决摒弃冷战思维和强权政治，走对话而不对抗、结伴而不结盟的国与国交往新路。要坚持以对话解决争端、以协商化解分歧，统筹应对传统和非传统安全威胁，反对一切形式的恐怖主义。要同舟共济，促进贸易和投资自由化便利化，推动经济全球化朝着更

加开放、包容、普惠、平衡、共赢的方向发展。要尊重世界文明多样性，以文明交流超越文明隔阂、文明互鉴超越文明冲突、文明共存超越文明优越。要坚持环境友好，合作应对气候变化，保护好人类赖以生存的地球家园。

中国坚定奉行独立自主的和平外交政策，尊重各国人民自主选择发展道路的权利，维护国际公平正义，反对把自己的意志强加于人，反对干涉别国内政，反对以强凌弱。中国决不会以牺牲别国利益为代价来发展自己，也决不放弃自己的正当权益，任何人不要幻想让中国吞下损害自身利益的苦果。中国奉行防御性的国防政策。中国发展不对任何国家构成威胁。中国无论发展到什么程度，永远不称霸，永远不搞扩张。

中国积极发展全球伙伴关系，扩大同各国的利益交汇点，推进大国协调和合作，构建总体稳定、均衡发展的大国关系框架，按照亲诚惠容理念和与邻为善、以邻为伴周边外交方针深化同周边国家关系，秉持正确义利观和真实亲诚理念加强同发展中国家团结合作。加强同各国政党和政治组织的交流合作，推进人大、政协、军队、地方、人民团体等的对外交往。

中国坚持对外开放的基本国策，坚持打开国门搞建设，积极促进"一带一路"国际合作，努力实现政策沟通、设施联通、贸易畅通、资金融通、民心相通，打造国际合作新平台，增添共同发展新动力。加大对发展中国家特别是最不发达国家援助力度，促进缩小南北发展差距。中国支持多边贸易体制，促进自由贸易区建设，推动建设开放型世界经济。

中国秉持共商共建共享的全球治理观，倡导国际关系民主化，坚持国家不分大小、强弱、贫富一律平等，支持联合国发挥积极作用，支持扩大发展中国家在国际事务中的代表性和发言权。中国将继续发挥负责任大国作用，积极参与全球治理体系改革和建设，不断贡献中国智慧和力量。

同志们！世界命运握在各国人民手中，人类前途系于各国人民的抉择。中国人民愿同各国人民一道，推动人类命运共同体建设，共同创造人类的美好未来！

十三、坚定不移全面从严治党，不断提高党的执政能力和领导水平

中国特色社会主义进入新时代，我们党一定要有新气象新作为。打铁必须自身硬。党要团结带领人民进行伟大斗争、推进伟大事业、实现伟大梦想，必须毫不动摇坚持和完善党的领导，毫不动摇把党建设得更加坚强有力。

全面从严治党永远在路上。一个政党，一个政权，其前途命运取决于人心向背。人民群众反对什么、痛恨什么，我们就要坚决防范和纠正什么。全党要清醒认识到，我们党面临的执政环境是复杂的，影响党的先进性、弱化党的纯洁性的因素也是复杂的，党内存在的思想不纯、组织不纯、作风不纯等突出问题尚未得到根本解决。要深刻认识党面临的执政考验、改革开放考验、市场经济考验、外部环境考验的长期性和复杂性，深刻认识党面临的精神懈怠危险、能力不足危险、脱离群众危险、消极腐败危险的尖锐性和严峻性，坚持问题导向，保持战略定力，推动全面从严治党向纵深发展。

新时代党的建设总要求是：坚持和加强党的全面领导，坚持党要管党、全面从严治党，以加强党的长期执政能力建设、先进性和纯洁性建设为主线，以党的政治建设为统领，以坚定理想信念宗旨为根基，以调动全党积极性、主动性、创造性为着力点，全面推进党的政治建设、思想建设、组织建设、作风建设、纪律建设，把制度建设贯穿其中，深入推进反腐败斗争，不断提高党的建设质量，把党建设成为始终走在时代前列、人民衷心拥护、勇于自我革命、经得起各种风浪考验、朝气蓬勃的马克思主义执政党。

（一）把党的政治建设摆在首位。旗帜鲜明讲政治是我们党作为马克思主义政党的根本要求。党的政治建设是党的根本性建设，决定党的建设方向和效果。保证全党服从中央，坚持党中央权威和集中统一领导，是党的政治建设的首要任务。全党要坚定执行党的政治路线，严格遵守政治纪律和政治规矩，在政治立场、政治方向、政治原则、政治道路上同党中央保持高度一致。要尊崇党章，严格执行新形势下党内政治生活若干准则，增强党内政治生活的政治性、时代性、原则性、战斗性，自觉抵制商品交换原则对党内生活的侵蚀，营造风清气正的良好政治生态。完善和落实民主集中制的各项制度，坚持民主基础上的集中和集中指导下的民主相结合，既充分发扬民主，又善于集中统一。弘扬忠诚老实、公道正派、实事求是、清正廉洁等价值观，坚决防止和反对个人主义、分散主义、自由主义、本位主义、好人主义，坚决防止和反对宗派主义、圈子文化、码头文化，坚决反对搞两面派、做两面人。全党同志特别是高级干部要加强党性锻炼，不断提高政治觉悟和政治能力，把对党忠诚、为党分忧、为党尽职、为民造福作为根本政治担当，永葆共产党人政治本色。

（二）用新时代中国特色社会主义思想武装全党。思想建设是党的基础性建设。革命理想高于天。共产主义远大理想和中国特色社会主义共同理想，是中国共产党人的精神支柱和政治灵魂，也是保持党的团结统一的思想基础。要把坚定理想信念作为党的思想建设的首要任务，教育引导全党牢记党的宗旨，挺起共产党人的精神脊梁，解决好世界观、人生观、价值观这个"总开关"问题，自觉做共产主义远大理想和中国特色社会主义共同理想的坚定信仰者和忠实实践者。弘扬马克思主义学风，推进"两学一做"学习教育常态化制度化，以县处级以上领导干部为重点，在全党开展"不忘初心、牢记使命"主题教育，用党的创新理论武装头脑，推动全党更加自觉地为实现新时代党的历史使命不懈奋斗。

（三）建设高素质专业化干部队伍。党的干部是党和国家事业的中坚力量。要坚持党管干部原则，坚持德才兼备、以德为先，坚持五湖四海、任人唯贤，坚持事业为上、公道正派，把好干部标准落到实处。坚持正确选人用人导向，匡正选人用人风气，突出政治标准，提拔重用牢固树立"四个意识"和"四个自信"、坚决维护党中央权威、全面贯彻执行党的理论和路线方针政策、忠诚干净担当的干部，选优配强各级领导班子。注重培养专业能力、专业精神，增强干部队伍适应新时代中国特色社会主义发展要求的能力。大力发现储备年轻干部，注重在基层一线和困难艰苦的地方培养锻炼年轻干部，源源不断选拔使用经过实践考验的优秀年轻干部。统筹做好培养选拔女干部、少数民族干部和党外干部工作。认真做好离退休干部工作。坚持严管和厚爱结合、激励和约束并重，完善干部考核评价机制，建立激励机制和容错纠错机制，旗帜鲜明为那些敢于担当、踏实做事、不谋私利的干部撑腰鼓劲。各级党组织要关心爱护基层干部，主动为他们排忧解难。

人才是实现民族振兴、赢得国际竞争主动的战略资源。要坚持党管人才原则，聚天下英才而用之，加快建设人才强国。实行更加积极、更加开放、更加有效的人才政策，以识才的慧眼、爱才的诚意、用才的胆识、容才的雅量、聚才的良方，把党内和党外、国内和国外各方面优秀人才集聚到党和人民的伟大奋斗中来，鼓励引导人才向边远贫困地区、边疆民族地区、革命老区和基层一线流动，努力形成人人渴望成才、人人努力成才、人人皆可成才、人人尽展其才的良好局面，让各类人才的创造活力竞相迸发、聪明才智充分涌流。

（四）加强基层组织建设。党的基层组织是确保党的路线方针政策和决策部署贯彻落实的基础。要以提升组织力为重点，突出政治功能，把企业、农村、机关、学校、科研院所、街道社区、社会组织等基层党组织建设成为宣传党的主张、贯彻党的决定、领导基层治理、团结动员群众、推动改革发展的坚强战斗堡垒。党支部要担负好直接教育党员、管理党员、监督党员和组织群众、宣传群众、凝聚群众、服务群众的职责，引导广大党员发挥先锋模范作用。坚持"三会一课"制度，推进党的基层组织设置和活动方式创新，加强基层党组织带头人队伍建设，扩大基层党组织覆盖面，着力解决一些基层党组织弱化、虚化、边缘化问题。扩大党内基层民主，推进党务公开，畅通党员参与党内事务、监督党的组织和干部、向上级党组织提出意见和建议的渠道。注重从产业工人、青年农民、高知识群体中和在非公有制经济组织、社会组织中发展党员。加强党内激励关怀帮扶。增强党员教育管理针对性和有效性，稳妥有序开展不合格党员组织处置工作。

（五）**持之以恒正风肃纪**。我们党来自人民、植根人民、服务人民，一旦脱离群众，就会失去生命力。加强作风建设，必须紧紧围绕保持党同人民群众的血肉联系，增强群众观念和群众感情，不断厚植党执政的群众基础。凡是群众反映强烈的问题都要严肃认真对待，凡是损害群众利益的行为都要坚决纠正。坚持以上率下，巩固拓展落实中央八项规定精神成果，继续整治"四风"问题，坚决反对特权思想和特权现象。重点强化政治纪律和组织纪律，带动廉洁纪律、群众纪律、工作纪律、生活纪律严起来。坚持开展批评和自我批评，坚持惩前毖后、治病救人，运用监督执纪"四种形态"，抓早抓小、防微杜渐。赋予有干部管理权限的党组相应纪律处分权限，强化监督执纪问责。加强纪律教育，强化纪律执行，让党员、干部知敬畏、存戒惧、守底线，习惯在受监督和约束的环境中工作生活。

（六）**夺取反腐败斗争压倒性胜利**。人民群众最痛恨腐败现象，腐败是我们党面临的最大威胁。只有以反腐败永远在路上的坚韧和执着，深化标本兼治，保证干部清正、政府清廉、政治清明，才能跳出历史周期率，确保党和国家长治久安。当前，反腐败斗争形势依然严峻复杂，巩固压倒性态势、夺取压倒性胜利的决心必须坚如磐石。要坚持无禁区、全覆盖、零容忍，坚持重遏制、强高压、长震慑，坚持受贿行贿一起查，坚决防止党内形成利益集团。在市县党委建立巡察制度，加大整治群众身边腐败问题力度。不管腐败分子逃到哪里，都要缉拿归案、绳之以法。推进反腐败国家立法，建设覆盖纪检监察系统的检举举报平台。强化不敢腐的震慑，扎牢不能腐的笼子，增强不想腐的自觉，通过不懈努力换来海晏河清、朗朗乾坤。

（七）**健全党和国家监督体系**。增强党自我净化能力，根本靠强化党的自我监督和群众监督。要加强对权力运行的制约和监督，让人民监督权力，让权力在阳光下运行，把权力关进制度的笼子。强化自上而下的组织监督，改进自下而上的民主监督，发挥同级相互监督作用，加强对党员领导干部的日常管理监督。深化政治巡视，坚持发现问题、形成震慑不动摇，建立巡视巡察上下联动的监督网。深化国家监察体制改革，将试点工作在全国推开，组建国家、省、市、县监察委员会，同党的纪律检查机关合署办公，实现对所有行使公权力的公职人员监察全覆盖。制定国家监察法，依法赋予监察委员会职责权限和调查手段，用留置取代"两规"措施。改革审计管理体制，完善统计体制。构建党统一指挥、全面覆盖、权威高效的监督体系，把党内监督同国家机关监督、民主监督、司法监督、群众监督、舆论监督贯通起来，增强监督合力。

（八）**全面增强执政本领**。领导十三亿多人的社会主义大国，我们党既要政治过硬，也要本领高强。要增强学习本领，在全党营造善于学习、勇于实践的浓厚氛围，建设马克思主义学习型政党，推动建设学习大国。增强政治领导本领，坚持战略思维、创新思维、辩证思维、法治思维、底线思维，科学制定和坚决执行党的路线方针政策，把党总揽全局、协调各方落到实处。增强改革创新本领，保持锐意进取的精神风貌，善于结合实际创造性推动工作，善于运用互联网技术和信息化手段开展工作。增强科学发展本领，善于贯彻新发展理念，不断开创发展新局面。增强依法执政本领，加快形成覆盖党的领导和党的建设各方面的党内法规制度体系，加强和改善对国家政权机关的领导。增强群众工作本领，创新群众工作体制机制和方式方法，推动工会、共青团、妇联等群团组织增强政治性、先进性、群众性，发挥联系群众的桥梁纽带作用，组织动员广大人民群众坚定不移跟党走。增强狠抓落实本领，坚持说实话、谋实事、出实招、求实效，把雷厉风行和久久为功有机结合起来，勇于攻坚克难，以钉钉子精神做实做细做好各项工作。增强驾驭风险本领，健全各方面风险防控机制，善于处理各种复杂矛盾，勇于战胜前进道路上的各种艰难险阻，牢牢把握工作主动权。

同志们！伟大的事业必须有坚强的党来领导。只要我们党把自身建设好、建设强，确保党始终同人民想在一起、干在一起，就一定能够引领承载着中国人民伟大梦想的航船破浪前进，胜利驶向光辉的彼岸！

同志们！中华民族是历经磨难、不屈不挠的伟大民族，中国人民是勤劳勇敢、自强不息的伟大人民，中国共产党是敢于斗争、敢于胜利的伟大政党。历史车轮滚滚向前，时代潮流浩浩荡荡。历史只会眷顾坚定者、奋进者、搏击者，而不会等待犹豫者、懈怠者、畏难者。全党一定要保持艰苦奋斗、戒骄戒躁的作风，以时不我待、只争朝夕的精神，奋力走好新时代的长征路。全党一定要自觉维护党的团结统一，保持党同人民群众的血肉联系，巩固全国各族人民大团结，加强海内外中华儿女大团结，团结一切可以团结的力量，齐心协力走向中华民族伟大复兴的光明前景。

青年兴则国家兴，青年强则国家强。青年一代有理想、有本领、有担当，国家就有前途，民族就有希望。中国梦是历史的、现实的，也是未来的；是我们这一代的，更是青年一代的。中华民族伟大复兴的中国梦终将在一代代青年的接力奋斗中变为现实。全党要关心和爱护青年，为他们实现人生出彩搭建舞台。广大青年要坚定理想信念，志存高远，脚踏实地，勇做时代的弄潮儿，在实现中国梦的生动实践中放飞青春梦想，在为人民利益的不懈奋斗中书写人生华章！

大道之行，天下为公。站立在九百六十多万平方公里的广袤土地上，吸吮着五千多年中华民族漫长奋斗积累的文化养分，拥有十三亿多中国人民聚合的磅礴之力，我们走中国特色社会主义道路，具有无比广阔的时代舞台，具有无比深厚的历史底蕴，具有无比强大的前进定力。全党全国各族人民要紧密团结在党中央周围，高举中国特色社会主义伟大旗帜，锐意进取，埋头苦干，为实现推进现代化建设、完成祖国统一、维护世界和平与促进共同发展三大历史任务，为决胜全面建成小康社会、夺取新时代中国特色社会主义伟大胜利、实现中华民族伟大复兴的中国梦、实现人民对美好生活的向往继续奋斗！

习近平在十九届中共中央政治局常委同中外记者见面时强调
新时代要有新气象更要有新作为
中国人民生活一定会一年更比一年好

世界的目光再次聚焦中国，刚刚在中国共产党第十九届中央委员会第一次全体会议上当选的中共中央总书记习近平和中共中央政治局常委李克强、栗战书、汪洋、王沪宁、赵乐际、韩正，25日中午在人民大会堂同采访中共十九大的中外记者亲切见面。

人民大会堂东大厅华灯璀璨、气氛热烈。500多名中外记者在这里架起摄像机、照相机，打开电脑、录音笔，准备第一时间向全球报道新一届中共中央政治局常委的首次集体亮相。

11时54分，习近平等在热烈的掌声中步入大厅，神采奕奕，面带微笑，向在场的中外记者致意。

在中共十九大新闻发言人庹震作简要介绍后，习近平发表了重要讲话。他首先表示，昨天，中国共产党第十九次全国代表大会已经闭幕。这次来了很多记者朋友，许多是远道而来。大家对会议作了大量、充分的报道，引起了全世界广泛关注。你们辛苦了，我向你们表示衷心的感谢。

习近平表示，大会开幕以来，有165个国家452个主要政党发来855份贺电贺信。其中，有814份是国家元首、政府首脑、政党和重要组织机构领导人发来的。在此，我谨代表中国共产党中央委员会，向他们表示诚挚的谢意。

习近平指出，在刚才召开的中共十九届一中全会上，选举产生了新一届中共中央领导机构，全会选举我继续担任中共中央委员会总书记。这是对我的肯定，更是鞭策和激励。

习近平向大家介绍了中共中央政治局常务委员会的其他成员后，代表新一届中共中央领导成员衷心感谢全党同志的信任，表示一定恪尽职守、勤勉工作、不辱使命、不负重托。

习近平指出，过去的5年，我们做了很多工作，有的已经完成了，有的还要接着做下去。中共十九大又提出了新目标新任务，我们要统筹抓好落实。经过长期努力，中国特色社会主义进入了新时代。新时代要有新气象，更要有新作为。中共十九大到二十大的5年，正处在实现"两个一百年"奋斗目标的历史交汇期，第一个百年目标要实现，第二个百年奋斗目标要开篇。这其中有一些重要的时间节点，是我们工作的坐标。

习近平强调，2018年，我们将迎来改革开放40周年。改革开放是决定当代中国命运的关键一招，40年的改革开放使中国人民生活实现了小康，逐步富裕起来了。我们将总结经验、乘势而上，继续推进国家治理体系和治理能力现代化，坚定不移深化各方面改革，坚定不移扩大开放，使改革和开放相互促进、相得益彰。我坚信，中华民族伟大复兴必将在改革开放的进程中得以实现。

习近平指出，2019年，我们将迎来中华人民共和国成立70周年。我们将贯彻新发展理念，推动中国经济持续健康发展，惠及中国人民和各国人民。我们将继续落实好"十三五"规划确定的各项任务，并对未来发展作出新的规划，推动各项事业全面发展，把我们的人民共和国建设得更加繁荣富强。

习近平强调，2020年，我们将全面建成小康社会。全面建成小康社会，一个不能少；共同富裕路上，一个不能掉队。我们将举全党全国之力，坚决完成脱贫攻坚任务，确保兑现我们的承诺。我们要牢记人民对美好生活的向往就是我们的奋斗目标，坚持以人民为中心的发展思想，努力抓好保障和改善民生各项工作，不断增强人民的获得感、幸福感、安全感，不断推进全体人民共同富裕。我坚信，中国人民生活一定会一年更比一年好。

习近平指出，2021年，我们将迎来中国共产党成立100周年。中国共产党立志于中华民族千秋伟业，百年恰是风华正茂！中国共产党是世界上最大的政党。大就要有大的样子。实践充分证明，中国共产党能够带领人民进行伟大的社会革命，也能够进行伟大的自我革命。我们要永葆蓬勃朝气，永远做人民公仆、时代先锋、民族脊梁。全面从严治党永远在路上，不能有任何喘口气、歇歇脚的念头。我们将继续清除一切侵蚀党的健康肌体的病毒，大力营造风清气正的政治生态，以全党的强大正能量在全社会凝聚起推动中国发展进步的磅礴力量。

习近平强调，中国共产党和中国人民从苦难中走过来，深知和平的珍贵、发展的价值。中国人民自信自尊，将坚定维护国家主权、安全、发展利益，同时将同各国人民一道，积极推动构建人类命运共同体，不断为人类和平与发展的崇高事业作出新的更大的贡献。

习近平指出，历史是人民书写的，一切成就归功于人民。只要我们深深扎根人民、紧紧依靠人民，就可以获得无穷的力量，风雨无阻，奋勇向前。

习近平最后说，百闻不如一见。我们欢迎各位记者朋友在中国多走走、多看看，继续关注中共十九大之后中国的发展变化，更加全面地了解和报道中国。我们不需要更多的溢美之词，我们一贯欢迎客观的介绍和有益的建议，正所谓"不要人夸颜色好，只留清气满乾坤"。

12时17分，见面活动结束。习近平等向中外记者们挥手道别。全场再次响起热烈的掌声。

（新华社北京10月25日电）

中共中央政治局召开会议研究部署学习宣传贯彻党的十九大精神审议《中共中央政治局关于加强和维护党中央集中统一领导的若干规定》和《中共中央政治局贯彻落实中央八项规定的实施细则》

中共中央总书记习近平主持会议

十九届中共中央政治局10月27日召开会议，研究部署学习宣传贯彻党的十九大精神，审议《中共中央政治局关于加强和维护党中央集中统一领导的若干规定》和《中共中央政治局贯彻落实中央八项规定的实施细则》。中共中央总书记习近平主持会议。

【党中央集中统一领导的重大意义】

会议强调，党中央集中统一领导是党的领导的最高原则，从根本上关乎党和国家前途命运、关乎人民根本利益。加强和维护党中央集中统一领导是全党共同的政治责任，首先是中央领导层的政治责任。

中央政治局要带头树立政治意识、大局意识、核心意识、看齐意识，严格遵守党章和党内政治生活准则，全面落实党的十九大关于加强和维护党中央集中统一领导的各项要求，自觉在以习近平同志为核心的党中央集中统一领导下履行职责、开展工作，坚决维护习近平总书记作为党中央的核心、全党的核心的地位，凝聚全党意志，激发全国各族人民充满信心朝着实现"两个一百年"奋斗目标、建设社会主义现代化强国、实现中华民族伟大复兴中国梦的宏伟目标奋勇前进。

【加强和维护党中央集中统一领导的若干规定】

会议一致同意中央政治局关于加强和维护党中央集中统一领导的若干规定。中央政治局全体同志要牢固树立"四个意识"，坚定"四个自信"，主动将重大问题报请党中央研究，认真落实党中央决策部署并及时报告落实的重要进展；要带头执行党的干部政策，结合分管工作负责任地向党中央推荐干部；要对党忠诚老实，自觉同违反党章、破坏党的纪律、危害党中央集中领导和团结统一的言行作斗争，认真履行所分管部门、领域或所在地区的全面从严治党责任；要坚持每年向党中央和总书记书面述职；要严格遵守有关宣传报道的规定。

中央书记处和中央纪律检查委员会、全国人大常委会党组、国务院党组、全国政协党组、最高人民法院党组、最高人民检察院党组每年向中央政治局常委会、中央政治局报告工作。

【继续严格执行中央八项规定】

会议认为，作风建设永远在路上。贯彻执行中央八项规定是关系我们党会不会脱离群众、能不能长期执政、能不能很好履行执政使命的大问题。党的十九大对持之以恒正风肃纪作出新部署，我们必须坚持以上率下，巩固和拓展落实中央八项规定精神成果，坚持不懈改作风转作风，让党的作风全面好起来，确保党同人民想在一起、干在一起，始终保持党同人民群众的血肉联系。

会议指出，修订后的实施细则，坚持以习近平新时代中国特色社会主义思想为指导，贯彻落实党的十九大对党的作风建设的新部署新要求，坚持问题导向，根据这几年中央八项规定实施过程中遇到的新情况新问题，着重对改进调查研究、精简会议活动、精简文件简报、规范出访活动、改进新闻报道、厉行勤俭节约等方面内容作了进一步规范、细化和完善，更加切合工作实际，增强了指导性和操作性。中央政治局的同志要带头弘扬党的优良作风，严格执行中央八项规定，为全党作出表率。

【宣传好十九大精神，做到"五个聚焦"】

会议强调，学习宣传贯彻党的十九大精神是当前和今后一段时期全党全国的首要政治任务。要把全党全国各族人民思想统一到党的十九大精神上来，把力量凝聚到实现党的十九大确定的各项任务上来。要引导广大干部群众认真研读党的十九大报告和党章，准确领会把握党的十九大精神的思想精髓、核心要义，原原本本、原汁原味学习好党的十九大精神。要在全面系统的基础上突出重点、抓住关键，把着力点聚焦到习近平新时代中国特色社会主义思想是党必须长期坚持的指导思想上，聚焦到5年来党和国家事业取得历史性成就和发生历史性变革上，聚焦到作出中国特色社会主义进入了新时代、我国社会主要矛盾已经转化为人民日益增长的美好生活需要和不平衡不充分的发展之间的矛盾等重大论断的深远影响上，聚焦到贯彻落实党的十九大的重大决策部署上，聚焦到习近平总书记是全党拥护、人民爱戴、当之无愧的党的领袖上。

【宣传十九大精神要注意的重点】

会议强调，要把学习党的十九大精神作为党的理论武装工作的重点任务，面向全体党员开展多形式、分层次、全覆盖的学习培训。要把学习党的十九大精神作为党校、干部学院、行政学院教育培训的必修课，作为学校思想政治教育和课堂教学的重要内容。要组织开展内容丰富、形式多样的宣传教育活动，注重宣传各地区各部门学习贯彻的具体举措和实际行动，注重反映基层干部群众学习贯彻的典型事迹和良好风貌，广泛吸引干部群众积极参与，在全社会形成学习贯彻党的十九大精神的浓厚氛围。要加强对外宣传，针对国际社会关切，积极宣介党的十九大精神。

会议指出，要组织开展集中宣讲活动，推动党的十九大精神进企业、进农村、进机关、进校园、进社区、进军营、进网站。领导干部要带头学、带头讲、带头干，把党的十九大精神讲清楚、讲明白，让老百姓听得懂、能领会、可落实，推动党的理论创新成果走近群众，凝聚党心民心、扩大社会共识。

会议强调，学习宣传贯彻党的十九大精神，要推动全党牢固树立政治意识、大局意识、核心意识、看齐意识，在政治立场、政治方向、政治原则、政治道路上同以习近平同志为核心的党中央保持高度一致，自觉维护以习近平同志为核心的党中央权威和集中统一领导。要大力弘扬马克思主义学风，切实提高推动发展、解决问题的能力，坚定自觉地把党中央各项决策部署落到实处。

【研究其他事项】

会议还研究了其他事项。

（新华社北京10月27日电）

【链接】

新一届中央政治局的首次全体会议，传递何种明确信号？

学习小组

导读：十九大之后，新一届中央政治局召开第一次全体会议。因为是开局，所以这次会议所透露的政治导向分外重要。

从通稿看，这次会议主要是三项任务：

一是研究部署十九大精神的学习宣传，这个是每年大会后的例行工作，这几天，各部委、单位、地方都陆续开会，传达十九大精神，这次政治局会后，十九大精神的宣传就会大面积铺开；

二是审议了两个文件：《中共中央政治局关于加强和维护党中央集中统一领导的若干规定》和《中共中央政治局贯彻落实中央八项规定的实施细则》，这两个都是中央政治局层面的文件，规格很高，也是这次会议的重大成果；

三是其他事项。

<u>在小组看来，这次会议再次强调了"党中央集中统一领导是党的领导的最高原则"</u>。前不久的党章修正中，"党领导一切"成为全党遵循的政治原则正式写入党章。而这次政治局会议又一次明确了，要实现党的领导，最高原则是"党中央集中统一领导"，而要维护党中央集中统一领导，又必须坚决维护习近平总书记作为党中央的核心、全党的核心的地位，这个层次的递进非常分明。

我们知道，十八大以来，全面从严治党取得了历史性成就，获得了许多新鲜经验，这里面一条重要经验就是，抓"关键少数"，就是党内高级领导干部，而中央政治局又是关键少数中的关键。所以，新一届中央政治局的第一次会议，就围绕"立规矩"的主题，确定新班子工作的大原则。

抓这个关键的重要意义自不待言。更重要的是，这次会议还明确了几项具体要求。比如，重大问题要主动报请党中央研究，落实中央部署期间，还要向党中央及时汇报进展；向党中央推荐干部，强调谁推荐谁负责任……还有个明确要求，就是政治局委员每年要向党中央和总书记书面述职，这个述职的要求，还包括中央书记处和中纪委、全国人大常委会党组、国务院党组、全国政协党组、最高人民法院党组、最高人民检察院党组。

很明显，这些工作都是"党中央集中统一领导"的具体落实。

此外，跟 5 年前一样，这一届中央在开局就抓住了作风建设，要继续严格执行中央八项规定，同时，根据这 5 年来的落实情况，做了修订和更详细的规定，着重于改进调查研究、精简会议活动、精简文件简报、规范出访活动、改进新闻报道、厉行勤俭节约等方面内容。

这正好应了中央的一句话："作风建设永远在路上"，新一届中央依然会扭住全面从严治党不放松，这也给全党、全国人民吃了"定心丸"。

<u>而关于宣传十九大精神，这次会议也提出了"五个聚焦"，这也是十九大精神的五个重点内容：</u>

1. 聚焦到习近平新时代中国特色社会主义思想是党必须长期坚持的指导思想上；
2. 聚焦到 5 年来党和国家事业取得历史性成就和发生历史性变革上；
3. 聚焦到作出中国特色社会主义进入了新时代、我国社会主要矛盾已经转化为人民日益增长的美好生活需要和不平衡不充分的发展之间的矛盾等重大论断的深远影响上；
4. 聚焦到贯彻落实党的十九大的重大决策部署上；
5. 聚焦到习近平总书记是全党拥护、人民爱戴、当之无愧的党的领袖上。

习近平在中共中央政治局第一次集体学习时强调
切实学懂弄通做实党的十九大精神
努力在新时代开启新征程续写新篇章

十九届中共中央政治局2017年10月27日上午就深入学习贯彻党的十九大精神进行第一次集体学习。中共中央总书记习近平在主持学习时强调，党的十九大在政治上、理论上、实践上取得了一系列重大成果，就新时代坚持和发展中国特色社会主义的一系列重大理论和实践问题阐明了大政方针，就推进党和国家各方面工作制定了战略部署，是我们党在新时代开启新征程、续写新篇章的政治宣言和行动纲领。贯彻落实党的十九大精神，在新时代坚持和发展中国特色社会主义，要求全党来一个大学习。

李克强、栗战书、汪洋、王沪宁、赵乐际、韩正就深刻领会和贯彻落实党的十九大精神谈了体会。他们表示，党的十九大高举中国特色社会主义伟大旗帜，以马克思列宁主义、毛泽东思想、邓小平理论、"三个代表"重要思想、科学发展观、习近平新时代中国特色社会主义思想为指导，作出了中国特色社会主义进入了新时代等重大政治论断，深刻阐述了新时代中国共产党的历史使命，确定了决胜全面建成小康社会、开启全面建设社会主义现代化国家新征程的目标，对新时代推进中国特色社会主义伟大事业和党的建设新的伟大工程作出了全面部署。党的十九大报告进一步指明了党和国家事业前进方向，是我们党团结带领全国各族人民在新时代坚持和发展中国特色社会主义的政治宣言和行动纲领，是马克思主义的纲领性文献。全党全国要紧密团结在以习近平同志为核心的党中央周围，增强"四个意识"，坚定"四个自信"，统筹推进"五位一体"总体布局，协调推进"四个全面"战略布局，坚持党要管党、全面从严治党，使党的十九大精神成为推动党和国家事业发展的强大思想武器，把党的十九大提出的各项目标任务落到实处。

中共中央政治局各位同志认真听取了他们的意见。

习近平在主持学习时发表了讲话。他指出，学习宣传贯彻党的十九大精神是全党全国当前和今后一个时期的首要政治任务。中央政治局要先学一步，为全党作出示范。在座不少同志是新进中央政治局的同志，位子更高了，担子更重了，站位就要更高，眼界就要更宽。大家要把学习贯彻党的十九大精神作为第一堂党课、第一堂政治必修课，努力提高自己的政治素养和思想理论水平，以更好担负起党和人民赋予的重要职责。

习近平强调，学习贯彻党的十九大精神，要在学懂上下功夫。学懂是前提。党的十九大提出了许多新理念、新论断，确定了许多新任务、新举措，需要通过学习来准确领会。关键是要多思多想，努力掌握党的十九大精神的政治意义、历史意义、理论意义、实践意义。要注重采取理论和实践、历史和现实、当前和未来相结合的方法，把每一点都领会深、领会透。要坚持马克思主义立场观点方法，从我国实际出发，遵循我国发展的逻辑，增强中国特色社会主义道路自信、理论自信、制度自信、文化自信。

习近平指出，学习贯彻党的十九大精神，要在弄通上下功夫。要联系地而不是孤立地、系统地而不是零散地、全部地而不是局部地理解党的十九大精神，不能就事论事，不能搞形式主义、实用主义。要把学习贯彻党的十九大精神同学习马克思主义基本原理贯通起来，把学习贯彻党的十九大精神同把握党的十八大以来我们进行伟大斗争、建设伟大工程、推进伟大事业、实现伟大梦想的实践贯通起来，把学习贯彻党的十九大精神同把握党的十九大作出的各项战略部署贯通起来，深化认识党的十九大关于党和国家事业各项战略部署的整体性、关联性、协同性，全面做好党和国家各项工作。

习近平强调，学习贯彻党的十九大精神，要在做实上下功夫。清谈误国、实干兴邦，一分部署、九分落实。要拿出实实在在的举措，一个时间节点一个时间节点往前推进，以钉钉子精神全面抓好落实。中央政治局的同志要带好头，真抓实干，埋头苦干，把分管的工作抓紧抓实、抓出成效。党中央要统筹党的十九大提出的各项目标任务，就重大目标任务作出顶层设计和全面部署。全国人大、国务院、全国政协、中央军委等各有关部门和有关方面要自觉行动起来，明确属于自己职责范围内的任务，找准工作方案，排出任务表、时间表、路线图，对做好工作提出明确要求，重点是质量要求。党的十九大确定的目标任务有近期的，有中期的，也有长期的，要分清轻重缓急，有计划有秩序加以推进。各地区各部门要结合自身实际，把党中央提出的战略部署转化为本地区本部门的工作任务。要牢固树立全国一盘棋思想，以贯彻党中央决策部署为前提，确保党中央确定的目标任务和战略部署顺利实现。

习近平指出，新征程上，不可能都是平坦的大道，我们将会面对许多重大挑战、重大风险、重大阻力、重大矛盾，领导干部必须有强烈的担当精神。领导干部不仅要有担当的宽肩膀，还得有成事的真本领。既要大胆讲政治，又要善于讲政治；既要矢志抓发展，又要善于抓发展；既要勇于抓改革，又要善于抓改革；既要敢于直面矛盾和问题，又要善于化解矛盾和问题；既要有想干事、真干事的自觉，又要有会干事、干成事的本领。

习近平强调，当前，全党全国上下正在深入学习宣传贯彻党的十九大精神，开会发文是传达精神的必要方式，营造浓厚氛围也是必要的，但要防止出现以会议落实会议、以文件落实文件的现象，不能空喊口号、流于形式。各地区各部门要按照党中央统一部署，采取多种方式，运用多种载体，加大宣传力度，迅速兴起学习宣传贯彻热潮。各级党委要突出抓好县处级以上领导干部的学习，党委（党组）中心组要把学习党的十九大精神作为重中之重。各级党校、行政学院要把学习贯彻党的十九大精神作为干部培训的主要内容。各地区各部门要抓紧组织对干部进行集中轮训。要抓好面向广大群众的宣传教育，深入浅出向广大群众宣传解读好党的十九大精神。领导干部要做实干家，也要做宣传家。各级领导干部要带头宣讲，面向群众宣传党的十九大精神。还要组织党的十九大代表到基层宣讲，以自己的亲身经历、切身感受宣传党的十九大精神。

习近平在瞻仰中共一大会址时强调
铭记党的奋斗历程时刻不忘初心
担当党的崇高使命矢志永远奋斗

党的十九大闭幕仅一周，中共中央总书记、国家主席、中央军委主席习近平带领中共中央政治局常委李克强、栗战书、汪洋、王沪宁、赵乐际、韩正，于31日专程从北京前往上海和浙江嘉兴，瞻仰上海中共一大会址和浙江嘉兴南湖红船，回顾建党历史，重温入党誓词，宣示新一届党中央领导集体的坚定政治信念。习近平发表重要讲话强调，只有不忘初心、牢记使命、永远奋斗，才能让中国共产党永远年轻。只要全党全国各族人民团结一心、苦干实干，中华民族伟大复兴的巨轮就一定能够乘风破浪、胜利驶向光辉的彼岸。

31日上午，习近平等一下飞机，就来到位于上海市兴业路76号的中共一大会址。这座饱经沧桑的石库门建筑，1952年9月修复并对外开放，在繁华的现代化都市中庄严肃穆。96年前，1921年7月，中国共产党第一次全国代表大会在这里举行，会议的主要议程是成立中国共产党。

习近平等在兴业路下车后，步行来到中共一大会址纪念馆。习近平在上海工作期间曾3次到这里。在这里，习近平首先瞻仰了中共一大会议室原址。这个18平方米的房间按照当年会议场景复原布置。习近平久久凝视，叮嘱一定要把会址保护好、利用好。习近平动情地说，毛泽东同志称这里是中国共产党的"产床"，这个比喻很形象，我看这里也是我们中国共产党人的精神家园。

随后，习近平等瞻仰了中共一大代表群像浮雕，参观了《伟大开端——中国共产党创建历史陈列》。"前赴后继、救亡图存"、"风云际会、相约建党"、"群英汇聚、开天辟地"等专题展区，陈列着大量实物和图片，有的还有雕塑和沙盘，习近平一边听取介绍，一边询问细节。他对着浮雕一一列数中共一大13名代表的姓名，感叹英雄辈出，也感叹大浪淘沙。习近平指出，建党时的每件文物都十分珍贵、每个情景都耐人寻味，我们要经常回忆、深入思索，从中解读我们党的初心。

题为《追梦》的视频短片，浓缩了我们党波澜壮阔的奋斗历程，习近平等驻足观看。习近平表示，我们党的全部历史都是从中共一大开启的，我们走得再远都不能忘记来时的路。

纪念馆宣誓厅，悬挂着巨幅中国共产党党旗。面对党旗，习近平带领其他中共中央政治局常委同志一起重温入党誓词。在习近平领誓下，铿锵有力的宣誓声响彻大厅，让现场所有人都深受感染，仿佛回到了那个风雨如磐的年代。习近平强调，入党誓词字数不多，记住并不难，难的是终身坚守。每个党员要牢记入党誓词，经常加以对照，坚定不移，终生不渝。

当天下午，习近平等从上海乘火车来到浙江嘉兴市，继续追寻中共一大足迹。当时，正在上海召开的中共一大因遭到上海法租界巡捕袭扰，紧急转移到浙江嘉兴南湖一条小船上继续进行，在船上完成了大会全部议程。红船由此得名并名扬天下。

微风习习、清波荡漾的南湖，下午4时40分许迎来了习近平一行。习近平等走到湖边，瞻仰红船，详细了解利用红船开展爱国主义教育等情况。习近平指出，小小红船承载千钧，播下了中国革命的火种，开启了中国共产党的跨世纪航程。

离开南湖，习近平等前往南湖革命纪念馆参观。这座纪念馆2006年6月28日由时任浙江省委书记习近平亲自奠基，2011年纪念建党90周年前夕落成开放。

纪念馆圆形序厅里，精美的红船雕塑栩栩如生，硕大的镰刀锤头图案鲜艳夺目，二者交相辉映，寓意中国共产党领航中国号巨轮破浪前行。习近平等由此进入以"开天辟地"为主题的展厅，先后参观了"探索救亡图存道路"、"中国共产党成立"等专题展览。这里展出的实物和图片，同上海中共一大会址的展览互为印证，详实记录了中国共产党诞生的历史全貌。习近平不时同其他常委同志交流。习近平表示，从纪念馆奠基那一刻起，我就一直想着落成后要来看一看，今天如愿以偿了，确实深受教育和鼓舞。在浙江工作期间，我曾经把"红船精神"概括为开天辟地、敢为人先的首创精神，坚定理想、百折不挠的奋斗精神，立党为公、忠诚为民的奉献精神。我们要结合时代特点大力弘扬"红船精神"。

参观结束时，习近平发表了重要讲话。他表示，我们全体中央政治局常委同志这次集体出行，目的是回顾我们党的光辉历程特别是建党时的历史，进行革命传统教育，学习革命先辈的崇高精神，明确肩负的重大责任，增强为实现党的十九大提出的目标任务而奋斗的责任感和使命感。

习近平指出，上海党的一大会址、嘉兴南湖红船是我们党梦想起航的地方。我们党从这里诞生，从这里出征，从这里走向全国执政。这里是我们党的根脉。

习近平强调，"其作始也简，其将毕也必巨。"96年来，我们党团结带领人民取得了举世瞩目的伟大成就，这值得我们骄傲和自豪。同时，事业发展永无止境，共产党人的初心永远不能改变。唯有不忘初心，方可告慰历史、告慰先辈，方可赢得民心、赢得时代，方可善作善成、一往无前。

习近平指出，党的十九大擘画了党和国家事业发展的目标和任务，全党同志必须坚持全心全意为人民服务的根本宗旨，不断带领人民创造更加幸福美好的生活；牢记共产主义远大理想，坚定中国特色社会主义共同理想，一步一个脚印向着美好未来和最高理想前进；始终保持谦虚谨慎、不骄不躁的作风，不畏艰难、不怕牺牲，为实现"两个一百年"奋斗目标、实现中华民族伟大复兴的中国梦而不懈奋斗。

临行时，习近平同纪念馆工作人员亲切握手，勉励大家从党的光辉历史中汲取奋进的力量，在为党和人民事业不断做出贡献的同时书写好自己的人生篇章。大家报以长时间热烈的掌声。

中共中央政治局委员丁薛祥、李强、陈希和中央有关部门负责同志，上海市、浙江省有关负责同志参加上述活动。（浙江嘉兴2017年10月31日电）

在庆祝中国共产党成立 95 周年大会上的讲话

（2016 年 7 月 1 日）

习近平

同志们，朋友们：今天，我们在这里隆重集会，庆祝中国共产党成立 95 周年，回顾中国共产党团结带领中国人民不懈奋斗的光辉历程，展望党和人民事业发展的光明前景，表彰全国优秀共产党员、优秀党务工作者、先进基层党组织，动员全党全国各族人民更加充满信心朝着实现全面建成小康社会奋斗目标、实现中华民族伟大复兴的中国梦胜利前进。

同志们、朋友们！在几千年的历史发展中，中华民族创造了悠久灿烂的中华文明，为人类作出了卓越贡献，成为世界上伟大的民族。但是，近代以后，由于西方列强的入侵，由于封建统治的腐败，中国逐渐成为半殖民地半封建社会，山河破碎，生灵涂炭，中华民族遭受了前所未有的苦难。

面对苦难，中国人民没有屈服，而是挺起脊梁、奋起抗争，以百折不挠的精神，进行了一场场气壮山河的斗争，谱写了一曲曲可歌可泣的史诗。

1921 年，五四运动之后，在中华民族内忧外患、社会危机空前深重的背景下，在马克思列宁主义同中国工人运动相结合的进程中，中国共产党诞生了。

中国产生了共产党，这是开天辟地的大事变。这一开天辟地的大事变，深刻改变了近代以后中华民族发展的方向和进程，深刻改变了中国人民和中华民族的前途和命运，深刻改变了世界发展的趋势和格局。

在 95 年波澜壮阔的历史进程中，中国共产党紧紧依靠人民，跨过一道又一道沟坎，取得一个又一个胜利，为中华民族作出了伟大历史贡献。

这个伟大历史贡献，就是我们党团结带领中国人民进行 28 年浴血奋战，打败日本帝国主义，推翻国民党反动统治，完成新民主主义革命，建立了中华人民共和国。这一伟大历史贡献的意义在于，彻底结束了旧中国半殖民地半封建社会的历史，彻底结束了旧中国一盘散沙的局面，彻底废除了列强强加给中国的不平等条约和帝国主义在中国的一切特权，实现了中国从几千年封建专制政治向人民民主的伟大飞跃。

这个伟大历史贡献，就是我们党团结带领中国人民完成社会主义革命，确立社会主义基本制度，消灭一切剥削制度，推进了社会主义建设。这一伟大历史贡献的

意义在于，完成了中华民族有史以来最为广泛而深刻的社会变革，为当代中国一切发展进步奠定了根本政治前提和制度基础，为中国发展富强、中国人民生活富裕奠定了坚实基础，实现了中华民族由不断衰落到根本扭转命运、持续走向繁荣富强的伟大飞跃。

这个伟大历史贡献，就是我们党团结带领中国人民进行改革开放新的伟大革命，极大激发广大人民群众的创造性，极大解放和发展社会生产力，极大增强社会发展活力，人民生活显著改善，综合国力显著增强，国际地位显著提高。**这一伟大历史贡献的意义在于**，开辟了中国特色社会主义道路，形成了中国特色社会主义理论体系，确立了中国特色社会主义制度，使中国赶上了时代，实现了中国人民从站起来到富起来、强起来的伟大飞跃。

中国共产党领导中国人民取得的伟大胜利，使具有5000多年文明历史的中华民族全面迈向现代化，让中华文明在现代化进程中焕发出新的蓬勃生机；使具有500年历史的社会主义主张在世界上人口最多的国家成功开辟出具有高度现实性和可行性的正确道路，让科学社会主义在21世纪焕发出新的蓬勃生机；使具有60多年历史的新中国建设取得举世瞩目的成就，中国这个世界上最大的发展中国家在短短30多年里摆脱贫困并跃升为世界第二大经济体，彻底摆脱被开除球籍的危险，创造了人类社会发展史上惊天动地的发展奇迹，使中华民族焕发出新的蓬勃生机。

历史告诉我们，没有先进理论的指导，没有用先进理论武装起来的先进政党的领导，没有先进政党顺应历史潮流、勇担历史重任、敢于作出巨大牺牲，中国人民就无法打败压在自己头上的各种反动派，中华民族就无法改变被压迫、被奴役的命运，我们的国家就无法团结统一、在社会主义道路上走向繁荣富强。

历史还告诉我们，历史和人民选择中国共产党领导中华民族伟大复兴的事业是正确的，必须长期坚持、永不动摇；中国共产党领导中国人民开辟的中国特色社会主义道路是正确的，必须长期坚持、永不动摇；中国共产党和中国人民扎根中国大地、吸纳人类文明优秀成果、独立自主实现国家发展的战略是正确的，必须长期坚持、永不动摇。

历史告诉我们，95年来，中国走过的历程，中国人民和中华民族走过的历程，是中国共产党和中国人民用鲜血、汗水、泪水写就的，充满着苦难和辉煌、曲折和胜利、付出和收获，这是中华民族发展史上不能忘却、不容否定的壮丽篇章，也是中国人民和中华民族继往开来、奋勇前进的现实基础。

同志们、朋友们！95年来，我们取得的一切成就，是一代又一代中国共产党人同中国人民接续奋斗的结果。以毛泽东同志、邓小平同志、江泽民同志为核心的党的三代中央领导集体，以胡锦涛同志为总书记的党中央，团结带领全党全国各族人民，战胜了一个个难以想象的困难和挑战，使中华民族迎来了实现伟大复兴的光明前景。

在这个庄严而光荣的时刻，我们深切怀念为中国革命、建设、改革，为中国共产党建立、巩固、发展作出重大贡献的毛泽东、周恩来、刘少奇、朱德、邓小平、陈云同志等老一辈革命家，深切怀念为建立、捍卫、建设新中国而英勇牺牲的革命先烈，深切怀念近代以来为中华民族独立和人民解放而顽强奋斗的所有仁人志士。他们为祖国和民族建立的丰功伟绩永垂史册！他们的崇高精神永远铭记在亿万人民心中！

人民是历史的创造者，是真正的英雄。在这里，我代表党中央，向全国广大工人、农民、知识分子，向各民主党派、各人民团体、各界爱国人士，向人民解放军指战员、武警部队官兵、公安民警，致以崇高的敬意！向香港特别行政区同胞、澳门特别行政区同胞和台湾同胞以及广大侨胞，致以诚挚的问候！向一切同中国人民友好相处，关心和支持中国革命、建设、改革事业的各国人民和朋友，致以衷心的谢意！

95年来，一代又一代优秀中国共产党人，为祖国和人民无私奉献，生动展示了共产党人的为民情怀、高尚情操。这次受到表彰的全国优秀共产党员、优秀党务工作者和先进基层党组织，就是各行各业的杰出代表。我代表党中央，向这次受到表彰的同志们，致以崇高的敬意！

同志们、朋友们！"明镜所以照形，古事所以知今。"今天，我们回顾历史，不是为了从成功中寻求慰藉，更不是为了躺在功劳簿上、为回避今天面临的困难和问题寻找借口，而是为了总结历史经验、把握历史规律，增强开拓前进的勇气和力量。

党的十八大指出，坚持和发展中国特色社会主义是一项长期而艰巨的历史任务，必须准备进行具有许多新的历史特点的伟大斗争。这就告诫全党，要时刻准备应对重大挑战、抵御重大风险、克服重大阻力、解决重大矛盾，坚持和发展中国特色社会主义，坚持和巩固党的领导地位和执政地位，使我们的党、我们的国家、我们的人民永远立于不败之地。

历史总是要前进的，历史从不等待一切犹豫者、观望者、懈怠者、软弱者。只有与历史同步伐、与时代共命运的人，才能赢得光明的未来。

我们党已经走过了95年的历程，但我们要永远保持建党时中国共产党人的奋斗精神，永远保持对人民的赤子之心。一切向前走，都不能忘记走过的路；走得再远、走到再光辉的未来，也不能忘记走过的过去，不能忘记为什么出发。面向未来，面对挑战，全党同志一定要不忘初心、继续前进。

——坚持不忘初心、继续前进，就要坚持马克思主义的指导地位，坚持把马克思主义基本原理同当代中国实际和时代特点紧密结合起来，推进理论创新、实践创新，不断把马克思主义中国化推向前进。

指导思想是一个政党的精神旗帜。95年来，中国共产党之所以能够完成近代以来各种政治力量不可能完成的艰巨任务，就在于始终把马克思主义这一科学理论作为自己的行动指南，并坚持在实践中不断丰富和发展马克思主义。这使我们党得以摆脱以往一切政治力量追求自身特殊利益的局限，以唯物辩证的科学精神、无私无畏的博大胸怀领导和推动中国革命、建设、改革，不断坚持真理、修正错误。无论是处于顺境还是逆境，我们党从未动摇对马克思主义的信仰。

马克思主义及其在中国的发展，为党和人民事业发展提供了既一脉相承又与时俱进的科学理论指导，为增进全党全国各族人民团结统一提供了坚实思想基础。

马克思主义是我们立党立国的根本指导思想。背离或放弃马克思主义，我们党就会失去灵魂、迷失方向。在坚持马克思主义指导地位这一根本问题上，我们必须坚定不移，任何时候任何情况下都不能有丝毫动摇。

同时，面对新的时代特点和实践要求，马克思主义也面临着进一步中国化、时代化、大众化的问题。马克思主义并没有结束真理，而是开辟了通向真理的道路。恩格斯早就说过："马克思的整个世界观不是教义，而是方法。它提供的不是现成的教条，而是进一步研究的出发点和供这种研究使用的方法。"

时代是思想之母，实践是理论之源。实践发展永无止境，我们认识真理、进行理论创新就永无止境。今天，时代变化和我国发展的广度和深度远远超出了马克思主义经典作家当时的想象。同时，我国社会主义只有几十年实践、还处在初级阶段，事业越发展新情况新问题就越多，也就越需要我们在实践上大胆探索、在理论上不断突破。

理论上不彻底，就难以服人。我们要以更加宽阔的眼界审视马克思主义在当代发展的现实基础和实践需要，坚持问题导向，坚持以我们正在做的事情为中心，聆听时代声音，更加深入地推动马克思主义同当代中国发展的具体实际相结合，不断开辟21世纪马克思主义发展新境界，让当代中国马克思主义放射出更加灿烂的真理光芒。

——坚持不忘初心、继续前进，就要牢记我们党从成立起就把为共产主义、社会主义而奋斗确定为自己的纲领，坚定共产主义远大理想和中国特色社会主义共同理想，不断把为崇高理想奋斗的伟大实践推向前进。

革命理想高于天。中国共产党之所以叫共产党,就是因为从成立之日起我们党就把共产主义确立为远大理想。我们党之所以能够经受一次次挫折而又一次次奋起,归根到底是因为我们党有远大理想和崇高追求。

"志不立,天下无可成之事。"**理想信念动摇是最危险的动摇,理想信念滑坡是最危险的滑坡。一个政党的衰落,往往从理想信念的丧失或缺失开始**。我们党是否坚强有力,既要看全党在理想信念上是否坚定不移,更要看每一位党员在理想信念上是否坚定不移。95年来,共产主义远大理想激励了一代又一代共产党人英勇奋斗,成千上万的烈士为了这个理想献出了宝贵生命。"砍头不要紧,只要主义真","敌人只能砍下我们的头颅,决不能动摇我们的信仰",这些视死如归、大义凛然的誓言生动表达了共产党人对远大理想的坚贞。理想之光不灭,信念之光不灭。我们一定要铭记烈士们的遗愿,永志不忘他们为之流血牺牲的伟大理想。

理想因其远大而为理想,信念因其执着而为信念。我们要把理想信念教育作为思想建设的战略任务,保持全党在理想追求上的政治定力,自觉做共产主义远大理想和中国特色社会主义共同理想的坚定信仰者、忠实实践者,在全面建成小康社会、实现中华民族伟大复兴中国梦的历史进程中充分发挥先锋模范作用。

理论上清醒,政治上才能坚定。坚定的理想信念,必须建立在对马克思主义的深刻理解之上,建立在对历史规律的深刻把握之上。全党要深入学习马克思列宁主义、毛泽东思想、邓小平理论、"三个代表"重要思想、科学发展观,深入学习党的十八大以来党中央治国理政新理念新思想新战略,不断提高马克思主义思想觉悟和理论水平,保持对远大理想和奋斗目标的清醒认知和执着追求。我们要教育引导广大党员、干部把学习成果转化为提升党性修养、思想境界、道德水平的精神营养,做到真学真懂真信真用,在胜利和顺境时不骄傲不急躁,在困难和逆境时不消沉不动摇,牢牢占据推动人类社会进步、实现人类美好理想的道义制高点。

——坚持不忘初心、继续前进,就要坚持中国特色社会主义道路自信、理论自信、制度自信、文化自信,坚持党的基本路线不动摇,不断把中国特色社会主义伟大事业推向前进。

方向决定道路,道路决定命运。中国特色社会主义不是从天上掉下来的,是党和人民历尽千辛万苦、付出巨大代价取得的根本成就。中国特色社会主义,既是我们必须不断推进的伟大事业,又是我们开辟未来的根本保证。

全党要坚定道路自信、理论自信、制度自信、文化自信。当今世界,要说哪个政党、哪个国家、哪个民族能够自信的话,那中国共产党、中华人民共和国、中华民族是最有理由自信的。有了"自信人生二百年,会当水击三千里"的勇气,我们就能毫无畏惧面对一切困难和挑战，就能坚定不移开辟新天地、创造新奇迹。

我们要坚信，中国特色社会主义道路是实现社会主义现代化的必由之路，是创造人民美好生活的必由之路。我们要坚信，中国特色社会主义理论体系是指导党和人民沿着中国特色社会主义道路实现中华民族伟大复兴的正确理论，是立于时代前沿、与时俱进的科学理论。我们要坚信，中国特色社会主义制度是当代中国发展进步的根本制度保障，是具有鲜明中国特色、明显制度优势、强大自我完善能力的先进制度。

文化自信，是更基础、更广泛、更深厚的自信。在5000多年文明发展中孕育的中华优秀传统文化，在党和人民伟大斗争中孕育的革命文化和社会主义先进文化，积淀着中华民族最深层的精神追求，代表着中华民族独特的精神标识。我们要弘扬社会主义核心价值观，弘扬以爱国主义为核心的民族精神和以改革创新为核心的时代精神，不断增强全党全国各族人民的精神力量。

全党同志必须牢记，我们要建设的是中国特色社会主义，而不是其他什么主义。历史没有终结，也不可能被终结。中国特色社会主义是不是好，要看事实，要看中国人民的判断，而不是看那些戴着有色眼镜的人的主观臆断。中国共产党人和中国人民完全有信心为人类对更好社会制度的探索提供中国方案。

邓小平同志曾经语重心长地说："基本路线要管一百年，动摇不得。只有坚持这条路线，人民才会相信你，拥护你。谁要改变三中全会以来的路线、方针、政策，老百姓不答应，谁就会被打倒。"党的基本路线是国家的生命线、人民的幸福线，我们要坚持把以经济建设为中心作为兴国之要、把四项基本原则作为立国之本、把改革开放作为强国之路，不能有丝毫动摇。

——坚持不忘初心、继续前进，就要统筹推进"五位一体"总体布局，协调推进"四个全面"战略布局，全力推进全面建成小康社会进程，不断把实现"两个一百年"奋斗目标推向前进。

现阶段，建设中国特色社会主义的主要任务，就是到2020年中国共产党成立100年时实现第一个百年奋斗目标、全面建成小康社会，为进而到本世纪中叶中华人民共和国成立100年时实现第二个百年奋斗目标、建成富强民主文明和谐的社会主义现代化国家打下坚实基础。

全面建成小康社会，是我们党向人民、向历史作出的庄严承诺，是13亿多中国人民的共同期盼。为实现这一目标，党的十八大以来，我们党形成并积极推进经济建设、政治建设、文化建设、社会建设、生态文明建设五位一体的总体布局，形成并积极推进全面建成小康社会、全面深化改革、全面依法治国、全面从严治党的战略布局。"五位一体"和"四个全面"相互促进、统筹联动，要协调贯彻好，在推动经济发展的基础上，建设社会主义市场经济、民主政治、先进文化、生态文明、和谐社会，协同推进人民富裕、国家强盛、中国美丽。

发展是党执政兴国的第一要务，是解决中国所有问题的关键。我国仍处于并将长期处于社会主义初级阶段的基本国情没有变，人民日益增长的物质文化需要同落后的社会生产之间的矛盾这一社会主要矛盾没有变，我国是世界上最大发展中国家的国际地位没有变。这是我们谋划发展的基本依据。

面对中国经济发展进入新常态、世界经济发展进入转型期、世界科技发展酝酿新突破的发展格局，我们要坚持以经济建设为中心，坚持以新发展理念引领经济发展新常态，加快转变经济发展方式、调整经济发展结构、提高发展质量和效益，着力推进供给侧结构性改革，推动经济更有效率、更有质量、更加公平、更可持续地发展，加快形成崇尚创新、注重协调、倡导绿色、厚植开放、推进共享的机制和环境，不断壮大我国经济实力和综合国力。

——坚持不忘初心、继续前进，就要坚定不移高举改革开放旗帜，勇于全面深化改革，进一步解放思想、解放和发展社会生产力、解放和增强社会活力，不断把改革开放推向前进。

改革开放是当代中国最鲜明的特色，是我们党在新的历史时期最鲜明的旗帜。改革开放是决定当代中国命运的关键抉择，是党和人民事业大踏步赶上时代的重要法宝。

改革必须坚持正确方向，既不走封闭僵化的老路、也不走改旗易帜的邪路。我们要把完善和发展中国特色社会主义制度、推进国家治理体系和治理能力现代化作为全面深化改革的总目标，勇于推进理论创新、实践创新、制度创新以及其他各方面创新，让制度更加成熟定型，让发展更有质量，让治理更有水平，让人民更有获得感。

我们要坚持以经济体制改革为重点，坚持社会主义市场经济改革方向，全面深化经济体制、政治体制、文化体制、社会体制、生态文明体制和党的建设制度改革。

改革往往都是从易到难。我们的改革要更加注重系统性、整体性、协同性，敢于涉深水区、啃硬骨头。我们要以勇于自我革命的气魄、坚忍不拔的毅力推进改革，敢于向积存多年的顽瘴痼疾开刀，敢于触及深层次利益关系和矛盾，坚决冲破思想观念束缚，坚决破除利益固化藩篱，坚决清除妨碍社会生产力发展的体制机制障碍。

改革和法治如鸟之两翼、车之两轮。我们要坚持走中国特色社会主义法治道路，加快构建中国特色社会主义法治体系，建设社会主义法治国家。全面依法治国，核心是坚持党的领导、人民当家作主、依法治国有机统一，关键在于坚持党领导立法、保证执法、支持司法、带头守法。要在全社会牢固树立宪法法律权威，弘扬宪法精神，任何组织和个人都必须在宪法法律范围内活动，都不得有超越宪法法律的特权。

——坚持不忘初心、继续前进，就要坚信党的根基在人民、党的力量在人民，坚持一切为了人民、一切依靠人民，充分发挥广大人民群众积极性、主动性、创造性，不断把为人民造福事业推向前进。

人民立场是中国共产党的根本政治立场，是马克思主义政党区别于其他政党的显著标志。党与人民风雨同舟、生死与共，始终保持血肉联系，是党战胜一切困难和风险的根本保证，正所谓"得众则得国，失众则失国"。

全党同志要把人民放在心中最高位置，坚持全心全意为人民服务的根本宗旨，实现好、维护好、发展好最广大人民根本利益，把人民拥护不拥护、赞成不赞成、高兴不高兴、答应不答应作为衡量一切工作得失的根本标准，使我们党始终拥有不竭的力量源泉。

带领人民创造幸福生活，是我们党始终不渝的奋斗目标。我们要顺应人民群众对美好生活的向往，坚持以人民为中心的发展思想，以保障和改善民生为重点，发展各项社会事业，加大收入分配调节力度，打赢脱贫攻坚战，保证人民平等参与、平等发展权利，使改革发展成果更多更公平惠及全体人民，朝着实现全体人民共同富裕的目标稳步迈进。

尊重人民主体地位，保证人民当家作主，是我们党的一贯主张。我们要毫不动摇走中国特色社会主义政治发展道路，长期坚持、全面贯彻、不断发展人民代表大会制度、中国共产党领导的多党合作和政治协商制度、民族区域自治制度、基层群众自治制度，发展社会主义协商民主，巩固和发展最广泛的爱国统一战线，扩大人民群众有序政治参与，保证人民广泛参加国家治理和社会治理，形成生动活泼、安定团结的政治局面。

"功以才成、业由才广。"党和人民事业要不断发展，就要把各方面人才更好使用起来，聚天下英才而用之。我们要以识才的慧眼、爱才的诚意、用才的胆识、容才的雅量、聚才的良方，广开进贤之路，把党内和党外、国内和国外等各方面优秀人才吸引过来、凝聚起来，努力形成人人渴望成才、人人努力成才、人人皆可成才、人人尽展其才的良好局面。

——坚持不忘初心、继续前进，就要始终不渝走和平发展道路，始终不渝奉行互利共赢的开放战略，加强同各国的友好往来，同各国人民一道，不断把人类和平与发展的崇高事业推向前进。

为人类不断作出新的更大的贡献，是中国共产党和中国人民早就作出的庄严承诺。 中国共产党和中国人民从苦难中走过来，深知和平的珍贵、发展的价值，把促进世界和平与发展视为自己的神圣职责。

　　今天的人类比以往任何时候都更有条件共同朝着和平与发展的目标迈进。中国主张各国人民同心协力，变压力为动力，化危机为生机，以合作取代对抗，以共赢取代独占。什么样的国际秩序和全球治理体系对世界好、对世界各国人民好，要由各国人民商量，不能由一家说了算，不能由少数人说了算。中国将积极参与全球治理体系建设，努力为完善全球治理贡献中国智慧，同世界各国人民一道，推动国际秩序和全球治理体系朝着更加公正合理方向发展。

　　中国外交政策的宗旨是维护世界和平、促进共同发展。 中国始终是世界和平的建设者、全球发展的贡献者、国际秩序的维护者，愿扩大同各国的利益交汇点，推动构建以合作共赢为核心的新型国际关系，推动形成人类命运共同体和利益共同体。

　　中国坚持独立自主的和平外交政策，在和平共处五项原则的基础上同所有国家发展友好合作。中国坚定不移实行对外开放的基本国策，坚持打开国门搞建设，在"一带一路"等重大国际合作项目中创造更全面、更深入、更多元的对外开放格局。

　　中国人民深知，中国发展得益于国际社会，愿意以自己的发展为国际发展作出贡献。中国对外开放，不是要一家唱独角戏，而是要欢迎各方共同参与；不是要谋求势力范围，而是要支持各国共同发展；不是要营造自己的后花园，而是要建设各国共享的百花园。

　　中国倡导人类命运共同体意识，反对冷战思维和零和博弈。 中国坚持国家不分大小、强弱、贫富一律平等，尊重各国人民自主选择发展道路的权利，维护国际公平正义，反对把自己的意志强加于人，反对干涉别国内政，反对以强凌弱。中国不觊觎他国权益，不嫉妒他国发展，但决不放弃我们的正当权益。中国人民不信邪也不怕邪，不惹事也不怕事，任何外国不要指望我们会拿自己的核心利益做交易，不要指望我们会吞下损害我国主权、安全、发展利益的苦果。

　　中国共产党将在独立自主、完全平等、相互尊重、互不干涉内部事务原则的基础上，同各国各地区政党和政治组织发展交流合作，促进国家关系发展。

　　——坚持不忘初心、继续前进，就要保持党的先进性和纯洁性，着力提高执政能力和领导水平，着力增强抵御风险和拒腐防变能力，不断把党的建设新的伟大工程推向前进。

　　办好中国的事情，关键在党。中国特色社会主义最本质的特征是中国共产党领导，中国特色社会主义制度的最大优势是中国共产党领导。坚持和完善党的领导，

是党和国家的根本所在、命脉所在，是全国各族人民的利益所在、幸福所在。

我们党作为一个有8800多万名党员、440多万个党组织的党，作为一个在有着13亿多人口的大国长期执政的党，党的建设关系重大、牵动全局。党和人民事业发展到什么阶段，党的建设就要推进到什么阶段。这是加强党的建设必须把握的基本规律。

先进性和纯洁性是马克思主义政党的本质属性，我们加强党的建设，就是要同一切弱化先进性、损害纯洁性的问题作斗争，祛病疗伤，激浊扬清。全党要以自我革命的政治勇气，着力解决党自身存在的突出问题，不断增强党自我净化、自我完善、自我革新、自我提高能力，经受"四大考验"、克服"四种危险"，确保党始终成为中国特色社会主义事业的坚强领导核心。

治国必先治党，治党务必从严。如果管党不力、治党不严，人民群众反映强烈的党内突出问题得不到解决，那我们党迟早会失去执政资格，不可避免被历史淘汰。管党治党，必须严字当头，把严的要求贯彻全过程，做到真管真严、敢管敢严、长管长严。

严肃党内政治生活是全面从严治党的基础。党要管党，首先要从党内政治生活管起；从严治党，首先要从党内政治生活严起。我们要加强和规范党内政治生活，严肃党的政治纪律和政治规矩，增强党内政治生活的政治性、时代性、原则性、战斗性，全面净化党内政治生态。全党同志要增强政治意识、大局意识、核心意识、看齐意识，切实做到对党忠诚、为党分忧、为党担责、为党尽责。

党的作风是党的形象，是观察党群干群关系、人心向背的晴雨表。党的作风正，人民的心气顺，党和人民就能同甘共苦。实践证明，只要真管真严、敢管敢严，党风建设就没有什么解决不了的问题。作风建设永远在路上。"己不正，焉能正人。"我们要从中央政治局常委会、中央政治局、中央委员会抓起，从高级干部抓起，持之以恒加强作风建设，坚持和发扬党的优良传统和作风，坚持抓常、抓细、抓长，使党的作风全面好起来，确保党始终同人民同呼吸、共命运、心连心。

我们党作为执政党，面临的最大威胁就是腐败。党的十八大以来，我们党坚持"老虎"、"苍蝇"一起打，使不敢腐的震慑作用得到发挥，不能腐、不想腐的效应初步显现，**反腐败斗争压倒性态势正在形成。**反腐倡廉、拒腐防变必须警钟长鸣。各级领导干部要牢固树立正确权力观，保持高尚精神追求，敬畏人民、敬畏组织、敬畏法纪，做到公正用权、依法用权、为民用权、廉洁用权，永葆共产党人拒腐蚀、永不沾的政治本色。我们要以顽强的意志品质，坚持零容忍的态度不变，做到有案必查、有腐必惩，让腐败分子在党内没有任何藏身之地！

伟大的斗争，宏伟的事业，需要高素质干部。我们要坚持德才兼备、以德为先，坚持五湖四海、任人唯贤，坚持事业为上、公道正派，坚决防止和纠正选人用人上的不正之风，把党和人民需要的好干部精心培养起来、及时发现出来、合理使用起来。

　　以德修身、以德立威、以德服众，是干部成长成才的重要因素。每一名党员干部都要坚守"三严三实"，拧紧世界观、人生观、价值观这个"总开关"，做到心中有党、心中有民、心中有责、心中有戒，把为党和人民事业无私奉献作为人生的最高追求。各级领导干部要加快知识更新、加强实践锻炼，使专业素养和工作能力跟上时代节拍，避免少知而迷、无知而乱，努力成为做好工作的行家里手。

　　同志们、朋友们！建设同我国国际地位相称、同国家安全和发展利益相适应的巩固国防和强大军队，是我国社会主义现代化建设的战略任务。我们要统筹经济建设和国防建设，全面加强军队革命化、现代化、正规化建设。**要坚持党对军队的绝对领导，牢牢把握党在新形势下的强军目标，全面实施政治建军、改革强军、依法治军，拓展和深化军事斗争准备，着力培养有灵魂、有本事、有血性、有品德的新一代革命军人，努力建设一支听党指挥、能打胜仗、作风优良的人民军队。**中国奉行积极防御的军事战略方针，不会动辄以武力相威胁，也不会动不动到别人家门口炫耀武力。到处炫耀武力不是有力量的表现，也吓唬不了谁。要深入贯彻军民融合发展战略，加快建设现代化武装警察力量，加强国防动员和后备力量建设，巩固和发展军政军民团结。

　　推进祖国和平统一进程、完成祖国统一大业，是实现中华民族伟大复兴的必然要求。"一国两制"在实践中已经取得举世公认的成功，具有强大生命力。无论遇到什么样的困难和挑战，我们对"一国两制"的信心和决心都绝不会动摇。我们将全面贯彻"一国两制"、"港人治港"、"澳人治澳"、高度自治的方针，严格按照宪法和基本法办事，支持行政长官和特别行政区政府依法施政、履行职责，支持香港、澳门发展经济、改善民生、推进民主、促进和谐。

　　两岸关系和平发展是维护两岸和平、促进共同发展、造福两岸同胞的正确道路，也是通向和平统一的光明大道。坚持"九二共识"、反对"台独"是两岸关系和平发展的政治基础。我们坚决反对"台独"分裂势力。对任何人、任何时候、以任何形式进行的分裂国家活动，13亿多中国人民、整个中华民族都决不会答应！**两岸同胞是命运与共的骨肉兄弟，是血浓于水的一家人。**民族强盛，是同胞共同之福；民族弱乱，是同胞共同之祸。两岸双方应该胸怀民族整体利益，携手为实现中华民族伟大复兴的中国梦共同打拼。

同志们、朋友们！青年是祖国的未来、民族的希望，也是我们党的未来和希望。中国共产党的创始人之一李大钊同志说过，青年要"为世界进文明，为人类造幸福，以青春之我，创建青春之家庭，青春之国家，青春之民族，青春之人类，青春之地球，青春之宇宙，资以乐其无涯之生"。95年来，我们党取得的所有成就都凝聚着青年的热情和奉献。全党要关注青年、关心青年、关爱青年，倾听青年心声，做青年朋友的知心人、青年工作的热心人、青年群众的引路人。

全国广大青年要深刻了解近代以来中国人民和中华民族不懈奋斗的光荣历史和伟大历程，坚定不移跟着中国共产党走，勇做走在时代前列的奋进者、开拓者、奉献者，让青春在为祖国、为人民、为民族的奉献中焕发出绚丽光彩！

同志们、朋友们！95年前，中国人民对争取民族独立和人民解放、实现国家富强和人民幸福的渴望是多么强烈，但前途又是多么渺茫。今天，我们比历史上任何时期都更接近中华民族伟大复兴的目标，比历史上任何时期都更有信心、有能力实现这个目标。我们完全可以说，中华民族伟大复兴的中国梦一定要实现，也一定能够实现。

1949年3月23日上午，党中央从西柏坡动身前往北京时，毛泽东同志说："今天是进京赶考的日子。"60多年的实践证明，我们党在这场历史性考试中取得了优异成绩。同时，这场考试还没有结束，还在继续。今天，我们党团结带领人民所做的一切工作，就是这场考试的继续。

"路漫漫其修远兮，吾将上下而求索。"全党同志一定要不忘初心、继续前进，永远保持谦虚、谨慎、不骄、不躁的作风，永远保持艰苦奋斗的作风，勇于变革、勇于创新，永不僵化、永不停滞，继续在这场历史性考试中经受考验，努力向历史、向人民交出新的更加优异的答卷！

"平语"近人——习近平谈理想信念

学习进行时

【编者按】十八大以来,习近平在不同时间、不同场合反复强调党员领导干部要坚定理想信念。理想信念有多重要?新华社《学习进行时》推出文章,与您一同学习、领会。

为什么要坚定理想信念,习近平这样回答

胜利之"钥"

95年来,共产主义远大理想激励了一代又一代共产党人英勇奋斗,成千上万的烈士为了这个理想献出了宝贵生命。"砍头不要紧,只要主义真","敌人只能砍下我们的头颅,决不能动摇我们的信仰",这些视死如归、大义凛然的誓言生动表达了共产党人对远大理想的坚贞。理想之光不灭,信念之光不灭。

——2016年7月1日,习近平在庆祝中国共产党成立95周年大会上的讲话

长征胜利启示我们:心中有信仰,脚下有力量;没有牢不可破的理想信念,没有崇高理想信念的有力支撑,要取得长征胜利是不可想象的。

——2016年10月21日,习近平在纪念红军长征胜利80周年大会上的讲话

精神之"钙"

形象地说,理想信念就是共产党人精神上的"钙",没有理想信念,理想信念不坚定,精神上就会"缺钙",就会得"软骨病"。

——2012年11月17日,习近平在十八届中共中央政治局第一次集体学习时的讲话

理想信念是共产党人的精神之"钙",必须加强思想政治建设,解决好世界观、人生观、价值观这个"总开关"问题。

——2014年1月20日,习近平在党的群众路线教育实践活动第一批总结暨第二批部署会议上强调

对马克思主义、共产主义的信仰,对社会主义的信念,是共产党人精神上的"钙"。没有理想信念,理想信念不坚定,精神上就会得"软骨病",就会在风雨面前东摇西摆。

——2015年6月12日,习近平在纪念陈云同志诞辰110周年座谈会上的讲话

共产党人的根本

坚定理想信念，坚守共产党人精神追求，始终是共产党人安身立命的根本。对马克思主义的信仰，对社会主义和共产主义的信念，是共产党人的政治灵魂，是共产党人经受住任何考验的精神支柱。

——2012年11月17日，习近平在十八届中共中央政治局第一次集体学习时的讲话

我们共产党人的根本，就是对马克思主义的信仰，对共产主义和社会主义的信念，对党和人民的忠诚。立根固本，就是要坚定这份信仰、坚定这份信念、坚定这份忠诚，只有在立根固本上下足了功夫，才会有强大的免疫力和抵抗力。

——2015年9月11日，习近平在中央政治局第二十六次集体学习时强调

不忘初心，方得始终。对马克思主义的信仰，对社会主义和共产主义的信念，是共产党人的政治灵魂，是共产党人经受住各种考验的精神支柱。只有理想信念坚定的人，才能始终不渝、百折不挠，不论风吹雨打，不怕千难万险，坚定不移为实现既定目标而奋斗。

——2016年11月29日，习近平在纪念朱德同志诞辰130周年座谈会上的讲话

思想的"总开关"

对党员、干部来说，思想上的滑坡是最严重的病变，"总开关"没拧紧，不能正确处理公私关系，缺乏正确的是非观、义利观、权力观、事业观，各种出轨越界、跑冒滴漏就在所难免了。

——2014年10月8日，习近平在党的群众路线教育实践活动总结大会上的讲话

只有理想信念坚定，心中有党、对党忠诚才能有牢固思想基础。理想信念动摇了，那是不可能心中有党的。大家要把学习掌握马克思主义理论作为看家本领，深入学习马克思列宁主义、毛泽东思想，深入学习邓小平理论、"三个代表"重要思想、科学发展观，深入学习十八大以来党的理论创新成果，不断领悟，不断参透，做到学有所得、思有所悟，注重解决好世界观、人生观、价值观这个"总开关"问题，真正做到对马克思主义虔诚而执着、至信而深厚。

——2015年1月12日，习近平同中央党校县委书记研修班学员座谈时强调

"志不立，天下无可成之事。"理想信念动摇是最危险的动摇，理想信念滑坡是最危险的滑坡。一个政党的衰落，往往从理想信念的丧失或缺失开始。我们党是否

坚强有力,既要看全党在理想信念上是否坚定不移,更要看每一位党员在理想信念上是否坚定不移。

——2016年7月1日,习近平在庆祝中国共产党成立95周年大会上的讲话

如何坚定理想信念,习近平这样指导

向榜样学习

兰辉同志始终把党和人民的事业放在心中最高位置,是用生命践行党的群众路线的好干部,是新时期共产党人的楷模。广大党员干部要学习他信念坚定、对党忠诚的政治品质,心系群众、为民尽责的公仆情怀,忘我工作、务实进取的敬业精神,克己奉公、敢于担当的崇高品格,牢固树立宗旨意识,自觉做到为民务实清廉,更好发挥表率作用,不断做出经得起实践、人民、历史检验的实绩。

——2013年9月23日,习近平作出重要批示,号召广大党员干部向践行党的群众路线的好干部兰辉同志学习

广大党员干部特别是政法干部要以邹碧华同志为榜样,在全面深化改革、全面依法治国的征程中,坚定理想信念,坚守法治精神,忠诚敬业、锐意进取、勇于创新、乐于奉献,努力作出无愧于时代、无愧于人民、无愧于历史的业绩。

——2015年3月2日,习近平对邹碧华同志先进事迹作出重要批示

我们纪念陈云同志,就要学习他坚守信仰的精神。无论处于顺境还是逆境,陈云同志始终坚守对马克思主义、共产主义的信仰不动摇。

——2015年6月12日,习近平在纪念陈云同志诞辰110周年座谈会上的讲话

希望大家对党绝对忠诚,始终同党中央在思想上政治上行动上保持高度一致,坚定理想信念,坚守共产党人的精神家园,自觉践行社会主义核心价值观,自觉执行党的纪律和规矩,真正做到头脑始终清醒、立场始终坚定。

——2015年6月30日,习近平在会见全国优秀县委书记时强调

我们纪念胡耀邦同志,就是要学习他坚守信仰、献身理想的高尚品格。胡耀邦同志从青少年时期起就立志高远,要做新制度的建设者。自从树立共产主义远大理想之后,不论是严酷的战争环境,还是和平建设年代、改革开放时期,他都坚持理想信念,坚韧不拔奋斗、探索、前进。

——2015年11月20日,习近平在纪念胡耀邦同志诞辰100周年座谈会上的讲话

我们纪念朱德同志，就是要学习他追求真理、不忘初心的坚定信念。朱德同志经历过旧民主主义革命的失败，从切身体验中认识到，旧的道路走不通了，只有马克思主义才是解决中国问题的真理。在确立马克思主义信仰、树立为共产主义事业奋斗的崇高理想后，无论面对什么样的艰难险阻和重大挫折，他始终没有动摇。

——2016年11月29日，习近平在纪念朱德同志诞辰130周年座谈会上的讲话

我们纪念万里同志，就是要学习他坚定理想、坚守信仰的崇高精神。万里同志从青年时代就志存高远，关心国家和民族前途命运，一心寻求救国救民的真理。经过深入思考和探索，他确立了对马克思主义的信仰，树立起共产主义远大理想，加入了中国共产党。在他革命和战斗的一生中，万里同志坚守马克思主义信仰、坚持共产主义理想信念，对中国特色社会主义充满信心。

——2016年12月5日，习近平在纪念万里同志诞辰100周年座谈会上的讲话

坚持学而信、学而思、学而行

坚定的理想信念，必须建立在对马克思主义的深刻理解之上，建立在对历史规律的深刻把握之上。全党要深入学习马克思列宁主义、毛泽东思想、邓小平理论、"三个代表"重要思想、科学发展观，深入学习党的十八大以来党中央治国理政新理念新思想新战略，不断提高马克思主义思想觉悟和理论水平，保持对远大理想和奋斗目标的清醒认知和执着追求。

——2016年7月1日，习近平在庆祝中国共产党成立95周年大会上的讲话

要坚持学而信、学而思、学而行，把学习成果转化为不可撼动的理想信念，转化为正确的世界观、人生观、价值观，用理想之光照亮奋斗之路，用信仰之力开创美好未来。

——2016年10月21日，习近平在纪念红军长征胜利80周年大会上的讲话

党组织要发挥引导作用

要固本培元，把加强思想政治建设摆在首位，引导党员特别是领导干部筑牢信仰之基、补足精神之钙、把稳思想之舵，坚定中国特色社会主义道路自信、理论自信、制度自信、文化自信，增强党的意识、党员意识、宗旨意识，坚守真理、坚守正道、坚守原则、坚守规矩，做到以信念、人格、实干立身。

——2016年6月28日，习近平在中央政治局第三十三次集体学习时强调

理想信念教育要面向全社会开展,习近平这样要求

我国工人阶级要牢固树立中国特色社会主义理想信念,坚定永远跟党走的信念,坚决拥护社会主义制度,坚决拥护改革开放,始终做坚持中国道路的柱石;要自觉践行社会主义核心价值观,发扬我国工人阶级的伟大品格,用先进思想、模范行动影响和带动全社会,不断为中国精神注入新能量,始终做弘扬中国精神的楷模;要坚持以振兴中华为己任,充分发挥伟大创造力量,发扬工人阶级识大体、顾大局的光荣传统,自觉维护安定团结的政治局面,始终做凝聚中国力量的中坚。

——2013年4月28日,习近平同全国劳动模范代表座谈并发表重要讲话

广大青年一定要坚定理想信念。"功崇惟志,业广惟勤。"理想指引人生方向,信念决定事业成败。没有理想信念,就会导致精神上"缺钙"。中国梦是全国各族人民的共同理想,也是青年一代应该牢固树立的远大理想。中国特色社会主义是我们党带领人民历经千辛万苦找到的实现中国梦的正确道路,也是广大青年应该牢固确立的人生信念。

——2013年5月4日,习近平同各界优秀青年代表座谈时强调

要深入开展中国特色社会主义宣传教育,把全国各族人民团结和凝聚在中国特色社会主义伟大旗帜之下。要加强社会主义核心价值体系建设,积极培育和践行社会主义核心价值观,全面提高公民道德素质,培育知荣辱、讲正气、作奉献、促和谐的良好风尚。

——2013年8月19日,习近平在全国宣传思想工作会议上强调

延安是革命圣地,你们奔赴延安,追寻革命前辈伟大而艰辛的历史足迹,学习延安精神,坚定理想信念,锤炼意志品质,把激昂的青春梦融入伟大的中国梦,体现了当代中国青年奋发有为的精神风貌。

——2017年8月15日,习近平回信勉励第三届中国"互联网+"大学生创新创业大赛"青年红色筑梦之旅"的大学生

三 信仰之光

——脉相承话修养

我的修养要则

周恩来

一、加紧学习，抓住中心，宁精勿杂，宁专勿多。

二、努力工作，要有计划，有重点，有条理。

三、习作合一，要注意时间、空间和条件，使之配合适当，要注意检讨和整理，要有发现和创造。

四、要与自己的他人的一切不正确的思想意识作原则上坚决的斗争。

五、适当的发扬自己的长处，具体地纠正自己的短处。

六、永远不与群众隔离，向群众学习，并帮助他们。过集体生活，注意调研，遵守纪律。

七、健全自己身体，保持合理的规律生活，这是自我修养的物质基础。

（1943年3月18日）

【提要】

这是周恩来在重庆红岩整风学习时写的修养要则。他提出的加紧学习、努力工作、向群众学习，与不正确的思想意识作斗争等要则，对于今天的共产党人仍然适用。关于学习，他提出："抓住中心，宁精勿杂，宁专勿多。"关于工作，他提出："要有计划，有重点，有条理。"关于联系群众，他提出："永远不与群众隔离，向群众学习，并帮助他们。过集体生活，注意调研，遵守纪律。"关于身体健康，他提出："健全自己身体，保持合理的规律生活，这是自我修养的物质基础。"

过好"五关"

周恩来

我现在讲一讲领导干部过"五关"的问题。过"五关",就是过思想关、政治关、社会关、亲属关和生活关。

第一,过思想关。过思想关就是我们常说的思想改造,是解决世界观和人生观的问题,也就是要树立马克思列宁主义或者说辩证唯物主义和历史唯物主义的世界观和人生观,学会运用毛泽东同志的《实践论》、《矛盾论》和最近讲的认识论。这是一辈子的事。我们知道,时代是不断前进的,思想改造就是要求我们的思想不落伍,跟得上时代,时时前进。事物的发展是没有止境的,因此我们的思想改造也就没有止境。一万年后,在人们的头脑里,还会有先进和落后的矛盾,新和旧的矛盾,个人和集体的矛盾,还会有思想改造的问题。所以我们现在怎么能说到哪一年哪一月思想改造就完成了?没有这样的事。即使参加革命多年的同志,如果忽视了改造,革命意志衰退了,还是要落伍的。所以,我们要把思想改造看成是长期的无止境的工作。这样认识问题,大家的心胸就开阔了。既然一万年后还有思想上的矛盾,还要改造,为什么现在就觉得自己的思想改造已经完成了,就满足了呢?我们永远不能满足。

周恩来在作报告

过思想关要联系到自身的阶级关系,还要看我们现在工作周围环境的阶级关系怎么样，接触事物中的阶级关系怎么样。比如说，你的家庭出身和本人成份很好，历史上也是革命的，可是现在把你派到香港去工作，你就要想一想周围环境的问题了。不到香港，就在北京做外交工作，跟外国人打交道，或者做外贸工作，跟外国商人打交道，那么你对接触的人和事就要研究研究了。我们跟资本主义国家做的买卖很多，现在又要引进成套设备，有的同志总是跟外国商人打交道。接触的是这些人，你就要研究呀。我也常常接触这些人，我也得想一想呀。总之，阶级关系是要注意的。还是以我为例吧。我出身于一个封建家庭，我个人受过资产阶级教育，不过经过改造现在是个革命知识分子了。历史上我做过统一战线工作，跟蒋介石打过多次交道，跟美国的马歇尔也打过交道，在台湾有那么多的国民党同学和朋友，在美国也有很多朋友，我的关系可复杂了。从周围的环境看，我接触党内外的人和事很多，也接触外国人，有时候要出国访问，还到资本主义国家，跟那些国家的领导人打交道。这么一个复杂的情况，我就得注意自己的思想。我今年六十五岁了，是不是已经修养得很好不必改造了？我不敢这样说。廖鲁言同志用了我的话，他说，周总理都要思想改造，何况我们？他的这句话是句好话，我很欣赏。我的确常说我也要改造这句话，现在还在改造中。我愿意带头。我希望大家承认思想改造的重要性。要承认各种关系各种事物都会影响个人的思想。要经常反省，与同志们交换意见，经常"洗澡"。要把思想改造看成象空气一样，非有不可。不然，你的思想就会生锈，就会受到腐蚀。每个党员从加入共产党起，就应该有这么一个认识：准备改造思想，一直改造到老。还没有加入党的朋友，凡是参加革命，参加社会主义建设和社会主义改造的，也应该这样。

第二，过政治关。最重要的是立场问题。不要以为我们是干革命的，立场就一定是稳的。立场是抽象的，要在具体斗争中才能看出你的立场站得稳不稳。可能在这个斗争中站得稳，在那个斗争中又站不稳了。所以，立场究竟稳不稳，一定要在长期斗争中才能考验出来。同时还要看我们的工作态度、政策水平、群众关系，看我们的党性，没有入党的看是不是把无产阶级作为先进的阶级，接受它的思想领导。特别是看我们的批评和自我批评精神，是不是知过能改。可见，过政治关不是简单的事，不能认为只要参加了革命，打了多少年的仗，过去有过功绩，立场就可以保险了。没有这样的事。为什么陈独秀、王明的立场不保险，高岗的立场也不保险？在陈独秀身上，马克思列宁主义的东西就极少，更没有成为他的指导思想。王明直到现在对自己的错误还不认帐。所以，我们要认真对待立场问题，过好政治关。

第三，过社会关。一般总是讲思想、政治两关，我特别提出后三关，是因为中国这个社会极其复杂，我们还有改造社会的任务。在这个社会里，旧的封建的资本主义的习惯势力，很容易影响你，沾染你，侵蚀你，如果失去警惕，这些东西就会乘虚而入。所以改造社会的任务是很艰巨的，处在领导地位的同志担子更重。旧社会的习惯势力不是一下子就会消除的，改造是长期的，哪能一次改造就成功呢？旧社会的习惯势力存在于各个角落里，各种机关团体都有。一个北京城，你只要去看一看，到处可以看到旧的习气。要把北京这个社会改造好，需要几十年或者更长的时间。我看，在座的六十岁以上的人恐怕不容易看到了。所以，过社会关也不是那么简单的事，你能把社会改造好，自己也就得到改造了。不然，是你影响它，还是它影响你？《霓虹灯下的哨兵》中说，是资产阶级改造我们，还是我们改造资产阶级？这段剧词说得好。你改造了它，它又影响了你，互相改造，这是个长期的反复的斗争。而且，你在这个地方过好了社会关，换一个环境，那个地方的旧势力、旧习惯又影响你。你在国内过好了社会关，到了香港或是到外国去又变化了。所以过社会关要有精神准备，要有长期奋斗的决心。

第四，过亲属关。不只是直系亲属，还有本家，还有亲戚。对亲属，到底是你影响他还是他影响你？一个领导干部首先要回答和解决这个问题。如果解决得不好，你不能影响他，他倒可能影响你。我看，解决亲属问题的最好办法主要是依靠社会，由社会去锻炼他，改造他。要相信社会的力量。过亲属关说起来容易，做起来就不那么容易了。天天跟你生活在一起的总有这么几口子。特别是干部子弟，到底是你影响他，还是他影响你？这个问题十分重要。我呼吁我们的领导干部，首先是我也在内的这四百零七个人应该做出一点表率来。不要造出一批少爷。老爷固然要反对，少爷也要反对，不然我们对后代不好交代。我们是社会主义社会，不象封建社会和资本主义社会那样，但是历史也可以借鉴。秦始皇能够统一中国，可是他溺爱秦二世，结果秦王朝就亡在秦二世。我们决不能使自己的子弟成为国家和社会的包袱，阻碍我们的事业前进。对于干部子弟，要求高、责备严是应该的，这样有好处，可以督促他们进步。

第五，过生活关。生活关分两种：物质生活和精神生活。物质生活方面，我们领导干部应该知足常乐，要觉得自己的物质待遇够了，甚至于过了，觉得少一点好，人家分给我们的多了就应该居之不安。要使艰苦朴素成为我们的美德。这样，我们就会心情舒畅，才能在个人身上节约，给集体增加福利，为国家增加积累，才能把我们的国家更快地建设成为一个社会主义强国。精神生活方面，我们应该把整个身心放在共产主义事业上，以人民的疾苦为忧，以世界的前途为念。这样，我们的政治责任感就会加强，精神境界就会高尚。当然，我们不是说一天到晚只搞政治斗争，只干工作。人的生活要丰富一点，精神更要舒畅一点。文艺生活总是要有的，但是，我们的文艺生活是为了活跃人的思想，提高人的修养，把教育寓于文化娱乐之中。我们的文艺节目要有教育意义。那种庸俗低级的、野蛮恐怖的、堕落腐化的东西，是资产阶级和封建阶级的产物，我们应该坚决批判，坚决反对，不能用官僚主义态度对待它，容忍它。这些东西不仅对我们不利，对青年一代的成长更为不利。还应该看到，资本主义国家的某些文艺思潮和文艺作品是颓废的没落的，决不能让那些糟粕影响我们的干部，影响我们的青年一代。我们要在这方面加以整顿。上一次我在文联谈过这个问题，要整顿我们的文艺队伍，加强我们文艺界的思想改造。

　　总之，对个人来说，这"五关"不是一次就能过了的，而是长期的。我们的领导干部要认真对待，严格要求自己，一步一步地过好"五关"。

（1963年5月29日）

【提要】

　　这是周恩来在中共中央和国务院直属机关负责干部会议上报告的一部分。关于过"五关"问题，周恩来还对知识分子、民主人士和亲属多次讲过。周恩来提出领导干部要过好思想关、政治关、社会关、亲属关和生活关。这"五关"对新世纪新阶段进行改革开放和社会主义现代化建设的共产党人仍然具有极强的现实针对性。

论共产党员的修养（节选）

刘少奇

……

三　共产党员的修养和群众的革命实践

我们要做马克思列宁主义创始人的最忠实、最好的学生，就需要在无产阶级和一切群众的长期而伟大的革命斗争中进行各方面的修养，要有马克思列宁主义理论的修养，要有运用马克思列宁主义的立场、观点和方法去研究和处理各种问题的修养；要有无产阶级的革命战略、战术的修养；要有无产阶级的思想意识和道德品质的修养；要有坚持党内团结、进行批评和自我批评、遵守纪律的修养；要有艰苦奋斗的工作作风的修养；要有善于联系群众的修养，以及各种科学知识的修养等。我们都是共产党员，所以我们大家都无例外地需要进行上述各方面的修养。但是，由于我们党员的政治觉悟、斗争经验、工作岗位、文化程度、社会活动的条件，都各不相同，所以，各个同志需要特别注意修养或者着重注意修养的方面，也就会各有差别。

在中国古时，曾子说过"吾日三省吾身"，这是说自我反省的问题。《诗经》上有这样著名的诗句："如切如磋，如琢如磨"，这是说朋友之间要互相帮助，互相批评。这一切都说明，一个人要求得进步，就必须下苦功夫，郑重其事地去进行自我修养。但是，古代许多人的所谓修养，大都是唯心的、形式的、抽象的、脱离社会实践的东西。他们片面夸大主观的作用，以为只要保持他们抽象的"善良之心"，就可以改变现实，改变社会和改变自己。这当然是虚妄的。我们不能这样去修养。我们是革命的唯物主义者，我们的修养不能脱离人民群众的革命实践。

对于我们最重要的，是无论怎样都不能脱离当前的人民群众的革命斗争，而是必须结合这种斗争去总结、学习和运用历史上的革命经验。这就是说，要在革命的实践中修养和锻炼，而这种修养和锻炼的唯一目的又是为了人民，为了革命的实践。这就是说，我们要虚心地学习马克思列宁主义的立场、观点和方法，学习马克思列宁主义创始人的高贵的无产阶级的品质，并且运用到自己的实践中去，运用到自己的生活、言论、行动和工作中去，不断地改正、清洗自己思想意识中的一切与此相反的东西，增强自己无产阶级共产主义的意识和品质。这就是说，我们要虚心地倾听同志们和群众的意见和批评，仔细地研究生活中、工作中的实际问题，细心地总结工作中的经验教训，并且根据这些去检验自己对于马克思列宁主义的了解是否正确，运用马克思列宁主义的方法是否正确，去检查自己的缺点错误而加以纠正，去改进自己的工作。同时，我们要根据新的经验，研究马克思列宁主义有哪些个别结论，在哪些个别方面，需要加以充实、丰富和发展。总之，我们要使马克思列宁主义的普遍真理和具体的革命实践相结合。

这应该是我们共产党员修养的方法。这种马克思列宁主义的修养方法，和其他唯心主义的脱离人民群众的革命实践的修养方法，是完全不同的。

刘少奇出席抗日军政大学成立三周年纪念大会

为了坚持这种马克思列宁主义的修养方法，我们必须坚决反对和彻底肃清旧社会在教育和学习中遗留给我们的最大祸害之一——理论和实际的脱离。在旧社会中，有许多人在受教育和学习的时候，认为他们所学的是并不需要照着去做的，甚至认为是不可能照着去做的，他们尽管满篇满口的仁义道德，然而实际上却是彻头彻尾的男盗女娼。国民党反动派尽管熟读"三民主义"，背诵孙中山的"总理遗嘱"，然而实际上却横征暴敛，贪污杀戮，压迫民众，反对"世界上以平等待我之民族"，甚至去和民族的敌人妥协，投降敌人。有一个老秀才亲自对我说：孔子说的话只有两句他能做到，那就是"食不厌精，脍不厌细"，其余的他都做不到，而且从来也没有准备去做。既然这样，他们还要去办教育，还要去学习那些所谓"圣贤之道"干什么呢？他们的目的就是要升官发财，用这些"圣贤之道"去压迫被剥削者，用满口仁义道德去欺骗人民。这就是旧社会的剥削阶级代表人物对于他们所"崇拜"的圣贤的态度。当然，我们共产党员，学习马克思列宁主义，学习我国历史上的一切优秀遗产，完全不能采取这种态度。我们学到的，就必须做到。我们无产阶级革命家忠诚纯洁，不能欺骗自己，不能欺骗人民，也不能欺骗古人。这是我们共产党员的一大特点，也是一大优点。

旧社会的这种遗毒，难道就完全不会影响我们吗？会有影响的！在你们同学中，固然没有人学习马克思列宁主义是为了去升官发财，去压迫被剥削者。然而在你们中难道就没有这样想的人了吗？就是说：他们的思想、言论、行动和生活不一定要受马克思列宁主义原则的指导，他们所学到的原则也不打算全部加以运用。在你们中又难道就没有这样想的人了吗？就是说：他们学习马克思列宁主义，学习高深一些的理论，是为了将来好提高自己的地位，夸耀于人，使自己成为有名的人物。我不能担保，在你们中完全没有这种想法的人。这种想法是不合马克思列宁主义的，不合马克思列宁主义的理论和实践相联系这一根本原则的。我们一定要学习理论，但是学习到的就必须做到，而且是为了用才去学习的，为了党、为了人民、为了革命的胜利才去学习的。

毛泽东同志说："马克思列宁主义的伟大力量，就在于它是和各个国家具体的革命实践相联系的。对于中国共产党说来，就是要学会把马克思列宁主义的理论应用于中国的具体的环境。成为伟大中华民族的一部分而和这个民族血肉相联的共产党员，离开中国特点来谈马克思主义，只是抽象的空洞的马克思主义。因此，使马克思主义在中国具体化，使之在其每一表现中带着必须有的中国的特性，即是说，按照中国的特点去应用它，成为全党亟待了解并亟须解决的问题。洋八股必须废止，空洞抽象的调头必须少唱，教条主义必须休息，而代之以新鲜活泼的、为中国老百姓所喜闻乐见的中国作风和中国气派。"我们的同志必须遵照毛泽东同志在这里所说的方法，去学习马克思列宁主义的理论。

四　理论学习和思想意识修养是统一的

我们共产党员不能把理论学习和思想意识修养互相割裂开来。我们共产党员，不但要在革命的实践中改造自己，锻炼自己的无产阶级思想意识，而且要在学习马克思列宁主义理论的过程中改造自己，锻炼自己的无产阶级思想意识。

在一些共产党员中，有一种比较流行的想法：就是认为坚定而纯洁的无产阶级的共产主义的立场，对于一个共产党员了解和掌握马克思列宁主义的理论和方法，是没有关系的。他们认为一个人的无产阶级立场虽然不很坚定，思想意识虽然不很纯洁（即还残留着非无产阶级的思想意识），也可以彻底了解和真正掌握马克思列宁主义的理论和方法。他们认为，只靠书本学习，只靠书本知识，就可能掌握马克思列宁主义的理论和方法。这种想法是不对的。

马克思列宁主义是无产阶级的革命的科学，是工人阶级建设社会主义和共产主义的科学。只有彻底站在无产阶级立场的人，以无产阶级的理想为理想的人，才能彻底了解和掌握它。没有坚定纯洁的无产阶级的立场和理想，是不能彻底了解和真正掌握马克思列宁主义这门科学的。如果他不是真正的革命者，不是无产阶级的彻底的革命者，不是要在全世界实现社会主义和共产主义，解放全人类，他不想革命，或者不想坚持革命到底，而想半途而废，那末，马克思列宁主义这门科学，对他也是没有用处的，或者是用处不大的。

我们常看到某些由工人出身的最好的党员，虽然对于马克思列宁主义理论的准备比较少，若要考试背诵马克思列宁主义的书籍和公式，他不一定比别人记得多。但是，在他学习马克思列宁主义理论的时候，只要能用他懂得的话解释给他听，他的兴趣，他所了解的程度，常比某些知识分子出身的党员还要高得多。比如《资本论》中关于剩余价值一段，对于某些党员来说，是不容易了解的。但是对于这些由工人出身的党员就不同。因为工人在生产中，在同资本家斗争中，深切了解资本家如何计算工资、工时，如何剥削工人取得利润，如何压迫工人等。因此，他也常常比某些其他阶级出身的党员能够更深刻地了解马克思的剩余价值论。我们说，许多由工人阶级出身的党员比较容易接受马克思列宁主义，当然并不是说，他们由于出身关系就是天生的马克思列宁主义者；而是说，一切具有坚定而纯洁的无产阶级立场的同志，一切没有任何个人成见和其他不干净的东西的同志，只要虚心努力地学习马克思列宁主义的理论，切实掌握实事求是的方法，他们在观察和处理各种实际问题的时候，就一定会比其他同志更敏捷而正确。他们在斗争中，也能够更好地洞察真理，能够更勇敢地拥护真理，而没有任何顾虑。

我们也常看到许多非无产阶级出身的党员，由于对待马克思列宁主义的理论学习和思想意识修养之间的关系采取不同的态度，而得到不同的结果。一般地说，这些出身于非无产阶级的党员，在他们参加革命的时候，无产阶级立场不很坚定和明确，思想意识也不很正确和纯洁，还有或多或少的、各种各色的、旧社会的、非无产阶级的思想意识的残余。显然，这些东西都是同马克思列宁主义原则直接相冲突的。但是，由于不同的人采取了不同的态度，因而在这种冲突中也就有了不同的结果。有的人在学习马克思列宁主义的理论的时候，把这种理论学习同他的思想意识的修养正确地结合起来，用马克思列宁主义原则去抵制和克服自己思想意识上的旧东西，这样，他就端正了自己的无产阶级立场，纯洁了自己的思想意识，并且能够运用马克思列宁主义的原则去处理实际问题。这样的党员是很多的。另外有的人则走了相反的道路，他身上的旧东西积累得很多，有许多固习、成见和个人的物欲私念，而又没有改造自己的决心。在他学习马克思列宁主义理论的时候，不是用马克思列宁主义的原则去批判他思想意识中的这些旧东西，相反，他企图用马克思列宁主义的理论作为达到他个人目的的武器，甚至用他原来的成见去歪曲马克思列宁主义的原则，因而他就不能够正确理解马克思列宁主义的原则，不能够掌握马克思列宁主义的精神和实质。在他处理革命斗争中各种实际问题的时候，就会因为他有旧社会的习惯和成见，有个人主义的打算，而患得患失，顾此失彼，徬徨动摇，不能无阻碍地洞察事物，不能勇敢地拥护真理，不自觉地以至自觉地掩蔽和歪曲真理。这种人根本不能正确地运用马克思列宁主义的原则，来指导自己的生活，也就不能敏捷地、正确地、实事求是地用马克思列宁主义的原则，去处理各种实际问题，有时在党组织或别的同志运用马克思列宁主义的原则，正确地解决了实际问题以后，他甚至采取拒绝的态度。这种情形，也并不是怎样少见而奇怪的事情，而是可以常常见到的。

所以，我们可以说：一个共产党员如果没有明确而坚定的无产阶级立场，没有正确而纯洁的无产阶级思想意识，要彻底了解和真正掌握马克思列宁主义的理论和方法，并使之成为自己的革命斗争的武器，是不可能的。这也就是说，一个共产党员要有比较好的马克思列宁主义的理论修养，就必须有崇高的无产阶级的立场。

同时，我们也应该说，一个共产党员如果不努力学习马克思列宁主义的理论和方法，如果不用马克思列宁主义指导自己的思想和行动，他要在一切革命斗争中坚持无产阶级的立场，体现无产阶级的思想意识，这也是不可能的。

在一些共产党员中，还有这样一种想法：就是认为只要自己革命坚决，斗争勇敢，就完全行了，学习不学习马克思列宁主义理论，进行不进行马克思列宁主义理论的修养，都没有什么关系。有的同志甚至认为，只靠家庭出身好，本人成份好，用不着学习马克思列宁主义，也能够成为无产阶级的先进战士。有的同志，虽然一般地承认理论的重要性，但是，他们在工作和斗争中，却从来不认真学习马克思列宁主义。所有这些想法，显然都是不对的。

马克思列宁主义的理论，是我们观察一切现象、处理一切问题的武器，特别是观察一切社会现象、处理一切社会问题的武器。如果我们不能掌握马克思列宁主义的理论武器，我们就不能正确地认识和处理在革命斗争中所遇到的各种问题，就有迷失方向、背离无产阶级革命立场的危险，甚至可能自觉地或者不自觉地成为各种机会主义者，成为资产阶级的俘虏和应声虫。

革命坚决、斗争勇敢，是每一个共产党员必须具备的宝贵品质。共产党员有了这样的品质，还必须在不同的历史时期，在不同的斗争条件下，正确地解决如何革命、如何斗争的问题，才能争取革命的胜利，实现共产主义的最高理想。在进行革命斗争的时候，依靠谁、团结谁、打倒谁的问题；谁是直接的同盟军、谁是间接的同盟军、谁是主要敌人、谁是次要敌人的问题；联合一切可能联合的同盟军，在一定条件下甚至联合次要的敌人，去打倒主要的敌人的问题；在情况发生变化的时候，及时地改变战略和策略的问题，等等，都是必须运用马克思列宁主义才能正确解决的重要问题。如果不掌握马克思列宁主义这个武器，如果没有马克思列宁主义理论的高度修养，要在革命斗争的一切重要问题上，站稳无产阶级的正确立场；要在情况复杂和变化剧烈的环境下，在需要走迂回曲折道路的时候，都能够确定对无产阶级革命事业最有利的方针政策，都能够代表无产阶级革命斗争的整体利益和长远利益，是根本无法做到的。

……

我们共产党员，要有最伟大的理想、最伟大的奋斗目标，同时，又要有实事求是的精神和最切实的实际工作。这是我们共产党员的特点。如果只有伟大而高尚的理想，而没有实事求是的精神和切实的实际工作，那就不是一个好共产党员，那只能是空想家、空谈家或学究。相反，如果只有实际工作，没有伟大而高尚的共产主义理想，那也不是好共产党员，而是庸庸碌碌的事务主义者。只有把伟大而高尚的共产主义理想和切实的实际工作、实事求是的精神统一起来，才能成为一个好的共产党员。这就是我们党的领袖毛泽东同志经常强调的做一个好的共产党员的标准。

共产主义的理想是美丽的，而今天资本主义世界的现实是丑恶的。正因为它丑恶，所以绝大多数的人们才要求改造它，不能不改造它。我们改造世界、不能离开现实，不能不顾现实，更不能逃避现实，也不能向丑恶的现实投降。我们正视现实，认识现实，在现实中求得生存和发展，向丑恶的现实斗争，改造现实，逐步地达到我们的理想。所以，共产党员应该从眼前所处的环境，眼前所接触的人们，眼前所能进行的工作，来开始和开辟我们改造世界的共产主义事业的伟大工作。在这里，我们应该批评某些青年同志所常犯的一种毛病，就是他们总想逃避现实或者不顾现实的那种毛病。他们有高尚的理想，这是很好的；但是他们常觉得这里不好，那里也不好，这种工作不好，那种工作也不好。他们总想找到一个能够合于他们"理想"的地方和工作，以便他们顺利地去"改造世界"。然而，这种地方和这种工作是没有的。这只是他们的空想。

共产主义事业是我们的终身事业。我们终身的一切活动，都是为了这个事业，而不是为了别的。

(1939年7月)

【提要】

刘少奇的这篇文章是他1939年7月在延安马列学院的演讲，共九章，本书收录了其中的三、四两章。

抗日战争爆发后，如何加强全党的马克思列宁主义理论修养，提高党员的政治思想素质，正确地发挥共产党员在民族统一战线中的积极作用，以适应新时期革命形势对中国共产党的要求，成为党的建设的新课题。为此，中共中央决定从1939年5月起，在延安的在职干部中广泛开展学习马克思主义理论的运动。《论共产党员的修养》的演讲，就是刘少奇为贯彻中央的决定，并应延安马列学院之邀，为学院开设的"党风建设"课所作的。演讲首先阐述了共产党员要把马克思列宁主义创始人一生的言行、事业和品质，作为自己锻炼和修养的模范。其次，要求共产党员坚持理论联系实际的修养方法，指出共产党员的修养，一方面不能离开人民群众的革命实践，在实践中不断地清洗、改正自己思想意识中不符合马克思列宁主义的东西；另一方面，不能离开马克思列宁主义基本理论的学习。马克思列宁主义的理论，是观察一切社会现象、处理一切社会问题的武器，理论学习和思想意识修养是统一的。第三，指明了树立共产主义世界观，是共产党员修养的最高境界。刘少奇《论共产党员的修养》的演讲，曾经得到毛泽东的高度评价，认为讲得很好，"提倡正气，反对邪气"。它丰富和发展了马克思列宁主义、毛泽东思想关于党的建设的学说，是党的建设的重要理论文献。多年来，它被中国共产党作为党内教育和党员修养锻炼的经典，哺育了一代又一代担当民族大任的共产党员。

八路军新四军的英雄主义（节选）

朱 德

八路军、新四军的英雄主义，不是为个人利益打算、为反动势力服务的旧英雄主义，而是新英雄主义，革命的英雄主义，群众的英雄主义。

革命的英雄主义，是视革命的利益高于一切，对革命事业有高度的责任心和积极性，以革命之忧为忧，以革命之乐为乐，赤胆忠心，终身为革命事业奋斗，而不是斤斤于作个人打算；为了革命的利益和需要，不仅可以牺牲自己的某些利益，而且可以毫不犹豫地贡献出自己的生命。革命是为群众的事业，又是群众自己的事业，因而革命的英雄主义，必然是群众的英雄主义。群众的英雄主义表现在两个方面：一是所作所为都是为群众的利益，而个人的利益则无条件地服从群众的利益；一是相信群众力量、集体力量才是创造世界和创造历史的伟大力量，个人的力量只是这个伟大力量中的"沧海一粟"。新的英雄产生于广大群众的共同行动、共同斗争中，为群众所赏识，为群众所称颂，而不是自封的，高高站在群众头上的。新的英雄也知道自己是群众中的一员，是群众力量中的一点滴，不轻视较自己稍为落后的人，不嫉妒较自己更为前进的人，互相学习，互相帮助，真正体现"大家为一人，一人为大家"的集体主义精神。这就是新英雄主义和旧式的个人英雄主义的严格区别。旧式的个人英雄主义者，是把个人的名利权位放在第一位，而不去首先分辨革命与反革命的严格界限；是一人至上，个人突出，轻视与脱离群众，甚至愚弄与奴役群众。其结局，必然为群众所唾弃，为历史所嘲笑！

新英雄主义是新时代新社会的产物，是和共产党的领导分不开的。只有具备共

朱德在太行

产主义的高尚品质和伟大气魄，才能具有彻底的革命观点和群众观点，才能开展新英雄主义运动。一切自私自利的旧的剥削阶级，都没有勇气面向革命，面向群众，不知埋没与葬送了几多的真正英雄，反而使许多害人的毒虫披上了"英雄"的外衣。而在共产党员的领导下，一切人们都可在为革命为群众的事业中，尽量发挥自己的天才和创造性，在革命事业的宝库中放进自己更多的力量和更大的成就；而所有杰出的群众英雄，也都会被赏识，被表扬，将和伟大的革命事业一起永垂不朽！

……

如果要问，部队中的共产党员应该怎样？共产党员的党性表现在哪里？我说，就应表现为战斗、生产和群众工作三个方面的英雄主义，三个方面的模范作用。事实也是如此，坚持黄烟洞保卫战的十二勇士全是共产党员，山东我军几年来伤亡总数的百分之四十五是共产党员，其他还有很多战斗英雄都是共产党员；在生产与群众工作中也是这样，陕甘宁边区留守部队的劳动英雄，百分之八十是共产党员。这就是我军中共产党员的优良品质、坚强党性的具体表现。只有共产党所领导的、共产党员在其中起模范作用的我八路军、新四军里，才能开展新英雄主义运动，使部队更加坚强与巩固，成为无敌于天下的人民军队。

许多经验已经证明，新英雄主义运动是我们推进工作、培养干部和教育群众的很好的很重要的方法。因而，党、政、军、民、学各个方面，都应该在革命工作中进行革命的竞赛，开展新英雄主义运动。

（1944年7月7日）

【提要】

朱德的《八路军新四军的英雄主义》一文论述了革命英雄主义的建军思想。这篇文章对激发全军斗志，打败日本侵略者曾起过重要作用。文章论证了八路军新四军创造的伟大功业，不但是由于有正确的政治路线和战略战术，而且是由于全体将士的艰苦卓绝、奋不顾身的英雄主义气概。这种英雄主义，是新英雄主义，是革命的英雄主义，是群众的英雄主义。它视革命的利益高于一切，对革命事业有高度的责任心和积极性，以革命之忧为忧，以革命之乐为乐，赤胆忠心，终身为革命事业奋斗，而不是斤斤于作个人打算；为了革命的利益和需要，不仅可以牺牲自己的某些利益，而且可以毫不犹豫地贡献出自己的生命。新英雄主义是新时代新社会的产物，是和共产党的领导分不开的。只有具备共产主义的高尚品质和伟大气魄，才能有彻底的革命观点和群众观点，才能开展新英雄主义运动。

关于增强党性问题的报告大纲（节选）

任弼时

……

我党在二十年来的艰苦斗争中，一天一天地强大起来了，健壮起来了。它是经过长期锻炼的，有了丰富的斗争经验，成为领导全国革命的政党。然而今天在党的某些组织中，某些党员身上，尚存在着许多不良倾向和现象。党研究了各方面的具体情形和材料以后，在中共中央《关于增强党性的决定》中指出了这些不良倾向和现象。

这些缺乏党性的倾向和表现，今天在党内虽然还不是普遍的现象，但在某些个别部分中，确实是严重的，存在着严重的危险。

那么，为了克服这些倾向和现象，为了增强党性的锻炼，我们究竟应该从哪些方面着手，应该在哪些方面修养呢？

第一，要深刻地认识和了解无产阶级的利益是我党的最高利益，应该用无限的忠实性和坚定性为这个利益服务，并且要使得为党的利益服务的精神完全是出自于觉悟性、自动性和积极性，且丝毫不受任何所谓"要尽的义务"所驱使，所催迫，所束缚。不然便会成为盲从者。盲从者的忠实性和坚定性都是相对的东西。

1941年，任弼时在延安

要使我们为党的利益服务的精神完全成为自觉的、自动的和积极的，这首先必须具有无产阶级的高度的阶级觉悟性和阶级意识。因为缺乏阶级觉悟、阶级意识的人，决不会表现出真正的积极性和创造性来；同时，他的所谓忠实性和坚定性也会成为相对的东西。如果党员不能培养出自己对党的利益的忠实性和坚定性，那他的所谓阶级觉悟、阶级意识，也一样会变为泡影的。

阶级觉悟、阶级意识是慢慢地教育成的、培养成的和锻炼成的。对于这点，党的组织应负责教育党员，而党员自己则必须自觉地进行这方面的锻炼。党员的积极性和创造性，以及党员对党的忠实性和坚定性也同样是教育成的、培养成的和锻炼成的。并且这一切，都相互影响着，相互制约着，同时又相互促进着。

要具有阶级觉悟，要把握住阶级意识，决不是在口头上讲几句漂亮话所能做到的。这是一个长期的强烈的斗争过程。就是说，不管我们的党员的社会出身和社会成分如何，为了具备无产阶级的觉悟性，为了把握无产阶级的阶级意识，首先得和自己的旧的非无产阶级的意识作斗争，战胜它，克服它，排斥它。只有这样，新的无产阶级的意识才能容纳得下，才能站得稳，才能慢慢地变成自己属有的东西。显然地，这不是一天或者几天之内所能做到的。这是个长期的斗争过程。然而要成为一个真正的、忠实的和坚定的布尔什维克，一定要经过这个过程的。

第二，在这样的斗争过程中，应同时并列而进行的工作就是理解和掌握马列主义，以及党的政策和策略，就是要"必须充分地掌握住和革命实践密切联系着的马克思主义的革命理论"。

要在领悟马列主义理论方面修养自己，培植自己，坚定自己。不掌握马列主义的理论，所谓阶级觉悟、阶级意识也能化为乌有。对马列主义（即对共产主义的事业）也得有无限的忠实性和坚定性，无论在学习它的时候，或运用它的时候，都是一样的。

然而要灵活地、切乎实际地去运用马列主义。就是说，要以马列主义的原则，以马列主义的立场去观察问题、处理问题，不要不顾实际的情况，只唱高调，套公式。不要变成公式主义者、教条主义者、主观主义者。同时，要反对机会主义，对妥协、投降主义进行无情的斗争，为马列主义革命理论的纯洁性而斗争，对那污辱和曲解革命理论者进行不可调和的斗争。就是要与一切非马列主义的思想和观点作坚决的斗争。这个斗争是测量党员的党性的主要标志之一。

第三，要以马列主义的原则指导自己的实际活动。我们已经讲过，党员的利益，党员的愿望，应与党的利益和党的愿望融汇在一起，就是要把个人的利益服从于党的利益，要把党的利益放得高于一切。因此，就得与个人主义、英雄主义、无组织状态、独立主义、反集中的分散主义等违反党性的倾向作斗争。应当对党内存在的这些错误倾向作斗争，同时也对自身存在的这种错误倾向作斗争。因为这些倾向是破坏党的组织，破坏党的统一、纪律和团结的。"党只有当他自己的全体党员都组织成为统一的整个部队——由意志之统一、行动之统一、纪律之统一所团结之部队——时，才能实际领导工人阶级底斗争和指引它走向一个共同目的。"

个人主义、英雄主义、自由主义、独立主义等倾向，是破坏党的统一和团结的，是产生公开的或秘密的反党的派别活动、小组织活动的根源。如果不适时地制止它，不与它作斗争，让其发展下去的话，是会发展到反革命的道路上去的。

所以，把个人的利益服从于全党的利益，把党的利益放得高于一切，为党的统一，为党的团结而斗争，也是测量党员党性的一个主要标志。

第四，要遵守党的统一的纪律。我党的基本组织原则就是：个人服从组织，少数服从多数，党的下级组织服从上级组织，全党的各个组织服从中央的民主集中制。这对于任何一个党员都是毫无例外的。

党不仅要求每个党员遵守党的铁的纪律，教育他遵守党的纪律，而且也教育为革命而斗争的阶级遵守一定的纪律。当斯大林同志讲到什么样的党才能领导无产阶级的斗争时，曾经说过："它（党）应当向千百万无组织的非党工人群众灌注斗争中的纪律性和计划性、组织性和坚定性。可是，党只有当它自己是纪律性和组织性底代表时，只有当它自己是无产阶级底有组织的部队时，才能完成这些任务。"

显然地，党的各个组织，以及每个党员不应该只向群众向别的人要求服从纪律、遵守纪律，而首先自己应该服从纪律、遵守纪律，就是说，首先自己应该克服无组织性与散漫性，克服不遵守纪律、不服从组织等不良倾向。

所以，遵守纪律、服从组织也是测量党员党性的一个主要标志。

第五，要与群众建立真正的密切的联系。我们的党是为无产阶级、为广大劳动群众谋利益的党，是领导广大群众为自身求利益求解放而进行革命斗争的党。我们的党是已经与群众密切联系起来的党，而且仍然为与广大群众取得密切联系而斗争。我们党的伟大力量就在于它与广大群众有密切的联系，就在于它得到广大群众的拥护。所以，哪个党的组织脱离了群众，失掉了群众，那就等于失掉了基础，失掉了斗争力量。哪个党员脱离了群众，那他对党便减弱了自己的作用。可以说，少联系一个人，便对党减少一份力量。

所以，与群众建立密切的联系，经常使我们党的威信在群众面前提高起来，使得广大群众信赖我们的党，为我党的力量的雄厚和增大而斗争的精神，也是测量党性的一个主要标志。

……

(1941年)

【提要】

任弼时同志的《关于增强党性问题的报告大纲》是一篇直接论述党性问题的重要著作。1. 解决了什么是党性的问题。他指出："共产党员的党性，就是无产阶级最高度的阶级觉悟和阶级意识。""党性是以党员的思想意识、政治观点、言论行动来作标志，来测量的。"2. 分析了我们党是在什么社会条件下加强党性的。他指出四个特点：一是半殖民地半封建社会的落后性；二是小资产阶级成分——农民和知识分子出身的占了较大的比重；三是无产阶级意识不纯；四是民族统一战线的环境。这些分析，至今仍有借鉴意义。3. 提出为了增强党性锻炼必须进行的党员修养的各个方面。包括：要深刻地认识和了解无产阶级的利益是我党的最高利益，应该用无限的忠实性和坚定性为这个利益服务；理解和掌握马列主义以及党的政策和策略，要在领悟马列主义理论方面修养自己，培植自己，坚定自己；要以马列主义的原则指导自己的实际活动，把个人的利益服从于全党的利益，把党的利益放得高于一切，为党的统一，为党的团结而斗争，也是测量党员党性的一个主要标志；要遵守党的统一的纪律，基本组织原则就是：个人服从组织，少数服从多数，党的下级组织服从上级组织，全党的各个组织服从中央的民主集中制；要与群众建立真正的密切的联系，与群众建立密切的联系，经常使我们党的威信在群众面前提高起来，使得广大群众信赖我们的党，为我党的力量的雄厚和增大而斗争的精神，也是测量党性的一个主要标志。

怎样做一个共产党员（节选）

陈 云

……

五 共产党员的标准

第一，终身为共产主义奋斗。

共产党是为人类的彻底解放，为共产主义和无产阶级事业而奋斗的政党。因此，一个愿意献身共产主义事业的共产党员，不仅应该为党在各个时期的具体任务而奋斗，而且应该确定自己为共产主义的实现而奋斗到底的革命的人生观。怎样才能建立和坚定自己的人生观呢？首先必须认识到人类社会历史发展的规律和坚信共产主义社会必然实现的前途。这就是说，一个共产党员应该从他的阶级觉悟，从他的实际革命锻炼中，从他对于马克思主义的修养中，深切了解到无产阶级在社会上的历史地位和作用，懂得无产阶级的利益及其解放全人类的伟大事业，洞悉共产党及其党员的当前任务和根本目标。只有这样，他才能确定自己的人生观，终其一生，为他的信仰的实现而奋斗到底。同时，每一党员应该深刻知道，中国革命是一个长期的艰苦的斗争过程，在弯曲险峻的革命道路上，革命者必须经历长期的艰苦的波折；在与敌人经常的斗争中，在每一事变的紧急关头，还有牺牲的可能。因此，每个共产党员不仅要坚信共产主义的必然实现，而且必须对于工人阶级和中国人民、中华民族的解放事业，有不怕牺牲、不怕困难和奋斗到底的决心。

第二，革命的利益高于一切。

我党是以彻底解放中国无产阶级和全国人民、全中华民族，建立共产主义社会为职志的政党，因此，民族的和人民的利益与党的利益是一致的。共产党员是在党的领导下为共产主义事业奋斗的战士，党员的利益同民族的、人民的和党的利益也是一致的。每个党员必须对于民族、对于革命、对于本阶级、对于党，表示无限的忠诚，把个人利益服从于民族的、革命的、本阶级的和党的利益。

但是在革命工作中，在党的工作中，可能发生党员个人的利益与党的利益的不一致。在这样的时候，每个党员必须依靠他对革命对党的无限忠诚，坚决牺牲个人利益，服从革命的和党的整个利益。每个共产党员，都要把革命的和党的利益放在第一位，以革命的和党的利益高于一切的原则来处理一切个人问题，而不能把个人利益超过革命的和党的利益。

革命的和党的利益高于一切，这不是一句空话。党不仅要求每个党员懂得这一条，特别是要求每个党员能在实际行动和日常生活的每个具体问题上，坚决地毫不疑惑动摇地执行这一条。党内有了这样为革命为党的利益而牺牲一切的党员，才能保证党胜利地完成革命。

第三，遵守党的纪律，严守党的秘密。

十八年来党的斗争经验，证明了纪律是执行党的路线的保证。在过去，由于正确地开展了党内斗争，执行了党的纪律，我们克服了陈独秀等人的错误路线，制止和战胜了张国焘的反革命破坏阴谋，保证了党在各个时期的革命任务的实现，以及现在抗日民族统一战线的成立和抗日战争的进行。在今后，党仍应坚持这种纪律，才能团结全党，克服新的困难，争取新的胜利。因此，一个共产党员坚决地自觉地遵守党的纪律是他的义务。他不仅应该与一切破坏党纪的倾向作斗争，而且要着重与自己的一切破坏党纪的言论行动作斗争，使自己成为遵守党纪的模范。不要以为自己能够在会议上或稠人广众之前声明拥护并举手赞成党的路线，就算遵守了党的纪律，这是十分不够的。

一个真正能自觉遵守纪律的好党员，就在于他能在实际行动和日常生活的每个具体问题上，表示出自己是坚决地遵守党的铁的纪律的模范。

革命力量的增长，共产党威信的提高，使敌探、汉奸、反共分子更加阴险地进行破坏共产党的活动。因此，在党的工作中，不但丝毫没有减轻秘密工作的重要性，相反地，党应该特别加紧自己的秘密工作，提高秘密工作的纪律，与忽视、破坏秘密工作的现象作斗争。党应该指出，在今日的某些地方党部，还竟以为在现在环境下可以忽视秘密工作，这是十分危险的。每个党员应该不忘记许多年来由于疏忽秘密工作而受到牺牲的血的经验教训。为了保持抗战的力量，为了保证革命和党的事业的胜利完成，每个党员必须高度地提高政治警惕性，严守党的秘密工作的纪律，并且与一切忽视、破坏党的秘密工作的危险倾向作斗争。任何党内的不对外公开的事件，不准任意向党外宣传；任何对其他党员没有必要说出的秘密事件，不准在其他党员中乱说。一切破坏秘密工作的行动，必须受到党的纪律的制裁，直到开除党籍。

第四，百折不挠地执行决议。

一个共产党员，不能只是口头上拥护党的决议就算完事，他的责任在于坚决地执行决议，在实际工作中实现这些决议。实现党的决议时，在工作中不可免地会遇到一些挫折和困难，共产党员必须有大无畏的百折不挠的精神去克服这些困难。在工作中萎靡不振和用雇佣劳动的态度来对付党的工作，是绝对不允许的。中国革命是艰苦的长期奋斗的事业。中国共产党的特色之一，就是它具有不怕困难、牺牲奋斗的作风。每个中国共产党党员，必须具有艰苦奋斗的精神，继承和发扬党的优良传统。

共产党员不仅在日常工作中要忠实于党的决议，而且要在困难中，在生死关头时，忠实于革命和党的决议；不仅在有党监督时，而且要在没有党监督时，忠实于革命和党的决议；不仅在胜利时，而且要在失败时坚持执行党的决议。只有具备这样坚定和顽强的英雄气概，才配称为一个好的共产党员。

第五，群众模范。

党的政治影响越是扩大，党的威信越是提高，则工人阶级和人民大众对于我们党员的要求越多越严。因为是共产党员，是群众所信仰的先进队伍中的一分子，群众就有特别的要求。群众常常根据我们党员的行动来测量我们的党，所以党员无论在何时何地的一举一动，都必须给非党群众一种好的影响，使他们更加信仰我党，更加敬重我党。

党的六中全会号召全党党员在民族解放战争中应该起先锋的模范的作用。

"共产党员在八路军和新四军中，应该成为英勇作战的模范，执行命令的模范，遵守纪律的模范，政治工作的模范和内部团结统一的模范。共产党员在和友党友军发生关系的时候，应该坚持团结抗日的立场，坚持统一战线的纲领，成为实行抗战任务的模范，应该言必信，行必果，不傲慢，诚心诚意地和友党友军商量问题，协同工作，成为统一战线中各党相互关系的模范。共产党员在政府工作中，应该是十分廉洁、不用私人、多做工作、少取报酬的模范。共产党员在民众运动中，应该是民众的朋友，而不是民众的上司，是诲人不倦的教师，而不是官僚主义的政客。共产

陈云在延安

党员无论何时何地都不应以个人利益放在第一位，而应以个人利益服从于民族的和人民群众的利益。因此，自私自利，消极怠工，贪污腐化，风头主义等等，是最可鄙的；而大公无私，积极努力，克己奉公，埋头苦干的精神，才是可尊敬的。"

每个共产党员应该积极地在实际行动和日常生活中，真正以模范党员的姿态，响应这一号召。

共产党员的模范作用，还表现在对于革命利益严肃的立场上面，对于一切为国为民的事业，应该始终不变地坚持自己的立场。任何威胁，任何利诱，都不能动摇自己的立场。谁要是放弃了革命的和党的立场，谁就丧失了共产党员的资格。

在我们党的历史上，有过无数的模范党员，他们为了共产主义的事业而斗争，在任何困难的环境下，百折不挠，在种种威胁利诱下，表示对于党和革命无比忠诚。成千成万的优秀党员及党的领袖，在火线上、刑场上和监狱中，英勇牺牲。他们在全世界和全中国劳苦大众的面前，显示了中华民族优秀子孙的至高无上的气节。而他们一生的丰功伟业，更是光辉千古。他们是一切革命者的模范。我们党的党员不但要敬仰他们，而且应该学习他们。

第六，学习。

革命事业是一种伟大的艰巨的工作，特别是中国革命的环境和革命运动更是万分复杂，变化多端，而领导革命的共产党，它之所以能在变化的、复杂的环境中把握一切伟大的革命运动，并且指导各个运动使之走向胜利，是因为有革命理论的指导。共产党员有了革命的理论，才能从复杂万分的事情中弄出一个头绪，从不绝变化的运动中找出一个方向来，才能把革命的工作做好。不然，就会在复杂的、不绝变化的革命环境中，迷失道路，找不到方向，不能独立工作，也不能正确地实现党的任务和决定。所以每个共产党员要随时随地在工作中学习理论和文化，努力提高自己的政治水平和文化水平，增进革命知识，培养政治远见。

根据目前的环境，我们应该学习什么呢？

（一）我党是马克思列宁主义的战斗的党，首先，我们要学习马克思、恩格斯、列宁、斯大林的理论，才能培养自己成为一个真正有能力的有坚强党性的共产党员。我们的学习是学习马克思列宁主义的精神，学习他们观察问题的立场、观点和方法，而不是背诵教条。

（二）要研究中国的历史和时事政治的情况，不然也就不能规定当前的革命工作的任务和方法。

（三）要学习军事知识和军事技术，特别是游击战争。在今日，"党员军事化"已成为全党的战斗口号。

（四）文化程度低的党员，首先要长期地进行识字和读书读报的工作，以提高自己的文化水平，只有文化程度的提高，才能求得政治上的更加进步。

（五）尤其重要的是，每个共产党员要随时随地的在实际工作中学习，向群众学习。一切实际工作中的和群众斗争中的经验教训，是我们最好的学习的课本。

自我批评是共产党员学习的宝贵的武器，虚心地接受党的批评是一个党员进步的必要条件。好的共产党员，对党的每个批评都必须以诚恳的态度、愉快的态度去接受和了解，以改正自己的错误。

学习的敌人，是自己的满足，或者不愿学习。我们反对那种"自高自大"、"自称高明"的倾向，反对那种不愿学习或者对学习没有信心的现象。一个共产党员是难得机会长时期在课堂上学习的，因此，必须善于在繁忙的实际工作中，自己争取时间去学习，这一点必须有坚持的精神才能做到。

共产党员的口号是"学习，学习，再学习"。全党应该热烈地响应党的六中全会提出的"对自己，'学而不厌'，对人家，'诲人不倦'"的口号。

只有具备以上的六个条件，才不愧称为一个良好的共产党员，才不致玷污了这伟大而光荣的党员的称号。

（1939年5月30日）

【提要】

在《怎样做一个共产党员》一文里，陈云提出了做合格的共产党员的条件：第一，终身为共产主义奋斗。第二，革命的利益高于一切。第三，遵守党的纪律，严守党的秘密。第四，百折不挠地执行决议。第五，群众模范。第六，学习。在谈到理想和信念时陈云指出："一个共产党员应该从他的阶级觉悟，从他的实际革命锻炼中，从他对于马克思主义的修养中，深切了解到无产阶级在社会上的历史地位和作用，懂得无产阶级的利益及其解放全人类的伟大事业，洞悉共产党及其党员的当前任务和根本目标。只有这样，他才能确定自己的人生观，终其一生，为他的信仰的实现而奋斗到底。"

干部子弟千万不可以革命功臣子弟自居

陈 云

六月十日信此刻收到。

十八年不见你,看你的来信,文字已写得很清通了,我很高兴。从个人方面说,我与你父亲都顾不上子弟的入学和生活,没有尽到父兄的责任。但是这点我们当年都计算了的,如果只顾一个人的家庭子弟,就无法努力于改造整个社会,我们就这样决定了弃家奔走。现在解放全国的目标不久就会实现了,但这还仅仅是改造社会的第一步,全国老百姓的生活水平仍旧低。我们的目的不仅要打倒反动势力,而且是为了改善人民生活,所以困难的长期的工作还在后面,这后一段的工作是要与全国人民大家一齐干的。

你祖父和祖母是最使我感动不忘的。一九二七年革命失败之后,我与你父亲和吴志喜同志(当年冬被残杀了)在小蒸进行农民运动时就住在吃在你们家里。失败后,你们全家逃到上海,仍旧是你祖父行医来维持这多人的生活,我们仍吃在你们家里。你祖父是很有气节的,他深信革命会胜利,处在困难之中毫无怨言和后悔,真正难得。

此外,我以父兄的责任,还要叮嘱你一件事,而且你可以把这一段信上所说的抄给霓云要他也注意,就是你和霓云千万不可以革命功臣的子弟自居,切不要在家乡人面前有什么架子或者有越轨违法行动,这是决不允许的,你们必须记得共产党人在国家法律面前是与老百姓平等的,而且是守法的模范。革命党人的行动仅仅是为人民服务,决不想有任何酬报,谁要想有酬报,谁就没有当共产党员的资格。我与你父亲既不是功臣,你们更不是功臣子弟。这一点你们要切记切记。要记得真正革命功臣是全国老百姓,只有他们反对反动派,拥护解放军,解放军才能顺利地解放全中国。你们必须安分守己,束身自爱,丝毫不得有违法行为。我第一次与你通信,就写了这一篇,似乎不客气,但我深觉我有责任告诫你们。

我大概会到南方来一次的,但行期未定。那时你父亲能否从工作中抽身则我不能预计,我可以约他一下,如有可能当同他南来。

你与霓云商量一下,如果章练塘或小蒸尚无电报局,不能与北平通电报,则你们在松江找一个转电报的通讯处告我,以便有急事时打电报,信件来往要两星期(这次你六月十日信,六月十七日投到,费时七八天)。

(1949 年 6 月 19 日)

【提要】

　　这是陈云同志写给陆恺悌同志的一封信的节录。陈云同志提出真正革命的功臣是全国老百姓,革命烈士子弟千万不可以革命功臣子弟自居。共产党人的行动仅仅是为人民服务,决不想有任何酬报,谁要想有酬报,谁就没有当共产党员的资格。

四 信仰之论

与时俱进论理想

历久弥坚的理想信念
——以习近平同志为核心的党中央治国理政品格之四

辛识平

在中共一大会址纪念馆重温入党誓词，在南湖之畔阐释"红船精神"……党的十九大闭幕仅一周，习近平总书记带领中央政治局常委进行了一次不忘初心、牢记使命之行。这是对历史的深情回望，也是对信仰的坚定宣示。迈进新时代，以习近平同志为核心的党中央高擎理想信念的旗帜，团结带领全党全国人民奋进在新征程上。

先进的思想总有其独特气质。细读党的十九大报告，深刻领会习近平新时代中国特色社会主义思想，那种无比坚定、无比深厚的信仰的力量直击人心。对共产主义远大理想和中国特色社会主义共同理想的坚定信仰，"革命理想高于天"的豪迈情怀，"为中国人民谋幸福，为中华民族谋复兴"的初心与使命，无不诠释着坚如磐石的理想信念，成为习近平新时代中国特色社会主义思想的鲜明特色。

理想因其远大而为理想，信念因其执着而为信念。坚定的信仰信念，是中国共产党人的鲜明政治品格，也是我们党的独特政治优势。党的十八大以来，以习近平同志为核心的党中央在治国理政尤其是管党治党过程中，始终以历久弥坚的理想信念砥砺全党、攻坚克难，始终把坚定理想信念放在突出位置，激发磅礴的信仰力量。

习近平总书记多次强调理想信念的极端重要性，旗帜之鲜明，阐述之透彻，令人印象深刻。从将理想信念视为共产党人精神上的"钙"，警示"理想信念动摇是最危险的动摇"，到强调解决好世界观、人生观、价值观这个"总开关"问题，从鲜明提出坚定中国特色社会主义道路自信、理论自信、制度自信、文化自信，到号召全党"不忘初心、继续前进"，从提出"实现中国梦必须弘扬中国精神"，到强调"人民有信仰，国家有力量，民族有希望"……

具体实践上，党的群众路线教育实践活动、"三严三实"专题教育、"两学一做"学习教育，都贯穿着一条思想主线——筑牢信仰之基、补足精神之钙、把稳思想之舵；提出和广泛宣传中国梦，弘扬社会主义核心价值观，开展群众性精神文明创建，都铺展着一条精神脉络——构筑中国精神、中国价值、中国力量。

马克思说过，信仰的本质，在于人类对自身本质力量和生存发展的把握。党的十九大报告在总结过去5年的历史性变革和历史性成就时,用了"全党理想信念更加坚定""全党全社会思想上的团结统一更加巩固"等表述,其中的启示是深刻的。"欲事立,须是心立。"以理想信念固本培元、凝魂聚气,筑起当代中国共产党人的精神高地;以共同理想和共同目标增进共识、凝心聚力,汇聚起13亿多人民团结奋斗的磅礴之力,我们党就有了攻无不克、战无不胜的伟大力量。

人无精神不立,党无精神不兴,国无精神不强。进入新时代,我们要决胜全面建成小康社会,实现第一个百年目标,开启全面建设社会主义现代化国家新征程,更加需要高扬信仰旗帜、汇聚精神力量。坚定理想信念,是党的思想建设的首要任务,也是实现民族复兴的力量源泉。党的十九大强调,共产主义远大理想和中国特色社会主义共同理想,是中国共产党人的精神支柱和政治灵魂,也是保持党的团结统一的思想基础;提出建设具有强大凝聚力和引领力的社会主义意识形态,使全体人民在理想信念、价值理念、道德观念上紧紧团结在一起。就是因为,理想信念是精神世界的原动力,是让每一个奋进者充满信心与力量的熊熊火炬。

习近平总书记多次讲起陈望道翻译《共产党宣言》的故事,"蘸着墨汁吃粽子,还说味道很甜"。信仰的味道是甜的,为信仰而奋斗的人生是壮美的。不管是在风雨如磐的革命年代,还是中华民族"强起来"的新时代,用理想之光照亮奋斗之路,用信仰之力开创美好未来,共产党人的初心从未改变,共产党人的奋斗从不懈息……

习近平总书记谈坚定理想信念的三个维度

杨桂华

党的十八大之后,习近平总书记的系列重要讲话,在许多场合谈到坚定理想信念,这对党的建设、领导干部修养和民族精神的塑造等多个方面都有极强的针对性和指导性。特别重要的是,系列重要讲话分析了理想和信念的辩证关系。总书记说,理想和信念是相辅相成的统一体,理想是人们追求的目标,信念是人们朝着这个目标前进的意志和定力。理想崇高,才能坚定信念;信念坚定,才能坚守理想。总书记从多个方面谈坚定理想信念,归纳起来,主要有三个维度。

第一个维度,从共产党奋斗目标的角度谈坚定理想信念

总书记说:事实一再告诉我们,马克思、恩格斯关于资本主义社会基本矛盾的分析没有过时，关于资本主义必然消亡、社会主义必然胜利的历史唯物主义观点也没有过时。这是历史发展不可逆转的总趋势，党的最高理想和最终目标是实现共产主义。我们现在的努力以及将来多少代人的持续努力，都是朝着最终实现共产主义这个大目标前进的。但是，一些人认为共产主义是可望而不可及的，甚至认为是望都望不到、看都看不见，是虚无缥缈的。这些人之所以理想渺茫、信仰动摇，根本就是历史唯物主义观点不牢固。

第二个维度，从共产党员的角度谈坚定理想信念

坚定理想信念，坚守共产党员精神追求，始终是共产党人安身立命的根本。对马克思主义的信仰，对社会主义和共产主义的信念是共产党人的政治灵魂，是共产党经受住任何考验的精神支柱。形象的说，理想信念就是共产党人精神上的"钙"，没有理想信念，理想信念不坚定，精神上就会"缺钙"，就会得"软骨病"，就会没有骨气，就经不起诱惑，政治上变质，经济上贪婪，生活上堕落。提高干部素质，第一位的任务就是坚定理想信念。理想信念的坚定，是好干部的第一位标准。

当然，坚定理想信念，不能空喊口号，一定要同实际相结合。没有远大理想，不是合格的共产党员；离开现实工作而空谈远大理想，也不是合格的共产党员。要引导广大党员干部把践行中国特色社会主义共同理想和坚定共产主义远大理想统一起来，做到虔诚而执著、坚定而深厚。有了坚定的理想信念，就能坚持正确的政治方向，就会炼就金刚不坏之身，顺境中不骄傲，逆境时不动摇，永葆共产党人的政治本色。就能立定脚跟，脚踏实地，做好眼前的事情，干好最现实的工作。

第三个维度，从中华民族的角度谈理想信念

总书记在参观"复兴之路"展览时讲道：实现中华民族伟大复兴是近代以来中华民族最伟大的梦想，"中国梦"就是一个理想，是一个全民族的理想。总书记讲，中国梦是一个形象的表达，是一个最大公约数，是一种为群众易于接受的表述，核心内涵是中华民族的伟大复兴，就是要实现国家富强、民族振兴和人民幸福。这个梦想，凝聚了几代中国人的夙愿，体现了中华民族和中国人民的整体利益，是每一个中华儿女的共同期盼。历史告诉我们，每个人的前途命运都与国家和民族的前途命运紧密相联，要用中国梦这个中华民族的共同理想，调动广大人民群众的积极性、主动性和创造性，激发人生出彩的热望，焕发劳动热情，释放创造潜能，形成万众

一心、众志成城的磅礴力量，实现美好生活的目标。

习近平总书记从不同的维度谈坚定理想信念，给我们很多启示。一是要加强理论学习。理论的成熟是政治坚定的基础，一个政党必须要经常进行理想信念教育。总书记深刻地指出，共产主义理想的必然实现，是唯物史观所揭示的社会基本矛盾运动的必然结果，是社会发展的总趋势，共产党的坚定的信念必须以科学理论为基础。全党同志必须要系统地学习马克思主义，应当知道我们是怎样经过反复比较历史地选择了马克思主义，是怎样把马克思主义与中国实际和时代特征相结合的，是怎样历经千辛万苦开创和发展了中国特色社会主义的，从而提高对马克思主义科学性和价值性的理解，增强实现党的最高理想的坚定性。二是要加强理想信念教育的针对性。针对部分党员存在的质疑理想信仰价值的倾向，必须要加强教育，使之懂得，人的理想信仰是人区别动物的标志之一，共产党人的理想是区别于其他政党的标志之一，要把党员信仰与个人修养结合起来，要不断学习，反复修炼，脚踏实地，信守对党和人民的承诺，做一个人民群众的贴心人。三是要增强理想信念教育的广泛性。把党的信念与中华民族的理想信念结合起来，以更为通俗的表述方式教育人民，引导群众，带领各族人民，更广泛地团结港澳同胞、台湾同胞、海外侨胞，凝心聚力，共同为实现中华民族伟大复兴的中国梦而奋斗。

习近平总书记从三个维度全面论述了理想信念，论证了政党的理想、党员的理想和社会理想的一致性和科学性，同时也构建和描绘了一个完整的理想信念体系，是统一全党的思想，凝聚民族力量的"灵魂"，是坚定中国特色社会主义的道路自信、理论自信和制度自信的"压舱石"，是我们奔向理想目标的航标灯。

（作者系天津日报社党委书记、社长）

革命理想高于天
——学习习近平同志关于坚定理想信念的重要论述

秋　石

习近平同志在参加河北省委常委班子专题民主生活会时对大家说，有一个道理要反复讲，就是党的干部必须永不动摇信仰，矢志不渝为中国特色社会主义共同理想而奋斗。理想信念是一个国家、民族和政党团结奋斗的精神旗帜，理想信念动摇是最危险的动摇。对这样一个事关党和国家兴衰成败的重大战略问题，习近平同志高度重视,提出了一系列新思想、新观点、新论断。认真学习这些重要论述,对我们在日益复杂的国际国内环境下坚持党的领导、坚持和发展中国特色社会主义,具有极强的现实意义。

一、一个极其重要的问题

理想信念问题是一个极其重要的问题,必须经常讲、反复讲。从党和国家发展大局讲,经济建设是中心,同时必须高度注重精神建设、精神力量和精神生活;从党的建设工程讲,权力要被关进制度的笼子,同时必须补足理想信念这个共产党人精神上的"钙";从党的执政方略讲,人民群众是坚实的执政基础,崇高信仰是党的强大精神支柱,只要我们永不动摇信仰、永不脱离群众,就能无往而不胜。

必须树立和坚持明确的理想信念。习近平同志说,一个国家、一个民族、一个政党,任何时候任何情况下都必须树立和坚持明确的理想信念。中华民族5000多年沧桑岁月,把56个民族、13亿多人紧紧凝聚在一起的,就是我们共同坚守的理想信念。我们党90多年的历史中,一代又一代共产党人不惜流血牺牲,靠的就是对共产主义的坚定信仰,为的就是实现国家富强、民族振兴、人民幸福的伟大理想。在当今世界各种思想文化交流交融交锋日益频繁的背景下,国与国之间有形的经济、军事、科技竞争固然激烈,无形的思想、价值较量更加惊心动魄。特别是当苏联解体后不久,西方学者匆匆宣布历史已经终结于资本主义的理想时,精神价值的核心地位就更加水落石出了。一个没有精神力量的民族难以自立自强,形成强大的物质力量离不开深厚的精神海洋。无论社会怎么发展,无论经济怎么繁荣,如果放弃了对崇高理想信念的追求,我们的国家和民族就不可能巍然屹立于世界。

理想信念是共产党人精神上的"钙"。习近平同志在十八届中央政治局第一次集体学习时提出的这句脍炙人口的精彩比喻,深刻揭示出理想信念之于共产党人的内在关联。没有理想信念,理想信念不坚定,精神上就会"缺钙",就会得"软骨病",就可能导致政治上变质、精神上贪婪、道德上堕落、生活上腐化。一些腐败分子常常把自己的牢狱之灾归罪于制度漏洞,这往往是为自己的开脱之辞。制度固然更带有根本性、全局性、稳定性、长期性,但是坚定的信仰始终是党员、干部站稳政治立场、抵御各种诱惑的决定性因素。制度使人不敢腐败,信仰使人不愿腐败,这就是精神的力量!"古人刀锯在前,鼎镬在后,视之如无物者,盖缘只见得这道理,都不见那刀锯鼎镬。"夏明翰"砍头不要紧,只要主义真",杨超"满天风雨满天愁,革命何须怕断头",方志敏"敌人只能砍下我们的头颅,决不能动摇我们的信仰"!都彰显出理想信念之"钙"的巨大作用。如果我们每一名党员干部在威逼利诱面前,都只见得共产党人的道理，都炼就了金刚不坏之身，"四风"缘何而来？四大考验、四大危险又怎么不能战胜和消除呢！

必须警惕和防止理想信念的滑坡与动摇。一个政权的瓦解往往从思想领域开始，思想防线被攻破了，其他防线就很难守住。苏联为什么会解体？苏共为什么会垮台？一个重要原因是理想信念动摇了。戈尔巴乔夫私下曾说过，共产主义思想对我已经过时。当信念之魂已经不存，党和国家之体焉在？因此，理想信念动摇是最危险的动摇，理想信念滑坡是最危险的滑坡。一些人或以批评和嘲讽马克思主义为"时尚"、为"噱头"；或向往西方社会制度和价值观念，对社会主义前途丧失信心；或在涉及党的领导和中国特色社会主义道路等原则性问题的政治挑衅面前态度暧昧、消极躲避、不敢亮剑、爱惜羽毛，甚至故意模糊立场、耍滑头、当"太平绅士"。这些都是"最危险的动摇"。习近平同志强调看一个干部是否合格，第一位的就是看理想信念是否坚定。如果理想信念不坚定，能耐再大也不是党需要的好干部。我们一定要从党和国家生死存亡的高度坚定理想信念，做到虔诚而执着、至信而深厚，在各种诱惑面前立场坚定，在大是大非面前旗帜鲜明，在风浪考验面前无所畏惧，在具有许多新的历史特点的伟大斗争中，永葆共产党人政治本色。

二、坚守共产党人的命脉和灵魂

革命理想高于天。坚定理想信念，坚守共产党人精神追求，始终是共产党人安身立命的根本。对马克思主义的信仰，对社会主义和共产主义的信念，是共产党人的命脉和灵魂。

心中永远要有共产主义这盏明灯。习近平同志讲，共产党人的最高理想是实现共产主义。实现共产主义需要一个相当漫长的历史时期，但我们党员干部心中要有这盏明灯。我们想问题办事情，当然要从眼前的实际情况出发，以正在发生正在进行的事情为中心，但如果丢失我们共产党人的远大目标，就会迷失方向，变成功利主义、实用主义。现在不少人太缺乏理想和信仰、太功利主义了。脱离实际的理想主义固然不对，但符合历史发展规律、顺应历史发展趋势的理想万万不能丢。党员、干部首先不能动摇信仰，动摇了就会失去根本。共产党人在任何情况下都要做到政治信仰不变、政治立场不移、政治方向不偏，守住自己的政治生命线，守住自己的政治灵魂。

脚下要走稳中国特色社会主义道路。习近平同志告诉我们，坚定理想信念，要从我们走过的道路去体会和认识。道路决定命运。我们党历尽千辛万苦探索出的这条中国特色社会主义道路，已经被历史证明是中华民族走向伟大复兴的唯一正确道路。中国特色社会主义既体现了党的最高纲领和基本纲领的统一，又体现了中国社会历史发展的规律；既符合我们独特的文化传统、独特的历史命运、独特的基本国情，又是名副其实的科学社会主义。沿着中国特色社会主义道路走下去，一定能实现国家富强、民族振兴、人民幸福的中国梦。我们就是要有这样的道路自信、理论自信和制度自信，倍加珍惜我们好不容易才找到的这条道路，牢牢记住我们现阶段的目标就是坚持和发展中国特色社会主义。咬定青山不放松，任尔东西南北风。

肩上要背负为人民服务的天职。人民群众是共产党的力量源泉。正如习近平同志指出的那样，是否坚持全心全意为人民服务的根本宗旨，是衡量党员、干部是否具有共产主义远大理想的首要标准。我们的人民是伟大的人民，是历史的创造者，要始终把人民放在心中最高的位置，悟透群众是真正的英雄这个道理。共产党人讲理想信念，任何时候都不能离开为人民服务这个根本。丢了这个根本，党员干部，特别是领导干部就会出这样那样的问题。"四风"及各种表现形式都与世界观、人生观、价值观有联系。"总开关"问题没有解决好，这样那样的出轨越界、跑冒滴漏就在所难免。作为党的干部，就是要把为人民服务当作共产党人的天职，全心全意为人民服务，就是要诚心诚意为党和人民事业奋斗。

三、志存高远 忠实践行

衡量一名共产党员、一名领导干部是否具有共产主义远大理想是有客观标准的。习近平同志将其归纳为四个能否：能否坚持全心全意为人民服务的根本宗旨，能否吃苦在前、享受在后，能否勤奋工作、廉洁奉公，能否为理想而奋不顾身去拼搏、去奋斗、去献出自己的全部精力乃至生命。我们要以习近平同志提出的这四条标准为依据，以思想理论建设为根本、以党性教育为核心、以道德建设为基础，为实现理想而努力工作。

抓好思想理论建设这个根本，打牢历史唯物主义根基。越是不断遇到新情况新问题，越要老老实实、原原本本学习马克思列宁主义、毛泽东思想、中国特色社会主义理论体系，用马克思主义立场观点方法观察世界，认识事物的本质和发展趋势，培植我们的精神家园。一些人之所以认为共产主义虚无缥缈，不信马列信鬼神，热衷于算命看相、烧香拜佛，根子就出在没有牢固树立历史唯物主义的观点上。马克思主义科学理论推导出来的共产主义决不是虚无缥缈的，对历史规律的无知和历史方向感的丧失是一种根本性的无知和丧失。学习的目的，全在于把理想信念建立在对科学理论的理性认同上，建立在对历史规律的正确认识上，使理想信念之树根深叶茂、四季常青。

抓好党性教育这个核心，从中国革命历史中汲取最好的营养剂。要学习党的历史，弘扬党的优良传统和作风，牢固树立正确的世界观、权力观、事业观。中国革命历史是党领导人民为了理想不懈奋斗的历史。习近平同志强调要深刻理解"灭人之国，必先去其史"的古训，把对中国革命史的态度问题当成一个重大的政治问题，坚决捍卫党的历史。中国革命历史是最好的营养剂，多重温我们党领导人民进行革命的伟大历史，心中就会增加很多正能量。纯洁的党性在与火红岁月的真诚对话交融中，会塑造、打磨得更加丰厚坚强。

抓好道德建设这个基础，做到大公无私、公私分明、先公后私、公而忘私。要讲党性、重品行、作表率，处理好"公"与"私"的关系，做社会主义道德的示范者，以实际行动彰显共产党人的人格力量。有的领导干部之所以作风败坏、以权谋私、贪赃枉法，甚至到了欲壑难填的地步，根子就是一个"私"字。干部合理合法的利益当然要承认，也要保障，但这同私心、私利、私欲不是同一个概念，不能混为一谈。作为党的干部，就是要讲大公无私、公私分明、先公后私、公而忘私。如果连这一点都不讲，我们党还是中国工人阶级先锋队？还是中国人民和中华民族的先锋队吗？只有一心为公，事事出于公心，才能有正确的是非观、义利观、权力观、事业观，才能把群众装在心里，才能坦荡做人、谨慎用权，才能光明正大、堂堂正正。

功崇惟志，业广惟勤，实干兴邦。只要我们坚定理想信念，不怕牺牲，排除万难，去争取胜利，人类最崇高的理想就一定会实现！我们就是要有这样最伟大的气魄，我们就是要有这样最坚定的信念！

（原载《求是》2013年第21期）

"赶考"在继续　党性要加强
——学习习近平同志关于新形势下加强党性修养的重要论述

刘　源

党性是我们党区别于其他政党的鲜明标志，是共产党人立身、立业、立言、立德的基石。党的十八大以来，习近平同志着眼我们党正在进行的具有许多新的历史特点的伟大斗争，对新形势下加强党性修养作出一系列重要论述，丰富发展了马克思主义党建理论，为我们锤炼党性、纯正修养提供了根本遵循和行为指南。

一、新形势下加强党性修养，要时刻铭记"党面临的赶考远未结束"，着力强化跑好"接力赛中我们这一棒"的历史自觉

我们党始终注重加强党性修养。古田会议上，毛泽东同志提出从思想上建党的著名论断。1938年10月，毛泽东同志在党的六届六中全会上首次提出"我们党的马克思列宁主义的修养"的命题，随后，张闻天、陈云同志先后发表《论青年的修养》、《怎样做一个共产党员》，从不同角度论述了共产党员的修养问题。1939年7月，刘少奇同志在延安马列学院作《论共产党员的修养》演讲，对加强共产党员修养问题，作了全面系统的阐述，并将演讲稿整理成文发表，成为当时延安党员党性教育的必读书籍。1941年，中央作出《关于增强党性的决定》，确立了全党统一的党性标准。延安整风运动，开辟了我们党加强党性修养的新途径。新中国成立后，我们党始终重视开展全党普遍的教育整顿，保证了党的战斗力凝聚力。改革开放以来，我们党先后开展了全面整党和"三讲"教育、保持共产党员先进性教育活动、学习实践科学发展观活动、党的群众路线教育实践活动，使党的先进性和纯洁性不断加强。实践证明，加强党性修养，是我们党依靠自身力量坚持真理、修正错误的重要法宝。我们要坚定不移地把这个"传家宝"接力传承下去，不断发扬光大。

当前，世情国情党情发生深刻变化，精神懈怠危险、能力不足危险、脱离群众危险、消极腐败危险更加尖锐地摆在全党面前，党的建设特别是党员干部的党性修养方面，还存在一些严重问题。思想上突出表现为，不信马列信鬼神，理想信念滑坡，精神上"缺钙"，得了"软骨病"；政治上突出表现为，对上级决策指示打折扣、搞变通、做选择，党的意识淡薄了，党性原则讲得少了；组织上突出表现为，本来很好的制度成了摆设，党内积极的思想斗争讲得少了，批评和自我批评难以开展起来，民主生活会很多成了评功摆好会；作风上突出表现为，形式主义、官僚主义、享乐主义和奢靡之风见怪不怪，甚至觉得理所当然，"久入鲍肆而不闻其臭"。解决这些问题，必须把加强党性修养牢牢抓在手上，切实抓出成效。

当年，毛泽东同志带领全党进京"赶考"，告诫要牢记"两个务必"，决不当李自成。现在，历史的接力棒传到我们这一代共产党人手中，"赶考"还在继续，我们要更加重视加强党的自身建设，更加突出抓好党员的党性修养，更加负责地跑好我们这一程，把人民对我们党的"考试"，把我们党正在经受和将要经受的各种"考试"考好，努力交出优异的答卷。

二、新形势下加强党性修养，要真正掌握"登高望远的思想阶梯"，切实弄清"打铁还需自身硬"的时代要求

习近平同志关于加强党性修养的重要论述，科学回答了新的历史条件下党性修养抓什么、怎么抓、达到什么目的等一系列重大问题，实现了马克思主义党建理论的与时俱进。

坚持远大理想与现实目标的统一。习近平同志指出，没有远大理想，不是合格的共产党员；离开现实工作而空谈远大理想，也不是合格的共产党员。强调在坚定共产主义信仰上，既不能"庸俗化"，天天高喊共产主义口号，去干"跑步进入共产主义"那种事；也不能"神秘化"，认为崇高信仰、坚定信念是高不可攀的，共产主义是可望而不可及的；而是要"具体化"，把能否坚持全心全意为人民服务的根本宗旨，能否吃苦在前、享受在后，能否勤奋工作、廉洁奉公，能否为理想而奋不顾身去拼搏、去奋斗、去献出自己的全部精力乃至生命，作为衡量的标准。强调在坚持中国特色社会主义共同理想上，既要有很强的战略定力，增强道路自信、理论自信、制度自信，又要有很实的工作作风，矢志不移地做好当前每一项工作。

坚持组织入党与思想入党的统一。习近平同志指出，党性不可能随着党龄增加而自然增强，也不可能随着职务升迁而自然增强，必须在严格的党内生活锻炼中不断增强。强调组织管理从严，严格日常教育和管理，疏通党员队伍出口，对丧失党员条件的及时进行组织处置，对道德败坏、蜕化变质的坚决清除出党。强调党内生活从严，坚决反对自由主义、好人主义，下大力解决党内生活不经常、不认真、不严肃的问题。强调个人修炼从严，强化党的意识、组织意识、讲规矩意识，始终把党放在心中最高位置，永远忠诚于党、与党同心同德。

坚持党性原则与人情感情的统一。习近平同志指出，我国是个人情社会，亲属圈、朋友圈、同事圈比较热络，要正确认识和处理人际关系，做到既有人情味又按原则办。强调要有警觉，领导干部有权，一旦掉进关系网、人情陷阱而不能自拔，就很容易出问题，要警惕宗派主义、山头主义、小圈子。强调要有尺度，明确哪些是应当有、应当讲的人情，哪些是不应当有、不应当讲的人情，既要真诚待人、乐于助人，更要讲党性、讲原则，守住自己的政治生命线。强调要有立场，旗帜鲜明地同陈规陋习、顽瘴痼疾作斗争，当个人感情同党性原则、私人关系同人民利益相抵触时，要毫不犹豫站稳党性立场。

坚持"有字"理论与"无字"实践的统一。人无信不立，党无信更不立。习近平同志指出，我们党作为马克思主义执政党，不但要有强大的真理力量，而且要有强大的人格力量。党的十八大以来，以习近平同志为总书记的党中央从作风切入，拿"四风"开刀，以上率下，持续用力，抓一件成一件，打一仗进一步，始终保持作风建设永远在路上的良好态势。习近平同志带头传承党的优良传统和作风，对自己、对亲属、对身边工作人员要求十分严格，从不搞半点特殊化；带头改进调查研究，深入基层了解实情，不封路、不扰民、不作秀，坐百姓炕、吃战士灶，与人民群众打成一片，真正起到了"其身正不令而从"的示范和引领作用。

三、新形势下加强党性修养，要笃定"革命理想高于天"的追求，始终坚守"共产党人安身立命的根本"

加强党性修养，首先必须把理想信念立好铸牢，坚持从科学理论中汲取营养，在日常践行中锤炼磨砺，做到活到老、学到老、改造到老。

深学深悟，从本源上坚定共产党人的信仰信念。 现在，信息技术高度发达，社会全面开放，国内国外各种思潮、各种观点甚至各种奇谈怪论众说纷纭、泥沙俱下，坚定理想信念面临的考验越来越直接。要全面提高马克思主义理论素养，掌握辩证唯物主义和历史唯物主义思想武器，学懂弄通中国特色社会主义道路、理论、制度的历史起点和逻辑关系，搞清楚历史怎样走来、又怎样走下去，使对党绝对忠诚在思想上政治上行动上坚如磐石、不可动摇。

细照细查，在内省中端正共产党人的价值追求。 敢照镜子、勤照镜子，多往深处照、细处照，是党员、干部修身正己的有效办法。要用理论理想之镜看看是否具有坚持真理的定力，解决好信仰迷失、本色丢失、诚信缺失、道德丧失的问题；要用党章党纪之镜看看是否具有在党为党的自觉，解决好个人主义、本位主义、小团体主义的问题；要用民心民声之镜看看是否具有恪尽职守的担当，解决好有心做官无心做事、有心揽权无心担责、有心作秀无心问效、有心浮夸无心实干、有心唯上无心唯下的问题；要用先辈先进之镜看看是否具有无愧于心的从容，解决好动力不足和措施不力的问题，真正做到"无私心，除开关心党和革命的利益以外，没有个人的得失和忧愁"。

笃行笃信，以严要求昭示共产党人的心志操守。 要敢亮身份，牢记自己的第一身份是共产党员，第一职责是为党工作，以实际行动喊响"看我的"、"跟我来"。要甘当公仆，始终站在党和人民的立场上想问题、搞研究，作决策、办事情，真正扑下身子抓落实，放下架子搞服务，甩开膀子干事业。要心存戒惧，牢记"从善如登、从恶如崩"的古训，保持高度警惕，守住情操防线，把住为官"命门"，做到修身慎行、怀德自重、敦方正直、清廉自守。

四、新形势下加强党性修养，要真正拿起"批评与自我批评这个利器"，切实在严肃的党内生活中"抵抗政治灰尘和政治微生物"

党内生活是锻炼党性、提高思想觉悟的熔炉。党员、干部要切实以整风精神严格党内生活，通过积极健康的思想斗争，不断洗涤思想、净化灵魂、淬火回炉、百炼成钢。

党内生活要有针对性地解决问题。党内生活松一寸，党员队伍就散一尺。要在加强制度约束上下功夫，坚持"三会一课"制度，过好双重组织生活，向党组织汇报思想、学习和工作情况，接受党员和群众监督，切实用党的制度把每个党员管起来。要在坚持问题导向上下功夫，每次党内生活都要围绕实质性内容展开，抓住一两个倾向性问题会诊，真正使党员、干部在党内生活中红红脸、出出汗。要在推动活动创新上下功夫，采取传统手段和现代手段相结合的方法，探索主题党日、警示教育的新路子，激发党内生活的生机活力。

批评与自我批评要有"辣"味。批评和自我批评是我们党防身治病的有力武器。要敢于开展批评，坚决打消批评上级怕穿小鞋、批评同级怕伤和气、批评下级怕丢选票的顾虑，敢于揭露矛盾，敢于思想交锋，切实触及党性和灵魂。要勇于自我批评，主动查找学习、工作、生活中的问题，自觉清洗思想和行为上的灰尘，及时修正错误、纠正缺点，不断完善自我。要善于顾全大局，维护团结，勤沟通、多补台，一把尺子待人、一个标准行事，把班子团结建立在党性原则基础上，营造披肝沥胆、并肩奋斗的和谐氛围。

党内同志要做诤友挚友。坚强的党性修养，既要靠严格的党内生活历练，也要靠同志间的互相帮助。要摒弃你好、我好、大家好的"一团和气"，对同志身上出现的苗头性、倾向性问题，及时"咬咬耳朵"、"扯扯袖子"，"使他们改变到正确的方面来"。要反对背后嘀咕、说闲话的"歪风邪气"，防止带着假面具，会上会下、桌上桌下、人前人后各说一套、各做一套的现象，自觉做到言行一致、表里如一。要弘扬大事讲原则、小事讲风格，既按规矩办事、又肝胆相照的"新风正气"，本着对同志、对班子、对党高度负责的精神，坚持说真话、实话、心里话，使爱党、忧党、兴党、护党成为各级党组织和广大党员的自觉行动。

（作者时任总后勤部政治委员，原载《求是》2014年第13期）

筑牢理想信念的思想根基

蒋金锵

习近平同志高度重视坚定理想信念，深刻宣示"一个国家、一个民族、一个政党，任何时候任何情况下都必须树立和坚持明确的理想信念""理想信念是共产党人的精神之'钙'"；要求"把践行中国特色社会主义共同理想和坚定共产主义远大理想统一起来"；强调"把理想信念建立在对科学理论的理性认同上，建立在对历史规律的正确认识上，建立在对基本国情的准确把握上，不断增强道路自信、理论自信、制度自信，增强对坚持党的领导的信念，永远紧跟党高高举起中国特色社会主义伟大旗帜"。深入学习贯彻习近平同志这些重要论述精神，首先要求我们筑牢理想信念的思想根基。

"共产主义渺茫论"不符合人类历史发展规律

共产党人的理想信念以科学理论为支撑，建立在人类历史发展规律的基础上。实现共产主义是共产党人的不懈真理追求和最高价值目标。

马克思和恩格斯创立了辩证唯物主义和历史唯物主义，发现了人类历史发展规律，揭示了资本主义生产方式和资本主义社会的运动规律，指明了资本主义必然灭亡的历史趋势和人类社会发展的共产主义前途。这是马克思主义理论的划时代贡献，像不灭的火炬照亮了历史发展的天空。马克思主义揭示的这种历史发展规律之所以是科学的、具有颠扑不破的真理力量，是因为它是理论大逻辑和历史大逻辑的契合、主体思维和实践进程的统一。马克思主义诞生150多年来，社会主义从理论到实践，从一种运动到形成制度，从一国胜利到多国胜利，从不断总结到不断深化，始终标示着人类前进的方向。最初在"欧洲游荡"的"幽灵"，越来越被历史证明是社会发展的指路明灯。

时代前行，风云变幻，马克思主义基本原理不会过时，"两个必然"不会改变。马克思主义要求我们有大视野、大胸怀、大气魄、大追求，将"两个必然"和"两个决不会"（"无论哪一个社会形态，在它所能容纳的全部生产力发挥出来以前，是决不会灭亡的；而新的更高的生产关系，在它的物质存在条件在旧社会的胎胞里成熟以前，是决不会出现的。"）联系起来，认识到共产主义代替资本主义是一个长期、艰巨、曲折的历史过程，认识到共产主义只有在社会主义充分发展的基础上才能实现，下决心为社会主义和共产主义事业进行长期艰苦的奋斗。只有深悟这一历史发展规律，才能在任何艰难困苦的情况下都坚信共产主义一定会实现。李大钊播撒革命火种，坚称"试看将来的环球，必是赤旗的世界"；夏明翰以铮铮铁骨，发出"砍头不要紧，只要主义真"的誓言；革命先辈在"爬雪山、过草地"那般艰苦、在流血牺牲那般慷慨中留下的"革命理想高于天"的故事，无不是铁的信仰的展现。与之相对照，所谓"共产主义渺茫论"，实质上是信仰缺失的一种表现。铁的信仰是共产党人的政治灵魂和精神支柱。信仰缺失是最大的缺失，是命脉的断裂，是变质之因、堕落之源。精神"缺钙"、全身"散架"，不打自倒，何谈顶天立地？历史和现实都表明，有了铁的信仰，才能在"四大考验"中傲然挺立、在"四种危险"面前立于不败之地。

共产党人的理想信念由马克思主义的根本宗旨所注定

马克思主义的光辉文献——马克思和恩格斯为共产主义者同盟起草的《共产党宣言》鲜明指出："无产阶级的运动是绝大多数人的，为绝大多数人谋利益的独立的运动。"这是马克思主义与生俱来的根本宗旨，也是马克思主义站在无产阶级和绝大多数人民群众立场上的根本体现。对于这个根本宗旨，毛泽东同志作出了"全心全意为人民服务"和群众路线的新论述。邓小平同志强调："中国共产党员的含意或任务，如果用概括的语言来说，只有两句话：全心全意为人民服务，一切以人民利益作为每个党员的最高准绳。他的目的是要实现社会主义、共产主义。"我们要坚定站在人民群众的立场上，从唯物史观的高度、最高准绳的意义、最终使命的担当上坚守马克思主义关于根本宗旨的理论。

这一宗旨融入共产主义的远大理想。共产主义社会将是物质财富极大丰富、人民精神境界极大提高、每个人自由而全面发展的社会，也将是人人自觉改造世界的全新社会。其立足点、着眼点是全人类的彻底解放，使人的价值包括人的尊严、权利、义务、平等、自由、才智等得到完美展示，进入"美美与共、天下大同"的崇高境地。谈最高理想，离不开最高价值。价值融入理想，显得愈加亮丽。

这一宗旨凝聚实现理想的伟大力量。理想是客观规律使然，也由根本宗旨注定。共产主义战士雷锋，把有限的生命投入到无限的为人民服务事业；县委书记焦裕禄为改变兰考面貌，鞠躬尽瘁，死而后已；犹如群星布空的勇于"杀出一条血路"的改革家、一尘不染的人民公仆、攻坚克难的先进工作者、勇攀高峰的科技精英，最美教师、最美战士、最美民警、最美基层干部……无不既胸怀理想，又心系宗旨。

我们的每一次胜利进军，都是我们党履行根本宗旨，团结、带领、依靠人民群众奋斗得来的，都像淮海战役的胜利那样，离不开人民群众千千万万辆小车的推动。人民群众是历史的创造者，工人阶级和广大人民是打碎旧世界、建设社会主义和共产主义的根本力量。共产党人的根本宗旨是构成理想的根本要素，同时蕴藏着实现理想的巨大能量。

习近平同志深情指出："人民对美好生活的向往，就是我们的奋斗目标。"人民对美好生活的向往在不断提升，我们的奋斗目标也在不断刷新，直到实现共产主义。宗旨和目标的相互结合、立场和信仰的紧密联接、对宗旨的坚守和对真理的追求的辩证统一，贯穿于共产党人一代又一代传棒接力的历史进程。

共产党人的理想信念以忠诚跟党走为根本保障

中国共产党是用马克思主义科学理论武装起来的先进政党，是伟大、光荣、正确和勇于坚持真理、修正错误的党。我们党系共产主义理想、全心全意为人民服务的根本宗旨于一身，会集中国工人阶级的先进分子和中华民族的优秀儿女，在理论和实践的结合中开创中国革命、建设、改革之路，在新的历史时期开辟了中国特色社会主义康庄大道。共产党人坚定理想信念，必须以忠诚跟党走为根本保障。

忠诚跟党走是由马克思主义的建党理论和我们党的性质、使命、奋斗历程所决定的。对共产党员来说，忠诚跟党走是绝对的、无条件的政治要求。忠诚跟党走，同对共产主义的信仰、对中国特色社会主义的信念紧密联接在一起。坚定理想信念，必然忠诚跟党走；忠诚跟党走，必然具有坚定的理想信念。

忠诚跟党走必须坚持党的领导。中国共产党的领导是我们立国兴邦的根本，是中国特色社会主义最本质的特征，决定着社会主义旗帜永远飘扬，决定着13亿多人口的中国力量的凝聚，决定着国家和民族的前途命运。国内外敌对势力不变亡我之心，不遗余力攻击、诋毁中国共产党的领导，抛出"一党专政""降下党旗，升起国旗"和"军队非党化、非政治化"等谬论蛊惑人心。我们必须保持清醒的政治头脑，与之进行有理有力的斗争，亮明党的领导的科学真理性、历史必然性、现实紧要性和不可动摇性，做到"任尔东西南北风""咬定青山不放松"，把坚持党的领导作为最根本的立场来坚守，作为最重要的政治资源来保卫，作为最高的政治原则来维护。坚持党的领导，首要的是维护党中央的领导。在新的征程上，以习近平同志为总书记的党中央在各方面为全党树立了榜样。我们要自觉向中央基准看齐，在思想上政治上行动上同党中央保持高度一致，为贯彻党中央治国理政新理念新思想新战略贡献自己的力量。

<u>忠诚跟党走必须深入于心、落实于行。</u>共产党人不论在社会上有多少角色，第一身份是党员，要永远姓党、信党、为党。坚强的党性是共产党人世界观、人生观、价值观的集中表现，是忠诚跟党走的内在要求。要以"三严三实"为准绳，把加强党性修养作为共产党人的"心学"和终身必修课，"练就金刚身，不怕百毒侵"，使"忠诚"二字在世界观中立根固本。忠诚跟党走要通过改造客观世界充分体现出来，在实践中经受检验、在行动上做出样子，落实于学习、工作、生活的各个方面，落实于履职尽责的各个环节，落实于严守纪律、严守规矩尤其是政治规矩的各项要求，始终亮出党的旗帜、传播党的声音、送上党的温暖、弘扬党的作风、爱护党的形象。

（原载《人民日报》2016年3月16日7版）

"山沟里的马克思主义"为何能赢得中国

辛 鸣

中国共产党靠什么把一个近8000万人的大党凝聚起来？是信仰。靠什么让中国革命的星星之火成为了燎原之势，使"山沟里的马克思主义"赢得了中国？还是信仰。纵观中国共产党90年的历史不难发现：信仰坚定，党的事业才可能昌盛；信仰淡化，党的事业则会受挫。这已是被历史所证明的道理。

"主义譬如一面旗帜"——中国共产党是一个信仰马克思主义的政党

<u>就政党的本质来说，信仰是一个政党区别于其他政党的根本。</u>为什么政党是这个样子，而不是别的什么样子，源于它的信仰。中国共产党如此重视政党信仰，既是对政党本质的深刻认知，又是对工人阶级政党先锋队性质的高度自觉。信仰来不得半点含糊，也来不得一丝虚伪。不丢信仰之名却放弃信仰之实，可能会有暂时的蝇头小利，却终会导致政党大厦的坍塌。这在世界上一些政党的实践中是有血的教训的。

有的人可能会问：在现代社会，信仰在政党中的地位好像并不怎么重要啊，像美国的两个党，它们之间连政策差别都越来越小了，更不用说在主义理念上的差异了。而且它们的党员登记只有在选举的时候才进行，社会公民在哪个党登记，就是哪个党的党员，今年是共和党，四年后登记为民主党也可以。这话说的也没错，但它说出的只是现象而不是本质。现代西方政党是在资本主义社会的大环境中产生和

发展的，不论哪一个政党对资本主义社会都是认可的。政党与政党之间的差别只是在如何更好地保持资本主义社会发展的具体方法步骤上有差异罢了。而且由于现代资本主义社会，特别是一些发达国家的阶级结构相对统一，中间阶层选票相对集中，使得无论是两党制还是多党制，其政党政策都向"中间化"靠拢。但要据此说这些政党没有信仰就错了。他们的信仰就是对资本主义的信仰，他们的信仰不仅"坚定不移"，而且还不容置疑；不仅自己相信，还要求别人也相信。现在，一些西方国家极力推销其价值观，何尝不是一种希望传播自己信仰的冲动。

中国共产党作为工人阶级的先锋队，作为中国人民和中华民族的先锋队，是以消灭剥削的旧社会，建设社会主义社会，实现共产主义社会为其奋斗目标，当然要确立起在马克思主义指导下的共产主义信仰。这一信仰不能绝对地说与资本主义社会的信仰水火不容（因为社会主义社会和共产主义社会是在扬弃资本主义社会基础上发展起来的，从不回避对资本主义社会有益成分的汲取）。但也一定要有自己根本性的新规定、新要求、新内容，一定要明确是与资本主义社会的信仰截然不同的新信仰。

信仰是旗帜鲜明的，无需遮遮掩掩。信仰靠真诚而赢得尊重，靠坚定而得以实现。中国共产党之所以是中国共产党，就源于它对共产主义的信仰与对共产主义的不懈追求。正因为信仰对于政党的根本性意义，中国共产党对于信仰给予了高度重视。毛泽东所说的"主义譬如一面旗帜"就是讲信仰的。只有旗帜竖了起来，才会应者云集，知道向哪里去靠拢。邓小平特别强调，为什么我们过去能在非常困难的情况下奋斗出来，战胜千难万险使革命胜利呢？就是因为我们有理想，有马克思主义信念，有共产主义信念。所以，他进一步强调："对马克思主义的信仰，是中国革命胜利的一种精神动力。"

中国共产党人对信仰是身体力行的。毛泽东说过："我一旦接受了马克思主义的信仰就没有动摇过。"不仅毛泽东自己，连他的家人也投入到了这个事业中来。对于毛泽东来说，中国的独立，中国人民的解放，社会主义的建设，共产主义的实现这些基于马克思主义的信仰，不仅是他矢志追求的目标，更是他全部生命意义的价值所在。中国共产党的领导人是如此，千千万万为中国革命献出自己生命的普通共产党人何尝不是如此！

"精神的原子弹"——共产主义信仰的这种能力来自其科学性

曾几何时，西方社会对共产主义信仰视为洪水猛兽，甚至不惜撕开其文明的面纱采取暴力手段必欲除之而后快。为什么如此？绝不仅仅是因为共产主义信仰与他们的信仰相对立，更主要的是共产主义信仰有实现其追求的能力，堪比"精神的原子弹"。一些土著部落的信仰被西方社会供在博物馆里还美其名曰"多样化"，是因为它们对西方资本主义没有威胁的能力。

共产主义信仰的这种能力来自其科学性。共产主义体现在现实的经济政治生活中就是为了最大多数人的利益。这最大多数人是"无产阶级"也好，是"工人阶级"也罢，还是"中产阶层"等等，其称谓随着时代的不同，可能会、也可以有不同的说法，但它必须确实是一个社会中的最大多数。直到目前为止，人类社会的每一发展方式都有其有利群体，有其被牺牲群体。现在，西方资本主义的发展方式就是有利于一小部分群体的发展方式，他们可以利用对资本、专利乃至规则控制的优势来为部分群体的为所欲为提供保障。甚至连"民主"这样在西方意识形态中的神圣东西，也毫不回避是精英的游戏，在这样的情形下，绝大多数的群体被边缘化了。就算有些群体被纳入"全球化"的轨道，也不过是被作为廉价打工者而工具化了，在温水煮青蛙的状态中逐渐走向异化。

有人可能会说：发达资本主义国家老百姓都富裕了。此话不假。国内矛盾国际化是目前资本主义社会的发展态势，美国人日子过得确实不错。美国利用美元是国际货币的优势地位把金融危机都转嫁到其他国家去了，美国的次贷让全世界为其买单。如果资本主义的发展能让全世界60多亿人都过上美国人的生活，世界大概也就没有了信仰的对立，但这在资本主义制度的逻辑框架中是不可能的。

共产主义不是要让所有人都变成无产阶级，而是要通过创造社会发展的环境和条件让每一个人都能有全面发展的可能，是要通过消灭资产阶级的同时消灭无产阶级来实现无产阶级的整体解放。这也就是为什么恩格斯强调共产主义社会最根本的特征就是："每个人的自由发展是一切人自由发展的前提"。人类社会的发展要着眼于全世界60多亿人。

中国共产党人的这种信仰以及由信仰延伸出来的理想信念，既不是出自痛恨资本主义的道德义愤，也不是源于向往共产主义的善良愿望，而是基于对社会发展规律的科学认识。资本主义社会的社会生产不是基于满足需求而是源于对利润的追求，劳动者在社会生产过程中不是作为主体而是成为资本获取剩余价值的工具。这样的发展方式是不可能持续的，这样的发展方式是背离公平正义和没有前途的。只有尊重每一个人的发展权利，只有让每一个人都能得到发展，社会才能真正走向繁荣与发展。

诚然，对于现代世界来说，社会主义社会刚刚破题，共产主义社会尚没有成为现实。但是，共产主义社会没有到来并不意味着共产主义运动没有在进行。马克思恩格斯说:"共产主义对我们来说不是应当确立的状况,不是现实应当与之相适应的理想。我们称为共产主义的是那种消灭现存状况的现实的运动。这个运动的条件是由现有的前提产生的。"中国共产党人一直在进行着超越资本主义社会、建设社会主义社会的实践,中国特色社会主义道路的开辟就是我们在现时代的共产主义运动。

(作者为中共中央党校教授,文章原载《北京日报》2011年6月13日)

在"两学一做"中全力坚定理想信念

黄思慎

"两学一做"的旨在解决一些党员理想信念模糊动摇的问题,一些党员的党的意识淡化的问题,一些党员宗旨意识淡泊的问题,一些党员精神不振的问题,一些党员行为不端的问题。习近平总书记强调,"理想信念就是共产党人精神上的"钙",没有理想信念,理想信念不坚定,精神上就会"缺钙",就会得"软骨病"。"譬如有人块掷狮子,狮子逐人而块自熄",党员干部当抓住这个关键,从三个方面入手,进一步坚定自己的理想信念。

坚定信仰,永葆忠诚之心。要根治党员干部的"软骨病",首先要做的就是补精神之"钙",固思想之元,切实解决好世界观人生观价值观这个"总开关"问题。"两学一做"其重在学也是这个意思。习总书记在讲话中反复强调,党员干部要通过对马克思主义的认真学习牢固树立坚定的信念信仰。在改革的攻坚期与全面深化阶段,不光要深学马克思主义理论来坚定信仰,还当多看多学党史来坚定道路自信,还要注意结合现阶段的工作,加强对党章党规和习习近平总书记系列重要讲话精神的学习来坚定全面从严治党和实现中国梦信心。

谨小慎微,干净明白做人。"不矜细行,终累大德",坚定理想信念,不光要从"补钙"着手,还应在生活工作的细小处也时时保持警惕。严格自我要求,严明纪律意识,加强《准则》《条例》的学习,将党的规矩铭记于心,严守规矩、筑牢防线。保持艰苦朴素之风,自觉抵制歪风邪气。积极构造良好的家风,让廉洁思想在家人和自己之间良性互动,营造良好的家庭廉洁环境。

忠实职责,强化担当意识。习总书记多次强调"有理想、有担当,国家就有前途,民族就有希望"。坚定信念,不能止于思想,还当全于行动。正如认知和实践互相促进,而实践乃是基础一样,忠实责任,敢于担当,既会在自己身上养成奋发向上的力量，也会因为行动的"获得感"，进一步坚定自己的信念、信仰。"在大是大非面前敢于担当、敢于坚持原则"，会进一步坚定自己的政治定力。作为全面改革的"砖瓦"、"钉子"，当忠实职责，同全国人民一起推动中国梦的实现。

党员干部要自觉增强"四个意识"

李 佳

2016年1月29日，习近平总书记主持召开中央政治局会议，对加强党的领导提出明确要求，强调只有增强政治意识、大局意识、核心意识、看齐意识，自觉在思想上政治上行动上与党中央保持高度一致，才能使我们党更加团结统一、坚强有力，始终成为中国特色社会主义事业的坚强领导核心。这一深刻论述，不仅为各级党组织全面从严治党指明了方向，而且为党员干部修身做人、谋事创业提供了重要遵循。

党员干部要自觉增强政治意识，始终做到政治方向不偏、政治信仰不变、政治立场不移，确保红色江山永不变色

讲政治是党员干部自身建设的核心问题。党员干部的政治意识强不强，对党的事业具有极端重要性。所谓政治意识，主要是指政治思想、政治观点，以及对于政治现象的态度和评价。当前和今后一个时期，决胜全面小康、进而实现中华民族伟大复兴的中国梦，迫切需要党员干部保持清醒的政治头脑，保持敏锐的政治观察力和鉴别力，坚定正确的政治立场，始终坚守对马克思主义的信仰、对中国特色社会主义和共产主义的信念、对党和人民的绝对忠诚。

一是坚定正确的政治方向。这是中国共产党在长期革命和建设中确立起来的政治箴言。抗日战争时期，我们党之所以能够成为中流砥柱，最重要的就是坚持了坚定正确的政治方向，艰苦朴素的工作作风，灵活机动的战略战术，可见坚定的政治方向始终发挥着先导与引领作用。关于政治方向，习近平总书记明确指出："中国特色社会主义是中国共产党和中国人民团结的旗帜、奋进的旗帜、胜利的旗帜。我们要全面建成小康社会、加快推进社会主义现代化、实现中华民族伟大复兴，必须始终高举中国特色社会主义伟大旗帜，坚定不移坚持和发展中国特色社会主义。"这表明，建设中国特色社会主义，最终实现共产主义，是我们党始终不渝的政治方向。党员干部政治上的明白，对党的绝对忠诚，最根本的就是坚持这一方向，自觉把共产主义的远大理想和建设中国特色社会主义的具体任务结合起来，与岗位工作结合起来，忠贞不渝地为社会主义事业奋斗。

　　二是坚定共产党人的理想信念。思想是行动的先导，信念是成功的基石。习近平总书记强调，理想信念是共产党人精神上的"钙"，没有理想信念或者理想信念不坚定，精神上就会"缺钙"，就会得"软骨病"。根据马克思科学社会主义基本原理，共产主义是最高理想，社会主义是共产主义的初级阶段。我们现在做的是社会主义初级阶段的事情，切不可忘记初衷，不能忘了我们的最高奋斗目标。但现实生活中，一些党员干部对待这一问题含糊其辞、语焉不详，恰恰反映了他们理想信念模糊甚至动摇，反映了他们理论上的缺乏和不足。因此，坚定共产党人理想信念，必须要强化理论教育和学习，紧紧抓住思想理论建设这个根本、党性教育这个核心、道德建设这个基础，不断补精神之钙、固思想之元、培为政之基，不断提高党员干部的马克思主义理论深度、政治敏感程度、思维视野广度以及思想境界高度，从而牢固树立正确的世界观、权力观、事业观。

　　三是严格遵守政治纪律和政治规矩。现代政党都是有政治纪律要求的，没有政治上的规矩不能称其为政党。习近平总书记在谈到苏联解体时曾说过，苏联共产党作为一个有着九十多年历史、连续执政七十多年的大党老党轰然倒塌。其中很重要的一个原因就是政治纪律被动摇了，谁都可以言所欲言、为所欲为了。因此，广大党员干部必须要遵守政治纪律和政治规矩，坚守正确的政治立场。从政治规矩而言，党章是党的总章程和根本大法，集中体现了党的性质和宗旨、党的理论和路线方针政策、党的重要主张，规定了党的重要制度和体制机制，是全党必须共同遵守的根本行为规范和总规矩。党的政治纪律方面，核心就是要坚持党的领导，坚持党的基本理论、基本路线、基本纲领、基本经验、基本要求。党员干部不论在什么地方、在哪个岗位上，都要恪守党的政治纪律和政治规矩，永葆共产党人政治本色，确保红色江山永不变色。

党员干部要自觉增强大局意识，始终做到正确认识大局、自觉服从大局、坚决维护大局，确保中央决策部署落地生根

　　不谋全局者不足以谋一域，不谋万世者不足以谋一时。习近平总书记强调："必须牢固树立高度自觉的大局意识，自觉从大局看问题，把工作放到大局中去思考、定位、摆布，做到正确认识大局、自觉服从大局、坚决维护大局。"所谓大局意识，主要指自觉站在党和国家大局上想问题、看问题，坚决贯彻落实中央决策部署，确保中央政令畅通。

一是正确认识大局。全局不活,局部受损,最终只能导致满盘皆输,这是事物发展的铁律。1938年,毛泽东同志在《中国共产党在民族战争中的地位》一文中指出:"共产党员必须懂得以局部需要服从全局需要这一个道理。如果某项意见在局部的情形看来是可行的,而在全局的情形看来是不可行的,就应以局部服从全局。反之也是一样,在局部的情形看来是不可行的,而在全局的情形看来是可行的,也应以局部服从全局。这就是照顾全局的观点。因此,广大党员干部必须要树立正确的大局观,善于从战略高度分析和认清国家建设和发展的总趋势,明确党和政府当前一个时期的中心任务是什么,为完成这个中心任务所制定的方针政策是什么,目前全国、当地的总体形势如何等等,从而确保经济和社会事业实现又好又快发展。

二是自觉服从大局。大局意识体现的是高瞻远瞩的政治见识和开阔包容的胸襟情怀,能够把握现在、透视未来,跳出一时一事、一地一己的局限,正确处理局部与全局、个人与整体、当前与长远的利益关系。1988年,邓小平同志提出了"两个大局"的思想,即沿海地区要对外开放,使这个拥有两亿人口的广大地带较快地先发展起来,从而带动内地更好地发展,这是一个事关大局的问题。内地要顾全这个大局。反过来,发展到一定的时候,又要求沿海拿出更多力量来帮助内地发展,这也是个大局。就当前来看,服从大局就是要按照中国特色社会主义"五位一体"总体布局和"四个全面"战略布局,坚持以新发展理念引领发展,着力加强供给侧结构性改革,抓好去产能、去库存、去杠杆、降成本、补短板等重要任务。因此,广大党员干部面对复杂形势和繁重任务,必须自觉服从大局要求,既对各种矛盾做到心中有数,同时又要优先解决主要矛盾和矛盾的主要方面,以此带动其他矛盾的解决。

三是坚决维护大局。仅仅认识大局、服从大局是不够的,还必须坚决维护大局。就内蒙古而言,广大党员干部维护大局,要切实维护党的团结统一。习近平总书记强调:"全党同志要强化党的意识,牢记自己的第一身份是共产党员,第一职责是为党工作,做到忠诚于组织,任何时候都与党同心同德。"区广大党员、干部要深入贯彻落实习近平总书记的要求,坚决维护党的团结统一,坚决贯彻落实党的路线方针政策,坚决抵制损害党的团结统一的一切言行。要维护国家安全和社会稳定。内蒙古有4200公里国境线,是祖国的"北大门"、首都的"护城河",这些决定了我区在国家安全稳定大局中承担着重要使命。广大党员干部要牢固树立全局的国家安全观、社会稳定观,切实把思想和行动统一到中央对国家安全、社会稳定的形势判断和总体部署上来,做到守土有责、守土负责、守土尽责,为筑牢祖国北疆安全稳定屏障贡献力量。要维护民族团结。内蒙古作为党的民族区域自治制度诞生地,切实做好民族团结工作，在党和国家大局中至关重要。广大党员干部要牢记习近平总书记考察我区时"守望相助、团结奋斗"的要求，坚定不移走中国特色解决民族问题的正确道路，深入开展民族团结进步宣传教育，全面贯彻落实党的民族政策，坚持和完善民族区域自治制度，巩固发展平等团结互助和谐的社会主义民族关系，完善和落实好促进民族地区发展的各项政策，把祖国北部边疆这道风景线打造得更加亮丽。

党员干部要自觉增强核心意识，始终做到坚决拥护核心、坚决听从核心、坚决维护核心，确保党的领导更加坚强有力

就中国特色社会主义事业而言，中国共产党是核心；就中国共产党而言，党中央是核心；就党中央而言，习近平总书记是核心。所谓核心意识，就是要坚持中国共产党的领导，坚决听从党中央的决策部署，坚决维护习近平总书记的威信。广大党员干部要始终在思想上政治上行动上同以习近平同志为总书记的党中央保持高度一致，做到党中央提倡的坚决响应，党中央决定的坚决照办，党中央禁止的坚决杜绝。

一是坚决拥护中国共产党这个中国特色社会主义事业的领导核心。1957年，毛泽东同志在接见中国新民主主义青年团第三次全国代表大会代表时指出："共产党是全中国人民的核心。没有这样一个核心，社会主义事业就不能胜利。"《中国共产党党章程》明确规定，中国共产党是中国特色社会主义事业的领导核心。习近平总书记也多次指出，党政军民学，东西南北中，党是领导一切的，中国共产党的领导是我们战胜各种风险挑战、实现"两个一百年"奋斗目标、实现中华民族伟大复兴中国梦的根本保证。因此，广大党员干部必须要有清醒的认识，始终明确中国共产党领导是中国特色社会主义制度的最大优势，不断加强和改善党的领导，更好发挥党总揽全局、协调各方的领导核心作用，确保党始终成为中国特色社会主义事业的坚强领导核心。

二是坚决听从党中央的决定和部署。"事在四方，要在中央。"党的集中统一是党的力量所在，是实现经济社会发展、民族团结进步、国家长治久安的根本保证。党面临的形势越复杂，肩负的任务越艰巨，就越要维护党的集中统一。维护党中央权威，绝不是一般问题和个人的事，而是方向性、原则性问题，是党性，是大局，关系党、民族、国家前途命运。坚持党的集中统一，同党中央保持高度一致是具体的，要落实在行动上。对工作，个人会有个人的看法，在讨论阶段可以仁者见仁、智者见智，充分讨论、民主集中。一旦党中央作出决定和部署，就不能三心二意，不能说没有照自己的想法做就可以敷衍了事，不尽心尽力贯彻落实。因此，无论哪个地区、哪个部门、哪个单位的党组织，无论担任何种领导职务的领导干部，都要自觉坚持党的基本理论、基本路线、基本纲领、基本经验，严格落实《中国共产党章程》中关于"四个服从"的基本要求。

三是坚决维护习近平总书记这个核心。 党的十八大以来，我国经济社会持续发展，国际地位显著提升，开创了中国特色社会主义事业新局面。特别是通过贯彻落实八项规定、开展党的群众路线教育实践活动、"三严三实"专题教育等，获得了人民群众的普遍赞誉。这一切都是因为有以习近平同志为总书记的党中央的坚强领导，是因为有一个好的中央政治局，好的中央政治局常委会、好的总书记作为党的领导核心。邓小平同志曾反复强调，任何一个领导集体都要有一个核心，没有核心的领导是靠不住的。因此，广大党员干部要坚决维护党中央权威，坚决维护习近平总书记这个核心，使党的领导更加坚强有力，确保党和人民事业无往而不胜。

党员干部要自觉增强看齐意识，始终做到经常看齐、主动看齐、全面看齐，确保党和国家的事业沿着正确方向阔步前进

"群力谁能御，齐心石可穿。"所谓看齐意识，就是要经常主动全面地向党中央看齐、向习近平总书记看齐，向党的理论和路线方针政策看齐，向党的十八大和十八届三中、四中、五中全会精神看齐，向党中央改革发展稳定、内政外交国防、治党治国治军各项决策部署看齐，确保党和国家的事业沿着正确方向前进。

一是自觉向党中央和习近平总书记看齐。 1945年，毛泽东同志在党的七大预备会议上形象地说："要知道，一个队伍经常是不大整齐的，所以就要常常喊看齐，向左看齐，向右看齐，向中间看齐，我们要向中央基准看齐，向大会基准看齐。"实践证明，我们党之所以从小到大、从弱到强、不断从胜利走向胜利，一条十分重要的经验就是全党上下有着很强的看齐意识。增强看齐意识，对广大党员干部来说，不是个人的小事，而是事关政治方向的大事；不是一般的品行要求，而是党性要求。就当前来看，最根本的就是要深入学习领会习近平总书记系列重要讲话精神，在政治定力上经常主动地向总书记看齐，坚定党的信仰信念；在为民情怀上经常主动地向总书记看齐，把人民对美好生活的向往作为坚持不懈的奋斗目标；在敬业精神上经常主动地向总书记看齐，始终做到夙夜在公、勤勉奉献，为党和人民的事业殚精竭虑、不懈奋斗，从而在思想上政治上行动上同以习近平同志为总书记的党中央保持高度一致。

二是具备敢于担当的鲜明品格。 敢于担当是历代中国共产党人的政治本色。习近平总书记强调，党的干部都是人民公仆，自当在其位谋其政。做人一世，为官一任，要有担当精神。是否具有担当精神，是否能够忠诚履责、尽心尽责、勇于担责，是检验每一个党员干部身上是否真正体现了共产党人先进性和纯洁性的重要方面。

因此，增强党员干部看齐意识，必须要加强学习修养，注重实践锻炼，砥砺意志品格，练就敢于担当、善于担当的本领。要涵养一心为公的正气。作为党的干部，就是要讲大公无私、公私分明、先公后私、公而忘私，只有一心为公，事事出于公心，才能坦荡做人、谨慎用权，才能光明正大、堂堂正正；要增强攻坚克难的勇气。大事难事见担当，困境逆境显襟怀。作为党员干部必须要事不避难、奋勇向前，以逢山开路、遇河架桥的精神，在难题面前敢闯敢试，在矛盾面前敢抓敢管，推动各项工作取得新成绩、实现新发展。

三是保持真抓实干的优良作风。 增强看齐意识，最终还要落实到具体工作中，体现在党员干部求真务实的能力和水平上。习近平总书记在谈到抓落实时提出，抓落实必须发扬求真务实、真抓实干的优良作风，防止和克服形式主义。由此可见，党员干部增强看齐意识，落脚点在抓工作落实。这就要求必须树立正确的政绩观，要有"功成不必在我任期"的理念和境界，注意防止和纠正各种急功近利的行为，不贪一时之功、不图一时之名，多干打基础、利长远的事；必须要树立正确的权力观，时刻牢记自己手中的权力是党和人民赋予的，只能为民所用，决不能假公济私、更不能以权谋私。

（作者李佳，时任内蒙古自治区政协党组书记、主席，现任山西省政协、党组书记、主席）

火红炽热的信念　跨越世纪的坚守
——记中国共产党人的不变信仰

新华社记者　李斌　罗沙　邹伟　胡浩

是什么，让共产党人始终挺立时代潮头？

是什么，让共产党人始终坚定不移，引领中国航船逐浪前行？

中国共产党成立96周年之际，新华社记者走近一个个普通共产党员，探寻96年光辉历程背后的奥秘——

是信仰，引领中国共产党人从南湖一叶小舟出发，走过96年非凡航程，从黑暗走向光明，从胜利走向胜利……

信仰是灯，指引方向

"共产主义者的目的是要……创造一个新的社会。"

信仰之论
与时俱进论理想

初夏的一天，记者在中央档案馆编辑的中国共产党第一次代表大会档案资料上，看到了1920年11月的《中国共产党宣言》。

此时，中国共产党正在孕育之中。这份没有向外发表的宣言，却在今天向后人昭示了中国共产党人最初的梦想和信念——

为了这个"新的社会"，为了实现国富民强的梦想，从革命战争年代到改革开放时期，96年来，无数共产党人一往无前，前赴后继——

最近，伴随《潜伏》等电视剧的热播，革命年代秘密战线的共产党人引起人们更多的关注。

而在数十年前，出身商人家庭、医科大学毕业的钱壮飞，凭着对革命事业的赤胆忠心，打入国民党特务机关，在叛徒顾顺章叛变使中共中央面临巨大危险时及时送出了情报，为保卫党中央安全做出了卓越贡献。

"对信仰的忠诚，是爷爷留下的最大财富。"提起后来在长征途中牺牲的爷爷，钱壮飞嫡孙钱泓充满自豪，"是信仰，使他敢于不畏艰险，深入龙潭虎穴。"

96年风雨兼程，96年苦难辉煌。不论环境怎样险恶，不论时代如何变化，共产党人的信仰始终如一，那就是全心全意为人民服务，建设一个现代化的中国。

这种信仰犹如一盏明灯，指引了无数人前行的方向——战争年代，也许会表现为一种生死选择；和平年代，则更多表现为对事业的由衷热爱。

王府井是北京最繁华的商业街。北京百货大楼前，矗立着一位普通售货员的雕像。

"我们要胸中有一团火，温暖顾客的心，树立完全、彻底为人民服务的思想。"这就是优秀共产党员、售货员张秉贵对自己心中信念的解释。

"常常有顾客说，你这服务有点像张秉贵的味道啊。"时隔数十年，作为张秉贵之子，子承父业的张朝和继承的不仅是父亲的岗位，更有父亲的信仰。

"很多人的观念变了，认为只要有钱就可以。但我要做一辈子售货员，要百尺竿头更进一步，为百姓服务好，让'一团火'精神代代相传。"

信仰是火，点燃希望

信仰的光芒，在黑暗中点亮希望，在犹豫彷徨时，激励共产党人挺身而出。

一身橄榄绿军装和一枚飞行胸章，静静地躺在国家博物馆"复兴之路"陈列展的橱窗中。

如今，我们只能在追忆中，走进军装和胸章的主人邱光华的世界——

2008年5月31日13时，51岁的邱光华驾驶着直升机，和战友们又一次飞翔在家乡的上空。"5·12"汶川地震发生后，他已飞行63架次，向灾区运送救灾物资90吨，抢运伤员200多人。

这次参加抗震救灾，是邱光华主动找到领导请战的。地震中，他在茂县的房屋被毁，年迈的父母住进了窝棚。执行任务期间，他曾6次从家乡上空飞过；一次抢运伤员时，降落点距家不足800米，然而，在等待升空的间隙，他却没有离机回家。

14时许，邱光华驾机飞至汶川银杏乡狭窄山谷时，天气突变；同飞的其他机组，顿时与邱光华失去联系⋯⋯

是什么，让邱光华选择了"不考虑自己的事，有需要我们的时候就上"？

或许，从同样在国家博物馆"复兴之路"橱窗里陈列的2008年冒死空降汶川地震重灾区茂县的15名空降兵的请战书中，人们可以找到些许答案——

"军党委：⋯⋯在这紧急关头，在灾区人民最需要我们人民子弟兵的时候，我作为一名空降老兵应责无旁贷地深入灾区一线，实施救援行动⋯⋯坚决完成党和人民赋予的救灾任务，誓死保护群众生命安全。"

距汶川地震发生两年多后——2010年8月12日深夜，在同样遭受"5·12"地震重创的极重灾区四川绵竹市清平乡，大雨倾盆而下，山间不时传来轰隆巨响，600万立方米的泥石流，如死神一般扑向正在熟睡的五千多名乡亲。

冒着生命危险，驾驶警车逐村逐户叫醒群众撤离——在汹涌的泥石流面前，清平派出所民警、共产党员陈涛如一叶小舟，与惊涛骇浪赛跑，第一时间预警，第一时间报告灾情，第一时间转移群众，第一时间展开救援⋯⋯在特大泥石流到来之前，五千多名群众安全转移，170余名被困群众被成功救出。

陈涛自己转移到安全地带不到5分钟，刚刚驾驶的警车就被泥石流瞬间吞没⋯⋯

是什么，让这位普通的共产党员甘冒奇险，无惧生死？

或许，我们可以从他朴素的话语中找到些许答案——"救出了群众，我们再怎么样也值得。"陈涛说。

岁月穿梭，96年时光荏苒。从大革命、抗日战争再到解放战争，从一穷二白起家、火红的建设年代再到改革开放，从长江特大洪水、非典肆虐再到汶川特大地震⋯⋯每当国家和人民处于命运攸关的时刻，总有共产党人挺身而出，冲锋在前，给人们带来希望。

这条信仰之河，流淌至今，绵延不绝。

信仰如山，坚定不移

每月240大洋、客厅里还装有一部手摇式电话⋯⋯初夏的一天，记者走进北京西城区胡同深处的一个四合院。

当一个个细节展现在人群面前，大家不禁发出感叹：是什么，让这位当年薪资和社会地位都很"高"的北大教授，成为中国最早的马克思主义者？甚至直至被刽子手"三绞"——三上绞刑架、历时40分钟，都没有说出党的秘密？

今天，国家博物馆"复兴之路"展览上，当年的那具铁制绞刑架赫然在目——

"人道的警钟响了！自由的曙光现了！试看将来的环球，必是赤旗的世界！"……李大钊的呼喊和预言，仿佛仍在耳畔回响。

"是信仰，是对马克思主义的坚定信仰，使李大钊在生与死之间做出了选择。"面对记者的提问，一位在北京李大钊故居工作多年的讲解员这样"讲解"。

年届百岁的中共七大代表、老将军方强，在1927年大革命失败后毅然加入中国共产党。

此后，在那个战火纷飞的年代，方强多次身负重伤，曾在与敌人肉搏中被打断右手，也曾心口中弹，子弹在距离心脏一寸处穿过。然而，在无数次的战斗中，方强依然冒着枪林弹雨、身先士卒冲向敌阵。

是什么，让革命前辈在死亡面前如山一般不可动摇？

或许，我们可以在老人流动的眼波中找到些许答案——

"我跟着入党介绍人举起右手，握紧拳头，他念一句，我念一句……宣誓完毕，我全身热血沸腾，热泪夺眶而出，从这一天起，不管今后的斗争有多么激烈，有多么频繁，有多么残酷，我都要带领群众去拼死战斗！"84年后的今天，方强依然清楚地记得自己入党的那一幕。

信仰如山，绵延至今——

他是北京"最帅的警察"——80后交警孟昆玉。24岁入党的他工作十年，日日"站马路"，天天"想发明"：制作公交信息灯牌、印制出租车停靠示意卡，便民利民。虽然是名交警，他却随身携带速效救心丸，关心街坊百姓的身体健康。

了解他的群众说，这孩子心里装着老百姓，是个好警察。被他罚过的司机说，孟警官工作方法细致热情，罚了你不恼还感谢他。队里领导说，小孟没把工作当工作而是当事业，没把出勤当辛苦，而是当快乐！

"我的想法很简单，就是做任何事，都要让百姓满意、让自己满意。当大家对我满意时，我也会很满足。"他说。

他是新时期千千万万普通共产党人中的一个。

信仰如山。今天，他仍站在北京和平门的岗位上……

（原载《新华每日电讯》）

不朽的丰碑　永远的怀念
——中共诞生96周年英烈祭

新华社记者　赵承　李斌　李柯勇　周英峰

清明，是一个涤荡心灵的日子。

上海，龙华烈士陵园。青松挺拔，绿草茵茵。"丹心碧血为人民"纪念碑前，一群年轻人围着一位耄耋老人，听他讲烈士的故事，言者动情，听者动心："信仰支撑着共产党人前赴后继，视死如归。今天，我们更需要这种信仰……"

清明，是一个追思怀远的日子。

龙华烈士陵园

南京，雨花台烈士陵园。71岁的常州市青龙乡村民沈兆兴一早就来到烈士纪念碑下，鞠躬、致敬，驻足良久，目光里充满崇敬……

清明，是一个历史与未来对话的日子。

北京，天安门广场人民英雄纪念碑前。春风轻卷红旗。来自各地的人们拥聚在这里，仰视那组史诗般的浮雕——那浮雕回响着风吼浪哮马嘶鸣，激荡着不屈的豪迈情，挥洒着生命与热血，镌刻成永恒——人民英雄永垂不朽！

人们看到，1840年那场屈辱战争后，中华民族在苦难阴霾中的挣扎；

人们看到，1921年那个夏天，嘉兴南湖那叶游船上升起希望的灯光——

96年来，为了让那灯光永远照亮中国，无数中华民族的优秀分子以青春激情、鲜血生命，一往无前，前赴后继，执著于民族独立、人民解放、祖国富强的伟大梦想。

我们追问历史：96年来——

是什么，让这些共产党人视死如归、义无反顾，在中华大地书写出气壮山河的诗篇？

是什么，让这些共产党人超越时代，超越生命，在人民心中耸立起永不磨灭的丰碑？

我们探问未来：96年后的今天——

我们用什么告慰先烈不朽的英魂？

我们靠什么续写世纪复兴的辉煌？

……

一种铭记，先烈们以鲜血和生命谱写的壮歌，穿越时空，成为永恒，始终印刻在亿万人民心中

90年前的那天，也是一个清明节。

清晨，天气格外晴朗。北京东交民巷原俄国兵营却杀机四伏。1926年三一八惨案后，李大钊被视为北方"头号赤敌"遭严令通缉。本有很多机会离开，但这位中国最早的马克思主义传播者、中国共产党的创始人之一却选择了坚守。

200多名宪兵、警察将小院围了个水泄不通。喊叫声、脚步声，由远及近传到屋内，女儿惊恐地扑到父亲怀中，李大钊镇定自若，轻拍着女儿："没什么，不要怕。"呼啦啦，一大群带枪的特务、警察、宪兵闯了进来。

1927年4月28日，李大钊从容就义。

6年后，清明时节，李大钊的灵柩由北大师生送往北京西郊万安公墓下葬。虽有宪兵向送殡队伍开枪，但各界自发参祭者仍越聚越多。西长安街上，花圈挽联连绵达一公里。行至墓地，早有一人载墓碑一块敬上，只见碑顶刻有一颗红色的五角星，内刻镰刀斧头，碑文是"中华革命领袖李大钊同志之墓"。从此，那五星、镰刀、斧头、铭文连同烈士的名字，深深镌刻在中国人的心里……

2017年，又逢清明。

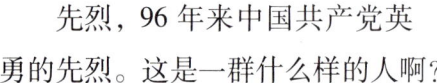

北京西城区文华胡同 24 号院——李大钊故居。暖暖的阳光洒在了绿色葱茏的海棠树上。院内，先生那尊半身黄铜雕像，戴镜蓄须，目光深邃。人们安静地走近，鞠躬，献花。

"爸爸，我们为什么要给李大钊爷爷献花呢？"一个清脆的童声发问。"因为他是为了百姓幸福而牺牲的先烈，值得我们纪念！"爸爸回答道。望着孩子若有所思的眼神，当父亲的知道，先烈一词，已开始刻印在孩子刚刚开启的人生字典中。

人民英雄纪念碑

先烈，96 年来中国共产党英勇的先烈。这是一群什么样的人啊？

他们是慈母，是严父，是体贴的伴侣，是孝顺的儿女，他们同样是柔情万般的普通人。

不，他们又不是普通人，他们是旧社会的叛逆者，他们是新时代的急先锋。

穿越96 年的历史，人们仿佛听到赵一曼烈士临刑前对幼子轻声的呼唤："母亲因为坚决地做了反满抗日的斗争，今天已经到了牺牲的前夕了……宁儿啊！赶快成人，来安慰你地下的母亲！"

人们仿佛听到李白烈士那永不消失的电波声，看到毛岸英烈士在朝鲜战场上从容的身影，领略到任长霞深入虎穴、智斗歹徒的机警，感受到焦裕禄紧贴在群众脉搏上的心跳，目睹到孔繁森跋涉在雪域高原的脚步……

他们是宝剑，锋利无比，威震敌胆；他们是火炬，燃烧自己，照亮别人；他们是灯塔，指引着航船永不迷失；他们是红旗，在胜利的高地上猎猎飘扬……

他们怀抱崇高信仰，秉持民族气节，无私无畏，超越自我、穿越时空，缔造不朽，成为永恒！他们是中国共产党的精英、中华民族的杰出代表，永远镌刻在亿万人民心中，永远是历史天空中最闪亮的星。

自革命战争年代以来，为中国革命和建设事业献出宝贵生命的烈士约有 2000 万。他们大多数是共产党员，大多数离世时风华正茂，大多数无名无姓。有名有姓列入烈士英名录的只有180万左右。

"有的人死了,但他还活着"。无论有名或是无名,他们的生命之花成为全中国人心中盛开的永恒。

1949年9月30日,中国人民政治协商会议第一次会议决定在首都北京建立人民英雄纪念碑。当晚,全体代表来到天安门广场举行人民英雄纪念碑奠基礼。毛泽东宣读了他亲自起草的碑文:

"三年以来,在人民解放战争和人民革命中牺牲的人民英雄们永垂不朽!三十年以来,在人民解放战争和人民革命中牺牲的人民英雄们永垂不朽!由此上溯到一千八百四十年,从那时起,为了反对内外敌人,争取民族独立和人民自由幸福,在历次斗争中牺牲的人民英雄们永垂不朽!"

邓小平题词手迹

第二天,10月1日新中国成立日。负责主持西南局工作的邓小平作为中央人民政府的成员,参加了开国大典。站在城楼上,望着眼前那一片漫卷的战旗,那一张张征尘未脱的年轻的脸,邓小平感慨万千。当日,他挥笔题词:"永远铭记着:在过去长期艰难的岁月里,人民英雄们用了自己的鲜血,才换得了今天的胜利。"

2001年,江泽民在庆祝中国共产党成立八十周年大会上指出,我们深切怀念为中国的革命、建设和改革,为中国共产党的建立、巩固和发展作出重大贡献的毛泽东、周恩来、刘少奇、朱德、邓小平、陈云等已故的老一辈无产阶级革命家,深切怀念为创立、捍卫和建设新中国而英勇牺牲的革命先烈,深切怀念近代以来为中华民族的独立和解放而奋斗的一切先驱。他们为祖国建立的丰功伟绩永垂史册!

近几年,国庆节来临时,胡锦涛等党和国家领导人同首都各界代表一起来到天安门广场,向人民英雄纪念碑敬献花篮,深切缅怀为实现民族独立和人民解放、国家富强和人民幸福建立不朽功勋的革命先烈,充分表达全党全国各族人民继承先烈遗志、建设富强民主文明和谐的社会主义现代化国家的坚定信念。

在以胡锦涛同志为总书记的党中央的关心下,《烈士褒扬条例》正在修订,国家将对烈士施行褒扬金制度。一项零散烈士纪念设施集中抢救保护工程,也在拟议当中。全国100多万座散葬烈士墓和7000余处零散烈士纪念设施,将得到有效保护。

如今，全国各类烈士纪念设施约有1.5万处，每年上亿人次瞻仰。人们还在网上设立了难以计数的"先烈纪念馆"，从抗战烽火到抗美援朝，从抗冰抢险到抗震救灾，网友们以在网上"种植"菊花、梅花等方式，表达对先烈的缅怀之情。

山河可以改变，沧海可变桑田，但英烈不死，精神永生！

一种信仰，点亮东方的天空，始终激励着先烈们前赴后继、视死如归

1935年6月18日清晨，囚禁中的瞿秋白早早起床，换上新洗净的黑色中式对襟衫，白布抵膝裤。泡上一杯浓茶，点上一支香烟，临窗沉思，片刻，提笔写下绝笔诗。这时屋外脚步急促，他知道最后时刻到来了，遂疾笔草书诗半句："眼底烟云过尽时，正我逍遥处。"注明"秋白绝笔"。

福建长汀罗汉岭下一块草坪上，面对行刑者，他盘膝而坐，微笑点头："此地甚好，开枪吧！"

上世纪80年代初，瞿秋白的女儿瞿独伊为了理清父亲的事迹，找到了当年下令对瞿秋白执行枪决的原国民党三十六师师长宋希濂。宋希濂在讲述了瞿秋白生前最后的情形后说："我一直对瞿秋白先生坚定的信仰和渊博的学识非常敬重，只因职责所在，才下令杀了他。"瞿独伊听后，热泪长流。

人生大事，莫重于生死。是什么力量能够让革命先烈如此从容面对死亡？

如此令人扼腕慨叹的场景，并非仅仅存在于遥远的战争年代。

2003年初，非典疫情笼罩中国，坚守一线的广东省中医院护士长、共产党员叶欣身染病毒。当她病重至说不出话时，考虑的不是自己，而是用笔吃力地写下："不要靠近我，会传染……"

瞿秋白就义处

2008年5月12日，汶川特大地震突降。正在给孩子们上课的中学教师谭千秋，弓着背，张开双臂趴在课桌上，用身体将4名没有冲出教室的同学护在身下。学生活下来了，谭千秋献出了自己的生命。

长江特大洪水、南方冰雪灾害、玉树地震、舟曲特大泥石流……每当国家和人民处于危难关头，总有共产党人挺身而出，视死如归，冲锋在前。

信仰之论
与时俱进论理想

中国共产党成立96年，这样一种精神绵延不绝，代代相传。他们身上那种超越凡俗的生死观根源何在？

"是信仰！"重庆市红岩革命历史博物馆馆长厉华庄重地回答。这个答案，他探寻了多年。

1985年，正是而立之年的厉华，来到重庆红岩博物馆。每次去渣滓洞，看到那些狰狞的刑具，那令人窒息的环境，他还难以理解先烈们面对地狱般酷刑、面对生死考验作出的人生抉择。从此，他埋首在一件件档案中、一封封书信里，执著地试图走进先烈们的内心世界。一张张熟悉而陌生的面孔，一桩桩荡气回肠的事迹，在他的面前浮现：

那是1948年的一天，审讯室的门开了，一个浓眉大眼的青年人被带了进来，透过灰暗的灯光，审讯桌后的特务头子徐远举打量着眼前这个人称"七少爷"的青年。"七少爷"刘国鋕出身四川庐县一个地主家庭，大学毕业后，因参加共产党的地下工作被捕。这样一个富家公子能从骨子里相信共产革命那一套吗？不过是年轻人图新鲜赶时髦而已。徐远举想，只要稍加规劝，一定能使"浪子"回头。

讯问开始了，出乎徐远举意料的是，任凭如何威逼利诱，刘国鋕回答得很简单："我什么都不会说。"

江泽民为红岩精神题词

面对酷刑，刘国鋕仍守口如瓶。今天，在歌乐山烈士陵园档案中，还能看到当年徐远举对他充满迷惑的询问："你们家有钱有势，革谁的命？造谁的反？"

刘家动用了种种关系来搭救他。国民党的战区司令、参议长、市长纷纷说情，狱方也一退再退，提出只要刘国鋕在认错书上签字，即可获得自由。然而，刘国鋕拒绝了。

1949年7月，人民解放军在全国战场上取得了决定性胜利，反动派却要做垂死的挣扎，一场大屠杀即将开始。

带着黄金、名表、空白支票，刘国鋕的哥哥再次来监狱打点。哥哥流着泪跪在地上求他："只要保住性命，出去后你愿意到美国留学我出钱，不愿意留学可以跟我到香港做生意。"刘国鋕也流泪了，但坚定地摇着头："我死了，只要党在，就等于没死。"

11月27日，就在新中国刚刚成立近两个月之时，刘国鋕被敌人枪杀于歌乐山松林坡。被押赴刑场的路上，他高声吟诵着自己写的诗："同志们，听吧，像春雷爆炸的，是人民解放军的炮声，人民解放了，人民胜利了。我们——没有玷污党的荣誉！我们死而无愧！"

先烈的精神，深深感染着厉华。在渣滓洞白公馆牺牲的共产党烈士，70%以上出身富裕家庭，有的还是从海外留学归来，却坚定地选择信仰马克思主义，选择献身共产主义事业，在黎明前最黑暗的时刻以生命坚守，至死不渝。

厉华找到了答案。近年来，他以红岩精神为主题做报告达1000场。他说："不把烈士的事迹和精神宣扬出去，那是一种罪过。"他宣讲的主题只有一个，那就是信仰的力量。

正是有了信仰，他们可以忍受人世间最为残酷的刑罚，可以微笑着面对死亡。我们耳边仿佛响起了夏明翰的生命绝唱："砍头不要紧，只要主义真。杀了夏明翰，还有后来人。"

正是有了信仰，他们视金钱如粪土，看富贵似烟云，痴情奉献革命事业。出生于大地主家庭的彭湃，走上了革命道路，被誉为"中国农民运动大王"。怕他"败家"，家中兄弟分产自立。彭湃将自己分得的田契当众付之一炬，宣布："日后自耕自食，不必再交租谷。"

正是有了信仰，他们在柔肠寸断中，选择了抛妻别子，书写出惊天动地的人间大爱。1928年10月，25岁的共产党员陈觉给妻子赵云霄的遗书中这样说："谁无父母，谁无儿女……我们正是为了救助全中国人民的父母和妻儿，所以牺牲了自己的一切。"5个月后，23岁的赵云霄在给初生的女儿喂完最后一次奶，留下遗书，从容赴死。

正是有了信仰，他们将手中的每一点权力、身上的每一份精力都用到了人民身上。杨善洲，云南省原保山地委书记，一辈子坚守清贫，坚守激情："当官一场手空空，退休又钻山沟沟。二十多年绿荒山，拼了老命建林场……"

信仰，绵延96年并将继续传递下去。不同时代的先烈有不同的特点，但对信仰的追求却一脉相承。他们被科学的理论所武装、被强国富民的真理所吸引，为了人民的事业、民族的理想，抛头颅洒热血，鞠躬尽瘁，死而后已。在他们心目中，信仰，如生命的火炬，长明不熄；似奋斗的旗帜，指引方向。

信仰之论
与时俱进论理想

瞻仰者排队进入毛主席纪念堂

正是因为信仰，让1921年成立时只有50多名党员的中国共产党，28年后夺取了全国政权；正是因为信仰，在中国共产党的带领下，从"东亚病夫"到东方巨龙，从百年沉沦到百年复兴，中华民族以最富史诗意义的壮举，从苦难走向辉煌。

一种深情，先烈们以生命捍卫人民，人民以赤诚之心相回报，鱼水之情始终是共产党人永葆青春的源泉

4月5日9时，北京，毛主席纪念堂前，长长的队伍肃穆有序。

这样的场景，平时并不少见，只是，在清明的日子里，队伍又长了许多。

"我是带着孩子来的，让他知道现在的生活是怎么来的。想到毛主席一家六口为百姓幸福献出生命，谁能不肃然起敬？！"一位年轻的妈妈这样表达内心的感动。

为了人民，共和国领袖的家庭率先垂范：妻子杨开慧、大弟毛泽民、二弟毛泽覃、堂妹毛泽建、长子毛岸英、侄儿毛楚雄，6口人献身，这有多少次的肝肠寸断，有多少次的倾盆泪雨啊！

为了人民，为了革命，满门忠烈，在中国共产党的队伍里岂在少数。

1928年，湖南衡阳礼梓山豪绅夏家的"天"塌了。2月28日，七子夏明霹，衡阳游击斗争领导人，英勇就义，时年不足20岁；3月20日，三子夏明翰被敌人杀害，时年28岁；次日，老五夏明震，中共郴县中心县委书记，在郴州反革命暴乱中英勇牺牲，年仅21岁；同年6月，老四夏明衡，湘南妇女运动领袖，光荣牺牲，年仅26岁。两年后，红军攻打长沙，夏明翰的大姐夏明玮支持儿子邹依庄参加红军，那天，他带人活捉了伪湖南省反省院院长，在押回红军总部的途中不幸中弹牺牲，年仅19岁……

有谁知道，这以天下为公而奋不顾身的忠烈人家在那村间巷陌还有多少？在那无名的坟茔里还有多少？以这些人为代表的党，谁能不爱？这样的党引领的道路，谁不追随？

于是，我们看到了隆隆炮火中老大爷推车支前的无畏，看到了白色恐怖中孩子们村头放哨的机警，看到枪林弹雨中柔弱姑娘为渡江大军摇橹的镇定……

史料记载，淮海战役中，60万人的共产党军队打败了80万人的国民党军队，参与战役指挥的陈毅说："淮海战役的胜利，是人民群众用小车推出来的。"我方参战兵力与支前民工的比例最高时达1:9。人民的口号是："倾家荡产，支援前线。"

1948年秋，战士张忠孝在参加济南战役时壮烈牺牲。他和其他4位解放军战士的遗体被抬到了历城区港沟镇神武村，正在支前的村民刘修芝含泪掩埋了他们。

虽然日子艰苦，但刘家还是花钱请人做了5个墓碑，并刻上了烈士的事迹。5位烈士中，只查到了张忠孝的姓名和籍贯，另外4位烈士都没有留下姓名。每逢清明，刘修芝就带着家人祭扫烈士。在烈士坟前，刘修芝给儿子们立下规矩："只要刘家还有后人，就要世世代代为烈士守墓！"

1976年，守墓28年的刘修芝老人去世。长子刘振顺接过了守墓"接力棒"。每年清明，他都要把在外工作的两个儿子叫回家一起祭扫。

后来，刘振顺患上了脑血栓，大儿子刘延宝又接过了"接力棒"，成为守墓第三代。如今，刘延宝的儿子刘增龙又接下了重任。刘增龙已有了一个五岁的儿子。他说："这是我们家的第五代守墓人，只要刘家有后人，就会一直守护下去！"

革命者满门忠烈，用鲜血捍卫人民；人民代代坚守，将真情献上。

这是怎样的一种关系？就像种子与大地，有了大地的滋润，种子才能发芽生根壮大。有了种子的萌发，大地才充满生机。

1943年，16岁的杨善洲参加了滇西抗战。一次他被派去参加担架队。和他一起抬担架的是一个叫刘贵的农民。刘贵用绳索将杨善洲套在担架上，以便滑倒时能拽住他。上坡时，刘贵叫他在前，自己在后；下坡时，刘贵让他在后，自己在前。杨善洲走得轻松稳当，可刘贵走得挥汗如雨，草鞋磨烂，在山路上留下点点血迹。

人民的深情，让杨善洲记了一辈子。回报人民，奉献人民，成为他作为一个共产党人的信念。几十年里，他不知为多少群众"散过钱财"，帮多少百姓解过忧困，自己的妻儿户口留在农村，二三十年无力盖一栋新房，三个女儿靠不上他一点关系。他尽一生的忠诚与执著，一心为民，留下身后百姓悠长的怀念与敬重。

国之命在人心，得民心者得天下。中国共产党在96年历程中，以执著的信仰，用鲜血和真情赢得了民心。

一种梦想，始终激励中国共产党人义无反顾，勇担重任，奋勇向前

"冲决历史之桎梏，涤荡历史之积秽，新造民族之生命，挽回民族之青春"，1916年李大钊在《新青年》上宣示一个民族的梦想。

时隔近一个世纪，我们仍能从文中豪迈的气魄，铿锵的言辞间感受到沸腾的热血和激情。

从沉疴中，实现民族的崛起与复兴，那是一个美丽而强烈的梦想。迈步走向梦想的路又何等蜿蜒曲折，何等荆棘丛生，何等地浸满鲜血，但共产党的先烈们无所畏惧。

那是一个怎样的起点？

从1840年起，苦难和屈辱笼罩着中华民族。洋务运动失败，维新运动昙花一现，辛亥革命的果实被窃取……中国如何走出这漫漫长夜？中华民族何时才能再造新生命？在一次次挫折、一次次奋起中，历经磨难的中国人民苦苦追寻。

"登高一呼群山应，从此神州不陆沉。"

中国共产党人开始用青春乃至生命进行了不懈探索，为着民族的独立、人民的解放而奋斗。

斗争，流血，有人倒下，后继者继续前行。

坚持，一个十年、一个十年、又一个十年……

1935年，在那间狭小的牢房里，阴暗的灯光下，带着沉重的脚镣，方志敏奋笔将自己满腔的热望倾注于《可爱的中国》……

"假如我还能生存，那我生存一天就要为中国呼喊一天；假如我不能生存——死了，我流血的地方，或者我瘗骨的地方，或许会长出一朵可爱的花来，这朵花你们就看做是我的精诚的寄托吧！"优美而深情的文字，是一个共产党人追寻梦想的生动写照。

……

无数先烈的牺牲换来了新中国的诞生。共产党人又肩负起领导人民建设国家、实现民族复兴的新使命。

邓稼先，"两弹元勋"，在抗日救亡的呼喊声中长大，在"千秋耻，终当雪"的西南联大校歌中走上科学之路。他从青少年时代就抱定了科技强国的梦想，在新中国诞生不久就谢绝了美国恩师的挽留，毅然回到祖国。数十年为中国核事业默默奋斗，常常在关键时刻出现在最危险的岗位，但死后人们才慢慢知道他的名字。

1986年,由于在高辐射下工作,积劳成疾,邓稼先身患癌症。弥留之际,他还用最后一丝力气,提出关于中国核事业发展的建议书,向祖国献上了最后的赤诚。

35岁的大庆油田团委书记王洪波,戴着一副眼镜,文质彬彬,如果不经介绍很难让人想到他是"铁人"王进喜的后代。

"爷爷的事迹,是那一代石油工人的缩影,他们身上的那种使命感、责任感震撼人心。"1970年铁人去世时,王洪波还没有出生,但说起祖父的故事,他依然心情激动:"宁肯少活20年,拼命也要拿下大油田"——"那是爷爷那一代人的梦想和志气,为了这个梦,他们的命都可以不要。"

是啊!在科学海洋里追求不止的蒋筑英、勇闯罗布泊的彭加木、为抗震救灾而以身殉职的飞行员邱光华……他们职业不同,但强国的梦想和激情是共同的,为此他们舍生忘死。

这是一群痴情的追梦人——为了梦想,他们常怀"中华民族到了最危险时刻"的忧患,他们勇于"天下兴亡、匹夫有责"的担当,他们抱持"亦余心之所善兮,虽九死其犹未悔"的执著,他们拥有"愿以我血献后土,换得神州永太平"的情怀……

60多年前,红岩烈士在生命即将结束的时刻,集思广益给党留下了泣血遗言。从中,人们读到了"防止高级领导成员的腐化"、"加强党内教育"、"领导干部的经济、恋爱、生活作风"、"严格整党整风"这样的警示。

红岩魂纪念馆

这是烈士们在生命尽头，对新生中国沉甸甸的寄托。

重庆市的一位中学老师带着学生参观渣滓洞时，对此有过这样的思考：这半个多世纪前的"八条意见"，与今天党中央有关端正党风和反腐败的一系列要求何其惊人一致……我们要用自己的生命续写红岩烈士留下的诗篇，以告慰先烈，正视那一双双时刻注视着我们的眼睛。

渣滓洞

清明时节，当母亲牵着幼子的手静静地伫立在烈士墓前，当新婚夫妇肃穆地为陵园献上鲜花，当青年人在纪念馆里举起入党宣誓的拳头……当整个国家缅怀为之献身的英灵时，要永远记住，我们是续写先烈梦想的后人！我们是新一代的追梦人！

今天，我们告慰九泉下的英灵。他们为之奋斗、牺牲的梦想正在化为现实。从摆脱饥饿迈向全面小康，从奥运会到世博会，从"神舟"飞天到"嫦娥"奔月，从抵御国际金融危机到应对自然灾害冲击，伟大的祖国日益强盛，中华民族屹立在世界东方。

今天，我们警示自己。圆梦还有很长的路要走，充满曲折艰辛，同样需要奋斗和牺牲。完成先烈未竟的事业，是对他们最好的祭奠。

梦想，浸染着中国共产党先烈鲜血与生命的梦想，穿越九十年，风雨无改，奔涌向前。

"成千成万的先烈,为着人民的利益,在我们的前头英勇地牺牲了,让我们高举起他们的旗帜,踏着他们的血迹前进吧!"

因信仰而坚定,因梦想而无悔,因大爱而执著。一代代中华儿女中的杰出代表用鲜血和生命在民族的抗争史、解放史、发展史上树起了一座座永恒的丰碑。

继承先烈遗志,完成未竟事业,实现美好理想。这是亿万人民的共同誓言。

清明时节,从心底献上一束纯洁的鲜花,祭奠那些不朽的先烈,为过去、为现在、为未来……

(执笔记者:赵承、李斌、李柯勇、周英峰,参与记者:卫敏丽、俞菀、蔡玉高)

解读中国共产党人的精神密码
探寻革命建设改革的成功基因

信仰的力量

（图文版）

中宣部党建杂志社
红旗出版社编辑部　编著

红旗出版社

图书在版编目（CIP）数据

信仰的力量·精神卷/中宣部党建杂志社，红旗出版社编辑部编著．
—北京：红旗出版社，2016.5（2020.6重印）

ISBN 978-7-5051-3773-8

Ⅰ.①信⋯　Ⅱ.①中⋯②红⋯　Ⅲ.①共产主义思想教育-中国-学习参考资料
Ⅳ.①D648

中国版本图书馆 CIP 数据核字（2016）第 087390 号

书　　名：信仰的力量·精神卷	
编　　著：中宣部党建杂志社　红旗出版社编辑部	
出 品 人：唐中祥	责任校对：李　娟
总 监 制：褚定华	封面设计：李　妍
责任编辑：毛传兵　张明林	封式设计：张春生

出版发行：红旗出版社
地　　址：北京市沙滩北街 2 号
邮政编码：100727　　　　　　　　　　　　编 辑 部：010-64037146
E – mail：hongduboliansheng@sina.com　　发 行 部：010-57270296
欢迎品牌畅销图书项目合作　　　　　　　　项 目 部：010-57270270
印　　刷：河北远涛彩色印刷有限公司

开　　本：787 毫米×1092 毫米　　1/16
字　　数：1168 千字　　　　　　　印　　张：50
版　　次：2016 年 7 月北京第 1 版　　2020 年 6 月河北第 12 次印刷

ISBN 978-7-5051-3773-8　　　　　　　　　定　　价：98.00 元（全三卷）

欢迎品牌畅销图书项目合作　联系电话：010-57270270
凡购本书，如有缺页、倒页、脱页，本社发行部负责调换

CONTENTS

目 录

理论卷
（没有革命的理论，就不会有革命的运动）

一、信仰之本：宣言奠定信仰基

共产党宣言 …………………………………………………… 马克思 恩格斯 / 4
中国共产党章程（中国共产党第十九次全国代表大会部分修改，
　2017年10月24日通过） ……………………………………………………… / 31
认真学习党章　严格遵守党章 ………………………………………… 习近平 / 52

二、信仰之旗：红旗飘飘指航向

为人民服务 …………………………………………………………… 毛泽东 / 56
一靠理想二靠纪律才能团结起来 …………………………………… 邓小平 / 60
真正无愧于共产党员的光荣称号 …………………………………… 江泽民 / 62
牢固树立社会主义荣辱观 …………………………………………… 胡锦涛 / 66
决胜全面建成小康社会　夺取新时代中国特色社会主义伟大胜利
　——在中国共产党第十九次全国代表大会上的报告 …………… 习近平 / 68
习近平在十九届中共中央政治局常委同中外记者见面时强调
　新时代要有新气象更要有新作为 中国人民生活一定会一年更比一年好 …… / 100

1

习近平在中共中央政治局第一次集体学习时强调
　　切实学懂弄通做实党的十九大精神 努力在新时代开启新征程续写新篇章 …… / 106
习近平在瞻仰中共一大会址时强调
　　铭记党的奋斗历程时刻不忘初心 担当党的崇高使命矢志永远奋斗 ………… / 109
在庆祝中国共产党成立95周年大会上的讲话 …………………… 习近平 / 112
"平语"近人——习近平谈理想信念 …………………………………… / 124

三、信仰之光：一脉相承话信仰

我的修养要则 ……………………………………………………… 周恩来 / 130
过好"五关" ………………………………………………………… 周恩来 / 131
论共产党员的修养（节选） ……………………………………… 刘少奇 / 135
八路军新四军的英雄主义（节选） ……………………………… 朱　德 / 142
关于增强党性问题的报告大纲（节选） ………………………… 任弼时 / 144
怎样做一个共产党员（节选） …………………………………… 陈　云 / 148
干部子弟千万不可以革命功臣子弟自居 ………………………… 陈　云 / 153

四、信仰之论：与时俱进论理想

历久弥坚的理想信念
　　——以习近平同志为核心的党中央治国理政品格之四 ……… 辛识平 / 156
习近平总书记谈坚定理想信念的三个维度 ……………………… 杨桂华 / 157
革命理想高于天 …………………………………………………… 秋　石 / 159
"赶考"在继续　党性要加强
　　——学习习近平同志关于新形势下加强党性修养的重要论述 ……… 刘　源 / 163
筑牢理想信念的思想根基 ………………………………………… 蒋金锵 / 168
"山沟里的马克思主义"为何能赢得中国 ……………………… 辛　鸣 / 171
在"两学一做"中全力坚定理想信念 …………………………… 黄思慎 / 174
党员干部要自觉增强"四个意识" ……………………………… 李　佳 / 175
火红炽热的信念　跨越世纪的坚守 ……………………………… 李斌等 / 180
不朽的丰碑　永远的怀念 ………………………………………… 赵承等 / 184

精神卷
（人是要有一点精神的）

五、信仰之魂：信仰铸就不屈魂

（一）碧血丹心誓为党——血染风采

狱中题壁	何孟雄 / 200
就义诗	杨　超 / 202
绝笔诗	周文雍 / 204
就义诗	夏明翰 / 207
遗书	郭　亮 / 211
给哥哥的遗书	钟志申 / 216
绝命诗	罗亦农 / 217
遗言	向警予 / 219
就义前给妻子的遗书	陈　觉 / 222
客上海	熊亨瀚 / 225
寄谢左明	何挺颖 / 226
遗嘱	苏兆征 / 228
给陆若冰的信	林育南 / 229
狱中诗	恽代英 / 231
诀别	邓恩铭 / 233
遗书	李硕勋 / 234
狱中遗言	邓中夏 / 236
胜利	邓中夏 / 237
诗一首	吉鸿昌 / 238
带镣行	刘伯坚 / 240
遗书	刘伯坚 / 242
绝笔信	刘伯坚 / 243

3

诗一首	方志敏 / 245
遗书	赵一曼 / 247
狱中歌声	何功伟 / 249
囚徒歌	林基路 / 252
囚歌	叶　挺 / 254
给铭兄的信	王若飞 / 258
征途	关向应 / 260
就义诗	罗世文 / 262
愿把这牢底坐穿！	何敬平 / 263
狱中给亲友的信	江竹筠 / 265
灵魂颂	何雪松 / 268

（二）赤胆铁骨夺胜利——必胜信念

自题诗	高君宇 / 269
劳动节歌	彭　湃 / 271
别了，哥哥（算作是向一个"阶级"的告别词吧！）	殷　夫 / 274
革命总有胜利日	罗石冰 / 277
给中国共产党和同志们的遗书	裘古怀 / 278
给妻子的遗书	裘古怀 / 278
胜利就在明天	田位东 / 280
革命精神歌	赵博生 / 281
自勉诗	彭干臣 / 283
遗墨	吴焕先 / 284
滨江抒怀	赵一曼 / 286
梅岭三章	陈　毅 / 288
七律	江上青 / 290
中朝民族联合抗日歌	杨靖宇 / 292
挽父联	罗炳辉 / 294
露营之歌	李兆麟 / 296
自誓诗	车耀先 / 299
前途是光明的	王孝和 / 301
革命即将成功	李　白 / 303

我的"自白"书	陈　然 / 305
示儿	蓝蒂裕 / 307
迎接胜利	何雪松 / 308
赠别	许晓轩 / 309
吊许建业烈士	许晓轩 / 309
以胜利者的姿态第四次到南昌	陈　赓 / 312

（三）千古绝唱树美德——崇高境界

光明之灯——恽代英论信仰箴言摘抄	恽代英 / 314
可爱的中国	方志敏 / 318
清贫	方志敏 / 335
给三立同志的信	毛岸英 / 339
降衔申请	许光达 / 343
理想，情操，精神生活（节选）	陶　铸 / 346
雷锋日记（节选）	雷　锋 / 352
焦裕禄言论录	焦裕禄 / 355

（四）创业维艰精神多——宝贵精神

构建复兴伟业的精神坐标
　　——以习近平同志为核心的党中央关心精神文明建设纪实 … 张晓松　黄小希　罗争光 / 359
以信仰之光照亮奋斗之路
　　——写在中国共产党成立95周年之际（上） …………………… 任仲平 / 368
以真理之光引领复兴征程
　　——写在中国共产党成立95周年之际（下） …………………… 任仲平 / 376

论中国共产党的伟大精神	任理轩 / 384
传承和弘扬中国共产党的"精神谱系"	陈　晋 / 392
大力弘扬"红船精神"	葛慧君 / 396
弘扬"红船精神"　做到"三个必须"	游文昌 / 400
让井冈山精神放射出新的时代光芒	张晓明 / 403
弘扬长征精神　推进民族复兴伟业	李世明 / 407
大力弘扬伟大抗战精神	李振锟　张洪兴 / 411
让延安精神放射出新的时代光芒	中共陕西省委 / 413

西柏坡精神永远闪耀中国 ·················· 任信民 / 418
伟大的抗美援朝精神万岁 ·················· 罗 援 / 425
让雷锋精神在改革强军中释放时代力量 ······ 李桥铭 徐远林 / 430
大力学习弘扬焦裕禄精神
——习近平总书记在河南兰考调研指导党的群众路线
教育实践活动纪实 ·················· 李 斌 / 435

践行卷
（为有牺牲多壮志　敢教日月换新天）

六、信仰之行：矢志不渝献身党

浩气长虹烁古今——赵世炎 ······················ / 444
临难不屈赴刑场——瞿秋白 ······················ / 446
尽善尽美唯解放——王尽美 ······················ / 448
不惜唯我身先死——邓恩铭 ······················ / 450
广州起义主要领导人——张太雷 ···················· / 452
为苏维埃流尽最后一滴血——何叔衡 ················ / 455
中国共产党最早的党员之一——陈潭秋 ·············· / 456
视死如归的革命者——陈延年 ···················· / 458
杰出的工人运动领导人——苏兆征 ·················· / 460
头可断，志不可夺——杨闇公 ···················· / 461
为信仰奋斗，为真理献身——萧楚女 ················ / 462
一心永为党——杨殷 ·························· / 463
生死为革命——王尔琢 ························ / 465
革命者是杀不绝的——冯平 ······················ / 466
湘鄂西红军和苏区创建人——周逸群 ················ / 467
革命者要不怕难，不怕死——韦拔群 ················ / 468
铁骨铮铮为革命——段德昌 ······················ / 470
"龙潭三杰"之一——钱壮飞 ······················ / 471
井冈会师牵线人——毛泽覃 ······················ / 472

群众领袖　人民英雄——刘志丹	/474
英雄壮举　民族魂魄——"八女投江"	/475
视死如归　宁死不屈——狼牙山五壮士	/476
民族英雄　吾党战士——马本斋	/478
死也死在战场上——赵尚志	/480
不平倭寇誓不休——李林	/481
太行浩气传千古——左权	/482
奠基炮兵功勋著——朱瑞	/484
立场坚定美名扬——毛泽民	/485
犀利之笔铸丰碑——邹韬奋	/486
为人民利益而牺牲——张思德	/487
怕死不当共产党——刘胡兰	/489
侦察英雄——杨子荣	/490
舍身炸碉堡——董存瑞	/491
碧血丹心贯长虹——毛岸英	/493
甘当革命螺丝钉——雷锋	/494
县委书记好榜样——焦裕禄	/495
根治风沙为人民——谷文昌	/497
青山处处埋忠骨　一腔热血洒高原——孔繁森	/499
第一书记——沈浩	/500
公仆本色一辈子——杨善洲	/503

七、信仰之范：卓越风范励后人

毛泽东六位亲人为革命事业献出生命	黄　文	/506
毛泽东的家风	牛保良	/511
周恩来的十一条"家规"	周秉德等	/516
周恩来对晚辈的教诲	高长武　王皓羲	/518
1961年刘少奇在湖南农村调查的44天	高志中　罗平汉	/521
刘少奇对儿女的严格教育	李　林	/527
朱德高呼——要革命的跟我走	刘学民	/532
朱德的"五心"世界观	王留强　江雪樵	/535

任弼时的三大思想作风	李　昌 / 538
我爷爷任弼时生活中的"三怕"	任继宁 / 540
邓小平的伟人风范	肖东波 / 543
邓小平的革命风格	王　宁 / 546
共产党员的楷模——陈云	龙平平 / 557
陈云的高尚品德	余建亭 / 562
重现历史　解读崇高——老一代共产党人的优良作风	王建柱 / 566
中国共产党老一代革命家的人格风范	谢春涛　李庆刚 / 574

八、信仰之火：薪火相传继信仰

李大钊故乡：进取精神薪火相传	/ 580
张太雷女儿忆父亲：尝个人离别之苦　换人民解放之福	/ 581
林祥谦后人："三有"家训代代传	/ 585
侄子追忆陈延年：甘做革命"苦行僧"　舍生取义谱颂歌	/ 586
彭湃孙女："祖父那一代的革命理想是如此神圣而动人"	/ 588
冯平精神激励后人："革命不怕死，怕死不革命"	/ 590
追思夏明翰：一门五英烈，代代"主义真"	/ 591
杨开慧后人：身为"骄杨"之后，不做俗人之举	/ 593
杨殷长女："父亲始终是我的人生的榜样"	/ 595
苏兆征外孙女："我们肩负着一份特殊的责任"	/ 597
恽代英后人：继承先辈精神，一切靠自己	/ 599
邓恩铭后人："大伯不是资本，而是榜样！"	/ 600
王尽美后人：革命家族的"红色基因"	/ 601
陈潭秋长子忆父亲：对党忠诚，任劳任怨	/ 604
李明瑞之子忆父亲：浴血奋战，战功彪炳	/ 606
黄公略后人：革命精神早已化作血脉	/ 608
赵博生故里：先烈精神激励英雄城人民	/ 609
韦拔群后代：革命精神代代传	/ 611
纪念馆长忆谢子长：永远活在子长人民心中	/ 612
刘志丹女儿：像父亲一样做对人民有益的人	/ 613
周逸群后人：把家训世代传承下去	/ 615

旷继勋外孙：坚韧精神不能忘 ……………………………………………………… /616
段德昌孙子：不劳而获的事儿不能干 …………………………………………… /618
刘伯坚革命精神激励后人："生是为中国，死是为中国" ……………………… /619
何叔衡勤勉家风励后人："不为一身一家升官发财以愚懦子孙" …………… /620
许继慎后人的"传家宝" …………………………………………………………… /622
吴焕先后人的"幸福观" …………………………………………………………… /623
钱壮飞嫡孙："对信仰的忠诚是爷爷留下的最大财富" ………………………… /625
陈树湘乡亲：视死如归英雄气概感天动地 ……………………………………… /626
毛泽覃堂侄：他的坚定信念一直激励着韶山冲的乡亲 ………………………… /627
女儿眼中的吉鸿昌："我自豪，我是中国人！" …………………………………… /629
杨靖宇后人的"四平"精神 ………………………………………………………… /630
袁国平儿子忆父亲：赤胆忠心，拳拳报国 ……………………………………… /632
刘英之女忆父亲：父亲的足迹 …………………………………………………… /635
毛泽民后人：寻找先辈红色足迹 ………………………………………………… /638
邹韬奋之女：父亲追求的不是个人得失 ………………………………………… /640
彭雪枫之子："我要做父亲那样的人" …………………………………………… /641
王若飞独子：一生一世念党恩 …………………………………………………… /642
叶挺长子忆父亲：不辞艰难哪辞死 ……………………………………………… /644
罗荣桓之子忆父亲："你们决不能做八旗子弟" ………………………………… /646
贺龙之女忆往事：全家前后109位烈士 ………………………………………… /649
粟裕之子忆父亲：未了的心愿要我们后人去完成 ……………………………… /651
陈赓之子：感受父亲 ……………………………………………………………… /653
王树声之女忆父亲：对党忠诚　谦虚谨慎 ……………………………………… /655
跨越时空的大爱 …………………………………………………………………… /658

九、信仰之路：信仰引我跟党走

梦想，从这里启航
　　——记习近平瞻仰中共一大会址、南湖红船 …………… 杜尚泽　霍小光 /664
信仰的味道 ………………………………………………………………… 伍正华 /669
韶山寻根 …………………………………………………………………… 王真波 /675
红船，让我们共沐风雨 …………………………………………………… 周铁株 /677

军旗从这里升起	卞民德	679
井冈三章	王保安	681
古田的灯光	李立泰	683
红旗跃过汀江	张胜友	686
子弹碑下	毛 眉	690
瑞金，共和国的摇篮	周铁株	692
那柔肠百转却又坚毅决绝的身影	马卡丹	695
信仰与激情的力量	曾纪鑫	697
体验红军路	钱万成	702
生死攸关的转折点——走近遵义会议会址	李惊亚	704
有一个地方叫"鸡鸣三省"	张笑天	705
中国工农红军中鲜为人知的故事	静 流	708
探究中国工农红军由弱到强的动力之源	黎 云	713
寻梦延安	杨绍碧	716
延安窑洞颂	周新寰	719
访八路军西安办事处有感	李 敏	721
上饶集中营观后感	吴 名	722
不能忘却的记忆	鲁 楠	724
颂歌一曲动九州	陈建强	725
西柏坡的彩霞	曹 昱	728
在那遥远的小山村	叶 兴	730
两条"红色小路"	林治波	733
面向未来的赶考	李从军 赵 承 李柯勇	736
信有长风破浪时 ——坚定"四个自信"推进中国特色社会主义伟大事业述评	秦 杰 霍小光等	752

再版后记 ……………………………………………………………… /764

我们要保持过去革命战争时期的那么一股劲，那么一股革命热情，那么一种拼命精神，把革命工作做到底。

——毛泽东

为什么我们过去能在非常困难的情况下奋斗出来，战胜千难万险使革命胜利呢？就是因为我们有理想，有马克思主义信念，有共产主义信念。

——邓小平

全党同志特别是领导干部一定要树立和保持共产党人的高尚情操和革命气节。这历来是我们党团结奋斗、夺取胜利的强大精神力量。

——江泽民

共产主义远大理想和中国特色社会主义共同理想，是中国共产党人的崇高追求和强大精神支柱，对理想信念坚贞不渝是我们党的强大政治优势。

——胡锦涛

坚定理想信念，坚守共产党人精神追求，始终是共产党人安身立命的根本。对马克思主义的信仰，对社会主义和共产主义的信念，是共产党人的政治灵魂，是共产党人经受住任何考验的精神支柱。形象地说，理想信念就是共产党人精神上的"钙"，没有理想信念，理想信念不坚定，精神上就会"缺钙"，就会得"软骨病"。

——习近平

精神卷

（人是要有一点精神的）

五 信仰之魂

信仰铸就不屈魂

（一）碧血丹心誓为党——血染风采

狱中题壁

何孟雄

当年小吏陷江州，
今日龙江作楚囚。
万里投荒阿穆尔，
从容莫负少年头。

【作者简介】

何孟雄，1898年6月生，湖南炎陵人。1919年3月，何孟雄入北京大学做旁听生，受《新青年》为代表的新思潮的影响，积极投身五四爱国运动，成为北京大学学生运动的重要骨干。1920年3月，在李大钊的指导和帮助下，何孟雄加入了中国第一个马克思主义学说研究团体——北京大学马克思学说研究会。1920年11月，加入北京社会主义青年团和北京共产党早期组织。

1921年7月，中国共产党成立，何孟雄是全国最早的50余名党员之一。1921年秋，任党领导工人运动的北方劳动组合书记部成员。1921年冬，中共北京地委成立，任地委书记兼组织委员。1925年5月1日，任刚刚成立的京绥铁路总工会秘书长。1926年初，调任中共唐山地委书记。1926年冬，调到当时的革命中心武汉工作，任中共汉口市委组织部长。

在大革命失败后的严重白色恐怖中，何孟雄于1927年10月奉调上海，先后任中共江苏省委委员、淮安特委书记、江苏省委常委兼农民运动委员会书记、军事委员会书记等职，参与领导江苏各地党组织的恢复、发展工农运动和开展武装斗争。

1931年1月，因叛徒告密，何孟雄在上海被捕。在狱中，何孟雄保持了共产党员的坚定立场和崇高品格，宁死不屈，同敌人进行了坚决斗争。1931年2月7日，何孟雄与其他23位革命者一起英勇就义，年仅32岁。

【提要】

此诗作于1922年。当时,何孟雄等赴苏联出席伊尔库茨克远东大会,行至黑龙江时,不幸被军阀逮捕入狱。在狱壁上他题下了这首诗。

在诗中何孟雄自比为胸怀大业的宋江和图强不息的楚囚钟仪,表明了自己虽然身处险境,依然胸怀大志,励志图强。从古至今,凡成大业者,无不能忍常人所不能忍,受常人所不能受。故此,何孟雄在这里把自己的被拘禁也当做了一次人生的考验和磨炼,只要心存坚毅,信念执著,必定能战胜一切困厄。

他在诗中所表露的坚定的政治信念和顽强的精神品质,始终贯穿着他的革命生涯。在诗的最后两句中,何孟雄以冷静的语气写道:"万里投荒阿穆尔,从容莫负少年头。"这是他对自己的鞭策和鼓励,表明了何孟雄愿将美好的青春奉献给革命事业的宏伟志向。在身处逆境时,何孟雄尚能如此从容不迫,足见其思想之成熟、信念之坚贞、精神之乐观。

何孟雄

就 义 诗

杨 超

满天风雪满天愁,
革命何须怕断头?
留得子胥豪气在,
三年归报楚王仇!

【作者简介】

杨超,1904 年生,河南新县人,5 岁时随家迁居江西省德安县。1921 年考入南昌心远中学,开始阅读马克思主义著作,并和同学袁玉冰、黄道、方志敏等组织革命团体"改造社"。1923 年秋,加入中国社会主义青年团。后进入北京大学就读。1925 年五卅运动爆发后,杨超在北大党组织的直接领导下积极参加反帝爱国运动,并光荣地加入了中国共产党。

1927 年四一二反革命政变后,全国陷入白色恐怖中,大批共产党员被杀害。杨超领导德安人民进行了坚决的反蒋斗争。1927 年 7 月 21 日,杨超出席中共江西省第一次党员代表大会,当选为省委委员。

1927 年 10 月,杨超奉党组织之命到河南开展工作,参与组织领导革命斗争。12 月 23 日,杨超出席党的武汉会议后返回江西,途中被国民党特务发现。为了引开敌人、保护同行的战友,杨超不幸被捕。敌人对他严刑拷打,威逼利诱,企图从他的

杨超

口中得到党组织的秘密。面对凶恶的敌人,杨超表现了一个共产党员宁死不屈,忠于党的崇高气节。敌人无计可施,于 1927 年 12 月 27 日残酷地将他杀害。杨超牺牲时年仅 23 岁。

信仰之魂
信仰铸就不屈魂

【提要】

  这首《就义诗》是杨超在临赴刑场时高声朗读的。他在诗中既描绘了蒋介石发动四一二反革命政变后血雨腥风的形势,更表现出革命者将生死置身度外、"革命何须怕断头"的英雄气概。春秋时代,伍子胥的父亲和哥哥无罪而被楚平王杀死。伍子胥逃到吴国,取得吴王的信任,起兵打进楚国京城。当时平王已死,伍子胥掘墓鞭尸,报了杀害他父兄的仇恨。作者借这个历史故事,抒发了他在生命的最后时刻,坚信革命必定胜利、反动派欠下人民的血债必定要加倍偿还的坚定信念。这首气壮山河的就义诗,充分体现了共产党人不畏强暴、英勇斗争的英雄气概,以及对革命事业充满必胜信心的革命乐观主义精神。

绝 笔 诗

周文雍

头可断，肢可折，
革命精神不可灭。
志士头颅为党落，
好汉身躯为群裂。

【作者简介】

周文雍，1905年生，广东开平人。1923年加入社会主义青年团。1925年加入中国共产党。参与领导省港大罢工，是罢工委员会委员。

1926年任中共广东区委工人运动委员会书记。1927年任中共广州市委组织部部长、工人代表主席，坚持地下斗争，建立工人地下武装。广州起义时，任革命军事委员会委员兼工人赤卫队总指挥，是起义领导人之一。起义后任广州苏维埃政府人民劳动委员。广州起义失败后退到香港，不久，为恢复广州革命工作，党派他返回广州。1928年1月被捕，2月牺牲于广州。

周文雍和陈铁军

【提要】

1927年4月，国民党反动派在广州发动了反革命政变。1928年春节前的一个晚上，由于叛徒出卖，周文雍不幸与陈铁军一起被捕，在狱中敌人对他施用了"插指心、放飞机"等种种酷刑，但他始终坚贞不屈，并在监狱的墙上写下了这首气贯长虹的不朽诗作，表达了一个共产党人对党对人民对革命事业无限忠贞的高尚气节和至死不屈的英雄气概。

"头可断，肢可折，革命精神不可灭"，表现了周文雍宁死不屈的精神。他用头断、肢折来表现一个共产党员为了革命置生死于度外的英雄气概，并写出了革命者在敌人实行斩尽杀绝政策下，仍然毫不畏惧、视死如归的崇高品格和对胜利的坚定信心。

"壮士头颅为党落，好汉身躯为群裂"，诗句用壮士头颅与好汉身躯相对应，抒发周文雍为了党的事业、为了人民得解放即使粉身碎骨也心甘情愿的豪情壮志。周文雍在写此诗后不久，与战友陈铁军英勇就义。在赴刑场的路上，他俩高喊革命口号，并唱《国际歌》，沿途群众无不为其感动；在刑场上，他们满怀激情发表了最后的演说，并当众宣布他俩的婚礼，体现了革命者崇高的精神和伟大的情操，实现了自己在诗中的诺言。

周文雍虽然牺牲了，但他的诗还在，那种宁死不屈的精神与天地共存，与日月同辉，堪称万世楷模。

【链接】

刑场上的婚礼

一对风华正茂的青年，为了追求真理，建立一个自由、平等、民主的新中国，1928年2月6日（农历的元宵节），在广州红花岗刑场，面对反动派的屠刀，面对与爱侣的生离死别，凛然不屈，视死如归，永恒地定格了中国革命史上最悲怆、壮美的一幕。当陈铁军预感到反动派就要对他们下毒手时，大声地说："为了革命，我们假扮夫妻工作在一起，彼此建立了深厚的感情。当我们把自己的青春和生命献给了党的时候，我们就要在这里举行婚礼了。让反动派的枪声，作为我们结婚的礼炮吧。同胞们，同志们，永别了！望你们勇敢战斗，共产主义一定会胜利。未来是属于我们的。"说完，她迈着坚定的步伐走到周文雍面前，把深沉而真挚的吻送给最爱慕的人，周文雍热烈地拥抱着她。这时，反动派的枪声响了，罪恶的子弹穿透了周文雍、陈铁军的胸膛，热血染红了他们的衣裳，染红了红花岗的泥土和绿草……

青山作证。文韬武略、英俊潇洒的周文雍，完全可以选择一种在常人看来更安逸的生活。先不说从小聪明过人的他从省立甲种工业学校毕业后，可以谋一份在当时不错的差事。单说广州起义因敌我力量悬殊失败后，党组织安排身兼起义负责人和工人赤卫队总指挥的周文雍偕陈铁军转移到香港，他们完全可以利用掩护身份在香港这个特殊的环境里，为党继续工作，而不必担心人头落地。可周文雍毕竟不是那种安于现状的人，这个胸怀远大理想的热血青年，为了重建被敌人破坏的广州市委，不顾个人安危，从香港返回白色恐怖中的广州，继续为党进行秘密斗争。最后，因叛徒告密，不幸落入敌人之手。

江河作证。美丽清纯、柔弱善良的陈铁军出生于一个殷实的侨商之家，1925年秋，她考入中山大学文学院预科学习。先不说她的品貌和才干，仅凭祖先的家业，她完全可以过着一种衣食无愁、悠闲自在的大小姐生活。可她没有，而是选择了一条艰难的革命之路。为了鞭策自己坚强不屈，她将陈燮君的名字改为陈铁军。1927年，反动派发动四一二反革命政变后，敌人点名要捕捉她。危急关头，她冒着生命危险通知同志们转移，还爬上墙头，化装成装束入时的"阔"小姐，赶到妇产医院，通知因流产住院的邓颖超逃出魔爪。这生死之交，使一生重情重义的周恩来、邓颖超，直到晚年还一直感念着。

周文雍陈铁军烈士陵园

苍天作证。在凄惨阴森的铁窗里，周文雍、陈铁军拒绝反动派的威胁利诱，宁愿丧失自由，也决不放弃信仰，决不出卖灵魂。虽然身陷缧绁，对革命事业却充满必胜的信念，坚贞不屈、豪气如虹，给后人留下了许多令敌人胆寒的战斗诗篇和精神遗产。在血腥残暴的刑场，他们面对死亡毫不畏惧，空前绝后地举行了刑场上的婚礼。生要生得顶天立地，不同凡响；死要死得惊世骇俗，万古流芳。共产党人的这种摄人魂魄的坚定与浪漫，让反动派目瞪口呆。在这群特殊材料制成的人面前，他们无计可施，只得胆战心惊地扣动扳机。

人生自古谁无死？古往今来，正是有了这些为正义、为真理、为民族、为人民从容就义壮烈赴死的"民族脊梁"，中华民族才生生不息，繁衍不绝。

虎帐逝去，柳营已远。历史掀开了新的一页，华夏大地发生了翻天覆地的巨大变化，衡量共产党员先进性的表现形式而今也与过去有所不同，但追求生命永恒与崇高、向往精神富有与纯洁的烈士精神，永远不会过时。 （廖毅文）

就 义 诗

夏明翰

砍头不要紧，
只要主义真。
杀了夏明翰，
还有后来人。

【作者简介】

夏明翰，1900年生，湖南衡阳人，19岁就参加革命活动。五四运动时，担任衡阳学生联合会的领导人。1921年湖南自修大学成立，他在自修大学学习马列主义，同时在党的领导下从事青运工作和工运工作，1925年以后担任中共湖南省委委员等职。1927年蒋介石在上海等地发动反革命政变，制造了骇人听闻的大屠杀，整个中国一片白色恐怖。1928年2月8日，夏明翰在武汉被捕，后英勇就义。

夏明翰

【提要】

这首气吞山河的诗，是革命烈士夏明翰在刑场写就的。

1928年初，由于叛徒的出卖，夏明翰被捕了。在狱中敌人先是企图收买他，但他毅然回答说："办不到。可以牺牲我的生命，决不放弃我的信仰。"敌人又对他严刑拷打，他宁死不屈。临刑前，凶手问他有无遗言，他大喝道："有，给我拿纸笔来！"接着，他挥笔疾书，写下了这首气壮山河的就义诗。这一正气凛然的诗句，当时就被人称做热血谱写的革命战歌，激励了无数后人为之奋斗。

全诗充分表现了夏明翰宁死不屈的英雄气概，表现了他对共产主义的坚定信仰和坚守革命立场、誓死捍卫共产主义真理的崇高精神。他深深懂得，要奋斗就会有牺牲，为解放全人类、实现共产主义的远大目标而死，就是死得其所。

"砍头不要紧，只要主义真。"这是一个共产党员为真理、为理想视死如归的英雄气概，一个革命者对人民、对革命的耿耿丹心。"杀了夏明翰，还有后来人。"这是使敌人心惊胆寒的宣战书。共产党人深信共产主义事业一定会后继有人，虽然自己牺牲了，但革命的烈火是扑不灭的。夏明翰表达了对前途乐观、对革命必胜的坚定信念。他坚信：自己的血不会白流，无数革命志士会接过他的枪，前赴后继，继续战斗，去迎接灿烂的黎明。被压迫的人民一定能够获得解放，社会主义、共产主义一定能实现。

夏明翰的《就义诗》不是一般的诗，它是用血肉凝成的诗篇！

【链接】

为真理而凛然献身——夏明翰

"越杀胆越大，杀绝也不怕"

1920年秋，夏明翰毅然离家出走，来到长沙寻求救国救民的真理。在何叔衡的引见下，认识了毛泽东，一边刻苦自学，一边从事湖南学生运动。中国共产党成立后，毛泽东、何叔衡等在长沙创办自修大学，培训干部，夏明翰是第一批学员。不久，经毛泽东、何叔衡介绍入党，成为湖南最早的一批中共党员，并任自修大学补习学校教务主任。1927年2月，毛泽东在武汉举办中央农民运动讲习班，夏明翰到武汉任全国农协秘书长兼农讲所秘书。四一二政变后，惊闻蒋介石背叛革命，夏明翰在悲愤中写道："越杀胆越大，杀绝也不怕。不斩蒋贼头，何以谢天下。"以示坚定的革命信念。随即党组织派他回湖南任中共湖南省委委员兼组织部长，参与秋收起义的准备工作。10月，他到浏阳指导农民武装起义，调任平浏特委书记。

1928年初，武汉三镇笼罩在一片血雨腥风的白色恐怖之中。夏明翰刚到汉口，立即投入工作。他与新任湖北省委书记郭亮一起听取了由党中央派来武汉的李维汉传达的中央精神，共同研究并决定取消了不顾政治形势而盲目冒险的两湖年关暴动计划，同时迅速通知各县农民武装转移，保存革命有生力量。这时，湖北省委的交通机关已被敌人破坏了。忙于工作的夏明翰，直至2月7日才从谢觉哉那里获悉交通员宋若林不可靠的消息。

夏明翰回到租住的汉口东方旅社烧毁机密文件，正准备转移时，宋若林带着几个特务闯了进来，将他逮捕，关进了阴暗潮湿、四面无窗的国民党监狱。

"这就是共产党人的大仁大义"

在武汉昏暗潮湿的牢房里,忍受着敌人的残酷折磨,压抑着对亲人的切切思念,憧憬着革命胜利的美好未来,他忍着剧痛,挣扎着拾起敌人叫他写"自白书"的纸笔,拖着手铐脚镣,写下了最后三封信。

第一封信是写给他母亲的:"你用慈母的心抚育了我的童年,你用优秀古典诗词开拓了我的心田。爷爷骂我、关我,反动派又将我百般折磨。亲爱的妈妈,你和他们从来是格格不入的。你只教儿为民除害、为国除奸。在我和弟弟妹妹投身革命的关键时刻,你给了我们精神上的关心,物质上的支持。亲爱的妈妈,别难过,别呜咽,别让子规啼血蒙了眼,别用泪水送儿别人间。儿女不见妈妈两鬓白,但相信你会看到我们举过的红旗飘扬在祖国的蓝天!"

第二封信是写给他夫人郑家钧的。他深情地劝慰鼓励妻子:"亲爱的夫人钧:同志们曾说世上唯有家钧好,今日里才觉得你是巾帼贤。我一生无愁无泪无私念,你切莫悲悲凄凄泪涟涟。张眼望,这人世,几家夫妻偕老有百年?抛头颅、洒热血,明翰早已视等闲。'各取所需'终有日,革命事业代代传。红珠留着相思念,赤云孤苦望成全,坚持革命继吾志,誓将真理传人寰!"写完此信,夏明翰抑制不住对妻子儿女的强烈爱恋和思念,用嘴唇和着鲜血,在信上留下一个深深的吻印。

夏明翰的第三封信是写给大姐夏明玮和她的两个女儿的。他写道:"大姐为我坐监牢,外甥为我受株连,我们没有罪,我们要斗争,人该怎样做,路该怎样走,要有正确的答案。我一生无遗憾,认定了共产主义这个为人类翻身解放造幸福的真理,就刀山敢上,火海敢闯,甘愿抛头颅,洒热血!"写完三封家书,遍体鳞伤的夏明翰又一次被敌人提审,他知道自己已经来日无多,敌人会对自己下毒手了。

审判官以为年纪轻轻的夏明翰好对付,施以功名利禄的诱惑,要不了几个回合,夏明翰就会乖乖就范。

审判官将夏明翰"请"进了窗明几净的办公室。由于牢房光线太暗,一下子受到强光的刺激,夏明翰感到头晕目眩。刚坐定,一个长官模样的人就走了进来,对夏明翰循循诱导起来。"夏先生,古今中外,因时而动,乘势而变,识时务者为俊杰,概莫能外。当今之世,形势有利于国民党,而不利于共产党。凭着先生的才华,加之令祖的名望,何愁捞不到一个厅长、省长的官职……那将后福无穷啊!"

审判官见夏明翰正襟危坐,气宇轩昂,毫不所动,便想以亲情为突破口,"劝"夏明翰三思而行。"先生年纪轻轻,上有老母,中有爱妻,下有娇儿,就这么随便抛妻弃子,自陷于不仁不义,未免可惜。"夏明翰大义凛然地说道:"为共产主义事业奋斗终生，我已不是三思而行，而是一直意志坚定。共产党人爱国家，爱民族，爱劳苦大众，当然也爱自己的亲人，爱妻子儿女。但是，为拯救百姓于水火，为振兴民族之强盛，为后代生活之美满。我们随时准备牺牲自己的生命，这就是共产党人的大仁大义。"

"砍头不要紧，只要主义真"

国民党反动派见软的不行，又对夏明翰施以酷刑，把他折磨得血肉模糊，多次昏死过去。夏明翰宁死不屈的革命斗志，使敌人的梦想破灭了，于是，国民党中央电复湖北当局："就地枪决"。

1928年3月20日，夏明翰已经度过了43天牢狱生活。

这天清晨，夏明翰面对刽子手声嘶力竭的喊叫，神态自若地慢慢站了起来。他用手指理了理蓬松散乱的头发，弹掉灰布衫上的尘土，扣好领扣，用力推开前来架他的刽子手。他无限深情地点头向难友告别，面带着微笑信步跨出了监牢铁门。

"引刀成一快，不负少年头"。夏明翰实践自己誓言的英雄气魄，使刽子手们个个心惊胆寒。夏明翰被五花大绑押出了监狱。一路上，他昂首挺胸，英姿勃发，志如磐石，意如脱马，一路高唱《国际歌》走向刑场。

遗 书

郭 亮

灿英吾爱：亮东奔西走，无家无国。我事毕矣，望善抚吾儿，以继余志！此嘱，临死日郭亮。

【作者简介】

郭亮，又名郭靖嘉，1901年12月生，湖南长沙人。1915年秋，郭亮以优异成绩考入长沙长郡联立中学。1920年秋，郭亮考入湖南省立第一师范学校。毛泽东当时在一师附小担任主事，郭亮经常去向毛泽东求教。经毛泽东介绍，加入新民学会。1920年冬加入中国社会主义青年团和俄罗斯研究会。1921年冬，郭亮由毛泽东介绍加入中国共产党。入党后，郭亮主要从事工人运动，先后任湖南省工团联合会副总干事、总干事，湖南省总工会委员长，中共湘区执委会委员、工运委员，湖南省总工会委员长，成为著名的工人运动领袖。1927年5月，郭亮在中共第五次全国代表大会上被选为中央候补委员。不久，他任中共湖南省委书记。大革命失败后，郭亮到贺龙第二十军做政治工作，随

郭亮

部队参加了八一南昌起义。1928年初任中共湘西北特委书记，由于工作需要还未启程，2月起又改任中共湘鄂赣边特委书记，到湖南岳阳组织武装起义。同年3月27日，因叛徒告密在岳阳被捕，于第二天押送长沙。1928年3月29日，郭亮在湖南长沙被国民党反动派杀害。残忍的敌人割下郭亮的头颅，挂起来示众，企图吓退人民革命。鲁迅得知此事后，愤然挥笔写道："革命被头挂退的事是很少的。"

【提要】

郭亮被叛徒出卖，在岳阳被捕，于 1928 年 3 月 28 日被反动派用重兵、火车专列送往长沙。在"铲共法庭"审讯中，他昂首说："我承认我是郭亮，你们就可以杀了，不必多问。"审讯者逼问共产党的组织，郭亮依然保持他谈笑风生的性格，幽默地说："开眼尽是共产党人，闭眼没有一个。"反动派担心爱戴郭亮的群众抗议及武装劫狱，遂在第二天黎明到来之前，匆匆将郭亮杀害，并将其首挂于长沙司门口高墙之上。

郭亮悬首长沙司门口之前，给妻子李灿英写有遗书一纸，寥寥数语，意重情深，催人泪下。"望善抚吾儿，以继余志！"表现了他对革命必胜的信心，体现了一位共产党人坚贞不屈、不畏生死的伟大境界。

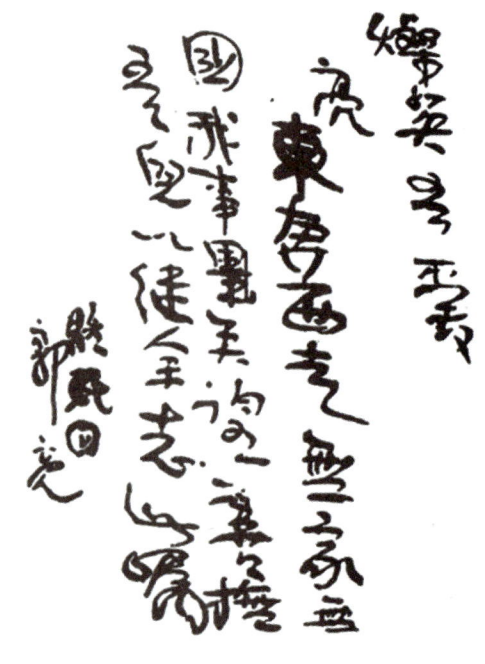

郭亮遗书手迹

其时，郭亮与妻子李灿英有三岁幼子郭多难。

李灿英在郭亮牺牲后，把郭多难带到上海，继续从事党的秘密工作。为隐蔽身份，李灿英化名李英，郭多难改名郑志成、袁志忠，最后改为郭志成，以表达继承父亲郭亮遗志之意。

【链接】

坚定信念：柳直荀转报郭亮的遗嘱

革命先烈柳直荀 1928 年的一封关于郭亮（原名郭靖笳）的遗嘱等问题致罗迈（即李维汉）的信，如今珍藏在中央档案馆中。这封不足 200 字的书信折射出两位烈士并肩战斗的革命友谊和坚定不移的共产主义信仰。他们虽然都是英年牺牲，却在中国共产党的历史上留下了赫赫大名。

这封短信，头一部分是写给李维汉关于工作上的具体事宜，中间用波浪线划开，后一部分写着：

"靖苘兄临刑时有遗嘱一道，现经长沙商人传出，特抄上或可转灿姊一阅也。
灿英吾爱：
亮东奔西走，无家无国，我事毕矣，望善抚吾儿，以继余志。 亮
直苘 六月十一日"

郭亮、夏明翰都是毛泽东的亲密战友。1919年5月，毛泽东等组织的湖南学生联合会正式成立，柳直苘是学联的领导成员之一。1920年秋天，郭亮考入湖南省立第一师范，参加了毛泽东等组织的新民学会、马克思主义研究会。1921年10月，毛泽东任书记的湖南共产党支部成立，毛泽东着手在工人和学生中发展党员，建立党的基层组织，郭亮、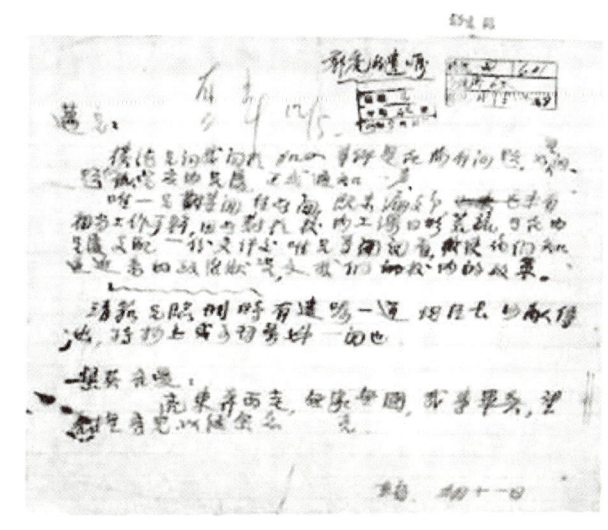夏明翰等都是在这个时期入党的，随后与毛泽东一起领导工农运动。

1927年，北伐军中的右派正密谋在长沙发动反革命的武装政变。5月上旬，郭亮得柳直苘急电从汉口赶回长沙，组织湖南工农义勇军采取一系列防范措施，以备不测。5月21日晚，许克祥等国民党反动军官率兵1000余人分途袭击工农革命团体，制造了著名的"马日事变"。郭亮、柳直苘等凭借少数工农武装，分别在省总工会、省农协会进行了英勇抵抗，最终因寡不敌众而失败，共产党人、工农群众及国民党左派百余人遭捕杀。危急时刻，郭亮急中生智，把从土豪劣绅处缴来的大洋投抛到墙外，利用敌人抢夺大洋之机率人突围出去，找到柳直苘等人商讨善后事宜和反攻计划。

5月底6月初，经上级指示及一系列筹备部署后，郭亮、柳直苘等部署发动长沙附近各县农军进攻长沙，对敌人进行反击。这一举动震慑了敌人，据记载，反革命政权恐慌惊呼：共产党"希图大举""十几农军向长沙进攻，并非虚夸之词"。

1927年6月中旬，毛泽东与郭亮等召集由湖南至武汉向国民政府请愿惩办许克祥的共产党员和骨干积极分子近200人开会。毛泽东号召大家拿起枪杆子进行斗争，武装保卫革命。6月24日，中共中央政治局常委会会议决定：组织新的湖南省委，毛泽东任书记。毛泽东随即赴湖南长沙，从事恢复党的组织关系，偕柳直苘等召集党员干部开会，谈"马日事变"后的形势，了解党的组织、工人纠察队、农民自卫

军情况。毛泽东在谈话中指出，要用武力来对付反动军队，以枪杆子对付枪杆子，不要再徘徊观望。

1927年8月，郭亮和柳直荀都参加了八一南昌起义。起义军南下到达潮汕地区时，被国民党军包围攻击，遭受极大损失。郭亮、柳直荀等被敌人围逼在一片海滩上，与主力部队失去联系。他俩跑到一只破舢板上奋力划离海岸才得以逃脱。

1928年1月8日，中共临时中央政治局常委会议决定成立湘西北特委，由郭亮任书记，由于工作需要尚未启程，又改任他为湘鄂赣边特委书记。郭亮在岳州（现岳阳市）开设煤栈作为特委机关，恢复和发展党组织，发动工农开展武装斗争。由于他的努力工作，湘鄂赣三省边界的党组织得到恢复和发展。

3月27日深夜，因叛徒告密，郭亮在岳州翰林街的煤栈内被捕。

据《中共党史人物传》记载，是年3月28日深夜，敌人对郭亮进行了秘密审讯。

"你是郭亮吗？"

"我承认是总工会的委员长郭亮，你们就可以杀了，不必多问！"

审讯者追问党的地下组织情况，郭亮回答说："开眼尽是共产党人，闭眼没有一个。"

回答激怒了审讯人，对方威胁他："你不说，我会严刑拷问的！"

"家常便饭。"

"我要砍你的头！"

"告老还乡。"

这就是这位年轻共产党员在国民党"法庭"上的全部"供词"。

国民党反动派因十分害怕郭亮在群众中的巨大影响，不及再审便在3月29日夜将年仅27岁的郭亮秘密杀害。故事开头的那封遗嘱，就是他被害前写给妻子的。

翌日，凶残的敌人将郭亮的遗体摆在浏阳门外识字岭（这是"马日事变"后国民党反动派杀害共产党员和工农群众的刑场），将他的头颅挂在司门口示众。三天之后，又将他的头颅挂到他的家乡铜官镇东山寺的戏台上，妄图以此吓退革命势力。

鲁迅得知此事后，愤然挥笔写道："革命被头挂退的事是很少的。"

几天后，铜官镇的陶业工人、西湖寺一带的农民和郭亮的亲属，在地下党的领导下，星夜从长沙将烈士遗体运回文家坝安葬。

后来，毛泽东在延安谈起郭亮时，赞扬他是"有名的工人运动的组织者。"

1957年，望城县人民代表大会决议，在文家坝修建烈士陵墓；烈士幼年读书的东山寺小学也更名为"郭亮小学"；他经常发表演讲的东山寺戏台已改建为"郭亮亭"……这些，都凝聚着人民对革命烈士的深厚感情和无限崇敬。

柳直荀是毛泽东青年时代的挚友，是湖南农民运动的卓越领导人之一，对洪湖、湘鄂西革命根据地和红军的创建作出了巨大贡献。1932年9月，因肃反扩大化不幸被害，时年34岁。

柳直荀的妻子李淑一，是杨开慧中学时的好友，后经杨开慧介绍与柳直荀认识并结婚。1957年2月，李淑一把她写的纪念柳直荀的一首《菩萨蛮》词寄给毛泽东。同年5月11日，毛泽东复信李淑一，并附《蝶恋花·答李淑一》词一首，其中"我失骄杨君失柳，杨柳轻飏直上重霄九"，表达了毛泽东对柳直荀的怀念之情。

1979年，湖北监利县人民政府在柳直荀烈士殉难处——周老咀心慈庵修建了柳直荀烈士纪念亭，撰文立碑，以志其生平，永留纪念。

两位年轻的革命者用生命诠释了自己坚定的革命信仰。因着这份对国家对民族深厚的感情，人民永远怀念他们。

《人民日报》（2016年6月14日）

给哥哥的遗书

钟志申

志炎、志刚二兄：

我的案子突然变得严重，可能无出狱希望，这并不可怕。当我入党之时，就抱定视死如归的意志。我认定，共产党一定会胜利，革命一定会成功。我牺牲生命，把一切贡献于革命，是为了寻找自由，为了全国人民求得解放。我知道我的牺牲，不会白牺牲，我的血不会白流。因为血债须用血来还。党会给我报仇，你们会给我报仇。要记住：共产党是杀不绝的啊！

你们接到这封信时，可能我已不在人世了。我死不足惜，但继母在堂，子女年幼，周氏不聪，全赖你们维持、抚育，安慰他们不要悲痛。桃三成人，可继我志，我无念。

民国十七年三月十日
志申笔

【作者简介】

钟志申，1893年6月生，湖南湘潭韶山冲人。1925年，毛泽东回韶山开展农民运动，钟志申积极参加革命活动，同年6月，加入中国共产党，是韶山党支部最早的五位党员之一。1927年1月，毛泽东回韶山考察农民运动，钟志申陪同视察了几个乡的农民运动。之后，他积极发展农民武装。马日事变后，他按照党的指示，在长沙开一家小金货铺，从事党的地下交通联络工作。1928年初，由于叛徒告密，不幸被捕入狱。3月12日，在长沙英勇就义，时年35岁。

【提要】

钟志申给哥哥（即志炎、志刚）的遗书是他被捕后在狱中写的。钟志申牺牲后，他的家属收殓遗体时，从烈士的内衣中发现了这封遗书，上面浸满了鲜血。他的家属含泪将它收藏在屋檐下的墙缝里，解放后送交党组织。信中提到的周氏是钟志申的妻子，桃三是他的儿子，二人均已故去。从这封遗书中人们能够感受到一个共产党人为了共产主义视死如归的坚强意志。

绝 命 诗

罗亦农

慷慨登车去,相期一节全。
残躯何足惜,大敌正当前。
知止穷张俭,迟行笑褚渊。
从兹分手别,对视莫潸然。

【作者简介】

罗亦农

罗亦农,1902 年 5 月生,湖南湘潭人。1920 年,进入上海中国共产党早期组织创办的"外国语学社"学习俄语,同年 8 月和张太雷、俞秀松等人组织并加入中国社会主义青年团。1921 年经上海中国共产党早期组织的介绍,与刘少奇、任弼时等同志一起赴莫斯科东方劳动者共产主义大学学习,同年底转为中国共产党党员。1925 年 3 月回国,任中共中央广东临时委员会成员,后任中共广东区委宣传部长,参与组织和领导省港大罢工。1926 年 11 月至 1927 年 3 月,罗亦农与赵世炎、周恩来等组织领导上海工人三次武装起义,任上海临时政府委员。

蒋介石发动四一二反革命政变后,罗亦农奉命调离上海,到武汉参加党的五大,并当选中央委员。1927 年 5 月至 9 月,他先后任中共江西省委书记、中共湖北省委书记。在党的八七会议上,他被选为中共中央临时政治局委员。不久,又被选为中共中央临时政治局常委,先后担任中共中央军事部代部长、中共中央组织部部长、中共中央长江局书记等职,负责领导湖北、湖南、江西、四川、安徽、陕西等省的工农革命与党的工作。1927 年底离开武汉前往上海中共中央机关工作。1928 年 4 月 15 日,因叛徒出卖,罗亦农在上海英租界被捕。4 月 21 日,在上海龙华就义。他把满腔热血献给了中国人民革命事业,牺牲时年仅 26 岁。

【提要】

全诗表现了一个共产党员视死如归的革命气节和崇高品格。

"慷慨登车去,相期一节全。"叙述了罗亦农被捕时慷慨激昂、从容不迫,登上囚车义无反顾、视死如归以期保全节操的情景。

"残躯何足惜,大敌正当前。"描述了他在狱中的心声:余下的日子没有值得留恋的,然而形势严峻大敌正当前。看到四一二政变后,上海笼罩在白色恐怖之中,中国革命陷于极度危难,大敌当前怎么能贪生怕死!

"知止穷张俭,迟行笑褚渊。"张俭(115—198),字元节,山阳高平(今山东邹县西南)人。汉桓帝时任山阳郡东部督邮,宦官侯览家在山阳郡,其家属仗势在当地作恶,张俭上书弹劾侯览及其家属,触怒侯览,但为太学生所敬仰。建宁二年(169)党锢之祸再起,侯览诬张俭与同郡24人共为部党。朝廷下令通缉,张俭被迫流亡。官府缉拿甚急,张俭望门投止,许多人为收留他而家破人亡。直到党锢解禁才回到家乡。后人用"望门投止"来指这件事。褚渊(435—482),中国南朝宋、齐两朝大臣,字彦回。河南阳翟(今河南禹州市)人。元徽五年(477),雍州刺史萧道成杀后废帝,另立顺帝。他推举萧道成录尚书事,后又助萧道成代宋建齐。受齐高帝宠幸,参与机要,进位司徒,封南康郡公。因其毫无节气,受后人耻笑。这里引用两个历史人物,正反相对,褒贬相照,诗人态度一目了然。

"从兹分手别,对视莫潸然。"从此分手告别亲人和战友,莫以泪眼相对视。他以大无畏的革命精神昂首挺胸走向刑场,这是何等的豪迈洒脱,这是何等的气宇轩昂!罗亦农唱出了英雄的悲曲,时代的壮歌。

遗　言

向警予

人都应该珍惜自己的生命，然而到了不能珍惜的时候，只有勇敢的牺牲自己。人总是要死的，但要死得慷慷慨慨。

【作者简介】

向警予，1895年9月生，湖南溆浦人。1919年秋参加新民学会，10月与蔡畅发起成立湖南女子留法勤工俭学会，年底赴法国勤工俭学。1921年11月回国。1922年初加入中国共产党。曾任中共中央妇女部部长。1925年10月赴莫斯科东方劳动者共产主义大学学习。1927年4月回国，参加了党的第五次全国代表大会。先后在武汉总工会宣传部、中共汉口市委宣传部和中共湖北省委工作。1927年10月任中共湖北省委党报《大江报》主笔。1928年3月，由于叛徒出卖，在汉口法租界被捕。同年5月1日英勇就义。

向警予

【提要】

这段遗言，是向警予被关在国民党武汉卫戍司令部的监狱里，对她同牢的人说的话。她用自己的一生履行了这一遗言。

向警予的遗言充满了坚定豪迈的革命精神和高瞻远瞩的人生哲理："人都应该珍惜自己的生命，然而到了不能珍惜的时候，只有勇敢的牺牲自己。"当她身陷囹圄的时候，敌人多么希望她为了珍惜自己的生命而背叛革命，然而一个共产党人高尚的气节在生死关头表现得更鲜明。向警予说："我早已选定了死路"，"决不向你们刀下求生"。凛然正气，令人崇敬。

【链接】

英雄血洒黄石路——向警予

1928年3月20日清晨，由于叛徒的出卖，向警予被法租界巡捕房拘捕。不久，法租界巡捕房将向警予引渡给国民党武汉卫戍司令部的军法处和看守所去受审。坚贞的向警予虽然受尽了酷刑，但敌人却没有从她口中捞到任何东西。

敌人看硬的不行，又来软的。一次，一个法官边问边摇头，说："你太可惜了，你是个了不起的中国妇女，可惜走错了路，然而并不迟，只要你肯弃暗投明，前途还是光明的。"向警予不屑一顾地说："快收起你那一套吧，你们才是黑暗透顶，中国的败类！"敌人无计可施，竟让叛徒宋若林出庭作证。向警予怒斥这条断了脊梁骨的癞皮狗："你这个民族的败类，还有脸待在这里。我为党的事业而死，虽死犹生！人民是不会饶恕你的，等革命胜利了，一定要把你五马分尸！"敌人从向警予口中得不到任何党的机密，就准备下毒手。临刑前，向警予视死如归，对在场的群众高声说："我是向警予，我是共产党员。反动派要杀死我，可是革命者是杀不完的！"她用尽了全部的力量，高呼："打倒国民党反动派！""中国共产党万岁！"随着这震撼长空的壮烈口号声，罪恶的枪声响了。

向警予铜像

武汉人民在烈士就义50周年时,将烈士之墓迁建在风景秀丽的汉阳龟山上。烈士陵墓建造得质朴、庄严、宽阔,墓前立着邓小平同志题写的"向警予烈士之墓"的墓碑和再现烈士英勇不屈雄姿的半身塑像。向警予烈士陵墓,凝铸着人民缅怀先烈,对先烈不朽业绩永志不忘之情;陵墓上空弥漫的耿耿浩气,给人一种圣洁的感动和无尽的力量。

向警予烈士的英雄业绩,深深地保持在人民的怀念和追思之中,永远激励着人们去完成烈士们未尽的事业。

就义前给妻子的遗书

陈 觉

云霄我的爱妻：

这是我给你的最后的信了，我即日便要处死了，你已有身孕，不可因我死而过于悲伤。他日无论生男或生女，我的父母会来抚养他的。我的作品以及我的衣物，你可以选择一些给他留作纪念。

你也迟早不免于死，我已请求父亲把我俩合葬。以前我们都不相信有鬼，现在则惟愿有鬼。"在天愿为比翼鸟，在地愿为并蒂莲，夫妻恩爱永，世世缔良缘"。回忆我俩在苏联求学时，互相切磋，互相勉励，课余时闲谈琐事，共话桑麻，假期中或滑冰或避暑，或旅行或游历，形影相随。及去年返国后，你路过家门而不入，与我一路南下，共同工作。你在事业上学业上所给我的帮助，是比任何教师任何同志都要大的，尤其是前年我病本已病入膏肓，自度必为异国之鬼，而幸得你的殷勤看护，日夜不离，始得转危为安。那时若死，可说是轻于鸿毛，如今之死，则重于泰山了。

前日父亲来看我时还在设法营救我们，其诚是可感的，但我们宁愿玉碎却不愿瓦全。父母为我费了多少苦心才使我们成人，尤其我那慈爱的母亲，我当年是瞒了她出国的。我的妹妹时常写信告诉我，母亲天天为了惦念她的远在异国的爱儿而流泪，我现在也懊悔此次在家乡工作时竟不曾去见她老人家一面，到如今已是死生永别了。前日父亲来时我还活着，而他日来时只能看到他的爱儿的尸体了。我想起了我死后父母的悲伤，我也不觉流泪了。云！谁无父母，谁无儿女，谁无情人，我们正是为了救助全中国人民的父母和妻儿，所以牺牲了自己的一切。我们虽然是死了，但我们的遗志自有未死的同志来完成。"大丈夫不成功便成仁"，死又何憾。此祝

　健康　并问
王同志好

觉　手书
1928.10.10

【作者简介】

陈觉，原名陈炳祥，1903年生，湖南醴陵人。1923年加入中国共产党。从此，他在党的领导下，积极开展革命活动，创建"社会问题研究社"，主办《前进》周刊，组织同学参加查禁日货、反对帝国主义文化侵略等活动，成为当时醴陵学生运动的领导人。1925年，陈觉同志被党派往苏联学习。在此期间，与同在苏联学习的赵云霄同志结婚。1927年9月，两人一起回国，先在东北，后到湖南工作。1928年9月，湖南省委机关遭受破坏，赵云霄同志被捕。这时，陈觉同志奉党的指示，去湖南常德一带坚持地下斗争。10月，因叛徒告密，也被捕入狱，从常德转押长沙，与赵云霄同志关在陆军监狱署。1928年10月14日，陈觉在长沙英勇就义，时年25岁。

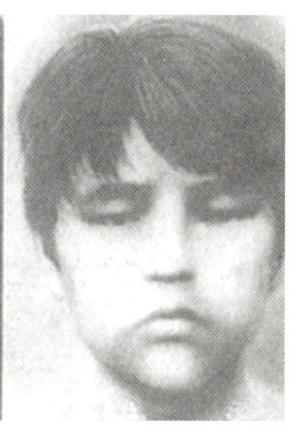

陈觉和赵云霄

【提要】

陈觉在即将就义之时，给妻子写下了这封遗书，其情其志，催人泪下。信中，陈觉回忆了两人的深厚情感以及对父母的深切思念，它是一个共产党人真情的流露。正像他信中说的："谁无父母，谁无儿女，谁无情人；我们正是为了救助全中国人民的父母和妻儿，所以牺牲了自己的一切。"这种舍小我求大我，舍小家求大家，为了救助全中国人民的父母妻儿，牺牲自己一切的行为，显示出了共产党人无私奉献的崇高精神。这就是共产党的本质，这就是共产党的精神。共产党正因为有陈觉这样的优秀党员，才使人们更真切地认识到了它的本质、它的精神。信中所言的王同志指陈觉、赵云霄的婚姻介绍人王希闵，当时也关押在长沙陆军监狱，与陈觉同日遇害。

【链接】

赵云霄写给女儿启明的信

启明我的小宝贝：

启明是我们在牢中生了你的时候为你起的名字，这个名字是很有意义的。因为有了你4个月的时候，你的母亲便被湖南清乡督办署捕于（到）陆军监狱署来了。当时你的母亲本来（是）立时（处）死的罪，可是因为有了你的关系，被督办署检查了四五次，方检查出来，是有了你！所以为你起了个名字叫启明（与你同样同生一个叫启蒙）。小宝宝！你是民国十八年正月初二日生的，但你的母亲在你才有一月有十几天的时候，便与你永别了。小宝宝！你是个不幸者，生来不知生父是什么样，更不知生母是如何人？小宝宝！你的母亲不能扶（抚）养你了，不能不把你交与你的祖父母来养你。你不必恨我，而（要）恨当时的环境！

小宝宝！我很明白的告诉你，你的父母是共产党员，且到俄国读过书（所以才处我们的死刑）。你的父亲是死于民国十七年阳历十月十四日，即古历九月初四日。你的母亲是死于民国十八年阳历三月二十六日，即古历二月十六日。小宝贝！你的父母，你是再不能看到，而（且）也没有像片给你，你的母亲所给你的记（纪）念只有像片和衣物及一金戒指，你可作一生的惟一的记（纪）念品！

小宝宝！我不能扶（抚）育你长大，希望你长大时好好的读书，且要知道你的父母是怎样死的。我的启明，我的宝宝！当我死的时候你还在牢中。你是不幸者，你是个世界上的不幸（者）！更是无父母的可怜者。小明明！有你父亲在牢中给我的信及作品，你要好好的保存。小宝宝！你的母亲不能多说了。血泪而（书）成。你的外祖母家在北方，河北省阜平县。你的母亲姓赵，你可记着。你的母亲是二十三岁上死的。小宝宝！望你好好长大成人，且好好读书，才不（辜）负你父母的期望。可怜的小宝贝，我的小宝宝！

你的母亲于长沙陆军监狱署泪涕
一九二九年三月二十四日

客 上 海

熊亨瀚

吴淞敌舰驰,黄浦竖番旗。
上海今如此,中原事可知。
英雄能用武,盗寇欲何为。
唤起轩辕裔,生当报国时。

【作者简介】

熊亨瀚,1894年生,湖南益阳人。早年参加过辛亥革命。1926年,加入中国共产党。大革命时期曾担任国民党湖南省党部执行委员会常委兼青年部长、《湖南通俗日报》馆长,是湖南反帝大同盟、湖南省雪耻会、湖南人民反英讨吴委员会等革命群众组织的负责人之一。1928年11月7日被国民党反动派逮捕,28日英勇就义。

熊亨瀚

【提要】

熊亨瀚初到上海时,只见吴淞口帝国主义舰船驶来驶去,黄浦江到处飘着外国旗帜。政府腐败,外患频仍,这一切,让一个充满爱国情怀的进步青年义愤填膺,不能容忍。上海已经落到这步田地,中原一带被帝国主义掠夺占领也是预料的事情。由上海沦为租界而想到中原的前景,深感内忧外患,国运艰难。"英雄能用武,盗寇欲何为",他慷慨陈词,谴责了袁世凯独裁政权对内镇压对外苟且忍让的政策,一针见血地指出,如果中华英雄也可以用武力反抗帝国主义列强的侵略,那么,强盗们在我国还能有什么势力范围呢!他大声疾呼:黄帝的后代,快起来抵抗侵略,报效国家吧!熊亨瀚不能容忍自己的祖国任侵略者肆意宰割,在民族矛盾尖锐对抗时,敢于挺身而出,舍身为国,有勇气,有血性,表现出为国尽忠的高尚情操,令人可钦可佩。

寄谢左明

何挺颖

南京路上圣血殷,
百年侵略仇恨深。
去休学者博士梦,
愿作革命一新兵。

何挺颖

【作者简介】

何挺颖,1905年生,陕西南郑人。1925年加入中国共产党。1927年9月参加秋收起义,任工农革命军第一军第一师第一团连党代表。三湾改编后,任第一团第三营党代表,随部到井冈山,参加了开创井冈山革命根据地的斗争。1928年3月,任中共第一师党委书记。8月底,在黄洋界保卫战中,击溃湘赣国民党军4个团的轮番进攻。10月,参加在宁冈召开的中共湘赣边界第二次代表大会,当选为中共湘赣边界特委委员。同年底,调任红四军主力第二十八团党代表,兼团党委书记。1929年初,率部随毛泽东、朱德向赣南进军。1月24日,在大余战斗中身负重伤,在转移途经吉潭村时再遭敌袭击,不幸牺牲。

【提要】

这是何挺颖在五卅惨案发生后写的诗。谢左明是作者的早年好友。诗中的"圣血"是指为革命而流的神圣之血,这里指五卅惨案。

1924年,何挺颖到上海求学,次年考入大同大学数学系。1925年5月,震惊中外的五卅惨案发生了。在南京路上,何挺颖亲眼看到租界巡捕对手无寸铁的中国市民开枪,南京路上血肉横飞、伤亡无数的惨景,受到极大震撼。他还看到,中国的反动当局和帝国主义沆瀣一气，破坏人民群众的爱国运动，充当帝国主义的走狗。所有这一切都使他清醒过来，他深深认识到，中国已放不下一张平静的书桌，他无心再去研究数学，他觉得现在中国最需要的是革命战士，而不是数学博士。因此，他下定决心走革命道路。

觉醒的何挺颖就在这时写下了这首诗。"南京路上圣血殷，百年侵略仇恨深。"五卅惨案，南京路上帝国主义肆意屠杀中国人，血流成河。近百年来，帝国主义在中国无恶不作，从政治、经济、文化等方面侵略中国，中国没有自主，更谈不上自强，一个爱国青年面对祖国遭受的苦难，怎么能袖手旁观呢？"去休学者博士梦，愿作革命一新兵。"现在何挺颖觉醒了，他知道在这种环境中，谈什么科学救国只是痴心妄想，他要丢开科学救国的幻想，抛开做博士的美梦，投身到革命事业中去，做革命队伍中的一名新兵。

这首诗用非常简单明了的语句，把一个爱国青年怎么走上革命道路的原因交代得清清楚楚。一个青年人一旦觉醒了，其革命的决心就非常坚定。何挺颖曾经这么说过："对数表里查不出救国的良方，计算尺不能驱逐横行的虎狼……""我以前是想在大学毕业后回家教书，但是经过五卅运动的教育，我决心放弃数理化，不当教师，而要做更有益的事业了。"五卅运动成为何挺颖一生中极为重要的转折点，从此，他走上了革命道路。就在这一年，他加入了中国共产党，成为革命队伍中的一名新兵。

遗 嘱

苏兆征

大家共同努力奋斗。
大家同心协力起来,
一致合作,达到我们最后成功。

【作者简介】

苏兆征,1885年11月生,广东香山(出生地今属珠海市)人。1922年1月参与领导香港海员大罢工。1925年3月加入中国共产党。1925年参加领导省港大罢工。1926年5月任全国总工会执委会委员长。1927年春任武汉国民政府委员兼劳工部长。同年5月在中共五届一中全会上当选为中央政治局候补委员。八七会议上,当选为中央临时政治局委员、常委。1928年到莫斯科出席赤色职工国际第四次代表大会和共产国际第六次代表大会,当选为这两个组织的执行委员。同年在中共六届一中全会上,当选为中央政治局委员,任中央职工运动委员会书记。1929年1月回国,2月25日在上海病逝,时年44岁。

苏兆征

【提要】

这份遗嘱是苏兆征于1929年2月25日下午,在他逝世之前,向前去看望他的政治局的代表口述的,在场的同志作了笔录。遗嘱话虽然不多,但表达了共产党人努力奋斗、精诚团结和坚持到底的精神与信念。

给陆若冰的信

林育南

若冰我妹！你觉得奇怪吧，如何久无音信呢？我自己也觉得奇怪，我今天处在此地，而且能忍耐到今天才写信给你，真是"出外由外"，那（哪）能由得自己呢？这些时的生活，真是难写。因为校务改革的奋斗用尽了我一切的力量，才得到了相当的成效，同时因为交通的困难，所以迟之又迟仍然还留在这湖山的胜地。倘若"时人不识余心'苦'，将谓偷闲学少年"呵！在未离沪之前，真使生活矛盾极了，倘如不是因为校务的关系我老早就要离开了，而且想飞快的离开。但另一方面又不知不觉的有点留恋，几次走到西行的电车和汽车的门口，本想跳上去找你，但一转念立刻把我制止了，横直是要走的，而且已经告别了，何必又要去扰乱她妨碍她的功课呢？这个警告终于使我退却了。告诉我妹，证明了我真不是小孩子了，而已有成人的"老练"——"老练"么？妹不会以为是"冷酷"？果如此说，那就正如我妹之"若冰"啊！冰真好啊，特别是在这眼前的时间和空间中，她是对待这冷酷的社会的人们的武器！在这冷透了的人与人的关系里，我妹呵，真是不要"小热昏"，不要"学观音"，应当"坚如金"，应该"冷若冰"！这是我们的标语，是我们的圣经，识透此中之味，一生受用不尽-！

寒冻使人警惕，使人忍耐，使人奋发！在热的被窝里使人留恋，但"铁衾"就要威逼你早起——他真有极大的受用处！不要怕冷呀！此后我更当造成"山"一般的稳定，"铁"一样的顽强！好了，就以这自励，以后就叫我"铁峦"吧！铁峦呵！好自为之！

祝好！

铁峦

十二月十五日

【作者简介】

  林育南，1897年生，湖北黄冈人。五四运动中，与恽代英、陈潭秋等组织和领导武汉罢工、罢课、罢市的斗争，为武汉学生联合会负责人之一。1921年加入中国共产党，积极从事工人运动，并在此时认识了陆若冰。

  陆若冰，生于1906年，与林育南同乡。20世纪20年代初，因反抗包办婚姻，陆若冰跟随哥哥陆沉、表哥卢春山到武汉，住在恽代英、林育南、林育英在武昌大堤口办的毛巾厂里。在共同的学习生活中，林育南与陆若冰产生了感情。由于工作原因，两人时聚时分。在不能见面的日子里，他们就用书信互通情况，交流思想，加深感情。

  大革命失败后，林育南参加领导湖北的秋收暴动。1928年春，他奉调到上海，任中华全国总工会秘书长。1930年冬，为筹备在中央苏区召开第一次全国苏维埃代表大会，林育南带人去苏区做大会的准备工作。因国民党正准备对根据地发动第一次"围剿"，封锁了通往江西的所有道路，他们无

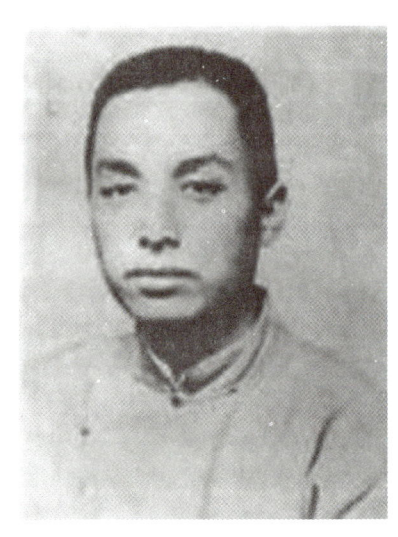

林育南

法进入中央根据地，滞留杭州。在路途中没人陪伴，一个人备感孤单，他十分思念留在上海的陆若冰。这是他于1930年12月15日写给陆若冰的信，信中表达了自己的思念之情。

【提要】

  因为有过两次失败的婚姻，林育南深刻体会到家庭对事业的重要性。在共同的工作和生活中，林育南和陆若冰产生了感情。但也是因为工作的原因，相爱的人常常聚少离多。在这封信中，林育南毫无保留地倾诉了对她的爱慕之情。对革命者来说，爱情就像冬天里的一抹阳光，让生活充满温暖与希望，让工作充满激情与动力。林育南在这封信中，激励自己，要做一个立场稳如泰山、意志坚如钢铁的革命战士。同时，他也非常关心陆若冰的工作，希望"在这冷透了的人与人的关系里"，她能够"坚如金"、"冷若冰"。

  这封信写得情深意切，将对革命无限的忠诚与对爱人炽热的爱结合在一起，表现了革命者宽广博大的胸怀和细腻炽热的情感世界。

狱 中 诗

恽代英

浪迹江湖忆旧游，
故人生死各千秋。
已摈忧患寻常事，
留得豪情作楚囚。

【作者简介】

恽代英，1895年8月生于湖北武昌，原籍江苏武进。学生时代积极参加革命活动，是武汉地区五四运动主要领导人之一。1920年创办利群书社，后又创办共存社，传播新思想、新文化和马克思主义。1921年底加入中国共产党。1923年8月被选为中国社会主义青年团中央执委会候补委员、宣传部部长，创办和主编《中国青年》。它培养和影响了整整一代青年。

恽代英

1924年恽代英从事国共合作的统一战线工作。1925年参与领导五卅运动。1926年5月被党派到黄埔军校，任政治主任教官和中共党团书记。1927年1月到武汉，主持中央军事政治学校工作，任政治总教官。7月恽代英奉中央之命赴九江，任中共中央前敌委员会委员，参与组织和发动南昌起义。起义失败后赴香港。1927年12月参与领导广州起义，任广州苏维埃政府秘书长。1928年6月到上海任中共中央宣传部秘书长、组织部秘书长等职，主编中央机关刊物《红旗》。1929年6月在中共六届三中全会上被补选为中央候补委员。1930年5月6日，恽代英在上海被国民党当局逮捕。1931年4月29日在南京就义，时年36岁。

【提要】

　　《狱中诗》里，恽代英抑制不住内心的激情，回忆起当年的战友，有的还在继续为革命奔忙，有的已经为革命流尽了最后一滴血，但他们的革命豪气是永存的。恽代英曾说过："我们的理想社会主义、共产主义实现了，那时世界多么美妙。也许那时年轻人，不易领会我们走过令人难以设想的崎岖道路……我们吃尽了苦中苦，而我们的后代则可以享到福中福。为了我们最崇高的理想——共产主义，我们是舍得付出一切代价的。"这首诗就集中地反映了这种豪情壮志。

　　"浪迹江湖忆旧游"，恽代英的一生，为革命事业奔走于大江南北，从参加五四运动到加入中国共产党；从领导青年运动到担任黄埔军校的政治总教官；从五卅运动到革命失败后投入南昌起义和广州起义。往事历历在目，自己的一生无愧于革命，无愧于党。第二句，由自己的革命生涯联想到一起战斗过的战们，"故人生死各千秋"，曾经有过许多朋友，有过许多同志，他们今在何方？也许已倒在敌人的屠刀下，也许正在继续革命事业，但生也罢，死也罢，他们的事业永恒，他们的生命永恒。第三句，又是写自己，"已摈忧患寻常事"，这一句是恽代英坦诚胸怀的流露，一个凡人，总有些个人的琐事，个人的烦恼，但他现在准备把这一切都抛在脑后，为什么呢？为了"留得豪情作楚囚"。一生为革命奔波，眼看着许多战友为革命献出了宝贵的生命，现在要抛弃一切个人的得失，用满腔的豪情，做一名"楚囚"，永葆革命气节，哪怕把敌人的牢底坐穿！

　　全诗充分体现了恽代英伟大的人格和高尚的情操。

诀 别

邓恩铭

卅一年华转瞬间,
壮志未酬奈何天。
不惜唯我身先死,
后继频频慰九泉。

【作者简介】

邓恩铭,1901年生,贵州荔波人,水族。1921年春,他与王尽美等人发起建立济南的共产党早期组织。7月,与王尽美一起出席在上海举行的中国共产党第一次全国代表大会。会后回济南建立中共山东支部,任支部委员。1922年1月,赴莫斯科参加远东各国共产党及民族革命团体代表大会,受到列宁的接见。回国后,他以主要精力从事工人运动。1925年8月,他被任命为中共山东地方执行委员会书记。11月被捕入狱。在狱中,由于遭受敌人的残酷折磨,邓恩铭的结核病很快恶化。经党组织多方设法营救,得以保外就医。1928年春,中共青岛市委进行改组,邓恩铭任书记。同年12月,由于叛徒告密,在济南被捕。1931年4月5日凌晨英勇就义,时年仅30岁。

邓恩铭

【提要】

这首诗是邓恩铭1931年3月在济南狱中所作,并随信寄给其母,表示了忠于革命、视死如归的精神。"不惜唯我身先死,后继频频慰九泉。"读来令人起敬,一个为信念而勇于献身的共产党人形象屹然矗立在人们眼前。这就是一位共产党员的大无畏英雄气概,一位共产党员不屈不挠的革命誓言,一位共产党员铮铮铁骨的真实写照。

遗 书

李硕勋

陶:

    余亦即将与你们长别。在前方,在后方,日死若干人,余亦其中之一耳。死后勿为我过悲。惟望善育吾儿,你宜设法送之返家中,你亦努力谋自立为要。死后尸总会收的,绝不许来,千嘱万嘱。

【作者简介】

李硕勋,1903年2月生,四川庆符(今四川省高县)人。1921年夏,李硕勋与好友阳翰笙等创立了成都社会主义青年团,成为四川青年团组织的创始人之一。1923年冬,李硕勋考入上海大学,学习期间,加入了中国共产党。

在南昌起义中,李硕勋被任命为整编后的二十五师党代表兼政治部主任。1927年10月,李硕勋受朱德委派,赴上海向党中央汇报起义军情况后,留在上海从事党的地下工作。先后任中共浙江省委常委、省委军委书记、省委代理书记、中共上海沪西区委书记、中共江苏省委军委书记、中共江南省委军委书记等重要领导工作。

李硕勋

1931年5月,李硕勋取道香港前往粤赣边区任红七军政委。到香港后,他又担任了中共广东省委军委书记。7月,在赴海南指导工作的途中,遭敌人逮捕入狱,李硕勋受尽严刑拷打,双腿折断,仍然立场坚定,宁死不屈。9月16日,李硕勋被敌人用竹筐抬到海口市东校场,英勇就义。

【提要】

这是1931年初秋,时任中共广东省委军委书记的李硕勋于牺牲前一天在狱中写给妻子赵君陶的诀别书,展示了一个共产党人光明磊落的精神世界。

李硕勋烈士纪念馆

　　李硕勋烈士在狱中留下的遗书,字里行间闪烁出伟大人格、高尚情操和共产主义必胜的信念,曾激励了无数同志和后人。郭沫若于1951年曾写道:"拜读遗书,从容就义、慷慨临刑的精神跃然纸上,使千百代后人见之,亦当肃然起敬。这是中国人民革命成功的左卷,是训育革命后进的不朽教材。"遗书中表现出的大义凛然、视死如归的英雄气概令无数后人肃然起敬。

狱中遗言

邓中夏

一个人不怕短命而死，只怕死得不是时候，不是地方。中国人很重视死，有重于泰山，有轻于鸿毛。为了个人升官发财而活，那是苟且偷生的活，也可以叫做虽生犹死，真比鸿毛还轻。一个人能为了最多数中国民众的利益，为了勤劳大众的利益而死，这是虽死犹生，比泰山还重。人只有一生一死，要生得有意义，死得有价值。

【作者简介】

邓中夏，1894年10月生，湖南宜章人。1920年参加北京的中国共产党早期组织，成为中国共产党党员。1922年任青年团临时中央局主席。1922年被选为中央委员。1922年5月任中国劳动组合书记部主任、全国总工会执行委员。1927年8月任中共江苏省委书记、中共广东省委书记。1928年任中华全国总工会驻赤色国际代表。1930年回国后任中共湘鄂西特委书记、红二军团政治委员、前敌委员会书记。1931年任红三军政治委员。1932年到上海坚持秘密斗争，后任全国赤色互济总会主任兼党团书记。1933年5月在上海被捕，9月21日在南京雨花台就义。

邓中夏

【提要】

邓中夏1933年5月在上海被捕，这是他在狱中写下的话，表达了共产党人的生死观，即"一个人能为了最多数中国民众的利益，为了勤劳大众的利益而死，这是虽死犹生，比泰山还重"。"就是把邓中夏的骨头烧成灰，邓中夏还是共产党员。"邓中夏生前在国民党监狱中留下的话，是他忠于党、忠于人民的最后誓言。短短数言，浓缩了他对党的无限忠诚，对革命事业生死以之的英勇气概。

胜　利

邓中夏

那有斩不除的荆棘？
那有打不死的豺虎？
那有推不翻的山岳？
你只须奋斗着，
猛勇的奋斗着；
持续着，
永远的持续着。
胜利就是你的了！
胜利就是你的了！

【提要】

　　这是邓中夏1933年在狱中所作的诗。在狱中，邓中夏以一个共产党员的钢铁意志战胜了敌人的残酷摧残。他给同志们上党课，讲马列主义，讲共产党员的理想和气节。在生命的最后时刻，他给党中央写了一封信，深情地说："同志们，我快要到雨花台去了，你们继续努力奋斗吧！最终胜利终究是我们的！"在监狱的墙壁上，他还留下诗句："伫看十年后，红花开满地"。这些书信和诗篇异曲同工，充分体现了一个共产党人对共产主义事业的必胜信念。

诗 一 首

吉鸿昌

恨不抗日死,
留作今日羞。
国破尚如此,
我何惜此头。

【作者简介】

吉鸿昌,1895年10月生,河南扶沟人。1913年入冯玉祥部,因骁勇善战,屡立战功,从士兵递升至军长。1930年9月,吉鸿昌所部被蒋介石改编后,任第二十二路军总指挥兼第三十师师长,奉命"围剿"鄂豫皖革命根据地。因对"围剿"红军态度消极,1931年8月被蒋介石解除兵权,强令其出国"考察"。1932年1月,吉鸿昌回国后,联络与发动旧部,为抵抗日本侵略奔走呼号,并毁家纾难,变卖家产购买枪械,组织武装抗日。1932年秋在北平秘密加入中国共产党。1933年5月,吉鸿昌任"察哈尔民众抗日同盟军"第二军军长、北路军前敌总指挥兼察哈尔警备司令,随即率部进攻察北日伪军,连克康保、宝昌、沽源、多伦四县,将日军驱出察境。1934年参与组织中国人民反法西斯大同盟,被推为主任委员。1934年11月9日,吉鸿昌在天津法租界被军统特务暗杀受伤,遭法租界工部局逮捕,并引渡给北平军分会。11月24日,经蒋介石下令,被杀害于北平陆军监狱。

吉鸿昌

【提要】

　　这首诗是吉鸿昌在就义前，用一根树枝在刑场的地上写的。面对国破家亡的惨景，吉鸿昌表达了视死如归的坚定信念。吉鸿昌曾大义凛然地说："我能够加入革命的队伍，能够成为共产党的一员，能够为我们党的主义，为人类的解放而奋斗，这正是我毕生的最大光荣。"

　　"恨不抗日死，留作今日羞"，虽寥寥几笔，却将他临难时的愤懑之情直泻而出。1933年5月，吉鸿昌联合冯玉祥等组织抗日同盟军，同日军展开了英勇的战斗。他早已将自己的生死置之度外。而今国难未纾，敌寇未灭，自己却将倒在推行不抵抗政策的国民党反动派的枪口下，实为他平生之大憾。性格刚烈的他深感羞愧。他的羞愧，其实并非为自己而发。吉鸿昌死在如此逆行倒施的反动派的枪口之下，这不仅是他个人的耻辱，更是国家、民族的耻辱。在生死关头，吉鸿昌已将自己个人的命运同整个国家和民族的命运自觉地联系在了一起，体现出一个革命者博大宽广的胸怀和强烈的民族责任感。

　　"国破尚如此"，实因其壮志未酬身先卒之憾恨而让他刻骨难忘。东北沦陷，生灵涂炭，而日寇的野心也肆意膨胀，华北危急，平津告难，在此国之将亡之际，腐败的国民党政府依然推行其不抵抗的卖国政策。"我何惜此头。"吉鸿昌早已抱定了"宁为玉碎，不为瓦全"的毅然决心。如果不能死在抗日前线上，那么留此头颅又有何意！其悲壮之势，豪迈之情，直逼云霄。

带镣行

刘伯坚

带镣长街行,
蹒跚复蹒跚;
市人争瞩目,
我心无愧怍。

带镣长街行,
镣声何铿锵;
市人皆惊讶,
我心自安详。

带镣长街行,
志气愈轩昂;
拚作阶下囚,
工农齐解放。

【作者简介】

刘伯坚,原名刘永福,1895年1月生,四川平昌人。1920年参加留法勤工俭学,先到比利时,后到巴黎。1922年与周恩来、赵世炎等共同组建了"少年共产党"(后改名为旅欧共青团),随即转为共产党员。1923年,刘伯坚赴莫斯科,入东方共产主义劳动者大学。

1926年春,刘伯坚受共产国际和中共中央委派,回国任西北军政治部副部长、部长。1928年春,再度赴苏联学习军事。1930年,回到上海。1931年进入江西中央苏区,先后任中央军委秘书长、红军学校政治部主任。1934年10月红军长征时刘伯坚被留下任赣南军区政治部主任。1935年3月初,刘伯坚在突围时受伤被俘。在被囚的17天中,他坚贞不屈,视死如归。他在遗书中把自己的一生归结为"生是为中国,死是为中国",并以"我为中国作楚囚"自豪。临刑前,刘伯坚写了最后两封信，他预言："不久的将来中国民族必能得到解放"，他的"鲜血不是空流了的"。信中谆谆叮嘱他的亲人："最重要的，诸儿要继续我的志向，为中国民族的解放努力流血，继续我未完成的光荣事业。"

1935年3月21日就义。

【提要】

经典舞蹈史诗《东方红》的画面让我们至今记忆犹新：刘伯坚，当年那个高唱《戴镣行》慷慨就义的革命光辉典范得到了再现，激昂的诗篇不时萦绕耳畔：戴镣长街行，蹒跚复蹒跚；市人争瞩目，我心无愧怍。戴镣长街行，镣声何铿锵；市人皆惊讶，我心自安详。戴镣长街行，志气愈轩昂；拚作阶下囚，工农齐解放。今天再次重温他的这首就义诗，仍能感悟刘伯坚为崇高事业不动摇犹豫，不悲观失望，不认输投降，不俯首屈膝，不摧眉折腰，不被诱惑，不受干扰，不怕艰苦，不怕打击，不怕牺牲的崇高精神。她不仅体现了我们民族自古以来所尊崇的"贫贱不能移，富贵不能淫，威武不能屈"的气节，也为我们今天推进社会主义核心价值体系建设提供了不可多得的精神养料。

刘伯坚

想想看，血雨腥风的岁月，铁窗、高墙、镣铐、酷刑，动摇不了刘伯坚的理想信念，是因为他对马克思主义的信仰是自觉的，而决不是盲从的；是真心实意的，而绝不是虚情假意的。在社会主义建设和改革中，许许多多共产党员之所以能够为党和人民的事业鞠躬尽瘁死而后已，也是因为有崇高理想和坚定信念的激励。

遗 书

刘伯坚

凤笙大嫂并转五、六诸兄嫂：

弟于三月四日在江西信丰县唐村被粤军俘虏，押解大庾粤军第一军部，三月二十二日要在大庾被牺牲了。

弟在唐村被俘时，就决定一死以殉主义，并为中国民族解放流血，曾有遗嘱及绝命词寄给你们，不知收到没有？

弟为中国革命牺牲毫无遗恨，不久的将来，中国民族必能得到解放，弟的鲜血不是空流了的。

虎、豹、熊三幼儿将来的教养，全赖诸兄嫂。豹儿在江西，今年阳历二月间寄养到江西瑞金武阳围的船户。赖宏达（四十五岁）老板，他的船经常往来于瑞金、会昌、雩都、赣州之间。另有吉安人罗高，二十四五岁，随行，是个裁缝。罗高很忠实很爱豹儿，他无论如何都同豹儿一起。你们在今年内可派人去找，伙食费可能维持四五个月。

熊儿生后一月即寄养福建连城属之新泉区芷溪乡黄荫胡家中，黄业中药铺，其弟已为革命牺牲，弟媳名满菊，扶养熊儿，称熊儿为子，爱如己出，因她无子。

熊豹两儿均请设法收回教养。

诸幼儿在十八岁前可受学校教育，十八岁后即入工厂做工为工人。他们结婚更不要早，迟至三十岁左右再结婚亦不为迟，以免早婚多儿女累，不能成就事业。

最重要的，诸儿要继续我的志向为中国民族的解放努力流血，继续我未完成的光荣事业。

这封信须要给叔振同志一阅。她可能已到沪了。

此致

最后的亲爱的敬礼

弟刘伯坚
三月二十日于大庾

绝 笔 信

刘伯坚

叔振同志：

我的绝命书及遗嘱，你必能见着。我直寄陕西凤笙大嫂及五、六诸兄嫂。

你不要伤心，望你无论如何要为中国革命努力，不要脱离革命战线，并要用尽一切的力量，教养虎、豹、熊三幼儿成人，继续我的光荣革命的事业。

我葬在大庾梅关附近。

十二时快到了，就要上杀场，不能再写了。

致以最后的革命的敬礼！

刘伯坚

三月二十一日于大庾

【提要】

1935年3月21日，是刘伯坚被俘的第17天。见他没有丝毫的投降之意，蒋介石密令："即日处决刘伯坚。"当他被押到刑场时，敌人问他还有什么后事要交代，刘伯坚说，他要葬在高高的梅关，要看着革命的星星之火再次燎原，燃遍整个中国！走上刑场前，他给妻子王叔振写了这封绝笔信。

也许狱中的黑暗生活，落款的日子他记错了一天。他没想到的是，妻子没能见到他的绝笔信。

刘伯坚有三个儿子，分别叫刘虎生、刘豹和刘熊生。被捕之前，他的三个儿子都分别送给了别人，分散各处。直到新中国成立后的1956年，经各方努力，刘虎生、刘豹两兄弟才有了他们今生的第一次见面。因彼此十分相像，他们一眼就认出了对方。想到早逝的父母和还有一位尚未团圆的弟弟，他们痛哭不已。这时，他们都已经建立了自己的家庭。刘虎生成为了新中国第一代高级工程师和全国劳动模范，刘豹也成为了一名高级工程师。在1965年，他们母亲留下的收养契约也被发现，刘熊生这才知道了自己的身世。在战争时期,为了保护他,养育他的黄家男主人牺牲了;为了让熊生能够上学读书,黄家甚至卖掉了自己的亲生骨肉。刘熊生在知道这一切后,再也没有离开过哺育他的那一方土地,当了整整一辈子的山村农民,于1999年去世。

刘伯坚烈士墓

诗 一 首

方志敏

敌人只能砍下我们的头颅，
决不能动摇我们的信仰！
因为我们信仰的主义，
乃是宇宙的真理！
为着共产主义牺牲，
为着苏维埃流血，
那是我们十分情愿的啊！

【作者简介】

方志敏，1899 年 8 月生，江西弋阳人。1919 年秋以优异成绩考入南昌省立甲种工业学校。1922 年 7 月，加入中国社会主义青年团。1924 年 3 月，方志敏在南昌转为中国共产党党员。1927 年任全国农协临时执委会委员等职。1930 年 2 月任信江革命军事委员会主席，1931 年起任赣东北特区革命委员会主席、赣东北特区苏维埃政府主席、赣东北省苏维埃政府主席兼红十军代政委。1934 年 11 月初，以红七军团组成的北上抗日先遣队到达闽浙皖赣边区，与红十军组成红十军团，方志敏任红十军团军政委员会主席，奉命率红十军团北上抗日，在皖南遭国民党军重兵围追堵截，艰苦转战两月余，

方志敏

被 7 倍于己的敌军重重围困在怀玉山区。他带领先头部队奋战脱险，但为了接应后续部队，冒着雨雪和危险，复入重围，寻找部队，终因寡不敌众，弹尽援绝，于 1935 年 1 月 29 日被俘。

在狱中，面对敌人的百般诱降和严刑逼供，他正气凛然，坚贞不屈，断然表示：宁为玉碎，不为瓦全，为革命而死，虽死犹荣！在极端艰苦的条件下，方志敏用自

信仰的力量 精神卷

方志敏烈士铜像

己的心血写下了《可爱的中国》、《清贫》、《狱中纪实》等著名篇章。1935年8月6日,方志敏在江西南昌英勇就义,时年36岁。

【提要】

"敌人只能砍下我们的头颅,决不能动摇我们的信仰!因为我们信仰的主义,乃是宇宙的真理!为着共产主义牺牲,为着苏维埃流血,那是我们十分情愿的啊!"这些激动人心、掷地有声、感人肺腑的语言,给我们留下了宝贵的精神财富。

当我们吟诵方志敏的不朽诗篇,无不为这位伟大的共产主义战士对党和革命事业的赤胆忠心而肃然起敬。

信仰之魂
信仰铸就不屈魂

遗　　书

赵一曼

宁儿：

　　母亲对于你没有能尽到教育的责任，实在是遗憾的事情。母亲因为坚决地做了反满抗日的斗争，今天已经到了牺牲的前夕了。

　　母亲和你在生前是永久没有再见的机会了。希望你，宁儿啊！赶快成人，来安慰你地下的母亲！我最亲爱的孩子啊！母亲不用千言万语来教育你，就用实行来教育你。在你长大成人之后，希望不要忘记你的母亲是为国而牺牲的！

一九三六年八月二日
你的母亲赵一曼于车中

　　亲爱的我的可怜孩子啊！……母亲死不足惜……母亲死后，我的孩子要替代母亲继续斗争，自己壮大成人，来安慰九泉之下的母亲！……我的孩子自己好好学习，就是母亲最后的一线希望。

一九三六年八月二日
在临死前的你的母亲

【作者简介】

　　赵一曼，原名李坤泰，1905年10月生，四川宜宾人。1923年加入中国社会主义青年团。1926年夏，加入中国共产党。同年11月，入武汉中央军事政治学校学习。大革命失败后，赵一曼按照党组织安排转移到上海。9月，被派往苏联莫斯科中山大学学习。1928年回国，在宜昌、南昌和上海等地进行党的秘密工作。

　　九一八事变后，被党组织派往东北地区发动和组织群众进行抗日斗争。1932年秋到哈尔滨，任满洲总工会秘书、组织部长、代理书记。1934年，任中共珠河（今尚志）中心县委特派员、铁北区委书记，组织领导当地工人农民成立反日游击队，与日伪军进行斗争。

1935年秋，她任东北抗日联军第三军第一师第二团政治委员。同年11月，她在一次战斗中身负重伤被俘。日军对她施以酷刑，逼其投降招供，她宁死不屈。为得到口供，日军将她送进医院监护治疗。1936年6月28日，赵一曼在看护人员帮助下逃出医院。6月30日晨，被日本军警追捕再度被俘。敌人对她施以更加残酷的刑讯，仍毫无所得，遂于1936年8月2日把她押回曾战斗过的珠河县。临刑前，她高呼"打倒日本帝国主义！中国共产党万岁！"壮烈牺牲时，年仅31岁。

【提要】

赵一曼这字字千钧的绝笔倾诉了她对祖国、对人民的无限热爱，浸透着中国共产党人为国家、为民族、为人民甘愿献出一切共产主义精神和大无畏的革命气概，寄托了一个坚贞不屈的母亲对孩子也是对后人的无限希望，表达了一个共产党员崇高的革命情怀。赵一曼就义之前，最思念的就是自己的儿子。当年生儿子临产时，她正在宜昌做地下工作，把孩子生在一个好心妇女的半间砖房中。她背着孩子一路讨饭，前往上海寻找党组织，受尽了千辛万苦，几乎在上海街头把孩子卖掉。在这么艰难的环境中拉扯大的孩子，让行将为国捐躯的母亲如何不想念！这封充满了舐犊之情、报国之意的遗书写于赵一曼赴刑场的途中，读来催人泪下。

赵一曼与儿子合影

狱中歌声

何功伟

黑夜阻着黎明，只影吊着单彤，
镣铐锁着手胫，怒火烧着赤心。
蚊成雷，鼠成群，灯光暗，暑气蒸，
在没太阳的角落里，
谁给我们同情慰问？
谁抚我痛苦的伤痕？！
我热血似潮水的奔腾，心志似铁石的坚贞，
我只要一息尚存，誓为保卫真理而抗争。
呵！姑娘，去秋握别后，再不见你的倩影，
别离为了战斗，再会待胜利来临。
谁知未胜先死，怎不使英雄泪满襟？！
你失了勇敢的战友，是否感到战线吃紧？
我失了亲爱的伴侣，也曾感到征途凄清！
不，姑娘，你应该补上我的岗位，坚决地打击敌人！
愿你同千千万万的人们，踏着我们的血迹前进！
呵，姑娘，天昏昏，地冥冥，用什么来纪念我们的爱情？
惟有作不倦的斗争。
用什么表达我的愤怒？
惟有这狱中歌声。

1941年11月

【作者简介】

何功伟，1915年11月生，湖北咸宁人。1936年加入中国共产党，任中共湖北省委农委委员、武昌市委书记、鄂南特委书记、鄂西特委书记、湘鄂川特委书记。1941年1月27日在湖北恩施被捕，国民党反动派曾以高官厚禄诱其自首，均遭痛斥，遂遭敌人杀害。

【提要】

1942年11月13日延安《解放日报》刊登这首遗诗时,标题是《忆许云》。这首诗为《狱中歌声》的第一段,是何功伟被敌人单独关押在方家坝时按冼星海《夜半歌声》曲填词而作。在狱中,他每晚都要唱这首歌,给全牢难友极大鼓舞。全诗表现了一个共产党员的坚定信念和为理想、为党的事业献身的浩然正气。

【链接】

义无反顾

何功伟被捕后,在叛徒指认下,特委书记的身份暴露了。国民党一开始就把他作为共产党要犯,由第六战区司令长官兼湖北省主席陈诚亲自指挥进行刑讯、劝降、诱降直至处决。

在刑讯室里,敌人用火烙铁、老虎凳、铁钎子折磨何功伟,但他怀着泰山崩于前而色不变的气概,从容对敌,战胜了这些惨绝人寰的酷刑。

陈诚曾指示军统:要"以理服之","以情动之"。敌人就改变手法,从以高官利诱,到派出"名士学者"、党政要员以至反共老手朱怀冰,同他进行反对共产主义的辩论,他都巍然不为所动,并且用八路军抗击日寇的英勇战绩、边区政治经济欣欣向荣和人民生活改善的大量事实,驳倒了那些反共谬论,挫败了他们的阴谋。最后在牢房里只响彻着一个声音——他在辩论中说的一句真理"只有共产党才能救中国!"

何功伟

于是陈诚又妄图用骨肉之情,诱骗何功伟父亲来劝降。何功伟是个孝子,得知父亲要来时,立即写信劝阻。信被陈诚截获,父亲还是来了。在这封信中,他说:

当局正促儿"转变",或无意必欲置之于死,然揆诸宁死不屈之义,儿除慷慨就死外,绝无他途可循。为天地存正气,为个人全人格,成仁取义此正其时。行见汨罗江中,水声悲咽;风波亭上,冤气冲天。儿蝼蚁之命,死何足惜!惟内战若果扩大,抗战必难坚持,四十余月之抗战业绩,宁能隳于一旦!百万将士之热血头颅,忍作无谓牺牲!……微闻当局已电召大……人来施，意在挟大人以屈儿。而奈儿献身真理，早具决心，苟义之所在，纵刀锯斧钺加诸项颈，父母兄弟环泣于前，此心亦不可动，此志万不可移……惟恳大人移所以爱儿者以爱天下无数万人之儿女，以爱抗战死难烈士之遗孤，以爱流离失所无家可归之难童，庶儿之冤死，或正足以显示大人之慈祥伟大。

他父亲千里探监是为了营救儿子，当面讲不通，在恩施也给儿子写了一封信。功伟又针对父亲的思想，写了第二封信：

……今日跪接慈谕，训诫谆谆，一字一泪，不忍卒读。鸟能反哺，獭知报本，儿独何心，能不断肠？……而儿之所以始终背弃大人养育之恩，断绝妻子之爱，每顾而不悔者，实不愿背弃绝大多数人之永久利益以换取吾一家之幸福也。谁无父母，谁无妻儿？儿安忍出卖大众，牺牲他人，苟全一己之私爱？儿决心牺牲个人，以利社会国家，粉身碎骨，此志不渝！

这两封信声声血泪，字字千钧，显示了一个普通人的难以割舍的亲情和爱情，更显示了一个共产党人远远超出个人私情的对最广大人民群众的爱，感人肺腑，催人泪下，实足以惊天地而泣鬼神。陈诚在看了截获的第一封信上，也不禁感慨地批了12个字："至情至性，大节大义，真伟人也。"

何功伟的父亲在恩施滞留了40天，先后到方家坝探监10次。最后一次探监时，老人和儿子一道睡在谷仓里，彻夜长谈。他不忍心与爱子永别，老泪纵横地对何功伟说："这是最后一次求你了，只要你肯点一下头，就可以跟我回去！"老人竟跪在了儿子面前！何功伟心如刀绞，一把扶起父亲，斩钉截铁地说："爷啊！你不要上他们的当！我为天地存正气，为个人全人格，头可断，头不可点！"

11月17日是陈诚下令"秘密处决"何功伟的一天。行刑的地点在方家坝后的五道涧。从牢房到刑场要攀登一条几百级的石板路。在这最后一刻，敌人仍然没有放弃以生死相诱胁的最残酷的绝招："你每上一步，我问你一次'回不回头'，只要你头一回，就免你一死；如果走完石板路，还不回头，就枪毙。"以前有的人在这关键时刻动摇了，回头一望，就走下石板路，当了可耻的叛徒。何功伟毫不理睬敌人的诱胁，带着沉重的脚镣，拖着遍体鳞伤的身躯，高唱《国际歌》，一步一步攀登台阶，每上一步，就经受一次生死的考验。他义无反顾、视死如归地直登刑场，走完了他还差4天才满26岁的一生，用生命谱写了一曲伟大的共产主义的壮丽颂歌。

囚徒歌

林基路

我噙泪低吟民族的史册，
一朝朝，一代代，
但见忧国伤时之士，
赍志含忿赴刑场。
血口獠牙的豺狼，
总是跋扈嚣张。
哦！民族，苦难的亲娘！
为你那五千年的高龄。
已屈死了无数的英烈。
为你那亿万年的伟业，
还要捐弃多少忠良！
铜墙，困死了报国的壮志，
黑暗，吞噬着有为的躯体，
镣链，锁折了自由的双翅，
这森严的铁门，囚禁着多少国士！
豆萁相煎，便宜了民族仇敌。
无穷的罪恶，终要叫种恶果者自食，
难闻的血腥，用噬血者的血去洗。
囚徒，新的囚徒，坚定信念，贞守立场！
砍头枪毙，告老还乡；
严刑拷打，便饭家常。
囚徒，新的囚徒，坚定信念，贞守立场！
掷我们的头颅，奠筑自由的金字塔，
洒我们的鲜血，染成红旗，万载飘扬！

林基路烈士纪念碑

【作者简介】

林基路，1916年生，广东台山人。1935年加入中国共产党。后东渡日本，成立了以他为书记的中共东京中国留学生支部。抗战全面爆发前夕，回到上海。1938年初，从延安到新疆，任新疆学院教务长、库车县县长。1942年被国民党新疆军阀盛世才逮捕。1943年牺牲于新疆狱中。

【提要】

这首气吞山河的诗，像岳飞的《满江红》、文天祥的《过零丁洋》一样，满怀报国之情，壮怀激烈，壮志难酬，沉痛而悲愤；直抒胸臆，充满民族责任感、救亡的紧迫感、对"豆萁相煎"的民族败类的憎恨，更直书国耻，慷慨激昂，切齿之声纸上可闻，血气淋漓，忠义奋发，大义凛然。其中既有绝大感慨，又饱含对革命的忠贞和坚定的必胜信念。高亢振拔的节奏、精悍凝练的诗句，表现了诗人的崇高气节、悲壮情调、血性精神。古往今来，人难免一死，为拯救祖国而死，一片丹心必将垂于史册，映照千古。这血写的诗，表明了诗人舍生取义、以死殉国的决心。这才是"惊天地、泣鬼神"的诗歌。

囚 歌

叶 挺

为人进出的门紧锁着，
为狗爬出的洞敞开着，
一个声音高叫着：
——爬出来吧，给你自由！
我渴望自由，
但我深深地知道——
人的身躯怎能从狗洞子里爬出！
我希望有一天
地下的烈火，
将我连这活棺材一齐烧掉，
我应该在烈火与热血中得到永生！

【作者简介】

叶挺，1896年生，广东惠阳人。1924年参加中国共产党。同年赴苏联东方劳动大学和军事学校学习。1925年回国，任独立团团长。南昌起义时，任前敌总指挥和十一军军长。广州起义时，任起义军总司令。广州起义失败后到莫斯科学习。随后离开苏联，失掉了与党的联系。抗日战争爆发后回国，拒绝了国民党的高官厚禄，1937年底到延安，出任新四军军长。1941年初，皖南事变中被扣押，入狱五年多。1946年春出狱后，又加入了中国共产党。同年4月8日由重庆乘飞机回延安，途中因飞机失事遇难。

叶挺

【提要】

　　这首诗是在囚禁叶挺的"中美特种技术合作所"渣滓洞集中营楼下第二号牢房墙壁上发现的。

　　这首著名的诗，以形象化的笔触、火一般的激情，揭露了国民党反动派的丑恶行径、狡猾阴险的伎俩、极端的虚弱的本质，表现了革命者宁可站着死也决不跪着生的伟大气节、坚贞操守和远大志向，抒发了为革命献身的壮志豪情，并坚信旧世界必将被人民革命的熊熊烈火烧毁，革命的理想必将成为现实。

　　周恩来评价：这才是真正的诗，他有着峻烈的正义感，使他对于横逆永不屈服，他又有透彻的人生观，使他自己超越于一切苦难之上。

　　郭沫若称赞：他的诗里燃烧着无限的激情，辐射着无限明澈的光芒，是用鲜血和生命写成的革命正气歌，他的诗就是他自己的人格和气节的生动写照，是他精神上敬仰的老师。

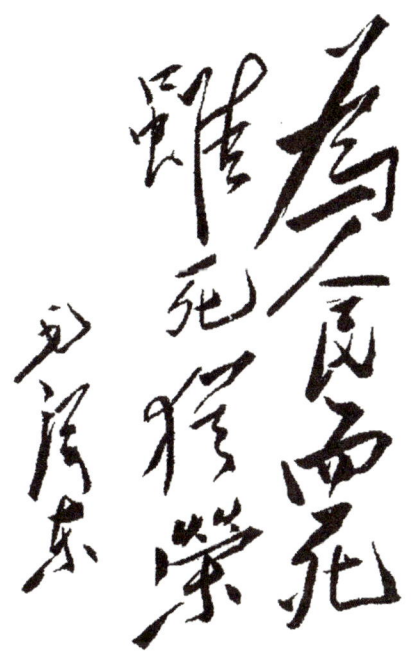

毛泽东为叶挺题词
"为人民而死，虽死犹荣"

【链接】

叶挺：在烈火和热血中永生

　　近日，记者来到叶挺将军的故乡——广东省惠州市惠阳区。

　　"三军可夺帅，匹夫不可夺志。"叶挺的座右铭，镌刻在叶挺将军纪念园的石壁之上。

　　今年是中国人民解放军军事家叶挺遇难70周年。70年过去，叶挺波澜壮阔的革命斗争生涯仍被广泛传颂；其忠诚为党、为人民而死的坚贞信仰与牺牲精神，让人深深怀念和敬仰。

铁骨铮铮　不移其志

　　不改气节、信仰忠诚——此为叶挺意志。

　　1924年12月，在莫斯科东方劳动者共产主义大学学习的叶挺，经王若飞、王一飞介绍，加入中国共产党。

　　此后20余年，叶挺经历了跌宕起伏、艰难辉煌的革命斗争生涯：率领国民革命军第四军独立团参加北伐战争；担任南昌起义前敌总指挥；广州起义中成为首支工农红军总司令；经历10年海外流亡生涯后归国出任新四军军长；"皖南事变"被强行扣押、囚禁5年多……

"不论是战争、流亡海外还是被囚禁，面对任何艰难与危险，叶挺将军都从未改变过志向和信仰，一直忠诚于党，无愧于一名真正的共产党员。"叶挺纪念馆馆长秦蓝说，叶挺被扣押后受尽磨难和威逼利诱，但始终坚贞不屈。

"为人进出的门紧锁着，
为狗爬出的洞敞开着，
一个声音高叫着：
——爬出来吧，给你自由！
我渴望自由，
但我深深地知道——
人的身躯怎能从狗洞子里爬出！
我希望有一天
地下的烈火，
将我连这活棺材一齐烧掉，
我应该在烈火与热血中得到永生！"

叶挺写于狱中的《囚歌》，慷慨壮烈，大义凛然，宣示着他坚定高昂、百折不挠的革命意志与信仰。

记者了解，叶挺将军纪念园每年接待游客量平均达80万人次，最高的一日入园游客数量曾超过3万人。

不畏艰险　勇于担当

不畏艰险、勇于担当——此为叶挺品格。

采访中，当地村民谈起"老乡"叶挺，脸上涌现出自豪神情。周田村村支书叶盘添感慨地说，叶挺将军声名远扬，是靠一场场硬仗打出来的，更是靠关键时刻挺身而出拼出来的。

北伐战争中，叶挺率第四军独立团斩关夺隘，进攸县、打醴陵、克平江、夺汀泗、取咸宁、占贺胜、陷武昌，战无不胜，攻无不克，"铁军"称号名扬中外；

在革命危急关头，叶挺相继率部参加南昌起义和广州起义，临危不惧、出生入死，为创建新型人民军队作出了历史性贡献；

在日寇入侵、国家存亡之际，叶挺毅然归国，汇集八省健儿，率领新四军纵横江淮大地，仅1年内就对敌作战500多次，毙伤日伪军超过7000人……

勇于担当的叶挺精神代代传承。作为全国200多所"红军小学"之一的当地腾云小学，前身是叶挺求学的腾云学堂。近年来，腾云小学不仅开设了展现红色革命传统的陈列室，而且时常举办红歌合唱比赛和演讲比赛。

"培养学生们不怕苦、不怕累、不怕难、不怕牺牲的精神，把叶挺将军的好品质传给下一代，是我们的职责。"腾云小学副校长黄新如说。

胸怀民族　心系民众

胸怀民族、心系民众——此为叶挺情怀。

叶挺的名字是当年腾云学堂教师陈敬如为他改的，意为"人要上行、叶要上挺"，寄望其挺身而出、拯救中华。

叶挺的一生，始终在为民族大义、为人民幸福而奋斗。他的生活十分俭朴，从来不摆架子、搞特殊，对同志和部下关怀备至。

纪念馆展示着一个个动人故事：新四军军部迁至云岭后，叶挺经常带领干部战士参加劳动，帮助农民种地、插秧；为解决叶子河农民交通困难，他还亲自设计、筹款和建桥，群众称该桥为"叶挺桥"。

"时代在变化，但为人民服务是我们永远不能改变的宗旨。"惠阳区淡水街道松岭社区党委书记廖辉煌说，近年来，社区党委、居委会定期开展"入户家访""行走村居"等工作，搜集社情民意，帮助贫苦群众解决户籍、入学、低保和廉租房等社会保障服务问题……

英雄情怀令人感动，将军精神令人崇仰。今年，正值叶挺诞辰120周年、遇难70周年，其故乡正筹备开展系列纪念活动，并结合北伐战役重要节点城市和场馆开展"重走北伐路"活动，更广泛地传播叶挺精神。

（原载《人民日报》2016年6月14日第4版）

给铭兄的信

王若飞

铭兄：

　　岁尾年头，最易动人怀抱。况我今日处境更觉百感烦心，念国难之日急，恨己身之蹉跎。冲天有志，奋飞无术。五更转侧，徒唤奈何！虽然楚囚对泣，惟弱者而后如此。至于我辈，只有隐忍以候。个人生命，早置度外。居狱中久，气血渐衰，皮肉虚浮，偶尔擦破，常致溃烂。盖缘长年不见日光，又日为阴湿秽浊所熏染。譬之楠梓豫章之木，置之厕所卑湿之地亦将腐朽剥蚀也。又冬令天短，云常不开；又兼房为高墙所障，愈显阴黑，终日如在昏幕中，莫能细辨同号者面貌。人间地狱，信非虚语。有人谓矿工生活，是埋了没有死，大狱生活，是死了没有埋。交冬以来，吾日睡十四小时（狱规：晚六时即须就寝，直至翌晨八时天已大明方许坐起），真无殊长眠。当吾初入狱时，见一般老号友对于囚之死者，毫无戚容，反谓"官司打好了"，深诧其无情。后乃知彼等心理皆以为与其活着慢慢受罪，反不如死爽快也。

　　以上琐琐叙述大狱生活，吾兄阅后，或将以为弟居此环境中，将如何哀伤痛苦，其实不然。弟只有忧时之心。一息尚存，终当努力奋斗。现时所受之苦难，早在预计之中，为工作过程所难免，绝不值什么伤痛也。因此弟之精神甚为健康，绝不效贾长沙之痛哭流涕长太息；惟坚忍保持此健康之精神。如将来犹有容我为社会工作之机会，固属万幸。否则亦当求在狱能比较健康而死。弟并无丝毫悲观颓丧之念也。与吾同号者，尚有五人，彼等官司皆在十年以上，时常咨嗟太息，以为难望生出狱门，我尽力慰解彼等，导之有希望，导之识字读书，导之行乐开心（下棋唱歌），一面使彼等有生趣，一面使我每日的生活亦不空虚。当彼等诅咒此大狱生活时，我尝滑稽地取笑说："我们是世间上最幸福的人。每天一点事不做，一点心不操，到时候有人来请睡，一睡就是十四点钟；早上有人来请起，饭做好了就请我们吃；难道还不够舒服么？"同时又叙述遭受天灾或兵灾区域难民的痛苦，冰天雪地中沙场战士的生活，我们较之，实已很舒服。自然任何人都愿在沙场争战而死，不愿享受大狱的舒服。吾之为此言，一面取笑，一面亦示人世间尚有其他痛苦存在，不可只看到自己也。即如吾兄现时之生活，想来亦必有许多难处，不过困难内容性质与弟完全不同耳。弟处逆境，与普通人不同处，即对于将来前途，非常乐观。这种乐观，并不因个人的生死或部分的失败、一时的顿挫，而有所动摇。弟现时所最难堪者，为闲与体之日现衰弱，恨不能死于战场耳！每日天将明时，枕上闻军营号声，不禁神魂飞越！嗟乎！吾岂尚有重跃马于疆场之日乎？

1933年1月

【作者简介】

王若飞

王若飞，1896年10月生，贵州安顺人。1919年赴法国勤工俭学，参加组建旅欧中国少年共产党。1923年转为中国共产党。曾任中共旅欧总部负责人之一。1923年转赴莫斯科学习。1925年回国，任中共豫陕区委书记。1926年调上海任中共中央秘书长。1927年任中共江苏省委常委。1928年任中共驻共产国际代表团。1931年回国任中共西北特委特派员。1937年后历任中共陕甘宁边区委宣传部长、统战部长。抗战爆发后，1938年任中共中央华中工委兼华北工委秘书长，兼任八路军副参谋长。1940年春至1941年9月任中共中央秘书长。1944年11月任中共中央南方局工委书记。1945年在党的七大上，当选为中央委员。1946年4月8日因飞机失事遇难。

【提要】

铭兄即王若飞的表姐夫熊铭青。1931年，王若飞不幸被捕入狱。对狱中生活的艰难，王若飞没有丝毫哀伤痛苦，他在这封写给表姐夫熊铭青的信中说道："现时所受之苦难，早在预计之中，为工作过程所难免，绝不值什么伤痛也。"一个共产党人自从他献身革命之日起，就做好了迎战各种艰难困苦的思想准备。因此，当考验真的来临时，他才能临危不惧，迎难而上，展现出一种乐观的大无畏的精神气概。正如他在信中说的："弟处逆境，与普通人不同处，即对于将来前途，非常乐观。这种乐观，并不因个人的生死或部分的失败、一时的顿挫，而有所动摇。"

征 途

关向应

月色在征尘中暗淡，
马蹄下迸裂着火星。
越河溪水，
被踏碎的月影闪着银光，
电火送着马蹄，
消失在希微的灯光中。

【作者简介】

关向应，1902年9月生，辽宁大连人，满族。1924年4月加入中国社会主义青年团。同年冬，赴苏联莫斯科入东方劳动者共产主义大学学习。1925年1月加入中国共产党。五卅运动后回国，主要从事工人运动和共产主义青年团工作。1928年7月在中共六届一中全会上当选为中共中央政治局候补委员。会后共青团中央书记。1930年初调中央军委和长江局工作。

关向应

1932年1月到湘鄂西苏区，先后任中共中央湘鄂西分局委员、湘鄂西军事委员会主席、红三军政治委员、红二军团副政治委员等，参与领导创建黔东苏区和湘鄂川黔苏区。1935年11月，同贺龙、任弼时等指挥红二、六军团开始长征。长征途中，同张国焘分裂党和红军的行径作了坚决斗争。后任第二方面军政治委员、中革军委委员。

抗日战争爆发后，任八路军第一二〇师政治委员。参与创建晋西北抗日根据地。1940年2月起任晋西北军区政治委员、晋绥军区和陕甘宁晋绥联防军政治委员、中共中央晋绥分局书记。由于长期艰苦的战斗环境，关向应积劳成疾，1941年秋到延安休养，1946年7月21日在延安病逝。

关向应纪念馆

【提要】

　　《征途》主要描写革命军队征战途中的一个片断,虽然篇幅短小,但是内涵丰富。"月色在征尘中暗淡,马蹄下迸裂着火星",诗开头示意这是夜行军,且是骑在马上。显然,这是战斗即将打响前的一刻。月色中,我军长途奔袭,马蹄踩踏出火星,形象地表现了我军将士求战心切和兵贵神速的勇气与智慧。作者巧妙地勾勒出奔袭中一个动人的场面,烘托了战前紧张而又兴奋的气氛,渲染了夜袭环境的神秘色彩。作者不直接写征人,不直接写战斗前摩拳擦掌的紧张状态,而是侧面描写奔袭的一个片断,让月色、马蹄、溪水等作为场面中的主要角色,这种安排,在艺术上取得了引人入胜的效果。接下来几句,也没有着意刻画我军纵横驰骋的壮大场景,而是更加具体地描绘奔袭场面。"越河溪水,被踏碎的月影闪着银光",战马风驰电掣般地越过小河沟时,把小溪水面上摇动着银白色的月光踩碎了,泛出无数银色的碎片;"电火送着马蹄,消失在希微的灯光中",奔袭是那样神速,鬼不觉、神不知,转眼已经消失在冷僻的荒野中,形象地描绘出千军万马迅猛而有序的画面,读后自会联想到这支大军强大的战斗力和所向无敌的气势。

就 义 诗

罗世文

故国山河壮，
群情尽望春；
"英雄"夸统一，
后笑是何人？

1946年10月18日

【作者简介】

罗世文，学名瑟夫，1904年生，四川威远人。1923年参加中国社会主义青年团，1925年加入中国共产党。曾赴莫斯科东方劳动大学学习。1929年回川，1933年任中共四川省委书记。长征后，任陕北红军大学和抗日军政大学教授、八路军成都办事处主任、《新华日报》成都分社社长。1940年3月在成都被国民党反动派非法逮捕。1946年10月18日在重庆"中美特种技术合作所"被害。

罗世文

【提要】

此诗系烈士临难前朗诵于白公馆。"故国山河壮，群情尽望春"，祖国江山如此壮丽，人民群众都盼望解放。"英雄"是对蒋介石集团的讽刺，他们曾经夸口要"统一中国"，把全国人民置于独裁统治之下，可是他们的妄想注定失败，最后胜利必然属于人民，最后笑的必然还是人民。短短四句诗，充分展现了烈士深深的爱国爱民情怀、蔑视一切敌人的大无畏气概！

愿把这牢底坐穿！

何敬平

为了免除下一代的苦难，
我们愿——
愿把这牢底坐穿！
我们是天生的叛逆者，
我们要把这颠倒的乾坤扭转！
我们要把这不合理的一切打翻！
今天，我们坐牢了，
坐牢又有什么希罕？
为了免除下一代的苦难，
我们愿——
愿把这牢底坐穿！

1948年夏于渣滓洞

【作者简介】

何敬平，1918年生，四川巴县人。1935年一二·九爱国运动爆发后，在家乡参加"重庆学生救国联合会"的活动。初中毕业后，考入重庆公共汽车公司当工人。1937年卢沟桥事变爆发后，参加抗日救亡运动，被吸收为重庆公共汽车公司"救国会"小组成员。1938年春，奔赴延安，中途因被误解而滞留西安。后考入国民党部队，在政治处搞抗日宣传工作。1941年皖南事变后，何敬平进一步认识到国民党消极抗日、积极反共的本质，愤然离开国民党军队返回重庆，经人介绍，到重庆电力公司工作。1945年2月，重庆电力公司发生"胡世合事件"。事件发生后，在中共南方局王若飞的

何敬平

直接领导下，发动了以工人阶级为主的全市性的争人权、争民主的群众性革命斗争。何敬平与工友们一起，积极参与了这场斗争。在斗争中，由于表现突出，何敬平光荣地加入了中国共产党。1946年上半年，中共重庆电力公司地下党支部成立，何敬平任组织委员。

1948年4月3日他被敌人逮捕，先后被关押在伪警备部稽查处、渣滓洞监狱等处。在狱中，他同敌人进行了坚决斗争。1949年11月27日，重庆解放前夕，被敌人枪杀于渣滓洞集中营。

【提要】

这首脍炙人口的不朽诗篇，是何敬平1948年夏在国民党"中美特种技术合作所"渣滓洞集中营写下的。一个人只要选择了为共产主义事业而奋斗的理想，就意味着向一切功名利禄进行斗争，就要进行灵与肉的较量。对于共产党员来说，忠实于自己的信仰比什么都宝贵。"为了免除下一代的苦难，我们愿——愿把这牢底坐穿！"这就是英雄的情怀，革命者的魅力！半个多世纪来，它已深深地印在了人们的心中。

狱中给亲友的信

江竹筠

竹安弟：

友人告知我你的近况，我感到非常难受。幺姐及两个孩子给你的负担的确是太重了，尤其是在现在的物价情况下，以你仅有的收入，不知把你拖成甚么个样子。除了伤心而外，就只有恨了。……我想你决不会抱怨孩子的爸爸和我吧？苦难的日子快完了，除了这希望的日子快点到来而外，我什么都不能兑现。安弟！的确太辛苦你了。

我有必胜和必活的信心，自入狱日起（去年六月被捕）我就下了两年坐牢的决心。现在时局变化的情况，年底有出牢的可能。蒋王八的来渝固然不是一件好事，但是不管他若何顽固，现在战事已近川边，这是事实，重庆在（再）强也不可能和平、京、穗相比，因此大方的给它三、四月的命运就会完蛋的。我们在牢里也不白坐，我们一直是不断的在学习，希望我俩见面时你更有惊人的进步。这点我们当然及不上外面的朋友。话又得说回来，我们到底还是虎口里的人，生死未定，万一他作破坏到底的孤注一掷，一个炸弹两三百人的看守所就完了。这可能我们估计的确很少，但是并不等于没有。假若不幸的话，云儿就送你了。盼教以踏着父母之足迹，以建设新中国为志，为共产主义革命事业奋〔斗〕到底。

孩子们决不要骄（娇）养，粗服淡饭足矣。幺姐是否仍在重庆？若在，云儿可以不必送托儿所，可节省一笔费用。你以为如何？就这样吧。愿我们早日见面。握别。愿你们都健康。

来友是我很好的朋友，不用怕，盼能坦白相谈。

竹姐　八月二十七日

【作者简介】

江竹筠，1920年8月生，四川自贡人。1939年入党。入党后，按党组织的要求，与共产党员彭咏梧扮作夫妻，组成一个"家庭"，作为重庆市委的秘密机关和地下党员学习的辅导中心。1945年与彭咏梧结婚。人们习惯称她江姐，以表敬爱之情。

1947年，在"反内战、反饥饿、反压迫"的学生运动高潮中，受中共重庆地下市委的指派，负责组织大中学校的学生与国民党反动派进行英勇斗争。在丈夫彭咏梧的直接领导下，江姐还担任了中共重庆市委地下刊物《挺进报》的联络和组织发行工作。1947年，彭咏梧任中共川东临时委员会委员兼下川东地委副书记，领导武装斗争。江姐以川东临委及下川东地委联络员的身份和丈夫一起奔赴斗争最前线。

1948年，彭咏梧在组织武装暴动时不幸牺牲。江姐强忍悲痛，毅然接替丈夫的工作。她说："这条线的关系只有我熟悉，我应该在老彭倒下的地方继续战斗。"

1948年6月14日，由于叛徒出卖，江姐不幸被捕，被关押在重庆渣滓洞监狱。国民党军统特务用尽各种酷刑，老虎凳、吊索、带刺的钢鞭、撬杠、电刑……甚至残酷地将竹签钉进江姐的十指，妄想从这个年轻的女共产党员身上打开缺口，以破获重庆地下党组织。面对敌人的严刑拷打，江姐始终坚贞不屈，"你们可以打断我的手，杀我的头，要组织是没有的。""毒刑拷打，那是太小的考验。竹签子是竹子做的，共产党员的意志是钢铁！"

江竹筠

1949年11月14日，在重庆即将解放的前夕，江姐被国民党军统特务杀害于渣滓洞监狱，为共产主义理想献出了年仅29岁的生命。

【提要】

这封信，是江竹筠烈士在狱中用竹签子蘸着用棉花灰制的墨水写在极薄的毛边纸上的。

从信中，除了可以看到江竹筠烈士为革命把牢底坐穿的决心，还能感受到对后代的关心、爱护与希望：一个是为共产主义革命事业奋斗到底，另一个是不娇生惯养，"粗服淡饭足矣"。这在一定程度上反映了一个共产党人对子女的教育观。

【链接】

毛泽东与歌剧《江姐》

几十年来,"江姐"要比烈士本名——江竹筠的知名度高得多,她身穿旗袍外罩毛线背心的服装样式也曾被人称为"江姐式"。这虽然要归功于艺术作品的形象塑造,更重要的还在于烈士本人的事迹感人。

重庆刚解放时,罗广斌在一本小册子中发表了《江竹筠烈士小传》。罗广斌是由江竹筠介绍入党,并在她的领导下工作的。他被关入渣滓洞监狱后,江姐通知狱中的难友"此人可靠"。1951年纪念建党30周年时,重庆《大众文艺》发表了杨益言所写的《圣洁的血花》征文,也是以江竹筠烈士为题材的。1959年,中国青年出版社出版发行了28万册的《在烈火中永生》。此后,罗广斌、杨益言以3年的艰苦创作写出长篇小说《红岩》。此书仅国内就先后发行800多万册,可以说影响了一代人。

烈士的事迹不仅被作为长篇小说的素材,而且还被搬上了舞台、银幕和屏幕,很多著名的表演艺术家都以能够扮演江姐为荣。如歌剧《江姐》,是1964年由解放军空军政治部文工团首度排练和演出的,公演后很快在全国引起轰动。在风风雨雨的35年间,她经三代演员四度复排,前后共演出460余场,被赞誉为中国歌剧史上里程碑式的作品。其中的唱段如《绣红旗》、《红梅赞》等脍炙人口,被广为传唱。

老一辈革命家也深深为江姐的英雄事迹所折服。

歌剧《江姐》

据《红岩》作者之一的杨益言回忆,当年毛泽东观看空政文工团演出的歌剧《江姐》时,看到壮烈牺牲那场戏,他禁不住动了感情,曾感慨而又不无遗憾地对身边的工作人员说:"为什么不把江姐写活?我们的人民解放军为什么不去把她救出来?"

灵 魂 颂

何雪松

你是丹娘的化身，
你是苏菲亚的精灵，
不，你就是你，
你是中华儿女的革命典型。

【作者简介】

何雪松，1918年生，四川高县人。1947年8月因组织武装起义，在重庆被捕，在狱中积极为党工作，多次与敌特斗争。1949年重庆解放前夕，在"中美特种技术合作所"渣滓洞大屠杀时，何雪松冲向敌人枪口，高呼口号，英勇就义。解放后被追认为中共正式党员。

何雪松与爱人莫凌志

【提要】

这是被囚禁在渣滓洞的革命者献给江竹筠同志的一首诗，由何雪松执笔。这四句诗，是其中的一小节。这首诗讴歌了江姐顽强不屈的革命精神以及坚定的党性修养。丹娘：即卓娅，苏联卫国战争时期女英雄。苏菲亚：帝俄时代的虚无主义者，反对沙皇，被绞死。这里用苏菲亚来歌颂江竹筠，只取其反封建、反专制、勇敢无畏、不怕牺牲一点而言。正如诗中所说，江姐不愧是丹娘的化身，不愧是中国的圣女贞德，她把一切都无私地献给了党和人民的事业，把一腔热血都洒在了歌乐山边。她用生命铸就了不朽的红岩魂，不愧为"中华儿女的典型"。

（二）赤胆铁骨夺胜利——必胜信念

自 题 诗

高君宇

我是宝剑，
我是火花。
我愿生如闪电之耀亮，
我愿死如彗星之迅忽。

【作者简介】

高君宇，原名尚德，字锡三，号君宇。1896年10月生，山西静乐（今属娄烦县）人。1912年考入山西省第一中学，因才华出众，以"十八学士登瀛洲"而享誉省城。1916年考入北京大学理科预科学习。1919年升入北大地质系本科学习。1919年五四运动时，高君宇是北京大学学生组织负责人之一。1920年3月，在李大钊指导下组织北大马克思学说研究会。1920年冬，高君宁加入北京的中国共产党早期组织，成为山西省的第一个共产党人。高君宇于1922年7月党的二大上当选中央委员，担任党报《向导》的编辑。1923年在党的三大上担任中央教育委员会委员。1924年年初，他同李大钊、毛泽东

高君宇与石评梅塑像

等一起以共产党员的身份参加了国民党第一次代表大会，曾担任过孙中山的秘书。1924年10月，他随孙中山北上，到北京因肺病住进德国医院治疗，并抱病出席了1925年1月在上海开幕的中共四大和3月的国民会议。同年3月，高君宇因猝发急性阑尾炎割治无效不幸逝世，年仅29岁。

【链接】

高君宇与石评梅

石评梅是高君宇生命中最挚爱的女性，生于1902年，山西平定人，是五四时期著名的青年女作家，著有《涛语》、《祷告》、《偶然草》等书。他们在同乡会上相识，共同的进步追求和兴趣使二人相互吸引。高君宇家中曾有过包办的不幸婚姻，在心灵受过创伤后对石评梅有火一般的恋情。

石评梅虽然也爱对方，却因初恋失败抱定独身主义的宗旨而固守着"冰雪友谊"的藩篱。高君宇内心十分痛苦，但仍然以尊重的态度写道："你的所愿，我愿赴汤蹈火以求之；你的所不愿，我愿赴汤蹈火以阻之。不能这样，我怎能说是爱你！"

为了表明自己对爱情的忠贞，高君宇特意从广州买了两枚象牙戒指，一枚连同平定商团叛乱时用过的子弹壳寄给北京的石评梅作为生日留念，另一枚戴在自己手上。石评梅戴上了这枚特殊意义的象牙戒指，"用象牙的洁白和坚实，来纪念我们自己静寂像枯骨似的生命。"

高君宇患病动手术后于第二天突然去世，对石评梅犹如晴天霹雳，后悔当初没有接受他的求爱。她在高君宇的墓碑上题写了他生前的诗句："我是宝剑，我是火花。我愿生如闪电之耀亮，我愿死如彗星之迅忽。"并作《墓畔哀歌》表达刻骨的思念之情："假如我的眼泪真凝成一粒一粒珍珠，到如今我已替你缀织成绕你玉颈的围巾。假如我的相思真化作一颗一颗红豆，到如今我已替你堆集永久勿忘的爱心。我愿意燃烧我的肉身化成灰烬，我愿放浪我的热情怒涛汹涌，让我再见见你的英魂。"

1928年9月，年仅26岁的才女石评梅因悲伤过度，在泣血哀吟中走完短短的一生，人们也把她葬于陶然亭内的高君宇墓旁，"生前未能相依共处，愿死后得并葬荒丘"。

劳动节歌

彭 湃

今日何日？
"五一"劳动节，
世界劳工同盟罢工纪念日。
劳动最神圣，
社会革命时机熟。
希望兄弟与姊妹，
"劳动"两字永牢记。

【作者简介】

彭湃，1896年10月生，广东海丰人。早年赴日本求学，1921年5月回国后加入中国社会主义青年团。1922年夏，他毅然只身深入农村，开展农民运动。1924年4月，彭湃转为中国共产党党员，同时任广州农民运动讲习所第一届、第五届主任和农讲所骨干教员。在后来的大革命中，他兼任了广东农民自卫军团长。1927年3月任中华全国农民协会临时执行委员会委员兼秘书长。

大革命失败后，彭湃赴南昌，参加以周恩来为书记的党的前敌委员会，参与领导南昌起义。在党的八七会议上，他当选中共中央临时政治局委员，后兼中共中央南方局委员。11月，创建了海陆丰苏维埃政权。

1928年11月，他当选中央政治局委员，奉命赴上海，任中共中央农委书记。后任中共江苏省委军委书记，中共中央军委委员、中共江苏省委常委。

1929年8月24日，彭湃因叛徒出卖被捕，被关押在上海龙华监狱。面对死亡威胁，他说："只要我还有一口气，我就要为共产主义事业奋斗到底！"他坚定地表示

彭湃

"不久的将来，一定能够推翻反动的统治，建立全国的苏维埃政权"，"为了我们的子子孙孙争得幸福的生活，就是献出了自己的生命也是在所不惜的"。

1929年8月30日，最后的时刻到了。他脱下身上的衣服赠送给难友，与战友杨殷、颜昌颐、邢士贞4人高唱《国际歌》，呼喊着"打倒帝国主义！""中国红军万岁！""中国共产党万岁！"等口号壮烈牺牲，年仅33岁。

【提要】

经过五四运动洗礼的彭湃，逐渐抛弃了中国传统的"万般皆下品，惟有读书高"的古训，深深体验到劳工神圣的力量，体会到他们在中国革命中的重要作用。他全身心地投入到了农工运动之中。1924年在彭湃提议下，广东创立了农民运动讲习所。他经常深入到广大农民中，用浅显质朴的语言向他们传授革命的道理，指导农民运动。在此期间，彭湃撰写了我党历史上最早的一部从理论和实践的结合上阐述农民运动的著作《海丰农民运动报告》。

这首诗正是彭湃在这一时期所作。在诗中他用朴素的语言歌颂了劳动，并鼓励劳动人民勇敢地投入到革命洪流中，为自己开创一个新的世界。

诗以问答的形式开头，如同与人侃侃而谈，开宗明义道出了作此诗的特殊意义。他用寻常的语言，为人民揭示了在全世界范围内工人运动正得到蓬勃发展的大好形势，工人阶级已显示出其强大的力量。告诉人们当今的世界是劳工的世界，因为"劳动最神圣"。接着，他满怀信心地向人们宣称"社会革命时机熟"，鼓励"兄弟与姊妹"不要再瞻前畏后，要把握住着大好的革命形势，勇敢地投入到革命的斗争中去。在诗的最后一句中彭湃又特别强调了"劳动"二字，希望人们不要忽视这二字的神圣含义，不要忽略劳动人民的巨大力量。

【链接】

走进海丰识彭湃

大家都知道苏联有一个"红场"，却不知广东海丰也有个"红场"，亦即"红宫红场"。80多年前，这里还被称为"小莫斯科"。1927年11月，由彭湃领导的农民武装暴动在这里缔造了中国第一个县级红色政权——海丰县苏维埃政府。

"作为一个大地主的子弟，他却要'革'自己家族的命，是不是有些傻？"

毛泽东称彭湃为"农民运动大王"，但彭湃并不是为了吃饱饭而闹革命的。

彭湃出生在一个大地主家庭，家里有"鸦飞不过的田产"。他在《海丰农民运动》一书中这样描述自己的家庭："每年收入约千余石租，共计被统辖的农民男女老幼不下千五百人。我的家庭男女老少不下三十口，平均每一人有五十个农民做奴隶。"1917年，彭湃东渡日本求学，翌年进入日本最早传播社会主义的地方——早稻田大学，在研究当时流行的许多哲学思潮之后，彭湃决定信仰马克思主义，以建立社会主义、实现共产主义作为自己奋斗终身的事业。

起初，家里人听说他要做农民运动，都不同意，大哥差不多要杀他。就是和他接近的朋友也都反对他："农民散漫极了，不但毫无结合之可能，而且无智识，不易宣传，徒费精神罢了。"

初次下乡，农民看见他的样子就走。

海丰红宫红场旧址纪念馆

彭湃并没有灰心。第二天，他脱下学生装，改穿一套农民衣服又下乡了。然而，农民还是不理他。后来，他觉得是所说的话太文雅了，说出来农民听不懂，于是决定以后不说一句农民听不懂的话。如是半个月，喜欢与他交谈的农民越来越多。家人怕彭湃"败家"，兄弟分产自立，彭湃就把自己分得的田契送给佃户。佃户不敢要，彭湃就把他们召到自己家门口，将田契全部当众烧毁。

这一中国封建土地制度实行以来未闻之奇事，迅速传遍海陆丰。日后，彭湃走到哪里，都有大批农民众星捧月般地簇拥过来。1923年1月1日，由彭湃任会长的海丰总农会成立，加入会员达2万户，人口近10万人，占全县人口四分之一。

彭湃的孙女、广东政协委员彭伊娜说："我看祖父的照片，参加革命前他穿的、吃的、用的，都是精致之极。作为一个大地主的子弟，他却要'革'自己的命，'革'自己家族的命，是不是有些傻？现在有些人把革命简单地说成是流氓无产者的运动，这是对革命理想主义的污蔑。"

这就是信念的力量。其实在老一辈无产阶级革命家中，相当多的人都是这样。他们是一批为理想奋斗的人。

别了,哥哥

(算作是向一个"阶级"的告别词吧!)

殷 夫

别了,我最亲爱的哥哥,
你的来函促成了我的决心,
恨的是不能握一握最后的手,
再独立地向前途踏进。

二十年来手足的爱和怜,
二十年来的保护和抚养,
请在这最后的一滴泪水里,
收回吧,作为噩梦一场。
你诚意的教导使我感激,
你牺牲的培植使我钦佩,
但这不能留住我不向你告别,
我不能不向别方转变。

在你的一方,哟,哥哥,
有的是,安逸,功业和名号,
是治者们荣赏的爵禄,
或是薄纸糊成的高帽。

只要我,答应一声说,
"我进去听指示的圈套,"
我很容易能够获得一切,
从名号直至纸帽。

但你的弟弟现在饥渴,

信仰之魂
信仰铸就不屈魂

饥渴着的是永久的真理，
不要荣誉，不要功建，
只望向真理的王国进礼。

因此机械的悲鸣扰了他的美梦，
因此劳苦群众的呼号震动心灵，
因此他尽日尽夜地忧愁，
想做个普罗米修士偷给人间以光明。

真理和愤怒使他强硬，
他再不怕天帝的咆哮，
他要牺牲去他的生命，
更不要那纸糊的高帽。

这，就是你弟弟的前途，
这前途满站着危崖荆棘，
又有的是黑的死，和白的骨，
又有的是砭人肌筋的冰雹风雪。

但他决心要踏上前去，
真理的伟光在地平线下闪照，
死的恐怖都辟易远退，
热的心火会把冰雪溶消。

别了，哥哥，别了，
此后各走前途，
再见的机会是在，
当我们和你隶属着的阶级交了战火。

1929.4.12

【作者简介】

殷夫，原名徐白，又名白莽，1910年6月生，浙江象山人。共产党员。1928年起即在进步刊物《奔流》和《列宁青年》上发表革命诗歌。1929年起，在党的领导下从事青年工人运动，曾经4次入狱，仍对革命事业矢志不渝。1930年3月中国左翼作家联盟成立，他即加入作为盟员。同年5月，作为左联代表，参加全国苏维埃区域代表大会。1931年1月在上海被捕，2月7日在龙华被害。他以短暂而壮丽的生命实现了生前的豪迈誓言："死去！死是最光荣的责任，让血染成一条出路，引导着同志们向前进行！"

【提要】

这是左联五烈士之一的殷夫于四一二大屠杀两周年之际，和在国民党政府任职的大哥彻底决裂写下的诗作，读来使人真切感受到一个铁骨铮铮的革命者背叛自己家庭所显示的勇气和决心。

1927年蒋介石发动四一二反革命政变，大屠杀的血腥气息弥漫于申城上空，殷夫也因叛徒告密而被捕。在狱中，他将自己被捕的经过写成长篇叙事诗《在死神未到之前》，表现出对革命事业忠贞不渝、视死如归的崇高气节："革命的本身就是牺牲，就是死，就是流血！就是在刀枪下走奔……在森严的刑场上，我们的眼泪决不因恐惧而洒淋！"

殷夫的大哥曾力图以学而优则仕的思维模式塑造殷夫，并为他铺设了一条通往上流社会享受荣华

殷夫

富贵的坦途。然而，对真理的渴求和对劳苦大众的同情，使他选择了一条充满荆棘的人生路。出于同胞手足之情，大哥给他发去一封封信，劝他放弃危险的工作。为此，殷夫写下《别了，哥哥》这首诗，作为向一个阶级的告别词。诗中真诚地感谢大哥对他多年的养育之恩，同时，站在阶级的立场上，向大哥作最后的告别，表示他"不要功建，不要荣誉"，唯一渴求的是永久的真理，他只想做个带给人间光明的普罗米修斯。

殷夫根据德文版《彼得菲诗集》中的一首"格言"，翻译成被人们广泛传颂的四句诗："生命诚可贵，爱情价更高。若为自由故，二者皆可抛！"激励了无数有志青年冲破封建牢笼献身于人民革命的解放事业。

革命总有胜利日

罗石冰

非求荣华非书痴,为求解放甘吃苦。
革命总有胜利日,祖国处处黄金屋。

【作者简介】

罗石冰,1896年生,江西吉安人。1924年秋,加入中国共产党。1926年1月,奉中共中央指派到江西巡视工作,并赴吉安考察,领导建立了中共吉安小组和中共吉安支部。1927年4月,任中共江西区委宣传部主任。7月,当选为中共江西省委委员。8月1日,参加南昌起义,后随起义军南下,途中不幸被俘,伺机脱逃,辗转赴厦门。不久,任中共福州市委书记。1928年初,赴上海。同年春,被派往苏联莫斯科东方劳动者共产主义大学学习。1930年秋回国,任中共青岛市委书记。1931年1月,在上海被捕。2月7日在上海龙华英勇就义。

罗石冰

【提要】

本诗是五卅惨案期间,罗石冰负伤住院期间在日记中写的。"为求解放甘吃苦","革命总有胜利日",表现了一个共产主义者为信仰和事业英勇献身,相信革命终有一天会胜利的高尚情操。1931年2月初,罗石冰托人从狱中带出小纸条,上书:"经党营救失败,生命已无希望,决心在最后的时刻坚持斗争",短短24个字,表现了一个共产党员信念坚定、视死如归的英雄气概。

给中国共产党和同志们的遗书

裘古怀

伟大的中国共产党和全体亲爱的同志们！当我在写这封信的时候，国民党匪徒正在秘密疯狂地屠杀着我们的同志，被判重刑的或无期徒刑的同志，差不多全被迫害了！几分钟以后，我也会遭到同样的被迫害的命运。

伟大的党！亲爱的同志们！我非常感激你们。由于党给我的教育，使我认识了这社会的黑暗，使我认识了革命，使我成为一个有生命的人。现在在这最后的一刹那，我向伟大的党和你们致以最崇高的敬礼！

我满意我为真理而死！遗憾的是自己过去的工作做得太少，想补救已经来不及了。在监狱里，看到每一个同志在就义时都没有任何一点惧怕，他们差不多都是像去完成工作一样跨出牢笼的，他们没有玷辱过我们伟大的、光荣的党。现在我还未死，我要说出我心中最后的几句话，这就是希望党要百倍地扩大工农红军；血的经验证明，没有强大的武装，要想革命成功，实在是不可能的。同志们，壮大我们的革命武装力量争取胜利吧！胜利的时候，请你们不要忘记我们！

裘古怀
八月二十七日

给妻子的遗书

裘古怀

桂芬！

今天我就要被万恶的国民党迫害了！请你不要悲痛，你要勇敢些。共产党员是杀不完的，将来一定会有人替我报仇！我死后，希望你不要太封建，你应当重建你的家庭，找一个情投意合的正派人（虽然我不愿意说这句话，但现在我想我应该说出来），如果你还纪念我的话，希望你以后生下的第一个孩子就叫他"念怀"。

桂芬！你晓得现在我是多么地想念你啊！

请你代我向一切亲戚、朋友们致意。

古怀
八月二十七日

【作者简介】

裘古怀，1904年生，浙江奉化人。1925年10月到广州进入黄埔军校，参加了第二次东征。同年加入中国共产党，1926年参加北伐战争，在第四军政治部从事宣传工作。八一南昌起义后，自江西远征到广东东江。后任共青团浙江省委书记。1928年在杭州被国民党逮捕，囚禁在浙江陆军监狱。在狱中，他为中共特别支部委员，参与领导了多次狱中斗争。编辑《火花》、《洋铁碗》等秘密刊物，被敌视为"五个顽匪"之一。1930年8月27日就义。

裘古怀

【提要】

1930年8月27日，国民党在浙江陆军监狱一次就屠杀了19位共产党人，裘古怀是其中之一。这19名烈士中，有4人是首批被绑在十字架上枪毙的，可是，以后一批批被提出去的共产党人都顽强喊口号，牢里的几百人也一起呼喊，高唱《国际歌》，刽子手惊慌了，便匆匆把其他15人枪毙在通往刑场去的弄堂里，鲜血喷射，染红了弄堂两边的墙壁。

裘古怀就义前，匆匆写了上述两封遗书：一封写给党和同志们，一封写给妻子。这两封遗书都是用鲜血写成的。裘古怀"满意""为真理而死"，他们没有玷辱我们伟大、光荣的党。就义之前，裘古怀心中根本没想到自己，而是殷切期望党要百倍地扩大工农红军，仅仅是要求："胜利的时候，请你们不要忘记我们！"裘古怀坚信："共产党员是杀不完的，将来一定会有人替我报仇！"烈士的胸襟、英雄的情怀，充分展现了共产党人的必胜信念和高尚情操。

胜利就在明天

田位东

在我们前面
白色恐怖，困苦，艰难，
好像几座大山，
但是挡不住我们——
劳苦大众联合起来，
粉碎帝国主义的锁链。
自食其力，
何须要人可怜！
前进！前进！
冲破黎明前的黑暗，
胜利就在明天！

【作者简介】

田位东，1906年生，山东菏泽人。1927年加入中国共产党，在菏泽做革命工作。1932年被国民党反动派逮捕，在济南千佛山下就义。

【提要】

这首诗写于九一八事变前后，是在田位东的一本札记里发现的。田位东为了进行革命工作，曾靠拉包车、拾柴火为生，并以此为革命工作提供经费。"自食其力，何须要人可怜！"即是叙述此事。"前进！前进！冲破黎明前的黑暗，胜利就在明天！"诗中表达了共产党人不怕艰难困苦、勇往直前、夺取革命胜利的必胜信念。

田位东

革命精神歌

赵博生

先锋！先锋！
热血沸腾，
先烈为平等牺牲，
作人类解放救星。
侧耳远听，
宇宙充满饥饿声，
警醒先锋，
个人自由全牺牲。
我死国生。
我死犹荣，
身虽死精神长生，
成功成仁，
实现大同。

【作者简介】

赵博生，原名赵恩溥，1897年9月生，河北沧县东慈庄（今属黄骅市）人。1917年毕业于保定陆军军官学校第六期。1924年冬转入冯玉祥的西北军，参加了国共合作的北伐战争。期间受共产党人刘伯坚等的影响，倾向革命。

1931年任国民党军第二十六路军参谋长时，被调至江西"剿共"战争前线。九一八事变后，他坚决反对蒋介石"攘外必先安内"的政策。同时，与在第二十六路军中的中共特别支部取得联系，表示："我要求加入共产党，叫我干什么就干什么，即使赴汤蹈火亦在所不辞！"1931年10月，

赵博生

经中共中央批准加入中国共产党。12月14日,他与季振同、董振堂等率所部1.7万多名官兵在宁都起义。起义部队改编为中国工农红军第五军团。他先后任红五军团第十四、第十三军军长,军团参谋长、副总指挥。

  1933年1月8日,在战斗即将结束时,红军弹药用尽,与敌人展开激烈的肉搏战。赵博生在与敌人相距只有百余米的地方指挥作战,不幸右额中弹,壮烈牺牲,时年36岁。为纪念他,中华苏维埃共和国临时中央政府将宁都县改名为博生县,并在瑞金叶坪广场上建造了"博生堡"。

博生堡

【提要】

  赵博生的这首《革命精神歌》,歌颂了共产党人的革命精神。这种精神是一种为争取平等、为人类解放敢于自我牺牲的精神。"我死国生,我死犹荣"。他们为了国家和民族的独立,为了人民的解放,为了心中的理想,不惜抛头颅、洒热血,以一己之牺牲换来万众之幸福。他们虽死犹生,精神长存。

自 勉 诗

彭干臣

革命诚非易，
断指何足惜。
留得头颅在，
可为党效力。

【作者简介】

彭干臣，1899年生，安徽英山（今属湖北）人。1924年5月，考入黄埔军校第一期，毕业后在军校教导团任连党代表，为中共黄埔军校特别支部委员。1925年10月赴苏联与朱德同班在莫斯科东方大学军事班学习。1926年秋，彭干臣奉命提前结业回国，加入叶挺独立团参加国共合作的北伐战争。1928年彭干臣被任命为中共中央军事部军事委员会委员。1929年周恩来在上海主持军政干部训练班，彭干臣负责一切行政工作。在将近一年的时间里没有发生任何安全问题，被周恩来称为"出色的将才经理"。

1934年11月，彭干臣参加方志敏领导的红军北上抗日先遣队。1935年1月中旬，在怀玉山地区战斗中英勇牺牲，年仅35岁。

彭干臣

【提要】

1925年1月，彭干臣在参加"东征"战斗中，被敌人的子弹打断了左手小拇指。负伤后写了这首自勉诗。诗中表达了彭干臣对共产主义的坚定信仰，对党的事业的耿耿忠心。

遗 墨

吴焕先

（一）

四望众山低，
昂然独雄奇，
白云分左右，
要与黄天比。

（二）

深山密林是我房，
沙滩石板是我床，
尽管敌人逞凶狂，
坚决斗争不投降。
赤胆忠心为工农，
气壮山河志不移，
何惧今日艰难苦，
坚持斗争定胜利。

【作者简介】

吴焕先，1907年生，河南新县人。1924年参加革命，1926年加入中国共产党。大革命失败后，他继续在箭河地区发展党组织，扩大革命武装。为了革命，他一家六口惨遭国民党地方民团杀害。1927年11月参加领导了黄麻秋收起义。

1929年参加了白沙关万人暴动。1930年任黄安（今红安）县委书记。1931年红四方面军建立后，吴焕先担任总政治部主任兼红二十五军政委，参加并领导了鄂豫皖苏区历次"围剿"。红四方面军转移后，他留在大别山坚持斗争，重建了红二十五军，并任军长。1934年红二十五军长征北上抗日时他任军政委。1935年秋，在甘肃泾川县与敌人战斗中英勇牺牲,时年28岁。

【提要】

第一首诗中的山指天台山。天台山在河南省新县西南部。吴焕先到天台山开展革命活动时,看到此山奇峰突兀,甚为壮观,写了这首诗。后来天台山成了红军战士经常活动的场所。

第二首是吴焕先在大别山的山洞口用粉笔写下的一首诗。当时大别山的红军处在白色恐怖之中,经常吃住在山缝、石洞里。此诗表达了作者继续革命、坚信胜利的坚强意志。他那无私无畏的革命精神激励着一代又一代后来人。

吴焕先

滨江抒怀

赵一曼

誓志为国不为家，
涉江渡海走天涯。
男儿岂是全都好，
女子缘何分外差？
一世忠贞兴故国，
满腔热血沃中华。
白山黑水除敌寇，
笑看旌旗红似花！

【提要】

"誓志为国不为家，涉江渡海走天涯。"赵一曼开篇明志，直接抒发了自己为国为民而弃"小家"，跋山涉水也无所畏惧的豪迈志向。因为赵一曼深深懂得国之将亡，家何以存？1931年九一八事变后，党中央派出了包括赵一曼在内的大批优秀干部到东北从事抗日斗争。作为一个弱女子，赵一曼能在国难当头，民族危亡之际，深明大义，毅然奔赴抗日前线，这是以其多年来对革命事业的忠诚为基础的。早年，她就积极参加反帝反封建的爱国学生运动，之后又从事多年地下斗争，经历了无数艰难曲折，始终对党忠诚如一。这句诗不仅是她抒情表意之作，也是她多年革命生涯的真实写照。

"男儿岂是全都好，女子缘何分外差？"是身为女儿身的赵一曼向世人发出的质问，是向世俗观念的挑战。同时，更加表明了自己能同男儿一样为国出力的信心。秋瑾烈士在《满江红》一词中曾有过这样的句子："身不得男儿列，心却比男儿烈。算平生肝胆，因人常热。俗子胸襟谁识我。"赵一曼同样也向我们展示了如鉴湖女侠般刚烈的性格和过人的胆识。一个"岂是"，一个"缘何"将作者超然的自信和同命运顽强抗争的精神表现得格外鲜明。

"一世忠贞兴故国，满腔热血沃中华。"写出了她为振兴国家、拯救民族而不惜牺牲生命的无畏气概。赵一曼愿以自己的满腔热血来浇灌中华大地，换得春色满园。

纵观中华民族的全部历史，尤其是在近现代，不正是用无数先烈的热血而写就的吗？而烈士的生命也正是在这不息的碧血浪涛中得到了永生。1935年，赵一曼在同日伪的战斗中被俘。在狱中她受尽酷刑，忍受了种种非人的折磨，始终坚贞不屈。英勇就义前还高唱《红旗歌》："民众的旗，血红的旗，收敛着战士的尸体。尸体还没有僵硬，鲜血已染红了旗帜。……高高举起呀！血红的旗帜，誓不战胜，终不放手。……牢狱和断头台来就来你的，这就是我们的告别歌。"女英雄用自己的生命谱写了一曲壮烈的诗篇，用鲜血染红了共和国的旗帜。

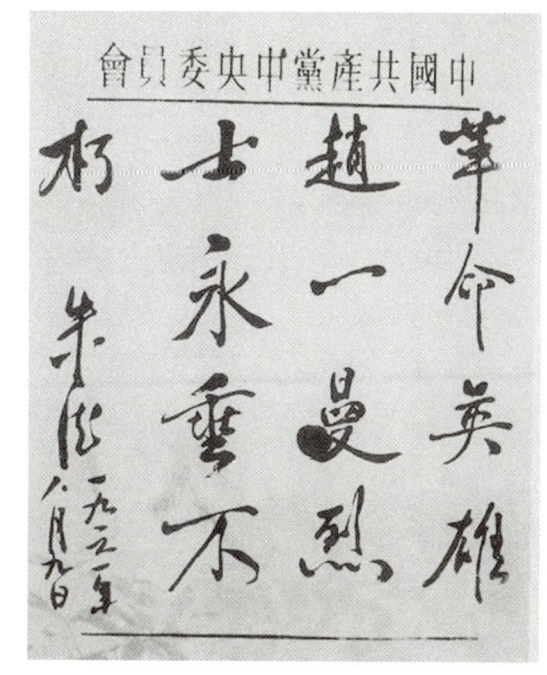

朱德为赵一曼题词

"白山黑水除敌寇，笑看旌旗红似花！"赵一曼表明了自己将继续坚持在东北地区的抗日斗争，绝不容豺狼来践踏祖国的美好家园。她用充满浪漫主义情调的笔触描绘了革命胜利后的欢庆场面。一个"笑"字将赵一曼对美好未来的欣望之情溢于言表，表明了她对革命事业必将取得胜利的坚定信心，体现出她高瞻远瞩的卓然见识和浪漫的革命乐观主义精神。

全诗激情充溢，语意慷慨，气势如虹，焕发出激越高昂的阳刚之美。诗中那种雄壮奔放的格调，乐观积极的态度，胆魄过人的勇气，炙热如火的爱国主义激情，使我们对这位巾帼英雄充满了敬佩。

梅岭三章

陈 毅

一

断头今日意如何？创业艰难百战多。
此去泉台招旧部，旌旗十万斩阎罗。

二

南国烽烟正十年，此头须向国门悬。
后死诸君多努力，捷报飞来当纸钱。

三

投身革命即为家，血雨腥风应有涯。
取义成仁今日事，人间遍种自由花。

【作者简介】

陈毅，1901年8月生，四川乐至人。1919年赴法国勤工俭学。1923年加入中国共产党。1927年任武汉中央军事政治学校中共委员会书记。八一南昌起义后，在江西临川加入起义军，任第二十五师七十三团党代表。1928年1月，参与领导湘南起义，任工农革命军第一师党代表。5月任红四军军委书记。1930年7月，任红二十二军军长兼政委。1931年2月，调任赣西南特委书记。参加了南方三年游击战争。1938年1月，新四军在南昌成立，叶挺任军长，项英任副军长，陈毅任新四军第一支队司令员。随后率部东进抗日，创建以茅山为中心的苏南抗日根据地。1939年11月，陈毅任新四军江南指挥部指挥。1940年11月，陈毅任华中新四军、

陈毅

八路军总指挥部副总指挥、代理总指挥。1941年1月，皖南事变后，陈毅任新四军代理军长，在苏北盐城重建新四军军部。1942年3月，任中央军委华中分会代理书记。1945年9月，任新四军代军长兼山东军区司令员。1946年1月，兼任山东野战军司令员（后又兼政治委员）。1947年1月，任华东野战军司令员兼政治委员和前委书记。1948年5月，任中原军区和中原野战军第一副司令员、中共中央中原局第三书记。11月，任淮海战役总前委委员。1949年2月，任第三野战军司令员兼政治委员和前委书记。1949年5月任中共上海市委副书记、上海市市长。

中华人民共和国成立后，先后任中共中央华东局第二书记、上海市市长、上海市委第一书记。1954年9月起任国务院副总理，1956年9月至1969年4月任中共中央政治局委员，1958年2月至1972年1月兼任外交部部长。1966年1月起任中央军委副主席。"文化大革命"中受冲击。是第一届、二届、三届国防委员会副主席。1955年9月被授予元帅军衔。1972年1月在北京逝世。

【提要】

赣粤边区游击队在陈毅的正确领导下，不断发展壮大，像一把利剑插进敌人的心脏。国民党反动派为了消灭游击队，在实行残酷的军事"清剿"和经济封锁的同时，到处追捕陈毅，并张贴布告，声称捉到陈毅"赏洋三万元"，致使陈毅领导的红军游击队与陕北中央失去联系。1936年4月，反动派利用叛徒陈海，以"党中央来人"为钓饵，诱骗陈毅下山，但在革命群众帮助下，陈毅脱险了。敌人的阴谋没有得逞。冬天，反动派对陈毅的驻地梅山大举"清剿"一个多月。白天放警犬追踪，晚上用探照灯搜索。陈毅带病潜藏在草丛中。在这生死关头，他写下了这三首气壮山河的雄伟诗篇。诗中表现了共产党人视死如归的高尚情操、革命必胜的坚定信念，充满着革命英雄主义和革命乐观主义的精神。

七　律

江上青

过隙光阴逝白驹，
十年患难早相扶。
雄心拚付三期战，
别绪全凭一雁书。
春水绿杨思故里，
秋山红叶走征途。
天涯兄弟成劳燕，
互问风尘老病无。

【作者简介】

　　江上青，原名江世侯，1911年4月生，江苏扬州人。1927年加入中国共产主义青年团，从此走上了革命道路。1928年夏转入扬州中学，同年冬因积极参加进步学生运动被国民党当局逮捕入狱。1929年7月出狱后，改名江上青，考入上海艺术大学文学系，同年转为中国共产党党员，并担任上海"艺大"地下党支部书记。1929年12月，江上青在上海参加党组织的秘密会议时再次被捕，一年后带着一身疾病出狱。1937年7月卢沟桥事变后，他发表长篇散文诗《卢沟晓月》，表达了抗日救国的激情。在全国性抗战爆发的形势下，江上青等人组织成立了"江都县文化界救亡协会流动宣传团"，从江都出发，溯江而上，广泛开展抗日宣传，组织

江上青

动员民众参加抗日斗争。1938年8月，江上青遵照党组织的指示到安徽，在中共安徽省工委领导下，参加了安徽省抗日民众动员委员会的工作，在大别山区开展抗日宣传。1938年秋，任皖东北特别支部书记。在皖东北，江上青等利用合法身份，积

极开展抗日宣传，推动创办皖东北军政干校。1939年3月，任中共皖东北特委委员。1939年8月29日，江上青遭地主武装伏击，在安徽泗县小湾村壮烈牺牲，年仅28岁。

【提要】

这首诗是1939年夏江上青在皖东北抗日根据地泗县管镇写给同胞兄弟江树峰的。

江上青和其弟江树峰年岁相近，两人几乎是同时走上革命征途。从1927年时江树峰就和江上青一同投入到了革命的斗争中。江上青发起创办《写作与阅读》杂志时，江树峰也参加了编辑工作。抗战爆发后，江上青组织了"江都县文化界救亡协会流动宣传团"，两人随团从江都出发，先后在六安、颖上等地广泛开展抗战宣传活动。两人在过去的革命生涯中互勉互励，共同战斗的风雨历程浮现眼前，一股淳厚的战友之情溢于字间。

"雄心拚付三期战，别绪全凭一雁书。"一个"拚"字将江上青兄弟二人毅然奔赴战场的勃勃雄心跃然纸上。为了国家的兴亡，兄弟间的手足之情也只得暂抛一边，而一腔思念也只能寄予雁书一张。

"春水绿杨思故里，秋山红叶走征途。"江上青用"春山绿杨"与"秋山红叶"对举，一方面写出了他离家时间之久，说明战争的持久和艰难；另一方面也抒发出了革命者为"大家"弃"小家"，为大义而抛私情的宽阔胸襟和崇高的思想境界。"绿杨"、"秋山"的故乡虽然让人无限依恋，但"红叶"映照的革命征途更让作者心仪。这两句诗是全诗感

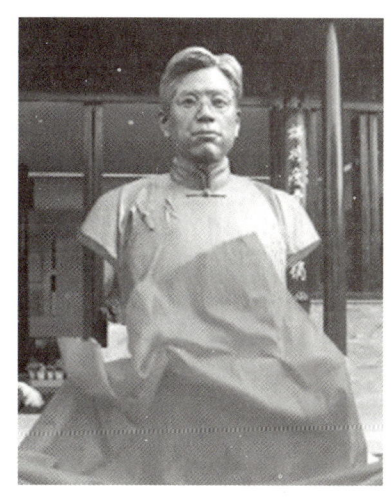

江上青烈士铜像

怀的高潮，既表达了抗日战士英勇顽强的斗争精神，同时也含蓄地表达了江上青对抗战胜利的坚定决心。正是因为有了这种意境，才使整篇诗一扫叙述离愁别恨的忧郁和惆怅，一股强烈的爱国主义激情喷薄而出。

中朝民族联合抗日歌

杨靖宇

照耀全球，
闪烁不灭，
最惊人的火星！
万恶日寇，
自掘坟墓，
非人能回生。
勇猛冲锋，
吉凶祸福，
并非天来定。
事在人为，
诚至金开，
自有曙光逢。

【作者简介】

杨靖宇，1905年2月生，河南确山人。1927年加入中国共产党。曾任中共豫西特委书记、抚顺特别支部书记。九一八事变后，历任东北反日救国会总会长、中共哈尔滨市委书记等职。1933年起历任东北人民革命军第一独立师师长兼政委、东北抗联第一军军长兼政委、第一路军总指挥兼政委及中共南满省省委书记等职。1944年2月23日在吉林蒙江与日军作战时壮烈牺牲。

【提要】

这是杨靖宇为宣传抗日精神，鼓励抗日联军战士英勇战斗所编写的众多军歌中的一首。当时整个东北已全部沦陷，斗争环境异常险恶。杨靖宇依然在东北领导着抗日联军同侵略者进行了顽强而英勇的斗争。

在诗的第一句，杨靖宇以充满激情的语言写道："照耀全球，闪烁不灭，最惊人的火星"。这火星一方面是指全世界人民正义的精神和对民主自由的向往，另一方面是指在世界范围内兴起的共产主义事业。共产主义学说的出现如同耀眼的星光，划破了资本主义世界的沉沉夜幕，为全世界的劳动人民展现了一个光明的未来。第二句诗是杨靖宇对侵略者罪行的控诉和诅咒。在诗的第三句中，他鼓励战士们"勇猛冲锋"，要相信自己从事事业的正义性。人只有将个人的命运同国家和民族紧紧联系起来，才能使其价值得到真正体现。最后一句，他坚信只要中国人民团结一致，抗战到底，就一定会取得最后的胜利。

杨靖宇

从这首诗中，我们感受到了杨靖宇对革命事业的忠诚、英勇无畏的战斗意志和高昂的革命乐观主义精神。如果说这篇诗作给了我们对杨靖宇的理性的认识，那么他的壮烈牺牲则为我们和历史留下了真实而又光辉的形象。

杨靖宇牺牲后，日本侵略者无法理解这位英雄如何能在冰天雪地里，在弹尽粮绝的情况下只身坚守六天。他们解剖了杨靖宇的遗体，当发现他的"胃里连粒饭都没有"，只有野草、树皮和棉絮时，连凶残的强盗也震惊了。他们不禁为这位抗日英雄的不屈精神而折服，为他举行了隆重的安葬仪式。

当我们今天重读烈士生前的诗作时，令我们感动的不仅是诗文中流露出的浩然正气和高尚节操，更令我们为之动情的是诗人英勇斗争壮烈牺牲的事迹。这就是烈士诗词的魅力所在。

挽 父 联

罗炳辉

痛吾父幼小困穷厄，备尝炎凉，劬劳七十又六龄，到老来只剩一身孤苦，易箦呼儿难瞑目；

感不孝早岁事戎机，历尽艰危，转战二万五千里，看今日挥戈大江南北，誓歼倭寇奠先灵。

【作者简介】

罗炳辉，1897年生，云南彝良人。1929年7月秘密加入中国共产党。同年11月率部起义，参加中国工农红军。历任团长、旅长、纵队长、军长等职，在中央苏区历次反"围剿"作战中，屡立战功，曾获中央革命军事委员会颁发的二等红星奖章。1934年10月率部参加长征，途中屡担重任，掩护中央机关和红军主力北上，表现出高超的指挥艺术。中央军委赞誉红九军团为"战略轻骑"。1939年任新四军第一支队副司令员、第五支队司令员，率部开辟皖东抗日根据地。1940年后任江北指挥部副指挥兼第五支队司令员、第二师师长兼淮南军区司令员等职，为巩固和扩大淮南抗日根据地作出了重要贡献。解放战争时期，任新四军第二副军长兼山东军区副司令员。虽身患重病，仍亲临前线部署作战。1946年6月21日在兰陵时突然病情恶化，不治逝世。罗炳辉用毕生的精力实现了自己的诺言："人生最快慰的是真正勇敢地牺牲个人的一切利益，最热诚努力地为民族独立、自由解放而斗争，尤其要为劳动大众的解放和利益，以真理、正义、公道为人类的幸福而斗争。"

罗炳辉

【提要】

1939年2月,罗炳辉的父亲罗守清在贫病孤苦中悲惨故世。由于身后萧条,靠彝良县邮政局局长温国祯的资助才得以安葬。当时罗炳辉已担任新四军第一支队副司令员,正转战于抗战前线。当他得知父亲亡故的消息后,悲痛万分,写下了这副挽联。

在上联中,罗炳辉沉痛地回忆了父亲苦难辛贫的一生。言辞间充满了对父亲的深痛怀念和对造成父亲苦难一生的黑暗社会的无比悲愤。在下联中,罗炳辉剖白了自己为国家民族和大义而只得暂抛孝道的苦衷。在国难当头之际,作为一个热血男儿,作者责无旁贷地担负起了拯救民族危亡的重任。他要将丧父之痛,埋藏心底,化作一股无穷之力,投入到战斗中去。作者发出了"誓歼倭寇奠先灵"的悲壮誓言,他把对父亲的悼念化作了对侵略者的满腔愤恨。

露营之歌

李兆麟

一

铁岭绝岩,林木丛生。
暴雨狂风,荒原水畔战马鸣。
围火齐团结,普照满天红。
同志们!
锐志哪怕松江晚浪生!
起来呀,果敢冲锋。
逐日寇,复东北,
天破晓,光华万丈涌!

二

浓荫蔽天,野花弥漫。
湿云低暗,足溃汗滴气喘难。
烟火冲空起,蚊吮血透衫。
战士们!
热忱踏破兴安万重山!
奋斗啊,重任在肩。
突封锁,破重围,
曙光至,黑暗一扫完!

三

荒田遍野,白露横天。
夜火晶莹,敌垒频惊马不前。

草枯金风急,霜晨火不燃。
弟兄们!
镜泊瀑泉唤醒午梦酣!
携手吧,共赴国难。
振长缨,缚强奴,
山河变,片刻息烽烟!

四

朔风怒号,大雪飞扬。
征马踟蹰,冷气侵人夜难眠。
火烤胸前暖,风吹背后寒。
壮士们,
精诚奋发横扫嫩江原!
伟志兮,何能消减。
全民族,各阶级,
团结起,夺回我河山!

【作者简介】

李兆麟

李兆麟,原名李超兰,1910年11月生,辽宁辽阳人。1932年5月,加入中国社会主义青年团,不久转为中国共产党党员。随后他被派到本溪煤矿从事工人运动。1933年8月,到中共满洲省委军委工作,先后赴海伦、珠河等地,与赵尚志等共产党员一起创建了珠河反日游击队,并担任副队长。1939年5月,李兆麟担任东北抗日联军第三路军总指挥,率部开展抗日游击战。

抗日战争胜利以后,李兆麟以中共代表身份任滨江省副省长,并兼任中苏友好协会会长等职,同时他还担任中共哈尔滨市委常委。面对当时东北复杂险恶的形势,他积极揭露国民党蒋介石实行独裁、发动内战的反动政策,号召人民为建立民主、富强的新中国而斗争。国民党军统特务和敌伪残余曾多次阴谋策划暗杀他。李兆麟早已把个人安危置之度外，他曾多次坚定地说："如果我的血能擦亮人民的眼睛，唤起人民的觉悟，我的死也是值得的。"

1946年3月9日，李兆麟在哈尔滨被国民党军统特务暗杀，时年35岁。哈尔滨市人民怀着万分悲痛的心情，将李兆麟的遗体安葬在松花江畔一座公园内，并将这座公园改名为兆麟公园，以永久纪念这位为民族解放事业立下不朽功勋的抗联名将。

李兆麟烈士纪念碑

【提要】

"……朔风怒号，大雪飞扬。征马踟蹰，冷气侵人夜难眠。火烤胸前暖，风吹背后寒。壮士们，精诚奋发横扫嫩江原！……全民族，各阶级，团结起，夺回我河山！"这是东北抗日联军创建人和领导人之一的李兆麟，在抗战岁月的1938年写下的《露营之歌》。歌曲生动地记述了抗联指战员艰苦卓绝的战斗经历。在那个年代，这支歌一直是鼓舞东北抗联将士浴血奋战、打击日寇的有力武器。

自 誓 诗

车耀先

投身元元无限中,
方晓世界可大同。
怒涛洗净千年迹,
江山从此属万众。

喜见东方瑞气升,
不问收获问耕耘。
愿以我血献后土,
换得神州永太平。

【作者简介】

车耀先,1894年9月生,四川大邑人。1929年加入中国共产党。入党后,车耀先长期在成都做地下工作。1937年1月,他在成都创办《大声报》。《大声报》宣传抗日救国道理,传播革命声音,深受大后方人民的欢迎,不少青年就是在《大声报》的影响下,奔赴延安,走上革命道路。1940年春,国民党特务将车耀先逮捕。在狱中,敌人对车耀先进行威逼利诱,许以高官厚禄,被他严词拒绝。他把监狱作为一个特殊战场,同其他难友一起,建立了狱中党支部,组织领导监狱中的党员与敌人进行坚决的斗争。

被捕入狱后,车耀先就做好了随时牺牲的准备,给子女写下了万言遗书,教育他们堂堂正正做人。1946年8月18日,国民党反动派将车耀先和罗世文一起杀害,并毁尸灭迹。车耀先以自己宝贵的生命,实现了自己入党时的誓言。

车耀先

【提要】

　　这是车耀先参加革命初期所作,大约写于1929年,原诗四首,此处节录两首。车耀先致力于理论研究,最后认定马克思主义才是人民群众(元元)获得解放的真理,确信人民定能获得最后胜利,共产主义必将在全世界实现。胜利的曙光在望,作者愿献身祖国,以英勇的战斗换得革命的胜利。

前途是光明的
——致同狱难友

王孝和

有正义的人士们！
祝你们身体健康！
为"正义"而继续斗争下去！
前途是光明的！
那光明正在向大家招手呢！
只待大家努力奋斗！

【作者简介】

王孝和，1924年生，浙江鄞县人。在上海励志英文专科学校读书时参加爱国学生运动。1941年5月加入中国共产党。1948年4月被捕，备受重刑，威武不屈，以监狱与法庭为战场揭露国民党的罪恶。同年9月30日在上海提篮桥监狱英勇就义。

王孝和

【提要】

这是王孝和关押在狱中时写给难友的一封遗书。他在遗书中没有用一字一句谈及自身的安危，也没有用豪言壮语来表达自己视死如归的无畏勇气，有的只是对战友的殷切鼓励和对未来热切的希望。他已将自己所有的一切都深深地融入了革命的事业中。在这封遗书中，我们深切感受到了一个革命者无私忘我的崇高境界。

王孝和鼓励战友们保重身体，继续完成他未竟的事业。他坚信正义事业必将胜利。他用欣慰的语气倾吐着心中对美好未来的憧憬，感受着光明的温暖。

1948年9月30日上午，王孝和在离开监房赴刑场前，匆匆为难友留下了这样一张字条:"宝、桢二兄,今天我的任务已经告一段落,希望你们两位不断把革命进行到底,切勿把革命半途而废……祝你们向光明的道路前进!"

我们不禁想起夏明翰烈士的就义诗:"砍头不要紧,只要主义真。杀了夏明翰,自有后来人。"在中国革命的历史长河中,有无数为正义而战的烈士们,无一不对自己所从事的事业抱着执著的信念。王孝和也正是本着这种坚定和执著,无怨无悔地走完了自己的生命旅程。

革命即将成功
——临刑前与妻子的遗言

李 白

事到如今对个人的安危，不必太重视。上海快要解放，全国也快要解放，革命即将成功，我们无论生或死，总是觉得非常愉快和欣慰的。

——1949 年 5 月 7 日

【作者简介】

李白

李白，1910 年生，湖南浏阳人。1925 年，入中国共产党，随后秘密领导农民协会的工作。1930 年秋，毛泽东率红一军团到达浏阳，李白参军并随部队进入中央苏区。1931 年初，参加无线电学习班学习并取得优异成绩。1934 年秋，在长征途中任电台台长、政委。翌年秋过草地时，他所在电台被编入红四方面军，经历了三过草地和长居高寒地带的艰辛。

1937 年秋，李白到八路军驻上海办事处工作。八路军办事处撤退后归上海地下党领导，成为党设在当地的三个秘密电台中的一部，随时同中央联络。

1942 年 9 月，李白同妻子一同被捕。后经营救获释，经组织同意，李白于 1945 年去浙江淳安县国民党军委会国际问题研究所当报务员，并利用这一电台向共产党组织发报。1946 年，李白回到上海，在地下党的秘密电台继续负责发报。1948 年 12 月 29 日，他在向中央电台拍发国民党绝密的江防计划时，被特务机关测出电台位置而被捕。1949 年 5 月 7 日，解放军已渡江并接近上海，他因被赶来坐镇指挥的蒋介石亲批"坚不吐实，处以极刑"而遭特务秘密杀害。

【提要】

　　李白刚到上海时是单身汉，租房子容易引起怀疑，党组织便调绸厂女工出身的裘慧英与他扮作假夫妻。裘慧英出身苦大仇深的"包身工"，在斗争中入了党。她很快受到李白工作精神的感染，工作中逐渐产生了爱情。经党组织批准他们变成真正的夫妻，并有了孩子，他们的家庭也成为充满革命精神的秘密斗争之家。李白的遗言体现了他忠于党、忠于人民的高尚品质，大义凛然、不怕流血牺牲的革命精神，无怨无悔、无私奉献的崇高风范和对革命即将成功的欣喜心情。

我的"自白"书

陈 然

任脚下响着沉重的铁镣,
任你把皮鞭举得高高,
我不需要什么自白,
哪怕胸口对着带血的刺刀!
人,不能低下高贵的头,
只有怕死鬼才乞求"自由";
毒刑拷打算得了什么?
死亡也无法叫我开口!
对着死亡我放声大笑,
魔鬼的宫殿在笑声中动摇;
这就是我——一个共产党员的自白,
高唱凯歌埋葬蒋家王朝。

【作者简介】

陈然,1923年生,河北大名人。抗日战争初期加入中国共产党。1947年曾任中共重庆市委领导的地下刊物《挺进报》的特支书记。1948年4月被捕。1949年10月28日被国民党反动派杀害。

【提要】

陈然被捕以后,被囚于重庆"中美特种技术合作所",在狱中受尽各种酷刑,但始终坚贞不屈。特务逼迫他写"自白书",他严词拒绝,并在激怒中作了这首诗。

陈然在诗中首先坚决拒绝接受敌人逼他"自白"的要求,也即让他自首叛变革命、放弃革命信

陈然

仰的要求，表现出了革命的坚定性。这种坚定性缘于一个共产党员所具有的高度的自尊，他决不会在敌人面前低下高贵的头，因为他坚信敌人必然灭亡，革命必将胜利。这首喷射着怒火的诗，正义凛然，豪迈雄壮，是投向敌人的匕首、投枪和炸弹，是激励鼓舞人民的战鼓、号角和旗帜，多少年来一直激励着一代代共产党人为共产主义努力奋斗。

示 儿

蓝蒂裕

你——耕荒,
我亲爱的孩子;
从荒沙中来,
到荒沙中去。
今夜
我要与你永别了。
满街狼犬,
遍地荆棘,
给你什么遗嘱呢?
我的孩子!
愿你用变秋天为春天的精神,
把祖国的荒沙,
耕种成为美丽的园林!

1949年10月就义前夜

【作者简介】

蓝蒂裕,1916年生,四川梁平人。共产党员。1948年冬被捕,囚于重庆"中美特种技术合作所"集中营,1949年10月与陈然等同时牺牲于重庆大坪。

【提要】

这首诗,是烈士就义前在渣滓洞楼上第六号牢房留交同志转给他的孩子的遗嘱。烈士期望他的孩子"用变秋天为春天的精神,把祖国的荒沙,耕种成为美丽的园林!"这又何尝不是对下一代共产党人的期望呢!可以告慰烈士的是,经过60多年的建设和改革,伟大的祖国已经成为生机盎然的大花园。

迎接胜利

何雪松

乌云遮不住太阳，
冰雪锁不住春天，
铁牢——
关住了战士的身子，
关不住要解放的心愿。
不怕你豺狼遍野，
荆棘满山，
怎比得，
真理的火流，
革命的烈焰。
看破晓的红光，
销铄了云层。
解放的歌声，
响亮在人间。
用什么来迎接我们的胜利？
用我们不屈的意志，
坚贞的信念！

【提要】

　　这首诗作于 1948 年全国解放前夕。何雪松在诗中响亮地提出，用我们不屈的意志、坚贞的信念来迎接我们的胜利。只要真理在手，坚持革命，解放的歌声就会响彻人间。诗中体现的革命英雄主义气概和对共产主义的坚定信仰至今都感染、激励着共产党人为理想而不懈奋斗。

赠　　别

许晓轩

相逢狱里倍相亲，
共话雄图叹未成。
临别无言唯翘首，
联军已薄沈阳城。

吊许建业烈士

许晓轩

噩耗传来入禁宫，
悲伤切齿众心同。
文山大节垂青史，
叶挺孤忠有古风。
十次苦刑犹骂贼，
从容就义气如虹。
临危慷慨高歌日，
争睹英雄万巷空。

【作者简介】

　　许晓轩，1916年生，江苏江都人。1935年，参加抗日救亡组织"无锡学社"。1937年，全国性抗战爆发后，许晓轩随公益铁工厂内迁重庆，参加了中国共产党领导的重庆职业互助会的活动。1938年5月，加入中国共产党，并担任中共川东特委青委刊物《青年生活》的编辑和发行工作。1939年春，许晓轩担任中共川东特委青委宣传部长。1940年，调任重庆新市区区委书记。1940年4月，由于叛徒出卖，许晓轩不幸被捕，1949年11月27日就义。

【提要】

《赠别》这首诗，是许晓轩 1947 年底在白公馆集中营里写的。当时他常与李子伯等筹划集体越狱，后李子伯等被移走，许晓轩乃作此诗赠别。李子伯，四川营山人。1939 年加入中国共产党。曾在抗大晋南分校学习，毕业后回蒋管区从事军运工作。1947 年计划发动川东农民武装起义，不幸于 10 月间被捕。1949 年 11 月 27 日牺牲于重庆"中美特种技术合作所"集中营。诗中提到东北民主联军已接近沈阳城，革命胜利在望，战友翘首以盼。诗中充满了必胜的革命信念和珍贵的战友情谊。

《吊许建业烈士》是许晓轩得知许建业牺牲后写的赞颂烈士的诗。他称颂许建业烈士像文天祥一样必将永垂青史，与日月同辉。

【链接】

从容就义气如虹　革命大节垂青史

许晓轩被捕后，先被押往国民党军统贵州息烽集中营。作为狱中中共秘密支部的核心成员，每当危险的时候，许晓轩就鼓励大家："越是关键的时刻，我们越要叫敌人知道，共产党人是不可动摇的。" 1946 年 7 月，许晓轩等人被押到重庆"中美特种技术合作所"第一看守所，即"白公馆"监狱。在戒备森严的国民党军统监狱中，他用秘密方法和党员相互联系，成立了狱中临时党支部，并任党支部书记，组织和领导狱中的地下斗争。敌人为割断他与狱中地下党组织的联系，将他戴上重镣，关进终日不见阳光的地牢。面对敌人的严刑拷打、残酷折磨和威逼利诱，许晓轩始终大义凛然，坚强不屈，不为所动。无可奈何的敌人不得不承认：任何刑具对他都是没有效果的。1949 年 11 月 27 日，重庆解放前夕，国民党蒋介石下令对狱中的革命者进行血腥大屠杀。临刑前，许晓轩高举双手，向每间牢房的战友道别，平静地对大家说："胜利以后，请转告党，

许晓轩

我做到了党教导我的一切，在生命的最后几分钟仍将这样……"随后，他从容不迫地走向刑场，蔑视地申斥敌人："你们这些狗东西也活不了几天，人民就要审判你们了！"然后从容就义，年仅 33 岁。许晓轩牺牲后三天，重庆回到人民手中。党和政

重庆歌乐山烈士陵园

府将烈士的忠骨安葬在苍松翠柏护卫着的歌乐山上。

许建业，1920年生，四川邻水人。1937年抗日战争爆发，在进步同学的带动下，积极投身抗日救亡运动。1938年8月入党，并担任中共邻水县特别支部委员会组织委员、书记。1938年底，调到重庆，从事工人运动。1941年皖南事变后，到重庆从事党的秘密工作。1943年夏，在中共巴县中心县委的直接领导下，先后以朝天门粮食仓库和沙湾仓库会计身份为掩护，从事工人运动。1947年5月，负责中共重庆市委工运工作。1947年10月，中共川东临时工作委员会成立，任重庆市委委员，分管工人运动。1948年4月，因叛徒出卖，在重庆磁器街一茶馆接头时被捕，先后被关押在白公馆和渣滓洞监狱，经受了敌人种种酷刑和劝降，始终坚强不屈。1948年7月21日被押赴重庆浮图关刑场，在刑车上，他身戴刑具，昂首挺胸，沿途不停地高唱《国际歌》，高呼"打倒国民党反动派！""中国共产党万岁！"等口号，慷慨就义，时年28岁。

以胜利者的姿态第四次到南昌

陈 赓

（1949年）6月6日 今日冒雨到南昌，这是我历史上第4次到此。第1次1927年，蒋匪南昌叛变，我险遭不测，逃入武汉；同年8月，南昌起义，从起义起至退出南昌止，我和李立三担任肃反工作，是为第2次；1932年冬，在红军中负重伤，返沪医治。被捕，押解南昌，蒋匪曾亲自见我劝降，我始终不屈，是为第3次。这次则以胜利者姿态来此。前3次入城，或为亡命客，或为阶下囚，或者站不住，但均表现了我党之艰苦奋斗。无有前3次，则无今日人民之光荣。特志之，以纪此行。

【作者简介】

陈赓，原名陈庶康，1903年2月生，湖南湘乡人。1922年加入中国共产党，1924年5月考入黄埔军校第一期，毕业后留校任连长、副队长。1926年秋赴苏联学习，1927年初回国。8月参加南昌起义，南下途中任起义军第二十军三师六团一营营长。1928年起，主持中共中央特科和军委的情报工作。1931年9月赴鄂豫皖苏区，任中国工农红军第四方面军的团长、师长。1932年因负重伤秘密到上海就医。1933年3月被捕，由上海解往南昌。正在南昌指挥对中央苏区第四次"围剿"的蒋介石亲自用高官厚禄进行劝降。陈赓大义凛然，严词拒绝。经营救脱险后到中央苏区，任彭（湃）杨（殷）步兵学校校长。长征中任中央纵队干部团团长。到陕北后任红一军团第一师师长。1937年2月入抗日军政大学学习，兼任第一队队长。抗日战争爆发后，任八路军第一二九师第三八六旅旅长，率部开赴太行山区。1940年任太岳军区司令员，次年任太岳纵队司令员，参与领导创建晋冀豫根据地。1943年11月赴延安，入中共中央党校学习。1945年6月当选为中共第七届中央候补委员。

陈赓

抗日战争胜利后，率太岳纵队（后来改为晋冀鲁豫军区第四纵队）参加上党战役。1946年7月，率第四纵队和太岳军区部队转战晋南。1947年8月与率部，强渡黄河，挺进豫西，开辟豫陕鄂解放区，配合刘（伯承）邓（小平）和陈（毅）粟（裕）野战军，在中原地区进行战略进攻。

1949年任人民解放军第四兵团司令员兼政委，率部横渡长江，解放南昌。1950年2月进驻昆明，任西南军区副司令员、云南省人民政府主席、云南军区司令员。1950年7月应邀至越南，帮助越南军民进行抗法战争。

1951年参加抗美援朝，任中国人民志愿军副司令员兼第三兵团司令员、政委。1952年6月回国，筹办并任解放军军事工程学院第一任院长兼政委。1954年10月任人民解放军副总参谋长。1955年被授予大将军衔。1956年当选为中共第八届中央委员。1958年9月兼任国防科学技术委员会副主任。1959年9月任国防部副部长。1961年3月16日在上海病逝。

【提要】

1949年，陈赓任中国人民解放军第四兵团司令员兼政委，率部横渡长江，解放了南昌。这是陈赓第四次到南昌。作者感慨系之，写下了这篇日记。正如陈赓日记所言："前3次入城，或为亡命客，或为阶下囚，或者站不住，但均表现了我党之艰苦奋斗。无有前3次，则无今日人民之光荣。"我党领导的革命事业，是经历了无数艰苦卓绝的斗争才取得胜利的。今天的共产党人，当思革命胜利来之不易，珍惜大好形势，为改革开放和现代化事业奋斗。

（三）千古绝唱树美德——崇高境界

光明之灯——恽代英论信仰箴言摘抄

信仰之引人向上，
固不可诬之事。
且其功用能使怯者勇，
弱者强，
散漫者精进，
躁乱者恬静，
历史所载，
其伟大之成绩，
不可偻数，
令人震眩之以为不可抛弃，
盖亦非偶然也。
惟信仰固有如此之功用，
而除信仰外，
尚不乏有此同一之功用者。

——《恽代英文集》上卷，第44页

欲办事，
有不可不注意者二物：
一能力，一信仰。
无能力不能办事，
无信仰不能得助力而便号召。

——《恽代英日记》，第333页

主义真是一个有力量的东西。
人每每因为一种革命的主义能解决自己与社会的苦痛，
不惜牺牲一切为主义奋斗。
多少被压迫者集合在这种主义的旗帜下，
多少革命的志士为了主义流血啊！

——《恽代英文集》下卷，第839页

有希望的人，如黑地有灯，
则自增其勇往之气；
无希望如无灯，
则举足略有崎岖即生畏缩之心，
如人遇小挫折，即生消极之想是也。
希望愈大如灯光愈大，
则风不能息，如挫折不能使吾人失望，
故此乃救吾人常有消极之想根本法。
希望须自己就家庭或自身力所能至者谋之，
谋一高大远之生活或幸福，
此即吾人光明之灯。

——《恽代英日记》，第342页

古语说，"秀才造反，三年不成"，
假如我们下决心造三十年反，
决不会一事无成的。
年轻人，有决心干三十年革命，
你不过五十岁，接着再搞三十年建设，
你不过八十岁。
我们的希望，我们的理想社会主义，
共产主义恐怕也实现了，
那时世界多么美妙，
也许那时年轻人不相信我们曾经被又残暴、
又愚蠢的两脚动物统治过多少年代。
也不易领会我们走过的令人难以想像的崎岖道路，

我们吃尽苦中苦，
而我们的后一代则可享到福中福。
为了我们最崇高的理想，
我们是舍得付出代价的。

——选自陈同生：《恽代英给我们的教导》

信仰的力量 精神卷

【链接】

恽代英的矢志追求

中国青年的领袖和导师恽代英，在武昌中华大学读书时，就志向高远，追求崇高的理想。1917年，他在《论信仰》中写道："信仰之引人向上，固不可诬之事。且其功用能使怯者勇，弱者强，散漫者精进，躁乱者恬静，历史所载，其伟大之成绩，不可偻数，令人震眩之以为不可抛弃，盖亦非偶然也。惟信仰固有如此之功用，而除信仰外，尚不乏有此同一之功用者。"其时，辛亥革命失败，中国又重新回到了半殖民地半封建社会，国家坏到了极处，人民苦到了极处。恽代英从中国传统文化的善恶观中汲取营养，将进步民主势力称之为"善势力"，将西方列强和北洋军阀、政客等诉之为"恶势力"，决心从公德、公心、诚心、谨慎、谦虚、服从、礼貌、利他八个方面加强修养。他这时的理想，是希望自己成为改造国家与社会的"善势力"的一分子，并依靠"善势力"，去扑灭"恶势力"。

五四运动后，包括马克思主义在内的各种社会主义思潮在中国广泛传播。恽代英曾细心地研究过无政府主义和新村主义，思想曾一度受到影响，与此同时，他也刻苦学习马克思主义，经过反复实践和比较，最终认识到无政府主义是"割肉饲虎的左道，从井救人的诬说"，"个人主义的新村是错了"，中国旧社会的罪恶，"全是不良的经济制度所构成。舍改造经济制度，无由改造社会"。于是他的世界观发生了根本转变。1921年7月中旬，恽代英与林育南召集受利群书社影响的24位进步青年在湖北黄冈开会，宣布成立具有共产主义性质的革命团体共存社，其宗旨是"企求阶级斗争、劳农政治的实现，以达到圆满的人类共存为目的。"从此，他坚定地选择了信仰马克思主义，同年年底，加入中国共产党，1923年任团中央宣传部部长，创办《中国青年》。1926年在国民党二大当选为中央执行委员，同年3月任黄埔军校政治总教官。1927年在党的五大当选为中共中央委员。

恽代英一生，主要战斗在党的思想理论战线上。他主编《中国青年》，热情宣传马克思主义和党的新民主主义革命基本思想。当时学术救国、教育救国、科学救国思想对青年影响很大，恽代英循循善诱，深刻指出，在中国不打倒军阀统治，不打倒帝国主义的侵略势力，纵有几千几万技术家，也不能救国，只有改变了国家的政治制度，才能谈得上学术、教育、科学。因此，他希望青年多研究救国的学术——社会科学。他把理想比作"光明之灯"，矢志追求，认为"希望愈大如灯光愈大"。他对青年朋友说："你若能研究得到一种信念，知道国家社会一定是可以改造的，那譬如你在黑暗中见了灯光，你的胆气自然更要大了。"他还说："主义真是一个有力量的东西。人每每因为一种革命的主义能解决自己与社会的苦痛，不惜牺牲一切为主义奋斗。多少被压迫者集合在这种主义的旗帜下，多少革命的志士为了主义流血啊！"

恽代英就是为了共产主义远大理想，不惜牺牲自己一切的伟大志士。1927年，蒋介石发动四一二政变后，恽代英与毛泽东等联合宋庆龄、邓演达等40名国民党中央执行委员、候补委员发出《联名讨蒋通电》，痛诉蒋介石是"总理之叛徒，本党之败类，民众之蟊贼"。马日事变后，恽代英亲率由武汉中央军校学生编成的独立师，随武昌卫戍司令叶挺的两个团奔赴前线平叛，暂时保卫了武汉的安全。汪精卫"七一五"分共后，他鼓励没有暴露共产党员身份的军校干部战士说："中国革命旧的联合战线破裂了，只要我们意志坚定，主义明确，真正能团结群众，新的联合战线不久会建立起来的。丧失了的阵地会逐渐恢复起来。"随后，他参与领导了南昌起义和广州起义。广州起义失败后，恽代英的革命意志更加坚定，坚信革命的失败只是暂时的挫折。他说："挫折是不可避免的，要经得起挫折，不承认失败的人，才有再战的勇气。失败是成功之母，我们一定要从其中学到东西……古话说'秀才造，反三年不成'，假如我们下决心造三十年反，决不会一事无成的。年轻人，有决心干三十年革命，你不过五十岁，接着再搞三十年建设，你不过八十岁。我们的希望，我们的理想社会主义，共产主义恐怕也实现了。那时世界多么美妙，也许那时年轻人不相信我们曾被又残暴、又愚蠢的两脚动物统治过多少年代，也不易领会我们走过的令人难以想像的崎岖道路，我们吃尽苦中苦，而我们的后。代则可享到福中福。为了我们最崇高的理想，我们是舍得付出代价的。"1928年至1930年，恽代英先后在香港、上海，秘密从事党的地下工作。在生活极为艰难、随时都有被捕牺牲的情况下，他却十分乐观，对妻子沈葆英说："我们是贫贱夫妻，我们看王侯如粪土，视富贵如浮云，我们不怕穷，不怕苦。我们要安贫乐道。这个'道'就是革命的理想。为了实现它而斗争，就是最大的快乐。我们在物质上虽然贫穷，但精神上却十分富有。这种思想、情操、乐趣，是那些把占有当幸福、把肉麻当有趣的人所无法理解的。"

（李良明）

可爱的中国

方志敏

这是一间囚室。

这间囚室，四壁都用白纸裱糊过，虽过时已久，裱纸变了黯黄色，有几处漏雨的地方，并起了大块的黑色斑点；但有日光照射进来，或是强光的电灯亮了，这室内仍显得洁白耀目。对天空开了两道玻璃窗，光线空气都不算坏。对准窗子，在室中靠石壁放着一张黑漆色长方书桌，桌上摆了几本厚书和墨盒茶盅。桌边放着一把锯短了脚的矮竹椅；接着竹椅背后，就是一张铁床；床上铺着灰色军毯，一床粗布棉被，折叠了三层，整齐的摆在床的里沿。在这室的里面一角，有一只未漆的未盖的白木箱摆着，木箱里另有一只马桶躲藏在里面，日夜张开着口，承受这室内囚人每日排泄下来的秽物。在白木箱前面的靠壁处，放着一只蓝磁的痰盂，它象与马桶比赛似的，也是日夜张开着口，承受室内囚人吐出来的痰涕与丢下去的橘皮蔗渣和纸屑。骤然跑进这间房来，若不是看到那只刺目的很不雅观的白方木箱，以及坐在桌边那个钉着铁镣一望而知为囚人的祥松[①]，或者你会认为这不是一间囚室，而是一间书室了。

的确，就是关在这室内的祥松，也认为比他十年前在省城读书时所住的学舍的房间要好一些。

这是看守所优待号的一间房。这看守所分为两部，一部是优待号，一部是普通号。优待号是优待那些在政治上有地位或是有资产的人们。他们因各种原因，犯了各种的罪，也要受到法律上的处罚；而他们平日过的生活以及他们身体，都是不能耐住那普通号一样的待遇；把他们也关到普通号里去，不要一天二天，说不定都要生病或生病而死，那是万要不得之事。故特辟优待号以让他们住着，无非是期望着他们趁早悔改的意思。所以与其说优待号是监狱，或者不如说是休养所较为恰切些，不过是不能自由出入罢了。比较那潮湿污秽的普通号来，那是大大的不同。在普通号吃苦生病的囚人，突然看到优待号的清洁宽敞，心里总不免要发生一个是天堂，一个是地狱之感。

[①] 即方志敏自己。

因为祥松是一个重要的政治犯，官厅为着要迅速改变他原来的主义信仰，才将他从普通号搬到优待号来。

祥松前在普通号，有三个同伴同住，谈谈讲讲，也颇觉容易过日，现在是孤零一人，整日坐在这囚室内，未免深感寂寞了。他不会抽烟，也不会喝酒，想藉烟来散闷，酒来解愁，也是做不到的。而使他忘怀一切的，只有读书。他从同号的难友处借了不少的书来，他原是爱读书的人，一有足够的书给他读读看看，就是他脚上钉着十斤重的铁镣也不觉得它怎样沉重压脚了。尤其在现在，书好象是医生手里止痛的吗啡针，他一看起书来，看到津津有味处，把他精神上的愁闷与肉体上的苦痛，都麻痹地忘却了。

到底他的脑力有限，接连看了几个钟头的书，头就会一阵一阵的涨痛起来，他将一双肘节放在桌上，用两掌抱住涨痛的头，还是照原看下去，一面咬紧牙关自语："尽你痛！痛！再痛！脑溢血，晕死去罢！"直到脑痛十分厉害，不能再耐的时候，他才丢下书本，在桌边站立起来。或是向铁床上一倒，四肢摊开伸直，闭上眼睛养养神；或是在室内从里面走到外面，又从外面走到里面的踱着步；再或者站在窗口望着窗外那么一小块沉闷的雨天出神；也顺便望望围墙外那株一半枯枝，一半绿叶的柳树。他一看到那一簇浓绿的柳叶，他就猜想出遍大地的树木，大概都在和暖的春风吹拂中，长出艳绿的嫩叶来了——他从这里似乎得到一点儿春意。

他每天都是这般不变样的生活着。

今天在换班的看守兵推开门来望望他——换班交代最重要的一个囚人——的时候，却看到祥松没有看书，也没有踱步，他坐在桌边，用左手撑住头，右手执着笔在纸上边写边想。祥松今天似乎有点什么感触，要把它写出来。他在写些什么呢？啊！他在写着一封给朋友们的信。

方志敏闹革命的"两条半枪"

亲爱的朋友们：

我终于被俘入狱了。

关于我被俘入狱的情形，你们在报纸上可以看到，知道大概，我不必说了。我在被俘以后，经过绳子的绑缚，经过钉上粗重的脚镣，经过无数次的拍照，经过装甲车的押解，经过几次群众会上活的示众，以至关入笼子里，这些都象放映电影一般，一幕一幕的过去！我不愿再去回忆那些过去了的事情，回忆，只能增加我不堪的羞愧和苦恼！我也不愿将我在狱中的生活告诉你们。朋友！无论谁入了狱，都得感到愁苦和屈辱，我当然更甚，所以不能告诉你们一点什么好的新闻。我今天想告诉你们的，却是另外一个比较紧要的问题，即是关于爱护中国，拯救中国的问题，你们或者高兴听一听我讲这个问题罢。

我自入狱后，有许多人来看我；他们为什么来看我，大概是怀着到动物园里去看一只新奇的动物一样的好奇心罢？他们背后怎样评论我，我不能知道、而且也不必一定要知道。就他们当面对我讲的话，他们都承认我是一个革命者；不过他们认为我只顾到工农阶级的利益，忽视了民族的利益，好象我并不是热心爱中国爱民族的人。朋友，这是真实的话吗？工农阶级的利益，会是与民族的利益冲突吗？不，绝不是的，真正为工农阶级谋解放的人，又正是为民族谋解放的人，说我不爱中国不爱民族，那简直是对我一个天大的冤枉了。

我很小的时候，在乡村私塾中读书，无知无识，不知道什么是帝国主义，也不知道帝国主义如何侵略中国，自然，不知道爱国为何事。以后进了高等小学读书，知识渐开，渐渐懂得爱护中国的道理。一九一八年爱国运动波及到我们高小时，我们学生也开起大会来了。

在会场中，我们几百个小学生，都怀着一肚子的愤恨，一方面痛恨日本帝国主义无餍的侵略，另一方面更痛恨曹、章等卖国贼的狗肺狼心！就是那些年青的教师们（年老的教师们，对于爱国运动，表示不甚关心的样子），也和学生一样，十分激愤。宣布开会之后，一个青年教师跑上讲堂，将日本帝国主义提出的灭亡中国的廿一条，一条一条地边念边讲。他的声音由低而高，渐渐地吼叫起来，脸色涨红，渐而发青，颈子涨大得象要爆炸的样子，满头大汗珠子，满嘴唇的白沫，拳头在讲桌上捶得碰碰响。听讲的我们，在这位教师如此激昂慷慨的鼓动之下，那一个不是鼓起嘴巴，睁大着眼睛——每对透亮的小眼睛，都是红红的象要冒出火来；有几个学生竟流泪哭起来了。朋友，确实的，在这个时候，如果真有一个日本强盗或曹、章等卖国贼的那一个站在我们的面前，那怕不会被我们一下打成肉饼！会中，通过抵制日货，先要将各人身边的日货销毁去，再进行检查商店的日货，并出发对民众讲演,唤起他们来爱国。会散之后,各寝室内扯抽屉声,开箱笼声,响得很热闹,大家都在急忙忙地清查日货呢。

"这是日货,打了去!"一个玻璃瓶的日本牙粉扔出来了,扔在阶石上,立即打碎了,淡红色的牙粉,飞洒满地。

"这也是日货,踩了去!"一只日货的洋磁脸盆,被一个学生倒仆在地上,猛地几脚踩凹下去,磁片一片片地剥落下来,一脚踢出,磁盆就象含冤无诉地滚到墙角里去了。

"你们大家看看,这床席子大概不是日本货吧?"一个学生双手捧着一床东洋席子,表现很不能舍去的样子。

大家走上去一看,看见席头上印了"日本制造"四个字,立刻同声叫起来:

"你的眼睛瞎了,不认得字,你舍不得这床席子,想做亡国奴!?"不由分说,大家伸出手来一撕,那床东洋席,就被撕成碎条了。

我本是一个苦学生,从乡间跑到城市里来读书,所带的铺盖用品都是土里土气的,好不容易弄到几个钱来,买了日本牙刷,金刚石牙粉,东洋脸盆,并也有一床东洋席子。我明知销毁这些东西,以后就难得钱再买,但我为爱国心所激动,也就毫无顾惜地销毁了。我并向同学们宣言,以后生病,就是会病死了,也决不买日本的仁丹和清快丸。

从此以后,在我幼稚的脑筋中,作了不少的可笑的幻梦:我想在高小毕业后,即去投考陆军学校,以后一级一级的升上去,带几千兵或几万兵,打到日本去,踏平三岛!我又想,在高小毕业后,就去从事实业,苦做苦积,那怕不会积到几百万几千万的家私,一齐拿出来,练海陆军,去打东洋。读西洋史,一心想做拿破仑;读中国史,一心又想做岳武穆。这些混杂不清的思想,现在讲出来,是会惹人笑痛肚皮!但在当时我却认为这些思想是了不起的真理,愈想愈觉得津津有味,有时竟想到几夜失眠。

一个青年学生的爱国,真有如一个青年姑娘初恋时那样的真纯入迷。

朋友,你们知道吗?我在高小毕业后,既未去投考陆军学校,也未从事什么实业,我却到N城①来读书了。N城到底是省城,比县城大不相同。在N城,我看到了许多洋人,遇到了许多难堪的事情,我讲一两件给你们听,可以吗?

只要你到街上去走一转,你就可以碰着几个洋人。当然我们并不是排外主义者,洋人之中,有不少有学问有道德的人,他们同情于中国民族的解放运动,反对帝国

---

① N城,指南昌。

主义对中国的压迫和侵略，他们是我们的朋友。只是那些到中国来赚钱，来享福，来散播精神的鸦片——传教的洋人，却是有十分的可恶的。他们自认为文明人，认我们为野蛮人，他们是优种，我们却是劣种；他们昂头阔步，带着一种藐视中国人、不屑与中国人为伍的神气，总引起我心里的愤愤不平。我常想："中国人真是一个劣等民族吗？真该受他们的藐视吗？我不服的，决不服的。"

有一天，我在街上低头走着，忽听得"站开！站开！"的喝道声。我抬头一望，就看到四个绿衣邮差，提着四个长方扁灯笼，灯笼上写着："邮政管理局长"几个红扁字，四人成双行走，向前喝道；接着是四个徒手的绿衣邮差；接着是一顶绿衣大轿，四个绿衣轿夫抬着，轿的两旁，各有两个绿衣邮差扶住轿杠护着走；轿后又是四个绿衣邮差跟着。我再低头向轿内一望，轿内危坐着一个碧眼黄发高鼻子的洋人，口里衔着一枝大雪茄，脸上露出十足的傲慢自得的表情，"啊，好威风呀！"我不禁脱口说出这一句。邮政并不是什么深奥巧妙的事情，难道一定要洋人才办得好吗？中国的邮政，为什么要给外人管理去呢？

随后，我到K埠①读书，情形更不同了。在K埠有了所谓租界上，我们简直不能乱动一下，否则就要遭打或捉。在中国的地方，建起外人的租界，服从外人的统治，这种现象不会有点使我难受吗？

有时，我站在江边望望，就看见很多外国兵舰和轮船在长江内行驶和停泊，中国的内河，也容许外国兵舰和轮船自由行驶吗？中国有兵舰和轮船在外国内河行驶吗？如果没有的话，外国人不是明白白欺负中国吗？中国人难道就能够低下头来活受他们的欺负不成？！

就在我读书的教会学校里，他们口口声声传那"平等博爱"的基督教；同是教员，又同是基督信徒，照理总应该平等待遇；但西人教员，都是二三百元一月的薪水，中国教员只有几十元一月的薪水；教国文的更可怜，简直不如去讨饭，他们只有廿余元一月的薪水。朋友，基督国里，就是如此平等法吗？难道西人就真是上帝宠爱的骄子，中国人就真是上帝抛弃的下流的瘪三？！

朋友，想想看，只要你不是一个断了气的死人，或是一个甘心亡国的懦夫，天天碰着这些恼人的问题，谁能按下你不挺身而起，为积弱的中国奋斗呢？何况我正是一个血性自负的青年！

朋友，我因无钱读书，就漂流到吸尽中国血液的唧筒——上海来了！最使我难堪的，是我在上海游法国公园的那一次。我去上海原是梦想着找个半工半读的事

---

① K埠，指九江。

情做做，那知上海是人浮于事，找事难于登天，跑了几处，都毫无头绪，正在纳闷着，有几个穷朋友，邀我去游法国公园散散闷。一走到公园门口就看到一块刺目的牌子，牌子上写着"华人与狗不准进园"几个字。这几个字射入我的眼中时，全身突然一阵烧热，脸上都烧红了。这是我感觉着从来没有受过的耻辱！在中国的上海地方让他们造公园来，反而禁止华人入园，反而将华人与狗并列。这样无理的侮辱华人，岂是所谓"文明国"的人们所应做出来的吗？华人在这世界上还有立足的余地吗？还能生存下去吗？我想至此也无心游园了，拔起脚就转回自己的寓所了。

朋友，我后来听说因为许多爱国文学家著文的攻击，那块侮辱华人的牌子已经取去了。真的取去了没有？还没有取去？朋友，我们要知道，无论这块牌子取去或没有取去，那些以主子自居的混蛋的洋人，以畜生看待华人的观念，是至今没有改变的。

朋友，在上海最好是埋头躲着鸽子笼里不出去，倒还可以静一静心！如果你喜欢向外跑，喜欢在"国中之国"的租界上去转转，那你不仅可以遇着"华人与狗"一类的难堪的事情，你到处可以看到高傲的洋大人的手杖，在黄包车夫和苦力的身上飞舞；到处可以看到饮得烂醉的水兵，沿街寻人殴打；到处可以看到巡捕手上的哭丧棒，不时在那些不幸的人们身上乱揍；假若你再走到所谓"西牢"旁边听一听，你定可以听到从里面传出来在包探捕头拳打脚踢毒刑毕用之下的同胞们一声声呼痛的哀音，这是他们利用治外法权来惩治反抗他们的志士！半殖民地民众悲惨的命运呵！中国民族悲惨的命运呵！

朋友，我在上海混不出什么名堂，仍转回K省①来了。

我搭上了一只J国②轮船，在上船之前，送行的朋友告诉我在J国轮船，确要小心谨慎，否则船上人不讲理的。我将他们的忠告，谨记在心。我在狭小拥挤、汗臭屁臭、蒸热闷人的统舱里，买了一个铺位。朋友，你们是知道的，那时，我已患着很厉害的肺病，这统舱里的空气，是极不适宜于我的；但是，一个贫苦学生，能够买起一张统舱票，能够在统舱里占上一个铺位，已经就算是很幸事了，我躺在铺位上，头在发昏晕！等查票人过去了，正要昏迷迷的睡去，忽听到从货舱里发出可怕的打人声及喊救声。我立起身来问茶房什么事，茶房说，不要去理它，还不是打那些不买票的穷蛋。我不听茶房的话，拖着鞋向那货舱走去，想一看究竟。我走到货

---

① K省，指江西。
② J国，指日本。

舱门口，就看见有三个衣服褴褛的人，在那堆迭着白糖包上蹲伏着。一个是兵士，二十多岁，身体健壮，穿着一件旧军服。一个象工人模样，四十余岁，很瘦，似有暗病。另一个是二十余岁的妇人，面色粗黑，头上扎一块青布包头，似是从乡下逃荒出来的样子。三人都用手抱住头，生怕头挨到鞭子，好象手上挨几下并不要紧的样子。三人的身体，都在战栗着。他们都在极力将身体紧缩着，好象想缩小成一小团子或一小点子，那鞭子就打不着那一处了。三人挤在一个舱角里，看他们的眼睛，偷偷地东张西张的神气，似乎他们在希望着就在屁股底下能够找出一个洞来，以便躲进去避一避这无情的鞭打，如果真有一个洞，就是洞内满是屎尿，我想他们也是会钻进去的。在他们对面，站着七个人，靠后一点，站着一个较矮的穿西装的人，身体肥胖的很，肚子膨大，满脸油光，鼻孔下蓄了一小绺短须。两手叉在裤袋里，脸上浮露一种毒恶的微笑，一望就知道他是这场鞭打的指挥者。其余六个人，都是水手茶房的模样，手里拿着藤条或竹片，听取指挥者的话，在鞭打那三个未买票偷乘船的人们。

"还要打！谁叫你不买票！"那肥人说。

他话尚未说断，那六个人手里的藤条和竹片，就一齐打下。"还要打！"肥人又说。藤条竹片又是一齐打下。每次打下去，接着藤条竹片的着肉声，就是一阵"痛哟！"令人酸鼻的哀叫！这种哀叫，并不能感动那肥人和几个打手的慈心，他们反而哈哈的笑起来了。

"叫得好听，有趣，多打几下！"那肥人在笑后命令地说。

那藤条和竹片，就不分下数的打下，"痛哟！痛哟！饶命呵！"的哀叫声，就更加尖锐刺耳了！

"停住！去拿绳子来！"那肥人说。

那几个打手，好象要熟了把戏的猴子一样，只听到这句话，就晓得要做什么。马上就有一个跑去拿了一捆中粗绳子来。

"将他绑起来，抛到江里去喂鱼！"肥人指着那个兵士说。

那些打手一齐上前，七手八脚的将那兵士从糖包上拖下来，按倒在舱面上，绑手的绑手，绑脚的绑脚，一刻儿就把那兵士绑起来了。绳子很长，除缚结外，还各有一长段拖着。

那兵士似乎入于昏迷状态了。

那工人和那妇人还是用双手抱住头，蹲在糖包上发抖战，那妇人的嘴唇都吓得变成紫黑色了。

船上的乘客，来看发生什么事体的，渐来渐多，货舱门口都站满了，大家脸上似乎都有一点不平服的表情。

那兵士渐渐的清醒过来,用不大的声音抗议似的说:

"我只是无钱买船票,我没有死罪!"

拍的一声,兵士的面上挨了一巨掌!这是打手中一个很高大的人打的。他吼道:"你还讲什么?象你这样的狗东西,别说死一个,死十个百个又算什么!"

于是他们将他搬到舱沿边,先将他手上和脚上两条拖着的绳子,缚在船沿的铁栏干上,然后将他抬过栏干向江内吊下去。人并没有浸入水内,离水面还有一尺多高,只是仰吊在那里。被轮船激起的江水溅沫,急雨般打到他面上来。

那兵士手脚被吊得彻心彻骨的痛,大声哀叫。

那几个魔鬼似的人们,听到了哀叫,只是"好玩!好玩!"的叫着跳着作乐。

约莫吊了五六分钟,才把他拉上船来,向舱板上一摔,解开绳子,同时你一句我一句的说着:"味道尝够了吗?""坐白船没有那么便宜的!""下次你还买不买票?""下次你还要不要来尝这辣味儿?""你想错了,不买票来偷搭外国船!"那兵士直硬硬地躺在那里,闭上眼睛,一句话也不答,只是左右手交换的去摸抚那被绳子嵌成一条深槽的伤痕,两只脚也在那吊伤处交互揩擦。

"把他也绑起来吊一下!"肥人又指着那工人。

那工人赶从糖包上爬下来,跪在舱板上,哀恳地说:"求求你们不要绑我,不要吊我,我自己爬到江里去投水好了。象我这样连一张船票都买不起的苦命,还要它做什么!"他说完就望船沿爬去。

"不行不行,照样的吊!"肥人说。

那些打手,立即将那工人拖住,照样把他绑起来,照样将绳子缚在铁栏干上,照样把他抬过铁栏干吊下去,照样地被吊在那里受着江水激沫的溅洒,照样他在难忍的痛苦下哀叫,也是吊了五六分钟,又照样把他吊上来,摔在舱板上替他解缚。但那工人并不去摸抚他手上和脚上的伤痕,只是眼泪如泉涌地流出来,尽在抽噎的哭,那半老人看来是很伤心的了!

"那妇人怎样耍她一下呢?"打手中一个矮瘦的流氓样子的人向肥人问。

"……"肥人微笑着不作声。

"不吊她,摸一摸她,也是有趣的呀!"

肥人点一点头。

那人就赶上前去,扯那妇人的裤腰。

"哈,哈,哈哈……"打手们哄然大笑起来了。

"打!"我气愤不过,喊了一声。

"谁喊打？"肥人圆睁着那凶眼望着我们威吓地喝。

"打！"几十个人的声音，从站着观看的乘客中吼了出来。

那肥人有点惊慌了，赶快移动脚步，挺起大肚子走开，一面急忙地说：

"饶了你们三个人的船钱，到前面码头赶下船去！"

那几个打手齐声答应"是"，也即跟着肥人走去了。

"真是灭绝天理良心的人，那样的虐待穷人！""狗养的好凶恶！""那个肥大头可杀！""那几个当狗的打手更坏！""咳，没有捶那班狗养的一顿！"在观看的乘客中，发生过一阵嘈杂的愤激的议论之后，都渐次散去，各回自己的舱位去了。

我也走回统舱里，向我的铺位上倒下去，我的头象发热病似的涨痛，我几乎要放声痛哭出来。

朋友，这是我永不能忘记的一幕悲剧！那肥人指挥着的鞭打，不仅是鞭打那三个同胞，而是鞭打我中国民族，痛在他们身上，耻在我们脸上！啊！朋友，中国人难道真比一个畜生都不如了吗？你们听到这个故事，不也很难过吗？

朋友，以后我还遇着不少的象这一类或者比这一类更难堪的事情，要说，几天也说不完，我也不忍多说了。总之，半殖民地的中国，处处都是吃亏受苦，有口无处诉。但是，朋友，我却因每一次受到的刺激，就更加坚定为中国民族解放奋斗的决心。我是常常这样想着，假使能使中国民族得到解放，那我又何惜于我这一条蚁命！

朋友！中国是生育我们的母亲。你们觉得这位母亲可爱吗？我想你们是和我一样的见解，都觉得这位母亲是蛮可爱蛮可爱的。以言气候，中国处于温带，不十分热，也不十分冷，好象我们母亲的体温，不高不低，最适宜于孩儿们的偎依。以言国土，中国土地广大，纵横万数千里，好象我们的母亲是一个身体魁大、胸宽背阔的妇人，不象日本姑娘那样苗条瘦小。中国许多有名的崇山大岭，长江巨河，以及大小湖泊，岂不象征着我们母亲丰满坚实的肥肤上之健美的肉纹和肉窝？中国土地的生产力是无限的；地底蕴藏着未开发的宝藏也是无限的；废置而未曾利用起来的天然力，更是无限的，这又岂不象征着我们的母亲，保有着无穷的乳汁，无穷的力量，以养育她四万万的孩子？我想世界上再没有比她养得更多的孩子的母亲吧。至于说到中国天然风景的美丽，我可以说，不但是雄巍的峨嵋，妩媚的西湖，幽雅的雁荡，与夫"秀丽甲天下"的桂林山水，可以傲睨一世，令人称羡；其实中国是无地不美，到处皆景，自城市以至乡村，一山一水，一丘一壑，只要稍加修饰和培植，都可以成流连难舍的胜景；这好象我们的母亲，她是一个天姿玉质的美人，她的身体的每一部分，都有令人爱慕之美。中国海岸线之长而且弯曲，照现代艺术家说来，这象征我们母亲富有曲线美吧。咳!母亲!美丽的母亲,可爱的母亲,只因你受着人家的压榨和剥削,弄成贫穷已极;不但不能买一件新的好看的衣服,把你自己装饰起来;甚至不能买块香皂将你全身洗擦洗擦,以致现出怪难看的一种憔悴褴褛和污秽不洁的形容来!啊!我们的母亲太可怜了,一个天生的丽人,现在却变成叫化的婆子!站在欧洲、美洲各位华贵的太太面前,固然是深愧不如,就是站在那日本小姑娘面前,也自惭形秽得很呢!

杭州西湖

听着!朋友!母亲躲到边去哭泣了,哭得伤心得很呀!她似乎在骂着:"难道我四万万的孩子,都是白生了吗?难道他们真象着了魔的狮子,一天到晚的睡着不醒吗?难道他们不知道自己伟大的团结力量,去与残害母亲、剥削母亲的敌人斗争吗?难道他们不想将母亲从敌人手里救出来,把母亲也装饰起来,成为世界上一个最出色、最美丽、最令人尊敬的母亲吗?"朋友,听到没有母亲哀痛的哭吗?是的,是的,母亲骂得对,十分对!我们不能怪母亲好哭,只怪得我们之中出了败类,自己压制自己,眼睁睁的望着我们这位挺慈祥美丽的母亲,受着许多无谓的屈辱,和残暴的蹂躏!这真是我们做孩子们的不是了,简直连一位母亲都爱护不住了!

朋友,看呀!看呀!那名叫"帝国主义"的恶魔的面貌是多么难看呀!在中国许多神怪小说上，也寻不出一个妖精鬼怪的面貌，会有这些恶魔那样的狞恶可怕！满脸满身都是毛，好象他们并不是人，而是人类中会吃人的猩猩！他们的血口，张开起来，好似无底的深洞，几千几万几千万的人类，都会被它吞下去！他们的牙齿，尤其是那伸出口外的獠牙，十分锐利，发出可怕的白光！他们的手，不，不是手呀，而是僵硬硬的铁爪！那么难看的恶魔，那么狞狞可怕的恶魔！一，二，三，四，五，朋友，五个可怕的恶魔①，正在包围着我们的母亲呀！朋友，看呀，看到了没有？呸！那些恶魔将母亲搂住呢！用他们的血口，去亲她的嘴，她的脸，用他们的铁爪，去抓破她的乳头，她的可爱的肥肤！呀，看呀！那个戴着粉白的假面具的恶魔，在做什么，他弯身伏在母亲的胸前，用一支锐利的金管子，刺进，呀！刺进母亲的心口，他的血口，套到这金管子上，拚命的吸母亲的血液！母亲多么痛呵，痛得嘴唇都成白色了，噫，其他的恶魔也照样做吗？看！他们都拿出各种金的、铁的或橡皮的管子，套住在母亲身上被他们铁爪抓破流血的地方，都拚命吸起血液来了！母亲，你有多少血液，不要一下子就被他们吸干了吗？

嘎！那矮矮的恶魔，拿出一把屠刀来了！做什么？呸！恶魔！你敢割我们母亲的肉？你想杀死她？咳哟！不好了！一刀！拍的一刀！好大胆的恶魔，居然向我们母亲的左肩上砍下去！母亲的左臂，连着耳朵到颈，直到胸膛，都被砍下来了！砍下了身体的那么一大块——五分之一的那么一大块！母亲的血在涌流出来，她不能哭出声来，她的嘴唇只是在那里一张一张的动，她的眼泪和血在竞着涌流！朋友们！兄弟们！救救母亲！母亲快要死去了！

啊！那矮的恶魔怎么那样凶恶，竟将母亲那么一大块身体，就一口生吞下去，还在那里眈眈地望着，象一只饿虎向着驯羊一样的望着！恶魔！你还想砍，还想割，还想把我们的母亲整个吞下去?！兄弟们！无论如何不能与它干休！它砍下而且生吞下去母亲的那么一大块身体！母亲现在还象一个人吗？缺了五分之一的身体？美丽的母亲，变成一个血迹模糊肢体残缺的人了。兄弟们，无论如何，不能与它干休，大家冲上去，捉住那只恶魔，用铁拳痛痛的捶它，捶得它张开口来，吐出那块被生吞下去的母亲身体，才算，决不能让它在恶魔的肚子里消化下去，成了它的滋养料！我们一定要回来一个完整的母亲，绝对不能让她的肢体残缺呀！

呸！那是什么人？他们也是中国人，也是母亲的孩子？那么为什么去帮助恶魔来杀害自己的母亲呢？你们看！他们在恶魔持刀向母亲身上砍的时候，很快的就把砍下来的那块身体，双手捧到恶魔血口中去！他们用手拍拍恶魔的喉咙，使它快吞

---

① 指当时美、英、法、日、意五个侵略中国的帝国主义国家。

下去；现在又用手去摸摸恶魔的肚皮，增它的胃之消化力，好让快点消化下去。他们都是所谓高贵的华人，怎样会那么恭顺的秉承恶魔的意旨行事？委曲求欢，丑恶百出！可耻，可耻！傀儡，卖国贼！狗彘不食的东西！狗彘不食的东西！你们帮助恶魔来杀害自己的母亲，来杀害自己的兄弟，到底会得到什么好处？我想你们这些无耻的人们呵！你们当傀儡、当汉奸、当走狗的代价，至多只能伏在恶魔的肛门边或小便上，去吸取它把母亲的肉，母亲的血消化完了排泄出来的一点粪渣和尿滴！那是多么可鄙弃的人生呵！

朋友，看！其余的恶魔，也都拔出刀来，馋涎欲滴地望着母亲的身体，难道也象矮的恶魔一样来分割母亲吗？啊！不得了，他们如果都来操刀而割，母亲还能活命吗？她还不会立即死去吗？那时，我们不要变成了无母亲的孩子吗？朋友们，兄弟们，赶快起来，救救母亲呀！无论如何，不能让母亲死亡的呵！

朋友，你们以为我在说梦呓吗？不是的，不是的，我在呼喊着大家去救母亲呵！再迟些时，她就要死去了。

朋友，从崩溃毁灭中，救出中国来，从帝国主义恶魔生吞活剥下，救出我们垂死的母亲来，这是刻不容缓的了。但是，到底怎样去救呢？是不是由我们同胞中，选出几个最会做文章的人，写上一篇十分娓娓动听的文告或书信，去劝告那些恶魔停止侵略呢？还是挑选几个最会演说、最长于外交辞令的人，去向他们游说，说动他们的良心，自动的放下屠刀不再宰割中国呢？抑或挑选一些顶善哭泣的人，组成哭泣团，到他们面前去，长跪不起，哭个七日七夜，哭动他们的慈心，从中国撒手回去呢？再或者……我想不讲了，这些都不会丝毫有效的。哀求帝国主义不侵略和灭亡中国，那岂不等于哀求老虎不吃肉？那是再可笑也没有了。我想，欲求中国民族的独立解放，决不是哀告、跪求哭泣所能济事，而是唤起全国民众起来斗争，都手执武器，去与帝国主义进行神圣的民族革命战争，将他们打出中国去，这才是中国唯一的出路，也是我们救母亲的唯一方法，朋友，你们说对不对呢？

因为中国对外战争的几次失利，真象倒霉的人一样，弄得自己不相信自己起来了。有些人简直没有一点民族自信心，认为中国是沉沦于万丈之深渊，永不能自拔，在帝国主义面前，中国渺小到象一个初出世的婴孩！我在三个月前，就会到一位先生，他的身体瘦弱，皮肤白晳，头上的发梳得很光亮，态度文雅。他大概是在军队中任个秘书之职，似乎是一个伤心国事的人。他特地来与我作了下列的谈话：

他："咳！中国真是危急极了！"

我："是的，危急已极，再如此下去，难免要亡国了。"

"唔，亡国，是的，中国迟早是要亡掉的。中国不会有办法，我想是无办法的。"他摇头的说，表示十分丧气的样子。

"先生为什么说出这样的话来？那里就会无办法。"我诘问他。

"中国无力量呀！你想帝国主义多么厉害呵！几百几千架飞机，炸弹和人一样高；还有毒瓦斯，一放起来，无论多少人，都要死光了。你想中国拿什么东西去抵抗它？"他说时，现出恐惧的样子。

"帝国主义固然厉害，但全中国民众团结起来的斗争力量也是不可侮的啦！并且，还有……"我尚未说完，他就抢着说：

"不行不行，民众的力量，抵不住帝国主义的飞机大炮，中国不行，无办法，无办法的啦。"

"那照先生所说，我们只有坐在这里等着做亡国奴了！你不觉得那是可耻的懦夫思想吗？"我实在忍不住，有点气愤了。他睁大眼睛，呆望着我，很难为情的不作答声。

这位先生，很可怜的代表一部分鄙怯人们的思想，他们只看到帝国主义的飞机大炮，忘却自己民族伟大的斗争力量。照他的思想，中国似乎是命注定的要走印度、朝鲜的道路了①，那还了得？！

中国真是无力自救吗？我绝不是那样想的，我认为中国是有自救的力量的。最近十几年来，中国民族，不是表示过它的斗争力量之不可侮吗？弥漫全国的五卅运动，是着实的教训了帝国主义，中国人也是人，不是猪和狗，不是可以随便屠杀的。省港罢工，在当时革命政权扶助之下，使香港变成了臭港，就是最老牌的帝国主义，也要屈服下来。以后北伐军到了湖北和江西，汉口和九江的租界，不是由我们自动收回了吗？在那时帝国主义在中国的威权，不是一落千丈吗？朋友，我现在又要来讲个故事了。就在北伐军到江西的时候，我在江西做工作，因有事去汉口，在九江又搭上一只J国轮船，而且十分凑巧，这只轮船，就是我那次由上海回来所搭乘的轮船。使我十分奇怪的，就是轮船上下管事人对乘客们的态度，显然是两样的了——从前是横蛮无理，现在是和气多了。我走到货船去看一下，货舱依然是装满了糖包，但糖包上没有蹲着什么人。再走到统舱去看看，只见两边走栏的甲板上，躺着好几十个人。有些象是做工的，多数是象从乡间来的，有一位茶房正在开饭给他们吃呢。我为了好奇心，走到那茶房面前向他打了一个招呼，与他谈话：

我："请问，这些人都是买了票吗？"

---

① 当时印度、朝鲜还未独立，这里是指亡国的意思。

茶房："他们那里买票,都是些穷人。"

我："不买票也可以坐船吗?"

茶房："马马虎虎的过去,不买票的人多呢!你看统舱里那些士兵,那个买了票的?"他用手向统舱里一指,我随着他指的方向望去,果就看见有十几个革命军兵士,围在一个茶房的木箱四旁,箱盖上摆着花生米,皮蛋,酱豆干等下酒菜,几个洋瓷碗盛着酒,大家正在高兴地喝酒谈话呢。

我："他们真都没有买票吗?"

茶房："那里还会假的,北伐军一到汉口,他们就坐船不买票了。"

"从前的时候,不买票也能坐船吗?"我故意地问。

茶房："那还了得,从前不买票,不但打得要命,还要抛到江里去!"

"抛到江里去?那岂不是要浸死人吃人命?"我又故意地问。

茶房笑说："不是真抛到江里去浸死,而是将他吊一吊,吓一吓。不过这一吊也是一碗辣椒汤,不好尝的。"

我："那么现在你们的船老板,为什么不那样做呢?"

茶房："现在不敢那样做了,革命势力大了。"

我："我不懂那是怎样说的,请说清楚!"

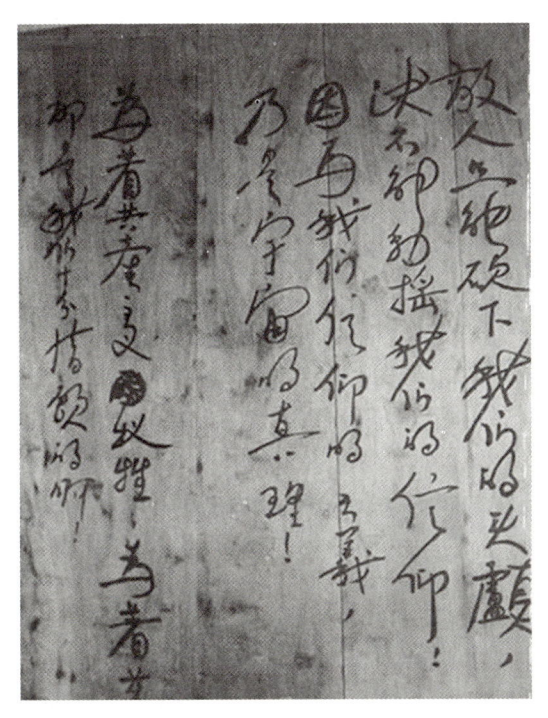

方志敏狱中手稿

茶房："那还不清楚吗?打了或吊了中国人,激动了公愤,工人罢下工来,他的轮船就会停住走不动了。那损失不比几个人不买票的损失更大吗?"

我："依你所说,那外国人也有点怕中国人了?"

茶房："不能说怕,也不能说不怕,唔,照近来情形看,似乎有点怕中国人了。哈哈!"茶房笑起来了。我与他再点点头道别,我暗自欢喜地走进来。我心里想,今天可惜不遇着那肥大头,如遇着,至少也要奚落他几句。

我走到官舱的饭厅上去看看,四壁上除挂了一些字画外,却挂了一块木板布告。布告上的字很大,远处都可以看清楚。

第×号
国民革命军总司令布告

  为布告事。照得近来有军人及民众搭乘外国轮船不买票,实属非是!特出布告,仰该军民人等,以后搭乘轮船,均须照章买票,不得有违!切切此布。

  啊啊,外国轮船,也有挂中国布告之一天,在中国民众与兵、工奋斗之下,藤条、竹片和绳子,也都失去从前的威力了。

  朋友,不幸得很,从此以后,中国又走上了厄运,环境又一天天的恶劣起来了。经过五三的济南惨案,直到九一八,日本帝国主义公然出兵占领了中国东北四省,就是我在上面所说那矮的恶魔,一刀砍下并生吞下我们母亲五分之一的身体。这是由于中国民族革命运动,受到了挫折,对于中国进攻采取了"不抵抗主义",没有积极唤起国人自救所致!但是,朋友,接着这一不幸的事件而起来的,却来了全国汹涌的抗日救国运动,东北四省前仆后继的义勇军的抗战,以及一·二八有名的上海战争。这些是给了骄横一世的日本军阀一个严重的教训,并在全世界人类面前宣告,中国的人民和兵士,是有爱国心的,是能够战斗的,能够为保卫中国而牺牲的。谁要想将有四千年历史与四万万人口的中国民族吞噬下去,我们是会与他们拚命战斗到最后的一人!

  朋友,虽然在我们之中,有汉奸,有傀儡,有卖国贼,他们认仇作父,为虎作伥;但他们那班可耻的人,终竟是少数,他们已经受到国人的抨击和唾弃,而渐趋于可鄙的结局。大多数的中国人,有良心有民族热情的中国人,仍然是热心爱护自己的国家的。现在不是有成千成万的人在那里决死战斗吗?他们决不让中国被帝国主义所灭亡,决不让自己和子孙们做亡国奴。朋友,我相信中国民族必能从战斗中获救,这岂是我们的自欺自誉吗?

  不错,目前的中国,固然是江山破碎,国弊民穷,但谁能断言,中国没有一个光明的前途呢?不,决不会的,我们相信,中国一定有个可赞美的光明前途。中国民族在很早以前,就造起了一座万里长城和开凿了几千里的运河,这就证明中国民族伟大无比的创造力!中国在战斗之中一旦斩去了帝国主义的锁链,肃清自己阵线内的汉奸卖国贼,得到了自由与解放,这种创造力,将会无限的发挥出来。到那时,中国的面貌将会被我们改造一新。所有贫穷和灾荒,混乱和仇杀,饥饿和寒冷,疾病和瘟疫,迷信和愚昧,以及那慢性的杀灭中国民族的鸦片毒物,这些等等都是帝国主义带给我们可憎的赠品,将来也要随着帝国主义的赶走而离去中国了。朋友,我相信，到那时，到处都是活跃跃的创造，到处都是日新月异的进步，欢歌将代替了悲叹，笑脸将代替了哭脸，富裕将代替了贫穷，康健将代替了疾苦，智慧将代替了愚昧，友爱将代替了仇杀，生之快乐将代替了死之悲哀，明媚的花园，将代替了凄凉的荒地！这时，我们民族就可以无愧色的立在人类的面前，而生育我们的母亲，也会最美丽的装饰起来，与世界上各位母亲平等的携手了。

万里长城

这么光荣的一天，决不在辽远的将来，而在很近的将来，我们可以这样相信的，朋友！

朋友，我的话说得太噜〔苏〕厌听了吧！好，我只说下面几句了。我老实的告诉你们，我爱护中国之热诚，还是如小学生时代一样的真诚无伪；我要打倒帝国主义为中国民族解放之心还是火一般的炽烈。不过，现在我是一个待决之囚呀！我没有机会为中国民族尽力了，我今日写这封信，是我为民族热情所感，用文字来作一次为垂危的中国的呼喊，虽然我的呼喊，声音十分微弱，有如一只将死之鸟的哀鸣。

啊！我虽然不能实际的为中国奋斗，为中国民族奋斗，但我的心总是日夜祷祝着中国民族在帝国主义羁绊之下解放出来之早日成功！假如我还能生存，那我生存一天就要为中国呼喊一天；假如我不能生存——死了，我流血的地方，或者我瘗骨的地方，或许会长出一朵可爱的花来，这朵花你们就看作是我的精诚的寄托吧！在微风的吹拂中，如果那朵花是上下点头，那就可视为我对于为中国民族解放奋斗的爱国志士们在致以热诚的敬礼；如果那朵花是左右摇摆，那就可视为我在提劲儿唱着革命之歌，鼓励战士们前进啦！

亲爱的朋友们，不要悲观，不要畏馁，要奋斗！要持久的艰苦的奋斗！把各人所有的智慧才能，都提供于民族的拯救吧！无论如何，我们决不能让伟大的可爱的中国，灭亡于帝国主义的肮脏的手里！

你们挚诚的祥松
五月二日写于囚室

囚人祥松将上信写好了，又从头到尾仔细修改了一次，自以为没有什么大毛病了，将它折好，套入一个大信封里。信封上写着："寄送不知其名的朋友们均启"。这封信，他知道是无法寄递的，他扯开书桌的抽屉，将信放在里面。然后拖起那双戴了铁镣的脚，钉铛钉铛走到他的铁床边就倒下去睡了。

他往日的睡，总是做着许多噩梦，今晚他或者能安睡一夜吧！我们盼望他能够安睡，不做一点梦，或者只做个甜蜜的梦。

（1935年5月2日）

【提要】

方志敏在入狱后短短的72天中，先后写下了《可爱的中国》、《清贫》、《狱中纪实》等十多篇文稿和信件。这是一笔极其宝贵的精神遗产。

在《可爱的中国》一文中，方志敏尽情地抒发了对祖国的无限热爱和眷恋之情以及对祖国美好未来的憧憬，表现了共产党人崇高的爱国主义和革命英雄主义精神。

在方志敏心中，始终有一个理想在激荡。就像他在《可爱的中国》中写道："中国一定有个可赞美的光明前途。""到那时，到处都是活跃跃的创造，到处都是日新月异的进步，欢歌将代替了悲叹，笑脸将代替了哭脸，富裕将代替了贫穷，康健将代替了疾苦，智慧将代替了愚昧，友爱将代替了仇杀，生之快乐将代替了死之悲哀，明媚的花园，将代替了凄凉的荒地！"

清 贫

方志敏

我从事革命斗争,已经十余年了。在这长期的奋斗中,我一向是过着朴素的生活,从没有奢侈过。经手的款项,总在数百万元;但为革命而筹集的金钱,是一点一滴的用之于革命事业。这在国方①的伟人们看来,颇似奇迹,或认为夸张;而矜持不苟,舍己为公,却是每个共产党员具备的美德。所以,如果有人问我身边有没有一些积蓄,那我可以告诉你一桩趣事:

就在我被俘的那一天一个最不幸的日子,有两个国方兵士,在树林中发现了我,而且猜到我是什么人的时候,他们满肚子热望在我身上搜出一千或八百大洋,或者搜出一些金镯金戒指一类的东西,发个意外之财。那知道从我上身摸到下身,从袄领捏到袜底,除了一只时表和一支自来水笔之外,一个铜板都没有搜出。他们于是激怒起来了,猜疑我是把钱藏在那里,不肯拿出来。他们之中有一个,左手拿着一个木柄榴弹,右手拉出榴弹中的引线,双脚拉开一步,作出要抛掷的姿势,用凶恶的眼光盯住我,威吓地吼道:

"赶快将钱拿出来,不然就是一炸弹,把你炸死去!"

"哼!你不要作出那难看的样子来吧!我确实一个铜板都没有存;想从我这里发洋财,是想错了。"我微笑淡淡地说。

"你骗谁!象你当大官的人会没有钱!"拿榴弹的兵士坚不相信。

"决不会没有钱的,一定是藏在那里,我是老出门的,骗不得我。"

另一个兵士一面说,一面弓着背重来一次将我的衣角裤裆过细地捏,总企望着有新的发现。

"你们要相信我的话,不要瞎忙吧!我不比你们国民党当官,个个都有钱,我今天确实是一个铜板也没有,我们革命不是为着发财啦!"我再向他们解释。

等他们确知在我身上搜不出什么的时候,也就停手不搜了;又在我藏躲地方的周围,低头注目搜寻了一番,也毫无所得,他们是多么的失望呵!那个持弹欲放的兵士,也将拉着的引线,仍旧塞进榴弹的木柄里,转过来来抢夺我的表和水笔。后

---

① 指国民党。

彼此说定表和笔卖出钱来平分，才算无话。他们用怀疑而又惊异的目光，对我自上而下的望了几遍，就同声命令地说："走吧！"

位于江西怀玉山的方志敏塑像

是不是还要问问我家里有没有一些财产？请等一下，让我想一想，啊，记起来了，有的有的，但不算多。去年暑天我穿的几套旧的汗褂裤，与几双缝上底的线袜，已交给我的妻放在深山坞里保藏着——怕国军①进攻时，被人抢了去，准备今年暑天拿出来再穿；那些就算是我唯一的财产了。但我说出那几件"传世宝"来，岂不要叫那些富翁们齿冷三天？！

清贫，洁白朴素的生活，正是我们革命者能够战胜许多困难的地方！

一九三五年五月二十六日写于囚室

【提要】

"清贫，洁白朴素的生活，正是我们革命者能够战胜许多困难的地方！"方志敏在狱中写下的《清贫》一文，令无数后人肃然起敬。

---

① 指国民党军。

有一种力量叫清贫！这种力量体现着共产党人以天下为己任、公而忘私的精神，更彰显出一名无产阶级革命家的一身正气、两袖清风！

有一种坚定叫信仰！正如方志敏在文章《死——共产主义的殉道者的记述》中所写："敌人只能砍下我们的头颅，决不能动摇我们的信仰！因为我们信仰的主义乃是宇宙的真理！为着共产主义牺牲，为着苏维埃流血，那是我们十分情愿的啊！"

《清贫》则是一个共产党员矜持不苟、舍己为公的共产主义美德的自白书。同时他也告诉人们，正是因为革命者甘于清贫、洁白朴素的生活，才能够战胜诸多困难。

【链接】

"清贫"精神代代传

"清贫，洁白朴素的生活，正是我们革命者能够战胜许多困难的地方！"60多年前，方志敏烈士在狱中写下《清贫》一文，篇幅虽短，却字字千钧，真实地展现了一个革命者的高尚情操。

方志敏生前是中央委员，中国工农红军第十军团军政委员会主席，是党的重要领导干部，从事革命斗争十余年，却"一向是过着朴素的生活"，他"经手的款项，总在数百万元"，手中可谓握有财权，但是"为革命而筹集的金钱，是一点一滴地用之于革命事业"的，自己清贫到一文不名。

就在方志敏被捕当天，前去逮捕他的两个士兵得知他是共产党的大官，喜出望外，以为可以大捞一把，但他们在方志敏身上没有找到一个铜板，大失所望，气急败坏地举起手榴弹威吓道："赶快把钱拿出来，不然就是一炸弹，把你炸死去！"但最终他们还是什么也没有得到，只得悻悻地质问方志敏："你骗谁！像你这样当大官的人会没有钱？"是的，在卑鄙和污浊的心灵中，清贫是不可理解的。

中国人历来崇尚清贫，古圣遗训，君子固穷，知足常乐，体现了可贵的为人理念。这里的"君子"未必不能拥有财富，但贵在能够经受住利益的诱惑，坚守原则。清官的可贵，就在于他们手握权力却从不中饱私囊。

在经济社会迅速发展的当下，有人以为清贫等同于贫穷，在生活水平逐渐提高告别贫穷的同时忽视了"清"的内涵；也有人在错误的价值观引导下认为"清贫"是不思进取、是思想僵化；亦不乏有人抛弃了理想信仰，认为清贫可笑、清贫可耻。其实，"清贫"与贫穷的本质区别就在一个"清"字，虽贫而不贱，有一股自重自尊的清气，不食嗟来之食，不受他人恩惠。甘于"清贫"不是甘于贫穷，而是主动放弃多余的物质追求，在简单质朴中体验心灵的丰盈充实，追求广阔的精神空间。孔子称赞他的学生颜回"一箪食，一瓢饮，在陋巷，人不堪其忧，回也不改其乐"，其实就是一种甘于清贫的精神。陶渊明有《咏贫士》四章，诗中"一朝辞吏归，清贫略难俦"两句，一个鲜活的清官形象跃然纸上。

在我们党90年的奋斗历程中，涌现出许许多多具有"清贫"精神的典范。他们用生命践行"清贫"精神，不仅仅是洁身自好，更重要的是把它当做共产党人的本色，当做战胜一切困难的精神动力。作为一种价值观念、一种道德修养、一种精神追求，甘于"清贫"是我们每一位党员干部应该恪守的人生标准。它像一根鞭子，狠狠地鞭挞了利欲熏心充满铜臭的贪官；又像一面镜子，照出了清廉为民的好干部在人民心中的崇高形象。

（向卫华）

给三立同志的信

毛岸英

三立同志：

　　来信收到。你们已参加革命工作，非常高兴。你们离开三福旅馆的前一日我曾打电话与你们，都不在家，次日再打电话时，旅馆职员说你们已经搬走了。后接到林亭同志一信，没有提到你们的"下落"。本想复他并询问你们在何处，却把他的地址连同信一齐丢了（误烧了）。你们若知道他的详细地址望告。

　　来信中提到舅父"希望在长沙有厅长方面位置"一事，我非常替他惭愧。新的时代，这种一步登高的"做官"思想已是极端落后的了，而尤以为通过我父亲即能"上任"，更是要不得的想法。新中国之所以不同于旧中国，共产党之所以不同于国民党，毛泽东之所以不同于蒋介石，毛泽东的子女妻舅之所以不同于蒋介石的子女妻舅，除了其他更基本的原因以外，正在于此：皇亲贵戚仗势发财，少数人统治多数人的时代已经一去不返了。靠自己的劳动和才能吃饭的时代已经来临了。在这一点上，中国人民已经获得根本的胜利。而对于这一层，舅父恐怕还没有觉悟。望他慢慢觉悟，否则很难在新的中国工作下去。翻身是广大群众的翻身，而不是几个特殊人物的翻身。生活问题要整个解决，而不可个别解决。大众的利益应该首先顾及，放在第一位。个人主义是不成的。我准备写信将这些情形坦白告诉舅父他们。

　　反动派常骂共产党没有人情，不讲人情，如果他们所指的是这种帮助亲戚朋友、同乡同事做官发财的人情的话，那么我们共产党正是没有这种"人情"，不讲这种"人情"。共产党有的是另一种人情，那便是对人民的无限热爱，对劳苦大众的无限热爱，其中也包括自己的父母子女亲戚在内。当然对于自己的近亲，对于自己的父、母、子、女、妻、舅、兄、弟、姨、叔是有一层特别感情的，一种与血统、家族有关的人的深厚感情的。这种特别感情共产党不仅不否认，而且加以巩固并努力于倡导它走向正确的与人民利益相符合的有利于人民的途径。但如果这种特别感情超出了私人范围并与人民利益相抵触时，共产党是坚决站在后者方面的，即"大义灭亲"亦在所不惜。

我爱我的外祖母，我对她有深厚的描写不出的感情，但她也许现在在骂我"不孝"，骂我不照顾杨家，不照顾向家；我得忍受这种骂，我决不能也决不愿违背原则做事。我本人是一部伟大机器的一个极普通平凡的小螺丝钉，同时也没有"权力"，没有"本钱"，更没有"志向"来做这些扶助亲戚高升的事。至于父亲，他是这种做法最坚决的反对者，因为这种做法是与共产主义思想、毛泽东思想水火不相容的，是与人民大众的利益水火不相容的，是极不公平，极不合理的。

无产阶级的集体主义——群众观点与资产阶级的个人主义——个人观点之间的矛盾正是我们与舅父他们意见分歧的本质所在。这两种思想即在我们脑子里也还在尖锐斗争着，只不过前者占了优势罢了。而在舅父的脑子里，在许多其他类似舅父的人的脑子里，则还是后者占着绝对优势，或者全部占据，虽然他本人的本质可能不一定是坏的。

关于抚恤烈士家属问题，据悉你的信已收到了。事情已转组织部办理，但你要有精神准备：一下子很快是办不了的。干部少事情多，湖南又才解放，恐怕会拖一下。请你记住我父亲某次对亲戚说的话："生活问题要整个解决，不可个别解决"，这里所指的生活问题主要是指经济（生活）困难问题，而所谓整个解决主要是指工业革命，土地改革，统一的烈士家属抚恤办法等。意思是说应与广大的贫苦大众一样地来统一解决生活困难问题，在一定时候应与千百万贫苦大众一样地来容忍一个时期，等待一个时期，不要指望一下子把生活搞好，比别人好。当然，饿死是不至于的。

你父亲写来的要求抚恤的信也收到了。因为此事经你信已处理，故不另复。请转告你父亲一下并代我问候他。

你现在可能已开始工作了罢，望从头干起，从小干起，不一下子就想负个什么责任，先要向别人学习，不讨厌做小事，做技术性的事。我过去不懂这个道理曾碰过许多钉子，现在稍许懂事了——即是说不仅懂得应该为人民好好服务，而且开始稍许懂得应该怎样好好为人民服务，应该以怎样的态度为人民服务了。

为人民服务说起来很好听，很容易，做起来却实在不容易。特别对于我们这批有小资产阶级个人英雄主义的没有受过斗争考验的知识分子是这样的。

信口开河，信已写得这么长，不再写了。有不周之处望谅。

祝你健康！

岸英上

1949年10月24日

【提要】

摆在我们面前的，是新中国刚刚诞生的时候，开国领袖毛泽东的长子毛岸英写给亲戚的一封信。这是一封平常的信，但它的内容却极不平常。它集中表现了共产党人大公无私、执政为民的高尚品德。这无疑是我们当时战胜国民党反动派及一切敌人的重要保证；同时，这也是今天进行反腐倡廉教育、进一步推进改革开放和社会主义现代化建设的宝贵教材。

1949年与毛岸英在香山双清别墅

由于革命的胜利，中国无产阶级和劳动人民破天荒地从奴隶变成了社会的主人，即"上升为统治阶级"。这是中国亘古以来从没有发生过的事。它不同于历史上任何一次改朝换代，不是一个剥削阶级代替另一个剥削阶级的政权更迭，而是最终要彻底埋葬一切剥削制度、同一切私有观念实行最彻底决裂的革命。因此许多在旧社会改朝换代时适用的旧观念、老信条，如信中提到的，靠与领导人有亲戚关系便"一步登高做官"的思想，"皇亲贵戚仗势发财"的思想，统统不适用了。对这一点，社会上的许多人,包括领导干部的亲属们都一下子难以适应。这对执政后的党无疑是一个严峻的考验。而以毛泽东为代表的中国共产党人经住了这种考验,从而使新中国成为一个迥别于以往任何社会的风正气清的新社会。

共产党人是不是太"不讲人情"了?对此,信中作了精辟的分析。共产党人的确不讲那种"帮助亲戚朋友、同乡同事做官发财的人情",他们有的是"对人民的无限热爱,对劳苦大众的无限热爱"的"人情",其中也包括对父母子女以及亲友的一种"特别"的"深厚感情","这种特别感情共产党不仅不否认,而且加以巩固并努力于倡导它走向正确的与人民利益相符合的有利于人民的途径。"的确如此,正如毛泽东指出的,亲友们的"生活问题要整个解决,不可个别解决"。所谓不"个别解决",就是不搞特殊化,不为其谋取特殊利益;所谓"整个解决"就是让亲友们"与广大的贫苦大众一样地来统一解决生活困难问题"。这才是对亲友们真诚的无私的大爱,才是真正的无产阶级的"人情",是那种从封建等级思想、特权思想出发的"人情"所不可比拟的。

公与私的问题是世界观问题。毛泽东、毛岸英以及当时的许多无产阶级革命家之所以能够正确处理这种关系,就因为他们树立了无产阶级的世界观、人生观和价值观。今天,我们反腐倡廉的任务很重。有一个提法叫"从源头上反腐败",我认为这"源头"就在头脑中。防范腐败的法律、措施、规章制度都很重要,但要是脑袋出了问题,即世界观、人生观、价值观出了问题,那简直是防不胜防。要真正"从源头上反腐败",就应解决各级干部的世界观问题。

毛泽东是新中国的主要缔造者。他为中国人民的解放事业奋斗了一生。他虽然不是完人,也犯过错误,但终其一生,却从不曾为个人、家人、亲友谋取过任何私利。他一家人有6位亲人为革命献出了生命,到如今,他的长子还长眠在异国他乡,其他的子女及孙辈都是普通干部或一介平民,没有一个是百万富翁或富婆,更没有什么达官显贵。单就这一点说,他也会永远活在人民心中。我们当今的共产党员一定要发扬光大以毛泽东为代表的老一代共产党人的高风亮节。这样,我们的中国特色社会主义事业才会更加光辉灿烂。

(季 余)

降衔申请

许光达

军委毛主席，各位副主席：

授我以将衔的消息，我已获悉。这些天，此事小槌似地不停地敲我心鼓。我感谢主席和军委领导对我的高度器重。高兴之余，惶愧难安。我扪心自问：论德、才、资、功，我佩戴四星，心安神静吗？此次，按新民主主义革命时期的功勋授衔。回顾自身历史，1925年参加革命，战绩平平。1932—1937年在苏联疗伤学习，对中国革命毫无建树。而这一时期是中国革命最艰难困苦的时期：蒋匪数次血腥的大围剿，三个方面军被迫做战略转移。战友们在敌军层层包围下，艰苦奋战，吃树皮草根，献出鲜血、生命。我坐在窗明几净的房间里喝牛奶，吃面包。自苏联返国后，有几年是在后方。在中国革命的事业中，我究竟为党为人民做了些什么呢？对中国革命的贡献，实事求是的说，是微不足道的。不要说同大将比，心中有愧，与一些年资较深的上将比，也自愧不如：和我长期共事的王震同志功勋卓著：湘鄂赣竖旗，南泥湾垦荒；南下北返，威震敌胆；进军新疆战果辉煌。为了心安，为了公正，我曾向贺副主席面请降衔。现在我诚恳、慎重地向主席、各位副主席申请：授我上将衔。另授功勋卓著者以大将。

许光达
1955年9月10日

【作者简介】

许光达，1908年11月生，湖南长沙人。1925年5月加入中国共产主义青年团，9月转入中国共产党。1926年考入黄埔军校第五期炮科。1927年7月毕业后加入国民革命军第四军，在炮兵营任见习排长。同年参加南昌起义，任第十一军二十五师七十五团三营十一连排长、代理连长。10月初在三河坝战斗中被炮弹炸伤，与部队失去联系。1929年5月在安徽芜湖找到党组织，9月被派往洪湖苏区。1930年2月参与组建中国工农红军第六军，历任参谋长、十七师师长等。1932年夏被送往苏联

周恩来向许光达等颁发授予大将军衔的命令状

治疗,并入莫斯科国际列宁学院学习。后一度入东方劳动者共产主义大学为中国学员举办的汽车训练班学习。1937年回国。1938年初到达延安,先后任中国人民抗日军事政治大学训练部长、教育长、第三分校校长。1941年1月改任中央军委参谋部部长兼延安交通司令、防空司令、卫戍司令。1942年春调任八路军第一二〇师独立第二旅旅长兼晋绥军区第二分区司令员。1946年11月任晋绥野战军第三纵队司令员。1947年8月率部西渡黄河,改隶西北野战军。1949年2月任第一野战军(原西北野战军)第三军军长。同年6月任第二兵团司令员。新中国成立后,受命组建中国人民解放军装甲兵。1950年6月出任装甲兵司令员。1957年兼任装甲兵学院院长。1959年9月出任国防部副部长。1955年被授予大将军衔。"文化大革命"中受迫害。1969年6月3日在北京逝世。是中共第八届中央委员,第一至第三届国防委员会委员。1955年获一级八一勋章、一级独立自由勋章和一级解放勋章。

【提要】

1955年,中国人民解放军授衔之前,装甲兵司令员许光达听说自己将被授予大将军衔，心感不安，遂提笔写了一份《降衔申请》，呈送毛泽东主席。在这份《降衔申请》中，许光达十分谦逊地从德、才、资、功方面指出自己与大将军衔的不相称之处，言辞恳切地请求将自己改授为上将，把大将军衔另授予其他功勋卓著者。

许光达的《降衔申请》，寥寥500字，却昭示了共产党人的崇高美德。在中央军委会议上，毛泽东主席高扬起这份《降衔申请》，朗声赞道："这是一面明镜，共产党人自身革命的明镜。500年前，大将徐达，二度平西，智勇冠中州；500年后，大将许光达，几番让衔，英名天下扬。"

许光达光辉的名字和卓越的功绩，至今仍让人们刻骨铭心。他的这份《降衔申请》更是犹如一面"明镜"，资政育人，启迪后代，令人赞颂。

【链接】

三赞降衔申请

一赞"有功不居功"。许光达将军枪林弹雨数十年，立下了赫赫战功。然而他却不骄不矜，"好汉不提当年勇"，"不吃老本立新功"。相比起来，那些有了一点成绩就沾沾自喜的人，那些常把"没有功劳也有苦劳，没有苦劳也有疲劳"挂在嘴边的人，在这面"明镜"面前，难道不觉得汗颜吗？

二赞"日三省吾身"。如今，有些人常把马列主义当做"手电筒"，"不照自己专照别人"，"看人家满身疤，看自己一朵花"。而许光达将军时刻保持清醒的头脑，严于解剖自己，时时看到自己的不足，这种谦虚谨慎、"日三省吾身"的美德，怎不令人景仰呢？

三赞"不曾把手伸"。时下，有个别的为官者不善自律，"只求索取，不讲贡献"，常常在名誉、地位、待遇等方面向组织伸手。而许光达将军非但不曾向组织伸手要名、要利、要官衔，相反，却请求组织将准备授予他的大将军衔转授他人，自己改降为上将。此举，着实让人肃然起敬！

斯人已去，风范永存。当前全国各省市县乡四级党委正在进行新一轮换届工作。为使这项工作健康、有序、顺利进行，谨防少数干部居功自傲，争名誉，闹地位，"跑官"、"要官"、"买官"……实有必要重温一下许光达将军的《降衔申请》，好生学学革命先辈的高风亮节，继而一心为民，无私奉献。

理想，情操，精神生活（节选）

陶　铸

崇高的理想

每一个人都有他自己的理想。但是，理想到底指的是什么呢？这个问题是比较复杂的，因为一个时代与一个时代不同，一个时代内，一个人与一个人不同，比如，从前的学生，大都是希望毕业时搞张文凭，找到职业，或者是希望在社会上能出人头地，以至显亲扬名。这就是他们的理想。做教师的，则是希望能把职业安定下来，能写出一两本书，或者能去外国留学"镀镀金"，回来求得更高的名誉和地位。这就是他们的理想。当然，那时候，也有一部分学生和教师，把推翻反动派的统治，建立一个富强独立的新中国，以至于实现共产主义作为自己的理想的。现在，与从前大不相同了。大多数的学生与教师，都是以为人民服务、为实现共产主义、完成全人类的革命事业作为自己的最高理想。虽然抱有象前面说的那样理想的人也还有，但为数已经很少了。你们也许会想着自己将来成为航海家、飞行家、科学家、文学家、工程师、大学教授……但是，所有这些想头，都是围绕着为人民服务、实现共产主义这一最崇高最伟大的理想的。这正是我们这个时代、这个社会的特征。当然，在少数人中间，他们的理想并没有和我们这一伟大的奋斗目标结合起来；他们也想做一些事情，但是他们做事情的目的是为了他们自己。比如为了自己能够有一个"明窗净几"的环境，能够"红袖添香夜读书"；或者是为了有一个爱人，一座别墅，一部汽车。他们把这种个人打算作为自己的"理想"。一点理想也没有的人有没有呢？一般地说，是没有的。有一些人憧憬他们的过去，但是过去的东西是永远不会再来了，因此他们感到将来的渺茫，从不把希望寄托在将来。这种人好象是没有理想了，其实，那消逝了的过去就正是他们的"理想"。也还有一些人认为现在已经生活得差不多，甚至感到已经满足，心安理得，不想再前进一步；生怕一前进，会破坏他们现有的生活。这样他们便忘记了革命必须不断前进的真理，忘记了一个人一生的责任，忘记了更广大的群众。这种人可以叫做"现状维持派"。他们也可以说自己再没有什么理想了；这从某种意义上来说，当然是对的。但是，究其实，他们仍旧是有理想的，这眼前的光景就正是他们的"理想"，或者说，他们正躺在自己的"理想"上睡觉哩。

理想是有社会性、阶级性的。在什么样的社会，就会产生什么样的理想；什么样的阶级，更确切地说，站在什么样的阶级立场上，就有什么样的理想。在封建社会，"洞房花烛夜，金榜题名时"，往往是那些地主阶级或者是向往于地主阶级生活的人的理想；在资本主义社会，资产阶级的理想是希望钱越赚越多，利润越来越高，而且希望这个人剥削人、人压迫人的社会是"永恒"的。而无产阶级，却要打破这个"永恒"，把这个人剥削人、人压迫人的社会推翻。在社会主义社会，为人民服务，实现共产主义事业，就成为广大人民的共同理想。所以，我们说，理想是受到一定的社会阶级所限制的。比如古时候，就象屈原那样富于理想的伟大的爱国主义诗人，他的理想，也只限于为当时被秦国侵略的楚国的贵族阶级利益服务，还没有站在平民群众方面，更谈不到什么依靠群众，发动群众。此外，理想还受到社会的一定的生产力的限制。比如传说中的鲁班以及过去许许多多伟大的科学家，他们虽然有着各种各样改造自然、改善人民生活的理想，但是由于那时的自然科学水平还很低，无论如何，他们也不会提出象今天我们所说的电气化、机械化、自动化等计划来。因此，我们在谈到理想问题的时候，就要分别出什么样的社会和什么样的人，而这些人又抱有怎样的理想，然后才能做出确切的评价。当然，我们对理想还是有一个基本的看法的，那就是：无论在什么样的社会里，一个人的理想，是为了多数人的利益，为这社会的进步，对社会生产力的发展起了促进作用，也就是说，合乎社会历史的发展规律，就是伟大的理想。为了这样的理想，付出了毕生精力的人，不管他的事业在当时人们的眼光里看来是重要还是不重要，也不管他在从事这种事业中是成功还是失败，他都不失为一个值得赞扬的人物。反之，为了那些不合乎社会发展要求、不合乎人民群众利益的"理想"，尽管他用尽毕生精力，甚至于丧掉自己的生命，或即使是获得了成功，创造了"宏绩伟业"，都是无足称道的。总之，一个人的思想行为，要合乎社会发展规律的要求。

在我国历史上，许多民族英雄、人民英雄、大发明家、科学家，他们都是一些有伟大理想的人。当强敌压境，国家民族危在旦夕的时候，民族英雄的理想，就是要把敌人赶走，使自己的民族生存和发展下去，当统治者昏庸腐朽，横征暴敛，使得人民无法生活下去的时候，人民英雄就揭竿而起，把反抗强权，救民于水火之中作为自己的理想。当时人民的劳动强度很大，生活很苦，劳动生产率很低，发明家、科学家们的理想，就是要以他们的创造、发明，去改善人民的劳动条件，提高劳动生产率和改善人民的生活。归根结蒂，这些人对促进社会的进步，对社会生产力的发展，是有所贡献的，虽然他们的贡献还不免要受着历史条件的限制。

正因为伟大的理想是合乎社会的进步、合乎人民利益的要求，合乎社会发展的规律的，所以对于一些具有伟大理想并为伟大理想而斗争的人，千百年来人们一直在尊重他们，怀念他们，纪念他们。相反地，对于一些破坏这些思想，阻挠这些理想实现的人，千百年来，人们一直怀恨他们，憎恶他们，咒骂他们。前一种人，在传说中和历史上是很多的。如众所周知的，夏禹为了治水，在外九年，三过家门而不入；李冰父子为了当时成都平原的水利问题，两代相传把它作为终生的事业，不知克服了多少困难，终于修成了泽被后世的都江堰；扁鹊深入民间，"周游列国"，"随俗为变"，解除人民疾病的痛苦；还有我们所熟知的贫苦出身的黄道婆，跑到海南黎族地区，为着解决人们的穿衣问题，苦心研究，终于掌握了纺织的技术，改良并制造了纺织工具，并且把自己的丰富经验无保留地传给别人……。这些人千百年来一直受到人们的尊重、怀念。汉代的霍去病，为了国家的生存和强盛，在戎马中过了一生。当他击退了匈奴的入侵，汉武帝想给他盖房子酬报他的功绩时，他回答说："匈奴未灭，何以家为。"宋代的岳飞，为了挽救国家的危亡，离妻别母，转战疆场，最后和自己的儿子一起屈死在风波亭上。文天祥，抗击当时的元兵进攻，坚贞不屈；被敌人抓住后，仍旧临危不苟，和敌人作了坚决的斗争，誓死不投降。清代的林则徐，坚决反对帝国主义的侵略，和腐朽的当权派作斗争，及至充军伊犁，他一点也不灰心，一直没有忘记帝国主义对我国的侵略，而且在那里和群众一道修水利、栽葡萄，为当地人民造福。洪秀全，看到当时清室的腐败，民不聊生，看到当时的帝国主义吞并中国的阴谋，就聚集群众，要把清室推翻，为中国找出一条出路。孙中山，为了推翻清朝，为了建立一个强盛的中国，他奋斗了四十年……。所有这些人，都是有伟大理想并坚决为他们的伟大理想而斗争的人。他们的理想不是为了哪个人，而是为了国家，为了民族或为了广大的人民。他们为了自己的伟大的理想，有些人家可以不要，有些人官可以不做，有些人生命可以抛弃，有些人真正是做到了"富贵不能淫，贫贱不能移，威武不能屈"的地步。这样的一些人，是永远不会从人民的心中消逝的。相反地，在我们的历史上，也有不少为着个人的利益和少数人集团的利益，不惜专门破坏人民的、民族的伟大理想的败类，如宋朝的秦桧，明朝的洪承畴，清朝的曾国藩，以及后来的袁世凯、蒋介石、汪精卫等等。他们一直遭到了和将要永远遭到人们的憎恶、咒骂；咒骂之不足，人们还通过许多文学艺术作品，对他们作了不遗余力的鞭挞。

　　理想问题，实质上是一个人的世界观问题。一个人活在世界上，应该具有什么样的奋斗目标呢？什么样的社会才是最理想的社会呢？这是和一个人的世界观密切联系着的。抱有资产阶级世界观的人，所谓资本主义式的"西方文明"就是他们的最高理想。他们认为资本主义的人压迫人、人奴役人的制度是完全合理的，是"上帝"的意旨，是不能也不应该改变的。相反地，抱有无产阶级世界观的人，则认为世界是向前发展的。社会的财富都是劳动者所创造的，必须推翻而且能够推翻那个人压迫人、人剥削人的资本主义社会，建立一个没有压迫、没有剥削、使全世界人类都过着幸福生活的共产主义社会。至于小资产阶级呢？他们也有着另一种"理想王国"。比如有些青年人认为，自己的理想生活就是"温暖的小家庭"（而不是幸福的社会主义的大家庭）。象一潭死水一样的滞止不前的"安静"（而不是波澜壮阔的斗争），就是属于这一种。不过，归根结蒂，这是同资产阶级的世界观一脉相承的。总之，不同的世界观就有不同的理想；不同的理想，同时也就表现出各种不同的世界观。所以，在今天谈到一个人有没有伟大的理想的时候，还必须注意到世界观问题。

我们的时代，我们的社会是树立崇高理想和实现崇高理想的最好社会。生活在我们这样伟大的社会主义国家的青年人，没有崇高的理想，是可悲的。一个没有崇高的共产主义理想的人，好象迷失了路途一样，不但不知道明天走到哪里，做什么，就是连今天做什么，为什么要这样做都弄不清楚。我们大家为什么要进学校呢？为什么要读书呢？进学校、读书的目的何在呢？当我们翻开书本第一页的时候，就要回答这个问题。同学们！这个问题，也就是要我们回答的关于一个人应该有什么样的理想的问题。"千里之行，始于足下"，在开始的时候，就得有个盘算，才不致"失之毫厘，谬以千里"。对社会主义社会里的青年人来说，更是一个大问题。

为什么说实现共产主义是我们最崇高最伟大的理想呢？这不仅因为共产主义、也只有共产主义能够使人类从私有制的束缚下彻底解放出来，能够使人类过着最快乐、最美满、最幸福的生活，能够实现古人所常说的"使老有所终，壮有所用，幼有所长，鳏寡孤独废疾者皆有所养"的"大同世界"，而且因为这个理想是完全能够实现的。中国古代的不说，大家知道，在三百多年以前，英国的托马斯·莫尔等，就始创了空想社会主义学说。到了十九世纪，法国的圣西门、傅立叶，英国的欧文等人，又使空想社会主义的学说得到了进一步的发展。他们都梦想着要在世界上建立一个美好的社会。但是由于历史条件的限制，他们虽然有力地揭露了资本主义的矛盾，批判了资本主义的罪恶，但是他们看不到无产阶级的力量，不懂得要经过阶级斗争和革命战争去取得胜利。在他们的心目中，无产阶级只是被压迫的群众，只需要给予同情和帮助就够了。因此，他们的理想尽管是好的，却是不可能实现的，因而也就是空想的非科学的东西。马克思和恩格斯第一次把社会主义由空想变成科学，指出了我们的理想是共产主义社会，指出了资本主义掘墓人和共产主义社会的创造者，正是受着资本家剥削与压迫的工人阶级。他们解答了多少年来人类进步思想所提出的但不能解决的一系列问题。列宁（包括斯大林的一部分功绩在内）在无产阶级革命的新的条件下，发展了马克思主义，并在俄国缔造了第一个社会主义国家——苏联。他们不但从理论上丰富了马克思主义，而且给全世界做出了榜样，用铁一样的事实告诉人们，这是最崇高最伟大的共产主义理想，是完全可以实现的。在我们中国，自从1840年鸦片战争以来，不少的先进人物曾经想使我们的国家变为独立富强的国家，使我们的社会变为一个理想的社会，但是都没有成功。直到十月革命一声炮响，送来了马克思列宁主义，这才真正为我们的国家找到了一个伟大的理想和实现这个理想的道路。我国革命的胜利以及社会主义建设中取得了伟大成就的事实，又一次证明了这个最崇高最伟大的共产主义理想，是完全可以实现的。当然，我们现在的社会，还只是共产主义社会的第一个阶段——社会主义社会。我们要过渡到共产主义社会还要经过长期的艰苦奋斗。

同学们！从开始有人类社会以来，没有那一个社会能与共产主义社会相比。什么理想也不能同共产主义这一更崇高更伟大的理想相比。我希望每一个同学都要有这个崇高的理想，把自己最好的年华贡献给这个崇高的伟大的共产主义事业。

1960年5月

【作者简介】

陶铸，1908年1月生，湖南祁阳人。1926年入黄埔军校学习，参加中国共产党。1927年参加南昌起义，任叶挺部连长。1929年到福建，先后任中共福建省委秘书长、书记，中共福建漳州特委书记，中共福建省委组织部长等职。1937年出狱后任湖北省工委副书记。1938年任新四军鄂豫挺进支队代政委。1940年到延安，先后任中央军委秘书长、总政治部秘书长兼宣传部长。解放战争时期，先后任中共辽宁、辽西、辽吉、辽北省委书记，东北民主联军第七纵队政委、东北野战军政治部副主任。新中国成立后，先后任第四野战军兼中南军区政治副主任、主任，中共广西省委代书记、广东省委第一书记、中共中央中南局第一书记等职务。中共第八届中央委员，八届十一中全会当选为中央政治局委员、政治局常委，兼任书记处常务书

陶铸

记、国务院副总理、中央宣传部部长。因受林彪、"四人帮"迫害，于1969年11月在合肥逝世。

【提要】

《理想，情操，精神生活》是一篇进行共产主义理想和实事求是风格教育的好文章。陶铸曾写过这样的话："斯大林说过，共产党员是特殊材料制成的。这句话很有意思。那么我们究竟是'特殊材料'制成的，还是'普通材料'甚至是'假的特殊材料'制成的呢？在严重的斗争考验中，在炽热的熔炉中，是钢是渣，自然立见分晓。"陶铸在文中谆谆教导青年人应该具有共产主义的理想，无产阶级集体主义的情操，具有充实丰富的革命的精神生活。要成为真正的共产主义者，必须努力学习和实践，树立高度的集体主义思想，树立强烈的劳动观点，养成自觉遵守纪律的习惯。"我们要使青年养成热爱祖国、热爱人民、热爱劳动、热爱科学和爱护公共财产的良好的思想品质；要使青年认识社会的发展规律，是一定要最后消灭剥削、消灭阶级的；靠剥削吃饭是可耻的，靠大家共同劳动来过美好幸福的生活才是我们新社会的唯一出路。"这些语言响彻着共产主义的时代最强音。

对共产主义理想的强烈向往，对无产阶级革命导师的深厚感情，对人民的热爱，对阶级敌人的深仇大恨，在本文中都给人一种强烈的感受。

雷锋日记（节选）

1960 年 11 月 8 日

1960 年 11 月 8 日，是我永远不能忘记的日子。今天，我光荣的加入了伟大的中国共产党，实现了自己最崇高的理想。

我激动的心啊！一时一刻都没有平静。伟大的党啊！英明的毛主席！有了您，才有了我的新生命。我在九死一生的火坑中挣扎和盼望光明的时刻，您把我拯救出来，给我吃的，穿的，还送我上学念书。我念完了高小，带上了红领巾，加入了光荣的共青团，参加了祖国的工业建设，又走上了保卫祖国的战斗岗位。在您的不断培养和教育下，我从一个穷孩子，成长为一个有一定知识和觉悟的共产党员。

伟大的党啊……我所有的一切都是属于您的，我要永远听您的话，在您的身下尽忠效力，永做您忠实的儿子。

今天我入了党，使我变得更加坚强，思想和眼界变得更加开阔和远大。我是一个共产党员，人民的勤务员。为了全人类的自由、解放、幸福，哪怕高山、大海、巨川，为了党和人民的事业，就是入火海进刀山，我甘心情愿，头断骨粉，身红心赤，永远不变。

1961 年 10 月 3 日

人生总有一死，有的轻如鸿毛，有的却重如泰山。我觉得一个革命者活着就应该把毕生精力和整个生命为人类解放事业——共产主义全部献出。我活着，只有一个目的，就是做一个对人民有用的人。

当祖国和人民处在最危急的关头，我就挺身而出，不怕牺牲。生为人民生，死为人民死。

1961 年 10 月 20 日

人的生命是有限的，可是，为人民服务是无限的，我要把有限的生命，投入到无限的为人民服务之中去……

1961年11月26日

我学习了《毛泽东选集》一、二、三、四卷以后，感受最深的是，懂得了怎样做人，为谁活着……

我觉得要使自己活着，就是为了使别人过得更美好。

我要以黄继光、董存瑞、方志敏等同志为榜样，做一个热爱祖国、热爱人民，永远忠于党、忠于人民革命事业的人。

雷锋在学习《毛泽东选集》

1962年1月13日

今晚，我看到《洪湖赤卫队》电影，感到浑身是力量，我激动的心情象大海的浪涛一样，总也不能平静。

共产党员——韩英同志那种坚强勇敢不怕牺牲的精神给了我莫大的鼓舞和无穷的力量……。她在敌人监狱里宁死不屈，并歌唱："为革命，砍头只当风吹帽；为了党，洒尽鲜血心欢畅。"她这崇高的豪言壮语，深深地刻在我的脑海里。我决心永远向韩英学习，为了党，我不怕进刀山入火海，为了党，那怕粉身碎骨我永不变心。

1962年4月4日

有人说：人生在世，吃好、穿好、玩好是最幸福的。

我觉得人生在世，只有勤劳，发奋图强，用自己的双手创造财富，为人类的解放事业——共产主义贡献自己的一切，这才是最幸福的。

1962年4月17日

一个人的作用，对于革命事业来说，就如一架机器上的一颗螺丝钉。机器由于有许许多多的螺丝钉的联接和固定，才成了一个坚实的整体，才能够运转自如，发挥它巨大的工作能力。螺丝钉虽小，其作用是不可估量的。我愿永远做一个螺丝钉。螺丝钉要经常保养和清洗，才不会生锈。人的思想也是这样，要经常检查，才不会出毛病。

我要不断地加强学习，提高自己的思想觉悟，坚决听党和毛主席的话，经常开展批评与自我批评，随时清除思想上的毛病，在伟大的革命事业中做一个永不生锈的螺丝钉。

焦裕禄言论录

全心全意为人民服务

兰考这块地方,是同志们用鲜血换来的。先烈们并没有因为兰考人穷灾大,就把它让给敌人,难道我们就不能在这里战胜灾害?

我们对兰考的一草一木都有着深厚的感情,面对着当前严重的灾害,我们有革命的胆略,坚决领导全县人民苦战三五年,改变兰考面貌,不达目的,我们死不瞑目。

这些人,绝大多数都是我们的阶级兄弟,是灾荒逼迫他们背井离乡的,这不怪他们,责任在我们身上,党把三十六万群众交给我们,我们没能领导他们战胜灾荒,过安居乐业的生活,应该感到羞耻和痛心。

在这大雪拥门的时候,我们不能坐在办公室里烤火,应该到群众中间去。共产党员应该在群众最困难的时候,出现在群众面前,在群众需要帮助的时候,去关心群众、帮助群众。

我们经常口口声声说要为人民服务,我希望大家能牢记着今晚的情景(一个风雪交加的夜晚,焦裕禄领着县委领导去火车站看灾民),去领导群众改造兰考的面貌。

在这大风雪里,群众住得咋样?牲口咋样?我说,你们记住,马上通知下去。第一,所有农村干部必须深入到户,访贫问苦,安置无屋居住的人,发现断炊户,立即解决。第二,所有从事农村工作的同志,必须深入牛屋检查,照顾老弱病畜,保证不许冻坏一头牲口。第三,安排好室内副业生产。第四,对于参加运输的人、畜,凡是被风雪隔在途中的,在哪个大队的范围,由哪个大队热情招待,保证吃得饱,住得暖。第五,教育全党,在大雪封门的时候,到群众中去,和他们同甘共苦。

我死后只有一个要求,要求组织上把我运回兰考,埋在沙堆上,活着我没有治好沙丘，死了也要看着你们把沙丘治好。

我们为人民服务是具体的不是抽象的，现在正是我们为人民大有作为的时候，不然的话，我们就对不起党，对不起烈士，对不起人民对我们的期望。

为人民服务还分职务高低吗？我们都是人民的勤务员啊！

咱们是群众的带路人。现在群众都在看着我们，越在困难的时候，领导干部越要挺身而出。

严于律己　廉洁奉公

灾区面貌没有改变，还大量吃着国家的统销粮，群众生活很困难，富丽堂皇的事，不但不能做，就是连想也很危险。

要经常提高警惕，增强抗力，经常地向一切违反国家利益、侵犯集体经济的错误行为，做坚持不懈的斗争。

任何时候都要坚持党的方向，发扬党的光荣传统，勤俭办事业，不贪污，不浪费，和人民同甘共苦，吃苦在前，享受在后。

兰考是个灾县，人民的生产、生活都有一定的困难，我们自己没有艰苦朴素、奋发图强、自力更生的决心，哪能改变兰考的面貌。

焦裕禄在工厂学习

鱼塘是集体的，怎么让我一个人尝鲜？如果大家都不遵守制度，乱尝鲜，集体财产不就变成私有财产了吗？

现有国家安排人员是有计划的，我不能利用自己的职权给自己的亲属安排，不能带头违反党的政策！

兰考是个灾区，群众的生活很苦、很困难，吃这么贵重的药！我咽不下去！

应该教育我们的干部，树立为人民服务的观点，……在困难情况下，为人民服务，大公无私，廉洁奉公，与群众同甘共苦。

这可不中啊！你看有这么多人上车，都不一定能有座位，我要是上车单找座位，这不是高人一等吗？不行，这样不是照顾我，是让我脱离群众。

书记的女儿不能高人一等，在学校要尊敬老师，团结同学，在街上对群众要有礼貌，只能带头艰苦，不能有任何特殊。

与人民同甘共苦、艰苦奋斗、艰苦创业

我们不是人民的上司，我们都是人民的勤务员，必须和群众同甘共苦共患难。

兰考是个大有作为的地方，问题是要干，要革命。兰考是灾区，穷，困难多，但灾区有个好处，它能锻炼人的革命意志，培养人的革命品格。革命者要在困难面前只逗英雄。

应该教育大家，我们当干部是为人民服务的，不能讲究吃穿，应该同人民群众同甘共苦。

我们必须贯彻中央和毛主席提出的勤俭建国、勤俭办社、勤俭持家、勤俭办一切事业的方针，不论公家和私人都不要浪费一文钱，可以不用的钱坚持不用，应花的尽量少花，可以不办的事情坚持不办，一切从生产出发，从节约出发。

要在困难中坚持下去，困难能考验人，坚持就是胜利。

事在人为，路总是人走出来，困难总是要人去克服的。

我们干部对待困难，一是不怕，二是顶着干。怨天尤人不可有，悲观丧气不足取，无所作为不能要！

单纯依靠救济和外地支援，结果不但困难不能克服，更重要的是把人的思想搞坏了，困难越来越克服不了。

在灾荒困难面前，只有团结一致、自力更生、艰苦奋斗、积极向困难作斗争，才是正确的道路。

在胜利面前找缺点，在困难面前找出路。

希望同志们要坚持下去，不怕困难，勇敢前进，英雄面前无困难，困难时期出英雄，困难最怕勇敢人。

发放救济物资是应该的，但是只靠这一手永远摘不掉灾区的帽子。在救灾的同时，必须在党员干部和群众中树立自力更生的思想。

我们首先要克服两眼向上，两手向外的思想。要教育群众发扬南泥湾精神，不要向上级要求拨贷款。

要小小气气的过日子，细细致致的做工作。贯彻自力更生为主的方针，把钱用到最需要的地方去。

（四）创业维艰精神多——宝贵精神

构建复兴伟业的精神坐标
——以习近平同志为核心的党中央关心精神文明建设纪实

张晓松　黄小希　罗争光

伟大的事业需要伟大的精神，伟大的精神托举伟大的梦想。

党的十八大以来，以习近平同志为核心的党中央肩负实现中华民族伟大复兴中国梦的历史使命，把精神文明建设贯穿改革开放全过程，纳入社会主义现代化建设总体布局，全面展开精神文明建设各项工作，取得巨大成就。

潮涌催人进，风正好扬帆。五年来，精神文明建设挺起了中国脊梁、激发了中国力量、引领了中国风尚，为全党全国各族人民砥砺前行提供有力的思想指导、精神支撑、智力支持，构建起中华民族伟大复兴的精神坐标。

坚持"两手抓、两手都要硬"——站在中国特色社会主义事业新的起点上，以习近平同志为核心的党中央明确精神文明建设的历史方位，提出一系列新思想新观点新要求

"中国人民拥有伟大梦想，更拥有为实现伟大梦想而吃苦耐劳、实干苦干的伟大精神。"

2017年1月26日，新春佳节即将到来，习近平总书记在春节团拜会上发表重要讲话，强调了弘扬伟大精神对于实现伟大梦想的重要作用。

"精神的力量是无穷的。"对此，经历过无数苦难与辉煌的中国共产党人有着极为深刻的认识。

改革开放之初，中国共产党创造性地提出建设社会主义精神文明的战略任务，确定了"两手抓、两手都要硬"的战略方针。30多年来，亿万人民在中国共产党带领下，用勤劳与智慧创造了物质文明发展的世界奇迹，也收获了精神文明发展的丰硕成果。

把握新布局，引领新发展。

党的十八大以来，面对新形势新任务，以习近平同志为核心的党中央把精神文明建设放在统筹推进"五位一体"总体布局和协调推进"四个全面"战略布局的重要位置，不断将精神文明建设推向更高水平。

五年间，在多个场合，习近平总书记对社会主义物质文明和精神文明"两手抓、两手都要硬"的重要意义进行了系统阐释。

——推动"两个文明"协调发展是坚持和发展中国特色社会主义的必然要求。

"中国特色社会主义是物质文明和精神文明全面发展的社会主义。一个没有精神力量的民族难以自立自强，一项没有文化支撑的事业难以持续长久。"2013年5月4日，在中国航天科技集团公司中国空间技术研究院，面对各界优秀青年代表，习近平总书记的话语饱含力量、字字千钧。

时隔3个多月后，在全国宣传思想工作会议上，习近平总书记进一步深刻阐释：只有物质文明建设和精神文明建设都搞好，国家物质力量和精神力量都增强，全国各族人民物质生活和精神生活都改善，中国特色社会主义事业才能顺利向前推进。

——推动"两个文明"协调发展是全面建成小康社会的应有之义。

党的十八大提出，确保到2020年实现全面建成小康社会宏伟目标。

"实现我们的发展目标，不仅要在物质上强大起来，而且要在精神上强大起来。"2013年五一前夕，习近平总书记来到全国总工会机关，向在场的全国劳动模范代表详细阐述自己的思考。

既要有"仓廪实衣食足"的物质生活，还要有"知礼节知荣辱"的社会风气。这是人民群众向往的小康生活，也是中国共产党人的郑重承诺。

2016年3月16日，根据中共中央建议编制的"十三五"规划纲要在十二届全国人大四次会议上表决通过。纲要明确提出，全面建成小康社会不仅仅是"国内生产总值和城乡居民人均收入比2010年翻一番"，更将有"国民素质和社会文明程度显著提高"。

正如习近平总书记所指出的："当高楼大厦在我国大地上遍地林立时，中华民族精神的大厦也应该巍然耸立。"

——推动"两个文明"协调发展是实现中华民族伟大复兴的必由之路。

物质文明和精神文明均衡发展、相互促进，不仅是全面建成小康社会的应有之义，也是实现中国梦的必由之路。

"没有文明的继承和发展，没有文化的弘扬和繁荣，就没有中国梦的实现。"2014年3月27日，国家主席习近平在联合国教科文组织总部发表演讲，阐明"实现中国梦，是物质文明和精神文明比翼双飞的发展过程"的观点，得到国际社会高度认同。

——推动"两个文明"协调发展为奋进中的中国提供强大精神力量。

贯穿于改革开放和社会主义现代化建设全过程、渗透于社会生活各方面的精神文明建设，不仅在国家整体战略中占据重要地位，也担负着为奋进中国提供强大动力的历史使命。

2015年2月28日下午，习近平总书记来到人民大会堂金色大厅，亲切会见第四届全国文明城市、文明村镇、文明单位和未成年人思想道德建设工作先进代表。他强调，要继续锲而不舍、一以贯之抓好社会主义精神文明建设，为全国各族人民不断前进提供坚强的思想保证、强大的精神力量、丰润的道德滋养。

谆谆教诲，殷殷期许。

习近平总书记系列重要讲话，标注出新时期精神文明建设所处的历史方位，吹响了精神文明建设再出发的号角。

以坚定理想信念挺起不屈的中国脊梁——走在实现中华民族伟大复兴的壮阔征程中，以习近平同志为核心的党中央高举理想信念旗帜，筑牢中华民族共有的精神家园

2016年9月23日，北京，中国人民革命军事博物馆。

数百张历史照片、数百件文物，一段段视频、一幅幅画作、一座座雕塑……"英雄史诗 不朽丰碑——纪念中国工农红军长征胜利80周年主题展览"在这里举行。

英雄史诗 不朽丰碑——纪念中国工农红军长征胜利80周年主题展览

参观结束，习近平总书记追昔抚今："时代变了，条件变了，我们共产党人为之奋斗的理想和事业没有变。"

伟大的中国共产党，伟大的中国人民，正是凭借这份坚定不移的理想信念，在一次次浴血奋战、攻坚克难、砥砺前行中，从革命走向胜利，从贫困走向富强，从苦难走向辉煌。

何谓理想信念？"理想信念就是共产党人精神上的'钙'。"2012年11月17日，十八届中央政治局第一次集体学习，习近平总书记的讲话生动形象，直指问题本质。他指出，坚定理想信念，坚守共产党人精神追求，始终是共产党人安身立命的根本。

没有理想信念，理想信念不坚定，精神上就会"缺钙"，就会得"软骨病"。一个党员、一个政党如此，一个民族、一个国家也莫不如此。

"一个国家，一个民族，要同心同德迈向前进，必须有共同的理想信念作支撑。"在会见第四届全国文明城市、文明村镇、文明单位和未成年人思想道德建设工作先进代表时，习近平总书记由衷寄语，对全党全社会持续深入开展理想信念教育作出明确指引。

共产主义远大理想和中国特色社会主义共同理想，是中华民族矢志奋斗、百折不挠的"压舱石"——

"95年来，共产主义远大理想激励了一代又一代共产党人英勇奋斗，成千上万的烈士为了这个理想献出了宝贵生命。"2016年7月1日，在庆祝中国共产党成立95周年大会上，习近平总书记强调全党要"自觉做共产主义远大理想和中国特色社会主义共同理想的坚定信仰者、忠实实践者"。

中国特色社会主义道路自信、理论自信、制度自信、文化自信，是中华儿女不忘初心、继续前进的"定盘星"——

"实现中华民族伟大复兴，必须坚定中国特色社会主义道路自信、理论自信、制度自信、文化自信。"

在庆祝建党95周年大会上，在会见第31届奥运会中国体育代表团时，在给中央社会主义学院建院60周年的贺信中，在中国文联十大、中国作协九大开幕式上，在会见天宫二号和神舟十一号载人飞行任务航天员及参研参试人员代表时……习近平总书记反复强调"四个自信"，使之成为中华民族新的精神财富，更成为激励全党全国各族人民团结奋斗的强大精神力量。

以爱国主义为核心的民族精神和以改革创新为核心的时代精神，是凝心聚力的"强国魂"——

2015年12月30日，在主持中央政治局第二十九次集体学习时，习近平总书记指出，要大力弘扬伟大爱国主义精神，大力弘扬以改革创新为核心的时代精神，为实现中华民族伟大复兴的中国梦提供共同精神支柱和强大精神动力。

一部中国发展史，就是爱国主义精神不断彰显和升华的过程。

90多年来，作为爱国主义精神最坚定的弘扬者和实践者，中国共产党团结带领全国各族人民进行革命、建设、改革，书写下爱国主义的辉煌篇章，赋予这一源远流长的民族精神更为丰富的时代内涵。

今年4月初，中央文明委印发《关于深化群众性精神文明创建活动的指导意见》，将加强爱国主义教育专门单列一项，明确提出，要"把爱国主义教育作为永恒主题""让爱国主义成为每一个中国人的坚定信念和精神依靠"。

人民有信仰，民族有希望，国家有力量。理想信念的明灯，永远在全国各族人民心中闪亮。

今天的中华民族，正以前所未有的自信，挺立世界民族之林；今天的中国人民，正以前所未有的自豪，壮志满怀迈向未来。

以社会主义核心价值观激发持久的中国力量——应对新形势新挑战，以习近平同志为核心的党中央大力弘扬社会主义核心价值观，打造凝魂聚气、强基固本的基础工程

每个时代有每个时代的精神，每个时代有每个时代的价值观念。

2014年2月24日下午，习近平总书记主持中央政治局第十三次集体学习，主题是培育和弘扬社会主义核心价值观、弘扬中华传统美德。

"一个国家的文化软实力，从根本上说，取决于其核心价值观的生命力、凝聚力、感召力。"习近平总书记的重要讲话深刻明晰、意味深长，"历史和现实都表明，构建具有强大感召力的核心价值观，关系社会和谐稳定，关系国家长治久安。"

党的十八大提出"三个倡导"——倡导"富强、民主、文明、和谐"，倡导"自由、平等、公正、法治"，倡导"爱国、敬业、诚信、友善"。24个字系统阐明了我们要建设什么样的国家、构建什么样的社会、培育什么样的公民。

践行社会主义核心价值观，习近平总书记念兹在兹——

2014年五四青年节，他来到北京大学，勉励广大师生"努力把核心价值观的要求变成日常的行为准则，进而形成自觉奉行的信念理念"；2016年2月，他深入江西南昌社区考察，提出培育社会主义核心价值观"全社会都要努力抓，社区要利用自己的平台和优势做好"；今年全国两会上，他看望与会全国政协委员，希望广大知识分子"从自我做起、从现在做起、从日常生活做起，身体力行带动全社会遵循社主义核心价值观"……

和风化好雨，润物细无声。

如何把培育和弘扬社会主义核心价值观打造成凝魂聚气、强基固本的基础工程，让核心价值观的影响像空气一样无所不在、无时不有？习近平总书记有着深邃的思考，作出一系列重要指示：

——**欲树正气，先正官风**。在主持中央政治局第十三次集体学习时，习近平总书记指出，广大党员、干部必须带头学习和弘扬社会主义核心价值观，用自己的模范行为和高尚人格感召群众、带动群众。

——**弘扬优秀传统，汲取文化养分**。在主持召开文艺工作座谈会时，习近平总书记指出，中华优秀传统文化是中华民族的精神命脉，是涵养社会主义核心价值观的重要源泉，也是我们在世界文化激荡中站稳脚跟的坚实根基。

——**法安天下，德润人心**。在主持中央政治局第三十七次集体学习时，习近平总书记说，法律是准绳，任何时候都必须遵循；道德是基石，任何时候都不可忽视。在新的历史条件下，我们要把依法治国基本方略、依法执政基本方式落实好，把法治中国建设好，必须坚持依法治国和以德治国相结合，使法治和德治在国家治理中相互补充、相互促进、相得益彰，推进国家治理体系和治理能力现代化。

——**家是最小国，国是千万家**。在会见第一届全国文明家庭代表时，习近平总书记强调，要在家庭中培育和践行社会主义核心价值观，引导家庭成员特别是下一代热爱党、热爱祖国、热爱人民、热爱中华民族。

对道德模范，习近平总书记格外牵挂与赞许。

2013年9月26日，习近平总书记在北京会见第四届全国道德模范及提名奖获得者时，向老将军甘祖昌的夫人龚全珍致敬。他说，我们要弘扬这种艰苦奋斗精神，不仅我们这代人要传承，我们的下一代也要弘扬，要一代一代传承下去。

"太行山上的新愚公"李保国、全国优秀县委书记廖俊波、"心有大我"的归国科学家黄大年……对他们用生命书写的先进事迹，习近平总书记予以高度评价，发出向他们学习的号召。对河北塞罕坝林场创造的荒原变林海的人间奇迹，习近平总书记作出重要指示，号召全党全社会要坚持绿色发展理念，弘扬塞罕坝精神……

以上率下，蔚然成风。

习近平总书记对践行社会主义核心价值观的重视、对广大道德模范的尊重，激励全社会向榜样看齐——

扶贫济困、慈善捐助、支教助学、义务献血等献爱心行动，传递人间真情、彰显美德善行；深化五好文明家庭和星级文明户创建，开展传承"好家风好家训"活动，让家庭建设成为社会建设、国家建设的有力基点；开展爱岗敬业教育实践活动，使忠于职守、建功立业成为人们的行动自觉……

以社会主义核心价值观引领风尚，用中华民族传统美德滋养心灵。在以习近平同志为核心的党中央号召和引领下，汇聚全社会努力，让崇德向善广植人心，社会主义核心价值观建设必将为推动社会进步凝聚最持久、最深层的精神力量。

以群众性精神文明创建活动引领新时代的中国风尚——顺应筑梦圆梦的新阶段新特点，以习近平同志为核心的党中央对创建活动作出一系列重要部署，为精神文明建设指明方向

社会主义精神文明建设的任务要求如何落实到城乡基层？理想信念的明灯如何永远在全国各族人民心中闪亮？社会主义核心价值观如何渗透到人们的日常生活？……

中央文明委印发的《关于深化群众性精神文明创建活动的指导意见》作出明确回答——

群众性精神文明创建活动是人民群众群策群力、共建共享、改造社会、建设美好生活的创举，是提升国民素质和社会文明程度的有效途径，是把社会主义精神文明建设的任务要求落实到城乡基层的重要载体和有力抓手。

风成于上，俗化于下。

以习近平同志为核心的党中央大处着眼、小处着手，高度重视精神文明创建活动，作出一系列重要部署。

2014年2月24日，习近平总书记主持中央政治局第十三次集体学习时就提出，要把社会主义核心价值观的要求融入各种精神文明创建活动之中，吸引群众广泛参与，推动人们在为家庭谋幸福、为他人送温暖、为社会作贡献的过程中提高精神境界、培育文明风尚。

2016年12月9日，习近平总书记主持中央政治局第三十七次集体学习时再次强调，要深入实施公民道德建设工程，深化群众性精神文明创建活动，引导广大人民群众自觉践行社会主义核心价值观，树立良好道德风尚，争做社会主义道德的示范者、良好风尚的维护者。

文明，是一个城市的"名片"。

今年全国两会期间，习近平总书记在上海代表团参加审议时说，城市管理应该像绣花一样精细。形象的比喻，为文明城市建设明晰了思路。

更加科学的规划、更加合规的建设、更加优化的管理、更加贴心的服务……近年来，随着文明城市创建活动深入推进，一座座城市"像绣花一样精细"地推进更高水准文明城市建设。

在江苏张家港，文明创建与城市建设相互促进，打响了"文明张家港"品牌，提升了城市的知名度美誉度；在浙江杭州，"最美品牌"久久为功，"最美人物"不断刷新城市文明的高度；在福建厦门，社区管理服务水平持续提升，百姓深切感受到居住环境的改善；在河南许昌，"15分钟健身圈"方便居民走出小区找到健身休闲场所……扎实有效的创建活动，正在让城市成为人民追求美好生活的有力依托。

家庭，是一个社会的"细胞"。

从强调"不论时代发生多大变化，不论生活格局发生多大变化，我们都要重视家庭建设，注重家庭、注重家教、注重家风"，到要求"动员社会各界广泛参与家庭文明建设，推动形成爱国爱家、相亲相爱、向上向善、共建共享的社会主义家庭文明新风尚"，习近平总书记为文明家庭创建指明了方向。

在以习近平同志为核心的党中央部署指导下，文明城市、文明村镇、文明单位、文明家庭、文明校园……一系列群众性精神文明创建活动百花齐放、成果丰硕。

文明花开香满园，同心掬得满庭芳。

精神文明建设工作部门认真学习贯彻习近平总书记重要讲话精神，发挥统筹、协调、指导、督促作用，做实功不务虚名，推动精神文明建设取得实实在在的成效：

——**健全制度，引领文明风尚**。《关于推进诚信建设制度化的意见》《关于推进志愿服务制度化的意见》《关于深化群众性精神文明创建活动的指导意见》……一项项制度陆续出台，精神文明建设的顶层设计日趋完善。

——**弘扬法治，提升全民素养**。围绕中国特色社会主义法律体系，各地普法工作进机关、进乡村、进社区、进学校、进企业、进单位，让全民法律素养显著提高。

——**厚植文化，挖掘时代价值**。从以中央文件形式专门部署中华优秀传统文化传承发展工作，到利用春节、元宵、清明等重要传统节日开展丰富多彩、积极健康的民俗文化活动，中华优秀传统文化的"养分"不断启迪人们的思想、温润百姓的心灵。

——**管导结合，打造清朗网络**。依法集中查处违法网站和网络账号、严厉整治网络直播平台涉"黄"问题……监管部门直击网上"病灶"，文明办网、文明上网、文明用网的网络新生态逐渐形成。

成风化人，明德至善。

精神文明建设带来的变化和成效，与人民群众追求美好生活的意愿要求"同频共振"，在提升百姓获得感、幸福感的同时，也让"人人为我，我为人人"蔚然成风。

"真正的社会主义不能仅仅理解为生产力的高度发展,还必须有高度发展的精神文明——一方面要让人民过上比较富足的生活,另一方面要提高人民的思想道德水平和科学文化水平,这才是真正意义上的脱贫致富"……《摆脱贫困》一书,记录了 20 多年前习近平同志在福建宁德工作期间有关"正确认识脱贫致富和建设精神文明的关系"的思考。

这是一种一以贯之的情怀,昭示着继往开来的事业。

望眼未来,在以习近平同志为核心的党中央坚强领导下,精神文明建设必将结出累累硕果,凝聚中华儿女万众一心的磅礴动力,向着"两个一百年"奋斗目标、向着中华民族伟大复兴的中国梦奋进!

以信仰之光照亮奋斗之路
——写在中国共产党成立95周年之际（上）

任仲平

（一）又一个7月来临，时间从未改变前行的脚步。

上海兴业路的一栋小楼，迎来更多朝圣者。95年前，一群年轻人聚集在这里，革命的星火，燃烧出一片崭新的天地。这一过程如此艰辛也如此辉煌，正如纪念馆展览结束处悬挂着的题词——"作始也简，将毕也钜"。

陕西延安杨家岭的中央大礼堂，有人展开党旗，重温入党誓词。1945年，党的七大在这里召开，建立一个新民主主义中国的脚步从这里启程。会场墙壁的旗座上，写着八个字——"坚持真理，修正错误"。

北京，天安门广场花团锦簇，大街小巷飘扬的党旗上，镰刀锤头格外醒目。从苦难中来，朝复兴而去，一个古老的民族向着百年梦想迈进。党的十八大之后，习近平总书记告诫全党——"勿忘人民，甘作奉献"。

95年，3句话。源于德国小镇特里尔的种子，在一代代中国共产党人的心灵中孕育成长。红色的激流汇入黄色的土层，掀起汹涌壮阔的狂澜，汇聚成光耀中华的绚丽日出，它让世界四分之一的人口选择了马克思主义，荡涤风雨如磐的暗夜，照亮民族复兴的征程，彻底改造了这个古老的国家，彻底改变了人民的命运，彻底改写了人类社会的政治版图。

从嘉兴南湖红船上寻找光明的摆渡人，到驾驭世界第二大经济体的领航者，中国共产党激励与召唤着亿万人民生死与共、始终相随，让这个曾经四分五裂、一穷二白的国度，于危难中振作，在绝望中重生，已然可见复兴的曙光。

有人说，了解中国，必须了解中国共产党；读懂中国共产党，才能读懂中国。95年过去，就让我们重新打开时间的闸门，踏上那条举世瞩目的中国道路，翻阅风雷激荡的红色篇章。

（二）亿万万人家国，九十五年拼搏。为了民族独立、人民解放、国家富强、人民富裕，无数人汇聚在马克思主义的旗帜下。历史会记录下每一代人的奋斗与牺牲，也会给他们的选择一个肯定的回答。

"敌人只能砍下我们的头颅，决不能动摇我们的信仰！因为我们信仰的主义，乃是宇宙的真理！为着共产主义牺牲，为着苏维埃流血，那是我们十分情愿的啊！"1935年8月，方志敏在就义之前慷慨陈词。这位赣东北苏区的创建者，过着"清贫，洁白朴素的生活"，却"生存一天就要为中国呼喊一天"，只因他是"马克思主义笃诚的信仰者"，坚信"苏维埃可以救中国，革命必能得最后的胜利"。

"为了抉择真理，我们应当回去；为了国家民族，我们应当回去；为了为人民服务，我们应当回去；……为我们伟大祖国的建设和发展而奋斗！"1950年2月，华罗庚在归国途中，写下这封《致中国全体留美学生的公开信》。那一年，华罗庚、朱光亚、邓稼先、叶笃正等1000多名留美学生不畏艰辛奔向新中国，很多人加入了中国共产党。他们相信，"新民主主义已经很明显地指出中国社会建设该取的道路"，"我们的民族将再也不是一个被人侮辱的民族了"。

革命烈士方志敏

"我们是有组织、有信仰、有觉悟的人。"2008年5月，瞿永安的11位亲人在汶川地震中丧生。在满地瓦砾的家门口，这位北川县副县长泪流满面磕了三个头，随后起身投入抗灾一线。在那场特大地震之后，从80后女警察蒋敏、组织部长王理效，到参与援建的干部崔学选，定格下无数共产党员的奉献精神。在汶川震区考察救灾和重建的外国友人感慨："有一条'经'我们很难取走——你们有这么多勇于献身的中共党员。"

95年来，无数仁人志士，汇聚于信仰的旗帜之下。在他们身上，有着这个群体的心灵密码，有着共产党人共同的精神基因——

他们相信，"只有在斗争中无所畏惧，才能在追求真理的过程中把自己雕塑成器"。在这真理里，凝聚着智慧与知识的结晶，也蕴藏着国家与民族发展的路径。沿着这条真理之路，沉沦的中国才能走向复兴，亿万中国人才能过上更好的生活。他们视追寻这样的真理为理想，他们以实践这样的真理为信仰。

他们秉承，"人生应该如蜡烛一样，从顶燃到底，一直都是光明的"。他们把国家、民族乃至人类的命运，扛在自己的肩膀上。走在这条道义之路，他们将小我消融于"大我"，成为无私的爱国者、无畏的革命者、无悔的牺牲者。他们视承担这样的责任为使命，他们以坚守这样的价值为意义。

水打山崖，风过林海。95年来，信仰在奋斗中淬火，一代又一代共产党人前行的足迹，构成了一个国家为强大而探索的思想史，也构成了一个民族为复兴而奋斗的心灵史。真理之光与道义之光交相辉映，让这一段历程群星闪耀，照亮着中华民族的天空。

（三）并非每个共产党员，都是天生的马克思主义者。很多时候，信仰是选择的结果。回到他们思想的源头，才能理解共产党人95年来的选择，才能发现为什么马克思主义"占据着真理和道义的制高点"。

一百多年来，马克思主义一直是现代世界思想乐章中的一个重要主题。马克思是第一个把世界作为政治、经济、科学和哲学的整体来理解的人。这位"现代社会思想之父"，揭示了自然界、人类社会、人类思维发展的普遍规律。这是人类智慧一座令人仰止的高峰，正如曾获诺贝尔经济学奖的希克斯所言，"大多数希望弄清历史一般进程的人会使用马克思主义的范畴或者这些范畴的某种修正形式，因为几乎没有其他的范畴形式可用"。

对于有识之士，马克思提供了丰富的思想资源；对于有志之士，马克思更开掘出广阔的精神空间。坚持实现人民解放、维护人民利益的立场，以实现人的自由而全面的发展和全人类解放为己任，体现出马克思主义理论的价值基础。在马克思的历史批判、经济批判、政治批判中，"人的解放"是一以贯之的核心，也是他终生奋斗的使命。从为人类谋福利的道德信念，到对人的命运的客观探讨，再到人与世界关系的总体把握，直至追求"每个人的全面而自由的发展"，马克思主义开辟出一条个人和人类追求超越性价值的道路。

这位共产党人的精神导师，正是一个完美例证。他出身富裕家庭，23岁拿到博士学位，25岁娶了一位贵族小姐，还是《莱茵报》主编。但他却抛弃了这一切，选择了"最能为人类福利而劳动的职业"，为工作和革命颠沛流离40年，一贫如洗、儿女夭殇，直到1883年3月在办公桌前永远地睡去。德国哲学家康德曾说，人类最震撼的秉性，就在于为他人而工作，为后代而牺牲。马克思一生的际遇，正实现了对"人"的定义。

一部人类文明史，产生了科学主义与人文主义两大思潮，分别体现着人类对真与善、实然与应然、工具理性与价值理性的追求。马克思主义则努力在二者之间架起桥梁，把科学的真理性与价值的超越性，统一于共产主义理想之中。从这个意义上，习近平总书记指出，"无论时代如何变迁、科学如何进步，马克思主义依然显示出科学思想的伟力，依然占据着真理和道义的制高点"。

这正是马克思主义能在世界的东方，吸引如此众多信仰者的根本原因。

（四）对于古老的中华文明，马克思主义无疑是一个截然不同的思想体系。中国人最早知道"共产主义"，是在江南制造局出版的《西国近事汇编》中。为什么这个国人并不熟悉的概念，能在此后的一百多年里，为中国的发展提供了源源不断的理论支持和精神支撑，奠定无数人信仰的基石？

《共产党宣言》日文版　　　《共产党宣言》英文版　　　《共产党宣言》中文版

一本中文初版《共产党宣言》，见证了马克思主义与中国深深的精神共鸣。1926年，这本封面错印成"共党产宣言"的书辗转成为山东广饶刘集村党支部的学习材料，曾因国民党搜查、日伪军"扫荡"而被埋进锅灶、藏在粮囤、塞进鸟窝。然而，那位"大胡子"却让刘集村成为"红色堡垒"，190人走上革命道路，有据可考的烈士就有28人。这些"以前没有听说过"的道理，在中国人的精神世界中开辟出一片新的天地，让人看到还有一条革命的道路、还有一种解放的理想、还有一种自由的力量。

伟大的思想，总能诉说时代深藏的心曲，总是属于人类永恒的历史。"阶级斗争""无产者""社会主义"这些概念，深刻地切中了当时中国的脉搏；为人类解放而奋斗的理想，更与沉沦日久渴望复兴的精神诉求相通。这个从遥远西方引来的火种，一经播撒便在中国大地形成燎原之势。以95年前的7月为起点，一代代共产党人汇入信仰的洪流，不屈不挠的奋斗、义无反顾的牺牲、改天换地的豪情，推动百年中国的浩荡前行。

面对革命战争的枪林弹雨，他们浴血奋战、视死如归；面对建设年代的艰难局面，他们激情燃烧、无私奉献；面对"文化大革命"十年浩劫，他们信念执着、从不消沉；面对改革开放的千钧重担，他们不畏艰险、勇敢担当。无数英雄儿女凝聚在信仰的旗帜下，勇往直前以赴之、断头流血以从之；无数志士仁人凝聚在真理的旗帜下，实事求是以谋之，殚精竭虑以成之，他们挺起了民族的脊梁，谱写了可歌可泣的壮丽篇章。

从人均国民收入仅 27 美元，到经济总量超过 10 万亿美元，成为世界第二大经济体；从新中国成立之初 4000 多万人流离失所，到让 6 亿多人口摆脱贫困，对全球减贫贡献率逾 70%；从一穷二白到成为世界第一大贸易国、全球最大外汇储备国；从铁钉、火柴都造不出来，到"两弹一星"横空出世，"嫦娥"奔月"蛟龙"入海……"共产党并不曾使用什么魔术，他们只不过知道人民所渴望的改变"，并用他们的意志唤起了难以想象的力量，在 1946 年出版的《中国的惊雷》中，美国记者白修德和贾安娜得出的结论，直到今天仍在被一次次验证。

迄今为止，还没有一种理论能像马克思主义这样，鼓舞数十亿人为改变自身命运而奋斗，指引人类社会向着伟大社会理想不断探索。晚年张学良回忆当年和红军作战，曾经这样追问：谁能在缺衣少食、围追堵截中把这样的队伍带出来，而且依旧保持着高昂的士气和强悍的战斗力？67 年前，司徒雷登总结国民党失败原因时，曾经这样分析："共产党之所以成功，在很多程度上是由于其成员对它的事业抱有无私的献身精神。"2012 年党的十八大报告，曾经这样指出，"对马克思主义的信仰，对社会主义和共产主义的信念，是共产党人的政治灵魂，是共产党人经受住任何考验的精神支柱。"

从只有 50 多人的小党发展成拥有 8700 多万党员、世界最大的执政党，从积贫积弱的落后国家迈向社会主义强国，正是马克思主义信仰，催生了一种新的社会实践、一套新的政治制度、一条新的发展道路，让一个政党的成长与一个国家的重生融为一体，在动荡的百年历史中写下不朽的传奇。

（五）习近平总书记指出，"一个政党，如一个人一样，最宝贵的是历尽沧桑，还怀有一颗赤子之心。"走过 95 年，时代场景几经转换，保持"赤子之心"，何其之难。

相比于战争年代的烽烟四起、血雨腥风，我们现在少了生与死的考验、血与火的洗礼，多了深水区的"改革阵痛"、转型期的"两难烦恼"。相比于建设年代的激情澎湃、质朴单纯，我们现在少了封闭与孤立的困境、匮乏与贫穷的难题，多了不同利益的纠结交汇、不同观念的激荡交锋。甚至，相比于三十多年前，我们现在也还需面对更多声音的鼓噪喧嚣，面对更为复杂的全球语境。共产党人的"赶考"远未结束。

一些人视马克思主义为雾里看花，以共产主义为空中楼阁，丢弃了理想与方向，忘记了信念和担当。一些人崇尚"实用主义"，热衷"及时行乐"，把权力变成谋私的工具，把私欲看作人生的目标。一些人对群众感情淡漠，习惯高高在上，淡忘了鱼水关系，割裂了血肉联系。翻阅贪官忏悔录，总能看到在权力、财富、美色的诱惑之下，信仰的城池如何失守、精神的旗帜如何变色。

如果说，信仰曾经体现在"砸碎旧世界"的革命之时、闪耀在"创造新世界"的建设之时、迸发在"追赶全世界"的改革之时，那么，今天的共产党人，更需把信仰写在全面小康之路、伟大复兴之路上。

正因此，党的十八大以来，习近平总书记不断重申信仰、强调理想，视理想信念为共产党人的"钙"，以人生观、世界观、价值观为共产党人的"总开关"，把对马克思主义的信仰、对社会主义和共产主义的信念，比作共产党人的"政治灵魂""精神支柱"，告诫全党在新的时代条件下，共产党人唯有对马克思主义真正做到"虔诚而执着、至信而深厚"，才能"练就共产党人的钢筋铁骨，铸牢坚守信仰的铜墙铁壁"。

正因此，党的十八大以来，我们以不断线的思想教育反"四风"、改作风，严规矩、强纪律，打掉党和人民群众之间"无形的墙"；惩治腐败不手软，打虎拍蝇无禁区，彰显"共产党与腐败水火不容"的决心；修订廉洁自律准则、党纪处分条例等党内重要法规，扎牢制度治党的铁笼子……全面从严治党凝心聚力、扶正祛邪，不仅让党心一振，更试出了人心向背。

正因此，党的十八大以来，以习近平同志为总书记的党中央，坚守"人民"这一核心价值，以新理念新思想新战略开创治国理政新境界。从"五位一体"、"四个全面"、新发展理念，到深化改革、转型创新、脱贫攻坚，既有发展路径的选择，也有发展价值的坚守，蕴含着对马克思主义真理性的思考，也彰显着对马克思主义道义性的追求，在创造震撼人心的"中国奇迹"同时，也努力书写温暖人心的"中国故事"。

青年毛泽东

1925年，在填写"少年中国学会"改组委员会征询意见调查表时，毛泽东写道："本人信仰共产主义，主张无产阶级的社会革命。"一代人有一代人的使命。21世纪的今天，走过95年的中国共产党，只有坚持"为绝大多数人奋斗"的信仰，坚定"为人民服务"的宗旨，才能始终得到人民群众的信任和拥护，始终成为引领中国社会发展进步的核心力量。

（六）每一个国家民族，每一段历史时空，都有自己的精神指引。将近一个世纪过去了，那些令人心潮澎湃的信仰故事，那些光芒闪耀的信仰足印，要怎样化为我们继续前行的精神之源？

与中国的现代转型相伴随的，是一个民族精神世界的转型。当今中国，利益的正当性早已"去魅"。我们走出了"耻于言利"的时代，主张利益、保护利益，这是时代的进步。但毋庸讳言，我们的时代也出现了令人忧心的错位，在一些人那里，物质利益成为唯一"价值"，精神追求被彻底放逐。于是，责任能够淡漠、道德可以离席、灵魂容许出丑。放眼全球，这是一种颇具世界性的"现代病"，正如未来学家托夫勒在《第三次浪潮》中所说："从来没有那么多国家里的人民，感到精神上如此空虚与沉沦。"

方此之时，回望我们党近百年为信仰而奋斗的光辉历程，更有现实意义。一代代共产党人以对真理与道义的不懈追求，以对国家与民族的勇敢担当，在成为"两个先锋队"的同时，也为中国构筑起一个崇高的精神世界。这是马克思主义留给我们的精神财富，是几代共产党人积累的精神基因。那种超越个体与小我、献身整个人类的理想和情怀，至今依然令人敬仰。

让我们从这样的信仰中得到净化。唯有把握这样的信仰，才能理解，为什么95年来，如此多人被吸引到马克思主义的旗帜之下，不求显达于世、不求暂得于己，为了理想与信念不惜抛头颅、洒热血。他们中有人放弃了"鸦飞不过的田产"，有人背离了"自小熟悉的阶级"，本应顺风顺水者偏向荆棘而行，本可锦衣玉食者不惜向死而生。埋骨雨花台的烈士，74%受过高等教育；葬身渣滓洞的英灵，70%出身富裕家庭。这些信仰的献身者、理想的殉道者，谱写了时代的慷慨悲歌，铸造了民族的血脉精魂，让亿万人呼吸到了"英雄的气息"。

让我们从这样的信仰中获得方向。唯有把握这样的信仰，才能理解，为什么95年来，如此多人薪火相传，舍生忘死、公而忘私，将国家民族带到更好的境界。焦裕禄忍着剧烈疼痛坚持工作，把藤椅都顶破；沈浩扎根小岗村，积劳成疾猝逝在工作一线；杨善洲放弃退休后悠闲的生活，用双手把荒山变成林海……永恒的丰碑上记录着这些时代的先锋，不是因为他们的权力或者财富，而是因为他们刻下了一个大写的"人"。岂曰无碑，山河为碑；何用留名，人心即名。这是共产党人的道德觉悟，也是一个集体的精神传承。

让我们从这样的信仰中汲取力量。唯有把握这样的信仰，才能理解，为什么95年来，如此多人风从影随，紧紧团结在我们党的周围，休戚与共、生死相随，共同书写下"中国奇迹"。农民的手推车，推出了淮海战役的胜利；林县的乡亲们，在悬崖上开凿出红旗渠；无数劳动者全力打拼，开创国家的未来。这是精神的巨大感召力，建设人民共和国的理想，实现"中国梦"的召唤，让人看到更广阔的天地、更高远的世界，绘就了一个国家、一个民族、一个时代的精神图谱。

"石在，火种是不会绝的。"回到马克思主义，回到共产党人的信仰，我们会发现，在物质之外、利益之上，个人还有责任，理想还有价值，生命还有担当。

（七）回望历史，不只是采摘耀眼的花朵，更是去获取熔岩一般运行奔腾的地火。

有历史学家提出三种历史时间——"长时段""中时段"和"短时段"，分别对应着历史中的"结构""局势"和"事件"。"事件"只是"闪光的尘埃"，而"结构"才是历史上起决定性作用的因素。

95年风云激荡，坚守共产主义理想，坚持和发展马克思主义，共产党人为中国历史创造出一种全新的"结构"。这种"结构"，既是基本的制度体系，也是根本的思想体系，更是耀眼的信仰光芒。

95年来，这个成立时只有几十人的党，已经成为拥有8700多万党员的世界最大规模执政党；这个四分五裂、积贫积弱的国家，已经从低谷走向复兴，崛起于世界民族之林。

不忘初心，方得始终。今天，距离中华民族伟大复兴目标从未如此之近，这个国家和这片土地上的人民，比任何时候都更需要信仰的光芒和力量。潮平海阔，千帆竞发，我们的工作已经写入人类的历史，我们的工作还将继续改变人类的未来。

（原载《人民日报》2016年6月29日1版）

以真理之光引领复兴征程
——写在中国共产党成立95周年之际（下）

任仲平

（一）1922年春节，嘉兴南湖上，中共一大红船荡起的涟漪还未散去。一位刚从法国勤工俭学回来的年轻人告诉父亲："我要干共产！"父亲暴跳如雷："你们几个小娃娃，一千年也搞不成！"年轻人回答："军阀有枪，我们有真理，有人民。"

嘉兴南湖红船

2016年春天，一首《马克思是个90后》在微信朋友圈"刷屏"。作者在歌曲中描绘的"像叶孤舟行在山丘，那样的为真理争斗"的情怀，点亮许多人"为了信仰我们一往无前"的激情。

一个是共产党人李立三，一个是毕业于北京大学的90后女孩。曾经的"1890后"、今天的"1990后"，时隔近一个世纪，为什么都将马克思主义视为客观的真理、都把马克思作为时代的偶像？

95年，一个以马克思主义为理论指导的政党，为什么能在一个经济文化十分落后的国家，矢志探索民族复兴的道路，不仅将中国送上前所未有的高度，而且"为世界经济发展和人类文明进步作出了重大贡献"？95年，一个以共产主义为奋斗目标的政党，曾经历革命失败的惨痛，曾面对一穷二白的困局，也曾走过十年内乱的弯路，又是什么力量，使得它总能从危难中奋起、于困顿中重生，最终带领一个5000

年古国重回世界舞台中央?

进入21世纪第二个十年,当西方在对国际金融危机的反思中,惊呼必须"重新发现马克思";当坚持社会主义市场经济的中国,逆势上扬成为世界第二大经济体,面对这两大"世界历史性事件",西方和东方都在思考:该如何看待中国共产党这个世界第一大党95年的非凡征程,该如何重新认识那些执着的共产党人,重新思考马克思主义者的理想和力量?

(二)一个半多世纪前,摩泽尔河畔年轻的马克思不会想到,他所献身的那些"批判性思想",会给世界带来真理的光芒,形成改变人类命运的伟大力量。

对于人类自身来说,最重大和艰巨的理论问题,莫过于人类社会的发展规律;对于现代人类来说,最重大和艰巨的理论问题,莫过于资本主义社会的运动规律。

马克思的贡献正在于此。1883年3月,在马克思的葬礼上,挚友恩格斯这样评价:"正像达尔文发现有机界的发展规律一样,马克思发现了人类历史的发展规律","马克思还发现了现代资本主义生产方式和它所产生的资产阶级社会的特殊的运动规律"。

新大陆的发现、运河的开拓、奔驰的火车与轮船,以及欧洲大工业时代的工厂:通红的炉火、轰鸣的机器、挥汗如雨的工人、剥削与压迫,以及"共产主义一定要实现"……那些伴随着电光石火的文字,让一代代读者目睹了"世界制度"的形成与动摇,更唤起从西方到东方整个世界"为真理而斗争"的革命激情。在古老的中国,信奉"人生最高之理想,在求达于真理"的李大钊,从十月革命中认识到马克思主义是"世界改造原动的学说",这位中国共产党的先驱,在生命最后一刻都坚信"共产主义在中国必然得到光辉的胜利"。

如今,马克思主义的意义,已被一个半多世纪以来的世界历史所证明。"两大发现"不仅使人类自觉到自身的发展规律,而且使人类自觉到"现实的历史"即资本主义的发展规律,从而为创建人类文明新形态提供了伟大的社会理想,揭示了现实的发展道路。这正是马克思主义的真理性之所在,也是马克思主义的理论力量之所在。

列宁曾说,"马克思的全部天才正是在于他回答了人类先进思想已经提出的种种问题"。马克思主义深刻揭示了自然界、人类社会、人类思维发展的普遍规律,为人类社会发展进步指明了方向;马克思主义坚持实现人民解放、维护人民利益的立场,以实现人的自由而全面的发展和全人类解放为己任,反映了人类对理想社会的美好憧憬;马克思主义揭示了事物的本质、内在联系及发展规律,是"伟大的认识工具",是人们观察世界、分析问题的有力思想武器;马克思主义具有鲜明的实践品格，不仅致力于科学地"解释世界"，而且致力于积极地"改变世界"。

即使在马克思主义并未成为主流意识形态的资本主义国家，马克思也被评为"千年第一思想家"。美国学者海尔布隆纳慨叹，要探索人类社会发展前景，必须向马克思求教，人类社会至今仍然生活在马克思所阐明的发展规律之中。每当人类社会发生重大危机或重大转折的关键时刻，马克思就会"出场"。这也是为什么习近平总书记强调，马克思主义依然占据着真理和道义的制高点，因此也依然有着强大生命力。

作为一种"关于现实的人及其历史发展的科学"，马克思主义为我们提供了洞察世界、打开未来的一把钥匙，也提供了理解中国共产党、理解其道路追求的一把钥匙。因为"在亚历山大胜利的根源里，人们总能找到亚里士多德"，马克思主义科学思想的伟力，深刻体现在这个东方古国波澜壮阔的百年命运中。

（三）许多年来，一个问题让很多人疑惑：二十世纪的中国，所有世界上最重要的政治制度、文化思想都被拿来试验过，几乎没有一种能得到满意的结果，为什么唯有中国共产党取得了成功？

95年前，诞生伊始的中国共产党，不过是当时中国300多个政党中的一个，今天却已成为拥有8800多万党员的世界第一大执政党。在美国、英国、德国、日本等国，无数人把探寻的目光投向这个马克思主义政党，"中共学"成了海外中国研究中的"显学"，每个月都有大量论文和著作面世，试图回答"中国共产党为什么能"。在这些回答中，最为贴近的答案是：中国共产党找到了马克思主义这一真理。

马克思主义之于中国共产党的意义，近一个世纪以来已经有无数人概括和论述。"只有这个行动指南，只有这个立场与方法，才是革命的科学，才是引导我们认识革命对象与指导革命成功的唯一正确的方针"，这是78年前毛泽东同志总结革命得失做出的深刻判断。"马克思主义尽管诞生在一个半多世纪之前，但历史和现实都证明它是科学的理论"，这是习近平同志立足中国共产党95年奋斗得出的历史结论。

依靠科学理论的力量，95年来，共产党人凝聚在信仰的旗帜下，开创了独一无二的"中国道路"。完成新民主主义革命，完成社会主义革命，进行改革开放新的伟大革命……以马克思主义为指导，共产党人推动了中国历史上最广泛最深刻的社会变革，从根本上改变了中国人民和中华民族的前途命运，不可逆转地结束了近代以来中国内忧外患、积贫积弱的悲惨命运，不可逆转地开启了中华民族不断发展壮大、走向伟大复兴的历史进军，有着5000多年文明历史的中国面貌焕然一新，中华民族伟大复兴展现出前所未有的光明前景。

依靠科学理论的力量，95年来，共产党人奋斗在真理的道路上，完善了人类制度文明的新形态。一个"覆屋之下,漏舟之中,薪火之上"的国家,走上强盛的道路;一个"积弱积贫,九原板荡,百载陆沉"的民族,迎来复兴的曙光;亿万"为奴隶,为牛马,为羊犬"的人民,实现小康的梦想。社会主义中国,这个曾遭遏制、封锁、包围、孤立的崭新国度,以其势不可挡的崛起创造出一种举世瞩目的制度模式,被马克思眼中那些与无产阶级"势不两立"的人,不无敬意地称为"一个崭新时代的黎明",让中国共产党不仅成为"改写中国命运的政党",更推动"人类发展的重心开始东移"。

近代中国"开眼看世界第一人"魏源曾说,"自古有不王道之富强,无不富强之王道"。何谓王道?就是人间正道。对于中国共产党来说,这个人间正道就是马克思主义所揭示的真理。

(四)马克思为人类社会开辟了通往真理的道路,但并未终结真理本身。

1991年,莫斯科克里姆林宫上空飘扬了60多年,印有镰刀、锤子和金边红星图案的苏联国旗缓缓降下,世界上第一个社会主义国家土崩瓦解。而伴随着柏林墙的倒塌,东欧一批社会主义国家也纷纷改旗易帜。

关于共产主义,马克思并没有一个具体的画像。他甚至认为,自己不适合制定"小餐馆的未来食谱",正如《德意志意识形态》中所言:对我们来说,共产主义不是一种明确无误的状况。或者说,不是一个削足适履的理想。

从某种意义上讲,中国共产党95年历史上,所遭受的挫折与所赢得的光荣一样多。但即便是最严苛的指责者,也不得不承认"中共有超凡的自我纠错能力和创新能力"。中国共产党人的可贵之处正

1845年马克思恩格斯合作的
《德意志意识形态》手稿的一页

在于,他们不会把马克思主义当作机械的教条,而是坚持"解放思想,实事求是,与时俱进"。在他们眼里,多元矛盾并存而又互相转化的复杂世界,不能用一种教条式理论来把握;高速变化的发展和建设进程,不能用一种静态的思路来指导;十几

亿人参与其中的创造活动，不能用一种不变的模式来裁决。再好的理论，也需要根据现实不断创新。

从新民主主义革命到社会主义革命、社会主义建设，从计划经济体制到社会主义市场经济体制，从封闭半封闭到全方位对外开放……中国共产党认定，马克思主义是随着时代、实践、科学发展而不断发展的开放的理论体系。95年艰辛奋斗，以马克思主义中国化为主题，以解决中国实际问题为主线，我们党不断推进实践基础上的理论创新，先后产生了两次历史性飞跃，产生了两大理论成果：毛泽东思想和中国特色社会主义理论体系。

从提出党应该"为无产阶级做革命运动的急先锋"，到写入"毛泽东思想"这一指导思想；从清除"左"的错误走向改革开放，到确立社会主义市场经济体制的改革目标……"党的根本大法"党章，曾16次修订。95年历经风雨，我们党始终敢于面对挫折、直面错误、总结教训，也从不畏惧自我否定、自我更新、自我超越。

有人说，"姓马"容易，"信马"不易，就是因为"马克思的整个世界观不是教义，而是方法"。从这个角度看，苏联解体、东欧剧变，不是马克思主义的失败，而是教条主义和僵化体制的失败；反过来看，中国共产党的成功，就在于让马克思主义"活的灵魂"在中国大地生根，成为生机蓬勃的中国化马克思主义。

马克思曾幽默地说，"人要学会走路，也得学会摔跤，而且只有经过摔跤才能学会走路。"中国共产党95年的奋斗历程表明，一个真正的马克思主义政党，必须"随时准备坚持真理、随时准备修正错误"。

（五）时间是真理的忠实听众，一切嘈杂喧嚣都会湮没在时光的尘埃里，一切真知灼见都将沉淀在历史的河床上。

如果说中国选择马克思主义，走出了百年屈辱的命运，显示了真理的伟大力量；那么世界"重新发现马克思"，则表明中国共产党人所追寻的主义，"依然是当今世界的真理"。

上世纪末，因解构主义而享有盛名的法国哲学家德里达，郑重推出了《马克思的幽灵》一书。在这部轰动西方世界的著作中，德里达疾呼："不能没有马克思，没有马克思，没有对马克思的记忆，没有马克思的遗产，也就没有将来""人们必须接受马克思主义的遗产"。

今天，当便捷的交通、发达的贸易和无所不在的网络，让人类社会的每一秒，都像是马克思所说"世界历史"中的全球性时刻，人们忽然发现，这个时代竟与《共产党宣言》中的预见如此相似。2008年，金融危机如海啸般从华尔街向全世界蔓延，纽约百老汇大街的书店前人们排队购买《资本论》，海报上写着："马克思所说的都应验了。"

事实是，对金融危机林林总总的解释，都没有超出《资本论》所阐发的基本原理。无论资本主义学者祭起多少"全球化""信息化"或者"后工业社会""后现代"之类的新鲜词汇，《资本论》揭示的资本主义基本矛盾演化和冲突的必然结果都不会消失。《外交政策》杂志一篇带有马克思画像的封面文章写道："他在一百多年前准确预言了当今资本主义全球化的出现及其后果——这次金融海啸的发生。更重要的是，他还为此预留了解救的'药方'。"这篇文章，标题就是《完全摩登的马克思》。

被西方"重新发现"的马克思，为资本主义世界提供了走出困境的"良药"。一方面，越来越多的西方国家强化对经济的调控，以政府和市场的"双轮发展"取代纯粹的自由竞争；另一方面，更多国家完善社会保障立法，对最低工资、劳动时间、福利津贴等作出具体规定，无不是对马克思主义思想的实践和印证。

这也是为什么中国共产党人会对自己所怀抱的真理如此自信。无论是"走近马克思"，还是"回到马克思"，今天的人们正可以从资本主义借重的"马克思的头脑"，从中国共产党践行的"马克思的脚步"，来判断为什么"人类社会的发展是一个不以人的意志为转移的自然历史过程"，来思考为什么"共产主义是人类社会未来发展的总趋势"。

（六）在美国学者库恩看来，中国共产党的历史，"如同过山车一般跌宕起伏"，"堪称人类历史上最伟大的故事"。今天的我们，该如何续写这个"伟大的故事"？

马克思主义是科学，但它没有也不可能提供有关当代一切问题的现成答案。即便预示了全球化图景，马克思也不会想到，一架飞机的生产可以由几十个国家协作完成；即便揭示了社会运动规律，他也不会想到，如此多的人会被虚拟的网络连在一起；即便关注着现代科技进展，他也不会想到，人类的征程已经迈出了太阳系。

95年，中国共产党这个"行动的马克思主义者"，创造出马克思主义的"中国版本"，让这一理论始终充满活力。当代共产党人需要以更大的理论勇气，去思考如何用马克思主义的思想和方法，解决时代提出的课题。因为，马克思主义本质上永远是当代的，马克思主义的活力与魅力来自实践基础上的创造性发展。

2012年11月17日，党的十八大闭幕不久，中央政治局进行第一次集体学习，主题就是"坚持和发展中国特色社会主义"。此后，历史唯物主义、辩证唯物主义、政治经济学，都成为集体学习的内容。

这是当代共产党人对马克思主义的"时代运用"。如果不掌握社会基本矛盾分析法，不掌握人民群众创造历史的观点，不掌握事物矛盾运动的基本原理，不掌握辩证唯物论的根本方法，就不会理解"以人民为中心的发展思想"，就不会懂得"紧紧依靠人民推进改革"，就无法化解前进中遇到的挑战、发展中积累的矛盾，就无法驾驭复杂局面、处理复杂问题。十八大以来，在治国理政的宏大棋局中，以中华民族伟大复兴中国梦为奋斗目标、以"五位一体"为总体布局、以"四个全面"为战略布局、以新发展理念为科学引领……党中央治国理政的新理念新思想新战略，始终是在用发展中的马克思主义指导新的实践。

中国这样一个人口大国实现国富民强，这是中国共产党对世界的"传奇性贡献"，外国观察家曾如此评价。反过来说，把一个人口比现有发达国家人口总数还多的国家带入现代化，又是多大的挑战？在革命年代，我们相信，依靠真理的力量，"星星之火，可以燎原"；在全球化时代，我们依然相信，依靠真理的力量，可以"创造人类历史上唯一一个文明衰落后再度复兴的奇迹"。

（七）1852年，潜心写作《资本论》的马克思，在《纽约先驱论坛报》开设专栏，其中十几篇文章论及中国。他借助黑格尔"两极相连"规律预言：如果世界历史的一极是西方，那么另一极便是中国，西方世界乃至人类世界未来的命运，在很大程度上取决于中国的命运。

中国化的马克思主义，理应具有胸怀世界的眼界和抱负。已经走到世界舞台中心的中国，有责任以独特的政党理念、治理模式和世界意识，丰富人类文明的思想库。

中国共产党的探索，打破了政党活动的历史局限，让世界看到一种与时俱进的政党品格。有外国学者曾经感叹：人类历史上从来没有一个国家像中国，国家治理得如此成功，而其精英却在不停反思。只有真正理解了马克思主义的价值观和方法论，才能理解这种"反思"。67年执政兴国，为改革生产关系、解放和发展生产力，中国的政策调整幅度超过近代任何国家。中国共产党崇尚"自信、自觉、自省"的政治品质，以对自己的"不满"，不断推动上层建筑适应经济基础。

中国共产党的探索，相对于西方民主的异化和弊端，提供了一种兼具公平与效率的治理模式。这个6月，全世界都在关注英国公投"脱欧"。然而"脱欧派"胜出之后，剧情却出现反转，超过300万英国人表示"后悔"。这就是西方民主的尴尬。2014年，英国《经济学人》一篇文章，追问"西方民主出了什么问题"，分析"伴随着民主制度也常常出现政府负债严重、内政处理效率低下、过度干涉他国内政等问题。"中国以马克思主义原理构架的政治制度，以其对人民利益高度负责的担当，以其强大的动员能力、组织能力，让世界感受"中国温度"、产生"中国震撼"。

中国共产党的探索，顺应了当今世界的趋势，在新型义利观下，推动打造"人类命运共同体"。马克思提出,要构建作为人的道德、人的活动、人的享受和人的本质的"真正的共同体",它是人的物质生活和精神生活的归宿。当代中国共产党人,反对一切以邻为壑、零和博弈的僵化思维,反对一切帝国主义、霸权主义的强权逻辑,站在人类共同命运的高度,推动马克思这一宏大构想,打开了对于未来的想象空间。

当中国大幅增进占世界五分之一人口的福祉,被国际社会誉为"人类历史上前所未有的伟大成就";当中国对世界经济增长的贡献率达到近30%,"社会主义赢得与资本主义相比较的优势";当提出"历史终结论"的福山感慨,"中国政治体制优点明显""人类思想宝库需为中国留下一席之地",我们想起了邓小平的论断——

只要中国不垮,世界上就有五分之一的人口在坚持社会主义;只要中国社会主义不倒,社会主义在世界将始终站得住。

(八)英国伦敦北部的海格特墓地,埋葬着马克思、斯宾塞、法拉第、艾略特等近百位声名显赫的人物,但最引人注目的,是访客常年络绎不绝的马克思墓地。因为"在人类思想史上,还没有一种理论像马克思主义那样对人类文明进步产生了如此广泛而巨大的影响"。

95年前,在旧时代余晖中,中国共产党先驱李大钊说,"黄金时代,不在我们背后,乃在我们面前;不在过去,乃在将来"。

今天,在复兴的征程上,习近平总书记强调:坚持和发展中国特色社会主义是一篇大文章,我们这一代共产党人的任务就是继续把这篇大文章写下去。

马克思主义、中国共产党,伟大的理论与伟大的政党,在为人的自由而全面发展的奋斗中,必将写下新的伟大篇章。

中国共产党先驱李大钊同志

论中国共产党的伟大精神
——写在中国共产党成立90周年之际

任理轩

信仰的力量 精神卷

人是要有一点精神的，人无精神不立。党也是要有一点精神的，党无精神不强。在90年的奋斗历程中，我们党培育形成了一系列彰显政党性质、反映民族精神、体现时代要求、凝聚各方力量的伟大精神。这些伟大精神，对于推动党所领导的革命、建设和改革事业发挥了无可替代的重要作用。

自5月13日至6月15日，本报在理论版推出"寻根——中国共产党的伟大精神"系列专版，对具有代表性的井冈山精神、长征精神、延安精神、大庆精神、"两弹一星"精神、雷锋精神、改革开放精神进行深入解读，追寻其历史轨迹，探究其深刻内涵，阐释其时代价值，受到广大读者的广泛关注和充分肯定。大家普遍感到，中国共产党的伟大精神是党的宝贵精神财富和巨大政治优势，是我们进一步推进社会主义现代化建设、共创美好新生活的不竭精神动力。在新的时代条件下，我们需要继续大力弘扬这些伟大精神。

党领导的革命、建设和改革史也是党的伟大精神形成史

伟大的党培育伟大的精神，伟大的精神滋养伟大的党。我们党的90年，是领导全国各族人民进行革命、建设和改革的90年，也是党不断发展壮大、日益坚强成熟的90年。90年来，在党的领导下，古老中国发生了翻天覆地的变化，国家从贫穷落后到繁荣昌盛，民族从任人欺凌到振兴自强，人民从受苦受难到富裕安康，党也从成立时只有几十名党员发展成为拥有8000多万党员的世界上最大的执政党。我们党建立丰功伟绩的历程，也是不断培育形成伟大精神的历程。

在血雨腥风、战火纷飞的革命年代，党的伟大精神激励着中国共产党人和中国人民前赴后继、英勇向前。成立于民族危亡之际的中国共产党，面对的首要历史任务是求得民族独立和人民解放。中国共产党人把马克思主义基本原理同中国革命具体实践相结合，开创农村包围城市、武装夺取政权的革命道路，实现马克思主义中国化的第一次历史性飞跃，形成了毛泽东思想，带领人民经过艰苦卓绝的斗争，推翻压在中国人民头上的"三座大山"，取得了新民主主义革命胜利，建立了新中国。

在这极其艰难曲折的过程中，无数中国共产党人用生命和鲜血铸就了井冈山精神、长征精神、延安精神、西柏坡精神……正是这些伟大精神，使我们党与以往的政党、使我们的军队与旧式的军队在精、气、神上有了根本区别，得到广大人民群众的衷心拥护和支持，为中国革命在困境中峰回路转、呈现蓬勃生机提供了强大精神动力，推动中国革命在艰难中奋进、在曲折中前行，直至取得最后胜利。

在意气风发、激情燃烧的建设年代，党的伟大精神激励着中国共产党人和中国人民自力更生、艰苦创业。新中国的成立开启了中国历史发展的新纪元，是中国人民建设新世界的伟大起点。新中国成立之后，中国共产党面对的主要历史任务转变为在一个经济文化落后的大国进行社会主义建设，实现国家繁荣富强和人民共同富裕。中国的革命是伟大的，但革命以后的路程更长，工作更伟大、更艰苦。面对这更伟大、更艰苦的工作，毛泽东同志豪迈地指出："中国人民将会看见，中国的命运一经操在人民自己的手里，中国就将如太阳升起在东方那样，以自己的辉煌的光焰普照大地，迅速地荡涤反动政府留下来的污泥浊水，治好战争的创伤，建设起一个崭新的强盛的名副其实的人民共和国。"在社会主义建设时期，党继承革命年代精神培育形成的大庆精神、"两弹一星"精神、雷锋精神等，正是中国共产党人豪迈气概的生动体现。这些伟大精神，为党带领人民初步建立起独立的比较完整的工业体系、国民经济体系和国防体系提供了强大精神动力。

在波澜壮阔、生机勃勃的改革年代，党的伟大精神激励着中国共产党人和中国人民开拓创新、走向富强。进入改革开放历史新时期，中国共产党人把马克思主义基本原理同中国具体实际和时代特征相结合，开辟中国特色社会主义道路，实现马克思主义中国化的第二次历史性飞跃，形成中国特色社会主义理论体系，带领人民以一往无前的进取精神和波澜壮阔的创新实践，谱写了中华民族自强不息、顽强奋进的新的壮丽史诗，不仅使我国在经济、政治、文化、社会等各个方面都取得巨大进步，而且培育形成了伟大的改革开放精神。改革开放精神要求解放思想、提倡敢闯敢试、鼓励改革创新、坚持与时俱进、强调科学发展、彰显以人为本，与创造奇迹和辉煌的改革开放实践互为支撑、相得益彰。在改革开放进程中，当遇到各种难以预见的困难、风险和挑战时，党沉着应对，培育形成了九八抗洪精神、抗击非典精神、抗震救灾精神等；当面临对国家发展具有战略意义的重大事件时，党全力以赴，培育形成了载人航天精神、北京奥运精神等。这些伟大精神继承和发扬了党在革命和建设时期培育形成的伟大精神，并赋予其新的时代内涵，成为党带领全国各族人民在改革开放伟大征程中创造奇迹和辉煌的强大精神支撑。

党的伟大精神具有鲜明特点

我们党在革命、建设和改革进程中培育形成的一系列伟大精神，是中国共产党人科学思想理论、崇高理想信念、高尚道德追求、优秀政治品格、优良工作作风、积极精神风貌的结晶。这些伟大精神虽然产生于不同历史时期，有各自的内涵与特征，但总体上看，具有一些共同的鲜明特点。

理想高远。党的伟大精神之所以对于我们坚定信念、鼓舞斗志、做好工作具有重大作用，是因为它们蕴含着高远的理想，是革命英雄主义、乐观主义、浪漫主义、理想主义等的集中体现。正是有了高远的理想，我们党才凝聚起广大党员和人民群众的力量，完成了几乎不可能完成的任务，取得了令世人惊叹的成就。因为理想高远，星星之火终成燎原之势；因为理想高远，"一张白纸"逐步被画上又新又美的图画；因为理想高远，千年飞天梦想终成现实。

紧贴实际。党的伟大精神并不因为理想高远而脱离现实，而是既仰望星空更关注脚下，具有鲜明的现实指向。井冈山精神强调敢闯新路，指引党和工农红军开辟"工农武装割据"的新路；西柏坡精神强调坚持"两个务必"，提醒广大党员和领导干部不被胜利冲昏头脑；"两弹一星"精神强调大力协同、勇于登攀，激励广大科研人员密切合作、集体攻关；改革开放精神强调开拓创新，推动计划经济体制向社会主义市场经济体制转变。

科学理性。党的伟大精神以科学理论为指导、以社会实践为基础、以客观规律为依托，是科学的世界观和方法论的体现，彰显了科学理性。井冈山精神、长征精神、延安精神等都强调"实事求是"，大庆精神突出"讲求科学、'三老四严'"，抗震救灾精神要求"尊重科学"。这些都表明，党的伟大精神始终坚持科学理性，体现的是我们党对自身活动合规律性的不懈探索。

人文关怀。党的伟大精神在注重科学理性的同时，也关注人的利益、满足人的需求、促进人的发展，体现出强烈的人文关怀。从延安精神强调"实践全心全意为人民服务的根本宗旨"到改革开放精神强调"以人为本"，人民利益始终在我们党的价值体系中处于核心地位，始终是衡量党的一切工作最终也是最高的价值尺度。党的伟大精神教育人更激励人、依靠人更发展人，始终不离开对人的关怀，体现的是我们党对自身活动合目的性的积极追求。

党的伟大精神，从根本上说体现着党的性质和宗旨。中国共产党是中国工人阶级的先锋队，同时是中国人民和中华民族的先锋队，全心全意为人民服务是党的根本宗旨。这一性质和宗旨决定了党以民族振兴、国家富强、人民幸福为奋斗目标。

无论革命时期形成的伟大精神还是建设和改革时期形成的伟大精神，贯穿其中的都是党对民族振兴、国家富强、人民幸福的不懈追求。这是每种精神都固有的"内核"和不变的"基因"，一脉相承地体现着党的伟大精神的先进性。另一方面，这些伟大精神在坚守"内核"和"基因"的基础上，又是与时俱进的。纵观90年来党所培育形成的伟大精神，其内容总是随着实践的深化而不断丰富、随着时代的进步而不断发展。这种与时俱进的品质主要体现在两个方面。一是不断增添新元素。从革命时期到建设时期再到改革时期，随着党所处的历史方位发生变化和党领导的事业不断推进，尊重科学、改革创新、以人为本等新的元素被不断充实到党的伟大精神之中。二是不断赋予新内涵。艰苦奋斗、独立自主、自力更生等是党的许多伟大精神共有的内容，但由于时代条件和实践基础不同，它们的具体内涵又有所区别。长征精神强调的独立自主，是要回答如何从实际出发探索中国革命道路；大庆精神强调独立自主，是要回答在艰苦条件下如何自主创业；而改革开放精神强调独立自主，则是要回答在对外开放和经济全球化条件下如何坚持中国的事情按照中国的情况来办、依靠中国人民自己的力量来办。90年来，正是在坚守与变革、继承与创新的有机统一中，党的伟大精神既一脉相承又与时俱进，为不断发展着的党的事业提供着不竭的精神动力。

只有中国共产党才能培育形成如此伟大的精神

任何一种精神的形成都有着深刻的根源。我们党之所以能够培育形成一系列伟大精神，根本条件是党所具有的先进性，深厚源泉是源远流长的中华民族精神，坚实基础是党领导革命、建设和改革的伟大实践，基本保障是党始终高度重视自身建设的优良传统。从近代以来中国历史的发展进程可以得出一个结论，只有中国共产党才能培育形成如此伟大的精神。

党的先进性是党的伟大精神形成的根本。先进性是马克思主义政党的本质属性和鲜明特征。作为一个马克思主义政党，中国共产党的先进性表现在指导思想、性质宗旨等诸多方面，它们是党的伟大精神形成的根本条件。中国共产党始终坚持以马克思主义为指导，不断推进马克思主义中国化，这是党的先进性的体现，也是党的伟大精神得以形成的思想理论基础。马克思主义是先进的、科学的理论，是我们认识和改造世界的强大思想武器。党的伟大精神中关于解放思想、实事求是、与时俱进、求真务实等内容，都是马克思主义科学的世界观和方法论的具体体现。邓小平同志曾指出，"对马克思主义的信仰，是中国革命胜利的一种精神动力"。中国共产党始终致力于实现好、维护好、发展好最广大人民的根本利益，这是党的先进性的体现，也是党的伟大精神得以形成的价值观基础。中国共产党除了最广大人民的利益，没有自己的特殊利益，党的根本宗旨是全心全意为人民服务。党的伟大精神中关于同人民群众生死相依、患难与共，为了人民群众的利益勇于牺牲、无私奉献等内容，都是党的性质宗旨和价值取向的具体展现。正是自身的先进性，决定了中国共产党能够培育形成伟大精神。

党对中华民族精神的传承是党的伟大精神形成的源泉。在五千多年的发展中，中华民族形成了以爱国主义为核心的团结统一、爱好和平、勤劳勇敢、自强不息的伟大民族精神。中华民族精神深深熔铸于中华儿女的血脉之中。中国共产党人是中华儿女中的优秀分子，是中华民族精神的自觉继承者、最好践行者和大力弘扬者。中国共产党90年的奋斗，始终围绕着民族独立、人民解放和国家繁荣富强、人民共同富裕这两大历史任务来进行，体现的正是强烈的爱国主义。党的伟大精神中的"为国争光、为民族争气"、"热爱祖国、无私奉献"等，表明爱国主义作为民族精神的核心内容，一以贯之地被各个时期党的伟大精神所继承、所强调、所彰显；"顾全大局、严守纪律、紧密团结"、"万众一心、众志成城"等，正是对中华民族精神中"团结统一"的生动演绎。中华民族精神中的爱好和平、勤劳勇敢、自强不息等内容，也都在党的伟大精神中有着生动展现。90年来，党不断从中华民族精神中汲取营养和智慧，培育形成伟大精神；党所培育形成的伟大精神，又不断丰富和发展着中华民族精神。

党领导革命、建设和改革的实践是党的伟大精神形成的基础。党的伟大精神归根结底是对客观实践的一种反映，是党在科学理论指导下，带领广大党员和全国各族人民在丰富多彩的伟大实践中形成和发展起来的。长征精神形成于红军爬雪山、过草地的坚实脚印中，延安精神蕴藏在延安大生产运动、整风运动的实际行动里，雷锋精神体现在把有限的生命投入到无限的为人民服务中，改革开放精神植根于推行农村家庭联产承包责任制、特区先行先试的创新实践中，抗震救灾精神发轫于抗震救灾"第一位是救人"的响亮口号中……每一种伟大精神都孕育于党领导的革命、建设和改革伟大实践，都是对伟大实践中体现出来的精神风貌的高度概括和精心凝练。

党重视自身建设的传统是党的伟大精神形成的保障。高度重视自身建设，通过加强党的建设来推进党的事业发展，是我们党始终坚持的一条重要经验。在长期的奋斗历程中，我们党高度重视思想建设、组织建设、作风建设、制度建设和反腐倡廉建设，这些建设与党的伟大精神的形成是互促共进的。比如，党的思想建设要求广大党员坚持实事求是的思想路线，把马克思主义基本原理同中国具体实际相结合，在实践中坚持和发展马克思主义；坚定理想信念，为实现共产主义而奋斗终身；全心全意为人民服务，不惜牺牲个人的一切，吃苦在前、享受在后，克己奉公、多做贡献；等等。这些要求与培育形成党的伟大精神是高度一致的。90年来，我们党始终将自身建设摆在重要位置，通过加强自身建设坚持党的性质和宗旨、弘扬党的优良传统和作风，这为培育形成党的伟大精神提供了重要保障。

让党的伟大精神在新的时代条件下闪耀璀璨光芒

90年前，中国处于被压迫、被欺凌之中，处于分裂和动荡之中。"四万万人齐下泪，天涯何处是神州"。中国人民在黑暗中痛苦地摸索着。90年后，在中国共产党的领导下，神州大地沧桑巨变，中国人的强国之梦、复兴之梦正在一步步变为现实，中国人民的面貌、社会主义中国的面貌、中国共产党的面貌都发生了历史性变化。今天，我国经济总量已跃居世界第二位，各项事业发展迈上了新台阶，国际地位和影响力显著提高。与此同时，我们所面临的形势也发生了深刻变化。从国际看，世界多极化、经济全球化深入发展，科技进步日新月异，世界经济格局发生新变化，全球思想文化交融交锋呈现新特点，综合国力竞争和各种力量较量更趋激烈，我国发展的外部环境更趋复杂。从国内看，随着工业化、信息化、城镇化、市场化、国际化深入发展，我国发展呈现出一系列新的阶段性特征，尤其是经济体制深刻变革、社会结构深刻变动、利益格局深刻调整、思想观念深刻变化带来了大量新矛盾新问题，发展中不平衡、不协调、不可持续问题依然十分突出，党面临着执政考验、改革开放考验、市场经济考验、外部环境考验。总体而言，我国发展仍处于可以大有作为的重要战略机遇期，既面临难得的历史机遇，也面对诸多可以预见和难以预见的风险挑战。要抓住历史机遇、应对风险挑战，实现既定的目标任务，就必须坚持以邓小平理论和"三个代表"重要思想为指导，深入贯彻落实科学发展观，大力弘扬党的伟大精神，让其在新的时代条件下闪耀璀璨光芒。着眼于新的形势、新的实践、新的任务、新的挑战，我们尤其需要大力弘扬实事求是精神、改革创新精神、以人为本精神、艰苦奋斗精神。

实事求是精神。 实事求是，一切从实际出发，使主观认识符合客观实际，是正确制定路线方针政策的基本前提，是做好各项工作的基本要求，是90年来我们党取得一个又一个胜利的基本原因，也是党的伟大精神的基本要素。毛泽东同志曾深刻指出："共产党不靠吓人吃饭，而是靠马克思列宁主义的真理吃饭，靠实事求是吃饭，靠科学吃饭。"今天，抓住历史机遇、应对风险挑战，也要靠实事求是。我们应大力弘扬实事求是精神，不断深化对共产党执政规律、社会主义建设规律、人类社会发展规律的认识；深刻把握经济社会发展中存在的矛盾和问题，从实际出发来制定政策、开展工作，坚持讲实话、出实招、办实事、求实效。

改革创新精神。坚持改革创新精神，在不断探索、不断创新的创造性实践中解决矛盾和问题，是我们党不断走向成功、永葆生机活力的重要法宝。审视当前，我国经济社会发展中还存在各种各样的"老问题"。解决这些问题，需要大力弘扬改革创新精神，自觉地把思想认识从那些不合时宜的观念、做法和体制的束缚中解放出来，从对马克思主义的错误的和教条式的理解中解放出来，从主观主义和形而上学的桎梏中解放出来。着眼未来，我国经济社会发展中还将出现许许多多的新问题。解决这些问题，同样需要大力弘扬改革创新精神。特别是在全面建设小康社会的关键时期和深化改革开放、加快转变经济发展方式的攻坚时期，我们尤其要把改革创新精神作为强大动力，不断深化经济体制、政治体制、文化体制、社会体制以及其他各方面体制改革，不断激发全社会创造活力，促进经济社会又好又快发展。

以人为本精神。以人为本，就是以最广大人民的根本利益为本。以人为本是科学发展观的核心，它要求坚持人民在中国特色社会主义事业中的主体地位，坚持发展为了人民、发展依靠人民、发展成果由人民共享，不断实现好、维护好、发展好最广大人民的根本利益；它强调人文关怀，满足人的需求，尊重人的权益，关注人的价值，激发人的潜能，促进人的全面发展。以人为本是我们党全心全意为人民服务的根本宗旨和立党为公、执政为民的执政理念在新的时代条件下最集中最生动的表达，也是解决我国当前发展中一些突出矛盾和问题的金钥匙。我们应大力弘扬以人为本精神，尤其是始终从人民群众的根本利益出发来谋发展、促发展，不断改善民生，满足人民群众日益增长的物质文化需要，切实保障人民群众的经济、政治、文化、社会等各项权益，让发展成果更好地惠及全体人民，促进人的全面发展。

艰苦奋斗精神。一个没有艰苦奋斗精神作支撑的政党是难以兴旺发达的。艰苦奋斗不仅是我们在革命战争年代和物质条件困难时期夺取胜利的重要法宝，而且是我们在社会主义现代化建设取得巨大成就、物质条件不断改善的条件下实现更大发展、永葆先进本色的重要保证。当前，我们既要充分看到我国发展取得举世瞩目的伟大成就，也要清醒认识我国仍处于并将长期处于社会主义初级阶段的基本国情没有变，我国仍是世界上最大的发展中国家，全面建成小康社会、基本实现现代化依然有很长的路要走。大力弘扬艰苦奋斗精神，符合我国社会主义初级阶段的基本国情，符合我国现阶段的客观实际。大力弘扬艰苦奋斗精神，不是否定合理的物质需求，主张吃糠咽菜、节衣缩食，而是要求我们在看到成就的时候决不骄傲自满、固步自封，滋生贪图享乐的思想，而是始终谦虚谨慎、埋头苦干，更加奋发有为地推进党和国家事业发展。

　　90年来,我们党创造的辉煌业绩举世瞩目,形成的伟大精神影响深远。站在历史新起点上展望未来,我们依然任重而道远:到我们党成立100年时建成惠及十几亿人口的更高水平的小康社会,到新中国成立100年时基本实现现代化,建成富强民主文明和谐的社会主义现代化国家。伟大的事业需要伟大的精神。在新的时代条件下,我们要深入把握党的伟大精神的科学内涵,结合新的实践、新的发展进行丰富升华,把弘扬这些伟大精神作为加强党的建设的重要内容、作为社会主义核心价值体系建设的重要内容,使其成为全党全国各族人民团结奋斗、推进中国特色社会主义事业的强大精神动力。

(原载《人民日报》2011年6月16日)

传承和弘扬中国共产党的"精神谱系"

陈 晋

中国共产党成立 95 年以来，为实现中华民族伟大复兴的中国梦，领导人民历经革命、建设和改革的不同历史时期，取得的一个根本成就，就是探索开创和坚持发展了中国特色社会主义伟大事业。伟大的事业呼唤着伟大的精神，艰苦卓绝的奋斗必然产生伟大的精神。中国共产党区别于其他政党的一个显著标志，是在近一个世纪的风雨征程中，领导人民熔铸锻造了许多惊天地、泣鬼神的伟大精神，由此去感召和凝聚最广大群众，形成强大的力量，指引人民开拓前进。

从历史和实践的角度讲，中国共产党的伟大精神由一个个鲜明具体的"坐标"组成，进而形成了一个可以长久涵养后人的"精神谱系"。这个精神谱系炫目多彩，前后相接，多以地点、事件或代表人物命名，已经或正在命名的就有 30 来种。诸如，在革命时期，有红船精神、井冈山精神、苏区精神、长征精神、延安精神、沂蒙精神、红岩精神、西柏坡精神等等；在建设时期，有抗美援朝精神、好八连精神、大庆精神、铁人精神、红旗渠精神、雷锋精神、焦裕禄精神、"两弹一星"精神等等；在改革时期，有女排精神、经济特区拓荒牛精神、新时期创业精神、孔繁森精神、抗洪精神、抗击"非典"精神、抗震救灾精神、北京奥运精神、载人航天精神、劳模精神，以及带有综合性质的中国精神等等。列入这个精神谱系中的每种精神的具体内涵，有的经过党和国家主要领导人作了明确论述和界定，有的经过宣传部门在报刊上作了广泛推荐和介绍。

中国共产党人的精神谱系，犹如鲜活生动的历史链条，把中国共产党的伟大精神串接起来，展示出来。它是中国共产党领导人民在实践中集体奋斗和创造的产物，是在不同历史时期波澜壮阔的行程中积累和发展起来的，它们的价值和作用跨越时空，相互之间是共存的。党的十八大以来，习近平总书记亲自概括并大力倡导亲民爱民、艰苦奋斗、科学求实、迎难而上、无私奉献的焦裕禄精神，并说它同井冈山精神、延安精神、雷锋精神等等一起，"过去是、现在是、将来仍然是我们党的宝贵精神财富"。阅读党的精神谱系，我们很容易感受到先辈和英烈们无私奉献、前仆后继的崇高人格境界，体会到党的优良传统和精神作风，理解到党和人民的事业为什么有那样大的前进动力和感召力。从根本上说来，中国共产党人的伟大精神，是近代以来中华民族精神主航道里跳动得最为激昂耀眼的浪花；是中国共产党人的世界观、人生观、价值观的生动展示，是当代中国精神中的红色基因和红色文化的源头，是实现中国梦必须弘扬的中国精神的先进内核和宝贵精华。

那么，中国共产党的精神谱系有什么样的具体特点呢？

第一，中国共产党的精神谱系拥有连贯的思想内核。也就是说，各种精神之间有相通相融的共性，有基础性的思想内核，有一以贯之的理念内容。比如，在我们党正式概括的各种精神当中，理想信念、实事求是、艰苦奋斗、甘于奉献出现的频率最高，在红船精神、井冈山精神、苏区精神、长征精神、延安精神、大庆精神、焦裕禄精神、"两弹一星"精神、载人航天精神、劳模精神中，都有相同或相近的表述，因而属于党的精神谱系中的基础内容。这当中，理想信念最为重要。前辈和英烈们的所有奋斗牺牲，现在和未来的中国共产党人奋斗前行，都离不开理想信念的支撑。共产党人的理想信念是什么？习近平总书记指出，"对马克思主义的信仰，对社会主义和共产主义的信念，是共产党人的政治灵魂，是共产党人经受住任何考验的精神支柱"。具体说来，理想是人们追求的目标，信念是人们向着这个目标前进的意志和定力。理想崇高，才能坚定信念；信念坚定，才能坚守理想。无论过去、现在和将来，理想信念都是中国共产党人的精神之"钙"，是党的精神谱系之"魂"，是党的伟大精神的核心内容和根本优势。

第二，中国共产党的精神谱系拥有厚重的实践属性。中国共产党人把真理的力量、理想的力量转化为人格的力量，是通过具体实践来实现的，这就使党的精神谱系中每一种精神，都以立体的方式呈现出来。从理念内容上讲，每种精神都有丰富的内涵和呈现方式。比如，长征精神就包含了理想信念、不怕牺牲、实事求是、纪律团结和依靠群众这5个方面的内容；延安精神便拥有抗大精神、整风精神、张思德精神、南泥湾精神、白求恩精神这样一些初始的原生形态。从理念和实践的关系角度讲，每种精神的内涵虽然是被概括出来的几个特定概念，但每个概念，都不是随意加上去的，而是从大量看得见、摸得着、感受得到的具体人物事件或重大决策过程中抽象出来的。比如，说到红船精神，我们会想到李大钊、陈独秀、毛泽东等人在五四运动前后对救国真理的多方寻求和反复比较，想到那一代共产党人敢为天下先，开天辟地的信仰选择；说到井冈山精神，我们会想到星星之火可以燎原的景象，甚至想到毛泽东在八角楼的灯光和朱德的那根扁担；说到长征精神，呈现在我们面前的是血战湘江、遵义转折、四渡赤水，以及大渡河、腊子口等等；说到抗美援朝精神，我们忘不了黄继光、邱少云、罗盛教。如果光有理念口号，而不能落到实处见人见事，那样的精神是感动不了人，影响不了人的。说到底，没有生动实践，就谈不上伟大精神。习近平总书记指出，"一种价值观要真正发挥作用，必须融入社会生活，让人们在实践中感知它、领悟它。要注意把我们所提倡的与人们日常生活紧密联系起来，在落细、落小、落实上下功夫"。生动具体的党的精神谱系，无一不是落细落小落实的历史存在，因而才可能汇成为后人长久感知和领悟的精神河流。

第三，中国共产党的精神谱系拥有崇高的道德品格。中国共产党的伟大精神之所以具有穿越时空的感染力和影响力，是因为它占据了道义高点，拥有崇高的道德力量。它是中国共产党人智慧、情感、意志、理想、信念、人格的审美升华，每一种精神都彰显了先进人群在特定环境和特定考验面前的价值选择和道德实践，把它们组合起来，就是人类精神世界良好美善的崇高天地。其中，有选择和坚守远大理想信念，为美好未来奉献和牺牲一切的崇高；有不信邪、不怕"鬼"，敢于斗争、敢于胜利的崇高；有顾全大局、遵守纪律、维护团结的崇高；有不求名利、埋头实干、大公无私，甘愿为人民的利益奉献一切的崇高；有自力更生、艰苦奋斗、锲而不舍，开创党和人民事业新局面的崇高；有万众一心、众志成城，不怕困难、顽强拼搏的崇高；有爱中华民族、爱中国、爱社会主义的崇高，凡此等等，不一而足。中国共产党伟大精神的创造者和践行者们，还拥有一种高度的道德自觉。他们常常结合自己为之奋斗的事业来思考怎样做人，怎样做事。仅以牺牲在雨花台的烈士来说，恽代英的名言是："好人是有操守的，好人是有作为的，好人是要能够为社会谋福利的。"罗登贤的名言是："什么也不能动摇我，我将我的生命给我们的党与人民大众。"胡秉铎的名言是："齐家治国平天下，由吾辈担当。"这些崇高精神在今天的继承和发扬，毫无疑问会在全社会激发起善良的道德意愿和道德情感，培育正确的道德判断和道德责任，提高道德实践能力尤其是自觉践行能力，形成"向上""向善"的价值观和推动力。

第四，中国共产党的精神谱系拥有鲜明的民族和时代特征。中国共产党的伟大精神是民族精神和时代精神的集中体现。民族精神体现了一个民族的理想、智慧、意志、情感、性格和传统，是民族生存和发展的精神支柱。中华民族精神是中国共产党精神的重要源泉，中国共产党精神是中华民族精神的继承和发展。正像毛泽东同志说的那样，中国共产党人用自己的精神感动了人民这个"上帝"，使他们"甘心情愿和我们一起奋斗"，这样，中国共产党的精神扩展为整个中华民族的精神。传统中的大同社会追求与共产主义理想，摩顶放踵与艰苦奋斗精神，舍生取义与英雄主义气概，以及知行合一与实事求是，自强不息与独立自主，凡此等等，都可看出中国共产党的精神谱系与中华民族精神之间继承和发展的关系。时代精神是不同时期的先进社会形态及其发展趋势在精神上的反映，是人们在现实奋斗中最活跃、最强大的内在动力。民族精神只有随时代变化实现创造性转换和创新性发展，才有活力。中国共产党伟大精神的创造者和践行者，总是根据时代背景和历史任务的要求，焕发出不断延展的具有鲜明时代特征的精神气象。比如，在革命年代，中国共产党人为了民族独立和人民解放，形成了以不畏艰险、坚守信念、敢于牺牲、勇往直前为重点的斗争精神；在建设年代，面对贫穷和落后，中国共产党人为了建设社会主义新中国，形成了以自力更生、奋发图强、艰苦奋斗、无私奉献为重点的创业精神；在改革年代，中国共产党人为了国家富强、民族振兴和人民幸福，形成了以开拓创新、锐意进取、求真务实为重点的改革创新精神；今天，更是要带头培育和践行社会主义核心价值观，不断增强全党全国人民团结一心的精神纽带，使我们在实现中国梦的伟大征程中获得源源不断的精神动力。即使是同一个历史时期，因为处于不同的奋斗阶段，面临不同的现实要求，中国共产党人创造的精神也各有特色。比如，在革命时期，红船精神主要是确立信仰、树立远大理想，井冈山精神主要是开创革命道路，西柏坡精神主要着眼于革命胜利后党的建设。在建设时期，大庆精神、铁人精神主要是艰苦创业，雷锋精神主要是树立起了共产主义理想人格典范。在改革时期，拓荒牛精神主要是推动改革创新，抗洪精神、抗击非典精神、抗震救灾精神主要是昭示万众一心去战胜困难，中国精神则着眼于为实现中国梦而奋斗。

我们常说，让历史告诉未来。历史究竟凭借什么告诉未来？一凭经验，二凭精神。精神是创造、汲取、运用经验的先导和内在动力，精神奠定着经验的价值取向，精神还可以径直沉淀为经验。因此，一定程度上讲，历史凭借的是过往的人和事所展示的精神底蕴，来告诉未来的。中国共产党的伟大精神，明确昭示了当代中国的精神底蕴是我们今天培育和践行社会主义核心价值观的灵魂性内容。坚持和发扬党的光荣传统和优良作风，能够为培育和践行社会主义核心价值观提供丰厚营养，使社会主义核心价值观教育更加具有震撼人心、塑造灵魂的作用。中国共产党精神历久弥新，它的伟大在于穿越时空的影响，因而在培育和践行社会主义核心价值观方面发挥的作用，会非常重要和管用。以高度自觉去认识、传承和发展党的伟大精神，党的伟大精神也就转化扩展为中华民族的精神，成为实现中华民族伟大复兴的精神纽带和前进动力。

（作者系中央党史和文献研究院副院长，原载《光明日报》2016年6月29日）

大力弘扬"红船精神"

葛慧君

党的十九大闭幕仅一周,习近平总书记就带领中央政治局常委瞻仰上海中共一大会址和嘉兴南湖红船,回顾建党历史,宣示了新一届党中央领导集体的坚定政治信念,为全党上了一堂生动深刻、直抵灵魂的党课。总书记在瞻仰红船时指出,小小红船承载千钧,播下了中国革命的火种,开启了中国共产党的跨世纪航程,我们要结合时代特点大力弘扬"红船精神"。

2005年6月,时任浙江省委书记的习近平同志首次提出"红船精神",并将其概括为开天辟地、敢为人先的首创精神,坚定理想、百折不挠的奋斗精神,立党为公、忠诚为民的奉献精神。10多年来,"红船精神"丰富的思想价值被不断发掘,南湖红船成为全国人民尤其是党员干部心向神往的革命圣地。今天,作为党的精神财富的重要组成部分,"红船精神"越发彰显出超越时空的恒久价值和旺盛生命力。

大力弘扬"红船精神",就要深入把握"红船精神"的丰富内涵,牢记这一永恒思想丰碑。习近平总书记曾指出,伟大的革命实践产生伟大的革命精神,"红船精神"正是中国革命精神之源。以党的诞生地嘉兴南湖红船命名的"红船精神",是中国共产党人在创建党的伟大实践中所形成的一种革命精神,即伟大的建党精神。这一精神内涵深刻、思想深邃、历久弥新,是我们共产党人薪火相传的精神源泉、红色基因。开天辟地、敢为人先的首创精神是"红船精神"的灵魂,是动力之源,体现的是中国共产党创建时期的社会历史条件以及早期共产党人的追求,和他们改变近代中国社会命运的迫切愿望。坚定理想、百折不挠的奋斗精神是"红船精神"的支柱,是胜利之本,体现的是中国共产党特有的政党品质,以及广大共产党人的理想追求。立党为公、忠诚为民的奉献精神是"红船精神"的本质,是政德之基,体现的是共产党人的社会理想、价值取向和根本宗旨、道德要求。"红船精神"点燃了中国革命的星星之火,感召着一代又一代共产党人为党的事业不惧风吹雨打、穿越惊涛骇浪、甘洒热血为人民,成为指引我们不断前进的强大思想武器。

正是以"红船精神"为内在源头,中国共产党培育形成了一系列彰显马克思主义政党性质、反映民族精神、体现时代要求、凝聚各方力量的伟大革命精神。我们党历来高度重视对自身精神价值系统的构建。正因为秉承了党的这一优良传统,在

浙江嘉兴南湖革命纪念馆新馆一楼陈列的红船

数次瞻仰南湖红船、深刻把握党的精神创建史,特别是在倾听基层干部群众关于"红船精神"大讨论情况的基础上,习近平同志提出了"红船精神",并对其科学内涵和时代价值作了精辟阐述。史学研究强调时间的沉淀。回溯我们党革命精神研究的历程，"红船精神"的提出，完善了中国革命精神链条的起始性环节，表明我们党的精神创建史与发展奋斗史在时间序列上是高度统一的、组织立党与思想立党是同步同行的。在我们党已经走过的96年伟大历程中，"红船精神"同井冈山精神、长征精神、延安精神、西柏坡精神等一道，共同筑成了我们党不忘历史、映照现实、折射未来的永恒精神和思想丰碑。

大力弘扬"红船精神"，就要深入梳理"红船精神"的精神力量，讲好中国共产党的故事、中国故事。任何一个政党都需要精神的滋养。作为伟大的建党精神，"红船精神"贯穿于中国革命、建设和改革的伟大历程。革命年代，中国共产党开辟了中国特色的民主革命道路，创造了令人瞩目的革命奇迹。和平年代，中国共产党开辟了中国特色社会主义道路，创造了发展的世界奇迹。特别是党的十八大以来，党和国家事业取得的历史性成就、发生的历史性变革，塑造了新时代中国特色社会主义的崭新面貌，向世界展现了一幅更加强大、自信的中国未来图景。习近平总书记在南湖发表重要讲话时指出，96年来，我们党团结带领全国人民取得了举世瞩目的伟大成就，这值得我们骄傲和自豪。中国共产党团结领导中国人民从站起来到富起来再到强起来的生动故事启示我们：中国共产党之所以能历经磨难而信念愈坚、饱尝艰辛而斗志更强、千锤百炼而愈加刚毅，由小变大、由弱变强，带领人民不断从胜利走向胜利，根本原因就是始终有强大的精神力量支撑。

"一船红天下，万众跟党走"。中国共产党的故事、中国故事肇始于20世纪上半叶，在中国共产党领导中国革命、建设和改革的伟大运动中逐渐生成，在以实现社会主义现代化和中华民族伟大复兴为目标的历史性实践中走向辉煌。今天，我们讲好中国共产党的故事，让世界知道真实的中国、真实的中国共产党，最根本的是要生动诠释好中国共产党的精神魅力和精神风貌，特别是要让世界了解"红船精神"是我们党奋斗的初心和不变的底色，作为带领人民开创中华民族美好未来、保证中国稳定发展不可替代的精神力量。共产党人将始终高举中国特色社会主义伟大旗帜，沿着南湖红船开辟的革命航道奋勇前进。这些年来，浙江始终高度重视"红船精神"的学习宣传研究。在党的重大纪念、主题教育活动期间，到南湖红船缅怀革命先辈，看一次展览、听一次党课、学一次党章、观一次专题片、瞻仰一次红船、重温一次入党誓词，已成为各级党组织和党员干部的优良传统。全省建立了"红船精神"研究中心，形成了《红船精神：历史地位、当代意义及永恒价值》等一批国家级研究成果，创作了《红船驶进中国梦》等一批优秀视觉传播作品，《红船精神：启航的梦想》（中、英文版）在海外发行，对讲好中国故事和中国共产党故事产生了积极影响。

信仰之魂
信仰铸就不屈魂

大力弘扬"红船精神",就要深入挖掘"红船精神"的时代价值,在新时代彰显巨大引领力量。习近平总书记在南湖发表重要讲话时指出,事业的发展永无止境,共产党人的初心永远不能改变。唯有不忘初心,方可告慰历史、告慰先辈,方可赢得民心、赢得时代,方可善作善成、一往无前。秀水泱泱,红船依旧;时代变迁,精神永恒。"红船精神"是开放发展的理论架构和表述体系,其所包含的首创、奋斗、奉献精神,在不同的发展阶段和时代背景下必将被注入新的内涵、得到新的阐释。自觉的当代意识是理解历史价值的钥匙。今天,首创精神昭示我们:创新是事业兴旺发达的不竭动力之源,只有坚持用时代发展要求审视自己、以改革精神创新发展理念,才能焕发蓬勃生机和无限活力。奋斗精神昭示我们:只有坚定理想信念,才能意志坚强、品节刚毅;只有脚踏实地,一步一个脚印,遭遇任何挫折都不动摇、不退缩、不屈服,才能始终走在前列。奉献精神昭示我们:只有坚持"以人民为中心",始终保持同人民群众的血肉联系,我们党才能保持根本性质、恪守根本宗旨、牢记根本使命、巩固执政地位。

"红船劈波行,精神聚人心"。中国共产党近百年的奋斗史告诉我们,无论过去还是未来,"红船精神"都永不过时,仍将是中国共产党引领中国人民决胜全面建成小康社会、实现中华民族伟大复兴中国梦的强大动力。党的十九大作出了中国特色社会主义进入了新时代的重大论断,回答了举什么旗、走什么路、以什么样的精神状态、担负什么样的历史使命、实现什么样的奋斗目标的重大问题,明确了习近平新时代中国特色社会主义思想是我们党迈进新时代、开启新征程、续写新篇章的行动指南。浙江是中国革命红船的启航地,是习近平新时代中国特色社会主义思想的重要萌发地。要以习近平总书记带领中央政治局常委集体到南湖瞻仰红船为动力,迅速掀起一场大学习,通过全面兴起学习教育、主题报道、理论阐释、集中宣讲、社会宣传等热潮,深入学习把握党的十九大精神,深刻学习领会习近平新时代中国特色社会主义思想的丰富内涵、精神实质、核心要义,更好地用这一当代中国最鲜活的马克思主义武装头脑、指导实践、推动工作,当好学懂弄通、深学笃用习近平新时代中国特色社会主义思想的排头兵,坚定不移沿着习近平总书记指引的路子走下去,加快高水平全面建成小康社会,高水平推进社会主义现代化建设,奋力谱写新时代中国特色社会主义浙江篇章。

(作者系浙江省政协主席,中共浙江省委常委、宣传部原部长)

弘扬"红船精神" 做到"三个必须"

游文昌

党的十九大闭幕刚一周，习近平总书记便带领中央政治局常委，专程前往上海和浙江嘉兴，瞻仰上海中共一大会址和嘉兴南湖红船这两个"我们党梦想起航的地方"，号召全党要不忘初心、牢记使命、永远奋斗，要结合时代特点大力弘扬"红船精神"。学习领会和贯彻落实习近平总书记南湖重要讲话精神，大力弘扬"红船精神"，要做到"三个必须"。

必须牢记建党历史，不忘初心，坚定理想信念

96年前，面对当时积贫积弱的近代中国，面对压在中国人民头上的帝国主义、封建主义、官僚资本主义三座大山，我们党怀着为中国人民谋幸福、为中华民族谋复兴的初心，从嘉兴南湖的红船出发，以"星星之火"，终成"燎原之势"。96年来，一代又一代的共产党员，初心不改、矢志不渝、前仆后继，为争取民族独立和人民解放，实现国家富强和民族复兴，不畏牺牲、英勇奋斗，团结带领人民历经千难万险，攻克一个又一个看似不可攻克的难关，取得一个又一个伟大斗争的胜利，推动党和国家事业取得举世瞩目的历史性成就。

不忘初心，方得始终。当前，中国特色社会主义已经进入新时代。作为一名在基层工作的共产党员，要贯彻落实好总书记南湖重要讲话精神，就必须重温和牢记我们党的建党历史，从建党的历史中去感悟我们党的初心，从党的艰辛历程中去体会我们党的使命，做到不忘初心、牢记使命，始终坚定社会主义和共产主义的理想信念；要从我们党的光辉历史中不断汲取奋进的力量，激发前进的动力，把准前进的方向。

必须准确把握"红船精神"的丰富内涵和精神实质

习近平总书记在浙江工作期间，将"红船精神"概括为"开天辟地、敢为人先的首创精神；坚定理想、百折不挠的奋斗精神；立党为公、忠诚为民的奉献精神"。今天大力弘扬"红船精神"，必须要全面系统学习领会，准确把握其丰富内涵和精神实质。"红船精神"作为中国革命的精神之源，其精神内涵随着时代的变迁，历久弥新。

开天辟地、敢为人先的首创精神，就是无论在国家战乱频仍、内忧外患的建党

党员在南湖边上党课

初期,还是在"摸着石头过河"的改革开放时期以及中国特色社会主义的新时代,都要以敢于面对困难的勇气和敢于推进改革的魄力,破解前进中的难题。坚定理想、百折不挠的奋斗精神,就是无论是在顺境还是在逆境,无论党和国家事业遇到什么样的挫折,都要始终以坚定的理想信念和意志,不断攻坚克难,战胜一个又一个的险阻。立党为公、忠诚为民的奉献精神,就是无论是在为人民求解放、为民族求独立的时期,还是在为人民谋幸福、为民族谋复兴的当前,都要始终坚持以人民为中心,坚持全心全意为人民服务,始终把人民的冷暖放在心上。

必须紧密结合实际,推动"红船精神"落地生根

思明区作为福建厦门的中心城区,是今年金砖国家领导人厦门会晤主会场所在地,荣获"高素质的创新创业之城"和"高颜值的生态花园之城"之称。这既是对我们过去一段时期工作的充分肯定,也是对我们接下来工作的鞭策和鼓励。近年来,我们提出建设"幸福思明",目的就在于坚持以人民为中心的发展思想,在保持经济持续发展的同时,能够让群众感受到发展的成果,能够共享发展的成果,能够感受到幸福。学习贯彻总书记南湖重要讲话精神,在新时代大力弘扬"红船精神",必须紧密结合我们自身工作实际,推动"红船精神"落地生根,以"红船精神"引领各项工作迈向新阶段。

作为特区的中心城区,我们始终用"走前头、做表率"来严格要求自己,努力探索转型发展的路子。我们将继续牢固树立"排头兵"意识,按照"高素质的创新

厦门国际会议中心

创业之城""高颜值的生态花园之城"的标准，不断提升城市管理水平。

前进道路从来不会一帆风顺，从2016年的抗击"莫兰蒂"台风和灾后恢复重建，到鼓浪屿申遗，再到筹备和服务保障金砖国家厦门会晤等，无不体现共产党员创先争优、攻坚克难、敢拼会赢的良好传统。我们将继续用"红船精神"不断坚定干部队伍理想信念，以良好精气神，战胜前进路上的各种困难。

党的十九大报告指出，我国社会主要矛盾已经转化为人民日益增长的美好生活需要和不平衡不充分的发展之间的矛盾。今后，我们将继续坚持以人民为中心的发展思想，以更高的标准来推进民生保障和改善工作，以具体实在的项目为抓手，加快补齐民生短板，让群众获得实实在在的实惠、共享改革发展的成果。

（作者系中共厦门市海沧区委副书记，区政府党组书记、区长、海沧台商投资区党工委副书记、管委会主任）

让井冈山精神放射出新的时代光芒

张晓明

年初,习主席在视察江西时强调:"井冈山是中国革命的摇篮。井冈山斗争的伟大实践,对中国革命道路的探索和抉择、对中国共产党和人民军队的成长具有关键意义",要求我们要结合新的时代条件,让井冈山精神放射出新的时代光芒。聚焦强军目标、推进改革发展是一场新的深刻革命,需要强有力的精神支撑。我们要深入学习贯彻习主席重要讲话精神,充分挖掘和弘扬井冈山精神,为部队建设发展注入强大动力。

井冈山精神是强军兴军的宝贵精神财富

习主席指出:"井冈山是革命的山、战斗的山,也是英雄的山、光荣的山。"井冈山精神,是我党我军精神历程中的关键节点,具有超越时空的恒久价值和旺盛生命,能够跨越历史的鸿沟,继续支撑我们勠力行进在强军兴军的伟大征程上。

井冈山精神昭示我们要坚持党的绝对领导。井冈山是我党我军灵魂的高地、精神的故乡。井冈山斗争中,老一辈无产阶级革命家面对白色恐怖,在敌我力量极为悬殊的恶劣形势下,为党牺牲、无私奉献,集中展现了他们对党绝对忠诚、与党同心同德的革命本色。新时期,改革大潮风起云涌,我们弘扬井冈山精神,最紧要的是始终在思想上政治上行动上同党中央保持高度一致,坚决维护党中央、中央军委的权威,一切行动听从党中央、中央军委和习主席指挥。

井冈山精神鼓舞我们要坚定崇高的理想信念。我们党和军队在江西的革命斗争中,曾几度陷入被打散、被围剿,甚至被扼杀的艰难困境,如果没有坚定崇高的理想信念,没有对革命事业的执着追求,没有对民族、对国家的使命担当,就不会取得革命事业的成功。弘扬伟大的井冈山精神,必将鼓舞我们更加坚定强国梦强军梦的崇高理想,以虽百折而不挠、虽崎岖而愈坚的斗志,在国防和军队建设中披荆斩棘、开拓进取、奋力前行。

井冈山精神启迪我们要坚持一切从实际出发的思想路线。井冈山是我党建立的第一个革命根据地,开辟了农村包围城市、武装夺取政权的新道路,其建立本身就集中体现了我们党一切从实际出发的思想路线,并取得巨大成功,使革命的星星之火终成燎原之势。当前，在强军兴军的伟大征程中，我们必须一如既往地坚持实事求是、一切从实际出发，以求实的态度、务实的状态、扎实的作风，继承和弘扬井冈山精神，矢志不移推动改革、一丝不苟聚焦工作，确保改革落地生根、强军征程稳扎稳打。

井冈山精神是创新发展的精神动力

习主席指出："井冈山时期留给我们最为宝贵的财富，就是跨越时空的井冈山精神。"不忘峥嵘岁月，铭记先烈功勋，就要从中不断吸收赓续发展的营养、传承改革前行的力量。

坚定信念、艰苦奋斗是创新发展之本。习主席指出，到井冈山接受传统教育很有必要，知道我们是干什么的、从哪里来的，我们共产党是干什么的、从哪里来的，我们人民军队是干什么的、从哪里来的。不忘本来，方有未来。今天，面对深化改革的硬骨头，面对发展中的突出短板，每一名官兵特别是各级领导干部，更要将理想信念转化为对强军目标的执着追求、对本职工作的不懈进取、对高尚情操的笃定坚持、对艰难险阻的勇于担当，才能在思想上正本清源、固根守魂，在实践中迎难而上、奋发有为。

实事求是、敢闯新路是创新发展之法。井冈山时期，毛泽东同志立足中国革命实际，把马克思主义普遍真理同中国革命实践紧密结合，提出了"以农村为中心"的革命道路思想，创造了一系列成功实践。习主席指出，"实事求是、敢闯新路，是井冈山精神的核心"，强调"革命如此，建设和改革也如此，都必须从实际出发，敢于开辟前人没有走过的路"。国防和军队建设发展到今天，发展环境和条件变了，发展理念就自然要随之而变。只有把思想认识统一到五大发展理念上来，自觉把新发展理念作为指挥棒用好，才能以变求新、以变求进，奋力闯出政治建军、改革强军、依法治军的发展新路。

依靠群众、勇于胜利是创新发展之源。井冈山时期，我党我军紧紧团结群众、依靠群众，正是有了群众这"真正的铜墙铁壁"，党和红军才多次创造了以少胜多、以弱胜强的奇迹。习主席强调："群众路线在革命战争年代是胜利之本，在和平年代同样是胜利之本。"党只有始终与人民心连心、同呼吸、共命运，党的事业才能坚如磐石、保持旺盛活力。深化国防和军队改革，更需要我们认真践行党的宗旨，坚持群众路线，坚持官兵至上，才能从广大官兵中集聚发展智慧，汇聚起谋战备战的强大力量。

实现强军梦想呼唤井冈山精神的时代化

习主席指出，要结合新的时代条件，让井冈山精神放射出新的时代光芒。大力弘扬井冈山精神，并让她以契合时代要求的崭新面貌，引导官兵在改革中坚定信念、凝心聚力、开拓进取，显得尤为紧要。

在解放思想中强化井冈山精神的思想引领。唯有解放思想、才能释放活力，唯有站上精神高地、才能冲出发展洼地。省军区系统转隶中央军委国防动员部领导管理，是习主席、中央军委对国防动员建设的战略性设计、根本性变革，必须来一场思想解放的头脑风暴，不断强化政治意识、大局意识、核心意识、看齐意识，确保省军区建设和发展的正确方向。融入新体制、转入新战位、实现新发展，我们更要大力弘扬井冈山精神所蕴含的坚定信念、敢闯新路、勇于胜利等精神，并以形象、生动、鲜活的方式展示出来，让广大官兵在接受革命精神洗礼中突破思想禁锢、实现思想解放，以全新思维、全新观念和全新思路投身到改革大潮中去。

井冈山革命博物馆

在增强自信中强化井冈山精神的行为激励。江西红色资源丰厚，军地关系融洽，省内经济增速加快，是创新发展最有利的条件；服务全局、保障主战的使命任务，围绕"水、山、路、矿、震"的非战争军事行动，是创新发展最大的牵引；着眼全国力争同步发展、破解难题实现跨越发展、紧贴省情深化融合发展，是创新发展最紧迫的课题。大力弘扬井冈山精神，我们要倍加珍惜、努力传承坚定信念、不怕困难，自我加压、沉着应对的优良品质，激发奋斗的干劲，坚定奋斗的决心，不仅要在发挥发展优势上有自信，也要在破解破除困境上有自信。只要我们以实事求是、敢闯新路的精神坚定改革自信、打赢自信、强军自信，就一定能够交出强军兴军的合格答卷。

在发动官兵中强化井冈山精神的力量凝聚。井冈山时期，党和红军坚持依靠群众、走群众路线，通过多种方式激发群众参加革命、支持革命的热情和行动，把分散的民众转化为革命斗争的重要力量，形成了鱼水相依、血肉相连的党群关系、军民关系。广大官兵是实现强军梦的主体，只有全体官兵共同给力，才能凝聚起强军兴军的磅礴力量，才能推动国防和军队现代化向前迈进。大力弘扬井冈山精神，做到人人肩上有责任、人人心中有激情、人人胸中有使命，就一定能凝聚起广大官兵自觉强军兴军的正能量，一定能把革命精神的感召力、凝聚力转化为官兵的行动力、实践力。

在打造品牌中实现井冈山精神的时代价值。大力弘扬井冈山精神，努力打造一批可学习、可践行的实践品牌，是展现井冈山精神的时代要求。在运用红色资源上求突破，加大井冈山国防教育基地建设力度，持续做好先进典型培塑，为井冈山精神的宣传普及、学习实践提供有效的平台和载体支撑；在军民深度融合上求发展，积极传承井冈山精神中军民团结、军民结合、军民共进的优良传统，着力抓好思想融合、体制融合、产业融合和信息融合，打造管用可学能推广的系列品牌；在倾力扶贫上求作为，坚持把扶贫帮困作为弘扬井冈山精神、促进军政军民团结的重要体现，认真做好助学兴教、医疗扶持、抢险救灾等工作，特别是抓好井冈山扶贫"三联"活动持续落实，努力在江西实现"五年决战同步全面小康"奋斗目标中作出新的更大贡献。

（作者单位：江西省军区）

弘扬长征精神　推进民族复兴伟业

李世明

80年前,中国共产党领导红军将士完成了震惊世界的二万五千里长征。长征的胜利鼓舞了中国人民抗日救国的斗志和信心,保存和锻炼了革命力量,开创了中国革命发展新局面,铸就了伟大的长征精神。长期以来,长征精神始终激励着全党全军全国各族人民进行一次又一次新的长征,夺取革命、建设、改革一个又一个胜利,凸显出巨大的时代价值。在新形势下,世情、国情、党情和军情发生深刻变化,党领导的伟大事业既面临前所未有的机遇,也面对前所未有的挑战。我们要大力弘扬伟大的长征精神,续写新的长征故事,为推进中国特色社会主义伟大事业和实现中华民族伟大复兴提供保障、贡献力量。

在新形势下弘扬长征精神,核心是坚定理想信念、端正价值追求

举世瞩目的长征发生在中华民族生死存亡的历史关头,不仅是一次人类精神和

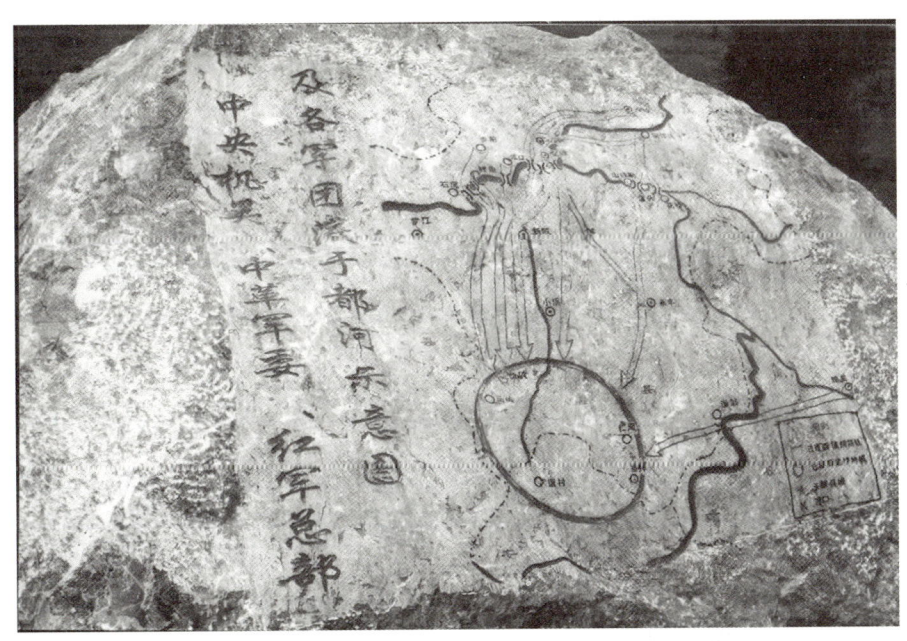

长征出发示意图

意志的伟大远征，而且是一段中国共产党领导中华优秀儿女寻求民族复兴的伟大征程。长征精神充分体现了把国家和民族的根本利益看得高于一切的基本价值取向，体现了"革命理想高于天"的坚定政治信念。正是因为这样，红军才拖不垮、打不烂，最终取得了长征的胜利。当前，国内外形势继续发生深刻变化，我们既面临敌对势力加紧对我实施西化、分化战略图谋的严峻挑战，也面对各种思想文化相互激荡的社会现实，尤其需要继承和发扬红军长征的光荣革命传统，牢固确立坚定的理想信念和崇高的价值追求。

始终保持坚定的理想信念。坚定的理想信念，是党和红军在长征中屡克强敌、战胜艰险的力量源泉和精神支柱。长征中，面对国民党几十万大军的围追堵截，面对异常严酷的自然环境，红军之所以能够始终保持顽强的意志、昂扬的斗志和乐观的情绪，靠的就是对革命理想的执著追求。在新形势下弘扬长征精神，就要不断强化对中国特色社会主义共同理想矢志不渝、对党和人民无比忠诚、对革命事业锲而不舍的坚定信念，尤其是坚持不懈地用马克思主义中国化最新成果武装头脑，用中国特色社会主义共同理想凝聚力量，用以爱国主义为核心的民族精神和以改革创新为核心的时代精神鼓舞斗志，用社会主义荣辱观引领风尚，做到始终坚持理想信念不动摇、革命意志不涣散、奋斗精神不懈怠，为党的事业努力奋斗。

毫不动摇地坚持党的绝对领导。坚持党的领导，维护党的团结统一，是长征取得胜利的首要条件，也是长征精神的核心内容。长征之前，主力红军各部分散在各革命根据地进行斗争，实行战略协同。经过长征，在党中央直接领导下，主力红军各部汇聚在祖国的大西北，形成了新的革命大本营，更加团结和统一。这对中国革命迈向新的历史阶段产生了深远影响。新世纪新阶段，我们要全面建设小康社会、不断推进中国特色社会主义伟大事业、实现中华民族伟大复兴，面对的挑战还很多，更要坚持党的领导。作为党绝对领导下的人民军队，尤其要不断强化军魂意识，始终坚持党指挥枪的原则，毫不动摇地坚持党对军队绝对领导的根本原则和制度，坚决抵制各种错误思想的影响，在思想上、政治上、行动上与党中央、中央军委保持高度一致，坚决听从党中央、中央军委的指挥。

牢固树立全心全意为人民服务的宗旨意识。艰苦卓绝的长征横跨14个省，行程二万五千里。长征中，党和红军始终坚持全心全意为人民服务的根本宗旨，充分相信群众，紧紧依靠群众，真心关心群众，赢得了沿途各族群众的大力支持。他们纷纷协助红军筹粮、筹款并踊跃参军，留下了红军与沿途群众鱼水深情的感人故事。实践表明，全心全意为人民服务，密切联系群众，是红军取得长征胜利的根本保证。在新形势下弘扬长征精神，就要不断强化全心全意为人民服务的宗旨意识，始终把人民的利益放在首位，坚持人民的利益高于一切，永葆共产党人和人民军队的政治本色。应大力发扬拥政爱民的光荣传统，广泛开展扶贫帮困、捐资助学、军民共建活动，积极参加地方精神文明建设，最大限度地凝聚民心、团结群众，切实增强党和军队在各族群众中的感召力、亲和力和影响力，以实际行动为民造福、为国兴利。

在新形势下弘扬长征精神，重点是加强党的先进性建设

长征的过程，也是不断加强党的先进性建设的过程。在极端困难的条件下，红军之所以能够战胜难以想象的艰难险阻、胜利实现战略目标，靠的是正确的思想路线、集中统一的领导和党员的先锋模范作用。在新形势下，我们要大力弘扬长征精神，不断加强党的先进性建设，确保我们党始终走在时代前列，肩负起历史和人民赋予的神圣使命。

坚持实事求是的思想路线。长征的胜利，是党的实事求是思想路线的胜利。长征中，"左"倾教条主义曾给中国革命造成了巨大损失，使党和红军濒临绝境。遵义会议以后，毛泽东同志在党中央和红军中的领导地位得到确立；我们党认识到，中国革命必须从自己的实际出发，创造性地运用马克思主义基本原理，走符合中国国情的道路。这使处于困境中的党和红军焕发生机、转危为安。正反两方面的历史经验告诉我们，坚持实事求是的思想路线是我们党和军队不断取得胜利的重要保证。当前，党的各项建设面临许多新情况新问题。我们要适应时代要求，始终保持和不断发展党的先进性，就必须坚决贯彻党的思想路线，坚持解放思想、实事求是、与时俱进，坚持一切从实际出发，大兴求真务实之风，察实情、办实事、求实效。

红军强渡大渡河纪念馆

坚持民主集中制原则。巩固全党的团结统一、增强党的创新活力，关键是坚持民主集中制。长征中，我们党坚持正确的党内斗争原则，独立自主地结束了"左"倾错误的统治，解决了长期困扰红军的落脚方位、组织领导、军事指挥等重大问题。尤其是针对张国焘拥兵自重、无视党的民主集中制原则和党对军队绝对领导等错误行径，以毛泽东同志为代表的党中央与其进行坚决斗争，有力维护了党的团结统一，捍卫了党对军队绝对领导的原则。历史告诉我们，加强党的先进性建设，必须毫不动摇地坚持民主集中制原则，进一步健全完善集体领导与个人分工负责相结合的制度，严格落实党内生活和党内监督的各项制度，坚决防止和克服个人或少数人专断，坚决维护党的团结统一、维护中央权威，确保党的团结统一，确保政令畅通。

坚持领导干部当模范、作表率。领导干部的先锋模范作用是党的先进性的集中体现。长征中，各级领导干部冲锋在前、撤退在后，不怕流血、不怕牺牲。正是领导干部这种冲锋在前、吃苦在先的作风，极大鼓舞了红军将士英勇顽强的斗志和勇气，为长征的最终胜利提供了有力保障。新时期保持和发展党的先进性，要求各级领导干部认清自己的历史责任，以红军前辈为榜样，带头坚定理想信念，作忠诚于党、牢记使命的表率；带头振奋革命精神，作刻苦学习、勤政敬业的表率；带头加强党性修养，作忠诚老实、襟怀坦白的表率；带头弘扬新风正气，作坚持原则、秉公办事的表率；带头发扬求实精神，作求真务实、真抓实干的表率；带头强化法纪观念，作艰苦奋斗、廉洁自律的表率。

（作者为成都军区原司令员）

大力弘扬伟大抗战精神

李振锟　张洪兴

习近平同志在纪念中国人民抗日战争暨世界反法西斯战争胜利69周年座谈会上指出："在中国人民抗日战争的壮阔进程中，形成了伟大的抗战精神……伟大的抗战精神，是中国人民弥足珍贵的精神财富，永远是激励中国人民克服一切艰难险阻、为实现中华民族伟大复兴而奋斗的强大精神动力。"新的历史条件下，加强伟大抗战精神研究、大力弘扬伟大抗战精神，有利于激发人们的爱国热情，有利于坚持中国道路、凝聚中国力量，为实现中华民族伟大复兴的中国梦而不懈奋斗。

伟大抗战精神内涵丰富。抗战精神是以爱国主义为核心的民族精神的体现，是我们的宝贵精神财富。其内涵十分丰富，主要包括以下四个方面：一是天下兴亡、匹夫有责的爱国情怀。爱国情怀是人们对自己祖国的一种深厚情感，是愿意为祖国奋斗献身的价值取向。在民族生死存亡之际，中国人民的爱国情怀被充分激发出来，举国上下用血肉筑起一座抵御侵略者的钢铁长城。二是视死如归、宁死不屈的民族气节。民族气节是为了维护国家和民族尊严而永不屈服的精神品质和高尚追求。抗战时期，面对日寇的疯狂侵略，无数中华儿女奋起抗争、前赴后继，表现出了视死如归、宁死不屈的高尚气节。三是不畏强暴、血战到底的英雄气概。英雄气概是为了祖国利益不惜流血牺牲的崇高精神。抗战时期，中国军民面对敌人的炮火勇往直前，面对死亡威胁义无反顾，表现出了中华儿女的英雄气概。四是百折不挠、坚忍不拔的必胜信念。必胜信念是最终战胜日本侵略者的坚定信心和顽强信念。中国人民在持久抗战中顽强抗击敌人，最终打败穷凶极恶的日本侵略者，离不开百折不挠、坚忍不拔的必胜信念。

伟大抗战精神发挥了巨大精神动力作用。中国人民抗日战争所孕育的伟大抗战精神，在抗击日本帝国主义的历史进程中发挥了巨大精神动力作用。一是推动了中国人民迅猛觉醒。面对亡国灭种的危险，中国人民迅猛觉醒，爱国精神空前高涨，中华儿女的凝聚力战斗力空前提升。二是促进了中国人民空前团结。在民族生死存亡的紧急关头，中华民族空前团结，显示出强大力量。在抗日民族统一战线旗帜下，全国各族人民纷纷投入到抗击日本侵略者的斗争中。三是强化了中国人民不屈意志。中国人民抗日战争是一场以弱对强的战争。中国为什么能够取得胜利？除了客观因素，最重要的是中华民族有着百折不挠、永不服输的不屈意志。正因为有了不屈意志，面对强大敌人的进攻，中华儿女才能不畏强暴、奋起抗争、众志成城。四是坚定了中国人民必胜信念。当日本法西斯的铁蹄踏进中国大地的时候，中华儿女没有畏惧，更没有退缩，而是抱着必胜信念，义无反顾地走上抗日救亡战场。五是铸造了中国人民的英雄气概。面对野心勃勃、凶残无比的侵略者，无论在敌后战场还是在正面战场，中华儿女奋起抗战，表现出敢于同敌人血战到底的英雄气概。

伟大抗战精神具有重大现实意义。伟大抗战精神是中华民族精神在抗日战争时期的集中体现，是中国抗日军民留给我们的宝贵精神财富。新的历史条件下，弘扬伟大抗战精神具有十分重要的现实意义。一是有利于加强党的执政能力建设。党的执政能力关系党的生死存亡、关系事业的兴衰成败、关系民族的前途命运。弘扬伟大抗战精神，有助于领导干部加强党性修养，树立正确的世界观、人生观、价值观；有助于党保持同人民群众的血肉联系，得到人民群众的拥护和支持；有助于加强党风廉政建设和反腐败斗争，增强党拒腐防变能力。二是有利于培育和弘扬社会主义核心价值观。伟大抗战精神体现了中华儿女的爱国情怀、坚定信念、不屈意志、高尚气节、献身品质等，是社会主义核心价值体系的重要内容，是培育和弘扬社会主义核心价值观的鲜活教材。三是有利于实现中华民族伟大复兴的中国梦。伟大抗战精神虽然形成于革命战争年代，但具有超越时空的恒久价值，不仅是中国共产党领导中国人民取得抗战胜利的重要法宝，而且是实现中华民族伟大复兴的强大动力。新形势下，我们要大力弘扬伟大抗战精神，更加奋发有为地推进改革开放和社会主义现代化建设，争取早日实现中华民族伟大复兴的中国梦。

（作者单位：中共黑龙江省委党史研究室，原载《人民日报》2014年9月25日7版）

让延安精神放射出新的时代光芒

中共陕西省委

伟大的党铸就伟大的精神，伟大的精神滋养伟大的党。在陕西延安这片热土上，我们党培育形成了以"坚定正确的政治方向，解放思想、实事求是的思想路线，全心全意为人民服务的根本宗旨，自力更生、艰苦奋斗的创业精神"为主要内容的延安精神，引领中国革命不断走向胜利。延安精神是我们党性质和宗旨的集中体现、优良传统和作风的集中体现，是中国共产党人崇高品德和伟大情怀的集中体现，是我们党和全国人民的宝贵精神财富，具有超越时空的恒久价值和旺盛生命力。在新形势下，我们要进一步弘扬延安精神，为全面建设小康社会、不断推进中国特色社会主义伟大事业提供强大精神动力。

高举旗帜、坚定信念，筑牢共同奋斗的思想基础

坚定正确的政治方向是延安精神的灵魂。延安时期，我们党高举抗日民族统一战线旗帜，确立打败日本侵略者、解放全国人民、建立新民主主义国家的政治方向，吸引了成千上万革命者义无反顾地奔赴延安，投身救国救亡的洪流。今天，进一步弘扬延安精神，首要的就是高举中国特色社会主义伟大旗帜，坚定地走中国特色社会主义道路，最大限度地凝聚各方面的智慧和力量，实现中华民族伟大复兴。

加强社会主义核心价值体系建设。社会主义核心价值体系强调的指导思想、理想信念、民族精神和时代精神、道德规范与延安精神的内涵既一脉相承又与时俱进。在社会观念日益多元多变、社会思潮相互交织交锋、意识形态领域形势十分复杂的今天，进一步弘扬延安精神，必须大力加强社会主义核心价值体系建设，不断巩固马克思主义指导地位，坚定中国特色社会主义共同理想，大力弘扬以爱国主义为核心的民族精神和以改革创新为核心的时代精神，积极践行社会主义荣辱观，不断巩固全党全国人民团结奋斗的共同思想基础。

推进学习型党组织建设。党中央一到延安，就创办了中央党校，开展学习运动。延安时期，我们党坚持理论联系实际，把马克思主义基本原理同中国革命具体实践相结合，实现了马克思主义中国化的第一次历史性飞跃。在推进学习型党组织建设中，应引导广大党员干部进一步弘扬延安精神，认真学习党的理论创新成果，学习

现代化建设需要的各方面知识，学习人民群众的实践创造，不断提升素质、增强能力，更好地推动改革发展。

开展多种形式的实践锻炼。 延安时期，广大党员干部积极参加土地改革、大生产运动，踊跃奔赴抗日和解放前线，在革命熔炉中锤炼了意志、砥砺了品质。今天，进一步弘扬延安精神，应结合当前干部队伍实际，开展多种形式的实践锻炼，特别是加强复杂环境、艰苦条件下的实践锻炼，促使广大党员干部投身改革发展伟大实践，在克服困难、解决问题中筑牢信念根基，在改造客观世界的同时不断改造主观世界。

以人为本、执政为民，密切党与群众的血肉联系

全心全意为人民服务是延安精神的核心。 在延安召开的党的七大把"为人民服务"写入党章，强调党除了人民大众利益，没有自己的特殊利益。今天，进一步弘扬延安精神，必须始终站在人民的立场上，坚持以人为本、执政为民，心里装着群众、工作依靠群众、一切为了群众，努力使人民群众日子越过越好、幸福指数越来越高。

延安春色

坚持把创造幸福美好生活作为神圣使命。"东方红，太阳升，中国出了个毛泽东，他为人民谋幸福，他是人民大救星。"这是延安时期以毛泽东同志为代表的中国共产党人带领群众翻身解放、当家作主的生动写照。在新形势下，广大党员干部必须始终牢记全心全意为人民服务的根本宗旨，自觉把创造幸福美好生活作为神圣使命，坚持以经济建设为中心不动摇，着力保障和改善民生，千方百计增加群众收入，大力完善社会保障体系，加大困难群体帮扶力度，努力实现好、维护好、发展好最广大人民的根本利益。

坚持把维护社会和谐稳定作为基本职责。当年陈嘉庚先生访问延安后发出感慨："中国的希望在延安"。延安以"三三制"为特征的民主政权，包容了社会方方面面的代表；轰轰烈烈的双拥运动，实现了军政、军民团结如一人；各阶级、各阶层参加的抗日民族统一战线，汇聚了挽救民族危亡的强大力量。当前，我国既处于重要战略机遇期，又处于矛盾凸显期。全面建设小康社会、不断推进中国特色社会主义伟大事业，必须团结一切可以团结的力量，调动一切可以调动的因素，充分发挥各方面的作用，维护社会和谐稳定，使人民群众各尽其能、各得其所而又和谐相处。

坚持把实现人的全面发展作为目标追求。延安时期，我们党在保卫边区、领导抗战的过程中实施土地改革、开展民主选举、推行男女平等，保障了人的基本权益。同时，挤出人力、财力和物力创办学校医院、发展文化体育，在促进人的全面发展方面取得了突出成绩。今天，我们的物质基础和生活条件都发生了翻天覆地的变化，更要把实现人的全面发展作为目标追求，大力发展各项社会事业，全面提高人的素质。

解放思想、开拓创新，努力推动科学发展上水平

解放思想、实事求是是延安精神的精髓。延安时期，我们党坚持一切从实际出发，摒弃本本主义、教条主义，大胆探索、勇于创新，形成了实事求是的思想路线，为中国革命的最终胜利提供了重要保证。今天，进一步弘扬延安精神，必须坚持党的思想路线，解放思想、实事求是、与时俱进，自觉用中国特色社会主义理论体系武装头脑、指导实践、推动工作，使各项工作体现时代性、把握规律性、富于创造性。

更新发展观念，转变发展方式。扭住发展第一要务不动摇，坚持以科学发展为主题、以加快转变经济发展方式为主线，努力实现经济社会又好又快发展。坚定不移调结构、脚踏实地促转变，积极构建现代产业体系，发挥科教优势，增强自主创新能力，建设关中—天水经济区、陕北能源化工基地、陕南循环经济聚集区，促进

区域协调发展，推进秦岭生态保护、渭河流域综合治理，加强生态文明建设，积极探索具有陕西特色的发展路子。

坚持改革创新，完善体制机制。 把创新体制机制作为缩小与发达地区差距的重要途径，用改革的办法破解难题，用创新的举措谋求突破，建立健全充满活力、富有效率、更加开放、有利于科学发展的体制机制。特别是加快重点领域和关键环节改革，进一步深化农村改革，扎实推进文化、医疗卫生、财税金融、行政管理等体制改革，不断为经济社会发展注入生机和活力。

树立世界眼光，扩大对外开放。 开阔眼界、开阔思路、开阔胸襟，统筹国际国内两个大局，用好国际国内两个市场、两种资源。坚持"引进来"与"走出去"相结合，用好欧亚经济论坛、东西部合作与投资贸易洽谈会、杨凌农业高新科技成果博览会等平台，加大利用外资力度，推动行业领军企业与陕西优势资源嫁接融合，支持企业在世界范围配置资源、拓展市场，努力在竞争合作中提高水平、强化优势。

谦虚谨慎、艰苦奋斗，不断加强党的先进性建设

自力更生、艰苦奋斗是延安精神的重要标志。 延安时期，我们党立足自力更生，组织动员边区人民开展生产自救，战胜了种种困难和风险。今天，进一步弘扬延安精神，必须继承党的优良传统和作风，谦虚谨慎、不骄不躁，艰苦奋斗、勤俭节约，永葆共产党人的政治本色。

延安革命纪念馆

埋头苦干，狠抓落实。 延安时期，毛泽东同志为延长石油厂题词"埋头苦干"，为党的七大纪念册题词"实事求是、力戒空谈"，激励了全党和边区人民克服困难、艰苦创业、夺取胜利。今天，广大党员干部应当大力弘扬求真务实之风，见困难不退缩，见问题不推脱，见矛盾不躲避，认真做好打基础、利长远的工作，办好群众急需、让群众满意的实事；牢固树立正确的政绩观，不搞劳民伤财的"形象工程"和沽名钓誉的"政绩工程"；不断健全和完善考核评价制度，督促各级干部集中精力抓落实。

厉行节约，勤俭办事。 延安时期，我们党的领导人布衣草履、素食淡饭，毛泽东同志穿着补丁衣服给抗大学员讲课，林伯渠同志用绳子作腰带，体现了共产党人艰苦朴素的优秀品质。今天，虽然经济发展了、条件改善了，但艰苦奋斗、勤俭节约的优良传统不能丢。陕西省经济欠发达，群众生活水平还不高，更应勤俭节约、精打细算，把有限的资金和资源用在经济社会发展最急需的地方，用在解决群众生产生活困难上。领导干部要率先垂范，以俭养德、以德养政，不讲排场、不比阔气，带头抵制铺张浪费和奢靡享乐之风。

清正廉洁，永葆本色。 陕甘宁边区"只见公仆不见官"的生动局面，展现了共产党人的良好形象。今天，面对错综复杂的形势和形形色色的诱惑，广大党员干部应当始终站在党的立场，对党负责、为党分忧；始终站在群众立场，对人民负责、为人民服务，做到为民、务实、清廉；树立正确的世界观、人生观、价值观，正确对待权力、地位和利益，正确对待组织、群众和自己，常修为政之德、常思贪欲之害、常怀律己之心；坚持自重、自省、自警、自励，保持健康向上的生活情趣，清清白白做人、踏踏实实干事。

延安精神发祥在陕西，弘扬延安精神是陕西人民义不容辞的政治责任。近年来，在党中央坚强领导和亲切关怀下，陕西省深入贯彻落实科学发展观，紧紧抓住西部大开发的历史机遇，以延安精神为强大动力，聚精会神搞建设，一心一意谋发展，扎扎实实促和谐，认认真真抓党建，全省综合经济实力大幅提升，基础保障条件显著改善，自我发展能力持续增强，人民生活水平明显提高。今后5年是陕西省全面建设小康社会、迈向中等发达省份的关键时期。陕西人民一定要继续大力弘扬延安精神，振奋精神、增强信心，开拓创新、积极进取，坚持以科学发展、富民强省为主题，以加快转变经济发展方式为主线，推动综合经济实力上台阶、人民生活水平和质量上台阶、生态环境保护上台阶，建设绿色、现代、开放、和谐、奋进的新陕西。

（原载《人民日报》2011年5月24日）

西柏坡精神永远闪耀中国

任信民

有一种精神，穿越历史的云烟，日久弥新。有一种怀念，历经时代的风雨，愈显醇厚。56年前，在夺取全国胜利的前夕，具有重大历史意义的党的七届二中全会在西柏坡召开。毛泽东同志高瞻远瞩地告诫全党："务必使同志们继续地保持谦虚、谨慎、不骄、不躁的作风，务必使同志们继续地保持艰苦奋斗的作风。"从此，以"两个务必"为核心的西柏坡精神，激励着全党和全国人民，在"善于建设一个新世界"的伟大征程中，不断地从胜利走向胜利。

党的七届二中全会会场

永远的西柏坡

西柏坡中共中央旧址，坐落于太行山中的河北省平山县。自1948年5月至次年3月间，这里成为当时中国革命的领导中心，大决战期间人民解放军的最高统帅部。

从这里，中国共产党走出深山，走向全国胜利，完成中华人民共和国的创建。

西柏坡，原是一个普通的小山村，距平山县城80余公里，位于太行山东麓，滹沱河北岸，有100多户人家，群山环绕，河两岸滩地肥沃，稻麦两熟。早在抗日战争时期，这里就是老革命根据地之一。1948年，人民解放军开始了对国民党军队的战略进攻。在全国胜利即将来临之际，中共中央、人民解放军总部离开陕北，于5月26日到达西柏坡。中共中央五大书记毛泽东、刘少奇、朱德、周恩来、任弼时齐集于此。

西柏坡面临碧波荡漾的岗南水库，背倚松柏苍翠的柏坡岭，新中国成立后，为解决华北平原地区的用水问题，修建了岗南水库，原西柏坡村和东柏坡村成为库区。党和政府有关部门，根据历史原貌，将西柏坡村复制到山上，并修建了纪念馆。这里，在绿树之间一道弯弯曲曲的围墙，围着一簇太行山区普通的白色民房。这是当时中共中央机关大院，建筑面积1.644万平方米。中北部有一山，中设防空洞，五大书记旧居和其他机关用房沿山周围而建。所有房舍，大多为四合院式小平房，均为土坯垒筑，其墙面以白灰粉刷，显得洁净而雅致。

中国人民解放军总部，即军委作战室为四间小平房，地处大院东部，是当时中央机关自己动手修建的。作战室的墙上挂有大型军事地图，指挥闻名中外的三大战役的作战命令，就是从这里下达的。辽沈、淮海、平津三大战役，从1948年9月12日开始，到1949年1月31日结束，历时4个月又19天，歼灭和改编国民党军队154万余人，使国民党赖以生存的精锐部队基本上归于崩溃。周恩来副主席曾风趣地说："我们这个作战室，一不发款，二不发粮，三不发人，就是每天往前线发许多电报，就把国民党给打败了。"

毛泽东旧居紧靠小山南端，原为农民住宅，该房分为前后两个小院。前院设有警卫室，甬道西边有磨盘和猪圈。夏日里，毛泽东同其他领导，经常围坐在磨盘旁、楸树下，商讨军国大事。北院西房三间，两间为家属住房，一间为书房兼资料室。北房两间分别是毛泽东的办公室和卧室。办公室内现陈设的办公桌、沙发、转椅、茶几等，都是当年毛泽东使用过的原物。在这里300多个日夜里，毛泽东写下了许多著作，仅收在《毛泽东选集》第四卷中的就有20多篇。《人民日报》的报头也是在这里题写的。

在大院的北部，有一处唯一用青石砌成的房子。三个高大的拱形窗户，与石墙相间，就像三眼并排的石窑洞。一明两暗的三间北房窗户大，采光好，彼此相通，中间为会客室，两边是办公室和寝室。这是朱德总司令的旧居。这本来是给毛泽东安排的住房，是由陕北绥德的老师傅来此修建的。当毛泽东被请到"窑洞"时，他却说:"这房子不错嘛,还是陕北窑洞的样子。这儿环境也很好。为了工作方便,我住前边就行了!朱总司令上了年纪,他住在这儿不更合适吗?"二人让来让去,结果"毛宅"成了"朱宅"。

中共七届二中全会的旧址在大院西侧,原为机关大伙房。大会于1949年3月5日至13日召开。10天后,中共中央和解放军总部离开西柏坡,于3月25日进驻北京香山。这年10月1日,毛泽东主席在北京天安门城楼上,庄严宣告中华人民共和国成立。

西柏坡之魂

1948年5月,毛泽东率中共中央机关东渡黄河来到西柏坡。从此,中国革命的步伐在这个太行山东麓的小山村作了短暂的驻足,然而正是这次短暂的驻足把中国革命的进程向前推进了一大步,实现了历史的大跨越、大转折,托起了新中国的红日。

西柏坡——新中国从这里走来

如今,她已经成为世人景仰的革命纪念地,和井冈山、延安一样,西柏坡同样有一种无形的力量使人们无限向往。当年党中央在西柏坡运筹帷幄、决胜千里,一举夺取了全国性的胜利,成功地实现了历史性转折,其中体现的气概和风范早已孕育出一种伟大的精神流淌在党的血脉之中,这种精神恰恰是西柏坡魅力之所在。

大转折的气概：西柏坡精神感召力之源

从中央工委进驻西柏坡到中共中央离开此地，仅仅不到两年的时间，但这一段不算长的历史却成为中国革命史上的聚焦点，更为可贵的是，党在这段时期的革命实践中所形成的西柏坡精神和井冈山精神、长征精神、延安精神一样成为无产阶级革命精神的一部分。我们一直在思索：为什么这么短暂的时间，能够孕育出如此伟大的精神？西柏坡精神的独特魅力何在？

解读西柏坡精神，就不能不注意到中国共产党西柏坡时期这个特定的历史阶段。西柏坡时期是中国共产党从胜利走向胜利的关键时刻，是伟大的历史转折时期。这个转折是国民党反动派即将被推翻、新中国即将诞生的历史转折，是我们党领导的新民主主义革命向社会主义革命的伟大转折，是党从革命领导主体向中国社会领导主体的转变。作为转折时期，它不是量变的过程，而是质变的飞跃，是事物质变的关节点。转折的关键时刻，历史给我党提出了严峻的课题：是否敢于不失时机地发起战略决战，将革命进行到底；是否善于把革命的胜利转化为持久的政治胜利，是否能够把党的工作重心从乡村转向城市、从革命战争转向和平建设；能否为实现历史性转变而制定出完整的建国方略和政策策略；能否在取得全国胜利后继续保持党的先进性和革命性，经受住执政的考验。

伟大的时代需要伟大的精神，伟大的时代孕育伟大的精神。我们党在对上述历史性课题的回答中书写了中国革命史上最光辉的一页，也正是在对上述历史性课题的回答中形成了西柏坡精神。

在国民党军队仍占有明显优势的形势下，党中央为了完成民主革命的任务，不失时机地作出了与国民党进行战略决战的决策。三大战役，大大加速了解放战争在全国胜利的进程。国民党为了挽救其摇摇欲坠的局面，企图以"和谈"的骗局瓦解中国人民的斗志。中国共产党为了维护人民的根本利益，表现出了彻底革命精神，以"宜将剩勇追穷寇，不可沽名学霸王"的气概，一举突破长江天险，解放了全中国。为了推动革命继续向前发展，毛泽东创造性地提出了半殖民地半封建的中国从新民主主义革命向社会主义革命转变的理论，做出了将工作重点从农村转移到城市、从革命战争转移到经济工作，迅速恢复和发展国民经济，逐步地使中国由农业国转为工业国，努力把中国建设成一个伟大的社会主义国家等一系列重大决策。面对一些人对我们建设一个新中国能力的怀疑，毛泽东在党的七届二中全会上铿锵有力地说："我们不但善于破坏一个旧世界，我们还善于建设一个新世界。"展望未来，他语重心长地告诫全党：建设一个新世界，要比破坏一个旧世界，路程更长，工作更伟大，更艰苦。全党同志对此要有清醒的头脑，经受住胜利和执政的考验，不要因为胜利而骄傲,以功臣自居而腐化堕落。

面对前所未有的历史性转变,中国共产党和广大人民群众以旺盛的革命热情和巨大的历史责任感关注着、期待着、实践着,他们的参与意识、创新意识得到极大的发挥。他们在西柏坡时期革命实践过程中所形成的西柏坡精神——敢于斗争、敢于胜利的进取精神;实事求是、立国兴邦的创造精神;严守纪律、军民一致的团结精神;谦虚谨慎、艰苦奋斗的自律精神;尤其是坚持两个"务必",把革命进行到底的精神对于完成当时的历史跨越起到了关键作用。

人民伟力的彰显:中国共产党的生存之本

低矮的土房,狭小的院落,中国共产党就是在这样的条件下,指挥了三大战役,完成了筹建新中国的准备工作。站在柏坡岭上,你不能不思绪万千。难怪淮海战役中被俘的原国民党将领黄维,被特赦后第一件事,就是要到西柏坡看一看,他想知道西柏坡是个何等神奇的地方,毛泽东居然在短短几个月时间内,打败了用美械装备到牙齿的国民党部队。在无比恶劣的环境中,是一种什么力量推动着中国革命不断前行?是什么力量使中国共产党从弱小到强大,不断发展?

实际上,取得中国革命的胜利,中国共产党并没有得天独厚的条件,相反她所面临的常常是敌人的"围剿"、装备的落后和物资的贫乏。中国共产党之所以能够一次次战胜困难,是因为她深深地植根于民众之中,因而有无尽的民气为之所用。党离不开人民,人民离不开党,这是一个不可改变的历史结论。只要彰显了人民的伟力,就没有战胜不了的困难,是中国共产党在西柏坡时期的斗争实践再次证明了的真理,也是这一时期留给我们的重要精神财富之一。中国共产党的工人阶级先锋队性质和为人民服务的宗旨,决定了她是广大人民最根本利益的代表者。让我们把历史的镜头,转向1947年的西柏坡,看一看中国共产党是怎样为人民谋取利益的——

1947年4月17日,西柏坡村恶石沟西岸的空地上布置了一个简单的会场。旧地基上搭起了一个布棚算作主席台,参加会议的代表以石块为凳,膝盖做桌。不要小瞧这个不起眼的会场,这是一次史无前例的大会,历史上,没有任何一次会议比这个简陋会场传出的消息更让中国的农民振奋。这次会议就是著名的全国土地会议,农村土地改革的序幕拉开了。

依靠和发动占全国人口80%以上的农民参加革命,是中国革命取得成功的一条基本经验。充分发动群众,彰显人民伟力最重要的是依靠广大农民群众。发动群众,首要的是解决关系农民切身利益的土地问题。刘少奇在全国土地会议的讲话中说:"解决土地问题直接关系到几百万几千万人的问题,就全中国来说,是几万万人的问题。这直接关系到农民的利益,同时也是全民族的利益,是中国人民最大最长远的

信仰之魂
信仰铸就不屈魂

全国土地会议

利益，是中国革命的基本任务。"土地改革满足了广大农民要求直接获得土地的愿望，砸碎了套在他们头上的枷锁，彻底废除了封建地主所有制生产关系，摧毁了封建统治的经济基础。土改过程中，中国共产党放手发动群众，让群众自己起来解决土地问题，支持群众在反奸、减租、减息、退租、退息斗争中从地主手中获得土地，实现耕者有其田，绝对禁止使用违反群众路线的命令主义、包办代替及恩赐等办法。虽然中国的资产阶级政党也曾提出平均地权，但最终能够彻底解决农民土地问题的只有中国共产党。

土地改革运动在解放区的开展使广大农民第一次当上了土地的主人，农民高兴得称"土地回家了"。在西柏坡，我们看到了翻身农民写给毛泽东的一封信。历史的细微之处恰恰是其伟大之处，我们不妨把它抄录在这里："毛主席啊，没有你我们真得饿死啦，这回我们都翻了身，分了地，分了马，分了衣服粮食，都有吃有穿。也都抱团了，一定打倒大地主，打倒反动派。冬天到了，你那里很冷吧？我们都想看看你，离得又这样远，也见不着你。请你把最近的照片给捎一张来吧。"由于交通阻隔，信送达西柏坡时，寒冬已经过去了。农民的语言是朴实的，农民的感情是真挚的。在这泛黄的信笺上，我们看到了中国共产党的力量之源。战略决战中，广大人民群众自觉配合解放军作战，掀起了参军参战支援前线的热潮，军队打到哪里，人民群众就支援到哪里，为战略决战的胜利作出了伟大的贡献。解放战争的胜利再次证明：谁赢得人民，谁就会赢得中国。

两个"务必"：共产党人不变的誓言

1949年3月，党中央即将离开西柏坡前往北京。临行，毛泽东意味深长地对周恩来说："进京赶考去。"周恩来回答道："我们应当都能考试及格。"毛泽东自信地说："我们决不学李自成，我们会考出好成绩。"虽然全国胜利的大局已定，但以毛泽东为代表的中国共产党人是清醒的，他们知道前面等待着的将是另一场考试——能不能经受得住执政的考验。

毛泽东喜欢读历史书籍，即便是在转战的过程中也不例外。他在封建王朝的兴衰成败当中读出了智慧。一个政权如何跳出"其兴也浡焉，其亡也忽焉"的历史周期律，毛泽东的思考一刻也没有停止过。早在延安时期，郭沫若写出著名的史论《甲申三百年祭》后，毛泽东就要求全党认真学习这篇文章，让大家不要犯李自成的错误。在给郭沫若的信中，他写道："小胜就骄傲，大胜更骄傲，一次又一次吃亏，如何避免这种毛病，实在值得注意。"

"务必使同志们继续地保持谦虚、谨慎、不骄、不躁的作风，务必使同志们继续地保持艰苦奋斗的作风"，预见到革命胜利后的政权巩固问题，毛泽东在七届二中全会上向全党发出了这一警示。这一警示是中国共产党人总结历史上政权更迭的经验教训后而得出的结论，也是中国共产党长期革命实践的结晶。两个"务必"反映了中国共产党的执政目的和严格标准，确立了中国共产党的执政观。中央的领导同志不仅以严格标准要求全党，他们首先从自己做起，根据毛泽东的提议，会议作了六条规定：一、不作寿。二、不送礼。三、少敬酒。四、少拍掌。五、不以人名作地名。六、不要把中国的领导同志和马恩列斯并列。一个政党有了这样的自身建设就一定能经得起任何考验。正是凭着两个"务必"，中国共产党抵制住了资产阶级思想的侵蚀，保持了党的本色，没有被"糖衣炮弹"打败。也正是凭着两个"务必"，顺利实现了工作重心由农村向城市的转变，由革命战争向和平建设的转变。

中国共产党自身建设，是一个不断适应新形势的发展、不断自我完善的过程，从这个意义上讲，毛泽东在西柏坡提出的"赶考"是永远不会结束的，什么时候我们放松了警惕，忽视了党的自身建设，人民群众就会不满意，考试就会不及格，我们的事业就会遭受挫折甚至失败。始终将两个"务必"作为执掌政权的政治保证和行为准则，才能确保党的执政地位的巩固。

伟大的抗美援朝精神万岁

罗 援

"发生在 20 世纪中叶的抗美援朝战争,可以说是新中国诞生后的第一声呐喊,它所激发的中华民族的自尊、自信和强烈的爱国主义精神,是凝聚民族之魂,推动中华民族走向复兴的伟大动力"。

中央军委办公厅原主任、军事科学院原副院长、中将李际均将军说:"战争充满人类的历史,但影响深远且具有划时代意义的伟大战争却屈指可数。西方军事史学家称公元前 5 世纪的马拉松之战是'欧洲出生时的啼声'。那次战争,古希腊人第一次战胜波斯人,不仅对自己的命运产生了信心,而且西方文化也由此产生。发生在 20 世纪中叶的抗美援朝战争,可以说是新中国诞生后的第一声呐喊,它所激发的中华民族的自尊、自信和强烈的爱国主义精神,是凝聚民族之魂,推动中华民族走向复兴的伟大动力。"

不朽的丰碑

抗美援朝战争给我们留下的战略遗产,怎样评价都不过分,而且随着时间的推移日久弥珍。

改善了战略环境

朝鲜如果沦陷,唇亡齿寒,美韩军事同盟将直抵我鸭绿江边,有了一个从陆地进攻我的战略通道,随时可以找任何借口对我发动战争。那时,从东北边疆到东南沿海,我国将永无宁日。

从战略布局来看,我国的重工业基地半数在东北地区,当时的中国钢铁产量仅及美国的 1/144,其中 80% 以上集中在东北的辽宁省,沈阳是全国机械制造中心,东北的工业半数又集中在南部,南满电站也位于此地。如果朝鲜沦陷,这些重要战略要地均直接处于美国飞机威胁之下,甚至连中国的首都北京也在美国轰炸机的活动半径之内,中国的战略后方和经济政治中心,顿成前线或战略浅近纵深。毛泽东说:"如果不打回三八线,前线仍在鸭绿江和图们江,沈阳、鞍山、抚顺这些地方的人民就不能安心生产。"

另外,如果美军占领了朝鲜,它的气焰将更加嚣张,甚至会得寸进尺,进一步支持蒋介石集团同我捣乱，国内的反动势力就会有恃无恐。美国还会进一步插手越南和缅甸等国家的事务。那时，我国将处于内外夹击的被动局面，我国的安全就会失去保障，全国人民就会失去安全感，这又怎能安心进行建设呢？

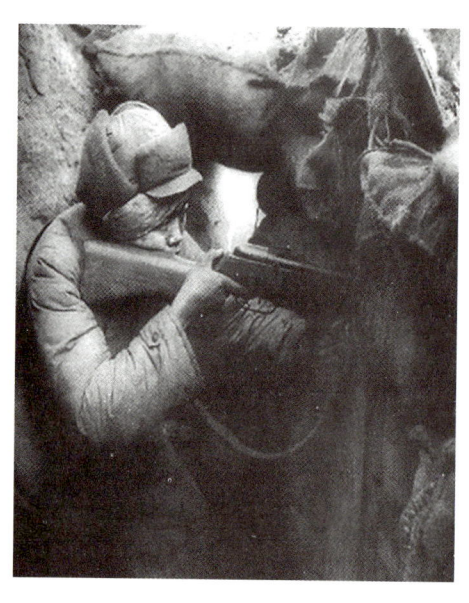

转入坑道坚持战斗的志愿军战士

抗美援朝战争的胜利，为我们赢得了较长时间的和平建设环境，没有抗美援朝战争，我们就不可能有条件迅速摘掉"一穷二白"的帽子。抗美援朝战争起码保了我国六十年无大战事。事实证明，战争不能直接创造物质财富，但是，它可以直接创造精神财富。换句话说，战争不只是消极因素，也有一定的积极因素，抗美援朝、保家卫国运动极大地激发了全国人民的爱国积极性。据《当代中国财政》一书记载：财政收入，1950年为65.19亿元，1951年为133.14亿元，1952年为183.72亿元，1953年为222.86亿元。几乎每年都在成倍地增长。从这些事实可以看出，在抗美援朝中，我国经济不但没有遭到破坏，而且还得到发展，这在我国战争史上是从来没有的，堪称奇迹。

今天，我国经济飞跃发展，理所当然不能忘记抗美援朝战争的胜利给我们打下的这一坚实基础，我们今天所以能够专心致志地搞经济建设，实际上是在享受着抗美援朝战争给我们创造的"和平红利"。

打出了国威军威

1950年，中国的工农业总产值为574亿元人民币（按当时人民币与美元2.5:1的比值计算，仅相当于229.6亿美元）而当年美国的国民生产总值为2848亿美元，是中国的12倍多。中国的钢产量为60.6万吨，美国为8772万吨，是中国的144倍。1950年10月，美国投入到朝鲜战场的作战飞机达1200架，中国能够勉强作战的飞机只有110余架；美国投入海军舰船近300艘，中国海军尚未形成战斗力；美国投入坦克800余辆，中国的装甲部队正在组建之中，从苏联订货的10个团400辆坦克刚刚到货；美国陆军平均4个人装备1辆汽车，中国陆军平均500人才有1辆；美军一个团的火力强度，要超过中国一个军。据当时中方的材料，美国一个军（三个师）装备各种火炮1500门，而中国一个军只有同类火炮36门。美军在战时共投射弹药330万吨，中国消耗弹药仅25万吨。

在实力对比如此悬殊的情况下,中朝军队却创造了历史奇迹,在三年零一个月的作战中,共毙伤俘敌109.3万多人,其中毙伤俘美军39万多人,击落击伤敌机1.2万多架,沉重打击了美国的侵略气焰。美国在战争中消耗了大量物资,战费开支达830亿美元,仅次于它在第二次世界大战中的消耗。

中国人民志愿军在这场战争中打破了美帝国主义不可战胜的神话,打出了国威军威。新中国成立时,毛泽东曾庄严宣告:中国人民已经站起来了。这一事实,当时并没有被所有的人真正认识。抗美援朝战争的胜利,教训了帝国主义者,也教育了那些恐美病者,新中国的威望空前提高,中国人民不仅站起来了,而且被称为东方巨人。

抗美援朝纪念馆

前美国总统胡佛曾经哀叹:"神话已经破灭,原来我们并不是不可战胜的。""联合国军"第三任总司令马克·克拉克曾经留下了一段经典之句:"1952年5月,我受命为联合国军统帅,代表17个国家,在韩国抵抗共产党侵略。15个月以后,我签订了一项停战协定,这项协定暂时停止了……那个不幸半岛上的战争。对我来说这亦是表示我40年戎马生涯的结束。它是我军事经历最高的一个职位,但是,它没有光荣。在执行我政府的训令中,我获得了一项不值得羡慕的荣誉,那就是我成了历史上签订没有胜利的停战条约的第一位美国陆军司令官。我感到一种失望和痛苦。我想我的前任麦克阿瑟和李奇微两位将军一定有同感。"

彭德怀元帅则自豪地说，过去西方列强在中国沿海架上几门大炮，派2万人的八国联军就能长驱直入中国首都的历史从此结束了。

李际均中将充满激情地说："一百年来第一次为我们中国人抹去那黑色屈辱胎记的，是那藐视一切敌人、勇往直前的志愿军将士。中国今天能这样站立着，是因为当年志愿军在三八线、上甘岭站立着。我们今天每时每刻都在感受他们为祖国和人民争得的尊严。"

在长津湖战役中受中国人民志愿军沉重打击的美陆战一师作战处长鲍泽上校在回忆录中写道："我相信，长津湖的冰天雪地和中国军队不顾伤亡的狠命打击是每一个陆战队员心中永远挥之不去的噩梦。"我说，这就是抗美援朝战争最大的历史功绩！

永恒的精神

在首都各界纪念中国人民志愿军抗美援朝出国作战50周年大会上，江泽民曾经将抗美援朝精神概括为"志愿军始终发扬祖国和人民利益高于一切、为了祖国和民族的尊严而奋不顾身的爱国主义精神，英勇顽强、舍生忘死的革命英雄主义精神，不惧艰难困苦、始终保持高昂士气的革命乐观主义精神，为完成祖国和人民赋予的使命、慷慨奉献自己一切的革命忠诚精神，以及为了人类和平与正义事业而奋斗的国际主义精神，这就是伟大的抗美援朝精神。"这种精神永远是中国人民的宝贵财富。

当美帝国主义把战争强加到我们头上时，中共中央和毛泽东主席对待战争的基本态度是："对于战争我们是不怕的，因为，我们有进行了二十三年武装斗争经验的党和军队，而且美帝国主义也有许多困难，内部争吵，与其同盟者也不一致，在军事上有其不可克服的弱点。但要防备美国乱来，即打第三次世界大战，长期地打，打原子弹。而我们是不让你（美国）打的，你一定要打，就让你打，你打你的，我打我的，你打原子弹，我打手榴弹，抓住弱点，跟着你，最后打败你。"

在这场血与火的生死大搏杀中，志愿军指战员高度发扬了爱国主义、国际主义和革命英雄主义精神，涌现了大批英雄模范和功臣。他们以自己的英勇奋斗、忘我工作的献身精神，创造了一桩又一桩可歌可泣的英雄业绩，谱写了一曲又一曲的浩然正气歌，以壮丽的青春铺垫了通往胜利的道路，以宝贵的鲜血浇开了和平与幸福的鲜花。他们的精神永远是中华民族的骄傲，他们的业绩将万古流芳，与世长存！

据有关统计，志愿军指战员仅作战伤亡即达36.61万人，加上非战斗减员（病故、病退或事故伤亡）共77万多人。牺牲在朝鲜战场的军职指挥员有3人，师职指挥员19人（这些同志都是身经百战的老红军），毛泽东的儿子毛岸英也牺牲在朝鲜战场上，志愿军统帅彭德怀多次遇险。

志愿军获得各级英雄模范称号者418人，其中：特级英雄2名；一级英雄50名；一级模范4名；二级英雄273名；二级模范83名；其他英雄称号者6名。荣立各种功者302724，其中：特等功者239名，一等功以下者302485名；集体立功单位（班至团）5953个。特级战斗英雄黄继光在上甘岭战役中，纵身扑向敌火力点，用胸膛堵住敌人的射击孔，为部队开辟通路。特级战斗英雄杨根思在第二次战役中，带领本连第三排打退敌人8次连续猛烈进攻，当敌人发起第9次进攻时，他抱起一个5公斤的炸药包，纵身冲向敌群，与敌人同归于尽。

1950年10月25日，中国人民志愿军入朝作战第一天，四十军在温井地区与南朝鲜军第一师一部和第六师一个加强营遭遇，当二十多名敌人扑向三六〇团三连三班阵地时，班长石宝山抱起两根爆破筒，高喊"为了祖国守住阵地！"扑向敌群，与敌人同归于尽。他是志愿军入朝后第一个在战场上英勇献身的英雄。据统计，在50名一级战斗英雄中，有15名是与敌人同归于尽的。

著名作家魏巍在描述第二次战役中的松骨峰战斗时是这样写的："战后，这个连的阵地上，枪支完全摔碎了，机枪零件扔得满山都是。烈士们的遗体，保留着各种各样的姿势。有抱住敌人腰的，有抱住敌人头的，有掐住敌人脖子把敌人摁倒在地上的，和敌人倒在一起，烧在一起。有一个战士，他手里还紧握着一个手榴弹，弹体上沾满脑浆；和他死在一起的美国鬼子，脑浆迸裂，涂了一地。另一个战士，嘴里还衔着敌人的半块耳朵。在掩埋烈士遗体的时候，由于他们两手扣着，把敌人抱得那样紧，分都分不开，以致把有些人的手指都掰断了。……"这就是我们最可爱的人，这就是伟大的抗美援朝精神。

曾经任志愿军四十军政委的袁升平将军动情地说："我是1929年参加红军，历经第二次国内革命战争、抗日战争、解放战争的无数次战役、战斗，打了一辈子仗，最值得自豪的是与世界头号强敌交锋的抗美援朝战争，这是中华民族扬眉吐气的一次保家卫国的正义战争，它证明了我们中华民族是硬骨头！……一个民族的骨头不硬不行。骨头不硬，就受到列强欺辱；骨头不硬，在国际上就没有地位；骨头不硬，就难以振兴中华！抗美援朝战争打造出了我们民族的硬骨头！"

抗美援朝战争的历史功绩将永载史册！

抗美援朝战争中牺牲的英雄们永垂不朽！

伟大的抗美援朝精神万岁！

（作者为军事科学学会副秘书长、少将）

让雷锋精神在改革强军中释放时代力量

李桥铭　徐远林

习近平主席强调，"雷锋精神是永恒的"，"雷锋精神，人人可学"。这些重要论述深刻揭示了雷锋精神穿越时空的深远影响、历久弥新的永恒属性、持久不变的时代光芒。雷锋精神妇幼皆知、代代相传，过去、现在和将来，都是我们党、国家和军队的宝贵精神财富。特别是新形势下面对深化国防和军队改革这场时代大考，肩负强军兴军的历史重任，只有坚持不懈地用雷锋精神所蕴含的理想信念、价值追求、意志品质和优良作风教育官兵、激励部队，才能进一步凝聚意志力量、激发工作动力，推动改革强军向纵深发展。

雷锋精神永恒内核是对党忠诚，必须用"好战士"的政治标准培塑官兵一心向党的信仰信念

雷锋被誉为"毛主席的好战士"，这既是对雷锋个人的最高褒奖，也是对雷锋精神核心内涵的深刻揭示。这里的"好战士"，并非一般意义上的优秀、传统意义上的出色，而是信仰信念的坚定不移、思想根子上的一心向党。忠诚从来都是军人之魂，永远都是人民军队最重要的政治品格，这正是雷锋精神的永恒主题、革命军人的永恒生命。改革不是改向，变革不是变色；越是改革强军，越要对党忠诚。新形势下传承和弘扬雷锋精神，最根本的是教育和引导官兵树立"好战士"的政治标准，不断强化政治意识、大局意识、核心意识、看齐意识，持续强固听党指挥、绝对忠诚的思想政治根基，切实铸牢铁一般的信仰、铁一般的信念。

理论紧紧追随。 刻苦学习革命理论，执着追求先进思想，是雷锋一心向党的信念之基，也是雷锋留给我们的宝贵经验。只有理论清醒才能政治坚定，只有思想追随才能行动紧随。当前，改革新航程需要用习主席改革强军战略思想把正航向，强军新征途需要用习主席决策指示指引前行。我们要像雷锋学习毛泽东著作一样，把党的创新理论当作"粮食""武器"和"方向盘"，紧紧追随习主席的思想步伐，深入学习理解习主席系列重要讲话精神，努力夯实理论之基、增进信仰之情、厚植忠诚之根。

感情始终如一。 信仰是情感的产物，情感只有不断认同才会升华为信仰。雷锋对党忠诚的信仰信念，正是源于他最朴素、最真挚的感情。现在的官兵大多生长在改革开放后，对党的感情不那么深了、不那么纯了，强固忠诚必须强化对党始终如一的感情。坚持用雷锋故事启迪官兵、用雷锋精神教育官兵，注重联系党史军史看，联系发展成就看，联系个人成长进步看，通过回顾党的苦难和辉煌，回顾国家发展、民族复兴进程，回顾党的培养、组织关怀，增强对党的归属、信赖和爱戴，以情感认同强化思想认同、信仰认同。

立场爱憎分明。政治立场坚定是对党忠诚的重要体现，立场坚定的前提是爱憎分明。雷锋视党为亲人，敢于同一切损害党和国家利益的行为作斗争，"对待同志要像春天般的温暖"，"对待敌人要像严冬一样残酷无情"。这其实就是一种是非分明的政治立场。在意识形态斗争尖锐复杂的新形势下，尤其需要每名官兵像雷锋一样立场爱憎分明，坚持从政治和大局上想问题、作判断，以清醒锐利的眼光辨明是非，以旗帜鲜明的态度表明立场，严守政治纪律和政治规矩，对有损党的利益的行为敢于抵制、对有害强军伟业的行为勇于斗争，自觉捍卫和维护改革强军大业的顺利推进。

行动言行一致。"忠诚"二字说起来容易，做起来难。雷锋始终听党话、跟党走，自觉践行党的宗旨，把有限的生命投入到无限的为人民服务之中去，真正把忠诚于党见之于行、落实于行。身处改革强军的时代大潮中，对党忠诚的考验更加现实，标准更加具体，关键看是否言行一致、是否拥护支持改革。面对考验，我们必须像雷锋那样表里如一、言行一致，坚决服从组织的安排，坚决完成上级赋予的任务。特别是对改革强军的决策部署，既要真心拥护、由衷赞同、全力支持，更要主动投身、积极奉献、坚决落实，拿出改革促进派、实干家的实际行动，彰显共产党人、革命军人的赤胆忠心。

雷锋精神永恒价值是主动担当，必须用"一块砖"的事业追求激励官兵勇挑强军兴军的历史重任

雷锋常说，"我是革命一块砖，哪里需要哪里搬"。这既是雷锋扎根岗位、热爱岗位、奉献岗位的事业追求，也是他履职尽责、勇挑重担、不辱使命的主动担当。一代军人有一代军人的使命，一代军人有一代军人的担当。即使岁月更迭、斗转星移，主动担当始终是军人的本分所在、使命所系、职责所忠，是革命军人的永恒价值。如今，强军兴军重任在肩，必须勇于担当、主动担当。特别是面对改革强军中的部队转型、职能转变、角色转换，只有自觉树立"一块砖"的事业追求，才能恪尽职守、攻坚克难、奋发有为，才能为强军兴军大厦添砖加瓦。

弘扬雷锋精神

信仰的力量 精神卷

胸怀强烈的"主人翁"意识。 主人翁意识是一种政治自觉，也是干事创业的动力源泉。雷锋说："我们是国家的主人，应该处处为国家着想。"正是基于强烈的"主人翁"意识，他才会看到下雨就把自己的被子盖到公家的水泥上，愿意做一个有利于人民、有利于国家的"傻子"。改革强军没有"旁观席"，推进改革强军事关每名官兵、人人皆有责任，需要每一名官兵胸怀强烈的"主人翁"意识，把工作当事业、把岗位当战位，自觉担主责、唱主角、当主力，主动投身改革，积极建言献策，全力贡献智慧，始终以主人翁姿态、主力军的能量为改革强军作贡献。

甘做革命的一颗"螺丝钉"。 雷锋把敬业奉献作为自己的人生信条，对待工作像"夏天一样的火热"，立志"永远做一颗螺丝钉"，"党把自己拧在哪里，就在哪里闪闪发光"，以饱满热情出色完成每一项任务。这种精神集中体现了革命军人崇高的职业操守、强烈的事业心责任感，是我们推进事业发展、有效履行使命必要品格、必备素养、必须自觉。深化国防和军队改革，不可避免使一些官兵岗位调整、职务变化，需要我们学习传承雷锋的"螺丝钉"精神，自觉以党和人民的利益为重，以改革大局为重，以军队建设发展大业为重，做到党指到哪里，就义无反顾奔向哪里，坚持干一行爱一行、专一行精一行，立足本职、忠于职守，切实在平凡岗位做出不平凡业绩。

发扬善挤善钻的"钉子"精神。 只有"高小"学历的雷锋，之所以能够迅速成长为一名优秀的工人、优秀的战士，根本原因就是他对学习有着无限渴求，要求自己发扬善于"挤"、善于"钻"的"钉子"精神，努力用现代科学文化知识武装自己、提高自己、完善自己。改革强军，不仅呼唤体制的重塑、结构的重建，更需要素质的飞跃、能力的跨越。面对"两个差距较大""五个不会"的现实问题，迫切需要我们每一名同志发扬雷锋的"钉子"精神，主动来一场学习革命、思想解放、头脑风暴，刻苦学习新知识，努力钻研新技能，不断符合强军兴军要求、适应未来战争需要的素质本领。

坚持工作上的高标准。雷锋始终要求自己在工作上"向积极性高的同志看齐"，在鞍钢工作1年2个月，先后18次被评为标兵、5次被评为红旗手、3次被评为先进生产者。在部队2年8个月，入了党、当了班长，荣立二等功1次、三等功2次。这种工作的高标准，既是雷锋崇高事业追求最集中的体现，更是在平凡岗位干出不平凡业绩的关键所在。古语讲：取乎其上，得乎其中；取乎其中，得乎其下。改革强军的号角已经吹响，起跑决定后程、标准关乎成效，我们必须以昂扬的精神状态奋发进取，以更好更高更强的目标引领进步，以开拓创新引领发展、驱动发展、实现发展，主动作为、担当有为，立一流标准、干一流工作、创一流业绩。

雷锋精神永恒境界是干净做人，必须用"不生锈"的革命操守引领官兵永葆严实修身的军人本色

雷锋说过，"螺丝钉要经常保养和清洗，才不会生锈。人的思想也是这样，要经常检查才不会出毛病"。这种"不生锈"绝不是简单的物理上不质变，而是思想境界上始终干净、革命操守上始终坚贞、军人本色上始终不变，也是共产党人、革命军人思想道德纯洁性的重要标志、基本标准。要做到雷锋那样的思想"不生锈"、做人很干净绝非易事，需要我们作为难得的境界永恒追求、孜孜以求，作为长期的修炼严实以待、坚持不懈。特别是随着改革强军的深入，各种干扰纠葛缠绕，各种诱惑侵蚀增多，更需要坚持干净做人的永恒境界、坚守"不生锈"的革命操守，不断从严从实修身，不断加强党性锤炼，不断严格律己正行，在自觉投身改革、积极聚力强军中彰显军人本色。

始终做到毫不利己、专门利人。这是共产主义世界观的根本标志，也是雷锋精神闪光之处。雷锋总是对工作极端负责、对别人极端热忱，时时处处全心全意投身工作、不求回报帮助别人。这种毫不利己、专门利人的崇高精神，任何时期都十分需要、弥足珍贵，是我们的事业得以发展繁荣的精神命脉。当前，改革强军需要人心的凝聚，转型发展需要团结的力量。这要求我们必须发扬"毫不利己、专门利人"的精神，抵制各种庸俗思想的侵蚀，不断加强军人道德修养和互助意识，多讲个人

奉献、少讲个人利益，为改革强军汇聚同心干事、戮力创业的人气。

始终做到公而忘私、大公无私。 周恩来同志把雷锋精神高度概括为四句话，其中之一就是：公而忘私的共产主义风格。公而忘私、大公无私，自古以来备受人们推崇，雷锋精神的道德光芒也因此熠熠生辉。只有一心为公，事事出于公心，才能有正确的是非观、义利观、权力观、事业观。深化国防和军队改革，必然会涉及一系列利益关系调整，需要我们弘扬雷锋公而忘私、大公无私的精神，在改革强军与个人利益的天平前，以改革强军为己任，不为私欲所动，不为私情所困，不为私利所惑。秉公心、想公事、出公力，始终做到个人利益服从集体利益，局部利益服从整体利益，不惜以个人牺牲奉献推动改革强军扬帆远行。

始终做到严守纪律、听从指挥。 严守纪律是军人的必备武德，听从指挥是军人的最高天职。雷锋始终把守纪律、听指挥作为最高要求，他还特别强调："当你在最困难、最危险，甚至威胁自己生命时，也能严格地遵守纪律，那就是好党员。"令严方可肃军威，命重始足整纲纪。深化国防和军队改革是全党全军意志的集中体现，是全党全军上下必须共同遵守的根本行为要求，具有不可动摇的指令性、权威性和严肃性。这要求我们必须以严肃的态度和高度的纪律性对待改革，越是问题突出、矛盾尖锐、考验艰巨，越要严守纪律、听从指挥、令行禁止，以铁一般的纪律保证改革强军决策部署不折不扣得到执行。

始终做到经常教育、努力改造。 人的思想、修养、觉悟等，不是头脑中固有的，而是从经常教育中来的，在努力改造中提高的。雷锋没有上过几年学，但他深刻认识到，"如果不经常教育，不用正确的思想克服错误的思想，时间长了，思想就会出毛病"。一个人就像一棵果树，要想长得好、结出好果子，必须时常修枝剪叶，改造提高自己。改革强军不仅是体制的变革，更是思想的革命，最考验思想觉悟和境界。要想适应改革、投身改革，就要像雷锋那样做到经常教育、努力改造，常掸心灵灰尘，常清思想垃圾，常掏灵魂旮旯，不断自我净化、自我完善、自我革新、自我提高，确保思想更新跟上改革步伐、顺应改革要求，以高度的政治自觉确保坚决完成改革任务、交出合格答卷。

大力学习弘扬焦裕禄精神

——习近平总书记在河南兰考调研指导党的群众路线教育实践活动纪实

李 斌

50年前,一个名字响彻神州大地。他,就是"县委书记的榜样"——焦裕禄。

50年后,中共中央总书记、国家主席、中央军委主席习近平第二次来到兰考,瞻仰焦裕禄同志先进事迹,广泛听取基层干部群众意见和建议,对第二批党的群众路线教育实践活动进行具体指导,号召全党结合时代特征大力学习弘扬焦裕禄精神。

今年1月起,第二批教育实践活动在省以下各级机关及其直属单位和基层组织中开展,根据中央统一安排,中央政治局常委同志各选择一个县作为联系点,习近平总书记选择了河南兰考作为自己的联系点。

3月17日至18日,短短一天多时间,参观焦裕禄同志纪念馆,看望焦裕禄同志亲属和基层模范代表,考察为民服务中心和民心热线,到农村面对面听取干部群众意见和建议,同乡村干部座谈,出席县委常委扩大会议并作重要讲话……总书记的日程满满当当。

贯穿总书记兰考之行的一根红线,就是大力学习弘扬焦裕禄精神。

"焦裕禄同志的形象一直在我心中"

对焦裕禄,总书记一直十分崇敬,视为人生榜样。5年前,时任中共中央政治局常委、国家副主席的习近平就专程来过兰考,致敬忠魂。在干部群众座谈会上,他把焦裕禄精神概括为"亲民爱民、艰苦奋斗、科学求实、迎难而上、无私奉献"。

重访兰考,总书记多次动情回忆起40多年前学习焦裕禄的情景:"1966年2月7日,《人民日报》刊登了穆青等同志的长篇通讯《县委书记的榜样——焦裕禄》,我当时上初中一年级,政治课老师在念这篇通讯的过程中多次泣不成声。特别是念到焦裕禄同志肝癌晚期仍坚持工作,用一根棍子顶着肝部,藤椅右边被顶出一个大窟窿时,我受到深深震撼……"

焦裕禄精神犹如一座丰碑巍巍矗立。总书记说:"我们这一代人都深受焦裕禄精神的影响,是在焦裕禄事迹教育下成长的。我后来无论是上山下乡、上大学、参军入伍,还是做领导工作,焦裕禄同志的形象一直在我心中。"

18日上午,总书记在兰考县委老办公楼举行的县委常委扩大会议上开门见山:"我之所以选择兰考作为联系点,一个重要考虑就是因为兰考是焦裕禄同志工作和生活过的地方,是焦裕禄精神的发源地。我希望通过学习焦裕禄精神,为推进党和人民事业发展、实现中华民族伟大复兴的中国梦提供强大正能量。"

说到动情处,他还吟诵了自己担任福州市委书记时于1990年7月15日填写、并在7月16日《福州晚报》上刊登的《念奴娇·追思焦裕禄》词:"中夜,读《人民呼唤焦裕禄》一文,是时霁月如银,文思萦系……

魂飞万里,
盼归来,
此水此山此地。
百姓谁不爱好官?
把泪焦桐成雨。
生也沙丘,
死也沙丘,
父老生死系。
暮雪朝霜,
毋改英雄意气!
依然月明如昔,
思君夜夜,
肝胆长如洗。
路漫漫其修远矣,
两袖清风来去。
为官一任,
造福一方,
遂了平生意。
绿我涓滴,
会它千顷澄碧。"

焦裕禄纪念碑

总书记说:"这首词我是有感而发,直抒胸臆。"

"努力做焦裕禄式的好党员、好干部"

地处豫东平原的兰考，位于黄河边上，是座古县城，据说最早可以追溯到汉章帝时代。黄河多次改道都由这里经过。50多年前，焦裕禄来到这里时，连年不断的沙荒、盐碱、内涝、水灾使兰考成为豫东重灾区中的"黑锅底"，全县36万人中逃荒出去的就有3.8万人……

如今的兰考，全县干部群众大力弘扬焦裕禄精神，埋头苦干、奋力拼搏，优化发展思路，迈上了科学发展、跨越发展的快车道，2013年全县生产总值完成193亿元，县域经济综合实力排名从2008年河南省108个县（市）中的第100位上升到65位。

柳树泛青，麦田碧绿……春暖花开时节，中原大地充满生机。17日，习近平一到兰考就直接来到焦裕禄同志纪念馆。虽然5年前来兰考时参观过，但这次参观总书记仍然自始至终认真听取讲解，不时提问。在焦裕禄半身铜像、"十条工作方法"电子屏、"干部十不准"图示、焦裕禄生前办公桌等展品前，他仔细察看。参观按一比一比例复原的焦裕禄办公室时，总书记再次见到了用玻璃罩保护起来的那把著名藤椅，他默默端详……遇到前来参观学习的河南省中牟县的一批干部，总书记一语中的："我们来是同一个目的，我也是来学习的。"

习近平在纪念馆会见了焦裕禄5个子女和当地部分焦裕禄式的好干部，一一询问他们的工作生活情况。焦裕禄的二女儿焦守云感谢总书记对几年前电视剧《焦裕禄》的支持，并告诉总书记，省里又拍了一部介绍焦裕禄的纪录片，从兰考到山东、洛阳，自己跟着摄制组走了一趟父亲走过的路。习近平叮嘱随行的中央有关部门负责同志说："纪录片可作为教育实践活动的教材。"

焦裕禄5个子女最小的也已年过半百，总书记关切地询问他们身体情况和子女情况。焦守云说："我们一定传承好父亲的精神，保持家教家风。"

总书记又说："再次踏上兰考土地，依然心情很不平静。刚才，尽管看的听的都比较熟悉，但我还是想多看一看、多听一听，因为这里的每一件实物、每一个故事，都能引起我的心灵共鸣。"

一路考察，总书记一路对学习弘扬焦裕禄精神作出了很多论述和要求。

总书记的论述，富有哲理："很多东西存在的时间虽然短暂，但这短暂铸就了永恒，焦裕禄精神是这样，井冈山精神、延安精神、雷锋精神等革命传统和伟大精神都是这样。"

总书记的思考，发人深省："我们要深入思考一个问题，焦裕禄在兰考工作时间并不长，但给我们留下这么多，我们应该给后人留下些什么？"

总书记的要求，直截了当："学习弘扬焦裕禄精神，要重点学习弘扬焦裕禄的公仆情怀、求实作风、奋斗精神和道德情操。要见贤思齐，组织党员、干部把焦裕禄精神作为一面镜子来好好照一照自己，努力做焦裕禄式的好党员、好干部。"

"要像焦裕禄一样有一颗为人民服务的心"

时刻不忘群众，坚持为民服务，是焦裕禄精神的实质所在。近年来，兰考县在原有行政审批服务中心的基础上，进一步整合部门审批事项，目前的为民服务中心入驻窗口部门38个，进驻审批服务事项302项。

习近平17日下午来到兰考县为民服务中心。看到墙上"还没上班，谁叫你来这么早""不知道，你问我，我问谁"等"服务忌语"，他停下脚步，肯定这很有针对性。看到前来办事的群众，总书记现场提起问来："我问你们几个问题：像服务中心这样把审批项目集中办，形式怎么样？""方便。""一站式做到了吗？""做到了。"

总书记语重心长地说，服务中心现在很普遍，但到底实际效果怎么样？是不是真便民了？服务中心不是万能的，各地效果也不一样。作为一种积极探索，硬件好固然好，但关键是服务要到位，根本要像焦裕禄一样有一颗为人民服务的心。对人民群众没有感情就会说"忌语"，把老百姓看成父母、兄弟姐妹，就不会说"忌语"。

总书记说，乡镇社区、企事业单位和窗口服务单位都要把为民服务工作搞好，要以百姓满意不满意为标准改进工作、改善服务，提高服务水平。要把第二批教育实践活动办得扎扎实实，办出实际效果来。

2013年，为加强和人民群众的沟通联系，提高办事效率和为民服务水平，兰考县整合县长热线、行风热线、组工快线，在为民服务中心设立了焦裕禄民心热线，成为集电话、微博、短信、电子邮箱、来信来访"五位一体"的民意通道。

在民心热线办公室，习近平仔细询问热线服务群众的情况，并翻看督办记录，查看群众反映问题的解决结果。他说，把各种渠道的群众反映综合起来受理和解决，是一个好做法，既要注重提高办事效率，又要建立长效机制。他叮嘱工作人员："为民服务不能一阵风、虎头蛇尾，不能搞形式主义。"

"人民的生活一定会越来越幸福"

第二批教育实践活动强调"直接到群众中去听意见""向群众学习，拜群众为师"。

"请大家讲，我们是来听的。"兰考之行，习近平专门到东坝头乡张庄村，走进村民家看望，和干部群众座谈。

这是一个有着特殊意义的村庄——东坝头是黄河九曲十八弯的最后一道弯，位于东坝头乡东部的张庄村曾经风沙肆虐，是当年兰考最大的风沙口。1963年，焦裕禄带领除"三害（风沙、内涝、盐碱）"工作队来到这里查风口、追风源，组织群众挖泥封沙，栽种刺槐……数十年过去，如今的张庄村已经摆脱了自然灾害的肆虐，户户都通了自来水，去年有210户实现了脱贫。

看到总书记随和亲切，村民们踊跃发言。

"我是焦裕禄精神的见证者。"75岁的雷中江老人是当年和焦裕禄一起治沙的老党员，他说，焦裕禄依靠群众总结出了治沙治涝的方法，育草封沙，造林固沙。为了兰考人民过上好日子，他献出了年轻的生命。焦书记虽然走了，但他在兰考人民心中永远还活着。

"十八大以来中央作出八项规定，又开展群众路线教育实践活动，使老百姓顺了气，有了劲，看到了我们党的光荣传统。我提三点希望：一是希望教育实践活动一抓到底，不要一阵风；二是希望党的干部特别是领导干部要像焦裕禄那样到群众中去；三是希望中央多想办法让农民的钱袋子进一步鼓起来。"

老人的话质朴真挚，习近平边听边记。

许家书、程远飞等5位基层干部群众接着发言，谈意见、提建议，畅所欲言，总书记不时插话交流。

"跟大家面对面交流，能够了解人民群众的真实感受和实际要求，这个目的达到了。"总书记诚恳地说。

村里的座谈会，只是总书记兰考之行听取群众意见的一个缩影——一天半的时间里，总书记还和兰考县基层服务型党组织建设培训班学员召开了座谈会，并出席兰考县委常委扩大会议。

总书记多次结合自身经历，和基层干部群众诚恳谈心。

这是总书记始终如一的关注——我国是一个农业大国，一定要把"三农"的事情办好。工业化、城镇化、信息化、农业现代化应该齐头并进、相辅相成，千万不要让农业现代化和新农村建设掉了队，否则很难支撑全面小康社会这一片天。如果不把社会主义新农村建设好，不把农业现代化搞上去，现代化事业就有缺失，全面小康就没有达标。

这是总书记发人深省的发问——革命战争年代我们党同敌人作斗争，一刻也离不开老百姓的保护和支持，党执政了是不是能做到一刻也离不开老百姓？我们必须改进作风，只有这样才能牢牢秉持为人民服务的宗旨，获得人民真心支持。

这是总书记对基层干部的殷切关怀——乡村干部工作在第一线，很多同志兢兢业业、默默奉献，很辛苦。对大家付出的劳动和做出的业绩，党中央是充分肯定的。上级党组织要关心大家成长、支持大家工作、保障大家待遇，充分调动大家的积极性和主动性。

这是总书记对兰考干部的郑重嘱托——兰考是焦裕禄战斗的地方，在秉承焦裕禄精神、弘扬党的作风方面也取得了很大成绩，希望继续在学习弘扬焦裕禄精神中起好带头作用。

……

千百年来，黄河水始终奔腾不息，滚滚东流……

考察期间，总书记还专门来到黄河最后一弯——位于东坝头乡的黄河岸边，伫立远眺……

"党的基层组织是我们的战斗堡垒，要通过群众路线教育实践活动把广大基层党组织建设得更加坚强有力，充分发扬共产党员的先锋模范作用"；

"共产党领导13亿人民，实施正确的领导，我们就一定会实现中国梦，人民的生活一定会越来越幸福"；

"开展教育实践活动，目的就是查摆和解决党员干部作风上存在的突出问题，进一步促使党员干部真正做到为民务实清廉，密切党群关系干群关系，使我们党能够带领人民群众把社会主义现代化事业推向前进"……

从焦裕禄同志纪念馆到焦裕禄干部学院，从村委会的院子到兰考县委大院，从为民服务窗口到黄河岸边，总书记铿锵有力、掷地有声的话语，深深教育和感染着现场聆听的每一个人……

这是党的最高领导人对全党的明确要求，更是世界上最大的执政党对全体人民的郑重宣示和承诺……

解读中国共产党人的精神密码
探寻革命建设改革的成功基因

信仰的力量

(图文版)

中宣部党建杂志社
红旗出版社编辑部　编著

红旗出版社

图书在版编目（CIP）数据

信仰的力量·践行卷/中宣部党建杂志社，红旗出版社编辑部编著．
—北京：红旗出版社，2016.5（2020.6重印）

ISBN 978-7-5051-3773-8

Ⅰ.①信… Ⅱ.①中…②红… Ⅲ.①共产主义思想教育-中国-学习参考资料 Ⅳ.①D648

中国版本图书馆CIP数据核字（2016）第087388号

书　　名：信仰的力量·践行卷
编　　著：中宣部党建杂志社　红旗出版社编辑部

出品人：唐中祥	责任校对：李　娟
总监制：褚定华	封面设计：李　妍
责任编辑：毛传兵　张明林	封式设计：张春生

出版发行：红旗出版社
地　　址：北京市沙滩北街2号
邮政编码：100727
E - mail：hongduboliansheng@sina.com
欢迎品牌畅销图书项目合作
印　　刷：河北远涛彩色印刷有限公司

编辑部：010-64037146
发行部：010-57270296
项目部：010-57270270

开　　本：787毫米×1092毫米	1/16
字　　数：1168千字	印　张：50
版　　次：2016年7月北京第1版	2020年6月河北第12次印刷

ISBN 978-7-5051-3773-8　　　　　　　　定　价：98.00元（全三卷）

欢迎品牌畅销图书项目合作　联系电话：010-57270270
凡购本书，如有缺页、倒页、脱页，本社发行部负责调换

CONTENTS

目 录

理论卷
（没有革命的理论，就不会有革命的运动）

一、信仰之本：宣言奠定信仰基

共产党宣言 ·· 马克思 恩格斯 / 4
中国共产党章程（中国共产党第十九次全国代表大会部分修改，
　2017 年 10 月 24 日通过） ··· / 31
认真学习党章　严格遵守党章 ······································ 习近平 / 52

二、信仰之旗：红旗飘飘指航向

为人民服务 ·· 毛泽东 / 56
一靠理想二靠纪律才能团结起来 ······································ 邓小平 / 60
真正无愧于共产党员的光荣称号 ······································ 江泽民 / 62
牢固树立社会主义荣辱观 ·· 胡锦涛 / 66
决胜全面建成小康社会　夺取新时代中国特色社会主义伟大胜利
　——在中国共产党第十九次全国代表大会上的报告 ················· 习近平 / 68
习近平在十九届中共中央政治局常委同中外记者见面时强调
　新时代要有新气象更要有新作为 中国人民生活一定会一年更比一年好 ······ / 100

习近平在中共中央政治局第一次集体学习时强调

　　切实学懂弄通做实党的十九大精神 努力在新时代开启新征程续写新篇章 …… /106

习近平在瞻仰中共一大会址时强调

　　铭记党的奋斗历程时刻不忘初心 担当党的崇高使命矢志永远奋斗 ………… /109

在庆祝中国共产党成立95周年大会上的讲话 …………………………… 习近平 /112

"平语"近人——习近平谈理想信念 …………………………………………… /124

三、信仰之光：一脉相承话信仰

我的修养要则 …………………………………………………………… 周恩来 /130

过好"五关" ……………………………………………………………… 周恩来 /131

论共产党员的修养（节选） ……………………………………………… 刘少奇 /135

八路军新四军的英雄主义（节选） ……………………………………… 朱　德 /142

关于增强党性问题的报告大纲（节选） ………………………………… 任弼时 /144

怎样做一个共产党员（节选） …………………………………………… 陈　云 /148

干部子弟千万不可以革命功臣子弟自居 ………………………………… 陈　云 /153

四、信仰之论：与时俱进论理想

历久弥坚的理想信念

　　——以习近平同志为核心的党中央治国理政品格之四 …………… 辛识平 /156

习近平总书记谈坚定理想信念的三个维度 ……………………………… 杨桂华 /157

革命理想高于天 …………………………………………………………… 秋　石 /159

"赶考"在继续　党性要加强

　　——学习习近平同志关于新形势下加强党性修养的重要论述 ……… 刘　源 /163

筑牢理想信念的思想根基 ………………………………………………… 蒋金锵 /168

"山沟里的马克思主义"为何能赢得中国 ………………………………… 辛　鸣 /171

在"两学一做"中全力坚定理想信念 …………………………………… 黄思慎 /174

党员干部要自觉增强"四个意识" ……………………………………… 李　佳 /175

火红炽热的信念　跨越世纪的坚守 ……………………………………… 李斌等 /180

不朽的丰碑　永远的怀念 ………………………………………………… 赵承等 /184

精神卷
（人是要有一点精神的）

五、信仰之魂：信仰铸就不屈魂

（一）碧血丹心誓为党——血染风采

狱中题壁	何孟雄 / 200
就义诗	杨　超 / 202
绝笔诗	周文雍 / 204
就义诗	夏明翰 / 207
遗书	郭　亮 / 211
给哥哥的遗书	钟志申 / 216
绝命诗	罗亦农 / 217
遗言	向警予 / 219
就义前给妻子的遗书	陈　觉 / 222
客上海	熊亨瀚 / 225
寄谢左明	何挺颖 / 226
遗嘱	苏兆征 / 228
给陆若冰的信	林育南 / 229
狱中诗	恽代英 / 231
诀别	邓恩铭 / 233
遗书	李硕勋 / 234
狱中遗言	邓中夏 / 236
胜利	邓中夏 / 237
诗一首	吉鸿昌 / 238
带镣行	刘伯坚 / 240
遗书	刘伯坚 / 242
绝笔信	刘伯坚 / 243

3

诗一首	方志敏 / 245
遗书	赵一曼 / 247
狱中歌声	何功伟 / 249
囚徒歌	林基路 / 252
囚歌	叶 挺 / 254
给铭兄的信	王若飞 / 258
征途	关向应 / 260
就义诗	罗世文 / 262
愿把这牢底坐穿！	何敬平 / 263
狱中给亲友的信	江竹筠 / 265
灵魂颂	何雪松 / 268

（二）赤胆铁骨夺胜利——必胜信念

自题诗	高君宇 / 269
劳动节歌	彭 湃 / 271
别了，哥哥（算作是向一个"阶级"的告别词吧！）	殷 夫 / 274
革命总有胜利日	罗石冰 / 277
给中国共产党和同志们的遗书	裘古怀 / 278
给妻子的遗书	裘古怀 / 278
胜利就在明天	田位东 / 280
革命精神歌	赵博生 / 281
自勉诗	彭干臣 / 283
遗墨	吴焕先 / 284
滨江抒怀	赵一曼 / 286
梅岭三章	陈 毅 / 288
七律	江上青 / 290
中朝民族联合抗日歌	杨靖宇 / 292
挽父联	罗炳辉 / 294
露营之歌	李兆麟 / 296
自誓诗	车耀先 / 299
前途是光明的	王孝和 / 301
革命即将成功	李 白 / 303

我的"自白"书	陈　然 / 305
示儿	蓝蒂裕 / 307
迎接胜利	何雪松 / 308
赠别	许晓轩 / 309
吊许建业烈士	许晓轩 / 309
以胜利者的姿态第四次到南昌	陈　赓 / 312

（三）千古绝唱树美德——崇高境界

光明之灯——恽代英论信仰箴言摘抄	恽代英 / 314
可爱的中国	方志敏 / 318
清贫	方志敏 / 335
给三立同志的信	毛岸英 / 339
降衔申请	许光达 / 343
理想，情操，精神生活（节选）	陶　铸 / 346
雷锋日记（节选）	雷　锋 / 352
焦裕禄言论录	焦裕禄 / 355

（四）创业维艰精神多——宝贵精神

构建复兴伟业的精神坐标
　　——以习近平同志为核心的党中央关心精神文明建设纪实　张晓松　黄小希　罗争光 / 359
以信仰之光照亮奋斗之路
　　——写在中国共产党成立95周年之际（上）　任仲平 / 368
以真理之光引领复兴征程
　　——写在中国共产党成立95周年之际（下）　任仲平 / 376
论中国共产党的伟大精神　任理轩 / 384
传承和弘扬中国共产党的"精神谱系"　陈　晋 / 392
大力弘扬"红船精神"　葛慧君 / 396
弘扬"红船精神"　做到"三个必须"　游文昌 / 400
让井冈山精神放射出新的时代光芒　张晓明 / 403
弘扬长征精神　推进民族复兴伟业　李世明 / 407
大力弘扬伟大抗战精神　李振锟　张洪兴 / 411
让延安精神放射出新的时代光芒　中共陕西省委 / 413

西柏坡精神永远闪耀中国 ··· 任信民 / 418
伟大的抗美援朝精神万岁 ··· 罗 援 / 425
让雷锋精神在改革强军中释放时代力量 ············· 李桥铭 徐远林 / 430
大力学习弘扬焦裕禄精神
　　——习近平总书记在河南兰考调研指导党的群众路线
　　教育实践活动纪实 ··· 李 斌 / 435

践行卷
（为有牺牲多壮志　敢教日月换新天）

六、信仰之行：矢志不渝献身党

浩气长虹烁古今——赵世炎 ·· / 444
临难不屈赴刑场——瞿秋白 ·· / 446
尽善尽美唯解放——王尽美 ·· / 448
不惜唯我身先死——邓恩铭 ·· / 450
广州起义主要领导人——张太雷 ·· / 452
为苏维埃流尽最后一滴血——何叔衡 ·································· / 455
中国共产党最早的党员之一——陈潭秋 ······························· / 456
视死如归的革命者——陈延年 ··· / 458
杰出的工人运动领导人——苏兆征 ····································· / 460
头可断，志不可夺——杨闇公 ··· / 461
为信仰奋斗，为真理献身——萧楚女 ·································· / 462
一心永为党——杨殷 ·· / 463
生死为革命——王尔琢 ·· / 465
革命者是杀不绝的——冯平 ·· / 466
湘鄂西红军和苏区创建人——周逸群 ·································· / 467
革命者要不怕难，不怕死——韦拔群 ·································· / 468
铁骨铮铮为革命——段德昌 ·· / 470
"龙潭三杰"之一——钱壮飞 ··· / 471
井冈会师牵线人——毛泽覃 ·· / 472

群众领袖　人民英雄——刘志丹 …………………………………………… /474
英雄壮举　民族魂魄——"八女投江" …………………………………… /475
视死如归　宁死不屈——狼牙山五壮士 …………………………………… /476
民族英雄　吾党战士——马本斋 …………………………………………… /478
死也死在战场上——赵尚志 ………………………………………………… /480
不平倭寇誓不休——李林 …………………………………………………… /481
太行浩气传千古——左权 …………………………………………………… /482
奠基炮兵功勋著——朱瑞 …………………………………………………… /484
立场坚定美名扬——毛泽民 ………………………………………………… /485
犀利之笔铸丰碑——邹韬奋 ………………………………………………… /486
为人民利益而牺牲——张思德 ……………………………………………… /487
怕死不当共产党——刘胡兰 ………………………………………………… /489
侦察英雄——杨子荣 ………………………………………………………… /490
舍身炸碉堡——董存瑞 ……………………………………………………… /491
碧血丹心贯长虹——毛岸英 ………………………………………………… /493
甘当革命螺丝钉——雷锋 …………………………………………………… /494
县委书记好榜样——焦裕禄 ………………………………………………… /495
根治风沙为人民——谷文昌 ………………………………………………… /497
青山处处埋忠骨　一腔热血洒高原——孔繁森 …………………………… /499
第一书记——沈浩 …………………………………………………………… /500
公仆本色一辈子——杨善洲 ………………………………………………… /503

七、信仰之范：卓越风范励后人

毛泽东六位亲人为革命事业献出生命 ………………………… 黄　文 /506
毛泽东的家风 ……………………………………………………… 牛保良 /511
周恩来的十一条"家规" ………………………………………… 周秉德等 /516
周恩来对晚辈的教诲 ……………………………………… 高长武　王皓羲 /518
1961年刘少奇在湖南农村调查的44天 …………………… 高志中　罗平汉 /521
刘少奇对儿女的严格教育 ………………………………………… 李　林 /527
朱德高呼——要革命的跟我走 …………………………………… 刘学民 /532
朱德的"五心"世界观 …………………………………… 王留强　江雪樵 /535

任弼时的三大思想作风 …………………………………………… 李　昌 / 538
我爷爷任弼时生活中的"三怕" ………………………………… 任继宁 / 540
邓小平的伟人风范 ………………………………………………… 肖东波 / 543
邓小平的革命风格 ………………………………………………… 王　宁 / 546
共产党员的楷模——陈云 ………………………………………… 龙平平 / 557
陈云的高尚品德 …………………………………………………… 余建亭 / 562
重现历史　解读崇高——老一代共产党人的优良作风 ………… 王建柱 / 566
中国共产党老一代革命家的人格风范 …………………… 谢春涛　李庆刚 / 574

八、信仰之火：薪火相传继信仰

李大钊故乡：进取精神薪火相传 ……………………………………… / 580
张太雷女儿忆父亲：尝个人离别之苦　换人民解放之福 …………… / 581
林祥谦后人："三有"家训代代传 ……………………………………… / 585
侄子追忆陈延年：甘做革命"苦行僧"　舍生取义谱颂歌 …………… / 586
彭湃孙女："祖父那一代的革命理想是如此神圣而动人" …………… / 588
冯平精神激励后人："革命不怕死，怕死不革命" …………………… / 590
追思夏明翰：一门五英烈，代代"主义真" …………………………… / 591
杨开慧后人：身为"骄杨"之后，不做俗人之举 ……………………… / 593
杨殷长女："父亲始终是我的人生的榜样" …………………………… / 595
苏兆征外孙女："我们肩负着一份特殊的责任" ……………………… / 597
恽代英后人：继承先辈精神，一切靠自己 …………………………… / 599
邓恩铭后人："大伯不是资本，而是榜样！" ………………………… / 600
王尽美后人：革命家族的"红色基因" ………………………………… / 601
陈潭秋长子忆父亲：对党忠诚，任劳任怨 …………………………… / 604
李明瑞之子忆父亲：浴血奋战，战功彪炳 …………………………… / 606
黄公略后人：革命精神早已化作血脉 ………………………………… / 608
赵博生故里：先烈精神激励英雄城人民 ……………………………… / 609
韦拔群后代：革命精神代代传 ………………………………………… / 611
纪念馆长忆谢子长：永远活在子长人民心中 ………………………… / 612
刘志丹女儿：像父亲一样做对人民有益的人 ………………………… / 613
周逸群后人：把家训世代传承下去 …………………………………… / 615

旷继勋外孙：坚韧精神不能忘 / 616
段德昌孙子：不劳而获的事儿不能干 / 618
刘伯坚革命精神激励后人："生是为中国，死是为中国" / 619
何叔衡勤勉家风励后人："不为一身一家升官发财以愚懦子孙" / 620
许继慎后人的"传家宝" / 622
吴焕先后人的"幸福观" / 623
钱壮飞嫡孙："对信仰的忠诚是爷爷留下的最大财富" / 625
陈树湘乡亲：视死如归英雄气概感天动地 / 626
毛泽覃堂侄：他的坚定信念一直激励着韶山冲的乡亲 / 627
女儿眼中的吉鸿昌："我自豪，我是中国人！" / 629
杨靖宇后人的"四平"精神 / 630
袁国平儿子忆父亲：赤胆忠心，拳拳报国 / 632
刘英之女忆父亲：父亲的足迹 / 635
毛泽民后人：寻找先辈红色足迹 / 638
邹韬奋之女：父亲追求的不是个人得失 / 640
彭雪枫之子："我要做父亲那样的人" / 641
王若飞独子：一生一世念党恩 / 642
叶挺长子忆父亲：不辞艰难哪辞死 / 644
罗荣桓之子忆父亲："你们决不能做八旗子弟" / 646
贺龙之女忆往事：全家前后109位烈士 / 649
粟裕之子忆父亲：未了的心愿要我们后人去完成 / 651
陈赓之子：感受父亲 / 653
王树声之女忆父亲：对党忠诚　谦虚谨慎 / 655
跨越时空的大爱 / 658

九、信仰之路：信仰引我跟党走

梦想，从这里启航
　　——记习近平瞻仰中共一大会址、南湖红船　　杜尚泽　霍小光 / 664
信仰的味道　　伍正华 / 669
韶山寻根　　王真波 / 675
红船，让我们共沐风雨　　周铁株 / 677

军旗从这里升起	卞民德 / 679
井冈三章	王保安 / 681
古田的灯光	李立泰 / 683
红旗跃过汀江	张胜友 / 686
子弹碑下	毛 眉 / 690
瑞金，共和国的摇篮	周铁柩 / 692
那柔肠百转却又坚毅决绝的身影	马卡丹 / 695
信仰与激情的力量	曾纪鑫 / 697
体验红军路	钱万成 / 702
生死攸关的转折点——走近遵义会议会址	李惊亚 / 704
有一个地方叫"鸡鸣三省"	张笑天 / 705
中国工农红军中鲜为人知的故事	静 流 / 708
探究中国工农红军由弱到强的动力之源	黎 云 / 713
寻梦延安	杨绍碧 / 716
延安窑洞颂	周新寰 / 719
访八路军西安办事处有感	李 敏 / 721
上饶集中营观后感	吴 名 / 722
不能忘却的记忆	鲁 楠 / 724
颂歌一曲动九州	陈建强 / 725
西柏坡的彩霞	曹 昱 / 728
在那遥远的小山村	叶 兴 / 730
两条"红色小路"	林治波 / 733
面向未来的赶考	李从军 赵 承 李柯勇 / 736
信有长风破浪时 ——坚定"四个自信"推进中国特色社会主义伟大事业述评	秦 杰 霍小光等 / 752

再版后记 .... / 764

成千成万的先烈,为着人民的利益,在我们的前头英勇地牺牲了,让我们高举起他们的旗帜,踏着他们的血迹前进吧!

—— 毛泽东

　　我们多年奋斗就是为了共产主义,我们的信念理想就是要搞共产主义。在我们最困难的时期,共产主义理想是我们的精神支柱,多少人牺牲就是为了实现这个理想。

—— 邓小平

　　我们怀着崇高的敬意,深切缅怀为中国人民和中华民族建立了丰功伟绩的毛泽东、周恩来、刘少奇、朱德、邓小平、陈云等已故的老一辈革命家,深切缅怀英勇牺牲的无数共产党人和革命先烈!

—— 江泽民

　　使广大党员、干部成为实践社会主义核心价值体系的模范,做共产主义远大理想和中国特色社会主义共同理想的坚定信仰者、科学发展观的忠实执行者、社会主义荣辱观的自觉实践者、社会和谐的积极促进者。

—— 胡锦涛

　　党员、干部要坚定马克思主义、共产主义信仰,脚踏实地为实现党在现阶段的基本纲领而不懈努力,扎扎实实做好每一项工作,取得"接力赛"中我们这一棒的优异成绩。

—— 习近平

践行卷

（为有牺牲多壮志　敢教日月换新天）

六 信仰之行

矢志不渝献身党

浩气长虹烁古今——赵世炎

"龙华授首见丹心,浩气长虹烁古今。千树桃花凝赤血,工人万代仰施英。"这是我国老一辈无产阶级革命家吴玉章缅怀赵世炎的诗篇。"施英"是赵世炎当年用过的化名。

赵世炎,1901年出生在四川省(今重庆市)酉阳县龙潭镇。1915年考入北京高等师范学校附中,期间正值新文化运动风起云涌,受陈独秀主办的《新青年》的影响,投入新文化运动中,并结识了李大钊等人。1919年经李大钊介绍加入中国少年学会,积极参加五四爱国运动,参与主编《平民周刊》、《少年》半月刊和《工读》半月刊等进步刊物,宣传反帝反封建思想。

1920年5月,赵世炎赴法国勤工俭学。1921年春,与张申府、周恩来等发起成立旅法中国共产党早期组织,成为中国共产党党员。1922年,与周恩来等发起成立旅欧中国少年共产党,任中央执委会书记,随后又任中共旅欧总支部委员和中共法国组书记。1923年,赵世炎和陈延年、王若飞等带领一批青年前往莫斯科东方劳动者共产主义大学学习。

1924年,应李大钊要求,赵世炎回国工作。他先后任中共北京地方执委会委员长、中共北方区执委会宣传部部长兼职工运动委员会主任,协助李大钊领导北方各省的斗争。1925年5月30日,上海发生帝国主义屠杀中国人民的五卅惨案。惨案发生后,北京人民在中共北方区委赵世炎等人领导和组织下,立即行动起来,举行游行、罢工、罢课,声援上海人民的斗争。随后,李大钊派赵世炎等人到天津、唐山等地去加强领导,先后组织和发动天津日商纱厂工人大罢工、开滦五矿工人大罢工、天津海员大罢工和赵各庄矿工人大罢工,使北方地区的声援活动和群众斗争连成一片,沉重打击了帝国主义和反动军阀。

1925年10月,在内蒙古地区农工兵大同盟代表大会上,赵世炎当选为大同盟中央委员会副书记。为了推动蒙古地区的革命工作和培养蒙古族干部,他和李大钊(任书记)、邓中夏等经常到蒙藏专门学校进行宣传和组织工作。在他们的培养和教育下,最早一批向往革命真理的蒙古族青年乌兰夫、奎璧、吉雅泰参加了中国共产党,为后来开展内蒙古地区的革命斗争准备了骨干。

1926年3月,赵世炎出席在广州召开的第三次全国劳动代表大会。会后,为加强江浙地区的工作,党中央任命赵世炎担任中共江浙区委(包括江苏、浙江、安徽三省和上海市)组织部部长、上海总工会党团书记,并兼任江浙区委军委书记。赵世炎化名"施英",到上海后就深入到工人群众中,了解情况,组织工人罢工斗争,准备武装起义迎接北伐军。他号召社会各界群众发扬五卅精神,联合起来,组成革命的统一战线,以对付帝国主义的屠杀和进攻。在中共江浙区委领导和组织下,从1926年6月到9月,上海各界工人的罢工斗争此起彼伏,形成了声势浩大的有组织的工人运动新阶段。

赵世炎烈士纪念馆

1926年10月,北伐军攻克武汉,革命形势进一步发展。上海党组织为了配合北伐胜利进军,决定举行武装起义,罗亦农、赵世炎是上海工人武装起义的重要领导者。由于时机不成熟,上海工人的第一、二次武装起义均告失败。1927年3月21日,在陈独秀、周恩来、罗亦农、赵世炎等领导和指挥下,上海工人举行了第三次武装起义。赵世炎身先士卒,他和周恩来一起指挥和带领着150支枪的工人纠察队,勇敢地冲锋陷阵,向着直鲁联军发起冲击。经过30多个小时的激战,打败军阀部队,占领上海(外国控制的租界除外)。这是大革命时期中国工人运动的一次壮举,为北伐军在江浙战场的胜利作出了重要贡献。

1927年4月,蒋介石背叛革命,发动四一二反革命政变,大肆屠杀共产党人和革命群众,上海处在腥风血雨中。1927年5月,赵世炎出席在武汉召开的中共五大,当选为中央委员。会后，他任中共江苏省委常委、代理书记、上海总工会委员长，回到严重白色恐怖笼罩下的上海，以大无畏的革命气魄，继续坚持领导革命斗争。

由于叛徒出卖，1927年7月2日，赵世炎不幸被捕。他受尽严刑拷打，始终坚贞不屈。他把敌人的监狱和法庭当成讲坛，大义凛然地宣传党的主张和共产主义理想，揭露反动派的罪行。他慷慨激昂地说："志士不辞牺牲，革命种子已经遍布大江南北，一定会茁壮成长起来，共产党必将取得胜利。"7月19日，敌人对他下了毒手。面对死亡威胁，他从容不迫，镇定自若，高呼着："工农联合起来打倒新军阀蒋介石！""中国共产党万岁！"的口号，在上海枫林桥畔英勇就义。

赵世炎的一生是短暂的，他将自己的全部青春年华和满腔热血献给了中国人民的解放事业，在中国革命史上写下了不朽篇章。今天，在赵世炎的家乡——重庆市酉阳土家族苗族自治县龙潭镇，建有赵世炎故居和烈士纪念馆，永远缅怀这位中国共产主义运动先驱者、工人运动的著名领袖。

临难不屈赴刑场——瞿秋白

瞿秋白，1899年1月29日出生在江苏常州，1917年秋考入北京俄文专修馆学习。五四运动爆发后，他以极大的热情投入北京爱国学生运动，被选为专修馆学生总代表，参加了北京大中学校学生联合会，成为北京学生爱国运动的领导人之一。1920年初参加李大钊组织的马克思学说研究会。

同年秋，他应北京《晨报》聘请，以记者身份赴苏俄实地采访，想"为大家辟一条光明的路"。在苏俄两年时间里，他做了大量考察、采访和写作，先后撰写了《共产主义人间化》《苏维埃俄罗斯经济问题》等数十篇通讯和《俄乡纪程》《赤都心史》等著作，以自己的亲见亲闻，客观介绍俄国十月革命后苏俄的真实情况，告诉中国人民，十月革命是"二十世纪历史事业之第一步"，莫斯科已成为全世界无产阶级"心海中的灯塔。"1921年5月，在莫斯科经张太雷介绍，加入联共（布）党组织。1922年2月转为中国共产党党员。这时，他还担任着莫斯科东方劳动者共产主义大学中国班教员，在中国班学习的有刘少奇、罗亦农、任弼时、肖劲光等人。

瞿秋白1923年1月回国，随后担任中共中央机关刊物《新青年》《前锋》主编和《向导》编辑。他在这些刊物上发表大量政论文章，运用马克思主义分析中国国情，考察中国社会状况，论证中国革命问题，为党的思想理论建设作出了开创性贡献。同年6月,他出席党的三大,参加起草党纲草案。7月,他和邓中夏等一起筹办上海大学,任教务长兼社会学系主任。这所国共合办的大学,为中国革命培养了一大批人才。

瞿秋白烈士纪念碑

1924年1月,他和李大钊、毛泽东、李立三等一起出席国民党一大,参加大会宣言的起草,当选国民党中央候补执行委员,后任国民党中央政治委员会委员,为实现第一次国共合作,做了大量工作。1925年1月,在党的四大当选为中央委员、中央局委员,参与领导了五卅反帝爱国运动。后来,在党的五大、六大,他均当选为中央委员和中央政治局委员,成为党的重要领导人之一。

1927年8月,在大革命失败的危急关头,瞿秋白主持召开了中共中央紧急会议,即八七会议,确立了土地革命和武装反抗国民党反动派的总方针,为挽救党和革命作出重要贡献。会后,他担任中共中央临时政治局委员、常委、主席,主持党中央工作。1931年1月，在被王明错误打击、解除中央领导职务后，他到了白色恐怖笼罩的上海，和鲁迅并肩战斗，结下深厚友谊，一起领导左翼文化运动。

1934年2月，瞿秋白到达中央革命根据地瑞金，任中华苏维埃共和国中央执委会委员、人民教育委员会委员、中华苏维埃共和国中央政府教育部部长等职。中央红军长征后，他留在南方坚持游击战争，任中共苏区中央分局宣传部部长。1935年2月在福建长汀县被国民党军逮捕。敌人得知他的身份后，采取各种手段利诱劝降，都被他凛然拒绝。6月18日，他坦然走向刑场，沿途唱着《国际歌》《红军歌》，呼"中国共产党万岁""共产主义万岁"等口号。到达刑场后，盘膝坐在草坪上，饮弹洒血，慷慨就义，时年36岁。

1950年12月31日，毛泽东为《瞿秋白文集》题词，高度赞扬他说："在革命困难的年月里坚持了英雄的立场，宁愿向刽子手的屠刀走去，不愿屈服。他的这种为人民工作的精神，这种临难不屈的意志和他在文字中保存下来的思想，将永远活着，不会死去。"

尽善尽美唯解放——王尽美

王尽美，原名王瑞俊，1898年出生在山东省莒县大北杏村（今属诸城市），是山东党组织早期组织者和领导者，中国共产党创始人之一。1918年，考入山东省立第一师范学校，期间积极投身五四爱国运动，被推举为山东学生联合会负责人之一。1920年3月，北京大学马克思学说研究会成立后，他被发展为外埠会员。同年11月，他与邓恩铭等发起成立励新学会，创办《励新》半月刊，任主编。《励新》半月刊积极宣传新思想、新文化，登载了许多有关社会改造的文章，抨击时弊，启发青年觉悟。

1921年春，他与邓恩铭等发起创建济南共产党早期组织。7月，他们一同赴上海出席中国共产党第一次全国代表大会。

党的一大之后，在中共中央代表的指导下，王尽美在山东建立了中国共产党山东区支部，任书记。1922年1月，他和邓恩铭、高君宇等人参加在莫斯科召开的远东各国共产党及民族革命团体第一次代表大会。同年6月，为适应工人运动发展需要，中国劳动组合书记部山东分部建立，王尽美任主任。7月，他赴上海出席党的二大。会后，他同邓中夏、毛泽东等人共同起草《劳动法大纲》，劳动法大纲成为这一时期党指导工人运动的纲领。

按照党的指示,他以中国劳动组合书记部北方分部副主任身份,积极领导开展工人运动。1922年10月,在他直接领导下,京奉铁路山海关工人开展了声势浩大的大罢工,历经9天,取得斗争胜利。紧接着,他作为总同盟罢工指挥部重要成员之一,参加领导秦皇岛开滦五矿工人总同盟罢工斗争。同年11月,他在山海关领导建立党组织,发展党员。1923年1月,他领导建立京奉铁路总工会及山海关分会,任总工会秘书。同年2月,被反动军警逮捕,后被工人营救获释,继续主持山东党的全面工作。

王尽美烈士纪念馆

党的三大后,王尽美根据党的决议以个人身份加入国民党,并于1924年1月出席在广州召开的中国国民党第一次全国代表大会。12月,去北京参加李大钊组织的国民会议运动讲演大会。归途中,在天津饭店受到孙中山的接见,并被孙中山委以国民会议特派宣传员。这期间,他正确地贯彻执行党的革命统一战线的方针政策,奔波于济南、青州、潍县、青岛等地,指导开展促成国民会议运动,积极建立与发展国共合作的革命统一战线,并利用国共合作的有利形势,扩大党的影响,发展党的组织,使山东党的工作迅速发展。同年11月任中共山东地方执行委员会书记。

长期的忘我工作和艰苦生活，使王尽美患上了严重的结核病。1925年春节前夕，因疲劳过度吐血晕倒，进院治疗。时值工人运动蓬勃发展之际，他毅然出院，抱病赴青岛投入战斗。他与邓恩铭等一起组织领导胶济铁路全线、四方机厂工人大罢工，并成立了胶济铁路总工会。4月，他去青岛与邓恩铭等一起领导青岛日商纱厂工人同盟大罢工，迫使日本资本家签订了9项复工条件。同年6月，因肺病复发，在党组织的安排下回到家乡养病，后到青岛治疗。病重期间，他请青岛党组织负责人笔录了他的遗嘱："全体同志要好好工作，为无产阶级和全人类的解放和共产主义的彻底实现而奋斗到底。"8月19日，王尽美在青岛逝世，终年27岁。

不惜唯我身先死——邓恩铭

在济南槐荫广场，耸立着一座"四五烈士纪念碑"，碑上镌刻着党的一大代表邓恩铭等22位革命烈士的英名。

1931年清明节的凌晨，国民党的枪口对准了这位年轻共产党人的胸膛，邓恩铭和他的21位战友一起，倒在了纪念碑下的这片土地上。为了实现共产主义的坚定信仰，洒下了最后一滴鲜血。

出生于贵州省荔波县贫苦水族农民家庭的邓恩铭，为了民族独立和人类解放，赴汤蹈火，视死如归，将自己年仅30岁的生命献给了党的事业。

1918年，17岁的邓恩铭考入山东省立第一中学。五四运动爆发后，他积极投身反帝爱国运动，大量阅读宣传新文化、宣传马克思主义的书刊，开始向共产主义者转变。

1920年11月，邓恩铭与王尽美等人发起组织"励新学会"。第二年春，在上海、北京共产党组织的帮助下，济南共产主义小组秘密成立，王尽美、邓恩铭是小组的负责人。第二年7月，王尽美、邓恩铭赴上海出席了中国共产党第一次全国代表大会。

1921年9月，邓恩铭与王尽美等人在济南发起成立马克思学说研究会。翌年初，邓、王等人前往莫斯科，出席共产国际召开的远东各国共产党及民族革命团体第一次代表大会。回国后，邓恩铭到淄博矿区开展工人运动。同年7月，邓恩铭同王尽美一起参加了中共二大。

四五烈士纪念碑

青岛是邓恩铭在中共成立后从事革命工作时间最长的地区。1923年,他受中共济南地方支部委派到青岛开展工作时,这里党的工作尚未展开。他克服政治环境险恶、经费紧张等困难,深入群众中间,在工人中发展党、团员。他在四方机厂附近创办了工人文化补习学校,作为宣传马克思主义,发展党组织,联系党、团员,领导工人斗争的指挥所。

邓恩铭重视舆论宣传作用,他利用在《胶澳日报》编辑《胶澳副刊》的机会,连载《列宁传略》,发表介绍十月革命和世界工人运动的文章,传播革命理论,唤起民众觉醒。在他的努力下,成立了中国社会主义青年团青岛支部,建立了中共青岛组。

在青岛,邓恩铭积极组织工会组织,发动工人运动。1925年2月8日,邓恩铭发动了胶济铁路和四方机厂工人大罢工,经过9天斗争,迫使厂方答应了工人提出的部分条件。1925年4月至7月,邓恩铭和青岛党组织连续发动领导了日商纱厂工人的3次罢工。期间,邓恩铭奔走于青岛各区各界,掀起了反帝爱国斗争的新高潮。

青岛工人历时数月的罢工斗争,是五卅运动的先声。邓恩铭在组织、领导、指挥这场斗争中,充分显示了他非凡的组织才能、敏锐的观察能力和领导艺术。

在组织工人运动中,邓恩铭曾两次被捕。1929年1月,他在济南向山东省委汇报工作期间，因叛徒告密，第三次被捕。在被关押的两年多时间里，邓恩铭一直是狱内党组织的主要负责人，领导着被捕党员及其他人同敌人进行斗争。他动员大家坚持学习，准备出狱后为革命多做贡献，领导难友进行数次绝食抗争，并策划了两次越狱斗争。

面对敌人的残酷刑罚和威逼利诱，邓恩铭毫不畏惧，不为所动，表现出了一位共产党人坚贞不屈的英雄气概。1931年3月，自知余日不多的邓恩铭给母亲写下最后一封家书，以一首诗抒发自己对共产主义的坚定信念："卅一年华转瞬间，壮志未酬奈何天；不惜唯我身先死，后继频频慰九泉。"

1961年，董必武曾在一首诗中怀念王尽美和邓恩铭这两位一起战斗过的中共一大代表："四十年前会上逢，南湖舟泛语从容。济南名士知多少，君与恩铭不老松。"

漫步槐荫广场，再次瞻仰"四五烈士纪念碑"，人们不禁感慨万千。昨天与今天，烈士的鲜血与绽开的花朵，敌人的枪林弹雨与今天人们的欢声笑语……历史与现实在这里交织。纪念碑是先烈光辉业绩的写照，是人民心中的丰碑。它凝聚着人民对先烈的缅怀，鼓舞着人们为实现共产主义理想继续奋斗。

广州起义主要领导人——张太雷

大革命失败后，中国共产党紧紧依靠人民群众，举行了南昌起义、秋收起义和广州起义为标志的数以百计的武装起义，反抗国民党新军阀的反动统治，勇敢地承担起领导中国人民反帝反封建的民主革命的重任。作为广州起义的主要领导人、中国共产党和中国共产主义青年团的创建人之一，张太雷的英名将伴随广州起义永载史册。

张太雷，1898年6月生，江苏武进人。1915年考入北京大学，同年冬转入天津北洋大学（现天津大学）法科学习。1919年五四爱国运动爆发，张太雷积极投身其中，成为天津地区爱国运动的骨干之一。他参加了北洋大学学生组织的演讲团，经常到天津市内和附近城镇乡村进行宣传活动，揭露反动政府出卖山东主权的罪行。在斗争中，张太雷与景仰已久的李大钊建立了联系，同时与天津爱国运动的领导者周恩来、于方舟等结下了革命友谊。在李大钊影响下，张太雷开始接触和信仰马克思主义，并参加了李大钊组织的北京大学马克思学说研究会，协助李大钊开展创建中国共产党的工作。1920年10月,张太雷和邓中夏等一起加入李大钊发起成立的北京的中国共产党早期组织,成为中国共产党最早的党员之一。此后,他和邓中夏一起到长辛店组建劳动补习学校,培养了北方铁路工人运动的第一批骨干。后到天津组织社会主义青年团。

　　从1921年春开始,张太雷先后赴苏联学习、工作,入莫斯科东方劳动者共产主义大学,出席共产国际、少共国际等代表大会,任共产国际远东书记处中国科书记、青年共产国际执委会委员等,多次陪同共产国际代表来中国会见陈独秀、李大钊等,参与筹建中国共产党。1924年春,张太雷按党的要求回国,担任团中央总书记,出席党的四大并当选为候补中央委员,同时兼任中共广东区委委员、宣传部长等职。1926年3月和5月,蒋介石先后制造了"中山舰事件",提出"整理党务案",排斥和打击共产党人,破坏国共合作的革命统一战线。张太雷赞同毛泽东、陈延年等人进行回击的主张,并提议把工农武装起来,组织十万工农群众,以武装反对蒋介石的进攻。

张太雷纪念馆

　　1927年4月,国民党蒋介石背叛革命,发动四一二政变,轰轰烈烈的大革命遭到失败。在中国革命的紧急关头,张太雷先后出席党的五大和八七紧急会议,当选为中央委员、中央政治局候补委员、改组后的中央政治局临时常委会委员。

八七会议后,中央派张太雷到广东工作,担任中共广东省委书记兼广东省委军委书记、中共中央南方局书记兼南方局军委委员。8月下旬,张太雷一到广东,立即传达八七会议精神,研究制定广东全省的暴动计划,并决定成立暴动领导机构,同时改组了广东省委。9月到潮州汕头一带组织群众接应南昌起义军。11月到上海中共中央参加制定广州起义计划,下旬回到广州主持武装起义准备工作,组建了广州起义指挥机构——革命军事委员会,担任总指挥。张太雷接连组织召开省委会议和工农兵代表会议,研究确定起义时间、行动部署、政纲、宣言以及起义后建立苏维埃政府等事宜。

正当准备工作紧张进行之时,起义消息泄露。张太雷当机立断,于12月10日召开省委紧急会议,决定提前一天起义。12月11日凌晨,国民革命军第四军教导团全部、警卫团一部和广州工人赤卫队七个联队以及市郊部分农民武装,联合举行武装起义。经过几个小时的激战,起义军占领广州绝大部分市区。在张太雷主持下,成立广州苏维埃政府,张太雷任代理主席、人民海陆军委员。这是党通过暴动建立的第一个城市苏维埃政权。

广州起义引起帝国主义和国民党反动当局的极度恐慌,他们联合起来镇压起义。由于敌我力量悬殊,虽经起义军民浴血奋战,但是到12日下午,起义武装已经难以与敌军抗衡,敌军攻占了起义军的重要阵地,并分兵直扑起义总指挥部。张太雷闻讯,立即乘车赶赴前线指挥战斗。车行至广州市大北直街(现解放北路)附近,遭到敌人伏击,他身中三弹倒在插着红旗的敞篷汽车里,壮烈牺牲。临终,他向战友们嘱托,要和敌人战斗到底,完成党交给的任务!13日,敌军重占广州,广州起义失败。

张太雷为中国革命献出了29岁的年轻生命,用自己的热血和青春实践了他年少时立下的"愿化作震碎旧世界惊雷"的誓言。他卓越的才华、无畏的精神、卓著的功勋,永远值得人们怀念。在他的母校——天津大学,立有张太雷烈士铜像。在他的家乡江苏常州市,建有张太雷纪念馆,是全国爱国主义教育示范基地、全国重点文物保护单位,也是人们缅怀、纪念、宣传、研究张太雷业绩与精神的重要场所。

为苏维埃流尽最后一滴血——何叔衡

何叔衡，1876年出生，湖南省宁乡县人。1902年考中秀才。县衙请他去担任主管钱粮的官吏，他激愤于衙门腐败，甘愿在家种田、教私塾，乡里人称"穷秀才"。1913年考入湖南省立第一师范讲习班，与毛泽东、蔡和森等同学志同道合，成为最好的朋友。在第一师范结业后，先后在长沙楚怡学校和第一师范附小任教，同时积极参加毛泽东、蔡和森等组织的革命活动。1918年4月，他与毛泽东、蔡和森等发起组织成立新民学会，曾任执行委员长。

五四运动中，他与长沙的进步教师支持学生反帝爱国行动。1920年3月，参加驱除皖系军阀张敬尧的斗争。1920年夏，他与毛泽东等发起组织湖南俄罗斯研究会，确定以"研究俄罗斯一切事情为宗旨"，提倡赴俄勤工俭学，先后介绍刘少奇、任弼时、萧劲光等进步青年到上海外国语学校学习俄语及赴俄留学。

1920年冬，他与毛泽东共同发起成立湖南的共产党早期组织。1921年7月，与毛泽东一起出席中国共产党第一次全国代表大会，成为中国共产党的创始人之一。10月，参与组建中共湖南支部，任支部委员。1922年任中共湘区执行委员会委员。在湖南大力发展党

何叔衡同志死难处纪念碑

员和基层组织，开展革命活动。第一次国共合作时期，按照党的要求，他在湖南发展国民党组织，推动国民革命的发展，曾任国民党湖南省党部执行委员、监察委员等职。

四一二政变后，1927年5月21日，长沙发生马日事变。他不顾危险，经长沙前往上海，为党创办地下印刷厂，坚持秘密斗争。1928年6月赴莫斯科出席中共六大。

9月进入莫斯科中山大学，与徐特立、吴玉章、董必武、林伯渠等编在特别班学习。1930年7月从苏联学习回国后，在上海负责全国互济会工作，组织营救被捕同志，将暴露身份的同志转往苏区。

1931年11月，他奉命进入中央革命根据地，与毛泽东等参加中央工农民主政府的领导工作。当选为中华苏维埃共和国中央执行委员会委员，任临时中央政府工农检察人民委员、内务人民委员部代部长、临时最高法庭主席等职。毛泽东高度评价他的革命精神和工作能力，说"叔翁办事，可当大局"。在中央苏区，他主持中央临时政府检察、内务和最高法庭工作时，事无巨细，均审慎细致，实事求是，注重调查研究，对工作严肃认真，一丝不苟。他白天和群众在田间地头边干活边交谈，晚上召集干部群众座谈，了解掌握了大量的第一手材料，发现有相当一部分干部，靠行政命令去推行工作，有的甚至贪污腐化，如不及时克服，将直接威胁苏维埃政权的巩固。随即向毛泽东、项英等中央政府领导汇报，以求及时解决问题。他的审慎作风和务实态度，遭到"左"倾领导者的错误打击。但他始终以一个共产党员的党性原则严格要求自己，坚持从大局出发，忍辱负重，努力做好组织分配给自己的工作。

1934年10月，中央红军主力长征后，何叔衡奉命留在中央革命根据地坚持游击战争，经受了严峻的生死考验。1935年2月24日，从江西转移福建途中，在长汀突围战斗时壮烈牺牲，实践了"我要为苏维埃流尽最后一滴血"的誓言，时年59岁。1937年在延安纪念中国共产党成立16周年大会上，毛泽东在为牺牲同志默哀的名单中念到何叔衡的名字时，大家莫不为这位党内的革命长者的牺牲而深感悲痛。

中国共产党最早的党员之一——陈潭秋

陈潭秋，1896年1月生，湖北黄冈人，早年在湖北武昌省立一中学习，1916年进入国立武昌高等师范学校英语部学习，参加五四爱国运动，学习和宣传马克思主义。同年秋与董必武筹办武汉中学，任英文教员。在他们的努力下，这所学校团结了一批进步教员，培养了一批革命青年。

1920年秋，陈潭秋与董必武等发起建立武汉的中国共产党早期组织，是中国共产党最早的党员之一。同年参与组织社会主义青年团，在武汉的大中学校建立读书会，组织师生阅读《新青年》、《共产党宣言》等书刊，传播马克思主义。

1921年7月，陈潭秋出席中国共产党第一次全国代表大会。9月，任中国劳动组合书记部武汉分部负责人，后任中共武汉地方委员会委员，武汉区执委委员长、组织委员。1923年发动和领导京汉铁路工人大罢工，后到安源从事工人运动和建党工作，任中共安源地委委员。第一次国共合作时期，认真贯彻党的统一战线政策，参加了国民党湖北省党部的筹建工作，任国民党湖北省执委会组织部长，为开展工农群众运动，迎接国民革命军北伐，作出了重要贡献。此后，陈潭秋先后担任中共湖北区委组织部长、宣传部长。

大革命失败后，在严酷的白色恐怖下，陈潭秋努力恢复重建党的组织，坚持秘密斗争，先后担任中共江西省委书记、山东临时省委负责人、满洲省委书记、江苏省委秘书长，以及党的五届、六届中央候补委员等职，领导各地的工人运动、学生运动和兵运工作，为党的事业四处奔波。

1933年初，陈潭秋到中央苏区工作。同年6月，任福建省委书记。1934年1月，在瑞金召开的中华苏维埃共和国第二次代表大会上，他被选为中央执行委员和中央政府粮食部部长。在国民党军的严密封锁和军事"围剿"的极其困难条件下，为保证中央苏区和红军的粮食供应，作出重要贡献。1934年10月，中央红军主力长征后，陈潭秋留中央苏区坚持游击战争，任中共苏区中央分局委员兼组织部长。1935年8月赴莫斯科参加共产国际第七次代表大会。会后入莫斯科列宁学院研究班学习，并参加中国共产党驻共产国际代表团的工作。

1939年5月，他化名徐杰，回国任中共中央驻新疆代表和八路军驻新疆办事处负责人。他和毛泽民、林基路等共产党员一起，正确执行党的抗日民族统一战线政策，团结新疆各族人民，同新疆军阀盛世才进行了有理有利有节的斗争，为发展新疆的经济、文化建设，开展抗日救亡运动，作出了突出贡献。

1942年，盛世才公开投靠蒋介石，实行白色恐怖。陈潭秋向党中央建议将在新疆工作的干部调回延安，以保存革命力量。同时，组织在新疆的共产党员整风学习，进行革命气节教育，要求共产党员要有足够的精神准备，随时可能被捕，要坚定富贵不能淫、贫贱不能移、威

陈潭秋烈士之墓

武不能屈的革命意志。

1942年9月17日，陈潭秋被捕。敌人对他施以惨无人道的酷刑，逼迫他声明"脱党"。他始终坚贞不屈，痛斥反动派消极抗日、积极反共反人民的罪行，正气凛然地宣传共产党的抗日民族统一战线政策。1943年9月27日，陈潭秋和毛泽民、林基路等一起被军阀盛世才秘密杀害，时年47岁。由于消息隔绝，在1945年召开的党的七大上，他仍被选为中央委员。新中国成立后，陈潭秋的遗骨被安葬在新疆维吾尔自治区乌鲁木齐市南郊烈士陵园。

视死如归的革命者——陈延年

1927年7月4日晚，国民党反动军警将一个年轻的革命者押赴刑场。面对敌人的屠刀，这位革命者昂首挺胸，镇定自若，视死如归。敌人喝令他跪下，他巍然屹立，毫不理会。几个行刑的刽子手强行把他按下去。但是，刽子手们刚一松手，这位革命者一跃而起，再次昂然挺立。刽子手恼羞成怒，一拥而上，再次将他强按在地，以乱刀残忍地将他杀害。这位壮烈牺牲的革命者就是共产党员陈延年。

陈延年，安徽怀宁人，陈独秀长子，生于1898年。1917年考入震旦大学攻读法科。1919年12月，陈延年和一批热血青年赴法国勤工俭学。在法国期间，陈延年阅读了《共产党宣言》、《社会主义从空想到科学的发展》等大量马克思主义著作，研究俄国十月革命，逐渐对马克思主义唯物史观、剩余价值理论、阶级斗争和无产阶级专政学说，有了较深刻的理解。同时，他与蔡和森、周恩来、赵世炎等人在法国领导和参加的几次实际斗争，使他对社会革命有了切身感受。这促使他毅然摒弃原先信仰的无政府主义，转而信仰马克思主义。1922年6月，陈延年与赵世炎、周恩来等一起创建旅欧共产主义组织——中国少年共产党，并担任宣传部长。同年秋，加入法国共产党，不久转为中国共产

陈延年

党党员。赵世炎、周恩来、陈延年等被选为中国共产党旅欧支部领导成员。1923年3月，陈延年受党派遣进入莫斯科东方劳动者共产主义大学学习。

1924年夏，由于国内形势发展的需要，党急需大批干部领导群众开展革命斗争，党中央决定抽调旅俄旅法的同志回国工作。同年10月，陈延年回国后被党中央派赴广州，先后任社会主义青年团中央驻粤特派员、中共广东区委秘书兼组织部长。不久，又任命陈延年接替周恩来任中共广东区委书记。在广东期间，陈延年派遣大批同志分别奔赴广东、香港、广西、福建南部开展革命活动，发展党员，建立党的组织。在不到两年时间里，党的组织迅速在广东、香港、广西和闽南建立起来，党员数量从原有的几百人发展到5000多人，占当时全国党员总数的1/3左右。

上海五卅惨案发生的第二天，陈延年主持召开广州市党团员大会，决定迅速发动群众进行反帝斗争，声援上海人民。随后，陈延年又主持广东区委会议，决定发动香港和广州沙面租界工人大罢工。1925年6月，由中共广东区委陈延年、苏兆征、邓中夏等领导的震惊中外的省港大罢工开始了。省港大罢工共坚持了16个月，直到1926年10月胜利结束。

在国共合作的大革命中，以陈独秀为首的党中央对国民党右派的进攻，采取了妥协退让政策。陈延年坚决反对，他以中共广东区委的名义报告党中央，要求中央坚决抛弃对国民党右派的妥协退让政策，并表示虽然自己和陈独秀是父子关系，"但我是共产党员，我坚决反对妥协退让的右倾机会主义错误"。1927年4月，陈延年赴武汉参加党的五大时，中央任命他接任中共江浙区委书记。他当即转赴上海，途中上海发生四一二反革命政变。陈延年虽未能出席党的第五次全国代表大会，但是仍被大会选为中央委员和政治局候补委员。

1927年6月，中共中央撤销江浙区委，分别成立江苏省委和浙江省委，陈延年任中共江苏省委书记。在极为严重的白色恐怖笼罩下的上海，陈延年和赵世炎等不顾危险，部署工作，寻找失散的同志，恢复和重建党的组织，积极开展斗争。6月26日，陈延年遭国民党军警逮捕。敌人为了得到上海中共党组织的秘密，对陈延年用尽酷刑，将他折磨得体无完肤，逼迫他供出上海党的组织。但陈延年以钢铁般的意志，严守党的机密，宁死不屈。敌人无计可施，从他身上得不到任何东西，遂残忍地将他杀害。陈延年牺牲时年仅29岁。

杰出的工人运动领导人——苏兆征

苏兆征,1885年出生于广东香山(出生地今属珠海市)一个贫苦的农民家庭。1903年起在香港外轮上做杂役,并因此接触经常乘船奔走革命的孙中山。在孙中山帮助鼓励下,苏兆征于1908年加入了同盟会。

1921年3月,在苏兆征、林伟民等积极筹建下,中华海员工会联合总会在香港成立。1922年1月,饱受压迫剥削的香港海员工人,在苏兆征、林伟民等领导下,举行了震惊中外的香港海员大罢工,成为中国共产党成立后第一次罢工高潮的新起点。之后,罢工的海员工人陆续回到广州,在广州设立了罢工总办事处,苏兆征被选为总务部主任,后被推举担任代理会长职务,负责全面的领导工作,并出任谈判代表。他不为英国殖民主义者的高压政策所动摇,也不为资本家的甜言蜜语所迷惑,坚定沉着,机智果敢,紧紧依靠广大海员,领导罢工取得了胜利。

1925年3月,苏兆征加入中国共产党。同年5月,第二次全国劳动大会在广州举行,大会成立了中华全国总工会,苏兆征当选为执行

苏兆征塑像

委员。上海五卅惨案发生后,为抗议帝国主义屠杀我同胞的罪行,在苏兆征、邓中夏等共产党人领导下,香港和广州于6月19日举行了举世闻名的省港大罢工。工人们一致推举苏兆征为罢工委员会委员长,兼财政委员会委员长。省港大罢工坚持了一年零四个月,沉重打击了帝国主义势力,在中国工人运动史上写下了光辉一页。1926年1月,苏兆征在全国海员第一次代表大会上当选为总工会执委会委员长。5月1日,第三次全国劳动大会在广州召开,苏兆征被选为全国总工会执委会委员长,成为全国工人所拥戴的领袖。

1927年四一二反革命政变后,苏兆征出席在武汉召开的党的五大,当选为中央

政治局候补委员。会后，他与刘少奇、李立三主持召开了第四次全国劳动大会，对国民党新军阀屠杀共产党员和革命群众、摧残工会的罪行提出强烈抗议，明确宣布："无论付出多大牺牲，中国无产阶级将坚持斗争到底！"为挽救革命，党中央在汉口召开紧急会议，即八七会议。会议确定了土地革命和武装反抗国民党反动派的总方针，选出了新的临时中央政治局，苏兆征当选为中央临时政治局委员，他与瞿秋白、李维汉一起被选为中央政治局常委，成为党的核心领导之一。会后，苏兆征到上海参加党中央领导工作，负责管理中央财务小组和全国总工会。

1928年春，苏兆征赴苏联参加赤色职工国际第四次代表大会和共产国际第六次代表大会，均当选为执委会委员，并当选为农村工会国际副委员长，成为国际职工运动中享有威望的领导人之一。在莫斯科期间，苏兆征出席了党的六大，仍当选为中央政治局委员、常委。

长期艰苦的斗争和紧张的工作，使苏兆征积劳成疾。1929年2月25日，苏兆征不幸病逝。第二天，中共中央政治局向全党发出悼念苏兆征的通告，指出：苏兆征同志在工作中，充分表现了无产阶级的艰苦卓绝精神和坚决的政治意识，他的革命精神，是全党的模范，全党要学习苏兆征的革命精神，向前奋斗。

头可断，志不可夺——杨闇公

"你们只能砍下我的头，可绝不能丝毫动摇我的信仰。我的头可断，志不可夺！"这是杨闇公在牺牲前怒斥敌人的话，表现了一个共产党员坚守自己的信念，宁死不屈的大无畏革命精神。

杨闇公，又名杨尚述，四川潼南人，生于1898年3月10日。从小受到爱国主义教育，立志救国，1913年入南京军官教导团学习。1917年东渡日本留学，开始接触到《资本论》等马克思主义著作。1919年五四运动的消息传到日本后，杨闇公积极参加留日中国学生和华侨举行的集会和请愿示威，被日本警视厅以所谓"违反治安罪"判刑八个月。

1920年秋，杨闇公回国。1922年，他在成都

杨闇公

加入中国社会主义青年团。1924年1月12日,他与吴玉章等在成都成立中国青年共产党。1924年秋,杨闇公任中国社会主义青年团重庆地方执行委员会组织部长。同年冬,加入中国共产党。1925年10月,中共四川地方委员会成立,杨闇公被选为书记。

1926年冬季,杨闇公领导四川党组织,一方面大力发展工农运动,一方面把注意力集中于军事斗争。同年11月,中共四川地方执行委员会军事委员会成立,杨闇公任书记。12月上旬,杨闇公参与策动驻泸州、顺庆的川军举行起义,有力地支持了北伐战争。

1927年春,四川反动军阀与蒋介石勾结起来,加紧策划对共产党人和革命群众实行大屠杀。3月31日,在杨闇公等主持下,重庆市群众在打枪坝集会,抗议英、美帝国主义军舰炮轰南京城的罪行。四川军阀刘湘派军警对集会群众血腥镇压,酿成惨绝人寰的重庆三三一惨案。惨案发生之后,杨闇公受到敌人的追捕。4月4日,杨闇公在赴武汉的"亚东"轮船上被刘湘派出的便衣特务抓捕,4月6日深夜在重庆浮图关遇害,时年29岁。

为信仰奋斗,为真理献身——萧楚女

1964年初夏,毛泽东同志在一次关于教育的谈话中,曾回忆起当年广州农民运动讲习所的教员、共产党员萧楚女,毛泽东深情地说:"我是很喜欢他的,农民运动讲习所的教书,主要靠他。"

萧楚女1893年出生于湖北汉阳鹦鹉洲的一个贫困家庭。青少年时期,萧楚女勤奋好学,博览群书,坚持自学了当时中学的理科课程,当他到武汉中华大学旁听讲课时,结识了恽代英等青年运动领袖,1922年夏天,萧楚女由恽代英、林育南介绍参加了中国共产党,立志献身无产阶级革命事业。

此后,萧楚女根据党的指示,先后到四川泸州、重庆、万县等多所中学和师范学校任教,在教学活动中传播革命思想,深受学生敬爱。

萧楚女没有上过正规大学,但博学多才,他马列主义水平很高,是中国共产党早期革命刊物的创办者。他曾在四川兼任《新蜀报》的主笔,宣传马克思主义,揭露军阀的黑暗统治和帝国主义的残酷掠夺。他曾在上海协助恽代英编辑《中国青年》,号召青年学习马克思主义,积极投身革命斗争。他曾赴河南协助中共豫陕区委书记王若飞工作，主编党的机关报《中州评论》。他也曾在大革命时期的广州，协助毛泽东编辑过《政治周报》。他的文章笔锋犀利，战斗性很强，在社会各界影响很大。

1924年至1925年，萧楚女与反对马克思列宁主义关于阶级和阶级斗争学说的戴季陶主义和国家主义派作了坚决斗争。他在《中国青年》杂志发表了一系列文章，到一些大学演讲，并奋笔疾书，出版了《国民革命与中国共产党》和《显微镜下之醒狮派》等专著，无情地批驳了国家主义派和戴季陶主义宣扬的阶级调和及阶级斗争熄灭论，捍卫了马克思主义的真理。

1926年5月，毛泽东在广州举办第六届农民运动讲习所，萧楚女任专职教员。他负责讲授的《帝国主义》、《中国民族革命运动史》和《社会问题与社会主义》三门课没有现成的讲义，萧楚女就自己动手编写出了三本教材，受到毛泽东的高度赞扬。农讲所结束后，萧楚女于11月间到黄埔军校任政治教官，参加指导全校的政治工作，是黄埔最受欢迎的政治教官之一。

萧楚女

1927年春，蒋介石向革命者举起了屠刀，在各地制造反革命惨案，萧楚女夜以继日地撰文揭露反动派的罪恶。因过度劳累，肺病恶化，住进广州东山医院治疗。4月15日，萧楚女被反动军警从病房强行拖走关进监狱。7天后，蒋介石便电令将年仅34岁的萧楚女秘密处决。

萧楚女生前在农讲所和黄埔军校，经常形象地自喻是以宁愿毁灭自己来照亮别人的"蜡烛"，启发学生在有限的一生中发出光与热，给人以光明与温暖。萧楚女牺牲已经70多年了，但他倡导的"蜡烛精神"至今仍然在激励着一代又一代的共产党人。

一心永为党——杨殷

杨殷，1892年8月生，广东中山人。1910年考入广州圣心书院读书。1911年肄业，加入孙中山领导的同盟会。1917年起在广州任孙中山军政府卫队副官，兼大元帅府参军处参谋。1922年秋加入中国共产党。同年底被派往苏联参观、学习。

1923年回国后，在广东从事工人运动，并根据国共合作的需要任国民党广州市第四区分部执委兼秘书。1924年春，受中共广东区委派遣，到粤汉、广九、广三铁路从事工人运动。他深入铁路工人中，相继在这几条铁路工人中建立了总工会和党的基层组织，使广东铁路工人逐渐成为一支坚强的革命力量。同年冬，他到香港开展工人运动。1925年1月，在上海出席党的四大，并在大会上介绍广东工人运动的情况。同年3月起任全国铁路总工会广州办事处顾问。

1925年上海五卅惨案发生后，同年6月，以周恩来、谭平山、罗亦农、陈延年等人组成的中共广东临时委员会指派邓中夏、杨殷、杨匏安、苏兆征等组成"党团"，组织领导广州、香港两地工人的大罢工，声援上海。杨殷利用在广州、香港的社会关系，深入工会和工人群众中做组织发动工作。省港大罢工爆发后，杨殷作为组织者和领导者之一，带领部分罢工工人从香港回到广州，为省港大罢工坚持斗争达一年零四个月，最终取得胜利作出了重要贡献。

杨殷

1926年起，任中共两广区委委员、区委监察委员会书记。1927年党的八七会议后，任中共广东省委常委兼省革命军事委员会主任、中共中央南方局委员。同年12月参与领导广州起义，负责总指挥部参谋团的工作，并在一线指挥战斗，曾率领敢死队攻下了当时敌人重要据点广州市公安局。广州起义成立了广州苏维埃政府，张太雷任政府代主席，杨殷任政府肃反人民委员。张太雷牺牲后，杨殷被任命为广州苏维埃政府代主席。起义失败后，他积极组织退却，做了大量的善后工作。

1928年7月，杨殷在中共六大上当选为中共中央政治局候补委员、候补常委，任中共中央军事部部长。会后，他从苏联回国到上海。同年11月起任中央政治局委员、常委。1929年1月起任中共中央军事部部长、中共中央军委委员、中共中央军委主任兼中共江苏省委军事部长。在上海工作期间，他与周恩来、蔡和森、苏兆征、李立三等领导人一起，经常研究部署各地的武装斗争和红军的领导工作。他曾亲自到山东、安徽、江苏等地，指导武装斗争，建立和发展革命武装，严惩出卖革命的叛徒和内奸，回击国民党特务的暗杀和破坏。

1929年8月24日,由于叛徒告密,杨殷与彭湃等一批共产党人在上海被捕。国民党军警察特务对他们软硬兼施,企图迫使他们屈服,从他们口中得到党的核心机密。他与彭湃等经受住了敌人的百般拷打与折磨,保持了共产党员宁死不屈的崇高气节。他们知道敌人不会放过他们,在给党中央的信中说:"我们已共同决定临死时的宣说词了。我们未死的那一秒以前,我们努力做党的工作,向士兵宣传,向警士宣传,向狱内群众宣传。"表现了共产党员至死不渝的理想信念。8月30日,杨殷与彭湃等被反动当局秘密杀害于上海龙华。

1933年10月,中华苏维埃共和国中央革命军事委员会决定,将中国工农红军第一步兵学校命名为中国工农红军彭(湃)杨(殷)步兵学校。

生死为革命——王尔琢

1928年10月中旬,在为中国工农红军优秀指挥员王尔琢举行的追悼会上,毛泽东、朱德高度评价了王尔琢为革命所作的贡献。会场上悬挂着由毛泽东拟稿、陈毅书写的挽联:"一哭尔琢,二哭尔琢,尔琢今已矣!留却重任谁承受?生为阶级,死为阶级,阶级后如何?得到胜利始方休!"

王尔琢,1903年生,湖南省石门县人。1920年考入长沙省立甲种工业学校,参加过进步学生运动。1924年考入黄埔军校第一期,同年秋加入中国共产党。毕业后任学生队分队长、营长,参加平定广州商团叛乱和讨伐军阀陈炯明的两次东征。

1926年王尔琢参与国民革命军第三师的改编工作,任东路先遣军党代表,参加北伐战争。参与指挥东路先遣军挺进江西、进军浙江、攻入上海。蒋介石派亲信以军长职位拉拢王尔琢,遭到严词拒绝后,遂密令逮捕东路先遣军中的共产党员。在东路先遣军司令李明扬的帮助下,该军的中共党员得以安全离开。王尔琢脱险后,在中共上海区委领导下从事工人运动。

王尔琢

1927年7月,王尔琢任国民革命军第四军第二十五师第七十四团参谋长。8月率该团重机枪连参加南昌起义。起义后任第七十四团团长，随部队南下广东。10月底，南昌起义军余部在江西大庚整编成一个纵队，王尔琢任参谋长，与朱德、陈毅等率部转战闽粤赣湘边，坚持武装斗争。1928年1月，王尔琢参加领导湘南起义，任工农革命军第一师参谋长。同年4月，工农革命军第一师与湘南各县的农军向井冈山转移，下旬在江西宁冈县砻市与毛泽东领导的湘赣边秋收起义部队会师，成立工农革命军第四军（后改称工农红军第四军），王尔琢任参谋长兼第二十八团团长，协助毛泽东、朱德指挥红四军取得草市坳、龙源口等战斗的胜利，粉碎了国民党军发动的两次大规模"进剿"。

5月中旬，国民党军五个团对井冈山根据地发动第三次"进剿"。王尔琢率第二十八团和第三十一团一个营奔袭永新，在草市坳与敌1个团遭遇，经两个小时激战，将敌全歼。然后一鼓作气攻进永新，再歼国民党军一个师部，击伤师长杨如轩。6月下旬，国民党军又调集五个团，以第九师师长杨池生为总指挥，对井冈山革命根据地进行第四次"进剿"，在占领永新后，以主力三个团分左右两路进犯宁冈。王尔琢率第二十八团向进占老七溪岭制高点的国民党军右路两个团发起多次猛攻，将其击溃。随即直插龙源口，切断了左路国民党军的退路，并协同第二十九团等部将其一个团歼灭于龙源口地区。王尔琢率第二十八团英勇作战，成为纵横井冈山的一员骁将，为保卫和发展井冈山革命根据地作出了重大贡献。

8月中旬，王尔琢率第二十八团由湘南地区回师井冈山。25日，担任前卫第二营营长的袁崇全，胁迫、欺骗一个步兵连和一个迫击炮连叛逃。王尔琢闻讯后立即率警卫排追赶。当追至江西崇义思顺圩时，王尔琢努力做叛逃官兵的工作，两个连的官兵又回到了革命队伍中。而王尔琢却遭袁崇全开枪射击，英勇牺牲，年仅25岁。

革命者是杀不绝的——冯平

冯平，1899年3月出生于海南省文昌县。五四运动时期，他带领海南的进步青年学生投身革命洪流。1923年，冯平被中共中央选送到苏联，与聂荣臻等人一起在莫斯科东方大学学习。1924年10月，被中共旅莫支部吸收加入中国共产党。1925年8月回国，到广东省农民协会工作。1926年初，冯平受党委托回琼开展革命宣传和组织工作。

1927年琼崖四二二事变后,冯平任中共琼崖特委委员兼军事部长、琼崖讨逆革命军总司令,参加领导全琼武装总暴动,创立工农革命武装。后任中共琼崖特委军委主任兼琼崖工农革命军司令、琼崖工农革命军总西路军总司令,领导琼崖西路的澄迈、临高、儋县三县开展武装斗争,发展革命力量,开辟、扩大农村革命根据地。

冯平

1928年3月,广东省国民党反动当局派第十一军第十师及谭启秀独立团4000余人对琼崖苏区和红军进行"围剿",冯平被迫率部转移。由于叛徒出卖,5月9日,冯平在琼山县西昌地区仁教岭被国民党军包围,弹尽负伤被捕。敌人把冯平绑在竹椅上抬着"示众"。冯平毫无惧色,对前来围观的数千名群众进行革命宣传:"父老兄弟们!革命不怕死,怕死不革命,杀了一个冯平,还有千万个冯平!革命是杀不绝的,共产主义一定会实现!"1928年7月4日,冯平在澄迈县金江镇英勇就义,时年29岁。

湘鄂西红军和苏区创建人——周逸群

周逸群是湘鄂西红军和苏区创建人、中国工农红军高级将领。毕生为党工作,矢志不渝。他说:"只要我一天活着,我就一天不停止党的工作。""我们共产党员,要像铁一样硬,钢一样强。"

周逸群,原名周立凤,1896年生,贵州铜仁县人。1919年赴日本留学。1923年回国,在上海参加创办《贵州青年》旬刊,宣传反帝反封建思想。1924年10月入黄埔军校第二期学习。同年11月加入中国共产党。积极从事青年军人运动的宣传和组织工作,任"青年军人联合会"主任,被称为"黄埔岛上的一颗新星"。1926年参加北伐战争,在国民革命军贺龙部任师、军政治部主任。1927年8月参加南昌起义,起义军南下后任第二十军第三师师长。曾介绍贺龙加入中国共产党。起义军在广州潮汕地区失利后辗转到达上海。

1928年1月，周逸群任中共湘西北特委书记，与贺龙赴湘西北地区开展武装斗争，途中参与领导鄂中鄂西地区年关暴动和桑植起义。3月上旬到达湘西桑植洪家关，与贺龙一起组织工农革命军，举行桑植起义。起义受挫后转往石首，重建中共鄂西特委，任书记。他统一鄂西地区党的领导和军事指挥，组织游击队、赤卫队，在洪湖、白露湖和华容东山一带开辟了若干块游击根据地。1929年春，把江陵、监利等县游击武装整编成鄂西游击大队，后扩编为鄂西游击总队，兼任总队长，领导鄂西地区军民。12月，主持召开鄂西地区中共第二次代表大会，制定并通过《关于鄂西党目前的政治任务与方针》、《关于军事问题》等项决议案，推动了鄂西地区革命斗争的继续发展。

周逸群

1930年2月，周逸群领导组建中国工农红军第六军，兼任政治委员，与军长旷继勋率部连克潜江、郝穴、调弦口等城镇。4月主持召开鄂西第一次工农兵代表大会，成立鄂西苏维埃联县政府。7月率红六军与红四军在公安县会师组成红二军团，任军团政治委员、中共前委书记，与贺龙领导创建以洪湖为中心的湘鄂西苏区。9月，调任中共湘鄂西特委代理书记兼湘鄂西苏维埃联县政府主席。在红二军团主力南征、国民党军重兵"围剿"的极端困难情况下，领导组建江左、江右军两个指挥部和独立团，与段德昌指挥部队依靠苏区人民，开展机动灵活的游击战，相继取得第一、第二次反"围剿"斗争的胜利。

1931年5月，周逸群由洞庭湖特区返回江北汇报工作，途经湖南岳阳贾家凉亭时，遭国民党军伏击，不幸壮烈牺牲，时年35岁。

革命者要不怕难，不怕死——韦拔群

邓小平曾为百色起义领导人、中国工农红军高级将领韦拔群题词："韦拔群同志以他的一生献给了党和人民的事业，最后献出了他的生命。他不愧为是无产阶级和劳动人民的英雄，他不愧是名副其实的人民群众的领袖，他不愧是一个模范的共产党员!"

韦拔群,1894年生,广西东兰人,壮族。早年就读于广西法政学堂。1916年初在贵州入讨伐袁世凯的护国军,参加了护国战争。后入贵州讲武堂学习,毕业后到黔军任参谋。在五四运动影响下,1920年离开黔军到广州加入"改造广西同志会",次年回东兰从事农民运动,先后组织"改造东兰同志会"(后称农民自治会)和"国民自卫军"(后称农民自卫军),把农民运动和武装斗争逐渐结合起来。1923年夏秋指挥农军三打东兰县城,赶跑县知事和团总。1925年初入广州农民运动讲习所学习,结业后回东兰继续从事农民运动,主办农讲所,培养骨干,发展农会和农民武装,把农民运动推向整个右江地区。1926年领导成立东兰县革命委员会,任主任,同年冬加入中国共产党。1927年大革命失败后,仍在当地坚持武装斗争。

1929年12月,韦拔群参与领导百色起义,建立右江苏区,任右江苏维埃政府委员、中国工农红军第七军第三纵队司令员。正当右江苏区和新生的红色政权不断巩固之时,红七军奉命开赴中央苏区。1930年10月,红七军集中在广西河池整编,把原来的三个纵队改编为三个师,韦拔群任第二十一师师长,率部留守右江苏区。他坚决服从党的决定,并把第二十一师1000多名精壮官兵补充到即将远征的两个主力师,表现出以全局利益为重的崇高品质。

韦拔群

红七军主力离开右江苏区后,韦拔群带领百余人回到右江,投入到坚持苏区的斗争。他把东兰、凤山、都安等县的地方武装共2000多人补充到主力部队,使第二十一师迅速扩充到四个团和两个独立营,使右江地区又有了坚持武装斗争的骨干力量。从1931年春到11月,桂系军阀白崇禧指挥数千国民党军队,对右江苏区进行了两次大规模"围剿"。韦拔群指挥根据地军民,在极其艰苦的条件下坚持游击斗争,粉碎了国民党军的"围剿"。1932年8月,白崇禧坐镇东兰,指挥国民党军近万人,在当地民团的配合下,对右江根据地的中心——东兰县西山进行了空前规模的围剿。面对越来越严重的敌情,韦拔群毫不畏惧,从容对敌,指挥根据地军民给进犯的国民党军以重大杀伤。白崇禧见军事"围剿"没有奏效,就一面增加兵力,一面在革命阵营内部收买意志薄弱者,企图暗杀韦拔群。作为一名坚定的革命者，韦拔群早将生死置之度外。他一家20人，有10多人包括他的儿子韦述宗惨遭敌人杀害。但这些都没有动摇他的革命意志，他坚定地说："革命者要不怕难，不怕死，坚决为人民的利益牺牲自己的一切。"10月19日凌晨，韦拔群被叛徒杀害于广西东兰赏茶洞，时年38岁。

铁骨铮铮为革命——段德昌

段德昌是中国工农红军高级指挥员、军事家。1904年8月出生于湖南南洲（今南县）九都山九屋厂。1922年入长沙雅各中学读书，参与组织马克思主义学习小组，进行爱国学生运动。1924年和何长工一起在华容创办新华中学，传播进步思想。1925年五卅惨案发生后，他和进步青年发起组织了"青沪惨案南县雪耻会"，经常到县城沿河码头和交通要道，查禁洋货，严惩奸商。6月加入了中国共产主义青年团，9月转入中国共产党。后到广州，先后入黄埔军校第四期和中央政治讲习班学习。1926年6月毕业后，到国民革命军第八军第一师政治部工作，参加北伐战争。

1927年大革命失败后，在中共中央八七会议确定的实行土地革命和武装起义方针指导下，他按照中共湖北省委的指示，转入鄂西一带农村，从事农民运动。曾任中共公安县委书记，领导该县年关暴动，组织农民武装，开展游击战争。曾介绍国民党军湖南独立第五师第一团团长彭德怀加入中国共产党。

段德昌

从1928年6月起，任中共鄂西特委委员，鄂西游击总队参谋长、独立师师长，率部在监利、沔阳交界地区创建游击根据地。1930年2月，中国工农红军第六军在监利县汪家桥成立，段德昌任副军长兼第一纵队司令。此后，他和军长旷继勋、政治委员周逸群率红六军驰骋荆江两岸，创建以洪湖为中心的湘鄂西苏区，使江陵、石首、监利、沔阳、潜江等县的苏区基本连成一片。同年7月，红二军团成立，段德昌任红六军政治委员，不久改任军长。先后率部参加东进和南下作战，连克华容、南县、公安等地，扩大了苏区。12月初，红二军团在杨林市作战失利，他收拢一部分失散的红军战士和伤病员返回洪湖，并很快同湘鄂西特委书记周逸群取得联系，把先后回到洪湖苏区的近千名红军战士集中起来，组建新六军（后改为独立团），他任军长，周逸群任政委。在国民党军重兵"围剿"的严峻形势下，采取"避其主力，打其虚弱"的战术，在运动中灵活机动地歼灭敌人，相继挫败了国民党军第一、第二次"围剿"，恢复和巩固了洪湖苏区，壮大了红军和地方武装力量。1931年4月，红二军团奉令改编为红三军，段德昌任红九师师长。同年11月，被选为中华苏维埃共和国临时中央政府执行委员。

1932年上半年，段德昌率领红九师，采取游击战和运动战相结合的方法，连续取得了龙王集、文家墩、新沟嘴等战斗的胜利，保卫和扩大了苏区。是年秋，由于"左"倾冒险主义的错误指导，未能挫败国民党军第四次"围剿"，第三军被迫离开洪湖苏区。他率领红九师担负阻击、断后等艰巨任务，经豫西南、陕南、川鄂边，转战3500余公里，于12月下旬到达湘鄂边。在此期间，他坚决反对"左"倾冒险主义的领导，1933年在"肃反"中遭诬陷，5月1日被杀害于湖北巴东县金果坪江家村，年仅29岁。中华人民共和国成立后，毛泽东主席为其亲属签发了中央人民政府第一号《革命牺牲军人家属光荣纪念证》。

"龙潭三杰"之一——钱壮飞

周恩来曾多次满怀深情地提起这样一个名字：钱壮飞。他说，要不是钱壮飞同志，我们这些人都会死在国民党反动派手里。钱壮飞同志在对敌斗争中立下的丰功伟绩，的确使我们的党少走了弯路，全党将永远纪念他。钱壮飞作为党的重要情报工作人员，为保卫在上海的党中央机关的安全做出了卓越贡献。

钱壮飞，1896年生，浙江湖州人。1915年考入北京医科专门学校，1919年毕业后在北京的京绥铁路医院工作。1926年加入中国共产党。他利用做医生的有利条件，进行党的秘密工作。经常把党的文件和情报装在医用皮包或药箱里，以出诊为名送到党的机关和同志们的秘密住处。

1929年底，钱壮飞按照党的指示，打入了国民党中央组织部党务调查科，任调查科主任徐恩曾的机要秘书。国民党党务调查科，其主要工作是反共和对付国民党内的反蒋势力，并逐步演变成了势力庞大的特务系统。全国抗日战争开始后，在调查科的基础上建立了臭名昭著的国民党中央执行委员会调查统计局，即"中统"的特务组织。

同时，中央决定由打入敌人内部的李克农、钱壮飞、胡底三人成立一个特别党小组，李克农任组长，由中央特科情报科长陈赓负责联系。他们三人战斗在敌人心脏，被誉为我党情报战线著名的"龙潭三杰"。

1931年4月25日晚，正独自值班的钱壮飞一连收到武汉发给徐恩曾的特急密电六封，他当机立断拆译密电。原来，长期负责中共中央机关保卫工作的顾顺章在武汉被捕叛变，要将在上海的中共中央机密全数供出。这一情况令钱壮飞极为震惊。他知道顾顺章也了解自己的情况。千钧一发之际，他不顾个人安危，及时将情况报告给党中央，冷静地通知中央机关和相关同志尽快撤离。26日早晨，钱壮飞像平常一样，若无其事地把这些密电当面交给徐恩曾后，从容不迫地离开敌营。接到钱壮飞的情报，周恩来指挥在上海的中共中央各机关立刻采取行动，中共中央、中共江苏省委和共产国际远东局的机关立即全部转移。钱壮飞为保卫中共中央机关的安全做出了重大贡献。

钱壮飞

随后，钱壮飞进入中央革命根据地，历任中央革命军事委员会政治保卫局局长、总参谋部第二局局长等。1934年10月参加长征。1935年遵义会议后被任命为红军总政治部副秘书长。同年4月牺牲于贵州省金沙县后山乡，时年39岁。

井冈会师牵线人——毛泽覃

毛泽覃，1905年9月生，湖南省湘潭县韶山冲人。幼时曾读过私塾，后就读于湘乡东山小学。1918年，随长兄毛泽东到长沙，进入湖南第一师范附属小学学习，同年参加新民学会。1921年7月，他加入中国社会主义青年团，1922年初，进入长沙协均中学读书，在毛泽东的指导下，他组织青年阅读进步书刊，发展和扩大青年团组织，不间断地把革命书刊和宣传品秘密分发给长沙各行业工会和学校。

1923年春，毛泽覃受中共湘区委员会派遣，赴常宁水口山铅锌矿从事工人运动，任工人俱乐部教育股委员兼工人学校教员，同年10月，转入中国共产党。1924年春，他奉调返回长沙，任社会主义青年团长沙地委书记处书记。1925年秋，跟随毛泽东到广州从事革命活动，先后在黄埔军校政治部、中共广东区委、广东省农民协会和省港罢工委员会工作。

1927年5月，毛泽覃从广州秘密转移到武汉，在国民革命军第四军政治部任书记，后随中国共产党人掌握的革命武装叶挺独立团开往江西，参加南昌起义，任起义军第十一军二十五师政治部宣传科科长。起义部队南下后，他随朱德、陈毅所率部队转战闽粤赣湘边。同年冬，被派赴井冈山，联络毛泽东领导的秋收起义部队。

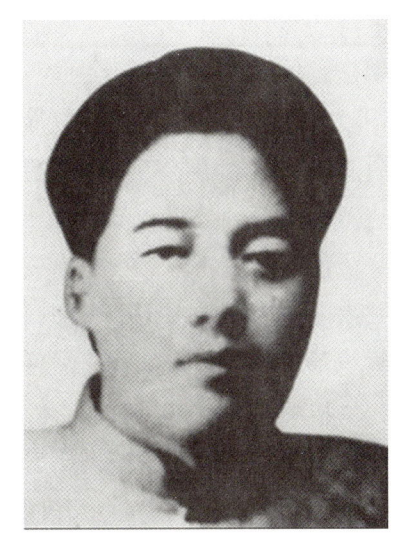

毛泽覃

1928年初，毛泽覃在井冈山根据地随工农革命军参加攻打遂川县城的战斗，后奉命到宁冈大陇进行土地革命试点，在乔林乡建立起宁冈县第一个农村党支部，由他担任党支部书记。这个党支部在土地革命和巩固乡村政权的斗争中，成为井冈山根据地的一面红旗。同年3月中旬，他奉命率特务连前往湘南与朱德、陈毅所率湘南起义部联络。4月，参加朱德、毛泽东领导的井冈山会师。5月，任中国工农红军第四军三十一团三营党代表，参加了龙源口等战斗。

1930年1月，毛泽覃任红六军（后改称为红三军）政治部主任，曾代理军政治委员，与军长黄公略率领全军在赣水两岸开展游击战争，巩固和扩大了赣西南革命根据地。同年10月红军攻下吉安后，任中共吉安县委书记、红军驻吉安办事处主任，曾以特派员身份协助红二十二军军长陈毅率部回师遂川，恢复了这一带的红色区域。1931年6月，任中共永（丰）吉（安）泰（和）特委书记，兼红军独立五师政治委员，在第三次反"围剿"作战中，与师长肖克指挥部队连续取得富田、老营盘等战斗的胜利。1932年，任中共苏区中央局秘书长。其间，与邓小平等一起，同党内"左"倾错误进行了坚决斗争，是著名的邓、毛、谢、古的重要成员。他参加了中央苏区历次反"围剿"作战。由于卓有战功，曾荣获二级红星奖章。

1934年10月，中央红军主力长征后，毛泽覃奉命留在中央革命根据地坚持游击战争，任中共中央苏区分局委员、红军独立师师长、闽赣军区司令员。在极端艰苦的条件下，他率部转战于闽赣边界的崇山峻岭，风餐露宿于山谷密林，不断寻找战机，打击敌人，有力地配合了中央红军主力部队的长征。1935年4月26日，毛泽覃率部在江西瑞金红林山区被国民党军包围，他指挥部队与敌军展开激战，掩护部队和游击队员突围，不幸身负重伤，壮烈牺牲，时年29岁。

1984年8月，邓小平为瑞金毛泽覃烈士纪念塑像题词："毛泽覃同志纪念碑"。

群众领袖　人民英雄——刘志丹

刘志丹，1903年生于陕西保安（今志丹）县。1921年考入陕北联合县立榆林中学，曾任学生会主席，组织领导学生运动。1924年冬加入中国社会主义青年团。1925年春转入中国共产党。同年冬受党指派入黄埔军校第四期学习。1926年秋毕业后参加北伐战争。1927年大革命失败后担任中共陕西省委秘密交通工作。1928年初率一批干部到豫陕边界地区开展农民运动，培养赤卫队骨干。4月参与领导渭华起义，任西北工农革命军军事委员会主席。起义失败后，于1929年春返回陕北，任中共陕北特委军委书记，奉命打入陕北、陕甘边一些军阀部队和民团，开展兵运工作，组织革命武装力量，曾先后任营长、团长、旅长等职。

1931年10月，刘志丹和谢子长等组建西北反帝同盟军，后改编为中国工农红军陕甘游击队，任副总指挥、总指挥，学习井冈山斗争的经验，开辟以照金、南梁为中心的陕甘边苏区。1933年9月任陕甘边红军临时指挥部副总指挥兼参谋长。11月后历任红二十六军四十二师参谋长、师长，率部北上庆阳、合水，与地方武装相互配合，开展游击战争。1934年2月至4月，刘志丹指挥部队九战九捷，以劣势兵力取得了西华池等战斗的胜利，挫败了国民党军对陕甘边苏区的第一次"围剿"，建立了陕甘边工农民主政府，进一步巩固和发展了革命根据地。同年5月任中共陕甘边军事委员会主席，后兼任军政干部学校校长，编写了《军事教育大纲》、《政治工作训令》等教材。

刘志丹

1935年2月，刘志丹任西北革命军事委员会主席。5月，红二十六军、红二十七军会合后组成西北革命军事委员会前敌总指挥部，刘志丹任总指挥，率红二十六军、红二十七军主力，以围点打援、出敌不意、各个击破的战法，经两个多月的机动作战，攻克延长、延川、安定、安塞、保安、靖边6座县城，歼灭大量敌军，粉碎了国民党军对陕甘边苏区的第二次"围剿"。8月，在陕北、陕甘边苏区第三次反"围剿"中，刘志丹指挥红军主力，歼灭国民党晋军1个团，迫使晋军主力撤回黄河东岸。三次反"围剿"斗争胜利后，陕北、陕甘边两块苏区连成一片，成为中共中央和各路北上抗日红军长征之后的落脚点。9月，红二十六军、红二十七军与长征到达陕北的红二十五军会师，组成红十五军团，刘志丹任副军团长兼参谋长。10月参与指挥劳山战役。

中共中央到达陕北后，刘志丹历任西北革命军事委员会后方办事处副主任、红军北路军总指挥兼第二十八军军长、中共中央所在地瓦窑堡警备司令等职。刘志丹经常教育部队顾全大局，绝对服从中共中央的领导和调遣。在他的影响下，陕北红军与中央红军团结一致，共同对敌。周恩来曾高度评价说："刘志丹同志对党忠贞不贰，很谦虚，最守纪律，他是一个真正具有共产主义品质的党员。"1936年3月，刘志丹率红二十八军参加东征战役，在晋西北迭克敌军。4月14日在中阳县三交镇战斗中英勇牺牲，时年33岁。为纪念他，中共中央和陕甘宁边区政府决定将保安县改名为志丹县。

英雄壮举　民族魂魄——"八女投江"

1938年10月，以冷云为代表的东北抗日联军八名女战士，在顽强抗击日本侵略军的战斗中弹尽援绝，毅然投入滚滚江水，为国捐躯。她们是东北抗日联军第二路军第五军妇女团的指导员冷云，班长胡秀芝、杨贵珍，战士郭桂琴、黄桂清、王惠民、李凤善和被服厂厂长安顺福。

冷云，1915年生，黑龙江省桦川县人，1934年加入中国共产党，在佳木斯从事秘密抗日活动。1936年冷云参加东北抗联第五军。1938年夏，与冷云同在第五军的丈夫英勇牺牲，她强忍巨大悲痛，告别刚刚出生两个月的婴儿，随第五军第一师部队西征，任妇女团政治指导员。西征中妇女团的战士们和男战士一样跋山涉水，英勇作战。7月12日参加攻打楼山镇战斗。10月上旬，该部在牡丹江地区乌斯浑河渡

信仰的力量 践行卷

"八女投江"雕塑

口与日伪军千余人遭遇,已行至河边准备渡河的妇女团八名女战士,为掩护大部队突围,毅然放弃渡河,在冷云的率领下,分为三个战斗小组,主动吸引日伪军火力,与敌人展开激战。在背水作战至弹尽援绝、被敌人困死在河边的情况下,面对日伪军逼降,誓死不屈。她们毁掉枪支,挽臂投入滚滚的乌斯浑河,壮烈殉国,表现了中华民族同敌人血战到底的英雄气概。

视死如归 宁死不屈——狼牙山五壮士

抗日战争时期,在河北省易县狼牙山战斗中英勇抗击日伪军的八路军五位英雄,用生命和鲜血谱写出一首气吞山河的壮丽诗篇。他们是八路军晋察冀军区第一军分区第一团第七连第六班班长、共产党员马宝玉,副班长、共产党员葛振林,战士宋学义、胡德林、胡福才。

马宝玉,1920年生,河北蔚县人,1937年卢沟桥事变以后参加八路军,并加入中国共产党。他作战勇猛顽强。胡德林,1917年出生在山西一个贫苦农民家庭,从小失去父母,12岁给地主打长工。胡福才,从小流离失所,行乞度日,记不清自己的身世。共同的革命理想,使他们走到一起,在八路军这个大熔炉里锻炼成长,成为朝夕相处的战友。

1941年8月,日军华北方面军调集7万余人的兵力,对晋察冀边区所属的北岳、平西根据地进行毁灭性"大扫荡"。9月24日拂晓,日伪军3500余人在河北省易县狼牙山地区实施"清剿"。该地区驻有八路军晋察冀军区所属第一军分区机关部队和涞源、易县、徐水、满城四县党政机关及群众数万人。第一军分区第一团第七连奉命掩护机关、部队和群众向老君堂方向转移。该连依托山地地形巧布地雷阵,运用麻雀战阻击和迷惑敌人,完成任务撤离时,留下马宝玉等五人担负后卫阻击,掩护全连转移。

狼牙山五壮士

五位勇士坚定沉着,从25日拂晓一直打到中午,击退了日伪军多次进攻,毙伤90余人。他们边打边撤,来到了一个岔路口:往右的路通往老君堂,如果走这条路,敌人必定跟踪而来,主力部队和群众就暴露了;往左通往棋盘陀,到了那里无路可退,但可保证主力部队和群众的安全。马宝玉思索片刻,迅速下定决心:"宁可牺牲自己,也要把敌人引向绝路!"他们沿着崎岖的小路,向棋盘陀攀去。敌人误认为咬住了八路军主力,遂跟踪追击。五位战士一直坚持战斗到黄昏。面对步步逼近的日伪军,他们宁死不屈,毁掉枪支,纵身跳下数十丈深的悬崖。马宝玉、胡德林、胡福才壮烈殉国,葛振林、宋学义被山腰树枝挂住,身负重伤,被老乡们救起,幸免于难。

马宝玉等五位战士的壮举,表现了崇高的爱国主义、革命英雄主义精神和坚贞不屈的民族气节，被人民群众誉为"狼牙山五壮士"。晋察冀军区领导机关授予三名烈士"模范荣誉战士"称号，并追认胡德林、胡福才为中国共产党党员；通令嘉奖葛振林、宋学义，并授予"勇敢顽强"奖章，宋学义光荣加入中国共产党。

为纪念和表彰五位抗日英雄，当地革命政府在棋盘陀峰顶修建了"狼牙山三烈士碑"。1959年5月重建，更名为"狼牙山五勇士纪念塔"。当年任晋察冀军区司令员兼政治委员的聂荣臻为纪念塔题词："视死如归本革命军人应有精神；宁死不屈乃燕赵英雄光荣传统"。1986年又重建增修。新中国成立后，宋学义转业到地方工作，1978年逝世。葛振林1981年7月离职休养，离休前任湖南省军区衡阳军分区后勤部副部长，2005年3月逝世。

民族英雄　吾党战士——马本斋

抗日战争时期，在华北平原上，活跃着一支以回民兄弟为主组成的抗日部队——回民支队。这支部队屡建战功，威震敌胆，给日本侵略军以沉重打击，被八路军冀中军区誉为"无攻不克，无坚不摧，打不垮，拖不烂的铁军"。毛泽东称其为"百战百胜的回民支队"。马本斋就是这支英雄的回民支队的司令员。

马本斋，1902年出生于河北省献县的一个回族贫苦农民家庭。早年投身奉军当兵，逐级升至团长。1931年九一八事变后，他因不满国民党蒋介石政府奉行的对日不抵抗政策，毅然弃官卸甲，回到故乡河北省献县东辛庄。

卢沟桥事变后，日本侵略军很快侵入他的家乡河北献县一带，烧杀淫掠，无恶不作。马本斋随即在家乡组织回民抗日义勇队，奋起抵抗日本侵略军。1938年4月，他率队参加八路军，所部改编为冀中军区回民教导总队，他任总队长。他指挥这支部队，在敌后袭击敌人、拔除据点，屡建奇功。

马本斋烈士陵园

在党组织的教育下，在人民军队的大熔炉和抗日战争烽火硝烟的考验中，马本斋的政治觉悟迅速提高，他深深地感受到党的伟大，决心加入中国共产党，为打败日本侵略者，为祖国和民族的解放而奋斗。他在入党申请书中写道："我甘心情愿把我的一切献给伟大的中国共产党，献给为回族解放和整个中华民族的解放而奋斗的伟业。"1938年10月，马本斋光荣地加入了中国共产党。

1939年，回民教导总队改编为八路军第三纵队回民支队，马本斋任司令员。1942年8月，回民支队奉命到达冀鲁豫抗日根据地，他被任命为冀鲁豫军区第三军分区司令员兼回民支队司令员。马本斋作战勇猛，身先士卒，在回民支队和广大群众中享有很高威望。改编后的回民支队，在他的率领下，战斗力不断提高，队伍迅速发展到2000多人，成为八路军冀中军区野战化较早的一支能征善战的精锐部队。

日本侵略军为消灭回民支队，无所不用其极，但都没有能够得逞。1941年8月27日，日本侵略军抓走了马本斋的母亲白文冠，企图逼降素有孝子之名的马本斋。同时，以马母为诱饵，诱使马本斋率部来救，以乘机消灭回民支队。日本侵略军用种种手段，逼迫马母给马本斋写劝降信。但是，深明大义的马母宁死不屈、义正辞严地拒绝敌人："我是中国人，我儿子当八路军是我让他去的。劝降？那是妄想！"马母绝食7天，以身殉国。回民支队指战员纷纷请战，要为马母报仇。马本斋沉痛地劝说战友们，"以大局为重，不要上敌人的圈套。"他向母亲写下誓言："伟大母亲，虽死犹生，儿承母志，继续斗争！"

从1937年至1944年，马本斋率领回民支队，不惧牺牲，浴血作战，奋勇杀敌，经历大小战斗870余次，歼灭日伪军3.6万余人，在广阔的冀中平原和冀鲁豫边区，所向披靡，屡建战功，打得日本侵略军闻风丧胆。

1943年底，他在率部参加冀鲁豫抗日根据地反蚕食战斗中，颈后长了毒疮。由于战事繁忙，加之缺医少药，未能及时治疗，不久病情加重。1944年1月底，回民支队奉命开赴延安。出发前，他抱病为部队作了最后一次动员，叮嘱同志们"要跟着党，跟着毛主席，抗战到底！"同年2月7日，马本斋在冀鲁豫军区后方医院不幸病逝，时年42岁。3月17日，延安各界举行马本斋追悼大会，毛泽东、周恩来、朱德等中央领导送了花圈和挽联。毛泽东的挽词是："马本斋同志不死！"周恩来的挽词是："民族英雄、吾党战士！"朱德的挽词是："壮志难移，回汉各族模范。大节不死，母子两代英雄！"

死也死在战场上——赵尚志

在二十世纪三四十年代的东北抗日战场上,涌现出无数"捐躯为国难,视死忽如归"的民族英雄。他们怀揣驱虏救国的伟大抱负,慷慨激昂地走向战场。即使背负种种苦难,他们仍无怨无悔地继续战斗;纵使敌人的屠刀已经架在项上,他们仍义不容辞地选择舍生取义。赵尚志就是这些民族英雄的代表之一。

毛泽东同志曾赞扬说:"有名的义勇军领袖杨靖宇、赵尚志、李红光等,他们都是共产党员,他们的坚决抗日、艰苦奋斗的战绩是人所共知的。"

然而,这位人尽皆知的著名抗日大英雄,1940年夏,却被当时的北满省委以反王明、康生为由错误地开除党籍。但他忍辱负重,仍率小分队坚持抗日斗争。他对周围的同志说:"我生是共产党的人,做党的工作是我一生的任务,我一天也不能离开党,死也要死在东北抗日战场上。"1942年2月12日,他在率部对敌人作战中身负重伤被俘,誓死不降,痛斥敌人。穷凶极恶的敌人割下了他的头颅,运到长春庆功,把他的躯体扔进了松花江的冰窟中。赵尚志壮烈牺牲时,年仅34岁。

新中国成立后,为了表彰赵尚志的抗日功绩并永远缅怀这位抗日英雄,人民政府把珠河县改名为尚志县,把他的牺牲地改为尚志村,把哈尔滨的一条主要街道命名为尚志大街。

赵尚志

2011年的2月12日是赵尚志壮烈牺牲69周年纪念日,重温他的英雄事迹和历史功勋,让我们更加强烈地感受到:正是对民族危亡义不容辞的责任感,对老百姓翻身得解放的坚信执著,对共产主义理想信念的无比坚定,对党的无限忠诚与热爱,使他喊出了"做党的工作是我一生的任务"、"死也要死在东北抗日战场上"的生命最强音,成为时代的先锋、历史的英雄。

如今,中华大地上的战火硝烟早已散尽,但中华民族的伟大复兴依然是未竟使命。所以,重温赵尚志的理想,追思赵尚志的革命精神和崇高品质,使我们更加清醒地认识到,一个人没有精神直不起腰,一个民族没有精神站不起来。只有当我们13亿中国人民都具备了这种铁骨精魂时,我们的国家、我们的民族,才会永远立于不败之地。

不平倭寇誓不休——李林

在山西朔州市平鲁区烈士陵园，矗立着一尊跃马提枪、飒爽英姿的塑像。她就是著名抗日民族女英雄、印度尼西亚归国华侨李林。

李林，原名李秀若，福建尤溪县人，1915年出生于贫苦农民家庭。幼年被侨眷领养，侨居印度尼西亚。1929年怀着对帝国主义者的满腔愤恨和对祖国大好河山的热烈憧憬，随养母回到故乡，进厦门集美学校读书。1933年冬，就读上海爱国女中，积极参加学生抗日救亡运动，参加了共产党人领导的"抗日救亡青年团"，写下"甘愿征战血染衣，不平倭寇誓不休"的誓言。

1936年李林来到抗日救亡运动的中心北平，考入北平民国大学政治经济系。她如饥似渴地阅读马列主义著作，积极参加各种抗日救亡活动，并加

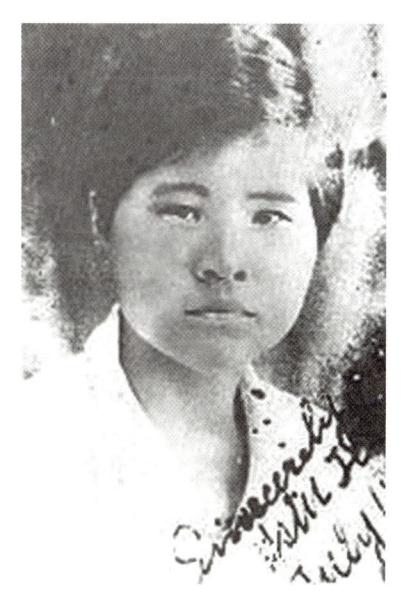

李林

入了中国共产党外围组织"中华民族解放先锋队"。这年12月12日，北平学联为抗议国民党政府在上海逮捕救国会七君子事件，组织了一次大规模的示威游行。李林担任民国大学游行队伍的旗手。面对警察的暴力阻拦，她告诉护旗的男同学说："如果我倒下了，你们要接过去，红旗绝不能倒！"不久，李林光荣加入中国共产党。同年底，李林响应中共北平市委的号召，奔赴太原，参加山西牺牲救国同盟会举办的国民师范学校军政训练班，接受军事训练，任特委宣传委员兼女子第十一连党支部书记。

1937年全国抗日战争爆发后，李林坚决要求到前方杀敌。被派到大同，任牺盟会大同中心区委宣传部部长。后随晋绥边区工作委员会到雁北抗日前线，宣传和组织工人、农民、学生参加抗日武装。组织开办训练班，编写军事、政治教材，亲自授课，积极教育和武装青年。11月，任雁北抗日游击队第八支队支队长兼政治主任，率部深入敌后与日伪军展开斗争，勇敢坚定，机智灵活，指挥得当，接连获胜。1938年春，李林改任整编后的独立支队骑兵营教导员，率部驰骋雁北、绥南与日伪

军作战,屡建战功。贺龙称赞她是"我们的女英雄"。同年秋,任中共晋绥边区特别委员会宣传部长,兼管边区地方武装。1939年3月参加阎锡山在陕西宜川秋林镇召开的晋绥军政民高级干部会议,同国民党顽固派进行了针锋相对的斗争,以铁的事实和亲身经历,讲述八路军和山西新军深入敌后,出生入死,打击日伪军的英勇壮举。阎锡山曾亲自派人向她施以威逼和利诱,李林不为所动,表现了共产党人的凛然正气。1940年1月任晋绥边区第十一行政专员公署秘书主任,不久当选为边区行政公署行政委员会委员。

1940年4月,日伪军集中1.2万兵力,对晋绥边区进行"扫荡"。26日,晋绥边区特委、第十一行政专员公署机关和群众团体等500余人被包围。为了掩护机关和群众突围,她不顾怀有三个月的身孕,率骑兵连勇猛冲杀,将日伪军引开,自己却被围困于小郭家村荫凉山顶。在腿部和胸部多处负伤后,仍英勇抗击,毙伤日伪军6人。被日伪军包围后,她宁死不屈,用最后一发子弹射进喉部,壮烈殉国,年仅25岁。

李林牺牲后,数千名抗日战士和驻地群众,为她举行了隆重的追悼大会。李林牺牲时的血衣几经辗转,送到了革命圣地延安。中共中央妇女运动委员会从延安发来唁电,对李林的革命生涯给予高度评价,称她"不仅是女共产党员的光辉模范,而且是全国同胞所敬爱的女英雄"。中共晋西北区党委机关报《新西北报》发表社论,称赞李林是"中国民族英雄的最光荣典型"。

太行浩气传千古——左权

"名将以身殉国家,愿拼热血卫吾华。太行浩气传千古,留得清漳吐血花。"这是朱德总司令为悼念八路军副参谋长左权壮烈殉国而写的一首挽诗。朱德赞誉左权是"中国军事界不可多得的人才"。周恩来称他"足以为党之模范"。

左权,1905年3月15日生于湖南醴陵一个农民家庭。中学时代参加中共领导的社会科学研究社,开始接触马克思主义。1924年入黄埔军校第一期学习,是"青年军人联合会"的负责人之一。1925年2月加入中国共产党。后在黄埔军校教导团任排长、连长,参加讨伐军阀陈炯明的两次东征。同年12月赴苏联,先后在莫斯科中山大学、伏龙芝军事学院学习。1930年回国后到中央苏区工作,先后任中国工农红军学校第一分校教育长、新十二军军长。1931年12月奉命参与联络指导国民党军第二十六路军举行宁都起义。起义部队改编为中国工农红军第五军团后，任红十五军政治委员，后任军长兼政治委员，努力贯彻古田会议决议精神，教育改造部队，率部参加赣州、漳州等战役。1933年初任中革军委作战局参谋，后任副局长。同年12月任红一军团参谋长，参加了开辟中央苏区和五次反"围剿"作战。1934年10月参加长征，参与指挥所部进行突破国民党军四道封锁线、强渡大渡河、攻打腊子口等战役战斗。到达陕北后参与指挥直罗镇和东征等战役。1936年5月，任红一军团代理军团长，率部参加了西征和山城堡战役。土地革命战争期间，左权注重研究军事理论，撰写了一些军事论文，并翻译了若干有关苏联红军建设和作战的文章。

左权将军墓

全国抗战爆发后，左权担任八路军副参谋长、八路军前方总部参谋长，后兼任八路军第二纵队司令员，协助朱德、彭德怀指挥八路军开赴华北抗日前线，开展敌后游击战争，扩大抗日武装，创建根据地。1938年2月在山西临汾地区指挥警卫部队伏击日军，掩护八路军总部机关和群众安全转移。同年11月主持召开八路军晋东南部队参谋长会议，制定八路军各级司令部暂行工作条例，健全了司令部的工作机构，促进了司令部业务建设。从1939年起，先后3次组织整军，并注重对新战士的政治教育和利用战斗间隙整顿部队，提高了部队战斗力。在此期间，领导创建黄崖洞兵工厂，生产了数量可观的武器装备，有力地支援了敌后军民的抗日武装斗争。1940年8月，参与指挥百团大战，经过三个多月的作战，共歼灭日伪军近4万人，极大地鼓舞了全国军民抗战必胜的信心。1941年11月指挥八路军总部特务团抗击日军第三十六师团一部的疯狂进犯，保卫黄崖洞兵工厂，经八昼夜激战，以较小的代价歼敌千余人，被中央军委誉为"1941年以来反'扫荡'的模范战斗"。在敌后抗日战争十分艰苦的环境中，左权仍然提倡学习军事理论和研究战术问题，先后撰写数十篇论文，对战略战术、军队建设、司令部工作和后勤工作等问题，进行了比较系统的理论研究与论述。

1942年5月，日军对太行区抗日根据地进行"铁壁合围"大"扫荡"。25日，在山西辽县麻田附近指挥部队掩护中共中央北方局和八路军总部机关突围转移时，于十字岭战斗中壮烈殉国，时年37岁。为纪念左权，晋冀鲁豫边区政府将辽县改名为左权县。

奠基炮兵功勋著——朱瑞

全国解放战争，是中国共产党领导的一次伟大的人民革命战争。在这场战争中，中国人民解放军付出了重大代价，有26万名官兵血染沙场，为人民解放事业付出了宝贵的生命。其中级别最高者，是东北军区炮兵司令员朱瑞。

朱瑞，1905年生，江苏宿迁人。早年在徐州、南京读书时，积极参加进步学生运动。1924年加入中国社会主义青年团，同年考入广东大学。1925年赴苏联，先后在莫斯科中山大学、克拉辛炮兵学校学习。1928年加入苏联共产党，后转为中国共产党党员。1930年春回国，先后任中共中央特派员、长江局军委参谋长兼秘书长。1931年在上海中共中央军委兵运科负责兵运学习班。1934年1月被选为中华苏维埃共和国中央执行委员会委员。同年夏任红一军团政治部主任。10月参加长征。第一、四方面军会师后，任第一方面军政治部主任。到陕北后，参加了东征、西征等战役。1936年12月任第二方面军政治部主任。

朱瑞

1937年全国抗战爆发后，朱瑞任中共中央北方局军委书记。后调任八路军驻第一战区联络处处长，从事对国民党军将领的统战工作。1938年11月任北方局组织部部长。1939年5月任八路军第1纵队政治委员，与司令员徐向前赴山东，统一指挥在山东和苏北地区的八路军部队。后兼任山东军政委员会书记、中共中央山东分局书记，领导抗日军民开展敌后游击战争，巩固抗日民族统一战线。1945年夏，主动向中共中央提出从事建设炮兵的工作，被任命为延安炮兵学校代理校长。

抗日战争胜利后，朱瑞率延安炮兵学校师生开赴东北，组织搜集日伪军遗弃的武器，积极发展炮兵部队。1946年10月起先后任东北民主联军和东北军区炮兵司令员，兼炮兵学校校长。1948年9月12日，辽沈战役开始，东北野战军主力迅速向北宁线奔袭。朱瑞指挥炮兵纵队参加攻克锦州以北国民党军坚固据点义县县城的战斗。战斗即将结束时，朱瑞亲往城南突破口实地查看城墙被炮火破坏的情况，途中不幸触雷，壮烈牺牲，时年43岁。中共中央在唁电中指出："朱瑞同志在中国人民解放军的炮兵建设中功勋卓著，今日牺牲，实为中国人民解放事业之巨大损失，中央特致深切悼念。"为纪念他，中央军委决定将东北军区炮兵学校命名为"朱瑞炮兵学校"。

立场坚定美名扬——毛泽民

乌鲁木齐市烈士陵园位于乌市南郊风景优美的燕儿窝，这是中共新疆维吾尔自治区首届党代会决定，为纪念陈潭秋、毛泽民、林基路等烈士于1956年修建的。

毛泽民，1896年4月3日生，湖南湘潭韶山人。1921年参加革命，1922年10月加入中国共产党。1925年2月随兄毛泽东到湘潭、湘乡开展农民运动，同年9月进广州农民运动讲习所学习。随后，辗转上海、武汉、天津等地，从事党的秘密工作。1931年初进入中央革命根据地，任闽粤赣军区经济部长。1931年11月任中华苏维埃共和国临时中央政府银行行长，1933年5月兼任闽赣省苏维埃政府财政部部长，1934年9月兼任国家对外贸易

毛泽民

总局局长，领导苏区银行、财政、贸易、工矿等经济工作。参加了二万五千里长征。

1936年2月,任中华苏维埃工农民主政府国民经济部部长。毛泽民长期执掌财政大权,却廉洁奉公,一尘不染,他常说:不能乱花一个铜板,领导干部要带头艰苦奋斗。我们是为工农管钱,为红军理财的,一定要勤俭节约!

抗日战争爆发后,1938年2月,受党中央派遣,毛泽民化名周彬,与陈潭秋等同志到新疆做统战工作,先后出任新疆省财政厅、民政厅厅长等职。

1942年9月17日,毛泽民和陈潭秋等共产党员被反动军阀盛世才逮捕。在狱中,敌人对毛泽民等软硬兼施,严刑审讯,逼他招认中国共产党在新疆搞"暴动"的所谓阴谋,逼他脱离共产党,交出共产党的组织。毛泽民等坚贞不屈,视死如归,义正词严地回答:"决不脱离党,共产党员有他的气节。""我不能放弃共产主义立场!"1943年9月27日,毛泽民与陈潭秋等共产党员被敌人秘密杀害,时年47岁。

犀利之笔铸丰碑——邹韬奋

邹韬奋,江西余江人,1895年出生于福建永安。1917年进入南洋公学电机工程系学习,1919年考入上海圣约翰大学文科三年级,主修西洋文学。1921年毕业后到上海华商纱布交易所当英文秘书。1923年,受聘担任中华职业教育社编辑股主任,负责编辑《教育与职业》月刊。1926年,任《生活》周刊主编。

九一八事变后,他全身心投入到抗日救亡运动中,坚决反对国民党政府对日本侵略奉行"攘外必先安内"的反动政策。他主编的《生活》周刊以团结抗敌御侮为根本目标,成为国内媒体抗日救国的一面旗帜。一·二八淞沪抗战结束后,国民党政府在签订屈辱的《淞沪停战协定》的同时,调集大军"围剿"苏区和红军。邹韬奋坚决反对国民党政府的做法,痛斥蒋介石、何应钦等是军阀和民族罪人。

1932年7月,他成立生活书店,任总经理。生活书店团结了一大批进步作者,在全国各地建立了56家分支机构,先后出版发行数十种进步刊物和包括马克思主义译著在内的1000余种图书。1933

邹韬奋

年1月，他参加宋庆龄等发起的中国民权保障同盟，当选为执行委员。不久，被迫流亡海外。在两年多的流亡期间，他考察了英、美、法、德、意等资本主义国家和社会主义苏联，阅读了大量马克思主义的著作，"实现了思想上的升华，形成了马克思主义世界观，最终选择了中国共产党"。

1935年8月，他回到祖国后，正值日本侵略军制造分离中国的华北事变。他积极参加抗日救亡运动，在上海创办《大众生活》周刊，响应共产党的号召，旗帜鲜明地支持一二·九学生爱国运动。期间，他担任上海各界救国会与全国各界救国联合会的领导工作。他的活动遭到国民党当局的嫉恨，他创办的《大众生活》和《永生》杂志先后遭查禁被迫停刊。

1936年11月22日，他因积极宣传抗日，与沈钧儒等7人被国民党当局逮捕，成为著名的救国会七君子之一。1937年全国抗战爆发后获释，在上海创办《抗战》三日刊。上海沦陷后，转至武汉，继续主编《抗战》，并将其改编为《全民抗战》三日刊。武汉沦陷后，到重庆继续主编《全民抗战》。1938年任第一届国民参政会参政员。

抗日战争进入相持阶段后，国民党当局加紧迫害民主进步人士，更加严厉限制人民的言论、出版、集会、结社等各项民主权利。积极进行抗日宣传的生活书店及其出版物不断遭到查禁、封闭。1941年皖南事变后，邹韬奋被迫再次避走香港。在香港，他继续宣传抗日，揭露国民党当局对日妥协投降倾向和对民主进步人士的迫害。香港沦陷以后，他在中国共产党帮助下，先后转移到广东东江游击区和苏北敌后抗日根据地，继续从事抗日民主的文化宣传工作。期间，他多次向党组织提出入党请求，党组织认为他以民主人士的身份在国统区工作对党和革命事业更为有利。

1944年7月24日，邹韬奋在上海病逝。临终前，他再次表达了加入中国共产党的愿望。9月28日，中共中央根据他生前愿望追认他为中国共产党正式党员。中共中央在致其家属的唁电中称他为"吾党的光荣"，"韬奋先生二十余年为救国运动，为民主政治，为文化事业，奋斗不息，虽坐监流亡，决不屈于强暴，决不改变主张，直至最后一息，犹殷殷以祖国人民为念，其精神将长在人间，其著作将永垂不朽。"

为人民利益而牺牲——张思德

张思德1915年出生在四川省仪陇县一个贫苦农民家庭，1933年参加红军，在炮火硝烟中成长为一名坚强的红军战士，同年加入中国共产主义青年团。

在红军中，他作战机智勇敢，曾在一次战斗中创造一人夺得二挺机枪的战绩，先后多次负伤。1935年，他随红四方面军参加了长征。1936年到陕北后，入云阳荣誉军人学校学习和养伤。1937年加入中国共产党。从此，他更加严格地要求自己，一切服从党和人民的利益，党叫干啥就干好啥。

张思德对待革命工作总是认真负责，始终把党和人民的利益放在高于一切的位置，在平凡的工作中实践着一个共产党员为人民服务的宗旨。1938年春，他被调到云阳八路军某部留守处警卫营担任班长。1940年春，调中央军委警卫营任通信班长。工作中，他总是承担最困难、最艰苦的工作。在他的带领下，全班战士出色地完成了各项任务。

1942年11月，部队合并整编，干部精简下派，一些连排干部要去当班长，多数班长、副班长要当战士。张思德调中央警卫团一连当战士，他毫无怨言，愉快地服从组织分配。不久，他被调到延安枣园，在毛泽东等中央领导同志工作的地方执行警卫任务。他把全部心血都倾注在警卫工作中，为了保证毛泽东等中央领导有个好的工作和生活环境，他经常主动为驻地打扫卫生、铺石垫路、修补窑洞，兢兢业业地做好每一项工作。他还经常帮助战友补洗衣服、编草鞋、喂战马、挑水烧火、采药防病、站岗放哨，带头帮助驻地群众生产劳动，全心全意地干好每一件革命工作。

1944年初，张思德响应党中央大生产运动的号召，主动报名参加中央机关组织的生产小分队，到离延安70多里的安塞县生产农场，被选为农场副队长。同年7月，进安塞县山中烧木炭。他处处起模范带头作用，不怕苦、不怕累，哪里最苦最累，他就出现在哪里，每到出炭时总是最先钻进窑中作业。9月5日，天下着雨，张思德带着突击队的战友们照常进山赶挖新窑。中午时分，炭窑在雨中发生崩塌。危急时刻，张思德一把将战士小白推出窑口，自己却被埋在坍塌的土里，战友得救了，张思德却献出了年仅29岁的生命。

张思德

9月8日，中央直属机关和中央警卫团1000多人，在延安凤凰山下枣园沟口的操场上举行张思德追悼会。毛泽东亲自参加追悼会，献了花圈，亲笔题写"向为人民利益而牺牲的张思德同志致敬"的挽词，并发表悼念讲话，对张思德全心全意为人民服务的革命精神和崇高境界给予了高度赞扬。他说："我们的共产党和共产党所领导的八路军、新四军，是革命的队伍。我们这个队伍完全是为着解放人民的，是彻底地为人民的利益工作的。张思德同志就是我们这个队伍中的一个同志。""人总是要死的，但死的意义有不同。为人民利益而死，就比泰山还重；替法西斯卖力，替剥削人民和压迫人民的人去死，就比鸿毛还轻。张思德同志是为人民利益而死的，他的死是比泰山还要重的。"

这篇讲话经过整理后收入《毛泽东选集》，题为《为人民服务》。毛泽东讲演的主题"为人民服务"，是中国共产党和人民军队的根本宗旨，是共产党人区别于其他任何政党的显著标志。坚持这个宗旨，是我们党和军队战胜一切敌人、克服一切困难的力量源泉。

怕死不当共产党——刘胡兰

刘胡兰，1932年出生在山西文水县云周西村一个贫苦农民家庭，小小年纪，便对黑暗的旧社会产生了强烈的不满。全国抗战爆发后，中国共产党领导山西人民开展救亡运动，文水县成立了抗日民主政府。从此，刘胡兰开始逐步接触革命道理。

在党的领导下，云周西村涌现出一批抗日积极分子，一些贫苦农民相继入党，并成立了党支部。刘胡兰积极参加村里的抗日儿童团，为八路军站岗、放哨、送情报。

刘胡兰雕像

抗日战争胜利后，国民党阎锡山部队占领了文水县城，解放区军民被迫拿起武器，保卫抗战胜利果实。1945年11月，刘胡兰参加了文水县党组织举办的妇女训练班。40多天的学习，使她懂得了许多革命道理，阶级觉悟有了进一步提高。回村后，她担任云周西村妇救会秘书，与党员一起，发动群众斗地主、送公粮、做军鞋，动员青年报名参军。1946年2月，她参加了我军反击阎锡山顽军作战的东庄战斗的支前工作，得到了进一步的锻炼成长。1946年6月，她被批准为中共候补党员。这一年，她才14岁。

1946年10月，国民党军进犯文水县城。为保存革命力量，县委决定大部分同志转移上山，留下部分同志坚持斗争。她以自己年纪小、熟悉环境为由，主动要求留下来，党组织同意了她的请求。她和留下来的同志一起向各村党组织传达党的指示，组织群众掩埋粮食，并配合武工队镇压了反动村长。

1947年1月12日，国民党阎锡山军和地主武装"复仇自卫队"包围了云周西村，将群众赶到场地上，刘胡兰因叛徒出卖被捕。在敌人威胁面前，她坚贞不屈，大义凛然。敌人问她："你给八路做过什么工作？"刘胡兰大声说："我什么都做过！""你为啥要参加共产党？""因为共产党为穷人办事。""你'自白'吧，你'自白'了，就放了你，也给你一份土地。"刘胡兰说："你给我个'金人'，也不'自白'！"敌人恼羞成怒："你小小年纪好嘴硬啊！你就不怕死？"刘胡兰斩钉截铁地回答："怕死不当共产党！"残忍的敌人为了使她屈服，在她面前将同时被捕的6位革命群众用铡刀杀害。但刘胡兰毫无惧色，从容走向铡刀，壮烈牺牲，年仅15岁。

侦察英雄——杨子荣

长篇小说和同名电影《林海雪原》及现代京剧《智取威虎山》中的主角——侦察英雄杨子荣，是根据解放战争时期东北民主联军牡丹江军区第二团在深山老林剿匪的真人真事塑造的英雄形象。

杨子荣，原名杨宗贵，1917年出生于山东省牟平县一个贫苦农民家庭。13岁时随父母闯关东，来到安东（今丹东）一带。在父亲病死他乡之后，杨子荣只身一人四处谋生，先后在鸭绿江上当船工，在鞍山、辽阳一带当矿工，因此对东北的三教九流、风俗人情、行帮黑话等都有所了解。这些生活经历，对他在后来的剿匪斗争中的侦察行动提供了很大帮助。1943年春，因反抗日本工头的压迫，被迫跑回山东老家。

1945年9月，杨子荣参加八路军，任胶东军区海军支队第五中队炊事班炊事员。同年10月随部队开赴东北，被编入牡丹江军区第二团第七连。

杨子荣

1946年1月加入中国共产党。3月任第七连第一班班长。不久，牡丹江军区展开剿匪行动。在这次行动中，杨子荣只身闯入土匪盘踞的杏树底村，与匪首巧妙周旋，不费一枪一弹使土匪400余人投降，缴获机枪10挺、火炮3门、掷弹筒8具、长短枪300余支和大批弹药。由于在战斗中的突出表现，他荣立特等功，并被团里评为战斗英雄。不久调到团部任侦察班班长，后提升为侦察排排长。在此期间，杨子荣关心战士疾苦，深得大家爱戴和拥护。他带领战友们在穆陵、东宁等地多次参加剿匪战斗，每次都身先士卒，勇敢战斗，取得了一个又一个胜利，留下了许多富有传奇色彩的故事。

1947年1月下旬，团部得到匪首"座山雕"在海林县境内活动的线索。"座山雕"本名张乐山，15岁落草为寇，18岁就当上匪首，老谋深算，诡计多端。东北民主联军进驻牡丹江地区后，对这股土匪进行了多次围剿，消灭了大部人马，"座山雕"身边仅剩二三十个亲信。杨子荣自告奋勇，带领5名战士化装成土匪吴三虎的残部前去侦察。他们到达夹皮沟附近的密林后，巧妙地与"座山雕"的坐探接触，经过用黑话联络，取得了土匪的信任，打入匪穴。2月7日，一举将"座山雕"及其联络部长刘兆成、秘书官李义堂等25个土匪全部活捉，创造了剿匪战斗中以少胜多的模范战例。为此，团里给他记了三大功。2月19日，《东北日报》以《战斗模范杨子荣等活捉匪首座山雕》为题，对他的英雄事迹进行了详细报道。

2月23日，在追剿丁焕章、郑三炮等匪首的战斗中，杨子荣冲在最前面，由于他的枪栓被严寒冻住而未能打响，被土匪的子弹击中胸部，英勇牺牲，时年30岁。3月17日，全团指战员、驻地群众、军区首长、地方领导和各界代表上千人齐集朝鲜族小学操场，为杨子荣举行了隆重的追悼会。在他的墓碑上镌刻着八个大字："英名永在，浩气长存。"为表彰杨子荣的英雄事迹，东北军区司令部授予他"特级侦察英雄"光荣称号，其生前所在排被命名为"杨子荣排"。

舍身炸碉堡——董存瑞

面对敌人的桥型暗堡，他在无法安放炸药包的情况下，毅然高举炸药包，与敌人同归于尽……董存瑞壮烈牺牲63年，其英雄壮举至今为人乐道。

董存瑞，1929年10月15日出生于察哈尔省（今河北省）怀来县南山堡的贫苦农民家庭，7岁时上过几天学堂，后因家贫而辍学。抗战爆发后，他的家乡成了抗日游击区，他13岁时就曾掩护过八路军干部，当上了儿童团团长。年少的董存瑞机灵聪明，很有骨气，被称为"南山堡的王二小"。

1945年，16岁的董存瑞决定参加八路军。

抗日战斗胜利后，董存瑞所在的三区区小队被编入龙延怀县大队，又被编入冀热察军区第九旅，董存瑞成为一名正式的八路军战士，开赴前线，与国民党反动派进行斗争。

1948年，董存瑞所在部队参加冀热察战役。敌人事先在隆化县城修筑了大量碉堡，有些暗堡构筑特殊，被称为"模范工事"。当年5月25日，解放隆化城的战斗打响。董存瑞所在连队担负攻击国军防御重点隆化中学的任务。他任爆破组队长，带领战友接连炸毁4座炮楼、5座碉堡。下午3点30分，董存瑞所在六连发起冲锋，岂料，敌军在桥上修了一个伪装得十分巧妙的暗堡，机枪子弹像暴雨般横扫过来，把我军冲锋的战士们压制在一条土坡下面。

爆破手李振德冲出不远，炸药包就被敌人枪弹打中，李振德阵亡。紧接着，另外两名爆破手也身负重伤。"我是共产党员，请准许我去！"董存瑞和几名爆破手纷纷挺身而出，向连长请战。他毅然抱起炸药包，弯着腰冲了出去，在战友郅顺义的火力掩护下，他一会儿匍匐前进，一会儿借着郅顺义扔出的手榴弹烟雾，站起来一阵猛跑。

桥型暗堡里，国军的机枪朝董存瑞猛然打过来。董存瑞腿部被击中，鲜血直流，他强忍剧痛冲到桥下。桥离地面有一人多高，两旁是砖石砌的，没沟、没棱，找不到安放炸药包的地方。如果把炸药包放在河床上，又炸不着暗堡。突然，身后响起了嘹亮的冲锋号声，总攻的时间到了。暗堡里子弹

董存瑞雕像

如梭，冲锋的战士们一个个倒下，董存瑞痛心疾首。情急之下，他毅然用身体做支架，左手托起炸药包，右手拉燃导火索。

此时，离董存瑞不过50米的郅顺义看到眼前的情景惊呆了，不顾一切向桥下的董存瑞冲去。董存瑞厉声喝道："卧倒！卧倒！快趴下！！"紧接着，桥下响起一声天崩地裂的巨响，敌人的暗堡被炸毁，董存瑞用自己的生命为部队扫清了前进的障碍。牺牲时，年仅19岁。

碧血丹心贯长虹——毛岸英

在朝鲜平安南道桧仓郡的"中国人民志愿军烈士陵园"内,一块1米高的花岗岩石矗立在墓前,正面刻着"毛岸英烈士之墓";背面刻着:"毛岸英同志原籍湖南省湘潭县韶山冲,是中国人民领袖毛泽东同志的长子。1950年11月25日在抗美援朝战争中英勇牺牲。毛岸英同志的爱国主义和国际主义精神将永远教育和鼓舞着青年一代。毛岸英烈士永垂不朽!"

毛岸英

毛岸英,1922年10月出生在湖南省长沙市。8岁时,由于母亲杨开慧被捕入狱,毛岸英也被关进牢房。杨开慧牺牲后,地下党安排毛岸英和两个弟弟来到上海。以后,由于地下党组织遭到破坏,毛岸英兄弟流落街头。他当过学徒,捡过破烂,卖过报纸,推过人力车。1936年,毛岸英和弟弟毛岸青被安排到苏联学习。在苏联期间,他开始在军政学校和军事学院学习,以后参加了苏联卫国战争,曾冒着枪林弹雨,转战欧洲战场。1946年,毛岸英回到延安,同年加入中国共产党。毛岸英遵照毛泽东"补上劳动大学这一课"的要求,在解放区搞过土改,做过宣传工作,当过秘书。解放初期,任过工厂的党委副书记。他虽然是毛泽东的儿子,但从不以领袖的儿子自居,相反,总是处处严格要求自己,努力和普通劳动群众打成一片。

1950年,抗美援朝战争爆发。新婚不久的毛岸英主动请求入朝参战,任中国人民志愿军司令部俄语翻译和秘书。他工作积极,认真负责,迅速熟悉了机关业务。1950年11月25日上午,美空军轰炸机突然飞临志愿军司令部上空,投下了几十枚凝固汽油弹。在作战室紧张工作的毛岸英壮烈牺牲。毛泽东得知毛岸英牺牲的消息后,强忍丧子之痛,缓缓地说:"打仗总是要死人的。中国人民志愿军已经献出了那么多指战员的生命,他们的牺牲是光荣的。岸英是一个普通战士,不要因为是我的儿子,就当成一件大事。"这是毛泽东一家为了中国人民的革命事业献出的第六位亲人。

甘当革命螺丝钉——雷锋

2011年3月5日是毛泽东题词"向雷锋同志学习"发表48周年纪念日。40多年来,雷锋的事迹在祖国大地到处传颂,雷锋精神已成为亿万中国人价值观念和道德准则的一面旗帜,影响和激励着一代又一代人。

雷锋是一位伟大的共产主义战士,中国人民解放军全心全意为人民服务的楷模。1940年生于湖南省望城县一个穷苦农民家庭。7岁沦为孤儿,在穷乡亲的拉扯下,挣扎着活下来。1949年8月,雷锋的家乡湖南望城解放了,雷锋从此翻了身。在党和人民政府的关怀下幸福成长,他参加儿童团,进小学读书,并第一批加入了中国共产主义少年先锋队。1956年,他小学毕业后参加了工作,先后在乡政府当通讯员和中共望城县委当公务员。他工作积极,埋头苦干,被县委机关评为"工作模范"。1957年2月,加入中国共产主义青年团。此后,他相继在望城县沩水工程指挥部、团山湖农场和辽宁

雷锋

鞍山钢铁公司化工总厂当拖拉机手和推土机手,工作出色,多次被评为"红旗手"、"劳动模范"、"先进生产者"和"社会主义建设积极分子",出席了鞍山市青年积极分子代表大会。

1960年1月,雷锋应征入伍,同年11月加入中国共产党。在部队的培养教育下,他进一步提高了政治觉悟,牢固地树立了全心全意为人民服务的思想和为共产主义奋斗终生的远大目标。他不忘阶级苦,懂得"怎样做人,为谁活着",忠于党、忠于人民、忠于祖国、忠于社会主义;以"钉子"精神刻苦学习毛泽东著作和科学文化知识,不断提高为人民服务的本领;以甘当"螺丝钉"的精神,干一行、爱一行、钻一行,在平凡的岗位上做出了不平凡的事迹。连队分配他当汽车兵,他努力钻研驾驶技术,成为一名合格的汽车驾驶员。担任班长后,大胆管理,事事模范带头,带领全班成为部队先进集体。他热爱集体,关心战友,关心群众,把"毫不利己、专门利人"看成是人生最大的幸福和快乐,并身体力行,认真实践,"把有限的

生命投入到无限的为人民服务之中去"。他把自己省吃俭用积存起来的钱寄给受灾人民，送给家庭困难的战友。他经常在节假日和休息时间到部队驻地附近车站，扶老携幼，迎送旅客。他出差时，一上火车就为旅客端茶送水，打扫卫生。他曾担任校外辅导员，以自己的模范行动影响和激励少年一代健康成长。他谦虚谨慎，从不自满自炫，受到赞誉不骄傲，做了好事不留姓名。1962年8月15日，他执行运输任务时不幸殉职。雷锋在部队工作2年8个月，荣立二等功1次、三等功2次，受嘉奖多次，被评为"模范共青团员"、"节约标兵"，被选为抚顺市人民代表大会代表。

雷锋的模范事迹和高尚思想在军内外产生巨大影响。1963年1月7日，中华人民共和国国防部命名他生前所在班为"雷锋班"。中国人民解放军总政治部、中国共产主义青年团中央委员会、中华全国总工会和中华全国妇女联合会先后发出向雷锋学习的号召。毛泽东、周恩来、刘少奇、朱德、陈云、邓小平等党和国家领导人为之题词。1963年3月5日，毛泽东题词："向雷锋同志学习。"周恩来题词是："向雷锋同志学习憎爱分明的阶级立场，言行一致的革命精神，公而忘私的共产主义风格，奋不顾身的无产阶级斗志。"邓小平题词是："谁愿当一个真正的共产主义者，就应该向雷锋同志的品德和风格学习。"

1990年3月5日，江泽民等党和国家领导人分别题词，号召全国人民进一步向雷锋学习，弘扬雷锋精神，为建设具有中国特色的社会主义而努力。在抚顺市和望城县分别建立了雷锋纪念馆。在广泛持久开展学习雷锋活动中，中国人民解放军各部队和全国各条战线上涌现出大批雷锋式的英雄模范人物。雷锋精神培育着一代又一代新人成长。

县委书记好榜样——焦裕禄

焦裕禄在这个世界上只生活了短短的42年，却感动了几代中国人。每年的5月14日焦裕禄逝世纪念日和清明节，总有上万人从全国各地自发来到河南兰考，祭奠怀念这位全心全意为人民服务的好公仆。

焦裕禄是山东省淄博市博山区崮山乡北崮山村人，1922年8月16日出生在一个贫苦家庭。因生活所迫，幼年时代只读了几年书就在家参加劳动。

日伪统治时期，焦裕禄家中的生活越来越困难。他的父亲焦方田走投无路，被逼上吊自杀。焦裕禄曾多次被日寇抓去毒打、坐牢，后又被押送到抚顺煤矿当苦工。

焦裕禄忍受不了日寇的残害，于 1943 年秋天逃出虎口，回到家中。因无法生活下去，又逃到江苏省宿迁县，给一家姓胡的地主扛了两年长工。

1945 年抗日战争胜利后，焦裕禄从宿迁县回到了自己的家乡。当时他的家乡虽然还没有解放，但是共产党已经在这里领导群众进行革命活动，焦裕禄主动要求当了民兵。当民兵后，他参加过解放博山县城的战斗。

焦裕禄于 1946 年 1 月在本村参加中国共产党。不久，他又正式参加了本县区武装部的工作，在当地领导民兵，坚持游击战争。以后又调到山东渤海地区参加过土地改革复查工作，曾担任组长。

解放战争后期，焦裕禄随军离开山东，到了河南，分配到尉氏县工作，一直到 1951 年。他先后担任过副区长、区长、区委副书记、青年团县委副书记等职。而后又先后调到青年团陈留地委工作和青年团郑州地委工作，担任过团地委宣传部长、第二副书记等职。

1953 年 6 月，焦裕禄响应党的号召，调到洛阳矿山机器制造厂参加工业建设。他在这个工厂担任过车间主任、科长。在此期间，焦裕禄还到大连起重机厂实习了一年多。1962 年 6 月，为了加强农村工作，焦裕禄又调回尉氏县，任县委书记处书记。同年 12 月，焦裕禄调到兰考县，先后任县委第二书记、书记。

兰考县地处豫东黄河故道，是个饱受风沙、盐碱、内涝之患的老灾区。焦裕禄踏上兰考土地的那一年，正是这个地区遭受连续三年自然灾害较严重的一年，全县粮食产量下降到历年最低水平。他从第二天起，就深入基层调查研究。他说："吃别人嚼过的馍没味道。"他拖着患有慢性肝病的身体，在一年多的时间里，跑遍了全县 140 多个大队中的 120 多个。

在带领全县人民封沙、治水、改地的斗争中，焦裕禄身先士卒，以身作则。风沙最大的时候，他带头去查风口，探流沙；大雨倾盆的时候，他带头趟着齐腰深的洪水察看洪水流势；风雪铺天盖地的

焦裕禄

时候，他率领干部访贫问苦，登门为群众送救济粮款。他经常钻进农民的草庵、牛棚，同普通农民同吃同住同劳动。他把群众同自然灾害斗争的宝贵经验，一点一滴地集中起来，成为全县人民的共同财富，成为战胜灾害的有力武器。

焦裕禄对同志对人民满腔热情。他常说，共产党员应该在群众最困难的时候，

出现在群众的面前；在群众最需要帮助的时候，去关心群众、帮助群众。他的心里装着全县的干部群众，唯独没有他自己。他经常肝部痛得直不起腰、骑不了车，即使这样，他仍然用手或硬物顶住肝部，坚持工作、下乡，直至被强行送进医院。

1964年5月14日，焦裕禄被肝癌夺去了生命，年仅42岁。他临终前对组织上唯一的要求，就是他死后"把我运回兰考，埋在沙堆上。活着我没有治好沙丘，死了也要看着你们把沙丘治好"。

同年11月，中共河南省委号召全省干部学习焦裕禄同志忠心耿耿地为党为人民工作的革命精神。1966年2月，新华社播发长篇通讯《县委书记的好榜样——焦裕禄》，全面介绍了焦裕禄的感人事迹。随后，全国各种报刊先后刊登了数十篇文章通讯，在全国掀起了一个学习焦裕禄的热潮。焦裕禄成为各级干部特别是领导干部学习的榜样。

根治风沙为人民——谷文昌

在福建省东山县，到处传颂着老书记谷文昌的动人事迹。他虽然去世30年了，但他的名字一直铭刻在人民心中，随着东山日新月异的变化，人们对他的怀念与日俱增。

谷文昌1915年10月出生于河南省林县（今林州市），1944年加入中国共产党。1950年5月随军渡海解放东山岛，先后担任东山县城关区委书记、县委组织部长、县长、县委书记。1964年调任省林业厅副厅长。"文化大革命"期间下放宁化县农村劳动，1972年后曾任龙溪行署林业局局长、农办主任、副专员。

谷文昌

东山岛位于福建南部，与台湾岛最近的距离不过几十海里。昔日东山，风沙肆虐，旱涝为害，一片荒凉。在全岛194平方公里的土地上森林覆盖率仅为0.12%。民间流传着这样的民谣："春夏苦旱灾，秋冬风沙害。一年四季里，季季都有灾。"面对多灾多难的群众，谷文昌吃不好饭、睡不好觉，做梦也在想着战胜风沙，根治旱涝，让人民过上好日子。他走遍了东山的大小山头，把一个个风口的风力，一座座沙丘的位置详细记录下来。他走村串户，和村干部、老农民促膝长谈，制定了"筑堤拦沙、种草固沙、造林防沙"的方案。

在东山县委、县政府统一指挥下，千万人上阵，花了几十万个劳动日，在风口地带筑起了两米高十米宽的拦沙堤39条。但是，仅仅过了一年，无情的风沙就摧垮了长堤。植树造林先后种过十多个树种，几十万株苗木，一次也没有成功，灾荒和贫困依然笼罩着东山。

谷文昌和县委的同志一道认真总结经验教训，重新制订方案。1958年东山县委向全县军民发出号召："上战秃头山，下战飞沙滩，绿化全海岛，建设新东山"。谷文昌亲任指挥，县直机关干部、驻军、工人、农民、店员、学生，突击种下了1000多万株木麻黄、黑松、相思树等幼苗。但是由于持续一个多月的低温，成活的树苗寥寥无几，东山的绿色之梦再一次被击碎。

"不制服风沙，就让风沙把我埋掉！"失败和挫折，没有压垮谷文昌。东山县委组成了由领导干部、林业技术员、老农三结合的试验小组，谷文昌亲任组长。他们在飞沙滩上，"旬旬种树"，定时观察气候、湿度、风向、风力对新种植木麻黄回青、成活的影响，又种下20亩丰产试验林。功夫不负有心人，他们终于摸清了木麻黄的生长习性，总结出了种植木麻黄的技术要点，并通过多种方式让广大干部群众掌握。

14个春秋的拼搏奋战，谷文昌和县委一班人带领全县军民植树造林防治风沙，打水井、建水库抗旱排涝，修公路、筑海堤、建海港、造盐田……从根本上改变了东山旧貌，把一个荒岛变成了宝岛。

东山县的村村寨寨留下了谷文昌的足迹。他经常卷起裤腿与百姓一起犁田、打石头，干得一身泥水满身汗。干部群众找他反映问题，哪怕是三更半夜他都不烦。他严于律己，不谋私利，调省城工作时，只带走两只皮箱、几麻袋杂物。群众送他一张木麻黄饭桌，他硬是退了回去。

1981年1月30日，谷文昌在漳州因病去世。在广大干部群众的强烈要求下，1986年，东山县委决定将谷文昌的骨灰安葬在当年他亲手建起的赤山林场。1999年，全县各界捐资修建了谷文昌事迹展览馆及谷文昌公园，2004年2月谷文昌纪念馆建成，被命名为"福建省爱国主义教育示范基地"、"福建省首批党史教育基地"。至今，每逢清明、春节等尊老敬宗的传统节日，当地群众都"先祭谷公，后祭祖宗"，带着朴素的感情到碑前缅怀带领他们战胜贫困的谷书记。

青山处处埋忠骨　一腔热血洒高原——孔繁森

"青山处处埋忠骨，一腔热血洒高原。"孔繁森用生命书写了共产党人立党为公、执政为民新篇章，为新时期党员领导干部树立了光辉榜样。

孔繁森出生于1944年7月，山东聊城人。1961年，17岁的孔繁森光荣参军，在部队连年被评为"五好战士"。1966年9月，孔繁森光荣地加入中国共产党。1969年，他从部队复员后，先当工人，后被提拔为国家干部。1979年，国家要从内地抽调一批干部到西藏工作，时任地委宣传部副部长的孔繁森主动报名，并写下了"是七尺男儿生能舍己、作千秋鬼雄死不还乡"的条幅。

1979年，孔繁森第一次赴西藏工作，担任日喀则地区岗巴县委副书记。在岗巴工作3年，孔繁森跑遍了全县的乡村、牧区，与藏族群众结下了深厚的友谊。

1988年，山东省再次选派进藏干部，组织上认为孔繁森在政治上成熟又有在藏工作经验，便决定让他带队第二次赴藏工作。进藏后，孔繁森担任拉萨市副市长，分管文教、卫生和民政工作。到任仅4个月的时间，他就跑遍了全市8个县区所有的公办学校和一半以上的村办小学，为发展少数民族的教育事业奔波操劳；为了结束尼木县绒迈等三个乡群众易患大骨节病的历史，他几次爬到海拔近5000米的山顶水源处采集水样，帮助群众解决饮水问题；了解到农牧区缺医少药的情况后，他每次下乡时都特地带一个医疗箱，买上数百元的常用药，工作之余就给农牧民群众认真地听诊、把脉、发药、打针，直到小药箱空了为止。

孔繁森

1992年，拉萨市墨竹工卡等县发生强烈地震，孔繁森在羊日岗乡的地震废墟上，还领养了三名藏族孤儿——12岁的曲尼、7岁的曲印和5岁的贡桑。收养孤儿后，孔繁森生活更加拮据，为此他曾3次以"洛珠"的名义献血900毫升，900毫升的鲜血蕴涵着孔繁森对藏族孤儿深深的爱。

1992年底，孔繁森第二次调藏工作期满，西藏自治区党委决定任命他为阿里地委书记，这一任命意味着孔繁森将继续留在西藏工作。面对人生之路又一次重大选择，他毫不犹豫地服从了党的决定、人民的需要。

阿里地处西藏西北部，平均海拔 4500 米，被称为"世界屋脊的屋脊"。这里地广人稀，常年气温在零摄氏度以下，最低温度达零下 40 多摄氏度，每年 7 级至 8 级大风占 140 天以上，恶劣的自然环境、艰苦的生活条件使许多人望而却步。

可是，1993 年春天，年近 50 岁的孔繁森赴任阿里地委书记后，在不到两年的时间里，全地区 106 个乡他跑遍了 98 个，行程达 8 万多公里，茫茫雪域高原到处都留下了他深深的足迹。

在孔繁森的勤奋工作下，阿里经济有了较快的发展。1994 年，全地区国民生产总值超过 1.8 亿元，比上年增长 37.5%；国民收入超过 1.1 亿元，比上年增长 6.7%。他为了制定把阿里地区的经济带上新台阶的规划，准备在最有潜力的边贸、旅游等方面下工夫。为此，他带领有关部门，亲自到新疆塔城进行边贸考察。1994 年 11 月 29 日，他完成任务返回阿里途中，不幸发生车祸，以身殉职，时年 50 岁。

在孔繁森的葬礼上，悬挂着一副挽联，形象地概括了孔繁森的一生，也道出了藏族人民对他的怀念："一尘不染，两袖清风，视名利安危淡似狮泉河水；两离桑梓，独恋雪域，置民族团结重如冈底斯山。"

人们在料理孔繁森的后事时，看到两件遗物：一是他仅有的 8 元 6 角钱；一是他去世前 4 天写的关于发展阿里经济的 12 条建议。这就是孔繁森留下的遗产，体现出一名共产党员的高尚情怀。

2009 年 9 月，孔繁森被评为 100 位新中国成立以来感动中国人物之一。

第一书记——沈浩

2004 年 2 月，沈浩作为安徽省直机关优秀年轻干部，被选派到凤阳县小岗村担任党支部第一书记。那一年他在日记里写道："只要小岗能繁荣，村民们能得到实惠，就是献出生命也无怨无悔。"一朝越过温饱线，二十年没跨进富裕门，这是当年沈浩来到小岗村时听到最多的一句话。20 多年过去了，为什么当年改革的先行者迟迟没能走进发展先进者的行列？小岗村的崛起之路到底在哪里？刚刚上任的他彻夜难眠。他走进每个农户的家门，细心倾听乡亲们的心里话。他紧紧抓住村党组织建设这个关键，迅速调整充实了村"两委"班子。他还带领"大包干"带头人、村干部和村民代表先后到大寨、华西、南街等名村考察，解放思想。

视野开阔了，思路也就打开了。要继续改革，再闯新路逐渐成为小岗人的共识。筑巢引凤、发展现代农业、红色旅游和特色工业是小岗崛起的希望之路。2006年初，中共中央关于推进社会主义新农村建设的若干意见发表后，沈浩便萌生了一个大胆的想法，向县里提出要引进大学生到小岗村创业，希望得到县里的支持，不久县里专门出台了一个鼓励大学生到小岗村创业的政策文件，可是那时的小岗村交通很不方便，生产生活条件都比较差，还是让大学生们下不了决心。沈浩连续四次到学校去动员，介绍中央新农村建设的战略部署和重大政策机遇，描绘小岗村发展的美好前景，还结合自己到小岗工作的切身体会和他们一起谈论人生的价值，请大学生们到小岗去参观。他对生活的热情、对人的诚恳、对待工作的认真态度和果断的做事风格给大学生们留下了深刻的印象，当年就有三名大学生来到小岗创业，带动八户村民建起了35个大棚。第二年又发展到35户179棚。引进大学生到小岗创业，激发了小岗人创业致富的热情，小岗村现代农业终于迈出了新的步伐。

作为中国农村改革的发源地，小岗村历来是媒体和社会关注的焦点，这也是小岗干部的特殊压力。为了加快小岗农业产业化步伐，2006年，沈浩引进了一家养殖公司到小岗发展规模养殖，需要流转一部分土地，并鼓励农户以土地入股，可是刚刚开始丈量土地，就有媒体报道说小岗村要重走集体化道路，一时间外界议论纷纷，各方高度关注，调查组走进小岗、媒体跟踪报道、专家学者前来求证，可谓山雨欲来风满楼，仿佛他的改革是在否定大包干。那时候他的思想压力特别大。有人问他怎么看待这些议论？他说："大包干以来，党中央一

沈浩

直关注小岗村的发展，历史和现实反复证明，只有坚持工业化和城镇化才是富裕小岗村的出路"，"当年的大包干是改革，现在的土地承包经营权流转也是改革，改革总是要承担风险的，当年搞大包干难道没有风险吗？只要能使小岗村富裕起来，别说这点儿误解和委屈，就是献出生命我也愿意。"

土地流转为发展小岗现代农业奠定了基础，也为发展工业创造了条件，沈浩有了更大的设想，他要进一步探索城乡统筹发展的新路。要把小岗村发展成一个中等规模的城镇，要建设小岗工业园区，将来小岗品牌要资本化，甚至上市，用小岗拉动整个凤阳东部经济发展。他说："小岗这个金字招牌擦一擦就能放光"。

功夫不负有心人，就在这一年，小岗以无形资产合作的第一个工业企业——小岗面业正式落户。2007年11月，新的小岗村总体规划通过了省级评审，小岗村城镇化步伐迈出了第一步。

2008年9月30日，胡锦涛总书记视察小岗村，当总书记得知沈浩是在圆满完成三年选派任务后被村民自发按手印挽留下来连任的，高兴地勉励他说："群众拥护你，这是对你最大的褒奖。"

沈浩在日记中写道：总书记到小岗来对我们既是荣誉又是动力，小岗村是农村改革的发源地，要不断创新。不久，他和大家共同研究制定了建设四型小岗村的发展目标，提出要利用五年时间把小岗村建设成为现代农业的示范村，城乡统筹的先行村，制度创新的试验村，文明和谐的新农村。作为村党委主要负责人，沈浩一直紧紧抓住村党组的建设这个关键。在学习实践活动中，他根据村民的意见和建议，认真制定整改方案，提出了小岗村重点工作责任分工和完成实现制度，大大提高了村"两委"班子的工作效益，赢得了村民的一致好评。

为了引进好的项目，沈浩东奔西走，千方百计宣传推介小岗。美国GLG集团董事局主席专门来到小岗村，沈浩早早跑到村口不停张望。张博士说，当我握着他冰冷的手，看到他热切的目光时，我的心被他深深打动了，后来总投资1.5亿元落户到了小岗村。这是小岗村发展最快的6年，6年来小岗村家家住上了新房，这是小岗村村容村貌变化最大的6年。更重要的是小岗村的村民信心更足了，如今小岗村已经成为国家4A级旅游景区，小岗葡萄供不应求，小岗牌民用甜菊糖等项目一天天竣工。

就在这个关键时刻，沈浩却累了，倒在了他住了6年的小屋里，倒在了他无限热爱的那片土地上，离开了他无法割舍的小岗村父老乡亲。作为农村基层组织的带头人，他忠诚履行了一心为民的宗旨，他发扬了艰苦奋斗、扎根基层的实干作风，他弘扬了任劳任怨、无私奉献的高尚品德，他具有团结农民、带领百姓的群众工作本领。他是当代共产党员的优秀代表，是农村基层干部的杰出楷模，是机关干部下基层为群众服务的先进榜样，是学习实践科学发展观中涌现出的生动典型。在他倒下的地方，必定会有更多的人继续坚定地走下去，在广袤的田野上，必将会有千万个沈浩带领群众奔向富裕安康的明天。

公仆本色一辈子——杨善洲

他始终怀着一颗关心群众生产生活的善良心，这颗善良心使他永葆人民公仆的本色，永远把群众的利益放在第一位。

杨善洲担任保山地委书记时期，促进粮食生产，稳定农业，解决群众吃饭问题，是他花费心思最多的事情。"我们是党的干部，如果老百姓饿肚子，我们就失职了。"杨善洲经常这样说。

1977年，杨善洲到龙陵县平达公社河尾村去考察农业生产情况，看到有个年轻人栽秧很不规范，就走上前去说："要想搞得饭吃，就要好好栽。"看到忽然冒出一个头戴竹叶帽、脚穿草鞋的陌生人对自己说三道四，小伙子很不高兴："你会栽你来栽给我看看，不要站着说话不腰疼。"杨善洲二话不说，挽起裤脚，把鞋子一脱，跨进田里，接过秧苗就开始栽，几分钟就插出长长一溜秧来，而且栽得均匀整齐，周围群众一阵叫好，小伙子也佩服得低下了头。

杨善洲

杨善洲说过："凡是农田建设上得快的单位，都有一条重要经验，就是领导上前线，亲自带着干，这是无声的命令，有效的指挥。"当时，杨善洲在保山县板桥公社、施甸县保场公社都有水稻样板田，在施甸县姚关公社、腾冲县明光公社都有包谷样板地。在保场公社的样板田上，他采用"三岔九垄"式插秧，使亩产量提高了三四百斤，直到今天，当地群众还在采用杨书记摸索出的"三岔九垄"方法插秧。

杨善洲从来没有忘记过自己来自农村，从来没有忘记是党把他从一个农民的儿子一步一步培养成为党的领导干部。他始终怀着一颗关心群众生产生活的善良心，这颗善良心使他永葆人民公仆的本色，永远把群众的利益放在第一位。

担任地委书记的时候，因为杨善洲同志大力发展农业，和老百姓一起种田种地，着力解决群众的温饱问题，群众感激他，就编了一首民谣："家乡有个小石匠，参加土改入了党，头戴竹叶帽，身穿中山装，穿起草鞋搞农业，开渠引水当龙王。一身

杨善洲墓

泥一身汗，大官儿不当，当什么？当种田郎。"

杨善洲退休后，带领群众把荒山变成了林海。群众感激他为子孙后代造福的大恩大德，又编了一首民谣："家乡有个小石匠，当官退休福不享，栽树二十年，荒山披绿装，造福子孙千万代，为民服务永不忘。活到老干到老，大富翁不当，当什么？当共产党！"

老百姓这朴素的心声，表达出的正是杨善洲一辈子都没有改变过的公仆本色。

七 信仰之范

卓越风范励后人

毛泽东六位亲人为革命事业献出生命

黄 文

在韶山这块只有210平方公里的弹丸之地，在革命战争年代，先后有1598人为之献出生命，现在已正式认定为烈士的就有142位。毛泽东一家为革命献出了六位亲人的宝贵生命，为中国的解放事业作出了巨大贡献。

毛泽民 又名泽铭，字润莲、咏莲，曾化名周彬，1896年4月3日出生，毛泽东的大弟弟。曾经担任中华苏维埃共和国国家银行行长、新疆财政厅代厅长。

1921年春赴长沙投身革命，1922年冬加入中国共产党。受中共湘区委员会的派遣到江西安源路矿从事工人运动。在安源，他倡议、筹办了安源路矿工人消费合作社。

1925年2月，随毛泽东、杨开慧回韶山开展农民运动。4月赴广州，入第五届农运讲习所学习。结业后，毛泽民辗转于上海、武汉、天津等地秘密从事党的出版发行和印刷工作。前后任上海中共中央出版发行部经理、汉口《民国日报》总经理，并主持上海书店、汉口长江书店的工作。创办了上海秘密印刷厂和天津华新印刷厂。在天津，他还担任了中共中央的交通员，并管理中共顺直省委的财务。

1932年2月1日，中华苏维埃共和国国家银行正式成立，毛泽民任第一任行长。他根据中央临时苏维埃政府"统一财政，筹款支援前线"的指示，印制并发行了苏维埃共和国国家银行的统一币券，建立了总、分、支行金融系统，成立了钨矿公司，对打破敌人的经济封锁，支援革命战争起了重要作用。

1934年10月红军开始长征，毛泽民出色地完成了运输、打土豪、筹粮筹款、保障红军供给等艰巨任务。红军到达陕北后，1936年初，毛泽民任中央工农民主政府国民经济部部长。

1938年2月，毛泽民化名周彬，出任新疆省政府财政厅副厅长（后为代厅长）。新疆的经济、文化、卫生事业发生了显著变化。毛泽民整顿财经工作的成功，触犯了新疆边界督办、军阀盛世才等人的利益。1941年，盛世才将毛泽民改任民政厅厅长。毛泽民仍坚持民主改革，发展医疗卫生事业。

1942年9月17日，盛世才端出蓄谋已久的所谓"共产党四一二阴谋暴动案"，将毛泽民等人软禁后投入监狱。1943年9月27日，时年47岁的毛泽民等人宁死不屈，被盛世才秘密杀害。

毛泽覃 原名泽淋，字润菊、咏菊，1905年9月25日生，毛泽东的小弟弟。曾任红军独立师师长，"是我军最早的一位猛将"（邓小平语）。

1921年，毛泽覃在长沙加入中国社会主义青年团，后由党组织派往常宁水口山工作。1923年10月加入中国共产党。1924年，毛泽覃调任社会主义青年团长沙地方委员会书记。1925年春，回韶山协助大哥毛泽东开展农民运动。同年秋赴广州，相继在黄埔军校政治部、中共广东区委及农民协会、省港罢工委员会等处工作。

1927年7月底，毛泽覃前往南昌参加周恩来等领导的武装起义，由周恩来分配他到叶挺领导的第十一军第二十五师政治部工作。广东潮汕战斗失利后，随朱德领导的部队转战湘赣粤边区。1927年冬，化名"覃泽"到达井冈山，后被派往宁冈乔林乡开展建党工作，领导恢复了农民协会，创办了农民夜校，并于1928年2月，建立了宁冈地区最早的党支部——中共乔林乡支部，亲任支部书记。

1928年春，工农革命军攻打遂川城后，毛泽覃留下担任中共遂川县委委员兼县游击大队党代表。湘南六县"年关暴动"后，毛泽覃奉毛泽东之命，迎接朱德、陈毅率领的起义队伍上井冈山。4月，毛泽覃任红四军三十一团一营党代表。

1929年2月至1932年，毛泽覃先后任中共赣西南特委委员、东固区委书记、红六军（后称红三军）政治部主任、代理政委，中共吉安县委书记兼红军驻吉安办事处主任，中共永（丰）、吉（安）、泰（和）中心县委书记兼独立师政委，中共公略县委书记兼独立师师长。尔后，毛泽覃调任瑞金苏区中央局秘书长，与邓小平、谢维俊、古柏坚决拥护毛泽东提出的正确路线、方针。1933年初，在"左"倾中央领导开展的反对所谓"罗明路线"在江西的执行者斗争中，毛泽覃等受到错误批判和打击。

1934年10月，红军主力开始长征后，毛泽覃留在中央苏区坚持游击战争，任中央苏区分局委员、红军独立师师长。1935年4月25日，他带领部队突围，在瑞金县黄缮口附近不幸中弹牺牲，时年29岁。

杨开慧 乳名霞，字云锦，1901年11月生于长沙县清泰都板仓一个进步知识分子家庭，她是毛泽东的亲密战友和夫人。

1920年初，杨开慧进入长沙福湘女中进修班就读，并积极组织开展学生运动。1920年冬，杨开慧与毛泽东在一师附小结婚。1921年加入中国共产党，并担任湘区执行委员会机要和交通联络工作。在此工作期间，她动员母亲拿出父亲逝世时亲友送的奠仪、募捐款给毛泽东做活动经费，并协助毛泽东创办了自修大学。1925年春，她随毛泽东回到韶山，协助毛泽东办起了20余所农民夜校，并亲自上课。后前往武汉。1927年10月,毛泽东率秋收起义部队上了井冈山,杨开慧带着三个孩子回到板仓,坚持党的地下工作。

1930年7月,红军攻下长沙撤往苏区后,湖南当局到处抓人杀人。杨开慧设法让其他同志隐蔽转移,自己则做好应变的准备。同年10月,杨开慧被捕,后关进司禁湾陆军监狱,受尽各种酷刑。敌人要她登报声明与毛泽东脱离夫妻关系,马上可

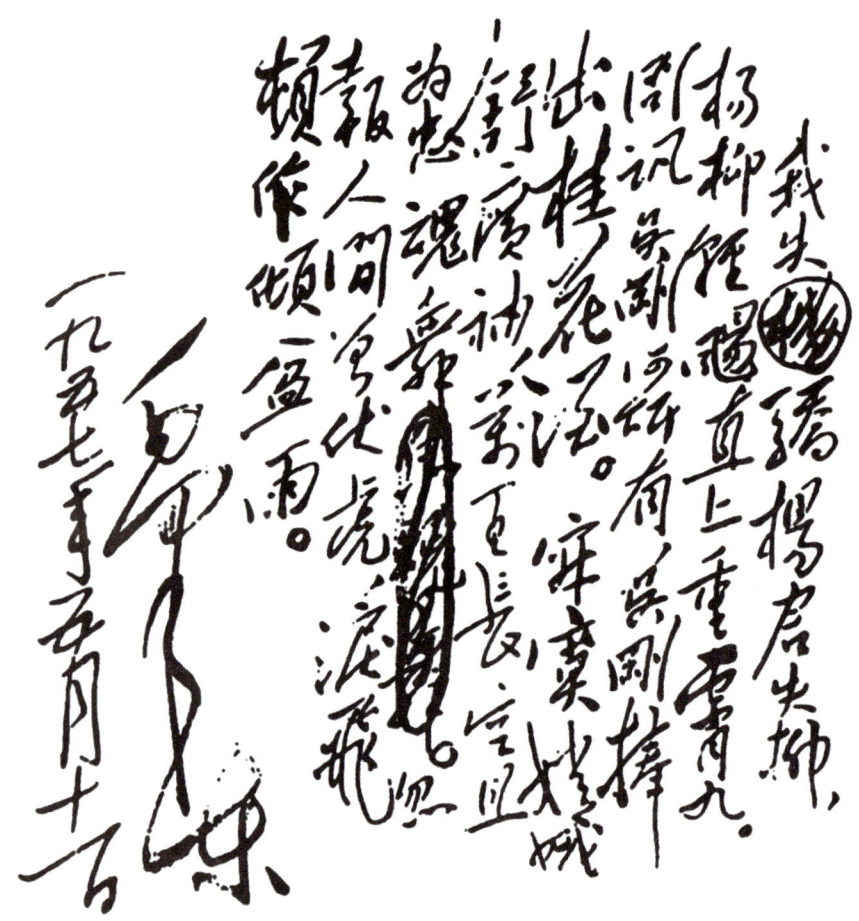

毛泽东手迹《蝶恋花·答李淑一》

以获得自由,遭到杨开慧的严词拒绝。11月14日,杨开慧英勇就义于长沙浏阳门外识字岭。

毛泽东在中央苏区获悉杨开慧牺牲的消息,十分悲痛,当即写信给杨家亲属说:"开慧之死,百身莫赎"。1957年,他又写了《蝶恋花·答李淑一》一词,并向友人章士钊解释说:"女子革命而丧其元,焉得不骄!"

毛岸英 名远仁,曾用名杨永福,1922年10月24日出生在长沙清水塘,他是

毛泽东和杨开慧的长子。

1930年10月，杨开慧被捕，8岁的岸英同母亲一起被关进监狱。11月14日，母亲牺牲，后经多方营救，岸英被释放回到板仓。1931年春，在党组织的周密安排下，岸英改名杨永福被送往上海。在上海，岸英兄弟三人首先安排在我地下党领导的大同幼稚园抚养，继而寄居在董健吾家，后因党的组织关系中断，生活费用无着，流浪上海街头达数年之久。

1936年春，党组织安排他们随同东北抗日义勇军司令李杜将军经法国去苏联，于1937年初到达莫斯科。先后在莫斯科市郊莫尼诺共产国际第二儿童院、伊万诺夫城国际第一儿童院、苏雅士官学校快速班、莫斯科列宁军政学校、伏龙芝军事学院学习，并于1943年1月加入联共（布）党（1946年回国后转为中国共产党党员）。军校毕业后，获中尉军衔，任命为坦克连党代表，参加苏军的大反攻。回国前，受到斯大林的接见，并送给他手枪一支，作为参加苏联卫国战争的最高奖赏。

1946年1月，毛岸英学成回到延安后，下过农村，进过工厂，参加过土地改革和土改复查工作。相继担任中央宣传部文书、编辑助理、中央社会部秘书、北京机器总厂党总支副书记等职。

1950年10月，毛岸英主动参加抗美援朝战争，19日，随中国人民志愿军总部渡江入朝，任志愿军总部俄语翻译和机要秘书，分管收发电报工作。11月25日，上午11点钟左右，四架美军轰炸机掠过总部向北飞去，后又突然返回投下几十枚凝固汽油弹。顿时，一团浓烟烈火吞食了整个作战室，毛岸英当场牺牲，时年28岁。

毛泽建 乳名菊妹子，1905年10月生于韶山冲东茅塘（今韶源村东塘组）。因家境贫困，她童年就过继给毛泽东的父母做女儿。曾担任妇女运动委员、游击队长。

1921年春，毛泽东回韶山为毛泽建解除封建婚约，并带她去长沙，在湖南自修大学补习学校学习。她于1921年加入社会主义青年团，1923年春加入中国共产党。后改名为毛达湘，前往衡阳从事革命活动。同年秋，她考入省立衡阳第三女子师范，任学生党支部书记和湘南学联女生部长。

北伐战争后，毛泽建奉特委指示，到衡阳、衡山开展农民运动，相继任两县的妇运委员。1927年1月，出席全省第一次妇女代表大会，会后，在衡阳县集兵滩观音堂举办了两期农运干训班。马日事变后，毛泽建先后以衡阳农民自卫军为基础，组建了衡北游击师，处决了一批反革命分子；后协助丈夫陈芬改组了中共衡山县委，陈芬任县委书记兼军委书记，毛泽建任妇运委员兼游击队队长。

1928年初，毛泽建、陈芬率游击队一举摧毁了南岳镇团防局。后参加了朱德、陈毅领导的湘南暴动。是年夏，游击队在该县夏塘铺被敌包围，两人均负伤被捕。

不久，陈芬在耒阳英勇就义。毛泽建因即将分娩，获救后再度被捕。牺牲前，她在遗书中写道："……人民总归要做主人，共产主义事业终究要胜利，只要革命成功了，就是万死也无恨，到那天，我们会在九泉下开欢庆会的……"1929年8月20日，毛泽建就义于衡山县城南门外马庙坪，时年24岁。

毛楚雄 名远大，号造时，1927年9月8日出生于长沙小吴门松桂园，他是毛泽覃与周文楠的儿子、毛泽东的侄儿。

由于从小受亲人革命思想的熏陶和伯父的关怀教育，国耻家仇驱使楚雄从小就胸怀大志。他在《试述各人志愿》的作文中写道："做一个改革社会的人物，为国效劳，赶走侵略者，使世界变为和平的世界。""继父之志，报父之仇"。

1945年8月，韶山地下党将毛楚雄等人一同送到汨罗县白鹤洞，参加了八路军，随军北上。1946年8月在中原突围中，化名李信生（作为警卫员）与干部旅旅长、原军调部第九执行小组我方代表张文津、干部旅政治部主任吴祖贻前往西安与胡宗南谈判。行至宁陕县的东江口镇，被驻扎在这里的胡宗南部六十一师一八一团无理扣押。8月22日深夜，敌人将他们三人及农民向导，惨无人道地活埋在城隍庙河边的沙坝里，楚雄时年仅19岁。

建国初期，毛泽东在北京接见周文楠说："楚雄是个有志气的孩子。年龄不大，为国捐躯，虽死犹荣"。

毛泽东的家风

牛保良

领导干部的家风与干部本身的工作作风存在着密切的联系，是构成干部队伍建设的重要一方面。像领导干部在单位的作风和形象的影响力一样，像党的一切干部，甚至一名普通党员在社会中的作风和形象的影响力一样，干部的家属、亲友，尤其是配偶和子女的形象，所产生的社会效应也是不可低估的。尤其是在社会主义市场经济条件下，干部的家风显得更为必要和紧迫。毛泽东对家属子女一向严格要求，堪称党内干部家风建设的楷模。

关爱子女　严格要求　不搞特权

毛泽东对家属子女的要求一向严格谨慎，一方面要求子女努力向上，关心他人；另一方面能够坚持原则，不利用自己手中的权力为子女谋职位，在家庭成员中也是自己以身作则，关爱他人，慷慨解囊，解危救困。

——鼓励子女脚踏实地，博览群书，学人之长，克己之短，立志成才。1941年1月31日，毛泽东在给毛岸英、毛岸青的信中讲："岸英文理通顺，字也写得不坏，有进取的志气，是很好的。惟有一事向你们建议，趁着年纪尚轻，多向自然科学学习，少谈些政治。政治是要谈的，但目前以潜心多习自然科学为宜，社会科学辅之。将来可倒置过来，以社会科学为主，自然科学为辅。总之注意科学，只有科学是真学问，将来用处无穷。人家恭维你抬举你，这有一样好处，就是鼓励你上进；但有一样坏处，就是易长自满之气，得意忘形，有不知脚踏实地、实事求是的危险。你们有你们的前程，或好或坏，决定于你们自己及你们的直接环境，我不想来干涉你们，我的意见，只当作建议，由你们自己考虑决定。"既要理顺学科结构，又要把握知识结构的先后构成，还要分析对待别人的鼓励和赞扬，不可沾沾自喜，忘乎所以。

他还要求岸英持之以恒地学习，不要图虚荣。1947年10月8日，他在给岸英的信中说："一个人无论学什么或作什么，只要有热情，有恒心，不要那种无着落的与人民利益不相符合的个人主义的虚荣心，总是会有进步的。"他对李讷的学习也十分关心和重视，并多次给予鼓励和指导。1959年12月30日，毛泽东在给李讷的信中讲："要读浅近书，由浅入深，慢慢积累。大部头书少读一点，十年八年渐渐多读，学问就一定可以搞通了。"1963年1月15日,他还鼓励李讷:"大有起色,大有壮志雄心,大有自我批评,大有痛苦、伤心,都是极好的。你从此站立起来了。因此我极为念你,为你祝贺。读浅,不急,合群,开朗,多与同学们多谈,交心,学人之长,克己之短,大有可为。"毛泽东对李讷学习上取得的进步十分高兴,并要求她读书要树雄心壮志,要循序渐进,团结同学,虚心向人学习。此外,对毛岸英的遗孀刘松林、毛岸青夫人邵华同样鼓励学习进步,立志奔前程,为社会做一番事业。毛泽东不仅督促儿女刻苦读书,而且自己积极带头,树立榜样。一生中仅《资治通鉴》就读了十七遍,七十多岁的老人又开始学英语,直到逝世前夕还在看《容斋随笔》、《古文观止》等古典文学名著。

——关爱子女。毛岸英牺牲后,刘松林极为悲痛,精神状况长期未能恢复,后去苏联医治。1959年8月6日,毛泽东写信给在苏联治疗的刘松林,寄去了一位老人的挂念:"你身体是不是好些了?妹妹考了学校没有?……你愁闷时可以看点古典文学,可起消愁破闷的作用。久不见甚念。"1961年6月13日,他又劝刘松林再婚:"你要听劝,下决心结婚吧,是时候了。五心不定输得干干净净。"大爱无语,挚爱无声。这是一位伟人、一位年迈的父亲对未再婚儿媳表现出的真诚的关爱和高尚的情操。对李讷,毛泽东也十分牵挂,很想知道李讷的最新情况。他要求李讷给他写信,告诉他具体情况。他说:"你为什么不写封信给我呢?为什么那样吝啬呢?你不爱爸爸了,是不是呢?我希望不是,你是爱我的,只因我对你帮助太少,缺乏长谈,互不交心,所以如此。你给我来封信吧。"

毛泽东给毛岸英、毛岸青书信手迹

毛泽东十分关爱子女,但是严格要求,从不为子女谋职位,搞特权。建国初,毛岸英被安排到政务院工作,毛泽东对此坚决不同意。他认为毛岸英不够资格进政务院工作,而应当到农村、工厂、部队去锻炼。对李讷、毛远新(毛泽东的侄子)被推选为中共九大代表也坚决不同意。可见,毛泽东坚持党性原则,不谋私利,堪称爱子有方。

——**尊敬他人，礼貌待人**。毛泽东重视子女的为人风范，严格要求尊敬他人，礼貌待人。1960年，毛岸青在大连接受治疗后，毛泽东亲自嘱咐毛岸青："对于帮助你的大连市市委同志，医疗组织各位同志们，一定要表示谢意，他们对你是很关怀的，很尽力的。此信给他们看一看，我向他们表示忠诚的谢意。"要求亲自转达对大连医护人员的感谢和关心。

关心亲属　不失原则　不搞特殊

对自己亲属严格要求构成了干部家风的另一个重要方面。对于封建社会那种"一人得势，鸡犬升天"的裙带关系，毛泽东不仅坚决反对，而且严格要求亲属遵纪守法，与广大劳动人民同吃同住同劳动，平等相待，慷慨救济，不给党和人民增添负担。

——**慷慨解囊，资助亲属**。杨开慧的母亲过九十寿辰，毛泽东于1960年4月25日请杨开智转去二百元表示祝贺。得悉杨开慧母亲去世后，他又于1962年11月15日寄去二百元表示哀悼。堂弟毛泽连家境困难，丧母未葬，又患脚疾未愈，毛泽东于1952年10月2日即寄去三百元，用于丧葬和治病。陈玉英曾经在毛泽东和杨开慧家里做过保姆。1930年随杨开慧一起被国民党政府逮捕，在狱中备受折磨。解放后，毛泽东得知她已在长沙工作，十分高兴，并写信给予关怀，表示"你如果有困难，可告诉我，设法给你一些帮助。"她的女儿孙燕考取初中后，毛泽东也寄去三百元，并表示"以后还可寄一些。不要忧虑。"

——**勤俭节约持家，不沾国家便宜，不失原则，不搞特权谋职位**。1949年10月9日，毛泽连在长沙治病，因疗效不佳打算到北京诊治，毛泽东嘱咐："均不要来京，也不宜在长沙住得太久，诊病完了即回韶山为好。现在人民政府决定精简节约，强调反对浪费，故不要来京，也不要在长沙住得太久。"1953年，毛泽东少年同学邹普勋、早在安源一同搞工人运动的谭熙春、毛泽东叔祖父毛锡臣提出一同到北京看毛泽东，为不给政府添麻烦，俭省节约，他表示："由你们三人结伴同行，自己出路费，路上买车票等事亦由自己经理。到京住一个月即回家。如果你们同意，即可照这样办。"一方面，毛泽东严格要求亲属遵守政府法规；另一方面，他还坚持原则，不搞特权，不为亲属谋私利，拒绝不合理要求。1949年10月9日，杨开智计划去北京见毛泽东，并解决工作问题。他表示："杨开智等不要来京，在湘按其能力分配适当工作，任何无理要求不应允许。"一切按常规办理，听从当地政府安排，不要有任何奢望。毛泽东的表兄文南松提出为文运昌安排工作，毛泽东表示："不宜由我推荐，宜由他自己在人民中有所表现，取得信任，便有机会参加工作。"还有他的姑母毛春秀，也曾提出请毛泽东为其儿子安排工作，他同样拒绝："我不能办，要在当地所属机关自己申请。"

——伟大的革命牺牲情怀和革命乐观主义。全国抗战爆发后，文运昌家庭生活困难，曾致信毛泽东找份差事。他如实相告："家境艰难，此非一家一人情况，全国大多数人皆然，惟有合群奋斗，驱除日本帝国主义，才有生路。吾兄想来工作甚好，惟我们这里仅有衣穿饭吃，上自总司令下至火夫，待遇相同，因为我们的党专为国家民族劳苦民众做事，牺牲个人私利，故人人平等，并无薪水。如兄家累甚重，宜在外面谋一大小差事俾资接济，故不宜来此。道路甚远，我亦不能寄旅费。"还在回信中说，虽然工作紧张，但是都快乐健康。1941年，杨开智的女儿杨展在抗日战争中牺牲，为安慰其祖母、杨开慧的母亲，毛泽东致信表示："岸英或可回湘工作，他很想看外祖母。展儿于八年前在华北抗日战争中光荣地为国牺牲，她是数百万牺牲者之一，你们不必悲痛。"其实，在毛泽东的亲人中，杨开慧、毛泽民、毛泽覃、毛泽建、毛岸英、毛楚雄、杨展七人牺牲，毛金花、毛岸红、毛岸龙三子女失踪。

要求子女防止干部子弟特殊化

干部子弟是一个特定的群体。他们不是党的干部，不处于执政地位，但是由于所处的特定的干部家庭生活地位，即被赋予特定的作用。而这种作用，是一切非干部家庭的子女所不拥有的。干部子女教育得好，对社会和党的形象产生积极的影响，反之则会起到十分消极的作用，给人民生活造成危害，损坏干部的形象和党的地位。毛泽东早已警觉到这个问题，并发出警告，对自己的子女也不例外。

——防止贵族化，干部子弟与平民子弟一律平等。凡贵族都是处于特权阶层，社会中的诸多不公平、不公正的罪恶，人民生活的苦难，往往与贵族阶层过多占有社会资源密切相关。也正因为广大人民生活艰难，痛不欲生，在古今中外的历史上演出了一场又一场的革命战争活剧。中国共产党是全心全意为人民服务的，决不允许新的贵族产生。针对建国初学校教育中划分等级的问题，1952年6月14日，毛泽东在给周恩来的信中明确批复："干部子弟学校，第一步应划一待遇，不得再分等级；第二步，废除这种贵族学校，与人民子弟合一。"他希望在社会主义新中国，人人平等。

——人格独立，依靠自己，持家立业。由于干部子弟特殊的家庭地位，尤其是有些是革命先烈的后代，处处容易得到人民群众的关照，而有的则变得不自觉。对此，毛泽东也给予了警告。1959年6月，他在读苏联《政治经济学教科书》的谈话中指出："我很担心我们的干部子弟，他们没有生活经验和社会经验，可是架子很大，有很大的优越感。要教育他们不要靠父母，不要靠先烈，要完全靠自己。"他担心干部子弟如果不能人格独立，生活独立，自食其力，就会逐渐走向官僚化和贵族化。使他更为担心的是，干部子弟的社会主义思想教育问题。1967年5月22日，有十七个自称红卫兵的人到云南抄了一位副省长的家。参加者都是中学生，其中有六个是北京学生，其余十一人，除两人外，都是高级干部子弟。对此，毛泽东十分惊异。5月28日，他立即批示："如不教育好，会成为将来反革命复辟的祸根之一。好在还不占干部子弟多数，多数还是较好的。"毛泽东担心的是干部子弟变质问题。

——对自己的子女也尤为严格。毛泽东要求一切干部子弟都要树立平民思想，勤奋实践，谦虚谨慎，不搞特权。李讷读大学开始住校，开始独立生活，遇到了学习和生活自立问题。1963年1月4日，毛泽东在给李讷的信中说："你痛苦、忧伤，是极好事，从此你就有希望了。痛苦、忧伤，表示你认真想事，争上游、鼓干劲，一定可以转到翘尾巴、自以为是、孤僻、看不起人的反面去，主动权就到了你的手里了。没人管你了，靠你自己管自己，这就好了。"毛泽东相信，干部子女学会自己管理自己，培养自主自理能力，是增长社会能力的必要途径。

周恩来的十一条"家规"

周秉德等

周秉德等6兄妹在中南海跟周恩来长期一起生活,周恩来和邓颖超一直把他们当成自己的孩子,承担了父母的责任。几年前,6人集体回忆出周恩来对他们的要求,并共同签字盖章留存。

忆伯父、伯母多年对我们的教育与要求

我们从小在伯父、伯母身边长大、成人,几十年来,两位长辈对我们生活上的关怀、思想上的启迪、品格上的培养,以及作风的锤炼,都付出了大量的关爱与心血,视如己出,使我们感到亲切、温暖,也促使我们不断地努力、上进与自强,处处以他们为榜样,做好自己的本职工作,不辜负他们对我们的培养与教育。

伯父、伯母对我们的教育与要求,都是在日常生活中,点点滴滴,随时随地而为,并没有集中起来订出若干条家规,现将这些教育与要求回忆归纳如下:

一、在外面不要讲与他们的亲属关系,"要做个普通学生、普通劳动者"。

二、"不能因为伯父是国家总理,你们就有任何特权思想,更不能要求特殊照顾,这是我们共产党与其它政党的不同所在。""无论上学、工作和生活,都要靠自己的努力,要自我奋斗,革命要靠自己。"注意培养我们的自立能力,防止产生对家庭的依赖思想。公家的汽车不能接孩子。

三、要充分认识我们的封建没落官僚家庭的思想观念,对我们家庭每一个成员在思想上潜移默化的影响,要随时随地主动改造自己,人要活到老、学到老、改造到老,思想上要不断地严格要求自己。"我带领全家向无产阶级投降。"

四、要求我们选择学业和工作,都要从国家利益出发,以国家需要为标准。教育我们尽量到基层、到边疆,到最艰苦的地方去。

五、教育我们要艰苦朴素,刻苦工作,不能讲吃讲喝,更不能追名逐利。他们常说:当年我们干革命,随时准备牺牲,从未想到过取得政权后当什么官。想起几十年来牺牲的那么多战友与同志,我们是幸存者,还有什么权力不全心全意地为人民服务呢?

六、不能在伯父、母这里解决家庭以外的任何问题,不要替人带信,更不能替

人告状。我们不该看的不要看，伯伯的办公室，不可随便进，我们不该听的不要听，有人来谈工作，孩子们一律回避。

七、中南海周末常有电影，凡有内部（尚未公开放映）电影，孩子们都不要去看。住校的孩子星期天应回学校上晚自习，家里有多么精彩、难得的戏票，也不许不回学校，要养成遵守纪律的良好作风。

八、教育我们兄弟姐妹之间，要互相帮助，当几个大孩子参加工作后，伯母与这几人分工，分别资助经济上尚未独立的弟弟妹妹。

九、要求我们晚婚晚育。在择偶问题上，嘱我们除考虑人品、性格外，更要考虑有共同的政治目标，避免政治上的麻烦。鼓励在内蒙古插队的秉建找一蒙族青年，成家立业，共同改变边疆的落后面貌，促进民族团结。

十、要求我们对秘书、工作人员要有礼貌，见面主动打招呼。

十一、最后病重住院时，因当时"组织上"的规定，而不让侄辈们前去看望，只能通过电话交谈，仍念念不忘教育我们做好本职工作，为完成党的事业，为国家的强盛，为民族的兴旺而努力奋斗。

周秉德　周秉钧　周秉宜　周秉华　周秉和　周秉建
二〇〇三年十月

周恩来对晚辈的教诲

高长武　王皓义

1958年，国家开始实行机关干部下基层劳动锻炼，周恩来鼓励和教育侄子周荣庆也到基层锻炼，并送他一句话作为勉励："布衣暖，菜根香，读书滋味长。"

周恩来对侄儿讲的这句话，具有深刻含义，饱含了他对晚辈的殷切期望和深刻教诲。

首先，要养成并保持艰苦朴素、热爱劳动的良好习惯，在劳动锻炼中成长、成才。"布衣"和"菜根"是指老百姓日常生活中穿和吃这两个最基本的方面，并非锦衣玉食，何来"暖"、"香"呢？不为别的，只因它们是劳动人民靠自己辛勤劳动得来的，穿着、吃着，安心、舒畅。也只有经历过从辛勤劳作到收获成果全过程的人，才能真正懂得"一粥一饭当思来之不易，半丝半缕恒念物力维艰"的真谛，才能切实体会到"布衣暖，菜根香"的滋味。因此，周恩来常引用清朝八旗子弟好逸恶劳、养尊处优，结果丢掉天下的教训，告诫晚辈和高级干部子弟，不要靠关系和特权，而是要靠艰苦奋斗，积极投身到劳动实践和建设实践中，用自己的双手创造社会财富、创造未来。当周荣庆到河南农村当了一名拖拉机手，并与一位当地姑娘结为伉俪后，周恩来欣慰地对他说："这很好嘛，劳动之家光荣！"他还提醒道：目前农村确实比较艰苦，但艰苦能锻炼人，要艰苦奋斗一辈子。

其次，要深入基层，贴近群众，同群众打成一片，培养与劳动人民同呼吸共命运的深厚感情。着"布衣"而暖，食"菜根"而香，是一种与群众同甘共苦、不做官老爷的生活态度。周恩来一生奉行并要求晚辈们做到的就是这种态度。他一再教育晚辈要始终站在工农群众的立场上，自觉抵制特权思想的侵蚀，为此，他十分支持和鼓励晚辈们到基层群众中去，到条件艰苦的地方去，做一名普通劳动者。1968年，在得知侄女周秉建决心到内蒙古牧区落户后，周恩来热情地鼓励道："秉建，我坚决支持你到内蒙古大草原安家落户，走毛主席指引的知识青年与工农相结合的道路。"周恩来考虑得很周详，他说："要做好战胜各种苦难的思想准备。不要忽视困难。你过去不吃牛羊肉，到了牧区你还要锻炼吃牛羊肉，首先要过好生活关，这很重要。你去的是牧区，是少数民族地区，要注意和尊重那里的风俗习惯。你到内蒙古牧区安家落户，一定要到贫下中牧民中间去，一定要虚心向那里的劳动人民学习，学习他们的优秀品质，一定要和蒙古族人民搞好团结。"1970年12月，周秉建在牧区应征入伍，所在部队地处北京市郊区。周恩来知道后，语重心长地对侄女说："你参军虽然合乎手续，但是在内蒙古这么多人里挑上你，还不是看在我们的面子上？我们不能搞这个特殊，一点儿也不能搞。你要回到草原去，回到牧民身边，继续接受教育。你应该把参军的机会让给贫下中农和工人的子女。""回去还是要住蒙古包，就和牧民在一起，这一点要百分之百做到。"于是，周秉建又回到了草原，和牧民一起同吃、同住、同劳动，真正和牧民们打成了一片。后来，周秉建回忆在内蒙古生活和工作的27个春秋时深情地说："我对大草原和对西花厅的感情一样，结下了终生的缘分。"

周恩来在河北武安县伯延公社向老农了解情况

其三，要勤读书，读好书，认真体会书中的各种滋味，不断增加知识储备，增强改造客观世界的能力。 关于学习问题，周恩来有句名言："活到老，学到老，做到老，改造到老。"他认为，"停顿就是落后，落后就要思想生锈"。因此，他提出，年轻人要"抓紧学习，提高自己的文化和科学技术水平，掌握现代科学技术"。对自己的晚辈，周恩来更是如此要求。当周秉建到内蒙古牧区落户后，周恩来特意让邓颖超将《人民日报》刊载的介绍女知青张勇事迹的文章寄给她，嘱咐她仔细体会，感悟其中道理。周恩来另一个侄子周保章在青岛通用机械厂当工人，有一次，周保章在信中向周恩来和邓颖超汇报自己的思想、工作和学习方面取得的成绩，周恩来和邓颖超很高兴，特意把当时在地方并不容易买到的《毛泽东选集》第四卷寄给他作为奖励，希望他好好研读。当然，在周恩来看来，学习书本只是获取知识的一个方面，还要"向群众学习，在实际斗争中学习"，学习的最终目的是为实践服务，脱离社会实际和群众需要的读死书、死读书都是不足取的。这也是周恩来鼓励晚辈们到基层参加劳动和社会实践的初衷之一。所谓"读书滋味长"，其深层含义也在这些地方。

"布衣暖，菜根香，读书滋味长"这句话，形象地表达了周恩来对晚辈成长进步道路的基本要求。简而言之，就是立足基层和群众，投身社会实践，热心向书本、群众和实践学习，在改造客观世界的过程中，不断改造主观世界，做革命和建设事业的合格接班人。周秉建在回忆周恩来教诲时说的一段话，或可作为对此比较贴切的一个注解：从我戴着红领巾当小学生时起，就知道伯伯很支持我的哥哥姐姐们热爱农村、志愿到基层工作的态度，因为他经常教育我们向工人叔叔和农民伯伯学习，长大以后要做有社会主义觉悟、有文化的普通劳动者。

领导干部的家庭教育特别是对晚辈的教育，不只是个人的家事，更是关系干群关系和社会风气的大事。周恩来说得好："我们是社会主义社会，不像封建社会和资本主义社会那样，但是历史也可以借鉴。秦始皇能够统一中国，可是他溺爱秦二世，结果秦王朝就亡在秦二世"；领导干部"应该做出一点表率来"，"不要造出一批少爷"，"对于干部子弟，要求高、责备严是应该的"，"我们决不能使自己的子弟成为国家和社会的包袱，阻碍我们的事业前进"。在对晚辈的教诲方面，周恩来堪称典范。

1961年刘少奇在湖南农村调查的44天

高志中 罗平汉

由于"大跃进"和人民公社化运动的失误，1960年前后中国经济遇到了严重的困难。为了摆脱国民经济的困境，中共中央和毛泽东发出大兴调查研究之风的号召。1961年春夏，从中央到地方组织了大量的调查组开展农村调查，党和国家领导人也身体力行，深入农村了解情况，寻求对策。在广泛调查研究的基础上，形成了《农村人民公社工作条例（草案）》，即"六十条"，大幅度地调整党的农村政策，从而扭转了农村工作的被动局面。在这次全党农村大调查中，刘少奇回到湖南农村调查了44天，其中18天是在长沙县广福公社的天华大队度过的。在这18天时间里，刘少奇了解到许多真实情况，也坚定了他调整农村政策的决心。

1961年3月，中共中央在广州召开工作会议，讨论农村人民公社问题。在这次会议上，刘少奇专门讲了调查研究的重要性，他说："这几年调查研究工作减弱了。调查研究是做好工作的最根本的方法。当然，还有其他根本方法。""中央有些政策，决定前缺乏很好的调查研究，根据不够。决定之后，又没有检查执行情况，发现问题，及时纠正。"刘少奇强调："调查研究是今后改进工作的最根本的方法，要提到这样一个高度。"他明确表示："我本人也要下决心搞调查，搞一个工作组，这比看报纸、听汇报要好得多。"

广州会议一开完，刘少奇就到了长沙，准备到湖南农村进行深入的调查研究。行前，他对中共中央中南局和中共湖南省委负责人说：这次去湖南乡下，采取过去老苏区的办法，直接到老乡家，睡门板，铺禾草，不扰民，又可以深入群众。人要少，一切轻车简从，想住就住，想走就走，一定以普通劳动者的身份出现。

1961年4月2日，刘少奇回到宁乡县，到了离家乡炭子冲仅10多里的东湖塘公社王家湾生产队，以生产队养猪场的一间破旧空房做办公室兼卧室，在这里一住就是6天。

结束对王家湾的调查，刘少奇于4月12日来到了长沙县广福公社的天华大队。在天华，刘少奇一共住了18天。为了把情况弄清楚，他决定从群众最为关心的公共食堂入手，深入了解人民公社的有关问题。

找社员座谈:"从前政策上有问题。"

通过两天的座谈会,刘少奇感到,天华大队干部们的头脑仍被"左"的东西束缚着。同时,庐山会议后的反右倾斗争,也使他们心有余悸。刘少奇决定亲自去食堂看一看,并找社员进行座谈。

刘少奇走访农民家庭

4月15日上午,刘少奇察看了天华大队的施家冲食堂。下午,他又邀请了施家冲的部分社员座谈。为了不因座谈影响生产队的生产,中央调查组的十几个人帮助这些社员搞了两个半天的劳动。

刘少奇对社员们说,今天请你们谈一谈话,听听你们的意见。中央现在起草了一个"六十条",是一个草案,还没有定,问你们的意见是怎么样,看一看你们有什么问题,有什么意见。你们讲一点,随便讲,讲错了也不要紧,讲错了也不批评,也不戴帽子,也不辩论,放开讲。总而言之,把事情搞好,(对)大家好。

刘少奇接着说:听说你们对食堂有意见,意见很多。此外还对供给制有意见,对粮食工作有意见,对房子有意见,还有其他意见。大概意见最多的是食堂、供给制、粮食、房子。这几年是有很多事情没有办好。当然有成绩,不是一点成绩没有。但有缺点,缺点很多。这些缺点,中央要负责,省委也要负责,县委也要负责,这里公社、大队也要负责。……有这么多缺点，不好的事情，你们讲一讲。当然，好处还是有一点，不是一点好处也没有了。

座谈开始时，社员既不说要办食堂，也不说不办食堂，而是说以前生活怎样，有多少红薯、芋头、豆子，养了多少猪、鸡、鸭，有多少猪肉，有多少鸡、鸭蛋，意思是现在生活不如以前，但就是不讲食堂不好。

听了社员们的意见后，刘少奇说："我看是这样，因为搞食堂，很多人住在一起，猪不能养了，鸡鸭不能养了，许多东西比以前少了，就是社员的生活比前几年差了，没有前几年好。以前喂了猪，有肉吃，有油吃；喂了鸡，有蛋吃；塘里养了鱼，有鱼吃；粮食少一点，有红薯、芋头。现在这些东西没有了，那不生活就低了？所以这个生活不如以前，这是肯定的嘛！没有什么假的，这是事实。"

他接着说："从前政策上有问题。把自留地收了，把屋子拆了，供给部分多，倒三七，于是许多人坐大船，怕懒得（无所谓），不积极。这怪不得你们，首先是我们中央要负责，不晓得你们这种情况。我们不晓得你们的房子拆了，自留地收了，官僚主义。'共产风'刮了一次，中央讲了一次，以为纠正了，不知道还在刮。为什么不知道，还不是官僚主义？至于有些人坐大船，不积极，那是制度问题，搞一种办法，他就积极了。只搞百分之二十、百分之十几的供给制，百分之八十、百分之九十的按劳分配，这样工分就值钱了，大家就积极了。"

座谈会结束时，刘少奇说："不要悲观，只要把办法搞好，我相信可以搞好。"这时，一个社员说："以前下面向上面捏了白（说了假话之意）。"刘少奇说："有些事情，也不能完全怪下面，中央也有责任。下面捏了白，你为什么相信呢？"

出席大队党总支会议："敞开散，没有什么了不起。"

在天华做了初步的调查之后，刘少奇感到农村的问题很严重，已到了非解决不可的地步。

4月17日，天华大队召开党总支会议，刘少奇出席会议并讲了话。他在会上说："你们的意见还是要办食堂，不过划小一点。我找小队干部谈，跟你们的说法也差不多，也是划小一点。开始的时候说不办的人还没有，以后我讲是优点多还是缺点多，他们说优点也有，缺点也有。……小队干部的心理，我看得出来，恐怕是多数小队长是不愿意办的。据说有人坚决主张不办，不过我觉得他还没有讲，他还有顾虑。"

刘少奇又说："听了他们的谈话，看了汇报材料，看来社员是不愿意办食堂，要求散。现在他们不好讲这个话，食堂是上级要办的，怎么好讲散哩！"接着，刘少奇用商量的口气对天华大队的干部说："看这个情形是不是这样子：如果说是多数社员愿意散，那怎么办，是不是让它散？横直是他们自己的事情。他们不愿意办食堂，饭，他们自己得煮。他们要坚持散，准不准散？我看这个事情应该准。人家要散，坚决要散，我们反对，不准，这个事情维持不下去。由社员决定。是他们的事情嘛，由他们决定嘛。"

"现在就是加入食堂一定要自愿，自愿才能办好。你把他捆到一起，他就懒得搞，而且闲话很多。看来，1958年10月1日，一声喊，就办起来了，办食堂的时候不是自愿的，并不怎么自愿。这几年觉得不方便，要求散，准不准散？我看勉强在食堂里面没有好处。"

刘少奇在讲话中还认为，办食堂有一个很大的平均主义。平均主义是违背社会主义的根本原则——按劳分配的。违背了社会主义，还有什么共产主义呢？就更不是共产主义了。他还说："敞开散，没有什么了不起。"

听刘少奇这么一讲，参加座谈会的干部也纷纷说出了自己的心里话。有的说，从前宣传有些过火，公共食堂是社会主义阵地，拆公共食堂就是拆社会主义墙脚，不办食堂是社会主义缺口，每个共产党员都要带头进食堂，所以干部的思想一下子难解放。有的说，那天思想还有顾虑，好像一个党员不参加食堂不像样。社员内心还是愿意散的，不愿散的是困难户。散食堂，你刚才一提，解放了我们的思想。

调查期间，刘少奇在与群众的接触中，得知有一个叫段树成的人，是原来的党总支副书记，他比较了解真实情况。段树成因在工作问题上同彭梅秀有分歧，受到彭梅秀的批判，被定为"右倾机会主义"，撤职了。刘少奇决定找段树成谈一谈。

4月18日，刘少奇将段树成请来。段树成向他谈了许多情况，说天华大队的粮食产量、养猪数、工分值等等都是虚报的，实际没有那么多。社员口粮一天只有七八两，不够吃。全大队患浮肿病的超过100人。他还说：这里是先进单位，对外开放参观，上面给补贴；因为办公共食堂，山上的树已经砍得差不多了；大队有一个篾席厂，是大队干部的吃喝点，干部经常晚上去吃喝，当然不得浮肿病。刘少奇对段树成反映的情况很重视，还要他以后参加大队干部会议，有什么意见可以在会上讲出来。

彭梅秀听说刘少奇找段树成谈话后，很不高兴。站在路上骂人，称刘少奇为"刘胡子"，说"刘胡子"一来把天华大队搞乱了。刘少奇并没有把这件事记在心上，觉得彭是基层干部，又是个女同志，不过是一时的气话。这件事使刘少奇深感了解真实情况并不是一件容易的事。后来他多次讲："她骂我'刘胡子'，其实我没有胡子，她是要赶我走。我是国家主席，还有公安厅长带人保护着，想随便找人谈谈话，都要受到刁难。这说明听到真话、调查真实情况是多么不容易！"

多次听取中央调查组对天华大队有关情况的汇报，指出：应该一切从实际出发，解决食堂等问题。

4月19日，刘少奇听取了中央调查组对天华大队有关情况的汇报。听完汇报后，刘少奇说：现在有一股风，一切从上面意图出发，这是非马克思主义的。我们应该一切从实际出发，这也是共产党的纪律。

当谈及食堂问题时，刘少奇说：食堂是社会主义的阵地，这是对的，这句话没有错，但这是社会主义的阵地之一，不是最主要的阵地。食堂是强制组织起来的，就不是社会主义阵地，是平均主义阵地。至于说食堂是两条道路斗争的焦点，这句话不对。在食堂问题上，我们违背了群众的大多数，我们和多数群众的斗争是两条道路的斗争吗？不是，群众不是反社会主义，仅仅是领米回家做饭吃，怎么能说是两条道路的斗争呢？群众一个是忍，一个是用怠工消极抵制我们，促使我们觉悟。

随后几天，刘少奇又多次听取中央调查组的汇报，并就食堂等问题同调查组交换意见。

4月22日，刘少奇在听取中央调查组的汇报时，感慨地说：从实际出发，"实际"是什么，大家不清楚，中央不清楚，省委也不清楚，县委也不清楚，公社也不清楚，大队也不清楚！从"实际"出发，那个"实际"若干是假的。不讲以前，一直到现在，报纸上登的东西有些还是假的。现在报纸上天天报道许多消息，什么生产队生产搞得怎么好，肥料搞得怎么好，种田搞得怎么好，等等，有些是假的！在这次退食堂当中，社员有什么意见，要让他讲，要讲一点民主嘛！一个70岁的老公公不是说"这一下上面睡醒了"吗，这个"上面"是什么呀？从你们公社算起，到县委，到省委，到中央，都是"上面"，过去都在睡觉，都不了解实际情况。

公共食堂关系到千家万户农民的利益，解散食堂成了广大群众的共同呼声。但是，由于几年来对食堂所谓"优越性"的片面宣传，尽管它已成了各级干部的一块心病，可谁也不敢提出要解散食堂。为解除基层干部对解散食堂的思想顾虑，刘少奇指出：现在百分之九十以上的人要求散，不散就脱离了百分之九十的群众。共产党员的义务是要经常了解群众的要求，反映群众的要求。食堂不讲散，讲退。愿意退的，自己退出去。愿意在食堂吃饭的，可以还在食堂吃饭。刘少奇建议天华大队党总支，由群众自愿选择退留。不久，天华的十几个食堂陆续解散。

4月27日，中央调查组就天华大队房屋情况和处理意见写了一份报告。报告说，天华大队现在社员的住房不到原有房屋的一半。公社化前，全大队有房屋1415间，按当时1186人计算，每人约占1.19间，现在社员住房只有621间，约占原有房屋的43.89%，每人约有0.52间。房屋减少的原因是公路局养路队占用了13间，大队养猪场、工厂、幼儿园、疗养站和大队办公房占用了107间，生产队、公共食堂占用117间，几年来拆毁394间，没有人住的空房163间。社员住房搬动面达60%，搬动的原因主要是自己的房子被拆毁或被占用，不得不住别人的房子。由于占用、拆毁的房子太多，造成社员居住十分拥挤，住房最少的一个生产队，每四个人才有一间房子。而社员频繁搬家，造成相互间住的房屋相当混乱，而且社员对于房子也不注意爱护。

为了解决社员住房问题，调查组和大队干部通过研究，提出一个初步处理方案。刘少奇对这个方案很重视，致信张平化说："湖南农村的房屋问题，是一个目前就需要处理、而要在二三年内才能解决的重要问题。调查组在广福公社天华大队关于房屋情况的调查和处理意见，可以作为各地处理农村房屋问题的参考，请你考虑，是否可将这个文件发给各地？"接到刘少奇指示的当天，湖南省委将此信和中央调查组的报告转发全省。

4月30日，在天华的调查就要告一段落了。这天上午，刘少奇召集中央调查组研究安排下一步工作，并告诉调查组要自始至终贯彻群众路线，去掉恩赐观点。他说，这个问题讲起来容易，办起来不容易。这三年，就是没有让群众当家作主，如搞拆房子呀，搞居民点呀。如果让群众当家作主，这些就办不成。不过那个时候，群众在那个风浪里面也搞得糊里糊涂了，如果那个时候要他表决，他也赞成。所以，走群众路线不能在一股风之下表决，要经过反复商量酝酿。特别是关系多数群众利害的问题，不能急急忙忙作决定。

这天下午，刘少奇又在省、市、县委工作队全体干部会议上作了讲话，着重谈了如何做好调查研究工作和实行群众路线问题。

当天晚上，刘少奇同天华大队部分干部谈话，希望他们吸取教训，改正错误，共同把天华大队搞好。随后，他乘车离开天华，回到家乡宁乡县花明楼公社炭子冲大队，继续他的湖南农村调查。从4月12日到30日，除4月26日去长沙接见一次外宾外，他在天华大队住了18天。

刘少奇对儿女的严格教育

李 林

刘少奇不仅是一位伟大的共产主义者，无产阶级革命家、政治家、理论家，同时也是一位慈爱有加的父亲。刘少奇一生有九个儿女，虽然出生的时代环境不同，年龄差异很大，但无论是在戎马倥偬的战争年代，还是在春风拂面的和平时期，他总是十分关心儿女的教育，严格要求他们的健康成长。

善于从思想上教育儿女 树立正确的学习方向

在孩子们求知欲望较强的年龄里，刘少奇对儿女的第一个要求是要珍惜这来之不易的学习机会，学好本领，将来报效国家，更好地为人民服务。刘爱琴作为刘少奇与革命烈士何宝珍所生的长女，出生不久就时值国共合作破裂，汪精卫在武汉叛变革命，公开反共和镇压工人运动。因革命需要，刘少奇和何宝珍夫妇被迫离开武汉，将不足100天的女儿小爱（乳名）送给武汉工人纠察队一位同志托养，这一托养，就是10年。婴幼时期的小爱，跟随养父母受尽种种磨难，后因养父母家庭极端困难，8岁的小爱就被送到富裕人家当童养媳，直到1938年3月刘少奇回延安工作，经党组织多方寻找，才将小爱带到了延安，与刘少奇见面。得知小爱到了延安，刘少奇喜出望外，按捺不住喜悦的心情，拉着小爱的手，让她坐在膝盖上，深情地说："你受苦了，不要紧的，这回就好了，你回到家里来了。以后把身体好好检查一下。咱们中国像你这样受苦的孩子还很多，共产党就是要解放那些和你一样的受苦人才干革命的。你是我们党用几百大洋买回来的，是人民的血汗钱赎回来的，等你长大了，也要为千千万万受苦人办事。"朴素的话语之间，流露出刘少奇对女儿无比关爱之情。在深深的关爱之中，刘少奇不忘教育小爱从小要树立为千千万万受苦人办事的求学志向。

这一年秋天，刘少奇长子刘允斌在六哥刘云庭带领下，也来到了延安。1925年春天，刘少奇和何宝珍调离安源，刘少奇托六哥刘云庭将允斌带回老家炭子冲跟大娘周氏、祖母鲁氏一起生活，这样一别就是13年，何宝珍1934年就义于南京雨花台。对于这两个长期不生活在自己身边的儿女，刘少奇面对他们苦难的童年，不是采取用物质的东西来弥补，而是通过耐心的教育，让兄妹俩懂得这来之不易的学习机会，努力学习，迎头赶上。对于兄妹俩的学习教育，刘少奇始终牵挂在心头，在繁忙的工作之余，总要抽出一些时间和允斌兄妹一起。特别是对从未上过学的小爱，刘少奇还常用形象通俗的事例教育她、启发她。一天晚饭后，刘少奇指着墙上的两幅画像问小爱："你知道这两个人是谁吗？"小爱摇了摇头。刘少奇就耐心地告诉小爱说："左边的那张是孙中山，中国的革命家，反对坏人，给人民做了好事的，是个好人；那一张是蒋介石，他这个人不好，特别是过去不好。他反对人民，反对革命。现在嘛和我们联合起来打日本鬼子。"为了使小爱懂得这些道理，刘少奇不断启发小爱："我们为什么住在山沟里？因为要抗日。日本鬼子杀害我们的人民，占领我们的土地。我们住在这里，就是为了消灭日本鬼子。领导抗日队伍的，是共产党、毛主席。"深入浅出的话语体现刘少奇对儿女思想教育的高度重视。

1938年秋，允斌兄妹被送到延安保育小学学习，在这里学习一年之后，考虑到革命形势发展的需要，中央决定把一批革命后代送到苏联国际儿童院接受良好的正规教育，允斌兄妹也在选送之列。这年暑假，刘少奇挤出时间将他们叫到身边，进行出发前的思想教育。刘少奇用平等的口吻问道："你们愿不愿意去苏联学习？"兄妹俩高兴地说："愿意。可去那里干什么呀？"刘少奇说："学习。你们到那里最大的任务就是好好学习，掌握更多的知识，学到更多的本领。另外要把身体搞好，回来建设我们的国家。"说到这里，刘少奇沉思了一会儿动情地说："你们才回到爸爸的身边，就要再暂时分开了。你们的妈妈是烈士，我很快就要离开延安了，前往华中抗日前线。这次送你们到苏联学习，是中央研究决定的，你们要好好珍惜，不辜负党组织对你们的关怀。"1939年9月，允斌兄妹到达苏联莫斯科，开始了国际儿童院的生活，这次允斌兄妹与父亲刘少奇一别就是整整10年。为了伟大的革命事业，刘少奇忍受常人难以想象的念子之痛，让允斌兄妹在异国他乡接受革命洗礼和锻炼。

1955年，刘少奇的二儿子刘允若在苏联学飞机无线电仪表专业。他觉得自己的兴趣在文学，又和同学们的关系搞得不好，闹着要转学。他写信给父亲，希望得到父亲的支持。接到刘允若的信，刘少奇一连给他回了好几封长信，除和他交谈学习兴趣问题外，着重批评了他搞不好关系、闹转学的错误思想，并把情况告诉了驻苏大使馆，请大使馆人员批评教育他。刘少奇在给允若的信中说："关于调换学校的问题，如果你有足够的理由，是可以向组织上提出请求调换的。但根据你的来信，你要求调换学校的理由是错误的……你一贯的错误就是，在劳动人民面前，在同志们面前，不肯'俯首甘为孺子牛'。你这个毛病不仅没改，而且有了发展。现在你应该向你的组织声明，承认错误，请求同学们批评，虚心接受大家的意见，使相互之间的关系正常起来。就是说，在你的同学们面前，你要'俯首甘为孺子牛'。当你同你的同学们、你的组织关系搞不好,而且真理又不完全在你这方面时,我是不会支持你的,我只能相信和支持你的组织方面。你必须改正你的错误,否则坚持下去,还会要犯更大的错误。"

刘少奇联系平时允若谈话时流露出的思想,还说:"你总以为你自己是对的,别人都是错的,人家都对不起你,你却没有对不起别人;你没有替别人着想,却要别人为你着想;你不肯为别人有所牺牲,却要别人为你有所牺牲;你不去理别人,却要别人来理你。这是一种什么态度呢?……这是一种个人主义!而个人主义是一种资产阶级思想。只有集体主义才是无产阶级思想。你必须抛弃个人主义,接受集

1949年,刘少奇在莫斯科同刘允斌、刘爱琴及朱德的女儿合影

体主义。……经常注意个人与集体的关系,一有错误立即改正,否则不会成为一个真正对人民有用的人,大学白上!"对于允若想转学其他专业的问题,刘少奇在回信中列举了孙中山、鲁迅和毛泽东为例说:"孙中山原来是学医的,并不妨害他后来成为伟大的政治家;鲁迅原来也是学医的,并不妨害他后来成为伟大的文学家;毛主席原来是学教育的,并不妨害他成为我们的领袖。其他这样的例子还很多。如果你是有创造才能的,你现在学完你的专业,难道会妨害你将来去干别的什么吗?"

刘少奇写给允若的信的主要内容,由驻苏使馆人员向全体留苏学生做了传达,使允若和同学们都受到了深刻的教育。允若在父亲和大使馆组织的耐心教育下,逐渐认识到自己的缺点错误,最后愉快地接受了意见。看到刘允若的每一点进步,刘

少奇都给以热情的鼓励。1958年9月9日，刘少奇专门致信给允若，勉励他："鼓足干劲，毫无顾虑地、勇往直前地为国家和社会的需要而工作和学习。"1960年，刘允若完成学习任务，回到祖国，遵照父亲嘱托，在工作岗位上，积极为祖国核工业发挥自己的聪明才智。

在对待允斌、允若、爱琴三兄妹的学习教育上，刘少奇都是在百忙之中挤出时间，不厌其烦地教育他们，讲事实，说道理，从而使他们树立正确的学习方向，报效祖国，表现了一个伟大的无产阶级革命家那无比高尚的革命情怀。

教育儿女要舍小家为大家

在对待允斌、爱琴兄妹的婚姻问题上，刘少奇始终要求他们以党和国家利益为重，在国家需要的时候，要顾全大局，牺牲小我为大我。1949年6月，刘少奇带领中共代表团前往苏联莫斯科与苏共进行谈判，商量建国事宜。在谈判期间，刘少奇见到了10年未见面的允斌、爱琴兄妹。此时两人均到了谈婚论嫁的时候。在莫斯科通讯学校求学期间，爱琴与西班牙籍的费尔南多深深相恋了。在刘少奇到莫斯科以后，爱琴便把和费尔南多相爱的经过告诉了父亲，期望得到父亲的赞许。但是，刘少奇为了爱琴将来能够顺利学成回国，参加祖国建设，对爱琴的恋情没有同意，并让她搬到公寓和他一起住。

一天，刘少奇利用谈判休息的空隙，将刘爱琴叫到身边，耐心、诚挚地对爱琴说："爱儿，你坐下来听我说。费尔南多是西班牙人，他不懂中文，不了解中国，不习惯中国的生活方式，你想过吗？他到中国生活不方便，并且西班牙的国家制度，同我们将要建立的国家不一样，爸爸要对你生活和政治负责。"刘爱琴争辩道："爸，不错，费尔南多是西班牙人，那有什么关系，到中国生活会互相帮助，他可以做翻译工作，而且我可以教他中文，给他当翻译。"

本着教育好女儿的目的，刘少奇一改往日的和蔼，严肃地对爱琴说："爱儿，中国现在西班牙文的翻译还少得很，你自己做他的翻译，那你个人又怎么能为党工作呢？又怎么能一心一意从事社会主义建设呢？你首先应该考虑党和国家的利益。"刘爱琴看到父亲严肃而又慈祥的面孔，难过地哭了。实际上，刘爱琴还不完全理解父亲的意思，有一次刘爱琴不冷静地对哥哥刘允斌说："我真不懂，我们从小就被父母送人了，吃尽了苦。好不容易才到了爸爸身边，他却又把我们送到苏联，饱尝了战争的死亡、饥饿和寒冷。现在和平了，他又要我牺牲爱情！难道做刘少奇的女儿，就只有牺牲自己所有的幸福吗？如果是这样，我不如做一个平民老百姓的女儿好了。"

刘允斌非常理解妹妹的心情，但是理智驱使他必须按照父亲的教诲对刘爱琴进行安慰。最后，兄妹俩人感到：父亲说的是对的。何时何事都应该考虑党和国家的利益，这不正是父亲做人的基本准则吗？尽管难以了却与费尔南多的感情，刘爱琴还是跟随父亲刘少奇登上了返回祖国的火车。

1950年，继续留在苏联求学的刘允斌与苏联姑娘玛拉·费多托娃相爱，此次允斌吸取妹妹爱琴与费尔南多相爱的教训，主动写信告诉了父亲刘少奇，并征求他的意见。刘少奇从自己接触到的一些革命者的涉外婚姻中看到，由于种种原因，在事业和生活中，不少人遭受过挫折。从关心爱护儿女的角度，特别是从接受党的培养，将来要报效祖国的政治角度考虑，刘少奇并不支持儿女与外国人结婚，这就是他不同意刘爱琴与费尔南多那段婚恋的原因。但是，看到刘允斌的来信，考虑到苏联是中国学习的榜样，一向以党和国家利益为重的刘少奇，最终同意了刘允斌与玛拉·费多托娃的婚事。但在他和王光美的"王大使转刘允斌"的电报中明确写道：

来信悉。我们同意你与费多托娃结婚，但你在大学毕业后，应即回国工作。我们前有信告你。

刘少奇　王光美
8月19日

1956年，刘少奇获悉允斌在莫斯科大学学习将要结束，就写信要允斌回国工作。刘少奇在信中对允斌写道：祖国和人民等待着你的归来。在个人利益和党的利益发生冲突的时候，我相信你一定能无条件地牺牲个人的利益服从党和国家的利益。接到父亲刘少奇的信，刘允斌在思想上斗争了好几天，尽管他十分向往回到祖国工作，但毕竟要抛妻弃子，心里总有万千不舍。尽管允斌十分热爱妻儿，但在党和国家利益面前，他最终选择了回到国家急需要他投入的核工业研究战场——中国原子能研究院401所，后抽调到西北刚创办的核燃料元件厂202厂，担任第三研究室主任，默默为祖国核工业贡献自己的智慧。正是刘少奇身上那种以党和国家利益为重的高尚品德和情操，潜移默化地影响着、感染着允斌、爱琴兄妹，他们在面对个人幸福与国家利益时，均毫不犹豫地选择了舍小家为大家，这种精神至今仍值得我们学习和深思。

朱德高呼——要革命的跟我走

刘学民

1927年8月1日爆发了震惊中外的南昌起义，为中国共产党领导的武装革命的历史写下了辉煌的一页。

8月3日，起义军南下，计划在广东实行土地革命，重建革命根据地，并再次北伐，以统一中国。不幸，起义军主力在潮汕失败了。

浩浩荡荡的三万大军，只剩下第九军副军长朱德指挥的由叶挺独立团扩编而成的第二十五师和第九军教导团的千把人，加上潮汕突围出来的也不足两千人。

反动派军队从四面八方麇集而来。这支起义军余部随时有被敌人彻底消灭的危险。部队士气低落，人心涣散，在疾病和饥饿的折磨下，一些意志薄弱者畏缩动摇了，有的竟悄悄溜走。眼看着这支铁军随时都会垮掉，朱德挺身而出，召开了干部会议，他综合大家的意见，作出"穿山西进，直奔湘南"的战略决策。他说："我们要到敌人力量薄弱的地方去，到农民运动基础好的地方去，到那里去找个落脚点。这个地方就是三不管的湘粤赣边境。那里山高林密，便于同敌人打游击。"

朱德带着起义军从饶平出发，过了闽粤交界的柏嵩关，进入了福建的和平、永定，然后经武平，翻过武夷山，插入江西。10月下旬，起义军摆脱了尾追的敌军，来到江西安远县的天心圩。

一天傍晚，朱德传下命令："全体军官在河坝子里集合，开会。"

夕阳刚刚隐没在山后，小河缓缓地流淌着。河滩的竹林边上，很快挤满了来自各个部队的军官。坐着的，躺着的，背靠背相互支撑着的，无精打采地议论着：一定有重要事情。

不一会儿，朱德、陈毅、王尔琢等走来了。朱德穿着一身洗得发白的灰色军装，背着一顶斗笠，一双破草鞋用绳子横七竖八地捆在脚上。他脸颊瘦削，胡子老长，双眼却炯炯有神，面容和蔼可亲。他慢慢走到人群中间，环顾一下，招招手，示意大家坐拢一些。人们起身挪动，向他靠拢。在这前途渺茫的严峻时刻，一双双眼睛注视着他，像是企盼着他回答：革命还有无希望？我们的出路在何方？

朱德望着这些同自己一道浴血奋战的同志，悲怆而又激愤地说："同志们，大家知道，大革命失败了，我们起义军也失败了！但是，革命的旗帜不能丢，武装斗争的道路要走下去,我们还是要革命的。"

朱德讲话的声音从低沉而逐渐激越,由激越而亢奋:"同志们,要继续革命的,跟我走!不想再革命的,可以回家去,绝不勉强。但是,武器必须留下,因为那是同志们用生命和鲜血换来的。"讲到这里,他停顿了一下,用那企盼的眼神看着大家,期待着每一个战友的回答。

整个河坝子又变成一片寂静,晚风吹动着竹林沙沙作响,河水哗哗流向远方。

起义军的军官们个个低头沉思,在人生旅途的十字路口上,作着最艰难的抉择:是去?是留?

朱德宏亮的声音,又打破了沉静:"我希望大家不要走!我是不走的,陈毅、王尔琢也是不会走的。就是剩下我一个人,也要革命到底!"他那慷慨激昂的声调越来越高,在山谷中回荡。朱德接着又启发大家说:"大家要把革命的前途看清楚。1927年的中国革命好比1905年的俄国革命。俄国在1905年革命失败后,是黑暗的。但是,黑暗是暂时的,到了1917年,革命终于成功了。中国革命现在失败了,也是黑暗的。只要我们认清革命前途,积蓄革命力量,不怕艰苦,不怕挫折,坚持斗争下去,中国也会有个'1917年',胜利一定会到来。我劝同志们坚信这一点……"

三河坝战役烈士纪念碑

这时,陈毅首先站出来支持朱德。他说:"南昌起义是失败了,但不等于中国革命的失败。中国革命终究是会成功的。一个真正的革命者,不仅经得起胜利的考验,能做胜利的英雄,也要经得起失败的考验,能做失败的英雄,失败的英雄比胜利的英雄还要难当。我陈毅虽然没有多大的本事,但愿意竭尽全力辅助朱军长,把我们这支队伍带出绝境,革命到底!"

朱德和陈毅这些掷地有声的肺腑之言,使沉闷了许久的起义军军官立刻活跃起来,有的在窃窃私语,有的高声发问:"那我们下一步怎么办?"

"去打游击嘛!"朱德朝发问的方向看了一眼,斩钉截铁般地回答说,"这一带,在大革命时期农民运动就很有基础。我们跟农民运动结合起来，找个地方站住脚，然后伸展开来。"

"反动派天天在后面追赶，能站住脚吗？"有人又提出疑问。

"他们总有一天会不追的。封建军阀们是协调不起来的。不要多久，他们自己打起来，就顾不上追我们了。只要大家团结一致，风雨同舟，就会开创新局面，取得新胜利。"

大家望着朱德，看他那样平易近人，有问必答，讲得通俗易懂，句句在理，就不断地向他提出问题：

"有枪，没有子弹怎么办？"

"给养咋解决？人总是要吃饭的！"

"伤病员怎么办？"

朱德仔细听着每个人的提问，耐心地一一作了回答。然后，又分析了当前的形势和革命前途。会开了一个多小时。他那精辟的分析，深刻的道理，使人信服，大家像在黑暗中看到了光明，浑身增添了力量。

骤然间，爆发出一个洪亮的声音："我跟朱军长走！"

接着，又是更多的呼喊：

"跟朱军长走！"

"跟朱军长革命到底！"

喊声在山谷中回荡着。

朱德就是这样在极其危险的境况下，为党和人民保存了这支战斗力量。

有位将军，在三十年后，向朱德问起这一段历史：

"听说，那时您是登高一呼：要革命的跟我走！才把这支部队带上了井冈山？"

朱德非常谦虚地说：

"有那么回事。但那不是我一个人的功劳，是党的领导，集体的智慧，大家风雨同舟，团结奋斗，才战胜千难万险，取得了胜利。"

朱德的"五心"世界观

王留强　江雪樵

朱德同志是中华人民共和国的开国元勋，为我国的革命事业做出了彪炳千古的巨大贡献。毛泽东曾称赞他是"人民的光荣"。朱总司令的孙子朱和平谈到朱德同志时说："爷爷逝世之后没有给我们留下什么钱物，他把节余的工资都交了党费，留给我们的只有精神财富。我总是觉得爷爷的'五心'人生观是我们成长的动力，即：对信仰追求的恒心，对党和人民的忠心，对社会主义事业的热心，对人民群众的爱心，对权力恪守的公心"。这"五心"世界观，高度概括了一个真正的共产党人高尚的思想和崇高品德。

对信仰追求的恒心。告诉我们，一个真正的共产党员，要始终坚持马列主义毛泽东思想，坚持共产主义理想，在政治上、思想上、行动上始终同党中央保持高度一致。崇高的理想信念，不论在任何时候、任何民族，都是追求民族复兴伟大事业的精神支柱。战争年代革命先驱因坚定的信仰而浴血疆场，社会主义建设年代，信仰就是国家安定团结发展经济的核心保障。

朱德总司令亲属及身边工作人员捐赠文物仪式

为此我们可以清晰地认识到，进入新世纪新阶段，历史赋予我们的任务发生了重大变化，只有坚定的信仰和远大的理想才会时刻提醒我们，人生要有正确的价值取向。因为坚定的理想信念是新时期保持共产党员先进性的最基本要求，是我们共产党人保持先进性的力量源泉。党九十年的发展史证明，我们党从最初的五十多名党员，发展成为执掌政权并长期执政的大党，最根本的原因，就是我们党能始终与时代同步伐、与人民共命运，代表了中国先进生产力的发展要求，代表了中国先进文化的前进方向，代表了中国最广大人民的根本利益。

对党和人民的忠心。 告诉我们，一个真正的共产党员，对党忠诚是最基本的政治品质。对党和人民忠心，就要按照党章要求，认真履行职责，维护党的纪律。党的核心理念是为人民服务，就要求对人民负责，维护党的权威性，坚持党的路线、方针、政策和决议的正确贯彻执行。对党和人民忠心，就是要对党和人民始终不二，忠贞不渝，这是维护社会主义发展的根本要求，是维护党的纯洁性底线。

为此我们必须清醒地认识到，作为一名普通的共产党人，作为一名已有坚定信仰和正确价值取向的人，就要时时处处体现一名共产党员的优秀品质和高尚情操，就要在思想、学习、工作、生活等各方面都要率先垂范，用自己的模范行动体现共产党员的先进性和排头兵作用，始终走在时代的前列，对和人民无限忠诚。

对社会主义事业热心。 告诉我们，一个真正的共产党员，就要不断强化责任意识，切实履行党和人民赋予的职责，要牢记党和人民的重托，着力增强宗旨观念，把功夫下到抓工作落实上，兢兢业业完成组织上交付的各项工作任务。

为此我们必须清醒地认识到，作为一名普通的共产党人，对社会主义事业热心，就要不断创新观念，积极探索新形势下社会主义建设的特点和规律，让创新观念成为我们的价值观，让创新观念成为我们的信念，让创新观念、解放思想成为我们为人民群众工作的必需，以应对我党伟大的社会主义建设的前进道路上，可能出现的各种新任务、新情况、新问题，为开创中国特色社会主义事业的新局面不断做出新贡献。

对人民群众爱心。 告诉我们，一个真正的共产党员，就是要关心人民群众的疾苦，认真解决群众反映强烈的突出问题，促进社会公平正义。时刻把群众利益放在心上，想群众之所想，急群众之所急，办群众之所需。就要坚持以人为本，坚持问政于民、问需于民、问计于民，多办顺民意、解民忧、增民利的实事，努力把为群众排忧解难的工作落到实处。

为此我们必须清醒地认识到，作为一名普通的共产党人，对人民群众爱心，就要切实把人民利益的放在首位，事事处处都要以人民利益为重，树立正确的政绩观，切实按照客观规律去谋划去发展；就要求真务实、埋头苦干，察实情、讲实话，鼓实劲、出实招，办实事、求实效，努力做出经得起实践、人民、历史检验的，真正惠民、利民的实绩。

对权力恪守公心。告诉我们，一个真正的共产党员，就要正确对待党和人民赋予的权力，要有正确的权力观。无论你权力多大、地位多高，都要把自己置于党组织的管理和人民群众的监督之下，为人民掌好权、用好权。要秉公用权，牢记党的宗旨，把党和人民赋予的权力用来为民造福、为党分忧，最大限度地解决好关系人民群众切身利益的问题。

为此我们必须清醒地认识到，作为一名普通的共产党人，对权力恪守公心，就是决不能把权力变成以权谋私、假公济私的工具。要依法用权，自觉遵守党的纪律和国家的法律法规，严格按照法定程序行使权力，决不能随心所欲、徇私枉法。

总之，作为一名共产党人，就要像胡锦涛总书记说的那样：要自重、自省、自警、自励，要生活正派、情趣健康，培养健康的生活情趣，保持高尚的精神追求，明辨是非、克己慎行，坚决抵制腐朽没落思想观念和生活方式的侵蚀，时刻检点自己的生活小节，始终保持共产党员的政治本色。做一个组织、群众信赖的人，做一个同事和朋友敬重的人，做一个亲属子女可以引以为荣的人，做一个回顾人生可以问心无愧的人，做一个清正廉洁的共产党人。

任弼时的三大思想作风

李 昌

任弼时同志是伟大的马克思主义者,是中国共产党以毛泽东同志为核心的第一代中央领导集体的成员,他对中国的革命事业,做出了重大的贡献。他是中华人民共和国奠基人之一。任弼时同志有三大闪耀的思想、作风。

第一,从少年时期就接受五四运动的革命影响,学习马列主义,树立共产主义的理想,并认为革命者不应当做"不顾环境的模仿主义者",要"按客观事实而运用经验与理论",增强理想的科学性和坚定性与理论的实践性和战斗性。他在1920年少年时参加青年团,立志献身反帝反封建的革命,同时就明确还要在中国建设社会

任弼时在青年团第一次代表大会上

主义。1925年他就说:"学习列宁主义","注意分析中国社会","按中国实际情形去解释我们的理论"。正因为有了这种从学习革命理论联系实际得来的共产主义社会的理想和马克思主义理论武装,在中国社会主义青年团和中国共产主义青年团的工作中,在1927年中国共产党内反对陈独秀机会主义错误的斗争中,在土地革命战争时期红军的建设和领导红二方面军胜利完成长征的艰险斗争中,在抗日战争和人民

解放战争中，任弼时同志都留下了不可磨灭的功绩，并对创立马列主义和中国实际相结合的毛泽东思想做出了贡献。

第二，热爱青年，肯定中国青年站在人民革命战争运动最前列的历史功绩，推动中国青年运动的发展。弼时同志本身是党领导的团组织培育下成长起来的优秀青年干部。他深刻掌握以先进青年组织为核心带动广大青年的革命青年运动的规律，成为大革命时期团的主要领导者，以后一直指导青年运动，并在建国前后倡导和领导重建青年团，成为中国青年运动的导师。他说，过去共青团时期和青年救国会时期的青年工作是基本成功的，但也曾有过偏向，即犯过先锋主义和青年主义的错误。他着重指出，"过去青年运动的经验告诉我们，必须要有青年群众自己的积极分子的组织，作为青年群众中领导的核心，才能更有力地推动青年运动的发展。"他还阐明，历史上的青年团因关门狭隘而撤销后，在一二·九运动中产生的中华民族解放先锋队在当时的学生运动中起了骨干作用，抗战后动员民先队员上前线，在坚持敌后斗争，开辟抗日根据地方面，也起了不少的作用。此外，抗战初期的武汉青年救国团，和广东青年抗日先锋队等，也是这种青年积极分子组织。弼时同志在1946年倡导重建青年团组织并亲自指导建团的试验，于1949年青年团宣告成立。

他说，青年团是带政治性的青年先进分子组织，是党的助手，要在各种青年组织中起先锋作用。通过团结团员和青年学习马克思主义理论，学习科学技术知识，和在各种具体工作上的实际运用，为革命事业培养出千千万万有高度政治觉悟，又有坚强的实际工作能力的优秀的革命后备军，源源不断地补充各条战线，推动革命事业前进。他指出，要保持青年团组织的独立性，要采取适合青年特点的工作方式和保护青年利益的实际措施，以巩固地团结广大青年。他十分强调保证党的领导是中国青年运动正确地向前发展的决定因素。弼时同志这一系列有关青年团和青年运动的论述，是我们党几十年青年工作经验的结晶，是经过实践检验的颠扑不破的真理。

第三，在群众运动中发展团组织，发展团组织又推动运动前进，这是弼时同志对团的工作的一项重要的指导思想。从大革命到建国初期，青年团及类似的先进青年组织和中国青年运动对革命事业和建立社会主义新中国做出的重大贡献，就是这一光辉思想的体现。

我们要继承弼时同志和其他革命老前辈的好思想、好作风，努力成为有理想、有道德、有文化、有纪律的一代新人，把社会主义中国建设得一天比一天更富强、更民主和更文明。

我爷爷任弼时生活中的"三怕"

任继宁

电视剧《任弼时》，目前正由中央电视台黄金时间播出。作为任弼时同志唯一的孙子，我也和广大电视机前的观众同志们一样，每天跟随着电视剧的剧情，走进我们中华人民共和国的历史；在那并不遥远的过去，在那硝烟迷漫的年代，共同寻找我们先辈们的足迹，共同领略他们为我们新中国的诞生、为中华民族自强不息而英勇奋斗的光辉一生。

我叫任继宁，今年39岁。许多人经常问起我："你是否见过你的爷爷任弼时？"我是1969年出生，我的爷爷是1950年去世，所以，在我出生19年前，爷爷已经永远的离开了我们。

任弼时铜像

虽然爷爷1950年因脑溢血病逝在他的工作岗位上，但我和我的妹妹任继南还是在和我们一起生活了36年的奶奶陈琮英（102岁）给我们讲的故事里，得知了许许多多爷爷的故事，这些朴实的故事抚育了我们的成长，也了解到了我们不曾见过的爷爷的"三怕"。这"三怕"就是：

"一怕"麻烦人。爷爷认为工作不分轻重都是革命事业，能自己做的工作，一定要自己做，不要去麻烦别人。只要能自己做的，一定要自己做。所以，奶奶也是这样从小要求我们不要去麻烦别人，要锻炼自己，提高自己的能力。

"二怕"花钱多。中国革命的胜利，是一个从无到有，从弱到强的过程，每一个阶段都要流血牺牲，环境情况异常艰苦。爷爷是个细心人，正像电视剧中描绘的一样，他每为革命事业呕心沥血。他每花一分钱，都"斤斤计较"，利用有限的财力物力，为我党解决各种各样的问题，被大家形象的称为：我党操劳的"党内的母亲"。

"三怕"工作少。爷爷一生将自己一生的热爱无私的献给了我们党的事业，他的一生也和我们党的命运紧紧的联系在一起的。他总是不断的、忘我的工作着，忘记了自己和身体健康，也同样被党内同志们形象的称为：为我党操劳的"党的骆驼"，叶剑英元帅在他的文章中称形象的誉为这种忘我的革命工作精神为"骆驼精神"。

早在延安时期，党中央毛泽东主席、周恩来、刘少奇、朱德几位首长和中央机关都熟知他的这"三怕"，而且在中央机关中广为流传，在当地传为佳话，并成为革命队伍中的好榜样。他的这"三怕"，后来也成为了奶奶陈琮英送给我和妹妹的"传家宝"，让我们作为晚辈代代相传。爷爷为革命事业忘我工作的"骆驼精神"，也将永远成为我们青年一代学习老一辈无产阶级革命家优秀传统的好榜样。

正如胡锦涛同志在任弼时同志诞辰100周年纪念大会上所说，他30年的革命生涯，同中国共产党的建立、发展、壮大，同中国新民主主义革命胜利的全部历史紧密地联系在一起。他为中国人民的解放事业和新中国的诞生贡献出了自己的一切，受到全党、全军、全国人民的敬仰和爱戴。

【链接】

有感于任弼时的"三怕"

凡曾同任弼时同志一道工作或生活过的人都知道，他有"三怕"，一怕工作少，二怕麻烦人，三怕用钱多。

任弼时同志曾先后两次被捕入狱，受过国民党的酷刑，加之长期艰苦劳累的革命斗争生活，因此身体虚弱多病。但他一直顽强地同病魔作斗争，带病坚持工作，直到逝世。任弼时同志为别人想得多，为革命事业想得多，为自己想得少，总怕麻烦人。建国以后，他家住北京景山东街，房子狭小，还紧挨着马路，他的办公室离马路只有两三米，声音嘈杂。组织上为了照顾他的工作和休息，要给他搬家。当他了解到为了给他搬家，得把一个机关迁走时，就坚决不让搬。后来，组织上准备把他的住房维修一下，他也不让，说能将就着住，就不必整修，免得给组织添麻烦。他始终保持着艰苦朴素的作风，生怕多用公家的钱。有一段时间，他在北京市郊养病，总是等许多事积在一起时才要车进城。他平时生活也是十分简朴，逝世前盖的被子，是1935年长征时战士送给他的战利品；新中国成立后一直用着的那条毯子，是1934年红六军团突围时从敌人那里缴获来的。这些都体现了一个共产党员的高风亮节，令人感佩。

然而，时下有些领导干部也存在"三怕"，可内容却大相径庭，怕的是工作多，没权势，条件差。先说怕工作多，有的领导干部情愿整天无所事事，得过且过，也不愿干实事，甚至遇到复杂、棘手的问题，还以"研究研究"为托词，搁置一边；有的领导干部好像也整天忙忙碌碌，可不是为了工作，而是为了个人的升迁，忙于应酬，拉关系，跑门子；甚至还有领导干部置繁忙的工作于不顾，打着出国出省"考察"的幌子，到处游山玩水。再说怕没权势，有的领导干部信奉"有权不用，过期作废"，"人走茶凉"的人生哲学，于是一朝权在手，便把令来行，他们颐指气使，作威作福，欺压百姓；更有甚者，目无法纪，大搞权钱、权色交易，坠入犯罪的深渊，落得个身败名裂的可耻下场。最后说怕条件差，有的领导干部淡忘了党的艰苦奋斗、勤俭节约的好传统、好作风，讲排场、比阔气、图享受、挥霍浪费。在不少地方、部门和单位，一些人沉溺于物质享受，超标准装修、兴建办公楼，老百姓对此颇有微词。

分析一些领导干部之所以存在这样的"三怕"，根本原因就在于没有树立和坚持马克思主义的世界观、人生观。对于各级领导干部来说，只有从根本上解决世界观、人生观问题，党的全心全意为人民服务的宗旨、艰苦奋斗的好传统才能在自己的思想上和作风上真正扎根。应当看到，一些领导干部存在"三怕"现象，是同思想上懒惰、不注意学习、不注意修养密切相关的。江泽民同志曾经说："一个领导干部，不加强学习，不注意修养，思想境界低下，就会浑浑噩噩，分不清哪些东西是好的，哪些东西是不好的，哪些是应该倡导的，哪些是应该抵制的。在自己的脑子里就没有正确的是非界限、政治界限。"在这种状况下，迷失方向、走到邪路上去，也就不足为怪了。这就要求各级领导干部必须刻苦学习马列主义、毛泽东思想特别是邓小平理论，紧密结合发展着的社会实践，在改造客观世界的同时不断改造主观世界，使自己真正具有高尚的精神境界。各级领导干部应以任弼时同志为榜样，也来一个"三怕"：怕为党和人民工作少了，怕没有行使好人民赋予的权力，怕淡忘了艰苦奋斗的优良传统，如此，就会带动党风进一步好转。

（未　名）

邓小平的伟人风范

肖东波

1993年11月，江泽民在《邓小平文选》第三卷出版座谈会上，第一次从党和国家领导人的角度对邓小平的革命风格做了全面阐述。他归纳了邓小平革命风格的五个特征：尊重实践，思想敏锐；尊重群众，热爱人民；意志坚强，行动果断；文风朴实，不讲空话；目光远大，胸襟开阔。江泽民还要求全党特别是领导干部要认真学习、大力发扬邓小平的革命风格，使我们党永远保持旺盛的战斗力和创造力。

1997年2月25日，江泽民在邓小平追悼会上致悼词，对邓小平的一生作了全面总结和评价，其中对邓小平品格风范作了完整叙述。江泽民指出，邓小平的品格风范主要表现为：无私无畏，不屈不挠，沉着坚韧，乐观主义，尊重实践，尊重群众，不断创新，目光远大，胸襟开阔，崇尚实干，行动果断。

邓小平的品格风范可以从以下几个方面理解。

1. **马克思主义和共产主义的坚定信念**。邓小平从20世纪20年代初期投身于共产主义运动，成为职业革命家以来，在70余年的革命生涯中，始终坚信马列主义、毛泽东思想的科学性和真理性，坚信社会主义、共产主义的胜利前景。无论个人处境如何艰难，也无论革命事业如何坎坷，

深圳莲花山公园的邓小平铜像

这个信念始终没有动摇。正是由于他这种高度的马克思主义理论修养，决定了他是一个富有创造性的马克思主义者。

2. **对祖国对人民的无限忠诚**。"我是中国人民的儿子。我深情地爱着我的祖国和人民"。这句话是邓小平爱国爱民情感的真实表露。邓小平不仅是一位高度自觉的共产主义者，同时也是一位高度自觉的爱国主义者。他曾经为祖国的独立和主权完整浴血奋战，他又为中华腾飞夙兴夜寐，苦心经营。他的爱国爱民之情体现在始终坚持国家民族利益和主权。他多次说过，主权问题不是一个可以讨论的问题，讲人权不能忘记"国权"，讲人格不能忘记"国格"；没有民族自尊心，不珍惜自己民族的独立，国家是立不起来的。他始终坚持以人民的利益为第一要务，一切为人民利益着想，以让中国人民富裕起来作为自己的最大责任，以全心全意为人民服务为自己的行动准则。

3. **思想敏锐，高瞻远瞩，善于把握时代发展的脉搏和契机，具有强烈的机遇意识**。邓小平启动中国改革开放伟大事业之时，已经是70多岁的老人，但是，他的思想并没有僵化，仍然才思敏捷，目光敏锐，对新事物保持高度的敏感和热情。他在复杂的国际局势中洞察秋毫，准确地抓住社会发展的主要矛盾，深刻揭示当前时代的主题，提出抓住机遇，发展自己的一系列重要思想和重大决策，使中国在20世纪最后十多年得到了空前的发展。

4. **博大的胸襟和气度**。胸襟和气度是一个政治家必备的素质，邓小平不仅具备这样的素质，而且远远超出一般政治家，表现出少有的博大和宽宏。邓小平对待毛泽东的态度以及在任用干部问题上的胸襟和大气，更突出地表现了这一点。邓小平后两次被打倒都与毛泽东的错误有直接或间接的关系。但是，邓小平丝毫不计较个人恩怨，而是客观地、科学地评价了毛泽东和毛泽东思想的历史地位。邓小平善于同别人共事。他尊重上级和同级，同时十分信任自己的下级。他善于团结同自己意见不同的人，从不计较个人恩怨，从不整人。他说过：要抛弃个人恩怨来选择人，反对过自己的人也要用。邓小平这种以事业大局为重而不计较个人恩怨得失，体现了邓小平极其宽大的胸怀和超脱世俗的高尚人格。

5. **沉着冷静，稳定自若**。邓小平的性格内向，沉默寡言，临危不惧，遇事不怒，含怒不激，"具有很强的自我约束力克制力"。纵观中外历史，能做到举重若轻、处之泰然的政治家屈指可数，但邓小平却堪称这方面的楷模。

6. **意志顽强，坚韧不拔**。邓小平的一生极为坎坷和曲折，但是，无论是四一二反革命政变后的白色恐怖，还是战斗在上海的虎穴刀丛；无论是在百色起义军的危急时刻，还是在中央苏区蒙难含冤的日子里；无论是太行山上的煎熬搏斗，还是

"文化大革命"中的两落两起，他总是无私无畏，不屈不挠，沉着坚韧，始终坚持自己的信念，坚持对问题的思考、对未来充满着希望。当邓小平重新回到工作岗位上之后，凭着顽强的意志力，排除各种干扰，坚定不移地推进改革开放政策。正是这种坚如磐石的信念和意志，成为邓小平战胜挫折的一种人格力量。也正是这种人格力量，使身处逆境中的邓小平一旦复出便能为党和人民做出更加卓越的贡献。

7. **求真务实，不尚空谈**。在革命战争年代，邓小平就善于根据中央精神，结合当地实际，实事求是地作出克敌制胜的作战方案和根据地建设的方针政策。20世纪60年代初，邓小平以巨大的勇气提出，哪种生产关系的形式在哪个地方能够比较容易、比较快地恢复和发展农业生产，就采取哪种形式；群众愿意采取哪种形式，就应该采取哪种形式。在改革开放的新时期，邓小平提出"一国两制"统一祖国的构想；提出不以意识形态、社会制度划线的思想，及时地调整了中日关系、中美关系、中苏关系。在处理国与国边界、领土争端时，又提出了"搁置主权"、"共同开发"的原则，成功地改善了我国的周边关系。

8. **敢闯、敢冒、敢于试验的创新精神**。具有非凡的胆略和勇气、"敢字当头"、不断创新，是邓小平的一贯风格与气派。邓小平敢闯和创新的人格特征，集中表现在四个超越：其一，超越了传统的东方思维模式，奠定了对马克思主义创新的认识前提；其二，超越了战争时代的旧我，从而成为跨越两个时代的世纪伟人；其三，超越了传统社会主义理论原则，创立了马克思主义发展史上以社会主义经济建设为中心的理论范式；其四，超越了毛泽东晚年的错误，实现了拨乱反正的历史转变。敢闯和创新必须要有一定的科学预测为根据和前提条件。邓小平是把预见性和创造性联系在一起的，特别强调"敢于试验"，看准了的，就大胆地试。试验是"冒"的一种体现，也是一种科学论证，增强承担和抵抗风险的能力。

9. **谦虚谨慎、"自我评论"的伟大人格**。邓小平的革命品格和风范集中地表现在谦虚谨慎、"自我评论"的人格上。邓小平是功勋卓越的世纪伟人，他完全有资格受到人民的崇拜。但是，邓小平从不居功自傲，坚决反对个人崇拜，而是把自己的功劳归于党和人民，不断地作出"自我评论"。他在1980年8月会见意大利记者法拉奇时说："你一定要记下我的话，我是犯了不少错误的，包括毛泽东同志犯的有些错误，我也有份，只是可以说，也是好心犯的错误。不犯错误的人没有。"他还说过："我个人做了一点事，但不能说都是我发明的，其实很多事是别人发明的，群众发明的，我只不过把它们概括起来，提出了方针政策。"邓小平的自我评论充分体现了邓小平对人、对事、对己的唯物主义科学态度，反映了他心襟宽阔的伟大品格。

邓小平的革命风格

王 宁

邓小平在投身于中国革命和建设的伟大实践并作出卓越贡献的同时，也在斗争中表现出了个人鲜明的风格和独特的魅力。

通脱达观，处变不惊

萧榕在一篇回忆文章里曾这样描述邓小平："我父亲为人性格内向，沉稳寡言，五十多年的革命生涯，使他养成了临危不惧，遇喜不亢的作风，特别是在对待个人命运上，相当达观。在逆境之中，他善于用乐观主义精神对待一切。"

生性达观、内心光明、襟怀坦荡、处变不惊，这是半个多世纪的革命生涯留给邓小平的真实烙印，是一份历史的馈赠。

邓小平生于1904年，几乎是本世纪的同龄人。在近代和现代，一个先进的中国人，在寻觅救国救民真理的路途上会历尽艰辛，在确定信仰、投身革命之后，更要经受各种磨难和严峻的考验。这是中国革命者的特殊历史命运。对邓小平来讲，坎坷的际遇和复杂的斗争经历从他青年时代即已开始。逆境，在很大程度上锻造了后来他开朗豁达的性格和坚强的心理素质。

早在苏维埃斗争时期，邓小平就曾遭到当时党的"左"倾机会主义领导者的错误批判和处理，精神上和肉体上受到了很大的摧残。但作为一名入党多年的红军干部，他坚守着自己的理想和信念，并以此为精神支柱，与错误路线展开了顽强的抗争。1933年5月，邓小平被贬到江西乐安县做巡视员时，对前来探望的两位党员干部讲道：不管他们怎样残酷斗争，采取什么措施，我坚信我执行的是马克思主义的正确路线，正确的就要坚持。革命哪能一帆风顺呢？他深深地埋下了个人的委屈，依然心胸开朗，谈笑风生。他的战友们对此有着深刻的印象。

1985年7月，81岁的邓小平接见特立尼达和多巴哥总理钱伯斯。客人毫不掩饰对邓小平身体健康程度的羡慕，并向他请教长寿秘诀。邓小平答道：我的回答是四个字，"乐观主义"，天塌下来不要紧，有人顶着。他还说，我是三下三上的人，对什么问题都持乐观态度，相信自己的信念总会实现。如果没有这样的信念，我是活不到今天的。

邓小平第二次和第三次被打倒都是在"文化大革命"之中,所处的历史背景比起第一次要深刻得多,也复杂得多。他在答日本首相中曾根康弘提问时谈道,自己一生中最痛苦的是"文化大革命"的时候。但每当外国客人问及他在"文化大革命"期间个人的遭遇,他总是一带而过,他想得更多,谈得更多的是如何通过这场灾难,使党和人民能够吸取教训,避免重蹈过去的错误。

邓小平已经有了极强的应变能力和心理承受力,对个人和家庭的屈辱与不幸能够淡然处之。也许他内心波涛起伏,但外表却十分沉静,刚毅。在遭送江西、骨肉分离、吉凶未卜的时候,他泰然处之,每天劳作于工厂,或躬耕于田园。他开玩笑地说此次下放等于上了一次劳动大学,邓小平还把江西的谪居生涯看做一次难得的学习机会。他潜下心来博览群书,从马列著作到二十四史及各种古今中外名著,从中推演,探寻社会发展和世事兴替的规律。在那个特殊的年代,南昌的将军楼和北京的宽街二号老院是邓小平默默思考、徐图振作的好去处。豁达、无私的心胸支撑着邓小平,使他涉过了道道险关,攀上了人生的顶峰。

将军楼——邓小平同志旧居

政治上的三落三起虽然奇特富有戏剧性,但这在邓小平坚强心理素质的形成上只能算是一个方面的因素,他的人生经历和底蕴则要丰富和深刻得多。除去历次党内斗争,邓小平在战争年代已经有了太多的出生入死的考验,上海地下工作时的血雨腥风,长征路上的围追封堵,抗日战争中的枪林弹雨,中原战场上的硝烟炮火……他和他的同代人是一批从生死线上冲杀出来的人。生死考验经受住了，个人的荣与辱，得与失，进与退，对邓小平来说已无足轻重了。挫折与磨难为信念和忠诚淬火加钢。内心万顷波涛，外表静如止水。很多老革命家都有这个功夫。因邓小平有着三下三上的不凡经历，这个特点表现得最为突出。这种清醒镇定、处变不惊的心理素质不仅有益于邓小平的身心健康，更为重要的是，体现在邓小平的政治行为中，使我们党和国家在几次大的风浪中安然度过险关。80年代末90年代初，邓小平针对苏联解体、东欧剧变、中国所处的国际环境陡然严峻的形势，提出了"冷静观察、稳住阵脚、沉着应付"的方针，要求我们不信邪，不怕鬼，不示弱，自己不乱，埋头实干，认清形势，利用矛盾，把握机遇，等等。

举重若轻，作风果断

中共七届三中全会期间，周恩来有一次与薄一波谈到了他对刘伯承和邓小平工作方法的感受。他说：据我多年观察，他们两人的工作方法各有特色，小平同志是"举重若轻"，伯承同志则是"举轻若重"。

"举重若轻"或"举轻若重"，都是领导者不同的工作特色和领导方法，并无高下之分。战争年代，刘邓是一对出色的搭档。刘伯承才大心细，运筹周密，几近算无遗策；邓小平器局宏伟，调度有方，含雄奇于淡远。邓小平举重若轻的风格，一大特点，就是在处理重大问题时，一旦形成较为正确的思路或决策，在行动上决不迁延，而是当机立断，指挥自如。那份从容，那份淡然，令党内同志和下级部属钦羡不已。一位曾在西南局工作过的新闻工作者把邓小平行云流水般处理棘手问题和复杂局面的领导艺术比喻为"庖丁解牛"。

由于长期处在工作的第一线，邓小平面临任务的沉重与繁杂是可想而知的。他的高明之处，是能够在错综复杂、扑朔迷离的诸多头绪中，迅速而准确地把握住主要矛盾或矛盾的主要方面，果断地加以解决，并由于日久天长的积累而达到一种艺术的境地。解放战争时期，刘邓大军打了许多关系全局的硬仗。每当战役开始，刘邓常常是集思广益，反复比较作战方案。一旦决定下来，邓小平只是宣示总的战略意图、部署作战目标，"示以任务而不示以手段"，对具体指挥作战则敢于放手给下级指挥员，让他们自主行事，自己则坐镇中枢，沉着调度。正是这种"放手"带出了一大批优秀指挥员，也减轻了自己的工作量，以便集中精力思考大事。陈野苹回忆说："我感到他的领导艺术之一是：既抓得紧，又放得开。在重大问题和关键问题上，他抓得很紧，在具体工作和日常事务上，他又放得开手。"到了和平年代，他这种领导方式达到了炉火纯青的程度。在新时期施行改革开放的重大举措过程中，邓小平总是在方针、政策、原则方面作出明确的交代，具体方法不多讲，给人留下广阔的用武之地，使执行者充分发挥自己的创造性。

1973年12月，毛泽东在中央政治局会议上对邓小平有一个肯定的评价："有些人怕他，但是他办事比较果断。"作风果断，雷厉风行，这是邓小平领导方法的另一个特色。

据曾志回忆，"四人帮"被粉碎以后，她带着女儿陶斯亮找到即将复出的邓小平，要求为"文化大革命"中蒙冤而死的丈夫陶铸平反昭雪。邓小平听着母女二人的悲切陈述，既没有急于表态，也没有更多的感情流露，一度使她们感到非常失望。但是，邓小平复职后，立即把平反冤假错案当做纠正"文化大革命"错误的关键，迅速把陶铸的案子从专案组调出，直接交给中组部审查，并亲自讲话，作出批示，问题很快得到解决。他以最快的速度组织有关部门进行了大规模的甄别平反工作，给共和国最大的冤案刘少奇一案平了反，给反右倾中被错整的彭德怀平了反，给彭、罗、陆、杨平了反，给被称为"阎王殿"的中宣部平了反，为教育战线摘掉了十七年"黑线专政"的帽子……可见，在邓小平的工作原则中，时机不成熟，宁可隐忍不发，政策持重；时机成熟，则雷厉风行，迅疾行事。70年代末80年代初，党中央顺应民心，应时而动，在不长的时间内办了许多澄清过去、开辟未来的大事，这都与邓小平的勇于任事、果断拍板、大力推动有关。长期以来建立起来的权威与声望使他威重而令行，使他的思想决策能够被迅速贯彻。

坚持真理，刚正不阿

邓小平性情忠直、耿介，充分表现出刚正不阿、仗义执言的节操和坚持真理、不附权势的政治品格。

如果说，战争年代邓小平对党和人民事业的忠诚表现在敢于反对错误路线的领导而不怕诬陷和打击，表现在甘冒矢石，戎马疆场，表现在以对人民事业高度负责的精神，创造性地执行党的决议、指示，取得了一个又一个的胜利，那么到了和平年代，这种血与火洗礼出来的品格则表现得更加丰满、鲜明，即：在大是大非问题上能够表明自己的主见，对各种错误倾向敢于据理力争。

50年代末以后，邓小平对党内政治生活中逐渐滋长起来的不正常现象和国家经济建设中暴露出来的问题经常提出自己的意见。如，他对把毛泽东思想庸俗化的倾向提出过严厉批评。据王任重回忆，1959年容国团夺得乒乓球世界冠军后，邓小平讲过这样的话：打乒乓球打赢了说是毛泽东思想胜利了，打输了呢？能说是毛泽东思想失败了吗？不能这样简单化、庸俗化。1961年，对林彪要求"带着问题学"毛选，邓小平与当时的总政治部主任罗荣桓一起进行了坚决的抵制和斗争。邓小平在一次会议上指出：毛选怎样学，要研究一下。搞疲劳战术，社会强迫，不行。在青年中学习毛主席的著作，一些基本的东西，是要提倡学的，但一年四季这么搞也不行。可见，在如何对待毛泽东思想这个重大的原则性问题上，邓小平在"左"的气氛开始弥漫的初期，就表现出了过人的敏锐和巨大的勇气。

邓小平是个极有决断、极有主见、不怕冒风险、担责任的人。1961年春，邓小平根据毛泽东关于大兴调查研究之风的指示，深入北京顺义农村视察。针对当时"平调风"、"共产风"给农村经济带来混乱与凋零，公共食堂弊端百出、难以为继的情况，他果断地说：吃食堂是社会主义，不吃食堂也是社会主义，以前不管是中央哪个文件上说的，也不管是哪个领导说的，都以我现在说的为准。根据群众的意见，决定食堂的去留。

包括毛泽东在内的中共第一代领导人对邓小平的敢作敢当都很欣赏。1957年，毛泽东评价邓小平：这个人不简单，既有原则性，又有灵活性。1974年11月，毛泽东在谈起邓小平抵制江青等人一事时对邓小平说：你开了一个"钢铁公司"，好，我赞成你！同年12月，毛泽东又称赞邓小平"人才难得"，"政治思想强"。尽管毛泽东对邓小平思想"固执"，不肯改变对'文化大革命'的态度表示不满，并对邓小平发动过不正确的批判，但对他的政治品格从没有加以指摘。

1975年，邓小平在"文化大革命"尚未结束时主持整顿。对这次整顿，他本人后来认为是改革的一次"试验"。他强调党性，整饬秩序，大张旗鼓地抓生产，与"四人帮"展开面对面的斗争。这一切举措的灵魂，就是一个"敢"字。他常对人讲，要有一点精神，"敢字当头，横下一条心"。不怕被抓辫子，不怕犯错误，不怕第二次被打倒……邓小平已经无暇顾及个人的命运，表现出少见的焦灼、执著与强硬。明哲保身、中庸调和与他的做事原则是不相容的。这种强者的性格不仅表现在对敌斗争中从不畏惧任何对手，在他的日常生活中也有所流露。如，他喜欢在波涛翻卷的大海里游泳，感到那里"有股气势"；打桥牌喜欢与高手对阵，觉得"输了也有味道"。

1975年8月评《水浒》开始以后，邓小平的处境开始恶化。11月，毛泽东提出由邓小平主持对"文化大革命"作一个决议，总的评价是"三分错误，七分成绩"。邓小平说：由我主持写这个决议不适宜，我是桃花源中人，"不知有汉，无论魏晋"，坚决而巧妙地拒绝了。这种骨子里的对抗情绪导致了对他的批判逐渐升级，导致了他的又一次被打倒。

但是，邓小平的抗争以及在那一回合悲壮的结局，促使更多的人从"文化大革命"的噩梦中惊醒,分辨出是非曲直,也更加了解"邓公"的为人。这就为他第三次崛起并领导中国社会广泛而深刻的大变革赢得了雄厚的群众基础。

邓小平在粉碎"四人帮"后思想和政治束缚依然严重的那两年又一次表现出了极强的斗争精神。他甘冒"犯下弥天大罪"的风险,率先出来否定"文化大革命"的理论基础即"无产阶级专政下继续革命"的理论,并率领全党全国人民搬掉了一座又一座障碍思想的大山。从破除现代迷信到支持真理标准讨论,从坚持按劳分配原则到树起改革生产关系这面旗帜,他鼓呼而呼,对于全面改革,他有个一以贯之的思想,就是不要怕冒风险,"如果前怕狼后怕虎,就走不了路。"大无畏的精神使他思想锋芒更加锐利。在什么是社会主义,怎样建设社会主义的问题上,他敢于创立新的理论,敢提前无古人的构想,敢讲真话,敢为天下先。

善理大局,善断大事

在党的第一代领导人中,邓小平的年龄并不算大,毛泽东说过他是"少壮派"。但其丰富的斗争经验和卓越的才智却是人所共知的。他既善领兵打仗,又会做政治鼓动,更善于谋划国计民生,具有主持中央和地方工作的经历和多方面经验。由此,练就了他目光远大、思维开阔、统率全局的本领。

建国之前,邓小平曾两度担任中共中央秘书长,一次是1927年底到1929年夏,一次是1935年初到这一年的六七月份。在这个职务上,邓小平经常列席或参加党的重要会议。在更多的时间里,他被委派下去抓武装斗争、抓政权建设。邓小平长于思考,每当领命而行,都能正确地处理中央和地方、全局和局部的关系,都会根据实际情况,认真地、创造性地贯彻中央的意图,进而在错综复杂的环境中迅速打开工作局面。

抗战时期,邓小平的大局意识得到更突出的展现。从跃马太行到挺进华北,接触的工作纷繁复杂,但他没有陷入事务主义或思想局囿于小范围,而是时刻提醒自己的同志,"我们一切政策行动都应不仅照顾到根据地本身,而且要照顾到对全国的影响"。他详细分析、精心指导解决本地区的财政与供给问题、兵运与民运问题、整党与建政问题、发展统一战线与开展对敌斗争问题,并能从中提出一些对抗战大局有指导意义的思想。他还积极地为中央出谋划策。

在处理问题时特别能顾全大局,邓小平的这个特点在解放战争中表现得淋漓尽致。挺进大别山,刘邓所部已经付出了重大代价,在最困难的时期,邓小平仍不同意中央调陈谢等兄弟部队南下支援的考虑,而是提出让他们多休整,以利在以后打大仗。他指出:"中原困难是中国革命最大最后的困难",鼓励大家坚持到底。淮海战役第二阶段,全歼南线蒋军主力黄维兵团是战役取胜的关键。为此,邓小平号召全体指战员发扬"叫花子烧铺草"的精神,从大局出发,拼死一战。他有一句话在军中广为流传:"只要歼灭了南线的敌军主力,中野就是打光了,全国各路解放军还可以取得全国的胜利,这代价是值得的!"这种从政治上考虑问题、以大局为重的做法博得了同志们的信赖和中央的倚重。

从1952年起,邓小平从西南调回中央工作,与毛、周、刘、朱等领导人共商党和国家的大致方针。他身兼数职,参预全面。在工作中,他并不是事无巨细,一一过问,而是着重抓全局性、方向性的问题。戎子和同志后来回忆说:"他的特点是抓大问题,不管小事。"他抓财政工作时讲大局,1975年整顿时讲大局,80年代初经济调整时讲大局。到了改革开放的新时期,邓小平那种理大局、断大事的特点更显突出。在邓小平看来,新时期的大局只有一个,这就是经济建设。围绕着这个大局,十几年来邓小平在现代化建设的步骤、目标、动力及政治保证等方面都精心作了规划,为把握这个大局、大方向不动摇,他不遗余力。

与此密切相连,对一些事关全局、影响大局发展方向和前景的大问题,邓小平都能够作出及时而明智的决断。在需要处理的事情已经被推到历史前台的时候,邓小平能选准突破口,毫不迟疑地亲自抓。如,1983年的打击刑事犯罪和1984年开放14个沿海城市,就是他亲自抓的。前者是为了维护社会安定,使现代化建设有一个良好的环境;后者是为了抢时间,加快引进资金和技术,是扩大开放的关键步骤。邓小平对这些大的问题看得远、想得深、抓得准,敢于决断,敢下大决心,显示出一代战略家的恢弘气魄。

思想辩证务实,语言简洁朴素

无论在中国人眼里还是在外国人看来,邓小平都是个不喜空谈,讲求实干的人。他自己曾这样自我评价:"比较正确地说,我是实事求是派。"在半个多世纪的政治生涯中,依据千差万别、不断变化的实际情况指导具体工作,是邓小平的工作原则,也是他的作风和习惯。担任党的总书记时他就一再提倡做深入细致、扎扎实实的工作,反对摆花架子,反对大吹大擂。粉碎"四人帮"后,他又有针对性地教育干部,要鼓实劲,切实解决问题,不要追求表面文章,要腾出时间来多办实事,多做少说。他特别要求,经济工作中的速度、数字应该是"扎扎实实的,没有水分的,产品要讲质量的,真正能体现我们生产的发展"。

一切从实际出发、实事求是是邓小平务实精神的集中体现。他以丰富的、精细的对实践经验的科学总结为毛泽东思想的形成作出了自己的贡献。出于对这个理论体系的深刻理解,他把毛泽东思想的精髓概括为实事求是。建设有中国特色社会主义理论的创立的前提就是解放思想和实事求是。

对辩证法的精通使邓小平的务实作风表现得更加充分。抗日战争时期,他在太行山工作时有一句名言:要按照辩证法办事。这句话他在七届三中全会上也说过。毛泽东1945年6月在中共七大上所作的总结发言中,高度评价了这句话:总而言之,就是如太行山的同志所说的,要按照辩证法办事。1957年1月,毛泽东在省市自治区党委书记会议上又说:要按照辩证法办事,这是邓小平同志讲的。周恩来在50年代中期的一次讲话中也说过:邓小平是善于运用唯物辩证法的,在党内,他最早提出了要节制生育。细读邓小平的著作,处处可以感受到贯穿其间的辩证思维的机智,以及他关于变化而不是停滞的观点,全面而不是片面的观点,"两点论"的观点,揭露矛盾、正视矛盾、解决矛盾、利用矛盾的观点等唯物辩证法的丰富内容。

但是,邓小平的广博深刻的思想内涵却是以极为简洁朴素的语言来表述的。

年轻时,邓小平是个能说喜笑、活跃开朗的人。他在法国编撰《赤光》杂志和在中央苏区办《红星报》时,就表现出文思敏捷,思路流畅,语言浅显易懂而颇具战斗性。红军长征到达陕北后,大约在主持红一军团政治部工作期间,他的性格有了某些变化,话语渐少,不苟言笑,更喜欢读书和思考,逐渐变得内向、沉静。这种性格明显体现在思想表达上,逐渐形成了他的语言风格,即言简意赅,朴实明快。邓小平的感情轻易不外露,在日常生活中他话很少,以至在子女们早年的记忆中,父亲是个不怎么会讲话的人,更是个不爱讲话的人。女儿萧榕每有战争年代的事情要请教他,得到的回答往往只是几个字。如问他"长征的时候你都干了些什么工作?"回答是"跟着走";问他抗战时在前方领导中共北方局和八路军总部的情形,他只是说:"我没干什么事,只干了一件事,就是吃苦!"邓朴方曾经这样评价父亲:他的沉默往往比他的语言更加有力。

他的文章、发育,都是那么简明扼要,针对性强。毛泽东讲话喜欢旁征博引,从侧面点拨,邓小平则是单刀直入,开门见山,在邓小平领导下征战多年的一些老同志对他的语言特征至今印象深刻,说他"言简意赅,富有回味","思维敏捷,言语明晰","有高度的概括能力","讲话内容没有废话,没有套话"等等。邓小平主持西南局会议或国务院常务会议,议一个事情,常常是半小时解决问题,决不拖泥带水。

几十年来,邓小平善于把长期流传在民间的,或一些老战友常用的语言(有些近似村野俚语)加以概括引申,并赋予很深刻的含义。较著名的如"不管白猫黑猫,捉住老鼠就是好猫","摸着石头过河,走一步看一步","靠政策走路,靠政策吃饭"等等，或阐述一个简单的道理，或概括一个施政方针，或说明一个事物的特点。如著名的"猫论"，它简洁明快，把人们活动的目的与手段的关系讲得十分精当。邓小平自己曾谦虚地说："我的东西很平凡，里面没有什么惊人的语言。"他的语言质朴，没有什么跌宕起伏和华丽的词藻，十分通俗易懂，邓小平的思维和理论根植于生活和实践，他用生动的比喻把深刻的道理简明化、形象化、大众化，使得他的理论为中国老百姓喜闻乐见，易于掌握，成为一部活生生的大众哲学。

邓小平晚年，在重大问题上没有定识之前从不轻易表态，一旦他结束思考，其发言常常是流水汤汤，酣畅淋漓。如现在收入《邓小平文选》的1984年10月在中顾委第三次全体会议上的讲话，1989年6月9日的讲话，同年6月同几位中央负责同志的谈话以及1992年的视察南方时的谈话等等。这类讲话涉及的面都很宽，国际国内、政治经济、党风民意、接班人培养、政策的连续性，以及对马克思主义的理解、人类历史的发展过程等等。他语重心长地帮助后辈们总结过去，启迪未来，所说的都是他夙夜思虑、有感而发的话。

乐于知新，渴望创造

一位外国朋友对邓小平说过：我不知道还有谁的头脑比您更为年轻了。确实，邓小平始终保持着一种乐于知新、渴望创造的心理。

离开广安家乡时，邓小平还是一个翩翩少年，正处在世界观尚未形成、对一切都充满好奇心和求知欲的时期。虽然他已具备了一定的中西学知识，而一旦漂洋过海走出国门，接触异域文明，展现在他面前的是个既陌生又精彩的外部世界。在经受现代工业文明洗礼的过程中，他加入了党团组织，并确立了自己的终生信仰，逐渐成为一个职业革命家。与此同时，他对新知识渴求和向往、对自然和社会的发展与进步一直抱着极大的关切。西方国家的声光电气、艺术宗教，以及其进步的社会观念，都给了他很深的印象。邓小平虽然很少谈及自己的往事，但在谈到我国经济技术水平这个话题时，他常常能联想到早年在法国目睹的先进的工业制造技术，如20世纪初的万吨轮、大型船闸、巴黎的地铁、先进的医疗水平等等。在赞美的同时，他毫不掩饰自己的倾慕之情。

粉碎"四人帮"以后，作为党和国家的主要决策者，邓小平在洞察世界风云、关注环球动态时更力求格物致知，见贤思齐。

对新事物的关注首先表现在他对先进技术及产业的爱护和竭力扶植上。从1978年初到1979年初一年的时间里，邓小平访问了缅甸、尼泊尔、日本、朝鲜、泰国、马来西亚、新加坡、美国等许多国家。他对先进的事物没有感到无所适从，而是积极地去学习和接受。当他坐在日产公司的电动汽车上,看到这个由先进技术武装起来的企业,其设备之精良,自动化水平之高,人均产量之大时,陷入沉思,久久不语,当他登上休斯敦航天中心的太空实验室,进行模拟飞行的时候,又是那样的兴奋。我们不难理解邓小平当时的心境。他兴奋是惊讶于自然的奥妙、科学的神奇和人类改造客观世界的伟力,他沉默是因为看到了中国与世界的差距,在为中国的发展前景担忧。在参观日产公司以后,他说:我懂得什么是现代化了。

邓小平参观上海贝岭股份有限公司

邓小平十分关心国内高新技术及产业。1992年南方视察时,他在深圳、珠海、上海共参观了五个高科技企业,每到一处,总是兴致盎然,仔细询问,他都要握一握年轻科技人员的手,给他们以鼓舞,似乎要从他们身上吸取热情和活力。另一方面,正因为他对科学感兴趣,对新事物感兴趣,对不断变动的世界感兴趣,才形成了他开放的性格,不拘一格的性格。

对因科技进步而导致的经济和社会生活的巨大变化和诸多的新气象,邓小平作了较深入的思考。他以崭新的视角、崭新的语言不停地述说着这样的道理:世界形势日新月异,科技发展速度不是用年而是用月,用日来计算;世界在变化,我们思想和行动也要随之而变;我们不能安于落后,不要脱离世界;要提倡科学、靠科学才有希望……他从科技发展带来的启示生发开去,联想到思想变革、观念更新的问题,打开国门、对外开放的问题,发展自己的高科技走向世界市场、参与国际竞争的问题，甚至联想到21世纪的发展动力问题以及用新的思想观念去发展马克思主义的问题。他从接触到的新鲜事物中随时得到启发，并以政治家特有的敏锐感触到时代跳动的脉搏。

他不因循守旧，不拘于成见，不囿于常规，能创造性地运用马克思主义的基本原理来解决中国面临的重大现实问题。他的一系列新的论断，如：改革是中国的第二次革命，科学技术是第一生产力，社会主义与市场经济不存在根本矛盾，一个国家，两种制度，及搁置争议、共同开发，和平与发展是当代世界两大主题等等，就是这种理论勇气和探索精神的结晶。

有了这种精神和勇气，心田才不会干枯，智慧才不会衰竭。

共产党员的楷模——陈云

龙平平

陈云同志是中国共产党两代领导集体的成员。在 90 年的奋斗历程中,他为中国人民的解放和建设事业做出了巨大的贡献,他以一个真正的共产党人的毕生实践,为中国青年树立了光辉的楷模。陈云同志留下精神财富,学习他的思想品质,应该成为当代青年寻求正确的人生道路的必修课程。

执著追求的楷模

陈云同志对共产主义理想的忠贞不渝、执著追求,是当代青年学习的楷模。

和 20 世纪的许多革命先哲一样,陈云同志是在探索救国救民真理的实践中选择、接受和信仰共产主义理想的。1925 年,当他从被压迫、受剥削的贫苦店员成为一名共产党人的时候,他就把自己的一切献给了终生追求的共产主义事业。70多年的风风雨雨,在任何情况下,无论党的事业遭到多么严重的挫折,个人受到多大的委屈和打击,他从不计较个人的得失,一刻也没有放弃过对理想的信仰与追求。1927 年,大革命失败以后,上海滩到处腥风血雨。一些人知难而退,离开了革命队伍。投身革命不久年仅 22 岁的陈云,不顾反动政府四处通缉,临危受命,毅然赶赴上海郊区发动农民武装暴动,在白色恐怖的中心重新点燃了革命的火种。建国初期,国民党给我们留下了一个千疮百孔的烂摊子,新中国经济建设危机四伏,如履薄冰。国际上的一些权威预言家断言,不出三年,新生的中国共产党政权必将被不可救药的经济问题拖烂拖垮,不战而败。在如山的困难面前,陈云同志对社会主义事业充满必胜的信心。受党中央和毛泽东的重托,他主持全国的财政经济工作,坚持从实际出发,深入调查研究,摸着石头过河,以高度的敬业精神和非凡的创造力,探索经济规律,积累建设经验,提出了许多正确的指导思想、工作方针和重大决策,在很短的时间里创造了迅速稳定物价,结束恶性通货膨胀,实现全国财政经济统一,恢复国民经济,安定人民生活的奇迹。这些卓有成效的工作,为巩固新生的社会主义政权奠定了基础,使他当之无愧地成为中国社会主义经济建设的开创者和奠基人之一。十年"文化大革命",给党和人民造成了极大的损失和心灵的创伤。党风和社会风气的下降,涣散了党的凝聚力,使许多人淡薄了对共产主义理想的追求。1978年底,在党的十一届三中全会上,受错误路线打击历经磨砺的陈云同志重新回到党中央领导岗位,出任中央纪律检查委员会第一书记。他以一个老共产党员的高度责任心和使命感为加强新时期党的建设呕心沥血,日夜操劳。他提出,"执政党的党风问题是有关党的生死存亡的问题"。这一著名论断,振聋发聩,给全党敲响了警钟。他认为,越是在改革开放的新形势下,越是要重视精神文明建设,力主从严治党,严肃党纪,健全法制,惩治腐败,取信于民。他提出的许多精辟观点和决策,为争取党风和社会风气的好转,加强党和人民群众的联系,提高党的威信,维护党的权威,起到举足轻重的作用。80年代后期,世界形势风云变幻,国际共产主义运动出现低潮。已经过着离休生活的陈云同志依然没有忘记自己的责任。他多次语重心长地告诫年轻一代,历史从来就是曲折发展的,不要被暂时的社会现象所困惑,要从人类社会发展的客观规律认识共产主义运动的前途。他为建设有中国特色社会主义事业取得的伟大成绩兴奋不已,嘱咐全党同志励精图治,集中精力办好中国的事情,通过一代又一代的不懈努力,为共产主义运动的蓬勃发展做出应有的贡献。

为着一个真理,为着一个崇高的社会理想,陈云同志整整奋斗了70年。70年如一日的执著追求,使他成为20世纪最具影响力的伟大人物之一。这种对理想执著追求的精神,是他留给中国青年最为珍贵的一份精神财富。

刻苦钻研的楷模

陈云同志刻苦学习、认真钻研的精神,是当代青年学习的楷模。陈云同志出身贫寒,4岁就失去了父母,只读过小学。然而,他却是举世公认的著名的社会主义经济学家和马克思主义理论家。这种骄人的业绩,来自于长期不懈的刻苦学习,认真钻研。他是当代中国自学成才的杰出代表。

如饥似渴地学习科学文化知识,脚踏实际地研究实际问题,是陈云在青少年时期就自觉养成的优良品质。那时,他在上海印书馆当学徒,利用一切时间抓紧自学文化知识。通过自学,他接触和接受了马克思主义的理论;通过自学,他开始用新的思想方法去研究中国的实际问题,形成了自己的独到见解。收入《陈云文选》第一卷的开卷篇《中国民族运动之过去与将来》,是他在1926年撰写的一篇文章。很难想象,这篇对农民运动提出了许多精辟认识的力作,竟然会是一个只有小学文化程度21岁的贫苦店员的手笔。

陈云在看《人民日报》

自学成才，离不开勤奋严细的学风。陈云同志一生勤奋，素来以严细著称。无论条件多么险恶，他从不放过学习的机会，并具有边学边记，长期保存的好习惯。1935年，他参加遵义会议之后，抓紧时间撰写了一份《遵义政治局扩大会议传达提纲》，到部队传达宣讲。结果，这份提纲成为遵义会议硕果仅存的一份弥足珍贵的历史文献。这一年，他还撰写了一篇《随军西行见闻录》，先后在法国、苏联和中国出版，为宣传和研究红军长征留下了不可多得的第一手资料。延安时期，他长期担任中央组织部长，致力于学习研究党的建设理论，发表了许多文章，有的被列为全党学习的文献。建国初期，他转向学习与研究社会主义经济理论。这是一个全新的课题。他知难而进，坚持在实践中边干边学边研究边出成果，撰写了大量的文章，提出了许多新颖的理论观点，为指导新中国经济建设发挥了重要作用。"文化大革命"期间，他受到林彪、江青反革命集团的迫害，被下放到江西"蹲点"。他不甘沉沦，抓紧学习。三年的时间，他系统地阅读了马克思主义的经典著作，特别是十月革命以后列宁的新经济政策理论，同时联系实际，研究中国的问题，总结经验。回到北京之后，他多次向有关部门提出，不能墨守以往的结论，要研究当代资本主义的特点和世界市场的新动向，要大胆地利用和引进外资。这些新的观点，对后来中国经济的发展起到了重要的指导作用。在改革开放新时期，虽然他年事已高，依然孜孜不倦地抓紧学习，更新知识，开拓理论新思路。

他说，现在我们国家的经济建设规模比过去要大得多、复杂得多，过去行之有效的一些做法，在当前改革开放的新形势下，很多已经不再适用，这就需要我们努力学习新的东西，不断探索和解决新的问题。这种永不满足现状、积极开拓进取的学习精神，使他对指导中国经济持续、高速、协调地发展作出了巨大贡献。他真正做到了学到老、用到老、研究到老。

实事求是的楷模

陈云同志毕生坚持实事求是的思想方法，是当代青年学习的楷模。

"不唯上、不唯书、只唯实"，这是陈云同志的一句名言。"唯实"，是贯穿于他一生的实践和整个思想理论的一条主线。在70年的革命生涯中，他始终恪守实事求是的思想方法，这在中国共产党内是公认的。我曾经听说过一件事情，一直为之震撼。建国以来，国家干部经常要填写履历表，上面有本人文化程度一栏，陈云同志每次都填"高小"。人们向他解释，文化程度主要是反映实际的文化水平，按您的学识，理所当然应该填大学。陈云却不以为然。他认为，文化程度指的就是学历。我只上过小学，就只能填小学程度，不能掺假。因此，凡是他亲笔填写的履历表，他始终把自己当做"小学生"。这虽然不过是一桩小事，却实实在在地体现了他坚持实事求是的思想本质。正是凭着这一条，在中国社会主义建设的每一个关键时刻，他都能挺身而出，以马克思主义的真知灼见，屡建奇功。

50年代中期，我国的经济建设正处于承前启后的关键时期。社会主义改造的顺利进行和经济建设的巨大成绩，使一些同志头脑发热，开始忽视经济发展的客观规律，党内逐渐滋生了一种急于求成、急躁冒进的"左"的指导思想。陈云同志十分清醒。他深知，在中国这样贫穷落后的东方大国里建设社会主义，是一个艰难曲折的历史过程，盲目求快，必然适得其反，后患无穷。他和周恩来同志一起，提出了反冒进的正确主张，力陈建设规模必须同国力相适应，人民生活和国家建设必须兼顾，制订经济计划必须做好财政收支、银行信贷、物资供需和外汇收支的综合平衡，以保证国民经济按比例地健康发展。为了坚持这些正确主张，他受到了错误的批判和冷落。60年代初，国民经济遇到严重困难，毛泽东请出陈云同志重新主管全国的财经工作。他不负重托，和刘少奇、周恩来、邓小平等同志一起努力纠正"大跃进"和人民公社化运动的错误，主张采取包括包产到户在内的一切有效的和平形式，优先发展农业，尽快恢复国民经济。结果，不到三年，国家建设就渡过了难关，重新出现欣欣向荣的景象。陈云同志的胆识和才智再一次受到党内外的公认。70年代中后期，十年动乱把国民经济推到了崩溃的边缘，国家出现了全面的社会危机。那时，陈云同志仅仅保留中央委员的名义职务，处境不佳，但他以实事求是的理论勇气突破"两个凡是"的禁锢，郑重提出粉碎"四人帮"后面临的两件大事是尽快请邓小平同志参加党中央的领导工作和为1976年的天安门事件平反。在十一届三中全会之前的中央工作会议上，他在东北组率先发言，提出了六件大事，件件切中"左"的错误要害，令全党同志精神振奋，耳目一新，有力地推动了思想解放运动。三中全会以后，作为以邓小平同志为核心的党的领导集体成员，在制定改革开放的重大决策中，陈云同志更加注重坚持实事求是的原则。同时，他言传身教，教育全党都要掌握实事求是的思想方法。他通过潜心研究，总结经验，提炼出"不唯书、不唯上、只唯实，交换、比较、反复"15个字。他说，这15个字，前9个字是唯物论，后6个字是辩证法，总起来就是唯物辩证法。坚持这15个字，就能够做到实事求是。

这15个字，是陈云同志毕生坚持实事求是的经验总结，也是他留给中国青年终身受益、用之不竭的人生真谛。

陈云同志十分信任青年，热爱青年，关心青年。他深知，他毕生奋斗的中国社会主义事业，归根到底，是献给中国青年的，是需要一代又一代的中国青年接力延续的。因此，他对中国青年寄予着深切的希望。1983年，他刻意把一批革命烈士子女请到家中共度春节。他说："你们是革命的后代，是党的儿女。你们应该像自己的父辈那样，处处从党的利益出发，为了维护党的利益，不惜牺牲自己的一切。"他曾郑重地为青年题词："出人出书走正路"。1992年春节，他又满腔热忱地向中国的年轻一代赠送了两句古诗："桐花万里丹山路，雏凤清于老凤声"，表达了一个老共产党员对青年的厚望。

陈云的高尚品德

余建亭

坚贞不渝的共产主义理想和信念

陈云同志无论在革命战争年代还是在和平建设时期，不管遇到什么样的风浪、挫折和压力，都始终如一地坚守着共产主义理想和社会主义信念。他认为社会主义、共产主义是客观真理，要树立这样的人生观，必须做到三件事：一是要把握这个客观真理；二是要为实现这个客观真理而奋斗；三是在奋斗中要有决心，要干到底。

1935年1月遵义会议前后，党和中国工农红军面临生死存亡的紧急关头，陈云作为参加会议的4名中央政治局常委之一，旗帜鲜明地支持毛泽东同志的主张，会后又出色地完成了到苏联共产国际汇报遵义会议和红军长征情况的任务。

粉碎"四人帮"以后，陈云首先提出恢复邓小平同志的领导职务，坚决支持进行全面的拨乱反正，坚决支持把党和国家的工作着重点转到社会主义现代化建设上来和实行改革开放的新政策，同时，积极推动并领导了对一些重大冤假错案的平反昭雪工作。

党的十三大以后，陈云退出党中央的领导工作，担任中顾委主任，在以邓小平同志为核心的第二代领导集体向以江泽民同志为核心的第三代领导集体顺利过渡、保持党和国家稳定的重大决策中，发挥了十分重要的作用。

以坚定的党性维护党纪的严肃性

在陈云同志身上，我们不仅看到了一名共产主义理想者的光辉，更看到了他作为一代国家领导人维护党纪严肃性的决心。

党的七大以后，高岗任中共中央政治局委员，新中国成立时被选为中央人民政府副主席，也是中共中央东北局书记。1952年底，国家计划委员会成立，高岗是主任。他认为"中国的列宁是定了，中国的斯大林还没有定"。由于骄傲自满，自命不凡，私心膨胀，他对刘少奇同志十分不满，认为刘少奇新中国成立之初在天津的讲话是错误的，不能做党的接班人。他没有向毛泽东主席和党中央提出来，而是在与陈云的谈话中说：将来党中央一个是你，一个是我。这显然是党的纪律所不允许的。

虽然以前和高岗的工作关系很好，但是在大是大非面前，陈云坚持原则，坚持党的组织性和纪律性，毫不含糊地向毛泽东主席和党中央报告了此事。高岗的反党活动被揭发后，党中央在七届四中全会上进一步揭露和批判了高岗、饶漱石阴谋分裂党篡夺党和国家最高领导权的活动。

这充分说明，如果领导干部没有坚定党性、高度原则性，没有维护党纪严肃性的决心，像这样危害党和国家的重大事件是不可能被及时发现并得到解决的。

在逆境压力中坚持实事求是精神

陈云同志是实事求是的楷模，更令人敬佩的是他在受到严厉批评指责后，仍然坚持实事求是的原则。在错综复杂的经济形势下，他从实际出发，为减少国民经济损失作出巨大贡献。

1958年，陈云因1956年反对冒进在广西南宁和成都召开的中央工作会议上两次受到毛泽东的严厉批评。

在"大跃进"搞得如火如荼之际，钢、煤、粮、棉四大指标层层加码。当时决定1959年钢产量指标为2000万吨，为留有余地对外公布1800万吨。陈云认为不切实际，向中央有关领导建议不要对外公布指标，但没有受到重视。

到1959年春，工业生产形势表明，2000万吨或1800万吨钢的生产指标已不可能实现。而且各地反映，许多春耕农用物资，人民生活用品和部分工业生产因原材料、燃料供应不足，运输力被挤占而纷纷告急。

在这种情况下，有关领导同志向中央报告了陈云曾提过的意见，在不久后召开的上海会议上，毛泽东称赞陈云，真理有时在少数人手里，甚至在一个人手中。

当时全党全国面临进退两难的状况，如不改变生产指标，会使国民经济蒙受更大的损失；如改变则担心在国内外产生不良政治影响。鉴于国民经济全面紧张的被动局面，毛泽东委托陈云落实钢铁生产指标。

陈云同志领导中央财政经济领导小组经过认真调查、反复研究、慎重考虑，在1959年5月中央政治局会议上提出了生产钢1300万吨，钢材900万吨的意见，中共中央据此调整了国民经济计划。经过党中央、国务院多次动员和全国上下的共同努力，1959年实际生产钢1387万吨，钢材897万吨。

在当时极为复杂和困难的情况下，陈云坚持实事求是，从实际出发，妥善处理了这个关系全局的重大问题，对当时及以后若干年稳定国民经济和人民生活，发展生产起了重大作用。

十五字箴言：不唯上、不唯书、只唯实，交换、比较、反复

陈云同志从他几十年的实践经验中总结出十五字箴言：不唯上、不唯书、只唯实，交换、比较、反复。这十五个字体现了陈云同志的哲学思想，前九个字是唯物论，后六个字是辩证法。

不唯上，并不是上面的话不要听。不唯书，也不是说文件、书都不要读。只唯实，就是只有从实际出发，实事求是地研究处理问题，这才是最靠得住的。交换，就是要经常注意同别人交换意见，尤其是多倾听反面的意见，克服片面性。比较，就是做结论要经过上下左右的比较，要设想多种解决问题的方案，经过反复比较，作出最佳选择，防止匆忙下结论。反复，是因为人们对事物的认识，不是一次就能完成的，决定问题要留一个反复考虑的时间，听听不同意见。如果没有不同的意见，也要假设一个对立面。吸收正确的，驳倒错误的，使自己的意见更加完整，避免草率做决定。

这十五个字，陈云说了一辈子，也做了一辈子。抗日战争胜利后不久，党中央派遣彭真、陈云、伍修权、叶季壮等六人首批到达东北。在崭新而复杂的国内外形势下，在这片辽阔又陌生的土

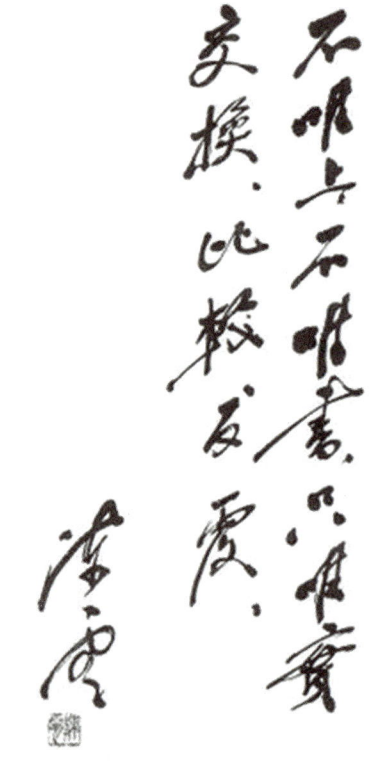

陈云的十五字箴言手迹

地上，党的工作应该采取什么方针和步骤是一个十分棘手的问题。陈云运用不唯上、不唯书、只唯实，交换、比较、反复的思维方法，经过两个多月调查研究主持起草了《对满洲工作的几点意见》，得到了中共中央的充分肯定。

严于律己、艰苦朴素的作风

和陈云同志一起工作过的人都知道，他的工作和生活作风一直都是谦虚谨慎、

严于律己、艰苦朴素,始终保持着一名共产党人和人民公仆的本色。

1948年11月,东北全境解放。干部们都想着把自己的单位和家安排好一点,一时争房子、争汽车的风气抬头。陈云作为沈阳军管会主任、东北局副书记,要找好房子很容易。可是经过自选后,陈云同志连同秘书住在了一所面积不大的普通房子里,坐的汽车也是接收过来的旧汽车。

上世纪50年代实行工资制后,陈云同志的工资级别原先是一级,却自己主动改为二级。后来毛主席知道了,问工作人员是怎么回事,工作人员回答说,这是陈云同志自己的意见,他说他不能和毛主席他们比,所以才改按二级发。

陈云同志在生活工作中平易近人,不居功不自傲,对子女从严教育。一有空就学习,这已成为他一生不变的生活习惯。

陈云同志的杰出贡献和高尚品德永远值得我们崇敬和学习。

重现历史 解读崇高——老一代共产党人的优良作风

王建柱

无论是在战争年代或是和平时期，作风建设始终是我们党加强自身建设的一项"基本功"。好的作风是一种宝贵的政治资源，是一种无声的巨大力量。值此中国共产党成立95周年和深入开展"两学一做"学习教育之际，本文辑录了11位老一代共产党人在理想信念及工作作风和生活作风方面的若干琐事，从中折射出他们的优良品质和高风亮节，以此激励我们坚定信仰，永葆共产党人的本色。

徐特立：须发染霜跟党走

徐特立青年时期，面对国家成为"刀俎之鱼"的破败状况，他悲愤交加，立志要寻求一条救国救民之路。然而，须发染霜、年过半百，在教育救国的道路上度过了20多个春秋后，救国的事业依然渺茫，他深深感到光靠教育挽救不了国家的危亡。

此时他看到，在中国共产党的领导下，工农运动势如暴风骤雨。因此，他果断放弃"教育救国"的主张，毅然参加了湖南农民协会，担任教育科长，并兼任湖南农民运动讲习所主任，经常和共产党人来往。

1927年5月，蒋介石叛变革命，疯狂地屠杀共产党人，镇压工农运动。不久后，徐特立在长沙遇到了中共湖南省委领导人，他在湖南一师任教时的学生李维汉。李维汉问他，在革命处于低潮时期还是否愿意加入中国共产党。徐特立坚定地表示："我已经51岁了，只要共产党能允许我这个老朽的人加入组织，那我就真的获得了新生，还不愿意吗？"于是，经李维汉介绍，徐特立正式加入了中国共产党，走上了革命道路。但这时形势继续恶化，斗争更加残酷。不久，李维汉和徐特立相继来到武汉。在武汉国民党办的报纸上，经常能看到所谓共产党员的脱党声明。党的活动被迫转入地下。

一天，一位老相识遇到徐特立，劝他说："革命已经失败了，你还来武汉干什么？应另谋出路！"说着拿出一沓钞票给他做路费。徐特立听后生气地说："革命成功的时期，多一个人、少一个人无所谓，现在正因为革命受到挫折，我们才得好好干，逃跑算什么。"说罢愤然离去。

就这样，徐特立仍然奔波在武汉，冒着生命危险想方设法与党组织取得联系。

在国民党彻底背叛革命后，中共中央决定举行武装起义。徐特立根据党的指示，立即赶赴南昌，参加武装起义，在起义部队中担任了二十军第三师的党代表。从此，他把自己毕生的精力献给了党的事业。

韦拔群：编写《革命到底》歌

护国战争爆发后，韦拔群在家乡招募了100多名乡友赴贵州参加护国军讨伐袁世凯。"五四"运动期间，他接触到《新青年》等进步刊物，受到了新思想的影响，并以"愤不平"为笔名，宣传革命思想，不久他毅然弃职离开旧军队，开始从事党领导的武装斗争。

1929年12月11日，韦拔群同邓小平、张云逸等人发动了"百色起义"，任中国工农红军第七军第三纵队司令员。

1930年秋，红七军奉命北上，韦拔群留在右江地区坚持斗争。他将1000多名精壮的战士和好枪拨给主力部队，而自己只留下了30多支劣枪和七八十名体弱有病的战士，表现出以全局利益为重的崇高品质。张云逸感动地说："你留下，往后的工作会更艰巨，斗争也会更残酷。"韦拔群充满信心地说："不怕，这地方我熟，走了一千，还会有一万，有人就有枪，我们一定坚持到红军主力打回来。"

红军主力撤走后，敌人立即反扑了过来。1931年11月，国民党军队出动了8000多人进行围剿。敌人扬言，要生擒韦拔群。他们见路就堵，见山就占，见人就抓，气焰十分嚣张。韦拔群一面向山区转移，一面扩充自己的队伍，采用灵活的战术，与敌人展开了针锋相对的斗争。

为了鼓舞红军战士的士气，他编写了一支《革命到底》歌："穷人闹革命，众乡亲，雄心要坚定。那时灭土豪，吃穿好，饭饱衣又新。今日处恶境，但相信，雾散天会晴。"敌人不甘心失败，1932年8月，又纠集万人对右江根据地的中心——东兰县西山进行围剿。面对强大的敌人，韦拔群从容自若，率领右江独立师开展游击战，保卫和巩固了右江革命根据地。

方志敏：新的革命高潮一定会到来

方志敏是赣东北革命根据地和中国工农红军第十军的创建者之一，1922年参加革命，1923年加入中国共产党。1927年大革命失败后，他坚信黑暗只是暂时的，新的革命高潮一定会到来。

1934年他率领红军抗日先遣队北上途中，敌人调动了14个团的兵力在纵横不过15里的范围内对红军形成了重重包围。突围失败后，部队又被打散。白色恐怖并没有吓倒方志敏，他下定决心，一定要把这支队伍恢复起来。本来，方志敏可以到白区去暂避一下，但他想到中央交给自己的任务，决心冒险返回赣东北，总结经验教训，整顿队伍，准备再战。不幸的是，方志敏最终没能逃出敌人的包围圈。

抓到了方志敏，令敌人欣喜若狂，他们在上饶召开"祝捷大会"，让方志敏站在台上示众。只见方志敏昂然站立，睁大眼睛看着台下群众。后来到了弋阳和南昌，他们故伎重施，方志敏依旧泰然自若。

在狱中，方志敏向敌人要来笔墨，敌人以为会写他们所需要的东西，所以满口答应了。然而方志敏所写的不是自首书，而是充满革命激情的《清贫》《可爱的中国》《狱中纪实》等遗作，这些作品后来被辗转带出监牢。

1935年8月6日，方志敏在南昌被敌人秘密杀害，就义时年仅36岁。

毛泽东：脱帽赔礼鞠躬认错

1943年4月，中共中央发出了《关于继续开展整风运动的通知》，一场声势浩大的审干运动由此开始。

审干工作的目标是纠正干部队伍中的非无产阶级思想与肃清党内暗藏的反革命分子，这在当时是有必要的，但因工作中的主观主义也造成了不少冤案和错案，尤其是康生在搞的"抢救"运动，造成干部人人自危。由于党中央和毛泽东同志及时发现了问题，坚持一个不杀、大部分不抓的方针，及时而认真地加以甄别，因而没有酿成大乱子。

对审干工作中出现的反特务斗争扩大化的错误，毛泽东主动承担了责任。

1944年5月，毛泽东向中央党校即将到前线去的学员讲话时指出：在整风中有些同志受了点委屈，有点气是可以理解的……整风中的一些问题，是则是，非则非，搞错了的，摘下帽子，赔个不是。说着，毛泽东起身敬礼说，我举起手向大家敬个礼，你们不还礼，我怎么放下手呢？此时全场同志起立鼓掌。

在陕甘宁边区行政学院，毛泽东坦率地承认"抢救运动"搞错了，他向大家脱帽鞠躬说："一人向隅，满座为之不欢。"

1945年2月15日，毛泽东在给中央党校五部、六部的同志作报告时，再次以实事求是的精神承担了责任。他说：我们的审查干部工作取得了很大成绩，但也犯了许多错误，我是党校校长，这个党校犯了许多错误，谁人负责？我负责。整个延安犯了许多错误，谁人负责？我负责。因为发号施令的是我……我们要从错误中总结经验教训，给人戴过帽子的同志，以后再给别人戴帽子时，你就要谨慎；被戴错帽子的同志，也得到了一条经验，就是以后你不要乱给别人戴帽子了，因为你自己吃了这个亏，以后也要谨慎。在场的同志们被领袖的这种敢于承担责任的崇高品格所感动，以热烈的掌声作出了回应。

陈毅：忘记人民必垮台

1947年5月，在孟良崮战役前的一天傍晚，华东野战军司令员陈毅一行来到一个区委大院。区委的同志立即去叫炊事员给陈老总张罗饭菜。陈毅连声摆手说："不要，不要，有什么吃什么，有饭就是幸福生活。"当时伙房里只有新摊出来的小米煎饼和几块豆腐，区里的同志只好用这些极普通的饭菜招待陈老总一行。饭后，他和区里的同志坐在一起亲切交谈。当区里的同志谈到缠小脚的老大娘推碾子摊煎饼几夜不合眼；新媳妇把新被子盖在烈士的遗体上；吃不饱饭的老乡硬要拿着仅有的几个鸡蛋支援前线时，陈毅坐不住了，他背着手在屋里来回急速地踱着，神情激动，眼眶里闪着泪花。突然，他停在油灯前激动地说："人民，可爱的人民！共产党就是靠人民养育成长的。今天，人民支援我们；明天，我们打下了天下，谁要是忘了人民，不为人民谋福利，他就应该……"只见陈毅的手使劲往下一劈，"应该垮台！"停了一会儿，他又说："人民养育了我们，我们要永远为他们出力报效，死而后已！"

"谁要是忘了人民，他就应该垮台！"陈毅这一掷地有声的金石之言，充满了历史的辩证法，说出了千古难易的一个真理，为民谋利益者得人心，忘民害民者失人心。

刘少奇：国家主席是人民的勤务员

1959年冬，刘少奇在海南岛休假时，当地干部在他生日那天送来一个带有寿字的大蛋糕。他知道后，生气地对秘书说："谁叫你们搞的？赶快拿走！"然后问王光美，知道不知道，为何不制止？王光美说，事先她也不知道。少奇严肃地说："党中央早就有决定，政治局的同志不过生日，我举手同意了的，就要坚决执行，决不能带头破坏中央决定。"

1960年，刘少奇率领代表团到苏联参加八十一国共产党工人党代表会议，作为代表团团长，当时按规定发给他5000卢布的零用钱。可是，他没有为个人使用一个卢布。回国前，将这笔钱全部交给了我国驻苏联大使馆。

1964年7月，他到济南搞调研，有一天中午，招待处的同志准备了一桌丰盛的宴席。他对当地负责人说："你们搞这一桌饭，够农民吃几天了，快退回去吧！以后不管哪一级来人，有便饭就行了。"在他的坚持下，服务员把酒席撤了下去。

刘少奇同志对某些人搞特权的行为十分愤怒，他在《如何正确处理人民内部矛盾》中提到："我参观了一些工厂，厂长、总工程师或者党委书记住的房子是一幢幢的公馆，是新盖的，处长又是一幢房子，科长又是一幢房子，其他干部又是一幢房子，工人宿舍是另外一幢房子。等级分得很清楚，甚至厂长、处长、科长的办公室里面，住的宿舍里面，几个台子、几个沙发、几个凳子都有等级……等级制度是一种封建制度，我们抄袭了封建制度。如果有这种制度开始萌芽，我看应该废除。那些生活待遇上要求很高的人我看是危险的……"

有一次，刘少奇视察某军事设施，当地的同志请他顺路去参观了一座别墅。那座别墅坐落在一处绿树葱郁的山谷里，环境十分幽静，建筑更是豪华，地板也是楠木的。刘少奇看后心情沉痛地说："这样搞，要亡党亡国的啊！"

当选为国家主席后，刘少奇的一些亲戚和本家来到北京，试图找他帮忙，解决工作与待遇问题。为了彻底杜绝这种现象，1959年国庆节那天，刘少奇召开了家庭会议，语重心长地教导亲戚和子女们："国家主席是人民的勤务员。我是国家主席，硬着头皮给你们办这些事，也不是办不成，可是不行啊！我的权力不能乱用，不能拿它为个人谋私利。"刘少奇的教诲使亲戚和孩子们心悦诚服，他们当即表示理解和拥护。

周恩来：三付饭费不搞特殊

1973年9月16日，周总理陪同法国总理蓬皮杜访问杭州，在西湖旁的植物园参观结束后，周总理送别了客人，在返回招待所的路上，他对身边的工作人员说："去楼外楼看看，请你们在那里吃饭。"于是大家来到了楼外楼。这时已经过了营业时间，一位年纪较大的师傅对警卫人员高振普说：你们有几位？先进来坐下再说吧。

高振普刚要转身去请总理，就听有人喊："周总理来了，总理来了！"周总理进了饭店，大家抢着与总理握手，饭店的负责同志请总理上楼，周总理对他们说："很久没来你们这里了，今天我带几个人一起来吃顿饭……"

一会儿饭菜端上来了，周总理一边吃一边向身边的工作人员讲述他过去来饭店时的情景。当吃到西湖醋鱼时，饭店负责人问总理味道怎么样，总理称赞道："这种做法很好，味道鲜美。"接着，总理询问了西湖的水质情况并一再强调：要保持西湖水质的清洁，保住这西湖醋鱼的美味名声。

吃过饭，周总理问去结账的高振普付了多少钱，他拿着发票对总理说："10元1毛。"周总理说："太少了，这样他们会赔光的，再去加钱。"可饭店的负责人一再推辞不肯收钱。

周总理说："你不收钱，我们就不走了。"于是饭店又收下10元。在周总理起身下楼时，高振普小声问一位服务员，其他客人吃这一顿饭需要付多少钱。服务员回答要30元左右。

在返回招待所的车上，高振普把所了解到的实际价格告诉了周总理，周总理听后严肃地说："你告诉他们，以后不准这样做，你再去补交钱。"因为还有别的事情，高振普没能去饭庄补钱，于是就把10元钱交给了省接待处的同志，请他们转交。

不久，高振普收到了"楼外楼"饭庄寄来的信。信中叙说了接待周总理的愉快心情，特别是周总理公私分明严格要求以及处理这件事的认真态度，使他们深受教育。随信还附了一张当时做菜的用料清单和价格表。高振普拿着这封信向周总理作了汇报。周总理笑着说："这就对了，我们不能搞特殊啊。"

萧克：带头执行《准则》

国防部原副部长兼军事科学院院长、第一政委萧克同志认真贯彻执行党的十一届五中全会通过的《关于党内政治生活的若干准则》，被传为佳话。

萧克同志的住房房基浅质量较差，自上世纪50年代初住进后，一直没有大修过。1972年他从外地调回北京后，仍住在这里。1976年地震后，外墙多处出现裂缝，个别地方倒塌，屋顶几处漏雨。经北京市和总后营房部门检查后认为，为保证首长安全必须翻修。萧克知道后说："学院调来不少干部还没有房子住，在他们的住房没有解决之前，不能维修我的住房。"就这样到了1980年，学院的干部住房已大部分解决，营房部门再次进行检查，决定拆除重建。萧克严肃地说："我不能带这个头。"后经反复做工作，他才勉强同意，但同时又作了两条规定：第一，修建面积只能少，不能超过规定标准1平方米；第二，造价只能低，不能超过规定标准1块钱。

按照国家规定，组织上给萧克同志配备了一辆红旗牌轿车，但他几次提出要换辆普通车。有关方面领导考虑他用普通车不方便，故一直拖着没换。可他又亲自找车管部门要求换车。车管部门告诉他，现在只有上海牌车。他说："上海牌车为什么坐不得，坐上海车就不能办事啦？"于是，车管部门只好给他换了辆上海牌车。萧克同志平日用车较少，有时路近就步行前往。一次步行去医院看病人，他说，这样既节省汽油，又锻炼身体，一举两得。他经常对身边的工作人员和亲属说："车是国家配给我办公用的，你们不能随便用，更不能用来办私事。"他的孩子不用他的车，他的爱人偶尔用车，也主动交费。

萧克曾先后几次率代表团出国访问。每次出访前，他都反复给工作人员交代："要按规定办事，不能搞特殊，国家发的零用费标准不能突破。"回国后，他还一笔一笔地算账，知道没有违反规定后才放心。有一次在访问美国、加拿大之前，有人建议返回时取道香港，萧克为了节省经费，没有同意，而且一路上处处都想到节约。日本成田国际机场有个规定，在24小时内候机，机场旅馆不收房费，如果超过时间，就要按全天收费。代表团实际上在机场停留的时间要超过 24 小时，为了节约费用，他和大家商量后决定，采取晚到馆和提前离馆的办法，这样虽然辛苦一些，却为国家节约了一笔开支。

萧克同志就是这样处处廉洁自律，带头执行《准则》，为大家树立了榜样。

李贞：两袖清风的女将军

1955 年 9 月 15 日，国务院在怀仁堂隆重举行中国人民解放军授衔授功仪式。周恩来总理亲手授予甘泗淇、李贞夫妇上将和少将军衔。待李贞行了一个标准的军礼后，周恩来紧紧地握着她的手，微微笑道："李贞同志，你是我军唯一的一位女将军，也是全国妇女的代表。"

李贞 l926 年参加革命，1927 年加入中国共产党。曾参加过著名的秋收起义和举世闻名的二万五千里长征。生前曾任解放军军事检察院副检察长，总政治部组织部顾问。1990 年 3 月月 11 日，李贞因病在北京逝世。

李贞逝世后，人们在清理遗物时发现，这位经过长征的老战士，除了记录她赫赫战功的 4 枚耀眼夺目的勋章外，其他的遗物竟俭朴得让人不敢相信。

这些遗物是：4 把藤椅，那是她早年从湖南搬家时带到北京的，身边工作人员几次要扔掉，她都一直拦阻着说："莫扔，补一补，还能用一阵子。"一对已整整用了 40 年的皮箱，已经老化开裂，但她还是不肯换新的。一台用了 14 年的"雪花"牌单门电冰箱。11000 元人民币，2500 元国库券，战争年代留下的两根小金条。在李贞的衣箱里，唯一的新衣物，是她 80 岁生日时，表孙女为她织的背心。

她在遗嘱中交代：一根金条捐给自己的家乡浏阳县，一根捐给丈夫甘泗淇的家乡宁乡县，用于发展教育事业；存款一分为二，一部分捐送，一部分作为自己的党费。

李贞和甘泗淇没有孩子，但他们用自己的工资抚养了 20 多个烈士遗孤。李贞没有留下多少物质财富，但留下了异常丰富的精神财富。"无私无畏一身正气悬山河，为党为民两袖清风照日月"，这副挽联正是李贞一生的真实写照。

许光达：恳辞大将衔

许光达，湖南长沙县人。1925 年入党，1930 年在贺龙领导的二军十七师任师长。生前曾任中国人民解放军装甲兵司令员兼政治委员。新中国成立初期，党中央和中央军委决定授予许光达大将军衔，面对这一荣誉，许光达觉得许多资历比自己深、贡献比自己大的同志才被授予上将军衔，他认为受之有愧。于是提笔致信中央军委和毛主席，要求降为上将军衔。他在申请书中写道：

军委毛主席、各位副主席：

  我感谢主席和军委领导对我的高度器重。高兴之余，惶愧难安。我扪心自问：论德、才、资、功，我佩戴四星，心安神静吗？

  ……为了心安，为了公正，我曾向贺副主席面请降衔。现在我诚恳、慎重地向主席、各位副主席申请：授我上将衔。另授功勋卓著者以大将。

许光达
1955年9月10日

  这份申请被转到了评衔工作领导小组会议上。授衔、授勋的日子一天一天迫近，许光达心情矛盾极了，他等待着组织最后的决定。

  这份申请书也深深地震动了毛泽东。一天，在中央军委会议室里，毛泽东手中举着许光达要求降衔的那份申请书高高一扬，伸出一根手指说："这是一面明镜，共产党人自身的明镜！"

  彭德怀插话说："这样的报告，他一连写了三份。"

  毛泽东点头会意，起身离开座位，边走边说："不简单哪，金钱、地位和荣誉，最容易看出一个人，古来如此！"这时，毛泽东用他那浓重的湖南乡音脱口而出："五百年前，大将徐达，二度平西，智勇冠中州；五百年后，大将光达，几番让衔，英名天下扬……"

  听了毛泽东的话，与会者点头并相互交换了眼色，表示此言的真理性已经被充分领会和肯定。中央军委的一致意见是，不批准许光达的降衔申请，仍然授予他大将军衔。许光达虽然接受了这一决定，不过最后他还是坚持给自己降低了一级薪金。

叶挺：狱中一心向往革命

  1941年1月，国民党反动派制造了震惊中外的"皖南事变"，新四军军长叶挺不幸被捕，身陷囹圄。在5年多的铁窗生活中，无论是"上饶请宴"，还是"恩施优遇"，无论是"蒋介石的封官加冕"，还是"骨肉的感化"，都丝毫动摇不了叶挺的志向。他始终如一地向往着革命，向往着党。

  在狱中，有一次军统特务问他："你出狱后第一件事想做什么？"叶挺毫不掩饰地说："我如能出去，第一件事就是要求恢复我共产党员的资格！"（叶挺1924年加入中国共产党，广州起义失败后去国外，与党失去了联系）他在狱中，反复阅读周恩来的密信，得到了党的指示，明确了斗争方向。

满怀战斗激情的叶挺，为抒发心中的豪情，他在上饶李村囚室的墙壁上写下了"富贵不能淫，威武不能屈""正气压邪气，不变应万变""坐牢三个月，胜读十年书"的壮烈诗句。他在重庆被关押期间挥笔写下了著名的《囚歌》：为人进出的门紧锁着，为狗爬走的洞敞开着，一个声音高叫着：爬出来呵！给尔自由！我渴望着自由，但也深知道，人的躯体哪能由狗的洞子爬出！我只能期待着，那一天，地下的火冲腾，把这活棺材和我一齐烧掉，我应该在烈火和热血中得到永生！

1946年1月，在我党的坚决斗争和爱国民主党派、民主人士的声援下，蒋介石不得不释放了叶挺。

出狱时，国民党当局送来了军官呢制服要叶挺换上，被叶挺拒绝了，他坚定地说："我不换，我穿的军衣是新四军发的，我要穿回去。"

长期的铁窗生活，锻炼了叶挺献身于人民解放事业的坚强决心，也使他对党、对共产主义事业有了更深刻的认识。出狱后的第二天，他致电党中央和毛泽东，请求加入中国共产党。党中央也非常了解叶挺，中共中央于3月7日给他复电，决定接受他的入党请求。毛泽东还亲笔修改了复电电文，充分肯定了叶挺为中华民族解放事业立下的不朽功勋。

中国共产党老一代革命家的人格风范

谢春涛　李庆刚

以毛泽东、邓小平等为代表的老一代革命家，不仅以其毕生的精力为实现国家富强、民族振兴和人民幸福建立了不朽功勋，同时也以其崇高的人格风范构筑了中国共产党和中华民族的道德丰碑。见贤思齐，学习老一代革命家的人格风范，对于新形势下广大党员干部加强党性修养具有重要意义。

一、坚定不移的理想信念

理想信念是共产党人的精神内核，是支撑共产党人坚定事业信心的动力源泉。老一代革命家以自己的光荣一生坚守理想信念，证明了信仰的力量。

20世纪初的中国，列强压迫、军阀混战，民族危机、社会危机深重。苦闷彷徨中的中国人在各种"主义"中寻找信仰，共产主义成为老一代革命家共同的选择。

1936年，毛泽东在与美国记者埃德加·斯诺的数次谈话中提到，他一旦接受了马克思主义对历史的正确解释以后，对马克思主义的信仰就没有动摇过。周恩来在确立共产主义信仰之时说："我认的主义一定是不变了，并且很坚决地要为他宣传奔走"。

选择理想不易，坚守信念更难。在坚守信仰的征途上，不仅布满了荆棘，而且有可能付出鲜血和生命的代价。从1927年3月至1928年上半年，全国有31万余人牺牲在国民党反动派的屠刀之下，其中有26000余名共产党员，包括罗亦农、赵世炎、陈延年、陈乔年、李启汉、萧楚女、邓培、向警予、夏明翰、张太雷等革命家在内。这期间，有不少人退党，但有更多人入党。叶剑英等人就是这个时候加入党组织的。

在坚守信仰的征途上，不可避免地会遭遇信仰与个人利益的冲突，老一代革命家从国家民族命运出发，舍弃"小我"，实现"大我"。为了革命的胜利，毛泽东一家牺牲6位亲人，徐海东大将家族牺牲70多人，贺龙元帅的贺氏宗亲中有名有姓的烈士达2050人。

理想信念是精神之"钙"，具有神奇的力量。邓小平指出："为什么我们过去能在非常困难的情况下奋斗出来，战胜千难万险使革命胜利呢？就是因为我们有理想，有马克思主义信念，有共产主义信念。"反观一些党员领导干部之所以政治上变质、经济上贪婪、道德上堕落、生活上腐化，其深层次根源就在于理想信念的缺失与丧失。

二、敢于担当的使命意识

自古以来，中华民族就有敢于担当的优良传统。中国共产党人继承了这种传统，老一代革命家自觉担负起争取民族独立和人民解放、实现国家富强和人民幸福的历史使命。

在重大关头敢于承担重任。1945年抗战结束，蒋介石几次电邀毛泽东赴重庆谈判。党内一些同志担心毛泽东的安全，不同意他去，但毛泽东以国家和民族利益为重，义无反顾去了重庆。新中国成立后不久，当美国把朝鲜战争的战火烧到鸭绿江边的危急时刻，中共中央毅然作出"抗美援朝，保家卫国"的战略决策，彭德怀临危受命，出任中国人民志愿军总司令兼政治委员。

在重要问题上敢于建言献策。1948年初，针对当时土改中出现的"左"倾错误，时任西北局书记的习仲勋三次致信党中央和毛泽东，主张尽快纠正土改中的"左"倾错误，受到党中央和毛泽东的高度重视，在党史上被传为佳话。1948年，中央三次命令粟裕率部过长江，粟裕鉴于当时的形势，经慎重考虑，向中央进言延缓过长江，并亲赴城南庄面见毛泽东等中央领导。最后中央采纳了他的建议，调整战略部署，粟裕为淮海战役的胜利立下了"第一功"。

勇于承担历史责任。 1977年，邓小平再次复出时已是73岁高龄。他说，出来工作，可以有两种态度，一种是做官，一种是做点工作。"谁叫你当共产党人呢，既然当了，就不能够做官，不能够有私心杂念，不能够有别的选择，应该老老实实地履行党员的责任。"邓小平坚决纠正"文革"错误，大胆推进改革开放，成功开创了中国特色社会主义道路。

实现"两个一百年"奋斗目标，实现中华民族伟大复兴的中国梦，需要领导干部有直面矛盾的勇气，有敢于担当的精神。各级领导干部一定要发扬老一代革命家敢于担当的精神，切实担当起应有的政治责任。

三、严守纪律的大局观念

纪律严明是中国共产党的光荣传统和独特优势，老一代革命家都是严守纪律的模范。

对中央作出的决定或决议，要坚决遵守。 在长征途中，当时担任红四方面军负责人的张国焘无视党的纪律，背着中央搞分裂活动，险些断送党和红军。红军中的广大党员，包括红四方面军的绝大部分同志，都能抵制张国焘的错误。当张国焘逼迫朱德公开反对中央关于北上抗日的决议时，朱德坚定地回答："党中央北上抗日的方针是正确的。北上决议，我在政治局会议上是举过手的，我不能反对。"

对中央作出的决定或决议，即使存在问题或个人受到委屈仍要服从。 在井冈山、瑞金时期，由于"左"倾错误路线的指导，毛泽东多次受到不公正对待，但他每次都能做到服从组织决定。1932年10月在宁都会议上，毛泽东被剥夺红一方面军总政委的职务，他尊重集体决定，严格遵守党的纪律，坚决维护党的团结统一，表示"什么时候需要我回来，我就回来"。与此同时，他通过组织程序，进行耐心细致的工作，说服教育了一部分受"左"倾错误影响的同志。后来，遵义会议纠正了"左"倾军事路线，挽救了中国共产党和中国革命。

强调和健全党的各项纪律。 以毛泽东为首的党中央，始终高度重视党的纪律建设。1938年9月，党的六届六中全会专门制定了加强党的纪律的文件，重申了"四个服从"的组织纪律。毛泽东在会上强调指出："谁破坏了这些纪律，谁就破坏了党的统一。"在延安整风运动中，中央把反对宗派主义、加强党的纪律建设，作为整风的主要内容之一。1941年中央政治局通过的《关于增强党性的决定》，强调党在思想上、政治上、组织上的团结统一，批判了政治上的自由主义、组织上的山头主义、思想上的个人主义等错误倾向。

当前,面对世情国情党情的深刻变化,我们党比以往任何时候都更加需要严明政治纪律和政治规矩。必须维护党中央权威,在思想上政治上行动上同党中央保持高度一致;必须维护党的团结,团结一切忠诚于党的同志;必须遵循组织程序,重大问题必须请示汇报;必须服从组织决定,决不允许搞非组织活动。

四、廉洁奉公的公仆精神

廉洁奉公,是《中国共产党章程》规定的党员必须履行的义务,体现了中国共产党的宗旨、本色和风格。在这方面,老一代革命家时时事事以身作则,率先垂范。

正确对待名利。李大钊提倡"简易生活",许光达不受"镜匾",罗荣桓高风让贤,刘伯承坚持撤换"标语"等,都是正确对待名利的典范。他们摆正名利、地位与事业的关系,以平和之心对待"名",以淡泊之心对待"位",以知足之心对待"利",以敬畏之心对待"权",以精进之心对待"事",把自己的一切与国家的命运、党的事业、人民利益紧紧联系在一起,珍惜人民赋予的权力,努力为人民群众办好事、实事。

不收不当之礼。周恩来拒礼附《通知》,陶铸"不准请客,不准迎送,不准送礼",黄克诚"来者必拒"等,都反映了他们在此问题上的坚决态度和"拒礼"艺术。尽管这些都是小事,但小事中包含大道理,体现大风范,展示了共产党人面对不当之利时的崇高境界。

管好亲属和"身边人"。毛泽东从不利用手中的权力为家属亲友谋取私利。新中国成立后,有亲戚故旧以为毛泽东是国家主席了,求他安排工作,或给个一官半职,都被毛泽东婉言相劝予以拒绝。还有亲戚给他写信,反映生活困难,要求政府照顾,他从自己工资或稿费中拨款予以接济,还劝告对方不能以毛泽东的亲戚为由要求特殊。

严格要求干部廉政。从土地革命战争时期《井冈山反腐败训令》、《关于惩治贪污浪费行为》等法律法规的颁布,到新中国成立后不久严惩贪官刘青山、张子善,老一代革命家一刻也没有放松过对党员干部清正廉洁的要求。

一个人能否廉洁自律,克己奉公,最大的诱惑是自己,最大的障碍也是自己。党员领导干部只有做到严以修身、严以用权、严以律己,谋事要实、创业要实、做人要实,才能保持共产党人的政治本色,才会得到人民群众的衷心拥护。

五、高尚纯洁的道德情操

德才兼备、以德为先是我们党选任干部的标准。老一代革命家身上体现出的高尚纯洁的道德情操证明，有德才有得，有诚才有成；做官先做人，从政先立德。

慎独自省，自我解剖。 周恩来的座右铭是"活到老，学到老，改造到老"。邓小平说："自我评论，我不是完人，也犯过很多错误，不是不犯错误的人，但是我问心无愧，其中一点就是从来不搞小圈子。"

虚怀若谷，平等待人。 毛泽东和张澜、陈叔通、黄炎培、许德珩、沈钧儒、程潜等民主党派和无党派人士，以及同赛福鼎·艾则孜、班禅额尔德尼·确吉坚赞等民族宗教界人士真诚交往，留下许多佳话。周恩来真诚地同各界人士交往的事迹也广为传颂，如在同原国民党战犯座谈时，杜聿明等人都非常惭愧，周恩来却说怪自己当年在黄埔军校没有教育好他们；在同末代皇帝溥仪会见时，他真心实意地为溥仪家族解决实际困难；在与知识青年交谈时，周恩来十分关心青年一代的生活和成长。

坦荡无私，顾全大局。 刘少奇指出："我们无产阶级革命家忠诚纯洁，不能欺骗自己，不能欺骗人民，也不能欺骗古人。这是我们共产党员的一大特点，也是一大优点。""文革"结束后，面对一些人否定毛泽东的倾向，黄克诚态度鲜明地指出：虽然我自庐山会议以来一直蒙冤，但我们这代人对毛泽东的感情是超越一切个人恩怨的。"如何认识和评价毛主席，如何评价毛泽东思想，对我们党和国家来说，是一个根本的问题。"

注重加强党性修养。 1938年10月，毛泽东在党的六届六中全会上首次提出"我们党的马克思列宁主义的修养"的命题，随后，张闻天、陈云先后发表《论青年的修养》、《怎样做一个共产党员》，从不同角度论述了共产党员的修养问题。1939年7月，刘少奇作《论共产党员的修养》演讲，对加强共产党员修养问题作了全面系统的阐述。这一经典文献，成为党员党性教育的必读书籍。

老一代革命家的伟大人格和崇高风范，来自自身的修身和自省，更来自中国革命的锤炼，必将激励党员领导干部体悟崇高的力量，在为人民利益的奋斗之中，努力创造出无愧于先辈和时代的业绩。毛泽东指出："无数革命先烈为了人民的利益牺牲了他们的生命，使我们每个活着的人想起他们就心里难过，难道我们还有什么个人利益不能牺牲，还有什么错误不能抛弃吗？"老一代革命家以其杰出的人格风范，受到亿万人民群众的衷心爱戴，为广大共产党人树立了学习的榜样。正如习近平总书记指出的那样："共产党人拥有人格力量，才能无愧于自己的称号，才能赢得人民赞誉。"

（作者谢春涛现任中共中央党校（国家行政学院）副院长，原载《求是》2015年第15期）

八 信仰之火

薪火相传继信仰

李大钊故乡：进取精神薪火相传

在李大钊的故乡河北唐山乐亭县，他的思想和精神，已成为感召和激励故乡人民前进的不竭动力。

大钊故居、大钊纪念馆、大钊路、大钊班、大钊公园、大钊精神研究会……在乐亭，有一种浓浓的"大钊情结"。机关、学校、企业、农村阅览室，甚至普通居民家中的书架上，都可见关于李大钊生平事迹的书籍；乐亭大鼓、乐亭皮影的经典曲目中，深受人们欢迎的是根据大钊的故事改编而成的剧目。

李大钊纪念馆

"惟知跃进，惟知雄飞"，是李大钊青年时代写下的励志名言，表明了他不怕困难、不怕牺牲的革命精神，如今也成为大钊故乡人民在追求幸福富裕过程中不竭的精神动力。在李大钊出生地——大黑坨村，游客会被这里充满现代产业气息及其带来的富足安康所陶醉：刚刚从棚中采摘的时鲜果蔬一车车运往外地，给躬耕田亩的庄稼人带来滚滚财源；"大钊故里生态园"中踏青采摘的游人络绎不绝，乡村旅游业风头正劲。现代化的产业体系每年给村里带来3000多万元的经济效益，人均纯收入1万多元，是改革开放之初的100多倍。短短三十年由贫穷落后变为富庶一方，大黑坨人靠的是"惟知跃进，惟知雄飞"的进取精神。

"人类最高的欲求，是在时时创造新生活。"这是1919年李大钊在他的"新纪元"一文中的一句名言。今天，大钊故乡人民在追求幸福美满生活的进程中，每一天都是充满新意的。据介绍，乐亭县全县533个行政村，全部实现了通公路、通班车；绝大部分村庄完成了改水、改厕、闭路电视入户、沼气入厨，村民生活质量大幅提高；公共文化服务体系遍布城乡，全县所有街道居委会和行政村全部建起了文化活动室和室外文体活动场所；中小学布局调整全面完成，孩子们享受到了更高的教育教学水平，使得素以"雅书重文"著称的乐亭拥有更强大的教育资源优势，中高考成绩连续多年居唐山市前列；农村卫生院全部新建改建，农民在家门口就可以享受高质量的医疗服务，"新农合"参合率达到98.68%；"新农保"全面铺开，全县7万余名60岁以上的农村老人享受到了每月无偿领取养老金的待遇……

大钊精神的薪火相传，位于乐亭县的李大钊纪念馆和李大钊故居成为享誉大江南北的重点红色旅游景区。近5年来前往李大钊纪念馆和故居参观的游客以每年超过20%的速度递增，其中李大钊纪念馆自1997年开馆以来，已累计接待参观者超过800万人次。更为可喜的是，如今的大钊故里已成为了凝聚传播大钊思想和广大青少年接受理想道德教育的"红色圣地"：全国30余个社会科学研究机构和500多所大中小学以各种形式在李大钊纪念馆建立了研究中心和德育教育基地，每到大钊逝世日、五四青年节、七一建党节、国庆节的时候，大批来自全国各地的青少年和专家学者专程前来这里接受精神洗礼、道德熏陶，汇成一道壮丽的红色景观。　　（李俊义）

张太雷女儿忆父亲：尝个人离别之苦　换人民解放之福

翻译俄共著作　传播革命思想

我的父亲张太雷是中国共产党早期的重要领导人。一般人提到张太雷，大多只知道他领导了广州起义，事实上，我父亲在短暂的一生中，为中国共产党、共青团的创建和发展做出了许多重要而又鲜为人知的贡献。

父亲1898年出生在江苏常州。8岁时，祖父得急病不治身亡。年轻守寡的祖母靠在亲戚家帮佣，拉扯着儿女长大。父亲凭优异成绩免除学费，13岁考入常州府中学堂。在校期间，他和同学瞿秋白等人时常参加各类民主爱国活动。1915年，他考入北京大学法科预科，为了减轻家庭负担，1916年入读天津北洋大学。

1918年，父亲成为俄国汉学家、俄共党员鲍立维的翻译和助手，开始接触俄国十月革命的情况和共产主义思想。父亲协助鲍立维翻译了大量革命著作，与李大钊、陈独秀等人联系，传播十月革命和共产主义思想。1920年，共产国际代表维经斯基来华推动建党，就是通过鲍立维的介绍与李大钊、陈独秀建立联系，我父亲作为鲍立维的翻译和助手积极参与了其间的活动。1920年6月，父亲大学毕业，他抛弃可以"升官发财"的前程，连毕业证都不领就义无反顾地投身革命。

参加国际会议　亮相共运讲坛

1920年10月，李大钊创建中国共产党北京早期组织，父亲是其中重要成员。1921年2月，父亲作为中共早期组织第一次派出的代表，赴苏俄伊尔库茨克担任共产国际远东书记处中国科书记。

同年6月，父亲赴莫斯科，代表中国共产党出席共产国际第三次代表大会并发言。他的发言是中国共产党人在世界共产主义运动讲坛上的第一次"亮相"。会议期间，父亲和俞秀松一起挫败了冒名共产党的无政府主义者混入大会的企图，在中共一大尚未召开之时就维护、确立了中国共产党在国际共运中的正统地位。

父亲是中共党内最早理解、接受并坚决执行列宁关于"殖民地半殖民地国家进行民族民主革命建立民族统一战线理论"的人，也是第一次国共合作的最早推动者之一。1921年8月回国后，他受命先后担任共产国际代表马林和达林的翻译、助手并代表中共，分别陪同马林、达林多次与孙中山会晤长谈；

广州起义烈士陵园内的张太雷雕像

同时协助马林为统一中共党内的思想做了大量的工作，为筹备和推动第一次国共合作的最终形成，做出独特而重要的贡献。1922年9月，父亲与陈独秀、李大钊等中共党员，第一批以个人名义加入国民党。

我父亲还是共青团的主要创始人之一。1920年11月，父亲创建了天津社会主义青年团，首任书记，这是中国最早的青年团组织之一。1921年7月，父亲在莫斯科参加青年共产国际二大，被选为青共国际执委会委员。早期青年团组织内部思想混乱，组织上也很松散。中共中央委派刚刚回国的父亲整顿和恢复青年团。1922年5月，父亲起草了团纲和团章，在广州筹备召开中国社会主义青年团一大，并主持了大会开幕式，致开幕词，作关于团纲和团章草案的报告。1925年1月，父亲在社会主义青年团三大上当选团中央书记，将中国社会主义青年团更名为中国共产主义青年团。

1927年大革命失败，父亲受命担任中央临时政治局常委，参与筹备、组织召开八七会议。会上当选为中央临时政治局候补委员。会后，他担任中共南方局书记、广东省委书记，坚决执行八七会议精神，根据中共中央的决定组织领导了广州起义，不幸于起义第二天1927年12月12日英勇牺牲。

很多时候，我都在思考父亲的一生：出身贫寒的他，通过刻苦努力考上大学，接受了当时国内最好的高等教育，承载着家庭的希望，却连毕业证书都不领，就抛家舍业投奔革命，究竟是什么力量支撑着他？

也许父亲在家信中的话就是答案："我们现时不能不尝一点暂时离别的苦，去换那种幸福。"父亲的献身革命就是这离别的苦，他要换取的是中国人民真正的幸福。

母亲拼尽力气　完成父亲嘱托

我是父亲的第二个女儿，他牺牲那年我才五岁，对他的音容笑貌没有很清晰的印象。

1918年，祖母为父亲包办了一门婚事。他深爱并孝顺自己的母亲，回乡与我的母亲陆静华结婚，先后生下了我们姐弟三人。父亲从事的革命事业，母亲虽然了解不多，但充满了信任。

中国革命博物馆（现中国国家博物馆）珍藏着父亲第一次赴苏俄前夕写给母亲的信，是父亲写过的书信中唯一幸存的一封。信中有这样一段："你一定要进学堂，所费亦不算多……我想你学刺绣及图画一定是好的……这两样东西很有用处，你学好了，你很可以自立了。"父亲牺牲后，母亲依靠女红技艺，把这上有老下有小的五口之家支撑了下来。

女子要求学，求学才能自立。这是父亲对母亲的希冀，也成了母亲的信念。父亲牺牲后，母亲四处筹措学费，并找人说情，以"每学期考进前三名就免学费"为条件，先后将我们姐妹送进了学校。那个年代的常州，女子上学还未普及。街坊邻居问母亲："你们家困难得连吃饭都成问题，送儿子去读书就可以了，干嘛还让两个女孩子也去呢？"母亲微笑道："这是孩子的爹生前的愿望呢。"在母亲的坚持下，姐姐和我幸运地进入了武进县立女子师范学校（今常州师范附属小学），十三岁念完初中后，先后考进江苏省立苏州女子师范学校高中师范科（现为江苏省新苏师范学校）。

解放后，母亲曾对我说："我总算拼尽了我的气力，完成了他的愿望和托付了！"父亲的品格是通过母亲的言行一丝丝渗透进心里，转化成我一生的信念。

弟弟皖南被俘　狱中折磨致死

抗日战争爆发后，学校停课。我和同学们支持抗战，到国民党军医院看护伤兵，随战事发展，不少同学跟随医院撤退到大后方。我也想去，遭到母亲的坚决反对："你父亲是共产党，你要参军，只能参加共产党的队伍。"那是我母亲第一次明确告诉我们关于父亲的情况。

1938年，刚满16岁的我告别了家人，只身一人穿越沦陷区，前往上海寻找中共地下党。当时新四军刚刚组建急需干部，上海地下党安排我与一批党员和进步青年到新四军去。8月初，我们一行混在遣返回乡的900多人的难民团里，进入皖南。9月23日，我到达了新四军军部安徽泾县云岭村。1939年3月6日，我有幸见到了来云岭视察工作的周恩来副主席。"你叫什么名字呀？"周副主席亲切地问我。我说："我叫张西蕾。"他回头向身旁的同志说："她的模样还真像她的父亲。"那一刻，我有一种见到父亲般的喜悦和感动。

云岭视察后大约过了一年，我和弟弟张一阳相遇了。原来，陈毅司令员遵照周恩来副主席的指示，派了一名叫刘思猛的交通员到常州接我们全家去延安。但因祖母卧病在床，母亲婉言谢绝了组织的好意。谁知弟弟对敌占区的生活深恶痛绝，居然第二天悄悄跟随刘思猛去参加新四军。母亲跑回家匆匆收拾了几件衣服，回来时船已离岸。母亲使劲把衣服扔到了船上，喊了一句"当心身体，听二姐的话……"眼泪便止不住往下淌。弟弟面对母亲跪下，磕了一个头，向母亲告别。

弟弟到新四军后，由于表现好入了党。1940年年底，按中央部署，新四军军部陆续撤向苏北。我随非战斗部队先行撤离，向组织请示，让体弱的弟弟和我一起走。弟弟却说："我是一名共产党员，不能因为是张太雷的儿子就搞特殊化。"我看他十分坚决，只好同意，万没想到，这竟是我们的永别。

1941年1月，弟弟在皖南事变中不幸被俘，关进上饶集中营。国民党特务从叛徒嘴里得知张一阳是张太雷的儿子，软硬兼施劝降。后来弟弟不幸染上"回归热"，特务拿着特效药，逼迫他在自首书上签字才给治疗。弟弟拒绝了。敌人劝降不成，不仅不给治疗，还不给饭吃，不给水喝。弟弟在病饿交加中走向生命的终点。在弥留之际，他咬下两枚指甲，取下我送给他的钢笔的笔尖，郑重地托付难友转交给我。

看见他的遗物，我心如刀绞。他的遗体是如何下葬的，葬在何处，谁都不知道，连他是哪月哪日牺牲的，也没人能说得清楚，只知道是1941年秋，那时他不满18岁。而母亲直到解放后才得知弟弟牺牲的消息。

父亲精神遗产　女儿受用一生

解放后，为了建设社会主义，党中央决定抽调一批在职干部进大学培养。我报名参加。那一年我35岁，担任化工部设计院的党委副书记。有朋友不理解，可我是一个有心气的人，不甘心当不懂业务的"外行"。

我珍惜这来之不易的学习机会，后来插班进了北京化工学院高分子专业学习。那段时间，我的五个孩子都在上学。每逢学期末，大家都会把成绩单拿出来比一比。我家的桌子上有六份成绩单，其中一份就是我的，成绩照样不落人后。我相信这对孩子们也是一种激励。

毕业后，我担任化工部合成纤维研究所所长兼党委书记。大学学到的知识使我能很快进入"角色"。"文革"后期，组织上让我带队把合成纤维所迁到湖南，参加总后勤部一项重大工程建设。我愈发感觉到五年的大学没有白读，知识使我能为国家和人民多作贡献，我备感自豪。回顾我一生的经历，我的收获是，每逢面临重要的选择，我都迎难而上，把握自己的命运。这种性格，何尝不是来自父亲的精神馈赠呢！

（张西蕾　徐婉青）

林祥谦后人："三有"家训代代传

"有信仰，扬正气；有纪律，克随性；有爱心，乐助人"。这是二七大罢工中牺牲的工人运动领袖、共产党员林祥谦的后人将无限感伤的追忆凝聚成的一则"三有"家训。这则简单易懂的家训，既蕴涵着革命先辈的高风亮节，教育了后代，也给芸芸众生以启迪。

今年55岁的林耀武是林祥谦的大孙子，现任南昌铁路局福州车辆段工会主席。到林耀武为止，这一家已经是连续四代奉献铁路事业，他日前向记者回忆说，有关爷爷林祥谦的故事，他和弟弟、妹妹从小就在奶奶怀里听过多次。1923年2月7日，在武汉参与领导京汉铁路工人大罢工的林祥谦不幸被捕，凶暴的敌人逼迫林祥谦下令工人赶快复工，遭到林祥谦义正词严地拒绝后，刽子手挥舞屠刀杀害了他。

"奶奶说,她永远忘不了那个雪花纷飞的寒夜,她目睹刽子手的屠刀一刀刀地向爷爷身上砍去,爷爷的鲜血洒了一地。最后,爷爷毅然决然地献身革命,他坚信,只有共产党才能救中国,而实现这个救国梦,需要一大批革命先行者为之抛头颅、洒热血。"

林耀武说,"爷爷就义的壮举告诉了我们,人活着一定要有信仰。每一个时代、每一代人都应该有坚定的信仰,它是一盏指引道路的航灯,一种催人奋进的动力,一股惩恶扬善的正气。没有了信仰的人,就会成为一个没有精神的人。"

"爷爷很有爱心,乐于助人,在武汉江岸铁路工厂当工人时,家里生活虽不宽裕,他却多次送钱、送粮救济穷困和生病的工友。"林耀武也以此教育后代,革命先烈一言一行蕴涵的精神光辉在建设和谐社会的当代仍然是个"宝",只要人人有爱心,为人助人,就会处处有和谐。 (来建强)

侄子追忆陈延年:甘做革命"苦行僧" 舍生取义谱颂歌

陈独秀的长子陈延年,在党内有"小列宁"之称。1927年7月4日,年仅29岁的陈延年在上海慷慨就义,谱写了一首革命英雄主义的颂歌。陈独秀孙女陈长璞追忆往昔感慨万千:"我的伯父陈延年、陈乔年都为革命献出了年轻的生命,但他们留下的精神财富,却如明灯一样照亮我们前行的路。"

年少立志,为改造旧社会而奋斗

现在安徽安庆市文广新局工作的陈长璞是陈独秀三子陈松年的小女儿。年近花甲的她快言快语,为人直率,颇有祖风。

陈长璞告诉记者,她的伯父陈延年1898年出生在安徽安庆的陈家大院,自幼聪明,博览群书,视野开阔,与小他4岁的胞弟陈乔年感情甚深。后两兄弟双双考取了复旦大学。陈独秀对包括延年、乔年在内的子女要求甚严,以培养他们的自立能力。故求学期间,兄弟二人一直勤工俭学。受陈独秀早期传播的马克思主义思想影响,他们少年时就有改造社会的理想和抱负。

1922年6月,陈延年在旅法中国少年共产党旅欧支部的第一次代表大会上,和周恩来、赵世炎等人当选为委员。之后,两兄弟又在后来的越共书记胡志明介绍下,加入法国共产党。

1924年,陈延年回国后即被派往广东,先以社会主义青年团中央驻粤特派员身份进行工作,后任两广区委秘书、组织部长兼宣传部长,协助时任两广区委书记的周恩来进行工作。在周恩来参与东征之后,陈延年接任两广区委书记一职。

忘我工作,做革命的"老黄牛"

陈延年工作夜以继日,就像一头不知疲倦的老黄牛,每天都要处理大量的事情。他不讲究吃穿,生活比一般党员、比很多工人都要清苦,但是对群众处处关心。陈长璞给记者讲述,当时,陈延年为组织建立人力车工会,经常深入到一些人力车夫家中进行访问,他自己都学会了拉人力车。遇到一些老车夫拉活儿,他会主动上前帮忙,赚钱后自己分文不取。

通过父辈们的讲述,陈长璞了解到,伯父陈延年脸上有青春痘,衣着很简朴。她给记者讲了一个关于陈延年"六不"原则的故事。

陈延年从海外留学回国初期,曾同周恩来等人住在一起。他的卧室太俭朴了,只有一套床板、一张席子、一条毛毯和一条被子。床头总是摆着一个黄色的皮包,这个皮包就是"枕头"。陈延年还为自己规定了"不闲游、不看戏、不照相、不下馆子、不讲衣着、不作私交"这"六不"原则。

陈延年塑像

当国民党右派反共意图十分明显时,以陈独秀为首的党中央却一味回避矛盾,采取了妥协退让政策。陈延年对这种右倾主义的做法表示不满,并表示尽管陈独秀和自己是父子关系,但他坚决反对妥协退让的右倾主义错误。

慷慨赴义,革命者必须站着死

四一二反革命政变后,全国形势风云突变,革命陷于血腥与恐怖之中。在极为严重的白色恐怖笼罩下的上海,陈延年面临着危险,坚持斗争,并试图与赵世炎一起恢复和重建党的组织。1927年6月16日,因一名交通员被捕,陈延年暴露了。26日,陈延年遭国民党军警逮捕。敌人为了得到上海中共党组织的秘密,对陈延年用尽酷刑,将他折磨得体无完肤。但陈延年严守党的机密,毫不妥协。

1927年7月4日夜，国民党反动军警将陈延年押赴刑场。面对敌人带着鲜血的屠刀，这位革命者毫不畏惧。敌人喝令他跪下，他一点也不理会。于是，几个刽子手强行把他按下去。但刽子手们的手刚一松，这位革命者便再次傲然挺立。无奈，刽子手一拥而上乱刀将他杀害并分尸，投入黄浦江中。在陈延年死后一年，他的二弟陈乔年也在同一地点被杀害。

精神长存，高贵品质激励后人

陈长璞向记者介绍说，陈延年一生未婚。他在广州工作时，有一些同志关心他的个人问题，而陈延年却总是推托说："工作忙，没有时间考虑这些。"

陈乔年有一子，但幼年夭折。

陈长璞经常对两位伯父的遭遇欷歔不已，但同时也为他们为社会主义新中国成立所作出的贡献感到由衷的骄傲与自豪。

陈延年的三弟陈松年，即是陈长璞的父亲。据陈长璞介绍，新中国成立前后陈松年家处境一直很艰难，几乎到了衣食无着的地步。1953年，上级领导得知陈松年的处境后，帮他安排进了当地一家工厂当了统计员，在生活上也给予了一定照顾。

十一届三中全会以后，陈松年成为安庆市文史馆馆员，后为安徽省文史馆馆员，上世纪90年代初病逝于合肥。

在经历半个多世纪的风风雨雨后，陈长璞现在过上了一种平静的生活。沐浴着新时代春风，她常怀念起自己的伯父。她说："伯父们舍小家为大家的精神，经常鼓舞着我，鼓舞着我们陈家的子孙。"

（王圣志）

彭湃孙女："祖父那一代的革命理想是如此神圣而动人"

"祖父才华横溢，是一个有情有义，为理想无私奉献一切的人。"彭湃的孙女彭伊娜谈到祖父时说。

彭伊娜并没有见过祖父。1928年，在彭伊娜的父亲、彭湃的三儿子彭洪2岁时，彭湃就被反动派杀害。"文化大革命"结束后，彭伊娜从各种党史文献资料中了解到祖父那一代中华精英，精神庄严、崇高，他们为中华民族的复兴、中国人民的幸福、中国社会的文明进步而出生入死、无私奉献的革命理想是如此神圣而动人。

"那时候他生活优裕,又精于诗词书画,还十分诗意浪漫。"彭伊娜说,在日本留学时,彭湃与在家乡的妻子约定,中秋节一起隔洋远望圆月升起。

就是这样一个出身大地主家庭的年轻人,留学归来,义无反顾地投身革命。他烧毁了自己继承的田契,宣布要为农民争取权益;他脱下洋装,走入田间地头,与农民共患难;他开办农讲所,建立苏维埃政权。他为理想从容赴死之时,还不忘将上衣脱下送给难友。

彭伊娜说,当时彭家虽然富有,但彭湃目睹了国家贫穷落后,民族积弱被欺,农民处于被剥削被压迫的底层,生活十分困苦。他几经寻求选定马克思主义,立志变革中国社会。彭伊娜说:"革命的理想犹如一种强大的磁场,深深地吸引了一个时代的一批人为之奋斗、奉献。"

那个时代,无数共产党人为了理想献出自己的生命。而现代人又该将精神寄托何处呢?

现任广东省政协委员的彭伊娜,履职十分认真。她经常关注各种社会问题,还通过微博收集广大网友的建言,和网友交流。她怀着极大的热情,建言广东精心构建和打造富有特色的红色旅游。

彭伊娜曾经在上班途中看到一名盲人行走在被障碍物遮挡的盲道上。"当时感觉很心痛。"她一边向相关部门反映情况,提出改进和维护无障碍设施的建议;一边在微博上呼吁大家一起解决这个问题。

从事农运时的彭湃

如今,彭伊娜在微博上拥有超过了8000名粉丝,彭伊娜每天坚持在微博上征求网友的意见,发表自己的观点引发关注和讨论。"政协委员不仅要关注大政方针,更要注重民众的一点一滴。急民众之所急,也是祖父当年的行为准则。"彭伊娜说。

彭伊娜说:"无数共产党人为理想前赴后继、无私奉献、敢为人先,他们的精神是留给后人最宝贵的财富。"

(王浩明)

冯平精神激励后人："革命不怕死，怕死不革命"

"革命不怕死，怕死不革命，杀了一个冯平，还有千万个冯平！革命是杀不绝的，共产主义一定会实现！"1928年，年仅29岁的琼崖工农革命军司令、共产党员冯平在就义前向世人宣扬了他的信念。他为革命矢志不渝和不怕牺牲的革命精神一直激励着后人不断奋斗。

回忆起自己的伯父，今年81岁的老人冯子平显得十分激动。他告诉记者说，虽然冯平牺牲时，他还没有出生，但冯平的英雄事迹已经深深烙在他的心里。

"伯父的牺牲对我影响很大。我一定要继承伯父的遗志，继续革命。"冯子平说，在伯父的影响下，他18岁从泰国回到海南参加革命。为了纪念伯父，他还专门把自己原来的名字"冯裕深"改为了"冯子平"。

小学生向冯平、符节烈士纪念碑献花

冯子平说，1927年，冯平作为中共琼崖特委委员兼军事部部长、琼崖讨逆革命军总司令，参加领导了全琼武装总暴动，创立工农革命武装，后又担任中共琼崖特委军委主任兼琼崖工农革命军司令、琼崖工农革命军西路军总指挥，发展革命力量，开展武装斗争。1928年5月，冯平因叛徒出卖被捕，当年7月在澄迈县金江镇英勇就义。

从1927年全琼武装总暴动起，琼崖人民革命武装在共产党的领导下，克服重重艰难险阻，历经土地革命战争、抗日战争和解放战争三个时期艰苦卓绝的斗争，最后接应、配合中国人民解放军野战军渡海登陆作战，于1950年5月1日解放海南岛，创造了"二十三年红旗不倒"的奇迹。冯子平说，这与冯平等一大批琼崖革命英雄英勇献身精神的激励是分不开的。

为将伯父的革命精神广泛传播，冯子平从1949年成为一名记者起，就开始采访与冯平有关的人和事。他走访了当年冯平走过的地方，采访了当年和冯平接触过的人，不断地积累素材，终于在1991年出版了凝聚自己多年心血的书——《冯平传》。在采访过程中，他感触很深的是，在冯平牺牲的地方，所有老百姓都能熟练地背出冯平那段慷慨激昂的话："革命不怕死，怕死不革命，杀了一个冯平，还有千万个冯平！革命是杀不绝的，共产主义一定会实现！"

"冯家以伯父为革命牺牲为荣，"冯子平说，"我一直用伯父的光荣事迹来教育我的子女和孙子们，用伯父那种坚定的革命精神和意志来鞭策他们。"

冯子平说，冯平的革命精神是留给海南人民最宝贵的精神财富。让他感到十分欣慰的是，冯平的家乡文昌建立了一座冯平同志纪念馆，纪念馆搜集了大量和冯平生前有关的照片、书籍和资料，现在已经成为海南省爱国主义教育基地和青少年革命传统教育基地。

（周慧敏）

追思夏明翰：一门五英烈，代代"主义真"

惊蛰过后，湖南省衡阳县洪市镇礼梓村春意盎然，田野已成为油菜花的海洋。花海一隅，静静坐落着革命先驱夏明翰的故居。"砍头不要紧，只要主义真。杀了夏明翰，还有后来人"广为传颂，每年都有不少游客前来这一爱国主义教育基地参观。

故居的工作人员介绍："了解到这座不起眼的老房子，竟先后诞生了五位革命烈士，这让许多参观者感到震惊。"如今，夏家的后人继承了祖辈的精神遗产，或在农村，或在城市，勤恳做事，谦虚做人，坚守着对中国共产党的信仰，对共产主义理想的信仰。

衡阳县文物局局长李桂芝介绍，从1919年在衡阳组织罢课配合五四运动，到后来在湖南组织开展工人、农民运动、武装斗争，夏明翰始终走在队伍前列，发动家人参与革命。1927年，大革命失败后，夏明翰参与发动秋收起义，经组织同意，派弟弟夏明霹到衡阳，弟弟夏明震到郴州，妹妹夏明衡到衡山，组织武装起义。

1928年初，夏明翰被党调到湖北工作，后被叛徒出卖遭敌人逮捕。同年3月20日，在汉口余记里刑场慷慨就义，年仅28岁。临刑前大义凛然写下了"砍头不要紧，只要主义真。杀了夏明翰，还有后来人"。

夏明翰故居

就在夏明翰牺牲后的第二天，领导了湘南起义的夏明震在郴州反革命暴乱中英勇牺牲，年仅21岁。

在夏明翰、夏明震牺牲前一个月，衡阳游击斗争领导人夏明霹被反革命武装逮捕，英勇牺牲，时年不足20岁。

1928年6月，作为湘南妇女运动领袖的夏明衡遭遇反革命武装的搜捕，从容就义，年仅26岁。

"杀了夏明翰，还有后来人"，夏明翰的亲外甥邬依庄继承了先辈遗志。1930年参加红军，在红军某部任指导员，在执行任务中牺牲，年仅19岁。

"一门五烈士"，夏家的后人为之自豪，也以此自勉。夏忠荣的爷爷和夏明翰是堂兄弟。夏忠荣回忆道，家里长辈常常教导后辈，"明翰他们都是为穷人办好事牺牲的，夏家的后人要听共产党的话，要为建设共产主义社会奋斗。"

如今，夏家的后人生活在大江南北，有的在礼梓村做农民，守护着夏明翰故居；有的在城市做建筑工人，辛勤工作付出汗水；有的在政府机关，兢兢业业为人民服务。

夏明翰的直系后代只有女儿夏芸，夏芸今年已经85岁，她一生严格要求自己，13岁就学会做所有的家务活，后来一直都是在矿产类企业做普通职员，现有三子一女，有在政府机关工作的，有在企业工作的。

夏芸的次子张小谦告诉记者，母亲要求所有子女勤恳做事，谦虚做人。他很小就从外祖母和母亲口里知道了外祖父的事情，一直以先烈后代而自豪，"外祖父他们当年为了推动历史车轮前进付出了生命，我们必须严格要求自己，努力做共产主义事业的接班人。"

（周　楠）

杨开慧后人：身为"骄杨"之后，不做俗人之举

"'砍头只像风吹过！死，只能吓胆小鬼，吓不住共产党人！'年仅29岁的共产党人杨开慧面对穷凶极恶的国民党长沙警备司令部'铲共队'的种种威逼利诱、严刑拷打，她坚贞不屈，大义凛然。"在杨开慧纪念馆，讲解员罗莎向游客讲述着杨开慧英勇就义的场景，不少游客眼眶中噙满泪水。

杨开慧纪念馆位于长沙今开慧乡板仓镇，这里也是杨开慧的家乡。这个宁静的小镇，因为有杨开慧故居、陵墓的存在，每年都会迎来几十万的游客瞻仰、游玩。杨开慧不仅因为是革命的英勇烈士、毛泽东的忠贞的妻子而深受中国人民的敬仰，也因身为"忠烈为民的好学生、忠义教子的好母亲"而备受当地居民的颂扬。

在板仓镇，杨开慧的事迹无人不知，当地人民谈起来都如数家珍：杨开慧的父母出生于诗书世家，没有重男轻女的思想，在杨开慧4岁时即对她进行启蒙教育。杨开慧从外表看来文静、贤惠，却是一位思想非常解放的女性。她7岁发蒙上学，当时板仓冲乡下还没有女孩上学，杨开慧开了风气之先。她还动员不识字的母亲也进学校学习，母女同校一度传为佳话。在湘福女中，她是唯一剪短发的学生，倡导大家冲破封建礼教的束缚。之后，19岁的杨开慧为了进一步求学，还进入男校读书，

开创了长沙男女同校的先例……

61岁的章庭杰是杨开慧儿媳邵华的秘书,在为邵华工作的多年时间里,他也了解到不少和杨开慧有关的事迹。"她虽出生在进步书香世家,却非常同情下层生活的同胞。不管是她身处富裕家境、还是后期生活贫困时,她都时常关爱周围劳苦的百姓,给别人送去生活必需品,而她自己可能已经是穷到连买纸给毛泽东写信的钱都没有了。"章庭杰说。

杨开慧纪念馆

杨开慧与毛泽东婚后生育了三个儿子,在东奔西走的革命生涯中,她尽力担负起了抚育孩子的重担,使他们生活在温暖的母爱中。但不能追随毛泽东参加革命,也让杨开慧经受了巨大的折磨。"小孩,可怜的小孩,又把我拖住了。""我的心挑了一个重担,一头是他,一头是小孩,谁都丢不开。"坚守板仓的3年,正值国共破裂的"白色恐怖"时期,杨开慧藏在卧室泥砖墙缝里的手稿,记录了这个坚强母亲面临的挣扎,也记载着她对毛泽东、对革命的无尽牵挂。这些手稿,是杨开慧纪念馆最珍贵的"馆宝"。

"在手稿里,杨开慧记述了当年自己好像已经看到了死神,而她却并不惧怕。"章庭杰说,"她已经做好了为革命牺牲的充分准备,因此最后面对敌人的生死相逼,哪怕是要她与最爱的亲人们诀别,她也毫不动摇地选择走上了死亡之路。"1930年,杨开慧被捕入狱,面对敌人的严刑拷打和与"毛泽东离婚"的威逼利诱,她大义凛然:"你们要打就打,要杀就杀,要想从我的口里得到你们满意的东西,妄想!""要我与毛泽东脱离关系,除非海枯石烂!"于是,为了革命的成功,杨开慧倒在了刑场上,成为毛家牺牲的第一位亲人,也被毛泽东喻为"骄杨"。

现在,杨开慧的堂侄孙杨自强仍然住在板仓镇,63岁的他有着一儿一女,靠着耕地、做木工辛勤过日子,家境不富裕但也幸福和睦。"没事了总会到杨开慧故居、纪念馆来看看,看看我的家人,也缅怀我们国家的骄傲。"杨自强说,"杨开慧在狱中曾留有遗言,'我死后,希望家里人不做俗人之举',我经常用这句话教育我的孩子,我们是杨开慧的后人,我们要时刻谨记自己的使命。"　　（谢樱　帅才）

杨殷长女:"父亲始终是我的人生的榜样"

省港大罢工组织者和领导者之一杨殷在上海龙华英勇就义前,年仅37岁的他笑曰:"朝闻道,夕死可矣!"……回忆起父亲的英雄事迹,杨殷的长女、今年99岁的杨爱兰仍心潮澎湃,她说:"父亲始终是我的人生的榜样。"

阳春三月,明媚的春色温暖着广东省中山市南朗镇翠亨村。在村子的西北,有一幢始建于清代咸丰年间的旧宅。门口墙上写有"杨殷烈士故居"六字的此宅,与孙中山故居直线距离不到百米。透过此屋中陈列的图片等资料,记者能清晰地看到他的英姿：19岁在广州加入同盟会,6年后成为孙中山卫队副官,1922年秋加入中国共产党,在广东从事工人运动,参与领导省港工人大罢工、广州起义。36岁在党的第六次代表大会上被选为中共中央委员、政治局候补委员、中央常委兼党中央军事部长,成为我党早期情报和保卫工作的领导人之一。

翠亨村的老人告诉记者,幼时在澳门学过少林拳的杨殷有勇有谋。22岁时以炸弹重创暗杀宋教仁的上海镇守使郑汝成；35岁时,在广州起义一线指挥战斗,曾率领敢死队攻下敌人当时的重要据点广州市公安局。此后,他还与彭湃一起在粤东展开了游击战和土地革命运动。

"翠亨人杰地灵。虽然当时只有70多户人家,但'翠亨四杰'名扬四海：革命先行者孙中山,为共和革命牺牲的第一人陆皓东,变卖祖业资助孙中山宣传革命的杨鹤龄,立志为救国救民而献身的杨心如。杨殷是杨鹤龄的堂侄,在充满革命气息的氛围中,他迅速完成了从孙中山的卫士到中共早期领导人的升华。"孙中山故居纪念馆馆长萧润君说。

在杨殷故居的左边耳房内,陈列着一封他在1928年写给长女杨爱兰的信:"除读书外,各事不必沾染,打牌、闲游、看戏等,尤万不可做……穿衣尤须朴实,与人来往要谨慎。"谆谆教诲,跃然纸上。

"谨遵父训的她,日子过得很平凡,甚至很坎坷。53年前,其夫病故,她只能靠在广州的一家民政小厂做雨衣、贴胶条等来养育8个子女。生活过得艰苦,从未叫苦叫累的她,不是以烈士后代为由要求组织照顾,而是在年逾花甲之时仍只身到了香港打工。在一家针织厂一干就是18年,因为那时的她太需要钱拉扯儿女长大,并尽可能让他们接受好的教育。功夫不负有心人,其子女有的成为中学老师,有的成为医学教授,分布在广州、武汉、新疆、香港、加拿大等地。"孙中山研究所研究室主任黄键敏说。

杨殷烈士故居

19年前,79岁的杨爱兰回到了广州,用省吃俭用的钱购买了一套一室一厅的房子。有关部门见到此房太简陋,地理位置又不好,便想为她置换一套好一点的房子,但她拒绝了。相反,她在筹划一件大事:要把占地几百平方米的祖屋——杨殷故居和位于翠亨村的其他房产一并捐赠给中山市政府。她在5年前举行的捐赠仪式上说:"我希望后人能通过在这里了解今天的美好生活来之不易……"

作为烈士后代,杨爱兰总有一种追求没有忘——年逾九十,她仍然坚决地提出要加入中国共产党。她说,她要像父亲一样为党的事业鞠躬尽瘁。"弟弟民浩已在境外病故了,父亲就只有我这一个女儿了。我要追随他的思想,继承他的遗志,将爱国爱党精神延续下去!"2008年7月1日,时年95岁的杨爱兰如愿成为一名共产党的正式党员。

入党后,她更是按照党员的标准严格要求自己,尽力发挥余热,给青少年做爱国主义教育报告,为社区建言献策,帮助困难群众,汶川地震发生后,她从微薄的生活补贴中拿出800元捐给灾区……"现在,杨殷烈士故居已成为广东省共产党员教育基地。我们将继续发挥这个基地的作用,甚至考虑在这个基地里常年播放以共产党人杨殷为主人公的电影故事片《义薄云天》。"孙中山故居纪念馆馆长萧润君说。

(魏　蒙)

苏兆征外孙女:"我们肩负着一份特殊的责任"

"苏兆征的奋斗历程深刻表明,共产党人干革命不是为了一己私利,这种精神一直教育和激励着我们,作为苏兆征的后人,我们觉得肩负着一份特殊的责任。"苏兆征的外孙女谭联娜在缅怀先辈时,平和而坚定地说。

作为我国早期工人运动和中国共产党革命的杰出领导人,苏兆征于1929年因病去世。当时,他的女儿苏丽娃、儿子苏河清都还年幼。随后,党组织将他的夫人和子女送往莫斯科。

谭联娜是苏丽娃的女儿,今年64岁,退休前在空军总医院工作。苏兆征去世后,他的家人受到了较好的照顾。苏河清在莫斯科学习了电影摄影,抗战胜利后回国,在晋察冀军区电影队任摄影师,新中国成立后在中央新闻纪录电影制片厂任摄影师,参加拍摄了《解放了的中国》、《敬爱的周恩来总理永垂不朽》、《1949年西柏坡会议》等有影响的纪录片。苏丽娃则在中国国际贸易促进委员会工作到退休。

苏河清于几年前去世,苏丽娃如今也已有90多岁的高龄。苏丽娃之子刘煜奋说:"去年俄罗斯大使馆在北京举行纪念卫国战争胜利65周年的庆祝活动,邀请苏丽娃参加,她去了以后很高兴。"

孙辈们对苏兆征的了解,是在学习书本、史料的过程中不断深化的。谭联娜说:"苏兆征去世较早,虽然经常听姥姥和母亲谈起他的一些事迹,但对他更深入的了解,我们也是通过研究史料,参加各种纪念活动,与一些党史研究专家交流获得的,才知道他在革命早期的重要贡献。"

在苏兆征的革命事迹中,令后辈们印象最深刻的是领导省港大罢工。1925年6月19日,在苏兆征、邓中夏等共产党人领导下,香港和广州举行了举世闻名的省港大罢工。苏兆征被工人们一致推举为罢工委员会委员长,兼财政委员会委员长。省港大罢工坚持了一年零四个月,在中国工人运动史上写下了光辉一页。

谭联娜说:"在当时的环境下,罢工能坚持这么长时间,非常不容易,充分体现了苏兆征等革命先辈的顽强毅力和高贵品质,这些精神在今天依然非常有价值。"

苏兆征故居

在苏兆征的后人看来,党从来没有忘记为革命献出生命的先烈们,党和国家的相关重大活动,以及关于苏兆征的各种纪念活动,都会邀请苏兆征的后人参加。位于广东省珠海市淇澳村的苏兆征故居,被列为广东省文物保护单位和珠海市爱国主义教育基地。谭联娜表示,各种纪念苏兆征的活动我们都尽量参加,一方面自己从中受教育,同时也想更好地把他的革命精神发扬光大。

谭联娜说:"我们一家人都是共产党员,大哥过去在海军做俄语翻译,哥哥刘煜奋退休前是中科院理论物理研究所研究员,我们都在自己的岗位上尽力为党和国家的需要而努力工作着。"

(孔 博)

恽代英后人：继承先辈精神，一切靠自己

"我和父亲一起生活只有一年多时间，两岁多的时候，父亲就英勇就义了。"恽代英唯一的儿子恽希仲说。

今年83岁的恽希仲曾经两次中风，现在出行都靠轮椅不太方便。但每年清明节，他都会雷打不动地带着家人到上海龙华烈士陵园，恽代英烈士墓就在那里。

"爸爸对我寄予了很大的希望，起名希仲，就是希望我能成为像管仲一样的人物。"谈及父亲恽代英，恽希仲言语间满是对父亲不尽的思念和崇敬。新中国成立后，恽希仲被国家送往苏联航空学院学习，后来作为技术骨干参与组建上海航天局，一直工作到1990年退休。

恽代英牺牲后，恽希仲基本上跟着叔叔恽子强生活，在上海念完了小学和初中。恽子强是恽

恽希仲老人在龙华烈士陵园恽代英烈士墓前接受采访

代英的四弟，上海中法大学著名的制药化学教授。在上海的白色恐怖中，叔叔极少对他讲父亲的事，甚至连父亲叫什么名字都不讲。1942年，恽希仲跟着叔叔一家到了苏北，第二年，十几岁的少年希仲和叔叔一起投奔延安。

正是到了延安后，恽希仲才逐渐知道一些父亲的具体情况。"他强调从实践中认识真理，他自己也正是在实践中不断修正思想。他看到不通过阶级斗争，不通过暴力革命推翻那个社会，要想解放中国人民是不可能的。"

恽希仲的后辈对恽代英的了解主要来自于家人讲述和看书、影像资料等。恽希仲的二女儿恽清说，看完系列电视文献片《永远的青年》后，她觉得虽然祖父离自己很遥远，但是也为自己有这样一位先人而感到自豪。

恽清说，自己和姐姐从小受父亲影响，知道一切要靠自己，不能躺在先辈的功劳簿上，不要把自己看得特殊，不要有优越感。祖父那代人为革命作出了贡献和牺

牲，他们的那种精神和信仰正是我们后人要学习和继承的。　　　　（廖君　汤玮）

邓恩铭后人："大伯不是资本，而是榜样！"

今年是邓恩铭诞辰110周年。贵州省荔波县玉屏镇向阳中路上，一株两百多岁的老榕树仍然树荫浓密。老榕树下是邓恩铭的故居，邓恩铭的侄子邓碧林闲时常回故居转转，"大伯去世时才30岁，虽没见过他的容貌。但大伯一直活在我们心里，他是我们邓家人世世代代的榜样。"邓碧林说。

邓恩铭故居

56岁的侄子邓碧林现任荔波县茂兰国家级自然保护区管理局林业派出所指导员，懂事后，他就以伯父为荣，"但我们并不把大伯作为一种资本，而是一个榜样，严格要求自己。"邓碧林说。

邓碧林凭着自己在工作上的努力，大大降低了荔波县的火灾发生率，曾获"林业部森林防火先进工作者"称号，并两次被贵州省公安厅记三等功。

邓碧林的哥哥邓碧飞，也在警察岗位上兢兢业业工作了20余年，几乎年年被评为先进，年近退休依然坚持值夜班，坚守在狱警岗位的第一线。邓碧飞说："我和弟弟都是共产党员。我们参加评优时，从不让单位注明自己是邓恩铭的侄子，而是靠自己脚踏实地的努力。"

如今，兄弟俩又用大伯的事迹教育下一代。"无论做什么，都不能给大伯抹黑，做一个正直的人，就是我们一家人的原则。"邓碧飞说。

而邓恩铭曾就读的荔泉书院已成为今天荔波人引以为豪的恩铭小学，宽敞明亮的教学楼被命名为"承志楼",每一名孩子入学时都会宣誓:"我正式成为一名恩铭小学学生,我将以此为终身的荣耀!"

老榕树下的邓恩铭故居则被列为贵州省爱国主义教育基地,每年都有众多游客慕名而来,瞻仰烈士遗迹,许多人在邓恩铭的汉白玉塑像前举起右手,庄严宣誓:我志愿加入中国共产党!

(王橙澄)

王尽美后人:革命家族的"红色基因"

有一种力量,能够超越生死。86年前,在山东潍坊农村养病的王尽美饱受肺病折磨,吐血不止,但他执意要回到斗争一线。他被乡亲们用门板抬上火车,最终这个高大英挺却骨瘦如柴的年轻共产党人,在他奋斗不息的青岛永远倒下。

有一种力量,能够跨越时空。13名中共一大代表中第一个与世长辞的王尽美,蕴藏在他血液中的红色基因,铭刻在一代一代后人身上。王尽美的儿子、孙子、曾孙三代人都先后加入了他当年参与创建的中国共产党,无论时光流逝,无论沧海桑田。

有一种力量,能够铸造信念。先烈的辉煌与苦难,奋斗与牺牲,已经凝成这个家族最宝贵的精神财富,理想信念,薪火相传,生生不息。

"我们是王尽美的后人",这是光荣,也是动力;"永远跟党走",这是信念,也是行动。

苍颜白发的儿子与永远25岁的父亲

上海5月,满城新绿。在康平路一套陈设简陋的公寓房里,悬挂着一幅黑白照片,年代久远,并不清晰,但照片中那位英气勃勃的青年,目光深邃,似乎能穿透历史。他就是王尽美。

每天,89岁的王杰老人都会凝视这张照片,嘴角嗫嚅,似乎与父亲进行跨越时空的对话。1925年8月,王尽美的遗体从青岛运回老家莒县大北杏村,王杰和哥哥王乃征在奶奶带领下,与母亲一起跪在村里渡口前等着。那时,王杰只有3岁。

"父亲病逝时,我太小,对他没有什么记忆。"王杰说。父亲的形象是在后来一点一点丰满与伟岸的。

1921年7月23日,王尽美来上海参加中共一大会议,时年23岁。会后,这位原名王瑞俊的佃户子弟，认定解放全人类的共产主义理想是无产阶级"尽善尽美"的社会理想，因此改名"王尽美"，成为职业革命家。

他太忙了，很少回家。王杰小名叫"来信"——他出生时，家里接到王尽美一封来信报平安。这个穷苦而安静的农家，一门妇孺，并不知道王尽美投入了何等波澜壮阔的革命洪流。

1925年6月，王尽美突然回来了，他积劳成疾，身染肺病，组织安排他回乡静养。在家里待了一个多月，病情没有好转，他执意要回青岛——死，也不能离开自己的工作岗位。在青岛，他大口吐血，一天天消瘦下去，同志们去看望他，潸然泪下。但他不谈自己病情，临终之际，留下遗嘱："希望全体同志好好工作，为无产阶级及全人类的解放和为共产主义的彻底实现而奋斗到底。"当年8月19日，这位中共山东党组织最早的组织者和领导者溘然长逝，年仅27岁。

王杰一直到自己入党的时候，才知道父亲是中国共产党的创建者之一。

那是抗战最艰苦的一段时间，日军疯狂扫荡。县委干部问王杰："我介绍你入党，你同意吗？"时至今天，王杰还记得当时的兴奋，他答道："我巴不得，早就想入党了。"那时入党手续简单，介绍人说："好，你现在就是共产党员了！"他还告诉王杰："你父亲也是党员。"那一年，王杰15岁。

在战友的描述中，王杰渐渐知道父亲是一个什么样的人，但一直到新中国成立后，才第一次看到父亲的模样。

"这张照片是父亲1923年3月在北京一个照相馆拍的，也是他留下来的唯一一张照片。"王杰说。

照片保存下来非常不容易。王尽美母亲在家里泥墙上挖了个洞，把儿子的照片用布包上藏好，外面再糊上一层泥。解放后，山东省委到大北杏村收集王尽美的遗物，最后在一堵泥墙中扒出了这张照片。照片已经发黄，王乃征、王杰凝视着25岁的、早已远离他们的父亲时，手颤抖得拿不稳照片。

这张照片原件如今存放在中国革命历史博物馆。它同时被无数次翻制，遍及全国。

上海兴业路的中共一大会址纪念馆二楼，一组栩栩如生的蜡像重现了当年建党会议场景。王尽美身着长衫，与挚友邓恩铭坐在墙边倾听。这组蜡像落成时，王杰带着家人来了。苍颜白发的儿子依偎在永远25岁的父亲身旁。站在一旁的纪念馆馆长倪兴祥热泪盈眶。

儿子的误解与母亲的心结

在苦难中磨砺而出的对党的忠诚，是王尽美家族显著的"遗传"。

王杰长子王明华有着与祖父、父亲一样的大耳朵，上面却布满了冻疮溃烂后留下的黑色皮茧。为何留下这些印记？有一年冬天鬼子进村，他跟外婆逃难。外婆实在跑不动了，情急之下，就把王明华埋在沟里深雪中，她自己则在雪堆里滚了一圈，一动不动趴在地上。"我当时冻僵了也不敢哭，就看到鬼子从远处走过……等外婆把我从雪里挖出来，我的脸、鼻子、耳朵都冻烂了，留下了后遗症。"王明华回忆说。

王明华生于1941年。那时，山河破碎，烽火连天，父母都在武装抵抗日寇，他与妹妹寄养在外公家。条件差，妹妹病重，奄奄一息时，母亲来了，"母亲当时就看着孩子，什么也没说。我当时只有三四岁，只记得外婆一直骂我母亲，说'你哭两声也好啊'，可母亲很冷静，当天晚上妹妹没了以后母亲就走了……"

妹妹之死，让王明华一度对母亲抱有怨恨，认为她冷漠，不爱自己的孩子。长大后，王明华才理解了母亲："当时母亲得知妹妹快不行了，特地跟部队请了一天假。她必须马上归队，这是组织纪律，也是为集体安危着想。其实母亲一直对家人充满着愧疚。"

新中国成立之后，虽然又生了孩子，但她还是不断地回忆起那个夭折的女儿，突然间就泣不成声。

"文化大革命"时，她和丈夫一起被批斗，对红卫兵说："你们知道什么是真正的共产党员么？当共产党是要时刻准备杀头的，不是当官、有房子、赚大钱。"

父母，是孩子最好的老师。

1974年3月，王明华入党，他是"文化大革命"期间浙江大学仅有的两位没有预备期直接入党的教师之一。

作为中国一流的光电子学专家，今年70岁的王明华依然在教书育人。在小女儿王继梅眼里，父亲很"固执"，科研评审时，大家本来是一个圈子里的熟人，但他对托关系、开绿灯者总是黑下脸来，不怕得罪人，不合格就是不合格。

王明华这位共产党员有多大魅力？他的生日是8月20日，正值暑假，但每到这一天，会有一批批的学生过来，为他唱响生日祝福歌。

流逝的时光与不变的信仰

王尽美英年早逝，犹如一颗璀璨流星，虽然短暂，却在历史的天空划出一道耀眼绚丽的光芒。在他的后人心中，光芒不灭。

这位只活了27年的革命者，两个儿子都很长寿，长子王乃征离休前为吉林军区副司令员，两年前以91岁高龄去世；王杰离休前为上海市交通工作委员会党委副书记，年近九旬，还耳聪目明，声音洪亮。离休后，他又做业委会工作，忙前跑后。

居民夸他："不愧是王尽美的儿子！"

王尽美的后人——这个身份，让王家人始终深感光荣自豪，又深感责任重大。

"我要像父亲那样做一名真正的共产党员，无论何时何地都不能给父亲抹黑。"王杰如是说，他将王尽美的生平事迹材料赠给每个儿女一份，让他们珍藏、牢记。

"我总是告诉自己：我生长在这样的家庭，不能做对不起家庭的事情。"王杰的女儿王爱华如是说。1972年，她在部队医院入党。

"我们家庭一直都把入党作为很慎重的事情，党员不是一张证书、一种身份或者说就业的一块敲门砖，更重要的是要承担起沉甸甸的责任。"王明华的女儿王继梅如是说。递交入党申请书时，她没有提及家庭背景，因为"入党，要靠觉悟"。2001年，王继梅在杭州革命烈士纪念碑前宣誓入党。

……

很多年来，中共一大会址始终是王杰习惯带着一家人去的地方。在这里，能看见岁月悠悠，能体会信仰永恒。王爱华的儿子程祺已经递交了入党申请书。他希望自己有一天也能站在这里，对着红旗庄严举起右臂——隔壁的石库门房子里，有王尽美的青春与热血，梦想与奋斗。

信仰的力量，永不消亡。

（肖春飞　俞菀　罗争光）

陈潭秋长子忆父亲：对党忠诚，任劳任怨

"对党忠诚、办事沉稳，任劳任怨，屡屡受命于危难之时，这是老一辈党和国家领导人对父亲陈潭秋的评价。"陈潭秋的长子陈鹄说。

今年83岁的陈鹄，身体硬朗，思维敏捷，嗓音洪亮。作为一位年过八旬的老人，他仍然和普通的上班族一样，每天到中国国际咨询有限公司工作。

谈及父亲陈潭秋，陈鹄的言语满是对父亲不尽的思念和崇敬。他说，父亲无比忠诚于党的事业，屡屡受命于危难之时，毫无怨言。湖北省黄冈市陈潭秋纪念馆，一床特殊的毛毯珍藏着一段鲜为人知的记忆。1938年2月，陈潭秋从苏联回国之际，一位老布尔什维克赠送给他这床毛毯。1939年5月，他回到新疆领导抗日民族统一战线工作。1942年，新疆政局恶化，中央决定撤出一批人回延安，有人让陈潭秋第一批走。但他说："我是这里的领导人，只要还有一个同志没有撤离，我就决不能走！我先走就等于是战场上的逃兵。"

陈潭秋故居

老部下郑瑛离开时,陈潭秋将伴随他3年的毛毯送给了郑瑛,恳切地说:"我把这床苏联朋友送我的毛毯转送给你,一路上挡挡风,保保暖,祝你顺利到达延安。"然而这一分别竟成永诀!1943年9月的一个深夜,反动军阀盛世才秘密地杀害了陈潭秋。

30多年过去了。1979年,郑瑛取出毛毯交给陈潭秋家人,家人将其捐赠给了陈潭秋纪念馆。

陈鹄继承了父亲任劳任怨的品格。他说:"可以告慰父亲的是,这么多年,我没有为生活上、工作上的事情向党组织伸过手,从未向组织提出过特殊要求。"

陈潭秋是中共一大代表,为了革命事业,他牺牲了自己的家庭,妻子徐全直被杀害,儿子托付家人抚养;为了革命事业,他抛却个人安危,勇赴火线,在战斗中负伤;为了革命事业,他保全了同志们的安全,自己献出了宝贵的生命。黄冈人民为了表达对他的怀念,对原陈潭秋故居纪念馆进行了恢复重建,2011年4月将以崭新的面貌迎接社会各界人士。

(黎昌政)

李明瑞之子忆父亲：浴血奋战，战功彪炳

最后的一封家书

1929年5月的一天，父亲突然从武汉回到上海，只和母亲见了一面，交代一些事，连住也没住上一晚，就戎马倥偬地回广西了。这年冬天我们突然收到父亲从龙州托人带来给母亲的一封信和三百元光洋。信里说："现在时局很不安定，我未能接你和两个孩子回广西来，我现在不是做官，而是替人民打工。你们以后要独立生活，不要依赖我，见字后，立即搬到租界住，如有人送财物来，千万不要收纳（注：李明瑞原为北伐第七军师长、副军长，'倒桂'成功后，就任军事特派员、广西编遣区主任、绥靖公署司令，蒋介石为拉拢他，叫宋子文、唐海安每月照顾他家属在上海的生活费用）。望你带好子女，让他们长大了孝顺你，我不能抚养他们了……以后，不要再寄信给我。"同时在日本留学的一个叔叔李毅生也收到他的一封诀别信说："革命未必自我而成，惟尽吾力之所能致。"此后我们所有的家属亲朋故旧，再没有收到他的片纸只字。我们陷入对他深切的思念，在惶惑不安中度过了漫长的日日夜夜。

柳暗花明处，春风重拂面

党的十一届三中全会和广西壮族自治区二十周年暨百色起义四十九周年大庆带来的欢乐声，犹如一声春雷，枯枝发芽，惊醒了我的一场噩梦，我和我母亲都被邀请参加庆祝活动。我们会见了分布在全国各地被邀请回来的红七军、红八军的老干部、老战士，真是意想不到的幸事！他们见到我们，亲如一家，纷纷告诉我们父亲参加革命后的事迹，一桩桩一件件说得那么生动具体。例如：1929年冬他机智果断地指挥平息蒙志仁在龙州的叛乱，1930年夏他指挥勇攻贵州榕江县城，回师右江他用仅有的三发山炮亲自瞄准，三发三中，最后收复百色，成为流传的佳话；1930年秋，红七军北上远征江西，他和邓小平、张云逸等同志指挥和维护部队，四次脱险，奋战梅花村，强渡东昌河和崇义突围就无数次惊险的战役，摆脱了强大的敌军不断围、追、堵、截，忍受难以想象的艰难困苦，胜利到达江西中央苏区，实现了与"朱、毛红军汇合"的殷切期望；在第二次反"围剿"时，党中央任命他为江西河西总指挥，统率红七军、红二十军、独立一师，攻安福，连克莲花、茶陵等五城，威

震湘赣；第三次反"围剿"时，他担任红七军军长，率部配合兄弟部队迅猛插入敌后，全歼韩德勤整师，取得了著名的方石岭大捷。他为革命立下的功劳，曾受到毛泽东主席和朱德总司令的亲切接见和奖励等等。特别使我们振奋的是：受邓小平委托，中央代表团团长韦国清、副团长卓琳分别接见了我们。韦国清团长对我们说："李明瑞担任红七、红八军总指挥，是位好同志，他是为革命而牺牲的。"卓琳副团长对我们说："小平同志很惦念广西的红七、红八军的老同志，在'自述'中多次提到李明瑞，也和在京的有关同志提起他，叫我代向你们问好。"他们和我们热烈地握手，亲切的谈话倾注着对父亲的敬重和深情厚谊。

1981年百色起义五十二周年时，邓小平同志亲笔题词："纪念李明瑞、韦拔群等同志百色起义的革命先烈，永垂不朽！"

1984年12月11日经党中央国务院批准在南宁建成了有李明瑞、韦拔群塑像的纪念碑和陈列馆，以邓小平同志的题词为碑文。纪念馆里挂着红七、红八军老同志和现在党政领导献给父亲的题词："北伐指挥歼劲敌，投身革命显奇绩"，"能当革命苦，不做高官荣，征途破险阻，指挥胜敌兵"，"北伐中原称虎将，揭竿百色大英雄"，"两次腾飞功显赫，树碑永世志忠怀"。父亲啊！您的一生是随着时代潮流前进而战斗的一生，北伐战争以前，您站在孙中山民主革命的一边，参加讨伐旧桂系军阀陆荣廷、沈鸿英；国共合作

李明瑞塑像

的国民革命政府成立后，您积极参加讨伐南路军阀邓本殷；北伐战争时，您从始至终在前线浴血奋战，战功彪炳。四一二反革命政变后，您在白色恐怖中，不畏强暴，保护、重用共产党人；北伐战争结束后，您"倒桂反蒋"，志在打倒新军阀。1929年您和俞作柏回广西主政时，主动联合共产党，大力支持革命；您参加起义入党后，勇挑红七、红八军总指挥的重担，身经百战，出生入死，为人民为革命战斗不息；当您横遭诬陷时，您忍辱负重，严守纪律，努力工作，直到流尽最后一滴血！

父亲啊！我怀着极沉痛而又欣慰的心情写下这点纪实，告慰您在天之灵。历史事实最公正，共产党最伟大。

（李秉元）

黄公略后人：革命精神早已化作血脉

"广州暴动不死，平江暴动不死，如今竟牺牲，堪恨大祸从天落；革命战争有功，游击战争有功，毕生何奋勇，好教后世继君来。"79岁的黄岁新每每念起这首毛泽东为其父亲黄公略撰写的挽联时，总是悲伤、激动而不能自已。正如黄岁新的儿子张忠所说："作为黄公略的后人，虽然没有见过他，但外公的革命精神、英雄之举似乎早已化作血脉，在我们身体中流淌，让我们久久不能忘怀。"

黄公略殉职时，黄岁新刚出生8个月。黄岁新从来没有见过父亲，可是老一辈时常向她讲述黄公略生前的革命经历、思想品德、指挥才能的故事，黄岁新对父亲有了极其亲切的印象，对父亲很崇敬。

"父亲牺牲后，由于非常保密，祖母和母亲在五六年内都不知道。在那几年中，祖母和母亲牵肠挂肚，经常坐立不安，食不甘味，惦念父亲的安危。直到后来第二次国共合作后，母亲意外地收到周恩来、叶剑英同志的来信，才知道父亲牺牲的确切消息。噩耗传来，母亲也痛不欲生。"黄岁新回忆说。

父亲去世后，黄岁新是在党组织的保护下和老一辈革命家的关怀抚育下长大的。她说："从那以后，祖母和母亲悲不自胜，家境每况愈下，衣单食薄。正当我们家处于困顿之时，彭德怀伯伯1939年给我们寄来了信和钱，接济我们生活。解放时，彭德怀伯伯通过湖南地下党组织，将我们母女接到

黄公略

北京，并将我培养至大学毕业。后来我光荣地加入了中国共产党，并在中国科学院科学出版社工作。"

"作为黄公略的后人，母亲时常教育我们不能给外公脸上抹黑，要踏踏实实做人。"50岁的张忠说："每当我遇到困难的时候，我就想一想革命前辈，想想外公。他们当时能将生死置之度外来拯救中国，自己的这点困难就不算什么了。"

尽管黄公略已经牺牲80年了，但他的英勇善战、大无畏的革命精神到现在还被

后人所敬佩。"在旧军阀队伍中,军官一般是在士兵后面'督战',黄公略指挥红军作战却一向靠前。虽然他职务很高,打仗时却总是身先士卒,在部队中也形成了勇往直前的作风。"国防大学战略教研部教授徐焰说。 （谢樱）

赵博生故里：先烈精神激励英雄城人民

位于河北省东南沿海的黄骅市,是全国7个以烈士名字命名的城市之一。黄骅是原一一五师教导六旅副旅长、冀鲁边军区副司令员,1943年就牺牲在这片土地上。因为赵博生、黄骅以及600多位在这里捐躯的革命先烈,黄骅被称为英雄城。

黄骅市滕庄子乡慈庄村是赵博生烈士的出生地。这是个有着1300多人的村庄,赵博生烈士故居坐落在村中央,三间冀东平原传统的土坯房,简朴中透着庄重。屋子里一排赵博生烈士事迹展牌靠墙而立,生动地述说着烈士短暂而轰轰烈烈的一生。

1933年1月8日,在江西黄狮渡一带反"围剿"中,赵博生在与敌人相距只有百余米的地方指挥,不幸壮烈牺牲。为了纪念赵博生,中华苏维埃共和国临时中央政府将宁都县改名为博生县,并在瑞金叶坪广场上建造了"博生堡"。

"这个故居是新中国成立后翻建的,赵博生的亲人都曾在这里长期居住。"慈庄村村委会主任于金兴告诉记者,村里多年来一直安排专人进行看护和定期维护。每年清明、国庆等重要节日,附近的党政部门、学校都要组织干部、学生来祭奠,追思英雄,接受革命传统和爱国主义教育。

63岁的村民赵恩恒是赵博生本族的晚辈,他说自己的父辈们小时候说得最多的就是赵博生的故事。赵博生生性耿直,生活俭朴,以他的军职当年每月领400块大洋,而他自己只留3块,其余的都分给穷苦出身的士兵。这种家风一直流传下来,赵博生的弟弟赵恩红上世纪90年代在村里去世,活了78岁,也是一生节俭,朴素低调。

43岁的赵振平是赵博生的本族侄女,供职于黄骅市电视台。她说："我为出生在这样的家族感到自豪。赵博生烈士的精神气节是我们终生学习和坚守的,他激励着我们任何时刻都要坚定信念,踏踏实实地为党、为国奉献。在自己的工作中,我更要做一个先烈精神的优秀传播者。"

赵博生烈士之墓

据慈庄村村民们介绍,赵博生散居在全国各地的子侄晚辈们非常记挂赵博生故里的一草一木,常常回来走动。2008年他远在深圳经商的叔伯孙子赵志刚捐资并带动故乡老少为村里修了2.6公里的"博生路",改善乡邻的出行条件。2011年春天,赵志刚再次联合在外亲朋捐资20多万元用于公路建设,为家乡发展再尽心力。

于金兴说:"赵博生不但是慈庄的骄傲,更是黄骅的骄傲。他的精神激励着我们每时每刻提醒自己,多为群众干实事、干好事。"

"天行健,君子以自强不息"。伟大的事业需要伟大的精神动力。黄骅市推崇英雄文化,积极塑造"重仁明义、知恩尚礼、乐善助人、厚德守信、勤勉自强"的英雄城市精神。2009年,赵博生烈士入选全国"双百"人物,电影《英雄黄骅》隆重投拍,2011年3月公映,实现了黄骅人民的夙愿,城市英雄文化得到进一步继承和弘扬。

在强力推进港口、产业、城市三位一体的建设中,2010年黄骅市还安排了总投资17.9亿元的59项民生工作,无论项目数量还是投资额度均创历史之最。黄骅市比全国范围提前一年,于2009年实施了农村养老保障政策。老有所养、住有所居、病有所医、学有所教、劳有所得,赵博生故里55万人民的生活一天比一天幸福和谐。

(范世辉)

韦拔群后代：革命精神代代传

"我父亲韦秉琚与韦拔群本是堂兄弟，后来韦拔群的父亲将我父亲收为养子，我父亲就在韦拔群的引导下走上了革命道路。"韦拔群及其儿子韦述宗等10多人被敌人杀害后，韦述斌家里立了韦拔群的牌位，"我们家族都是革命家庭，为解放牺牲了很多亲人，我们子子孙孙都要继承先烈的遗志，千万不能忘记过去。"家住广西东兰的韦述斌告诉记者。

韦述斌说，韦拔群很善于根据不同的对象开展工作，在发动农民起来闹革命的岁月里，他深入农民家，用群众喜闻乐见的山歌形式，宣传革命道理，使大家能够充分理解。"由于他特别善于把握农民心理，演讲说理透彻，而且形象生动，富有感染力，在群众中很有威信，大家都亲切地叫他'拔哥'"。

韦拔群烈士之墓

"为穷人的解放事业哪怕是牺牲了，也不能退却。这个社会光我们家有饭吃还不行，要个个都有饭吃才行。"韦述斌说，韦拔群就是这样把父亲引上了革命的道路。

"父亲去世前经常跟我们讲，我参加革命那么久，自己卖田买枪，家被烧了三次，还被抓进监狱，我们有吃有喝，为什么要一心一意跟拔哥闹革命？是为了天下的穷人！你有时间、有机会要多讲讲革命历史，教育我们的子孙后代，革命的意志不能丢。"

如今，韦述斌的大孙子已经17岁，即将参加高考，小孙子还不到3岁。谈到对子孙们的革命教育，韦述斌告诉记者："按照壮族的传统，我们家族每年三月三都会到拔群的烈士墓前祭祖，每当这时，我都会把中国革命的历史、我们家族革命的历史讲给子孙们听，让他们从内心里体会到当年革命的艰辛和血泪，体会到当前生活的美好和幸福。"

韦述斌说，现在村里家家都住上了楼房，历史上的茅草房已经一去不复返，"拔群水利"的建设，使得家家的粮食都能自给，交通设施的建设，让大山深处人们的出行不再困难。

2010年，东兰县农民人均纯收入约为2890元，比2005年增长82.4%。面对家乡日新月异的变化，韦述斌说："尽管生活越来越好，但革命意志绝不能丢。"

（闫祥岭　张莺）

纪念馆长忆谢子长：永远活在子长人民心中

今年是建党90周年，站在修整一新的子长革命烈士纪念馆前，纪念馆馆长杨凤琴望着烈士纪念塔，回忆起谢子长将军的英雄事迹，感慨地向记者表示："谢子长将军一生戎马倥偬，为人民的解放事业献出了生命，他永远活在我们子长人民心中。"

谢子长出生于1897年，他和刘志丹一起创建了西北革命根据地，是陕北红军和苏区主要创建人和中国工农红军高级将领。谢子长一生驰骋疆场，骁勇善战，胜不矜功，败不丧志，对党和人民的革命事业无比热爱，无限忠诚，为革命的胜利作出了重要贡献，在西北党组织和人民群众中享有崇高的威望。他不仅自己献身于革命，还教育和带动全家投身革命，成为一个革命的家庭。

谢子长烈士塑像

他家中先后有11人参加革命，在1932年至1936年短短的3年多时间里，就有8人为革命英勇献身。

尽管身居高职，谢子长不顾个人安危，前往一线指挥作战。在长期征战中，多次负伤。在一次战斗中胸部中弹，因伤情恶化，1935年2月21日在安定县灯盏湾逝世，同年，中共西北工作委员会决定将谢子长出生的安定县改名为子长县。这也是全国为数不多的以烈士命名的县名之一。

杨凤琴向记者介绍说，谢子长将军牺牲后，毛泽东主席先后数次为他题词，称赞他是"民族英雄"、"虽死犹荣"，并亲笔为子长墓撰写了碑文。1947年，胡宗南攻占瓦窑堡后，子长陵遭到了国民党军队的破坏，并将题词石碑打碎修了工事。这些题词和碑文记载了那一段血风腥雨的战斗岁月。1953年，陕西省人民政府在原址进行了重建。

谢子长光辉的一生，受到党和人民高度的赞扬。他的革命事迹与崇高精神至今仍在西北地区人民群众中广为流传。进入改革开放的新时期，为了纪念谢子长烈士，邓小平为谢子长陵园题写"子长陵"。

杨凤琴介绍说："子长革命烈士纪念馆承载了人们对谢子长将军的无限眷恋和哀思，经国务院批准，1989年列入全国革命烈士纪念建筑物重点保护单位，也是民政部、陕西省委命名的爱国主义教育基地和100个红色旅游景区之一。"

据介绍，纪念馆自1953年重建开放以来，已先后接待200多万名各界群众的吊唁。中国延安干部学院也将这里列入中青年干部党性教育现场教学点。延安干部学院培训部部长赵耀宏表示，谢子长将军为民族、为革命奉献的一生，是公而忘私、心系人民的生动写照。

据介绍，每年清明节和"七一"等节日，都有来自各界的群众，自发为谢子长将军扫墓和凭吊。杨凤琴介绍说，在中国共产党成立90周年前夕，国家拨专款500万元对纪念馆进行了最大规模的一次修缮。2011年，子长革命纪念馆将以崭新的面貌迎来建党90周年。

杨凤琴说："作为谢子长将军的家乡人，我们将立足本职工作，继承谢子长的革命精神，把谢子长将军公而忘私、心系人民的精神发扬光大。" （段　博）

刘志丹女儿：像父亲一样做对人民有益的人

美国著名记者埃德加·斯诺在《西行漫记》一文中，曾用大量的笔墨介绍了刘志丹这个民族英雄献身革命的事迹。其中，有这样一段提到他的女儿刘力贞："在保安（今陕西志丹县）我遇到了他的遗孀和孩子，一个漂亮的6岁小孩。红军为她特制了一套军装；她扎着军官皮带，帽子上戴着红星，那里人人喜欢她，她像个小元帅。"但是，刘力贞并没有像父亲一样成为军人，与父亲戎马倥偬的经历不同，刘力贞终身与医学相伴,"像父亲一样做有益于人民的人"是刘力贞毕生的追求。

已82岁高龄的刘力贞和丈夫住在西安,过着平淡的生活。家里的陈设非常简单,唯一不同的是,刘志丹将军的画像透出这个家庭曾经的荣耀。

南梁革命纪念馆

父亲牺牲时,刘力贞不到7岁。1934年底,红军迁往南梁根据地后,一家人才有一段短暂的团聚。刘力贞说:"那时候父亲整天在外面打仗,回到家里的时间虽然很短,但是,家里的窑洞就成了当时根据地最热闹的地方,红军关系非常密切,大家都把父亲叫刘大哥,把妈妈叫刘大嫂。"

"妈妈也是在那时学会了裁剪,为红军做被服、洗衣服、做饭。那时候根据地的小孩子不多,家里也是大家经常打牙祭、联欢的地方。"刘力贞当时给大家的印象是"说话不多,但记忆力非常好,非常聪明"。

父亲牺牲后,1937年刘力贞回到延安上完小学和中学。1949年新中国成立后,国家急需各类专门人才,20岁的刘力贞离开母亲,赴中国医科大学学医。大学毕业后,上海第一医学院选调研究生,刘力贞以优异的成绩被选中,成为10名入选者之一。此后,刘力贞又学习了中医和针灸,由此走上了医学道路。

上世纪60年代,陕西遭到百年不遇的大旱灾,省上要派一支医疗队到陕北重灾区米脂县巡回医疗。当时刘力贞结核病还未痊愈,经常发低烧,而她却心系生养她的那块土地:"我要去那里,那儿有我千丝万缕的根。我是刘志丹的女儿,是父亲让我这样做的!"

"文化大革命"是一场大灾难。在这场灾难中,刘志丹的女儿自然不能幸免,他们全家被下放到三原县。虽然很苦,但是在三原县医院的工作让她感受到了快乐。"可以发挥自己的专长,为大家解除病痛。"

刘力贞淡泊名利,她对记者说:"自己只愿意为人民做一些实实在在的事。只要有机会解除病人的痛苦,就是对自己最大的认可。"她和丈夫要求子女和后辈不要以刘家后代自居,"要做一个端正的、能够自食其力的人。" （段　博）

周逸群后人:把家训世代传承下去

踏入周逸群堂弟周立义家,一幅字迹挺拔的书法作品与周逸群英姿勃勃的遗照高悬于壁,引人注目,上书:"人贵自立,本敬以德,学期明道,用在济时,崇善尚义,步圣法哲,修齐治平,光绍濂溪。""这是我们周家字辈的排序,也是周家的家训,大哥是家训的发扬者,是我们的榜样。"周立义说。

周逸群原名周立凤,是周家"立"字辈的大哥。1919年,23岁的周逸群赴日留学并参加革命,直至牺牲都未曾返回过家乡贵州省铜仁市,但后人和家乡人都以他为荣。

堂弟周立义今年已82岁,说起大哥周逸群的往事仍如数家珍。他说,周家当年是铜仁的旺族,周逸群参加革命后,就动员家人把家产变卖,作为他革命的资本。

周立义还记得周逸群说过的许多话:"一个共产党员,无论什么时候,都要先想到大家,想到民众。""只要我一天活着,就一天不停止党的工作。""我们并没有希望人民记起我们,说起我们,只希望他们相信共产主义一定胜利!"

当留在家乡的妻子和儿子不幸因病去世后,面对同志们的劝说,周逸群表示:"革命不成功,不谈个人问题。"

"堂哥是一个真正的共产党人。"写得一手好字的周立义说,只要铜仁地区或市里的书画协会有活动,他必定参加,并总以周逸群所作的诗词或他自己写作的缅怀诗词为书写内容。

他向记者展示了一幅正准备送给朋友的书法作品:"颂周逸群诗一首:揭地掀天为事业,翻江倒海写文章。毁家纾难哀民病,革命精神千古芳。""堂哥牺牲得太早,我希望用这种方式让更多的人了解他的伟大。"周立义说。

周家自清道光年间从湖北迁往铜仁后,四代人代代都出"教书育人"的教师。

周逸群所读的铜仁城南小学，即如今的铜仁市逸群小学，是叔父周志炳等人创办的，"立"字辈的好几个兄弟姐妹在省外从事教育工作，周立义自己曾担任逸群小学校长，如今儿子周本正也是逸群小学的数学老师。

周逸群烈士故居

周本正1999年从师范学校毕业后，在条件艰苦的乡镇小学坚守了近10年。"只有一栋条件简陋的木质教学楼，一个人要教两个班学生所有的科目。"但他没有叫苦叫累，调入逸群小学后也始终尽职尽责、为人师表，并积极要求进步，于2006年加入中国共产党。

铜仁市逸群小学编写了"学逸群精神三字歌"，每个学生从入学起就要背诵："学逸群，幼勤奋。少立志，为人民。要兴国，练本领。多读书，通古今……"

"每当教孩子们背诵这首三字歌时，我就感到无比的自豪。我的孩子也即将出世，我将以家训中的'敬'字为他起名，要给他讲爷爷周逸群的故事，教他背诵周家家训，并让他铭记于心，把家训精神传承下去。"周本正说。 （王橙澄）

旷继勋外孙：坚韧精神不能忘

成都市东新街是一条普通小街，街边有几棵大树。其中有一棵参天大树却不平凡，因为栽种它的是中国工农红军高级指挥员旷继勋。

近日，旷继勋的外孙谭林带记者来到他外祖父亲手栽的银杏树下。谭林说，当

旷继勋纪念馆

年这里是个大院子，外祖父母带着一大家人居住于此。

"院子1992年拆迁，只留下这棵银杏树。"已年过六旬的谭林抚摸着树干，感慨万千，"我从来没见过外祖父，关于他的故事大多从老一辈口中得知。"

谭林说，外祖父给他最深的印象是坚韧。"他的一生可歌可泣，对共产党的执著追求从未改变。"

谭林的外祖母邓伯玉曾告诉他，祖父离家带兵前留下一句话："我这一走不一定能回来，你们节俭过日子。如果我能回来，日子就会过得好些。"

谭林说，外祖父在部队成立"中国青年军人联合会四川分会"，见经费紧张，外祖母曾自掏腰包资助党支部运作。

1995年恰逢旷继勋100周年诞辰，位于贵州省思南县的旷继勋纪念馆开馆。纪念馆建筑是旷家老宅，由谭林及其母亲捐赠给当地政府改造而成。

谭林先前在成都市轻工局工作，后来自己做生意，定居成都。他说，母亲是外祖父唯一的子女，2002年过世之前同样居住在成都，而自己的一名哥哥已经过世，弟弟移民海外，直系亲属都不再需要那里的房子。

"一些旁系亲属当年不同意捐出老宅，但母亲坚持自己的意见。"谭林说。

"纪念馆开馆那年是我第一次去思南。"谭林说，"看到纪念馆从各部门搜集的展物，加上从那以后与外祖父生前战友、政府党史部门接触，我更详细、深入了解到外祖父的一生。"

谭林说，外祖父的父亲是一名江湖郎中，带着孩子从深山采药、辗转各地看病卖药，但从不收穷苦病人的钱。外祖父从小经受磨炼，意志顽强，且受到感染，胸怀正义，这也正是他能执著追随共产党的原因。

谭林说，现在的经济条件大为改善，物质逐渐丰富，一些人的思想信念开始动摇，变得没有追求。

谭林说，他唯一的儿子已经31岁，在成都经营连锁超市。谭林并不指望儿子或者再下一代能记住家中出过的英雄，但经常教育儿子，不能丢了老辈人革命时展现出来的坚韧精神。这才是老人留下的最珍贵的东西。　　　　（葛　晨　侯大伟）

段德昌孙子：不劳而获的事儿不能干

"我们从来没有想过打爷爷的牌子，为自己换一个好工作。我跟弟弟妹妹说，自己有手有脚，不劳而获的事儿不能干。"段德昌的孙子段蓉生说。

60岁的段蓉生老人是一名普通退休轮渡工人，他从事了38年轮渡司机工作。2007年退休后，他回到武汉家中，侍奉年迈的母亲，现在过着简单而又平静的生活。

段蓉生对段德昌的了解主要来自于家人讲述和历史资料。段蓉生说，看过一些党史专家写的有关爷爷的书，听过很多关于爷爷革命战斗的歌谣，他觉得爷爷是一位正直朴实的英雄。

段德昌烈士铜像

段蓉生说："父亲段传新5岁的时候，爷爷就去闹革命了，两父子再未相见。9岁起，父亲到外面讨饭，颠沛流离，十几岁辗转到延安当兵，新中国成立后调到武汉军区司令部科研处工作。"

"父亲继承了爷爷的正直品质，从来不拉关系走后门，对不正之风很反感，他从不利用手中的职权为子女谋利。我十五六岁时到枝江市白洋镇劳动，1970年，参加招工在宜昌做了一名轮渡司机，一干就是38年。妹妹在武汉锅炉厂做了十几年工人，我们生活条件一直不太好。不少人提议让我们打爷爷的牌子，换一个好一点的工作，都被父亲拒绝了。"段蓉生说。

"2000年，父亲患了舌癌，身体状况非常差。当时我还在宜昌开轮渡，为了陪伴父亲，我每个月都两地跑很多趟。父亲去世时，我正在宜昌做事，没赶得及见父亲最后一面，这是我一辈子最遗憾的事情……"段蓉生谈起这件事语调十分沉痛。

研究段德昌30余载的徐国森说："段德昌的正直朴实深深影响了后人。1979年，我曾与段德昌的儿子段传新有过数次接触，他当时是武汉军区司令部一位处级干部，为人耿直而又谦虚，很排斥拉关系，走后门。"

"我和兄弟姐妹受父亲影响，反感不劳而获。我们虽为英雄后人，但绝不能躺在先辈的功劳簿上，爷爷与父亲的正直就是留给我们永远的财富。"段蓉生朴素的话语，表现出一位革命英雄后辈正直朴实的优秀品质。　　　　　　（帅　才）

刘伯坚革命精神激励后人："生是为中国，死是为中国"

为纪念刘伯坚的革命事迹，新中国成立后，在烈士的故乡四川省巴中市平昌县修建了刘伯坚烈士纪念馆。纪念馆前是一尊汉白玉的刘伯坚全身塑像，馆内展陈着烈士生前的珍贵照片、遗物、亲笔书简1000余件，系统展示了刘伯坚"生是为中国，死是为中国"的叱咤风云的战斗一生。因有刘伯坚故居、纪念馆的存在，平昌这个不大的县城，平均每年都有数十万全国各地的游客来此参观。

刘伯坚为了新中国抛头颅洒热血、英勇无畏的精神，令刘伯坚的曾孙刘力珲从小就对曾爷爷满怀崇敬之心。

今年40岁的刘力珲在平昌二中担任历史老师。谈起曾祖父刘伯坚读书、求学的故事，刘力珲津津乐道："我爷爷常给我讲曾祖父的事情，曾祖父很珍惜上学机会，读书很刻苦，常常挑灯夜读到很晚。家里人担心他身体吃

刘伯坚烈士纪念碑

不消，就切了一盘腊肉放在他书桌上当夜宵。第二天家人到他房间，却发现曾爷爷专心于读书根本没有动一筷子腊肉。"

"平时有空了总会带着孩子到刘伯坚纪念馆看看，缅怀先人。"刘力珲说，"刘伯坚在狱中曾留有遗言，'生是为中国，死是为中国。诸儿要继续我的志向，为中国民族的解放努力流血'。我们是刘伯坚的后人，在新时代要完成先人的遗愿，用自己的双手为祖国建设添砖加瓦，谨记自己的使命。"

（吴晓颖）

何叔衡勤勉家风励后人："不为一身一家升官发财以愚懦子孙"

"绝对不能为一身一家升官发财以愚懦子孙！"这是中国共产党的创始人之一何叔衡留给后人的一句话。在他壮烈牺牲70多年后，这种精神依然激励着他的后人：自食其力，友善待人，坚守勤勉家风。

何叔衡的故乡，在湖南宁乡县沙田乡长冲村一个山坳里。由于相隔年代久远，何叔衡曾孙何盛明、何光华等人对何叔衡的精神风范，只能通过家书中的只言片语去感受。何家人印象最深的事，是1927年长沙马日事变发生后，何叔衡在宁乡一听到消息，不仅没有

何叔衡故居

畏缩躲避，反而以赴汤蹈火的勇气，直奔白色恐怖笼罩下的长沙寻找党组织。旋即，自称"忘家客"的何叔衡远赴莫斯科。其间他写来的家书对后人明言："我绝对不靠你供养，且我绝对不是我一家一乡的人。我的人生观，绝不是想安居乡里以求善终，绝对不能为一身一家升官发财以愚懦子孙。此数言请你注意。"这些至今看来仍充满以身许国豪情壮志、掷地有声的话语，成为何氏一门重要的家训。

何叔衡的故乡，在远离尘世喧嚣的湖南省宁乡县沙田乡长冲村一个风景如画的山坳里。作为革命长者的后辈，坐在记者面前的何叔衡曾孙何盛明、何光华，都是憨厚淳朴的老农。由于相隔年代久远，何盛明、何光华等人对何叔衡的精神风范，只能通过家书中的只言片语去感受。何家人印象最深的事，是1927年长沙马日事变发生后，何叔衡在宁乡一听到消息，不仅没有畏缩躲避，反而以赴汤蹈火的勇气，直奔白色恐怖笼罩下的长沙寻找党组织。旋即，自称"忘家客"的何叔衡远赴莫斯科。其间他写来的家书对后人明言："我绝对不靠你供养，且我绝对不是我一家一乡的人。我的人生观，绝不是想安居乡里以求善终，绝对不能为一身一家升官发财以愚懦子孙。此数言请你注意。"这些至今看来仍充满以身许国豪情壮志、掷地有声的话语，成为何氏一门重要的家训。

"我们都靠自己的劳动自食其力，决不能为前辈抹黑！"年过花甲的何盛明告诉记者，他当过井下矿工、钢厂工人，如今靠微薄的退休金在家乡颐养天年。对于自己的生活境况，何盛明说："我两个儿子大学毕业后分别在青岛、长沙工作，结了婚、买了房。作为寻常百姓人家，衣食无忧，我过得很安心。"

身材矮小的何光华一辈子在家务农，如今年近六旬，还在四处打工维持生计。因为家境贫寒，何光华的儿子早早辍学，外出打工谋生。眼看着春节过了，小伙子正忙着四处找工作。记者注意到，尽管日子过得紧紧巴巴，但何光华的家收拾得井井有条，里里外外都打扫得干干净净。客人一进屋，何光华的妻子就用洁净的白瓷碗为客人们泡上自制绿茶。老老少少满脸热情的微笑，写满了淳朴和善良。

宁乡县文物局局长张筱林带记者走在乡间，还能看到何叔衡及其先辈捐建的学堂遗址、至今仍在使用的廊桥。何叔衡的故居泥砖砌墙，泥浆混合稻谷壳粉墙，屋顶覆盖青瓦，是一座19世纪典型的南方乡村民居。

张筱林说，何叔衡故居目前受到文物部门的保护，是重要的爱国主义教育基地。记者打开放置在故居厅堂一角木凳上的留言本，发现参观、留言者来自五湖四海，中文、英文、俄文等各种文字书写的留言。字里行间，全是对何叔衡的怀念与崇敬。

何叔衡故居周边，一草一木都曾见证中国革命的历史。何宅的堂屋，当年是何叔衡与谢觉哉、姜梦周、王凌波等革命先贤经常聚会之所。何叔衡故居前，一个小池塘清波荡漾。张筱林告诉记者，1917年7月，何叔衡在家中盛情款待了来此游历的毛泽东和肖子升3天。时值盛夏，酷爱游泳的毛泽东几乎天天都要跳进这个池塘畅游一番。而何叔衡故居东侧小山上，是何叔衡族人、辛亥革命元勋何南薰（又名何梓林）的墓。双层"山"字形墓葬，墓道两侧肃立着石人、石马，护墙上花岗岩人物浮雕精美，孙中山先生题写"为国捐躯南薰司令千古"的墓碑，更为苍苍墓园平添了庄严和肃穆。

眼看着漂亮的水泥路修到了村口，砂石路通到了家门前，何盛明、何光华相信将来的日子一定会越过越好。"再过几年，我们这里就是标准的社会主义新农村啦！"何盛明说，今天的生活是靠先辈们舍生忘死创造的。何家人要发扬何叔衡"舍小家为国家"的精神，不仅要安排好自己的生活，更要讲风格、比贡献，热心帮助乡里乡亲，尽自己的能力争取多支持乡村公益事业。

（苏晓洲）

许继慎后人的"传家宝"

1931 年，红一军首任军长许继慎含冤遇害，时年仅 30 岁。如今，许继慎的后人将烈士的事迹和精神视为传家宝，通过搜集烈士的生平事迹和撰写家族历史缅怀先烈、传承遗志。

"鼓轮破巨浪，风送夕阳归。明晨云雾散，昂首看朝晖。国事艰难日，英雄奋起时。光阴如逝水，觉醒不宜迟。"这是青年时代许继慎写的一首诗，饱含着其忧国忧民、奋起报国的远大志向。

许继慎烈士陵园

许继慎的重侄孙许挺告诉记者,许继慎是整个家族的骄傲,亲友们常常谈论他少年时代聪明好学、胸怀大志,青年期间投笔从军、骁勇善战的革命事迹,也为他的过早陨落而扼腕叹息。

为了缅怀先人以及传承其留下宝贵的精神财富,许挺努力搜集了许多有关许继慎的生平事迹和相关资料,还将烈士的事迹和家族历史撰写成《走向阳光的红色家族》等文章,发表在自己的博客上,获得了众多网友的关注。

许继慎遇害后,其独生子许民庆就与家乡亲属失去了联系,直至上世纪80年代,其家乡安徽六安地区党史办的工作人员几经周折,终于找到烈士的后代许民庆。而此时,距烈士遇难已过去了半个多世纪,当年仅有三岁的幼儿已年近不惑。原来为了在白色恐怖中生存,许民庆的母亲隐瞒了许继慎的身份和真实姓名,只告诉孩子其父亲是一名国民党军官。而新中国成立后许民庆也一直不知道自己是烈士的骨血,甚至在"文化大革命"期间还因为这虚构的身份而遭受打击。

"得知自己是红军将领的后代,民庆爷爷递交了入党申请书,了却了入党夙愿后,再无任何要求,一直过着淡泊清贫的生活。"许挺说。

1991年,为纪念许继慎诞辰90周年时,许继慎的家乡六安团地委发动全地区少先队员和共青团员捐款为许继慎在当地的烈士陵园中修建铜像。当时团地委的4名工作人员花了四天四夜,才将一分一角汇集起来的13万余元捐款清点完毕。铜像落成时,洪学智将军亲自出席有关纪念活动。

"民庆爷爷时常告诉我们,要牢记自己是红军的后代,珍惜今天的幸福生活,努力工作认真做事,不能愧对为革命出生入死、奉献一生的烈士。"许挺说,"烈士已经远走,但是他却给我们后辈留下了用之不尽的精神财富,这就是我们家族最珍贵的传家宝。"

(王圣志)

吴焕先后人的"幸福观"

"伯父吴焕先1935年牺牲,好多事情已尘封在历史的记忆中。伯父抛弃当时安稳的生活,投入革命的洪流,牺牲时年仅28岁。"吴焕先的侄子吴世友说。

河南省新县党史地方志研究室副主任董绍富说,吴焕先生长在半殖民地半封建的旧中国,家乡黄安人民和全国人民一样过着穷困悲惨的生活,许多贫苦农民辛劳终年,难得一饱。吴焕先带头革命,把自己家里的田送给农民耕种,不再收租。还把贫苦农民借的债和其他契约全部拿出来烧掉了,从此彻底背叛了自己剥削阶级家庭,坚定地走上革命道路。

为了革命,吴焕先一家六口惨遭国民党地方民团杀害。吴世友的父亲比吴焕先小4岁,"我父亲隐姓埋名,逃到江西才保住一条命。后来一辈子种地,吃苦耐劳、勤勤恳恳,病逝前不久仍坚持生产劳动。父亲曾当选全国人大代表、河南省人大代表,一辈子淡泊名利,对生活没有过多的奢求。我们一家人也一样,对生活没什么奢求。"吴世友说。

1934年,红二十五军部分领导干部合影。前排左起第一人为吴焕先

吴世友现在新县县委机关当司机。他十分珍惜现在的生活。他的爱人已从一家单位内退,大女儿已参加工作,小儿子在上大学。他说:"现在的生活不错,住着大房子,生活很安定,一家人其乐融融。"

每年清明,吴世友都会到新县烈士陵园去扫墓。他说,相比于伯父的丰功伟绩,他对自己感到很惭愧。但作为一个普通的老百姓,他的心里是踏实的。他喜欢现在简单的生活,每天都感觉到平凡生活中的幸福。

看着前来陵园祭扫的年轻学生,吴世友心里感慨颇多:"回忆过去,会让我们更加珍惜现在的幸福生活!"

(黎昌政)

钱壮飞嫡孙："对信仰的忠诚是爷爷留下的最大财富"

在外人看来，钱壮飞是中国共产党隐蔽战线的杰出代表，拥有传奇一生。而他的家人觉得，对信仰的忠诚，才是这段传奇的滚烫内核，这也是钱壮飞留下的最大财富。

66岁的钱泓是钱壮飞的嫡孙、已故导演钱江之子，"爷爷40岁牺牲时，我的父亲才12岁，到处流浪，十年后我才出生。"懂事后，钱泓从父亲处听到爷爷的事迹，他开始自己翻书、找资料，追寻有关爷爷的点点滴滴。

"爷爷好学，多才多艺。大学毕业后，他不仅挂牌行医，兼任美术学校的教师，还给'光华影片公司'当演员，拍电影。他和'龙潭三杰'中的其余二人

钱壮飞烈士之墓

——李克农和胡底就是在摄影棚中相识，并一见如故的。"钱泓说。

其后，钱壮飞受到国民党情报机关负责人徐恩曾的赏识，他随之介绍李克农、胡底也打入了国民党党部。"爷爷他们打入调查科的最核心层后，相互配合，机智灵活，获取了大量情报，很巧妙地获取了蒋介石亲自部署第一、二次'围剿'江西中央苏区的作战计划，甚至拿到了徐恩曾总是随身携带、专门用于特务机关高层人物通讯联络的密码本。"钱泓说。

"在顾顺章的叛变严重威胁到中共中央的安危时，我爷爷和他的战友冒险及时发出警报，称得上是'力挽狂澜'。"钱泓深为祖父的机智与镇定而自豪。

正是在这样的追寻中，钱泓在24岁那年，举起右手宣誓，选择了和祖父相同的信仰。他默默许下心愿，将来能再走一遍祖父的道路。

2005年退休后，钱泓开始了追寻之旅。他和老伴一起，回了爷爷的出生地浙江湖州、去了爷爷战斗过的城市南京，从北京到上海，从江西瑞金到贵州遵义，直至爷爷牺牲的金沙县，"历史的细节越饱满，爷爷的英雄形象就越清晰，他不畏艰险，

深入龙潭虎穴，不是为了荣华富贵，金银财宝，而仅仅是为了自己的信仰。"

2011年3月，为纪念钱壮飞为新中国成立作出的杰出贡献，由中央电视台和湖州电视台联合摄制的电视纪录片《壮别天涯》在钱壮飞的故乡浙江湖州宣布开拍。该片以钱泓对祖父的述说作为主线来展开，"我最想讲的，就是爷爷对信仰的忠诚。"钱泓说。

（余靖静）

陈树湘乡亲：视死如归英雄气概感天动地

湖南道县，静静流淌的潇水穿城而过，如今的道县人们安居乐业，已难寻70多年前红军激战的战场遗迹。但潇水河畔城中社区阴阳村南那座墓葬，红军将领陈树湘留下的铿锵誓言总让人们回想当年。

道县史志办主任李世荣为记者介绍了陈树湘的最后时光：1934年11月下旬，陈树湘率领的红三十四师负责掩护中央红军转移，他在率部突围时腹部中弹，身负重伤。最后，部队弹尽援绝，陈树湘伤重被俘。在押送途中，他趁敌人不备，在担架上忍着剧痛，从伤口处掏出肠子，用力绞断，壮烈牺牲。

"他以29岁的短暂一生，实现了自己的誓言。实现了他掩护中央红军转移时给上级的誓言'为苏维埃新中国流尽最后一滴血'。"李世荣用"正气凛然，感天动地"来形容陈树湘的事迹。

据李世荣介绍，陈树湘牺牲后，当地的老百姓为其壮举所感动，晚上悄悄地将陈树湘和他的警卫员的遗体埋葬在潇水河畔，现城中社区阴阳村南。

"我在作陈树湘烈士情况调研的时候，阴阳村80多岁的周辉屏老先生曾跟我说，陈树湘烈士和他的警卫员葬在一起，是双墓。"李世荣介绍说，"这里虽然一直没有立碑，但是当地很多老百姓都知道这里埋葬着一位红军师长。每年清明节，都有人到这里来，祭奠这位刚烈的英雄。县城不少学校也会组织学生来扫墓。"

李世荣在道县史志办工作了22年，多次陪同瞻仰者到陈树湘烈士的墓地去吊唁。李世荣说，红军长征70周年时，不少单位和媒体都先后来道县采访红军事迹；红一方面军红三军团80高龄老红军刘宝国一行，以及中央党史研究室副主任石仲泉一行，重走长征路，都去过陈树湘烈士的墓地吊唁。

据李世荣介绍，近年来，道县县委县政府多次向上级汇报，请求为陈树湘烈士修建烈士陵园，永州市民政局也到道县为陈树湘烈士陵园的修建进行了选址，并且已作了修建规划。不久，一座记载着陈树湘烈士英勇事迹的历史丰碑将会屹立在世人面前，供人们瞻仰凭吊。

红军长征突破湘江烈士纪念碑园

与此同时，在陈树湘的出生地长沙市开福区也进行了革命遗址普查。"陈树湘故居现在已经确定在开福区清水塘街道长沙市一中南围墙拐角处瓦屋街，我们已经向上级提出建亭、立碑纪念的建议。"开福区史志档案局副局长王从福说。

"陈树湘伤重被俘，敌人以为可以用他来邀功请赏，甚至套取情报，但面对生与死的选择时，陈树湘毅然绞肠而死。用如此悲壮的方式结束自己的生命，充分体现了他高度的组织纪律性和视死如归的革命英雄主义。"长沙市党史研究室副主任宋俊湘说。

（陈文广）

毛泽覃堂侄：他的坚定信念一直激励着韶山冲的乡亲

"造福人民不享福：雇农自己没有谷，砌匠自己没有屋，木匠自己没凳坐，裁缝自己打赤膊。"毛泽覃用这首通俗易懂的小诗，教育和启发乔林乡的贫苦农民，鼓励他们站起来反抗斗争。

毛泽覃是革命领袖毛泽东和"红色管家"毛泽民的小弟弟，1905年出生于韶山冲，参加过八一南昌起义，在第五次反"围剿"失利红军主力开始长征以后，他留在中央苏区坚持游击斗争，1935年4月26日，年仅29岁的毛泽覃在突围时不幸中弹牺牲，他是毛主席家为中国革命献出宝贵生命的第三位亲人。

春日里的韶山冲阳光灿烂，微风轻拂，遍地花香，游人如织。记者4月18日来到毛泽覃和他的两位哥哥出生成长的家乡，实地探寻毛泽覃的红色足迹和革命精神。

毛泽覃烈士纪念亭

67岁的毛岸平是毛主席和毛泽覃的堂侄，革命烈士毛泽建的亲侄儿。生于1944年的毛岸平并没有见过堂伯毛泽覃，他对毛泽覃的印象都是来自韶山老人们口耳相传的记忆，1995年他曾前往江西凭吊毛泽覃墓，他说当地民众一直怀念着毛泽覃，原本年久失修的毛泽覃墓现在已经被重新整修过。

毛岸平认为，毛泽覃的革命人生虽然很短，但是却给后人留下了很多非常珍贵的精神财富。红军主力长征以后，毛泽覃却留在了穷山恶水、条件艰苦的瑞金山区，为保存革命力量、掩护红军主力转移开展游击斗争。毛岸平说："他对革命、对红军、对共产主义坚忍不拔的信念，一直激励着所有毛家后人和韶山冲的乡亲。"

作为至今仍然生活在韶山与毛主席家最亲的毛氏族人，毛岸平从湖南省韶山管理局退休之后，一直过着粗茶淡饭的普通人生活。记者在韶源村见到了毛岸平家白墙青瓦的老房子，这是一栋湖南农村十年前最为常见的普通平房，在韶源村一栋接一栋的农村小楼中已经显得非常寒酸，屋内陈设也很简单，甚至还比不上韶山其他普通农家。记者此前还曾去过毛岸平在韶山管理局宿舍区的房子，装修也很简单，看不出那是一个退休后享受副厅级待遇干部的家。

"有很多人希望挂着我的名字搞公司、开饭店，我都拒绝了。毛泽覃可以为革命奋不顾身，我是毛家后人，人总是要有点高尚的信念。现在我有退休工资，还能劳动，生活虽然平淡，但是却很充实。"

2008年，毛岸平参加过奥运火炬在韶山的传递，还为四川汶川地震灾区民众捐了2000元钱。他告诉记者，包括毛泽覃在内的毛家6位烈士是韶山冲永远的骄傲，他们的革命人生体现了勇于斗争、敢于牺牲的韶山精神，值得现在每一个享受着和平幸福生活的中国人继承发扬。

（刘良恒）

女儿眼中的吉鸿昌："我自豪，我是中国人！"

"我自豪，我是中国人！"抗日名将吉鸿昌唯一的女儿吉瑞芝追忆父亲短暂而不朽的一生时这样说。

因腰腿疾患，今年79岁的吉瑞芝现正在医院治疗。虽然身体有些不适，但一谈到自己的父亲，老人依然很激动。她说："母亲曾告诉我，小时候父亲经常把我抱到餐桌上，让我跟着他说，我是中国人，不当亡国奴。"

九一八事变后，吉鸿昌因不愿替蒋介石打内战被勒令去美国"考察"。有一次，吉鸿昌去邮局寄包裹时，当邮局工作人员问他是哪个国家的人时，他高声而自豪地回答："我是中国人！"随行的工作人员在旁边埋怨吉鸿昌并告诉他应该说自己是日本人，这样可以得到礼遇。吉鸿昌愤怒地说："你觉得当中国人丢脸，我觉得当中国人很光荣！"为了让别人知道自己是中国人，吉鸿昌将刻着"我是中国人"的一块牌子挂在胸前。

"这就是我父亲。他这'惊世一挂'显示出了中华民族的骄傲！"吉瑞芝无比骄傲地说。

1933年5月，吉鸿昌与冯玉祥、方振，在张家口建立了"察哈尔民众抗日同盟军"，并亲自率部北征收复察东失地，所向披靡。在多伦一战中，吉鸿昌挥舞大刀冲锋陷阵，率部经过五昼夜的鏖战，终于收复失陷72天的多伦。"这是日军侵华所占领的中国领土中被第一个收复的。"吉瑞芝自豪地对记者说。

"1934年11月24日，是父亲英勇就义的日子。"吉瑞芝说，"刑场上，父亲慷慨激昂地写下了'恨不抗日死，留作今日羞。国破尚如此，我何惜此头！'的就义诗。这短短的20个字，是父亲爱国情怀和民族气节的完美诠释，令人动容。"回忆到此时，老人眼中噙满泪水。

吉鸿昌就义时吉瑞芝刚满3岁。3年，对于吉瑞芝来说，是漫长人生中短暂的一个片断。"从我懵懂之时开始，妈妈便经常给我讲父亲的故事，讲他的爱国情怀。经过母亲成百上千遍的诉说，父亲在我的脑海里不再模糊，他清晰可见。"吉瑞芝无限深情地说，"我觉得父亲从未真正离开过我。"

为了宣传父亲的英雄事迹，让更多的人，尤其是青少年接受爱国主义教育，吉瑞芝成了天津市"关心下一代"宣讲团中的一员。几十年来她坚持宣讲烈士事迹，弘扬爱国主义精神，并且撰写了《吉鸿昌传记》等书籍赠送给天津市的大中小学。

吉鸿昌之女忆父亲

"我给孩子们讲我父亲，讲爱国主义故事，就是为了希望时下的年轻人能了解历史，亲近英雄，树立理想，坚定信念。"吉瑞芝开心地说。

吉瑞芝老人有一个儿子、两个女儿。由于老人年事已高，行动不便，外出宣讲活动由她的小女儿郑吉安完成。记者在采访吉瑞芝老人的时候也见到了郑吉安。

"外祖父虽然没有留下万贯家财，但他那崇高的爱国情怀和光辉的事迹却是留给子孙后代最大的财富。我和母亲会用这笔精神财富，让更多的人懂得爱国爱家，让更多的人都能像我外祖父那样——我自豪，我是中国人！"郑吉安坚定地对记者说。　　（周润健）

杨靖宇后人的"四平"精神

"平凡中严要求，平静中不落后，平常中有责任，平淡中懂知足。"这是抗日民族英雄杨靖宇后人在工作和学习中一直践行的"四平"精神。

2月19日上午,记者来到河南省郑州铁路局材料厂家属院,见到了抗日英雄杨靖宇的儿媳妇、86岁的老人方绣云和将军的大孙女马继先、二孙女马继传和小孙子马继民的媳妇王晓芳。"我对我们现在的生活很知足,很满意,我5个孩子,加上孙子辈,正好20口人。"方绣云老人乐呵呵地说。

方绣云是杨靖宇将军的儿子马从云的妻子,现在跟着小儿子马继民一起生活。记者注意到,这是一套不足70平方米的老式房子,客厅很小,但客厅正中央挂着的一幅全家照格外醒目。

杨靖宇纪念馆

记者在这里同杨靖宇的后人一起缅怀了将军光辉事迹。她们回忆说,有关杨靖宇将军的故事大多是从老人那里和书本中知道的。杨靖宇将军原名马尚德,他的名字是他离开河南确山县老家到东北后改的。杨靖宇将军率领东北抗日联军在艰苦环境中与侵华日军血战8年。1940年2月23日,杨靖宇孤身被围,战至最后,壮烈殉国。日军对在零下20多摄氏度的林海雪原中,断粮5天的杨靖宇能生存下来感到理解不了,便解剖了他的肠胃,看到胃里一粒粮食也没有,只有尚未消化的树皮、草根和棉絮。

杨靖宇的大孙女马继先感慨地说,爷爷牺牲的壮举在人民心中树起了不朽的精神丰碑,留给世人的是光照千秋的浩然正气。她说,坚定的共产党人的理想和信念,是支持爷爷在身临绝境时仍然宁死不屈战斗到最后的力量。

杨靖宇将军的儿子马从云和女儿马锦云都已经去世,生前是郑州铁路局普通职工。将军的三个孙子和两个孙女全是铁路系统的普通职工。但是他们要求自己很严格,在平凡的岗位上默默奉献着自己,多次被评为优秀党员和先进工作者。

方绣云老人告诫子女,绝对不允许以抗日英雄后代借口向组织提要求,捞好处。她明确表示,爷爷是爷爷,你们是你们。不能张扬,低调做人。

王晓芳嫁给杨靖宇小孙子一年多,才知道自己的丈夫是著名抗日英雄的后代。2005年7月,杨靖宇的小孙子马继民被吉林省靖宇县聘为县长助理后,组织关系还留在郑州原单位,所以一直奔波于郑州和吉林。他多次拒绝乘坐飞机,他习惯了节省一点是一点。他说,搭乘火车虽说辛苦,但可以节省好多。

方绣云老人的柜子里一直珍藏着一块桦树皮,那是1958年从杨靖宇牺牲的地方带回的。她有时被附近学校请去做报告也随身带着。她说,这样做的目的是让孩子们知道珍惜今天的幸福生活。

杨靖宇后人普遍认为,将军是他们的骄傲,但不是他们的资本。他们肩上是沉甸甸的责任,是为人民服务的重任。他们每个家庭虽说不富裕,但都很满意,因为他们习惯了平凡平常。

方绣云老人盯着墙上的全家照眼睛湿润了,她说,如果将军看到他子孙满堂,后人平静知足的幸福生活,该多好啊! (王阿敏)

袁国平儿子忆父亲:赤胆忠心,拳拳报国

我父亲袁国平,1906年5月26日出生在湖南省邵东县一个工人家庭。他1922年9月以优异成绩考入湖南省立第一师范。在"一师"的革命氛围熏陶影响下,父亲很快确立了正确的人生观。1925年,他在黄埔军校学习时加入中国共产党,从此全身心地投入到民族独立和人民解放的伟大事业中,用热血和生命诠释了对党、对人民的无限忠诚。而他在皖南新四军的时日,是他一生中工作最具创造性、成果最辉煌、生活最丰富多彩的一页。

呕心沥血

父亲到皖南后,认真贯彻党中央、中央军委赋予的使命和毛泽东同志的谆谆嘱咐,他和新四军的其他领导同志一起,在大江南北开展抗日游击战争的同时,发展新四军,开辟和建立根据地。

新四军部队编组仅10天,就陆续向苏南、苏皖边、皖中和皖东敌后挺进,完成了在大江南北的战略展开。在创建抗日根据地过程中,部队也不断发展壮大。其中,由苏南派第四、第六团及游击武装一部沿江开辟苏北沿江地带,改编为新四军挺进纵队和苏皖支队,为向苏北发展打下了基础;由皖南渡江到皖中的有三个营成为江北游击纵队和挺进团的骨干和基础,将第四支队扩编为第四、第五两个支队,后又建立了第六支队;成立教导队、教导总队,父亲亲自兼任教导总队政委,传授红军

的传统和八路军的经验,培养了一大批干部,为新四军的发展打下了坚实的组织基础。

袁国平、粟裕、陈毅、王集成、周恩来、邓子恢、项英(左起)在新四军云岭军部

1939年2月,周恩来来新四军视察,与叶挺、项英、陈毅和父亲等新四军领导一起确定了"向南巩固、向东作战、向北发展"的方针,到1940年底,新四军由1938年4月整编时的10329人,发展壮大为88744人。

在新四军发展壮大过程中,政治工作发挥了重大作用,父亲为此呕心沥血,忘我工作,做出了重大贡献。新四军是由红军和游击队整编而成的,在三年游击战争艰苦卓绝的斗争中,红军游击队通常分散成几十人甚至十几人的小分队各自为战。组建后仅整训数日就深入敌后抗战,部队建设的各项工作很难正常进行。为开拓新四军政治工作新局面,父亲领导了部队进军敌后的动员,两次主持召开新四军全军政治工作会议,对新四军的政治工作提出新要求;参与主持召开新四军第一次党代表大会,并作《过去党的工作总结及今后党的建设的报告》,对确保党对新四军的绝对领导作出部署;主持制定《新四军政治工作组织纲要草案》,使新四军的政治工作更加系统化、条例化和制度化;参与新四军分会和东南局的集体领导,为新四军的发展壮大、地方党组织的恢复发展和对敌斗争,作出了积极努力。父亲在新四军工作期间,起草和编印的《新四军政治工作十讲》等文件,已成为我军政治工作的宝贵财富。他领导新四军战地服务团到前线去,用歌咏、绘画、戏剧等艺术形式向战士和群众宣传抗日，还参与了《新四军军歌》创作的组织领导工作。在他的主持下，新四军政治部先后创办了《抗敌报》、《抗敌》杂志和《抗敌画报》。

1940年1月，父亲主持了关于话剧《繁昌之战》的讨论，并发表了《论〈繁昌之战〉及今后戏剧创作的方向》，对戏剧创作的方向、剧作家的政治修养和艺术修养等讲了自己的见解。皖南事变前夕，父亲还亲自创作了《别了，三年的皖南》歌词："刺刀闪光，子弹上膛，挺起胸膛开入敌后战场，别了，三年的皖南……"并由任光谱曲。这首悲壮的战歌，见证了江南新四军离开皖南、北渡长江、向东发展、开辟苏北的战斗历程。

父亲的组织性很强，到皖南后，在远离中央、通信不便的困难情况下，他总是想方设法向党中央、中央军委报告情况，请示工作。如，1939年2月，新四军第二次政治工作会议召开前，父亲就向中央军委、军委总政治部发电，请示方针；会议刚开过，正逢周恩来同志到皖南视察，他当面作了汇报并请代为向中央军委转报；3月，他和邓子恢联名，给毛泽东、王稼祥、谭政等首长写信，报告会议经过及情况、新四军政治工作和军政治部工作，同时将会议材料及新四军出版的报纸上报，希望得到指示并多介绍八路军的政治工作经验。由于未见批复，他又以个人名义，于4月15日向军委总政治部写信，再次报告。与此同时，他还托到中央党校学习的新四军第二支队司令员张鼎丞向中央领导面报。不难看出，父亲当时希望得到中央及时指示精神的迫切心情和正确态度。这正是他得以成功开拓新四军政治工作，既能适应统一战线条件下的特殊环境，又保持了红军光荣传统的关键所在。

血流皖南

1941年1月14日晚，父亲在皖南事变突围中身负重伤，躺在突围部队前进的路旁。当他被军部卫士连副连长李甫及战士们发现时，浑身血肉模糊，不能行走。他睁开眼睛，吃力地对李甫说："战士们都是革命的种子，要赶快突围，把他们带出去……""你们走你们的，不要管我了！"战士们不肯把父亲丢下，就用树枝简单地扎了付担架，抬着他走。天亮前（约早晨5点）赶到青弋江南岸。渡河时，被堵截的敌人发现，密集的子弹射来，抬他的战士一个个倒下，父亲也掉进水中。战士们前赴后继地把他抬起，边抬边打边强渡，激战约40分钟才到达对岸章家渡。此时，100多人的队伍就只剩下三四十人了。父亲由于在渡河时再度受伤，身体极度虚弱。战士们喊了半天他才醒来。他挣扎着把一个笔记本和7块大洋交给李甫，断断续续地说："你们赶快突围……不要管我了……否则一个都出不去……替我向组织上汇报。"并指着大洋说："这是党费……"当战士们泣不成声的时候，万万没想到父亲已悄悄摸出手枪，对准自己的太阳穴扣动扳机，践行了他在皖南部队突围动员时所讲的"如果我们有100发子弹，要用99发射向敌人，最后1发留给自己，决不当俘虏"的誓言。

皖南事变后不久，我伯父袁醉如找到八路军驻西安办事处，询问我父亲的下落。办事处主任伍云甫向八路军总部请示后，受八路军参谋长叶剑英委托，告诉伯父说："袁国平同志在皖南事变中英勇自尽，壮烈牺牲。"后来，李甫发表了《回忆皖南事变中袁国平同志牺牲的经过》的文章，记录了他和卫士连的战士发现父亲受伤、牺牲的经过，以及向时任新四军七师政委曾希圣汇报的全过程。　　　　　（袁振威）

刘英之女忆父亲：父亲的足迹

回顾父亲短暂而光荣的一生，不禁使人思绪万千，感慨万千。在那艰苦卓绝的斗争岁月里，先辈们吃尽了千辛万苦，才迎来了人民共和国的诞生。令人惋惜的是，父亲同成千上万的革命先烈一样，没能分享到革命胜利的喜悦，没能过上人民当家作主的幸福生活。不过，可以告慰父亲的是，他虽英年早逝，但他死得其所，死得重于泰山；党没有忘记他，战友们怀念他，人民永远纪念他。

父亲的革命简史已被编入多种辞书。新中国成立后许多战友都为他写了纪念文章。60年代初，曾与父亲并肩战斗的粟裕伯伯亲自对我说，在50年代初筹建人民英雄纪念碑期间，他向党中央打了报告，要求把父亲的名字刻在纪念碑上，后因为革命牺牲的志士实在太多，难以取舍，不得不放弃这一方案。1992年，为纪念父亲牺牲50周年，永康人民自愿集资在他牺牲的方岩修建了"刘英烈士陵园"。父亲的老上级聂荣臻元帅亲笔为陵园题了名，还有许多老前辈为陵园题了词。

刘英烈士墓

更值得告慰父亲的是，父亲为之奋斗、献身的革命事业，在党中央新一代领导人的带领下，已经取得并将继续取得更加辉煌的胜利，祖国日益强盛，人民正在奔向更加美好的未来。

父亲1942年5月18日牺牲时，我在浙江天台外婆家刚过两周岁不久，弟弟刘锡荣是遗腹子，父亲牺牲后两天他才在上海出生。我们对父亲的最初认识和了解，是通过仅存的几张照片和母亲断断续续的回忆获得的。回忆至此，我要感谢父亲的许多老战友和广大的党史工作者，是他们撰写了大量回忆录、纪念文章和党史研究资料，为我们提供了丰富的学习教材，使我们更深刻、全面地了解父亲的斗争历程和思想品格，父亲的形象在我们的头脑中越来越鲜活，越来越高大。我愿再次向为党史、军史研究作出贡献的人们表达最诚挚的谢意。

在父亲的优秀品格中，最令我们崇敬的是，他有坚定的革命理想和信念，坚强的党性观念，以及坚贞不屈、为革命献身的崇高思想境界。红军北上抗日先遣队在怀玉山战斗中失利后，党中央指示刘英和粟裕立即以突围部队为基础，组建挺进师，深入浙江开展斗争。这副重担落在父亲肩头时，他还不到30岁，且身负战伤未愈。党中央赋予挺进师的任务是：深入浙江，开展游击战争，开辟新的革命根据地，从战略上策应主力红军的战略转移，并配合友军行动，保卫闽浙赣苏区。在当时挺进师所处的环境和条件下，要以一支500多人的队伍，同数以万计的强敌周旋，完成党中央交付的历史使命，真可谓困难重重。何况当时挺进师内部有些同志对开辟浙江根据地信心不足，还发生过一些战士逃跑的现象。在这种情况下，如果没有崇高的理想和坚定的信念支持着父亲，是无法克服各种难以想象的困难在浙江坚持三年游击战争的。1938年春，主力部队撤离浙江北上抗日后，父亲又同几十个同志在浙江坚持地下斗争达四年之久。浙江是蒋介石的老家，国民党统治的腹心地区。能在这样的环境中坚持这么久的斗争，并不断发展壮大党的组织，在我党历史上是不多见的。

父亲出生贫寒，他在社会底层挣扎的亲身经历，使他极易接受真理，坚信马列主义能够救中国，中国共产党能够领导人民取得革命斗争的胜利。所以，他参军入党后表示，要把自己的一切直至生命交给党。为此，他写下了"赤心献革命，决然无返顾"的誓言。母亲在世时曾对我谈起："我同你父亲结婚时，他对我说，共产党员是把脑袋别在裤腰上干革命的，随时都要有掉脑袋的思想准备。"在这种勇于为真理献身的思想指导下，无论革命顺利发展还是遭受挫折，无论身处顺境还是逆境，父亲都坚定乐观、英勇顽强地为党和人民的事业奋斗着。父亲用实际行动，实现了自己的誓言。

父亲身上闪耀的另一个优秀品格是，从不计较个人得失，一切服从革命需要。挺进师入浙后，经过三年艰苦卓绝的斗争，终于迎来了国共合作、共同抗日的局面。

此时，父亲是多么希望立即奔赴抗日第一线，为人民立新功啊！但根据革命斗争全局的需要，党中央提出，挺进师的两位领导人只能抽一个到部队北上抗日，另一个留在浙江坚持斗争。得知中央的决定后，父亲毫不犹豫地向前来传达指示的曾山部长表示，自己主要担负开辟根据地的工作，同各阶层人士接触较多，对社会情况比较了解，留下来对开展工作更为有利。就这样，父亲置个人安危、得失于不顾，脱离主力部队，同少数干部留在浙江坚持斗争。

主力部队开拔后，有些留下的同志乍一离开部队心中没底，感到不安。父亲就用幽默风趣的语言开展思想工作，要大家像"老母鸡孵小鸡"一样，继续发展壮大党组织的力量。1939年秋，父亲率浙江省七大代表团到新四军军部待命。对父亲来说，这是一个回到党中央怀抱的极好机会，他多么希望立即飞到延安，见到久别的领袖毛主席、朱总司令、周副主席，亲聆他们的教诲呀，可就在这时，国民党顽固派又掀起了武装冲突。鉴于形势的恶化，党中央指示：浙江战略地位重要，浙江省委主要负责同志刘英不参加七大，返回浙江坚持斗争。尽管父亲对去延安向往已久，但为了革命斗争的需要，他愉快地接受了中央的决定，并立即与项英同志商讨下一步的工作安排。

父亲之所以能迅速成长为红军的高级领导人，除了革命斗争需要外，还与他孜孜不倦的学习态度和勤于思考的钻研精神分不开。由于家境贫寒，父亲只读到高小毕业就辍学在家，与祖父一起下地种田，但他仍然勤奋自学。"夜静书为友，春深笔吐花"，他自书的这副对联，是他幼时勤学苦读的真实写照。参加革命担负领导工作后，又促使他努力学习革命理论书籍，阅读各种进步刊物。父亲的战友，一些健在的老红军，对他利用战斗间隙读书看报的情景还记忆犹新。他不仅自己学，还经常劝导身边的同志努力学习。他说："革命者要有远大的眼光，没有文化不能为革命挑重担。将来革命胜利了，要做的事更多，哪件事都离不开文化。"他还经常向他们赠送钢笔、笔记本等学习用品，鼓励他们学文化。功夫不负有心人，刻苦学习使他的文化知识、理论水平迅速提高，使他在革命斗争中显示出卓越的领导才干，善于从政治上把握斗争方向，在远离党中央的情况下，在重大问题上与党中央保持一致，并能随着政治形势的发展变化，不断调整战略思想。还值得一提的是，他利用1939年秋在新四军军部待命的一个多月的时间，进一步修改了约7万字的《北上抗日与坚持闽浙边三年斗争的回忆》一文，为这段革命斗争史留下了宝贵的资料。

父亲对同志坦诚相见，关心战友，爱护群众。父亲曾书写过这样一副对联："大敌当前少说私情，相见以诚勿谈客套。"他为人处事一切以革命利益为重，遇到错误言行，他会给予严厉的批评。但他是对事不对人，有错改了就好，照样信任、重用。

是自己错了，他也能虚心地自我批评，从不计个人恩怨。一位出席七大的浙江代表在回忆录中写道："刘英同志非常平易近人，亲切热情，使人感到接待我们的是同志和战友，而不是让人望而生畏的领导和首长。"为争取广大人民群众的支持，每到一地，父亲就找一些地方上的头面人物开座谈会，宣传党的政策，调查社会情况。在他的帮助下，挺进师指战员有空就帮助农民种地干活，访贫问苦，有时还搭台演戏鼓舞群众，遇到一些有威望的革命老人过生日，年轻人的婚庆喜事，父亲都亲自为他们书写贺联。在一次部队转移行动中，他看到一位抬担架的农民兄弟穿草鞋磨破了脚，就取出自己仅有的一双新力士鞋送给他穿。看到他们晚上宿营没有被盖，就拿来自己的毛毯给他们盖上。人民群众就是通过父亲及其战友们的这些言行，认识红军、热爱红军，进而拥护、支持红军的。所以当挺进师需要补充兵员时，根据地的人民群众一呼百应，广大青年踊跃报名参军。父亲留在浙江坚持地下斗争期间，他更是注意利用"王老板"等掩护身份，通过为群众治病、同老乡下棋、与小商贩谈"生意经"等多种方式，接近人民群众，了解民情、社情。为便于做群众工作，他这个江西人还积极学习浙南各种难懂的方言，达到了能听懂群众的谈话并能讲一些日常用语的程度。

父亲虽然过早地离开了我们，他没有为我们的成长创造什么优越的条件和环境，但他给我们留下了一笔珍贵的精神遗产，为我们树立了学习的榜样，永远激励着我们去做一个正直、高尚的人。父亲的优秀品质远不止上面所提及的这些，他的战友们称赞他多才多艺、文武双全；组织上褒奖他是中共中央东南局所属各省的模范省委书记。我们为有这样一位父亲而感到骄傲和自豪。　　　　（刘小英）

毛泽民后人：寻找先辈红色足迹

"从韶山开始，安源、井冈山、九江、抚州、南昌、福州、北京、新疆直至俄罗斯，沿着毛泽民当年的足迹，走访当事人，查找历史文献，拜谒革命旧址。经过20多年的寻踪，一个活生生的毛泽民逐渐清晰地出现在家人面前……"62岁的曹耘山是《寻踪毛泽民》一书的策划人，他在这本书的序言中这样概括过去20多年来他们一家两代人为了寻找先辈的红色足迹所做的努力。

曹耘山是革命先烈毛泽民的亲外孙，他的母亲是毛泽民与第一任妻子王淑兰所生的女儿毛远志。"我母亲1922年生于湖南长沙，随后就跟姥姥回韶山生活。"曹耘山说，"因为外公1921年就已经离开韶山跟着毛泽东干革命，我母亲跟着姥姥吃了不少苦，被国民党反动派抓去蹲过监狱，讨过饭，然后又送给人家做童养媳。"

"我母亲一生都很怀念我外公，虽然她只在1925年和1927年见过外公两面。"曹耘山告诉记者，毛远志1938年被组织接到了延安，在那里受到了伯伯毛泽东无微不至的关怀，但是依然没有机会与她日夜思念的父亲毛泽民一起生活，因为这个时候毛泽民已经被党组织派到新疆做统一战线工作。"直到外公牺牲两年多后，我母亲才从毛泽东口中得知父亲毛泽民已经不在了的消息，没有机会在外公跟前尽孝是我母亲一生的遗憾。"曹耘山说。

1983年，毛远志从单位退休，在丈夫曹全夫的陪伴下，她开始走访父亲曾经工作和生活过的地方，跟父亲的老同事、老部下座谈，搜集整理和父亲相关的文献资料。"刚开始时可能还只是出于对亲人的怀念，后来慢慢地就变成对革命先烈崇高精神的追寻了。"

毛泽民烈士之墓

曹耘山告诉记者，毛远志1990年因为癌症去世以后，他们兄妹4人就接过了寻找先辈红色足迹的工作。彩色画册《毛泽民》、长篇传记文学《寻踪毛泽民》和文献纪录片《毛泽民》就是他们艰苦工作的重要成果。曹耘山认为，外公毛泽民一生有三点精神特别值得敬佩：一是为国家独立、为人民解放、为理想实现而孜孜追求的奋斗精神；二是对革命工作埋头苦干、兢兢业业的开拓与创新精神；三是不计较名利地位、不利用职权谋取私利的忘我无私精神。

曹耘山还告诉记者，他是毛家第三代唯一参加过作战的人。在那次作战中，他带着一个步兵营在枪林弹雨中冲锋陷阵。"牺牲了33个战士和一个连长，圆满完成了作战任务，荣记集体一等功。"曹耘山说，"上了战场就没有准备活着回来，在国家需要的时候就要毫不犹豫地冲上去，我决不会给毛主席和外公毛泽民丢脸抹黑。"

从部队转业以后，曹耘山先后在机关和国企干过，退休后就专职做起了毛泽民的相关研究工作。他告诉记者，他们四兄妹都做着平凡的工作，过着普通人的生活。"大哥曹志卫退休前是人民邮电报社的普通干部，二哥曹宏退休前是国防大学图书馆的副研究员，小妹曹立亚是国家食品药品监督管理局的干部，再过两年也要退休了。"

曹耘山说："母亲一生严于律己，生活朴素，在大院里很少有人知道她是毛主席的亲人，我也是初中毕业报考飞行员填政审表时才知道自己的外公是毛泽民。"曹耘山说："我母亲一直跟我们讲毛主席对她的教导，靠组织，靠人民，靠自己，不要靠父母。我们也是按照主席和母亲的话来教育我们的孩子，让他们好好学习，多长技能，好好工作，老老实实靠自己。"

（刘良恒）

邹韬奋之女：父亲追求的不是个人得失

"题破稿纸百万张，写秃毛锥十万管"。在中国抗日救亡的漫天烽火中，在国家危难存亡之际，邹韬奋没有一天不拿着笔在战斗，直至生命最后一息。

邹韬奋1926年任《生活》周刊主编，从做记者、写文章，到办报、办刊、办书店，他用文化事业唤起民众抗日救国，不仅是中国近代文化史上的一位出版大家，更是一个用特殊材料"制造"的优秀共产党员。

"父亲的一生，应该说是坚韧不拔、一往无前，和祖国、与人民休戚与共。因为在那个中国贫穷、积弱、屈辱的时代里，为中国寻找出路，让祖国强大、富强，是他们那一代知识分子和文化人愿意付出生命去追求的。"邹韬奋之女、81岁的邹嘉骊对记者说。

因为出生在颠沛流离的时代，她从小与父亲聚少离多，14岁时父亲已经去世。而对父亲的重新认识，是在自己退休之后，开始编写《邹韬奋年谱》和《邹韬奋全集》。

邹韬奋被誉为"人民的喉舌"，他对读

邹韬奋故居

者满腔热情，却拒绝做蒋介石的御用文人，不计个人得失。以他的名字而命名的中国韬奋新闻奖，已经成为中国新闻界的最高标杆之一。

邹嘉骊说，父亲为了抗日救亡、反对国民党的黑暗统治，经常被特务跟踪，受到白色恐怖的威胁，而自己与母亲也常常到处躲避。父亲留给她最大的精神财富，就是临终前的遗言："不要怕！"

邹嘉骊回忆说，父亲临终时已不能说话，用纸笔颤抖地写下了三个字："不要怕！"正是这三个字支撑着她渡过了一生的难关，成为她终身的座右铭。

为了重新走近父亲、了解父亲，在战乱年代中没有受过完整教育的邹嘉骊，1984年从上海文艺出版社退休后，便把全部身心投入了邹韬奋生平事迹的整理和研究之中。1995年800万字的《韬奋全集》出版付梓；2005年140万字的《韬奋年谱》问世。

邹嘉骊说，一往无前、"不要怕"的邹韬奋精神让她战胜了人生中无数的困难，做到了这些看似不可能的事。她说："编完《韬奋年谱》，我自己的精神状态也提升了不少。父亲和他们那一辈人一生追求的不是个人的得失，而是祖国的富强、人民的幸福，他们的奋斗目标也应该是我们后人所应该追求的。"

（孙丽萍）

彭雪枫之子："我要做父亲那样的人"

虽说没见过父亲，但父亲彭雪枫的高大形象，却一直矗立在儿子彭小枫的心灵中。彭小枫很小的时候就这样想，我要做父亲那样的人，不辜负父亲对我的期望。

中国工农红军和新四军高级指挥员、军事家彭雪枫的儿子，二炮原政委彭小枫深情回忆起父亲：

我是在父亲牺牲后的几个月出生的。在我刚刚懂事的时候，我的母亲、父亲的战友，那些叔叔、伯伯们，不断地给我讲述父亲的故事，所以说父亲的伟大形象牢牢地镌刻在心里。

我是在老一辈无产阶级革命家的关怀下长大的。他们对我的教育集中到一点就是要我向父亲学习，做父亲那样的共产党员。随着年龄的增长，阅历的增加，对父亲的理解和认识也在不断地深化，他的形象在我心中更加丰富、更加完整、更加高大，成为始终鼓舞我不断前进的巨大力量，是取之不竭的力量源泉。

雪枫墓园

江苏省宿迁市泗洪县是我父亲遗骨埋葬的地方，我每年都到那里的雪枫墓园祭奠我的父亲，每次看到去墓园给父亲扫墓的群众人山人海、络绎不绝，让我很受感动，也引起了我的深思。我的父亲已经牺牲几十年了，但根据地的人们依然那样思念他，他的战友虽已到迟暮之年，但对他的怀念却是有增无减。

我的父亲是个信仰坚定、为理想而奋斗的共产党人。他从年轻时候就选择了共产主义理想和马克思主义信仰。为了崇高的信仰，无论多么艰难困苦，他都没有丝毫动摇，为之流汗流血，直至献出自己的生命。对党的无限忠诚是我父亲用信仰铸成的坚强党性。他曾说："自己的一切都是党的。"他把自己的誓言作为一生身体力行的准则。

我父亲是千百万烈士中的一员，党和人民永远不会忘记。国家富强，社会和谐，人民幸福，是革命先辈为之奋斗终生的理想。我们要永远继承烈士们的遗志，让他们为之献身的事业，千秋万代传承下去。

（王阿敏）

王若飞独子：一生一世念党恩

1946年4月8日的那场空难，让王若飞、秦邦宪、叶挺、邓发等人的生命定格在黑茶山。

今年清明节，王若飞独子王兴和数位"四八"烈士的后人相约来到黑茶山祭奠烈士英灵。王兴说，对父亲的印象主要停留在儿时的记忆和照片上的那些瞬间，而这里的一草一木，能让他感受到父亲的存在。

直到10岁那年，王兴才从玩伴口中得知父亲牺牲的消息。那时，他全身冒汗，跑回家问母亲，母亲含泪告诉他，爸爸没有了，还有妈妈，还有党。

王兴虽然失去了父爱，但得到了革命大家庭的照顾，王若飞生前战友、同志视王兴如己出，从生活到成长，倍加爱护。"我内心中没有因父亲遇难而产生的阴影，这要感谢党组织，感谢老一辈的革命者，感谢革命大家庭。"王兴说。

王兴的爱人张延忠说，王若飞夫妇1925年在郑州结婚，之后长达13年的时间里没有生育孩子，其中原因并非人们常说的"婚后聚少离多"等，而是面对复杂的革命环境，他们做好了牺牲的准备，怕孩子成为孤儿、从小缺少父爱母爱。直到1937年父亲出狱抵达延安后，生活安定下来，才生育了王兴。

在王兴家，有一张他小时候同父母的合影，王兴望着照片说："那个时候太小了，我对父亲几乎没有什么深刻的印象，只是一些玩耍、骑马的场景。而真正对父亲的事业和精神的理解，是在他牺牲后组织对我的培养、教育、启发。"

"我是在党的关心下成长起来的，尽管父亲本人没有对我的成长起到很大的感召作用，但在党组织的指引、教育下，我明白了父亲为之付出生命事业的意义，明白了'王若飞们'的精神所在。"王兴说，"父亲给我传下来最大的精神财富就在于，要立志做有益于国家、有益于人民的事，要向往光明。"

"四八"烈士陵园

王兴和张延忠在教育子女方面，达成了一致："王若飞们"用鲜血铸就的精神不能丢，立志进取、勇于磨炼的革命意志必须坚持。"我常常对子女说，踏踏实实做好本职工作，不做违心的事，不做对不起人民的事，就是对先人的最大慰藉。"张延忠深情地说。

（刘　阳）

叶挺长子忆父亲：不辞艰难哪辞死

"为人进出的门紧锁着，为狗爬出的洞敞开着，一个声音高叫着——爬出来吧，给你自由！我渴望自由，但我深深地知道——人的身躯怎能从狗洞子里爬出！我希望有一天，地下的烈火，将我连这活棺材一齐烧掉，我应该在烈火与热血中得到永生！"

皖南事变后，时任新四军军长的叶挺遭到国民党长期的无理拘押。一首《囚歌》，浓缩着他对牢狱生涯的体验和对生命、自由及尊严的悲壮思考。

叶挺在澳门时拍摄的全家福

半个多世纪过去了,叶挺的长子叶正大中将,也已是一位80岁的老人。叶正大是我国飞机设计工作的奠基者和开拓者之一。

回顾家族的历史,叶老流露出无尽的感慨:"你们生在和平时期,长在一个开放的全球化时代,是多么幸福。虽然现在也会面临很多诱惑和选择,但你们无法体会,如果生与死、富与贫、安居乐业与颠沛流离同时摆在面前时,你该如何抉择?"

大狱中的诱惑

在叶正大的电脑相册中,有很多色彩艳丽的家庭照片。"我最喜欢这张,这是我父母抱着小妹扬眉的合影,后面是盛开的桃花林。旁边配文'待到山花烂漫时,她在丛中笑。'"然而,细细看来,每一张照片都是叶正大用电脑合成的。他把家人的黑白照安放在不同的山水背景下,配上诗句,逐一欣赏。看着这些搭配并不协调的照片,不免让人心酸。自从离开澳门,随着叶挺南征北战,叶家人从此天各一方,再未有过团聚之时。

1937年抗战爆发后,叶挺毫不犹豫地赶到了延安。不久,他出任新四军军长,率部队奋战在抗日最前线。1941年1月8日,震惊中外的皖南事变爆发,新四军伤亡惨重。1月14日,叶挺下山与国民党谈判,被无理扣押。

第一个劝降说客是制造皖南事变的刽子手顾祝同。他是叶挺在保定军校的同学,他对叶挺"晓之以理,动之以情,颂之以恭敬","然而父亲却在宴席上一把掀翻了桌子。接着,他们又派来了皖南事变中叛变的原新四军军部参谋处长,我爸爸是军人脾气,他还没有说两句话,我爸就扇了他俩耳光,真揍。他要跑,我爸一个果盘扔了过去,水果都摔到了地上。"

1941年7月,蒋介石下令将叶挺从上饶押往桂林,关在七星岩附近的一个山洞里,与世隔绝。1942年,又将叶挺改押回重庆。"这时我爸的老同学兼老部下、时任第六战区司令长官的陈诚,向蒋介石担保可以感化父亲。他让父亲住进小洋楼,派厨师给他做好吃的,每天的伙食标准是四块大洋,甚至还问我父亲要不要女人。"

由于再次遭到拒绝,蒋介石恼羞成怒,取消了对叶挺的一切优待,将他关进重庆白公馆。将介石决定亲自出马,做最后一次劝降。"我父亲最后说,你开军事法庭审判我,枪毙我吧!听到这个,蒋介石掀了桌子,说算了算了,不谈了。"

接二连三的劝说和颠沛流离的生活,并没有削弱叶挺的意志,1942年11月21日,在好友郭沫若生日之际,叶挺挥笔写下了著名的诗篇《囚歌》。每每谈起叶挺创作的《囚歌》,叶正大都情绪激动,难掩热泪:"父亲共写了18页纸,总结了自己的一生。说'不辞艰难哪辞死,生死原来相游戏,只问此心无愧怍,赤条条来光棍逝。'"

叶正大记得,向来文静的母亲得知父亲被捕后,痛哭失声,三天不能起床吃饭。周恩来得知叶挺被关押到重庆,立刻向蒋介石提出让叶挺家人前去探视的要求。迫于政治压力,蒋介石不得不答应。

在叶正大一张从未公开的照片中,记者惊讶地发现叶挺除《囚歌》外,还写了另一篇文章《囚语》,寄托了对相濡以沫的爱妻的思念,让人看到一个有血有肉的北伐名将:

"今日我特别觉得须(胡须)的可爱。我在自由的时候,吾妻很讨厌它,我每过几天必刮须一次,吾妻笑问:今日为何又刮须?我只能一笑答之,彼此均会意了。漫漫长日,在囚室中特别爱抚须深思:觉我的唇不知何日才有朱唇可吻之福?今日只是摩一摩须,也感到一点快感。今日因须长,才发现下唇的须皆逆生,这或者是多遇逆境的征兆吧。我已发愿,我一日不得自由,必不理发剃须,这是我的自由。"

(刘 畅)

罗荣桓之子忆父亲:"你们决不能做八旗子弟"

生活中的罗荣桓性格内向,爱读书、喜书法、不抽烟,也不喝酒,不题词,不爱照相,生活严谨,宽厚待人。他教育孩子讲得最多的话是:"不能忘本。"他对孩子们做事的要求是:"不患不成,而患不坚持耳。"

1952年3月18日,中国人民解放军代总参谋长聂荣臻和副总参谋长粟裕,向中央军委主席毛泽东和副主席周恩来、朱德等呈送了《关于成立军事工程学院的报告》。

8天后的3月26日,毛泽东批准了这个报告,同意组建哈尔滨军事工程学院。速度之快,令人吃惊。热情洋溢的毛泽东还专门为哈军工题写了训词。开学前,时任国务院副总理的陈毅在会议上大声疾呼:"我们的子女要带头考军工,以影响社会上的学生报考军工。"于是,一大批高干子弟云集哈军工。

这么多高干子弟集中于一校,教育问题也成了家长们共同关心的热点。1961年4月14日,罗荣桓在给罗东进的信中专门叮嘱说:"你在引用我的话'要依靠自己吃饭',看在什么问题上讲的,那不是要把个人与集体存在对立的说法。干部子弟有些不争气,须要互相帮助改正,不要轻易给人戴上'腐化'帽子。干部子弟中有特殊优越感，在同学中生活中表示（现）突出，不艰苦朴素，应该劝导，要保持革命的光荣传统。

"对同志应是互相信任的，互相听取不同的意见，决不能只相信自己，不相信人家，排斥人家意见。要经常记着毛主席的话，'虚心使人进步，骄傲使人落后'。"一纸家书，见证了一位元帅父亲的良苦用心。

罗东进在哈军工的表现，没有让父亲罗荣桓失望。在哈军工校方写给毛泽东有关高干子弟在校表现情况的报告上，对罗荣桓之子罗东进的评价是："在群众中有良好影响、品学兼优。"

罗东进回忆道："我爸爸经常对我讲，你们决不能做满清的八旗子弟，躺在父辈的功劳簿上，不思进取，不学无术，整天就知道提笼架鸟，专横跋扈。"

在回忆自己的成长道路时，罗东进经常谈到少儿时的几件小事。

有一次，部队打了胜仗，罗东进捡了个日本鬼子的破防毒面具戴在头上，跑到街上又蹦又喊，把老乡的孩子吓哭了。罗荣桓知道后，就严厉地批评他说："你寄养到老乡家的时候，路都不会走，是老乡用高粱煎饼把你养大的，老乡待你像亲生儿子一样。可你刚从老乡家里回来，就忘了本！你知道什么叫群众纪律吗……"说完后，又叫罗东进在屋内反省，以便牢牢记住这件事。

罗荣桓与家人合影

有一年冬天，林月琴给罗东进买了顶棉布帽子，罗东进嫌样子不好看不愿戴，要买一顶皮的。罗荣桓知道了，把罗东进狠狠批评了一顿："小小年纪就讲究这讲究那，这还了得！"他告诉林月琴以后对孩子的生活不要过多操心，在政治思想上要多关心一点，他曾经说："教育孩子是件麻烦的事情，急躁不行，夸奖太多了也不好。不过有一条，做父母的完全可以办到，那就是，只要发现他们有一点不好的苗头就指出来，要他们改正，不让它发展下去。"

罗东进上小学时，子弟学校离家很远，每星期回家一次，都是机关用大轿车集体接送。有一个星期六，学校放学晚了，家里人派车去接了一次。罗荣桓发现后把全家叫到一起，严肃地说："汽车是组织上给我工作用的，不是接送你们上学的，你们平时已经享受了不少你们不应当享受的待遇，如果再不自觉就不好，那样会害了你们自己。"他又吩咐工作人员："以后绝对不准用小车接送孩子，让他们搭公共汽车也是个锻炼嘛！"

有一次，罗东进和妹妹放学回家，没有搭上公共汽车，天很晚了还没有到家。家里担心路上出了什么事，罗荣桓也有点着急了。这时两个孩子满头大汗，一身尘土走进门来。问清原因后，罗荣桓高兴地表扬他们说："好，好，你们做得对，今天你们搭不上车走着回来，不怕苦，不怕累，这种精神要发扬，要长久地保持下去。"

毛泽东说：罗荣桓是老实人

老实人做老实事，寡言少语的罗荣桓不喜欢夸夸其谈，但在原则立场上却固执异常，决不让步，表现出特有的耿直秉性，这给他的孩子们留下了深刻的印象，回忆起来，至今历历在目。

罗荣桓外表看上去很严肃，其实对人很热情，他不太愿意说笑，但是为人处事老实诚恳、实事求是。延安整风运动后期，康生他们搞了一个抢救运动，全党很多地区都普遍开展，冤枉了一些人，甚至错杀了一些人，但是在山东，罗荣桓就硬是把他顶住了。

林彪当上党的副主席之后，位高权重，他所倡导的学习毛泽东思想的方法，风行一时。但罗荣桓却认为只学语录，"带着问题学"，"急用先学，立竿见影"，这是把毛泽东著作庸俗化了。

于是，1961年4月30日，在一次军委讨论某一条令的会议上，罗荣桓当面向林彪指出"带着问题学毛选"的提法不妥。当时举座皆惊，在军委扩大会议上对"学毛选"提出异议，当着副主席林彪的面直言不讳，这是前所未有。在当时那种政治环境下，平常少言寡语的罗荣桓可谓一鸣惊人了。

事后，有人劝他不宜太刚直，罗荣桓用湘音正色答道："原则上的事，砍脑壳也要坚持。"

其实，罗荣桓这番话并非现场放炮，而是他深思熟虑的一个结果。早在4月14日，他给在哈军工上学的罗东进写的信中，就阐述了自己的观点："理论学习必须联系实践，因为理论是来自实践，而又去指导实践，再为实践所证实，所充实。如果理论离开实践，就会成为空谈，成为死的东西。学毛主席的著作，亦不要只满足一些现成的语句或条文，最重要的是了解其实质与精神。所谓带着问题去学毛主席著作，决不能只是从书上找现成的答案。历史是向前发展的，事物是多样性的，因此，也就不可能要求前人给我们写成万应药方。

"你同同志们对问题的看法有些不一致，也是很自然的。各人看问题方法没有一致的基础——唯物辩证的基础，还缺乏实践生活。因此，同志们互相交换意见，交换不同的看法，甚至必须经过争论，才会有可能求得一致。但不要在同志间无论对谁存在成见用事。"

好在毛泽东很了解他的这位湖南老乡，他曾说："这个同志有一个优点，很有原则性，对敌人狠，对同志有意见，背后少说，当面多说。" （肖伟俐）

贺龙之女忆往事：全家前后 109 位烈士

1942 年，8 月 1 日，晋西北军区司令员贺龙与中共延安县委组织部部长薛明在延安结婚。

1947 年冬，他们的第二个孩子在山西兴县晋绥军区司令部的窑洞里出生。因为期冀新中国，孩子取名晓明。

北京初秋的一个早晨，一位头梳干练短卷发，身穿鲜艳藏青色上衣，下着西装裤的女士在保利大厦接受了《中国经济周刊》的专访。她就是当年那个生在窑洞的孩子——现任贺龙体育基金会主席的贺晓明。

"两把菜刀闹革命"、"南昌起义总指挥"、"全家 109 位烈士"、"新中国体育开山祖"……伴着毛尖淡淡的茶香，贺晓明思绪回到了父亲的世界。一时间，那或血雨腥风或岁月峥嵘的旧日时光如潮水般涌在眼前。

两把菜刀闹革命

1896 年，贺龙出生于湖南桑植洪家关。那年的湘西发生了严重的水旱灾害，荒野千里、饿殍满地。由于母亲体弱，乳汁较少，刚刚出生的贺龙是吃着"百家奶"长大的。

贺龙青少年的时候，正是动荡不安、急剧变革的清朝末年。

在那个多种思想意识相互碰撞的年代，年轻的贺龙很赞同孙中山先生的"三民主义"，并且在老乡陈图南先生的介绍之下，加入了中华革命党（国民党前身），从此走上了革命的道路。

20 世纪初，中国很多的地方政府都非常昏庸，鱼肉乡里百姓，"那个时候我老家桑植县很多老百姓都吃不上盐巴，仅有的一点点主要靠外地输入。进出驮盐的马帮都要收重税，成为当地政府的一笔主要收入。老百姓交不起钱，就要打白条，白条越积越多，民怨也越积越深。"眼看着周围百姓被当地官府这样践踏，贺龙首先想到的就是和志同道合的革命党人一起拿下当地盐税局。

那是在1916年。"我爸爸带着20个人，从桑植县赶了100里路，砸了盐局，杀了收税的警察，抢了枪；一把火把白条子都烧光了，那是大快人心，老百姓都拍手叫好！"

取得了这场胜利之后，贺龙在1916年3月的时候打出了"桑植县讨袁护国军"的旗号，配合了蔡锷将军"护国战争"的行动。

"当时一起参加革命的很多人都是我爸爸的长辈，但是因为他为人处事让人非常信任，大家都认为他能够成事。虽然我爸爸的年龄小，他还是成了那个组织的领头人。当时盐局的警察都是各自配枪的，而我们的人根本就没有什么装备，除了两把菜刀就剩下拳头了，可以说这样的革命更多地代表了一种正义和勇气。"

后来，毛泽东后来称赞贺龙说：两把菜刀闹革命，一个人带出了一个军。

贺家前后109位烈士

"我家前前后后有109位烈士。贺家人就是这样为祖国奉献的。"随后，贺晓明深情地谈起了贺家烈士中的其中一位：她的大姐贺金莲。

1927年南昌起义之后，贺龙家属在上海租界被捕，《申报》刊登消息"贺匪家属被捕入狱"。这里面就有贺金莲，她受尽煎熬最后病逝狱中。其他家人一直到西安事变之后才被释放。

贺龙姐弟红军时期的留影　　　　桑植县烈士英名录

随后贺晓明又讲起她的大姑妈贺英。"贺英和我爸爸感情非常深。我的奶奶去世早，我姑妈从14岁就担起了家庭的重担。那个时候，我姑妈经常带着我爸爸一起干活，两个人可要好了。"贺家是从湖北迁到湖南的，在湖南也算是客家。当地人比较欺生，比弟弟大不了几岁的贺英总是护着贺龙。

"后来我爸参加北伐战争,我姑妈就跟着。"贺龙到武汉的时候,贺英回家乡筹集资金和枪支弹药。后来贺龙回到湖南搞革命根据地,贺英给了他很大帮助。后来主力部队转战洪湖,留在湘西打游击的贺英工作就更加具体,她安置伤员、照顾红军家属、传递情报等等,为党的工作出了不少力。

"那个时候白色恐怖非常严重,贺英的工作非常艰苦。1933年夏天,我的大姑妈在湖北鹤峰太平镇一次战斗中英勇牺牲了,知道这个消息以后爸爸非常难过。"贺英最后葬在鹤峰的烈士陵园。

"我是烈士子女,我们对共和国英烈的那份感情言语无法描述。人民英雄纪念碑是2000万无名烈士纪念碑。我现在在做一份实名烈士名单。已收集了757人。"贺晓明说。

不要让别人"指破衣服"

小时候有一次她陪爸爸散步。父亲忽然问她:"人的衣服应该是怎么破的呀?"

贺晓明不知道他为什么会问这么个问题,就天真地说:"穿破的呀。"

贺龙的眼神认真起来,他郑重地告诉晓明:"人的衣服呀,可以被穿破,可以被洗破,但就是不能被人'指'破。"

这个"指"就是"千夫所指"的"指"。贺晓明很久以后才明白,父亲想说的是:做人,一定要追求良好的口碑,不能因人品而被人斥责、指指点点。父亲生平最重视的,就是这口碑。

那么,在严于律己的同时,贺龙又怎样待人呢?

"1962年困难时期出了这么个事儿。北航有个学生饿得要命,就跑到食堂里去偷馒头,被抓着后,系里就不停地严厉批评、教育他。我爸知道后,说:'批评教育一下就行了,他肚子饿'。"

当时的贺晓明很不理解爸爸,因为在所受的教育里,盗窃、说假话是最不好的品质。后来晓明才明白,当时可是"吃不上饭"的困难时期啊。爸爸这么做,是出自对人的理解与宽容。"他用这样的事教育我们,待人要宽厚。" (周海滨)

粟裕之子忆父亲:未了的心愿要我们后人去完成

爸爸把台湾回归祖国作为自己的最重要的任务,时刻挂在心上。1949年上海刚解放,他就开始考虑和研究占领福建以后进而解放台湾的问题。后来党中央和毛主席任命他为解放台湾的指挥员，他就更加深入具体地进行了多方面的准备工作。1950年朝鲜战争爆发，毛泽东又指定他担任抗美援朝作战的指挥员（由于战争年代的六次战伤和过度劳累对身体的摧残，他突然病倒，没能到朝鲜去），并把大量准备用于解放台湾的部队和作战物资调往东北，对台作战任务被迫暂缓执行。没有想到，这一"暂缓"竟一直"缓"到了现在。

我从多方面体会到：在爸爸的心里，解放台湾的任务只是暂缓并未解除。从1949年开始直到他去世，他始终把解放台湾的任务放在心上。记得1949年他曾对我说：全国解放以后我带你们回湖南老家。但直到他去世也没有回过老家。小的时候我想不明白，不是已经解放了吗？不是有很好的机会和条件了吗？直到后来我成了一个真正的军人才理解了爸爸说的"全国解放"的深刻含义——一定要包括台湾和全部岛屿。还记得在爸爸的小屋里，墙上始终挂着台湾省地图，直到他去世。还记得曾在我们家住过的一位烈士的孩子，从军校毕业后回到我家，我爸爸就考问他一个问题：为什么到现在我们的军队还叫"解放军"而不叫"国防军"？他思考了一会儿回答说：因为台湾还没有解放。我爸爸高兴地说：你可以从军校毕业了。

直到现在我也成了一个老军人了，祖国还没有统一，这是全中华民族的一块"心病"。我作为军人也像爸爸一样，时刻准备着，去完成这最后的解放。

爸爸在青壮年时期的战斗和生活条件十分艰苦，积劳成疾，老年患有多种疾病。1981年他在已经有高血压、心肌梗塞、胃癌等多种病史的情况下，又患了脑溢血和脑血栓。他顽强地同疾病战斗着，丝毫没有减少对祖国安危的关心。他对我说："未来的战争我不一定看得到了，一旦打起来，要靠你们这一代了。"他把深切的关注寄予革命的下一代。

1983年5月，我的工作职务有所变动，我去医院向他辞行。爸爸的病情更重了，说话已很吃力，不能同过去一样对我作更多的嘱咐了，他只是说，师这一级很重要，连、团、师的锻炼对军队干部极为重要。还是和以往一样，他没聊家务琐事。这是他留给我的最后一句话。

我想，爸爸同我大概是"军事父子"吧。我强烈地感受到老军人身上那种在曲折经历中不断升华的高度的战争责任感。他不仅是关心我个人的成长。养兵千日，用兵一时；千锤百炼，用在一战。他关注着如何使新的一代军人，能在和平时期和未来战争中继承发扬我军光荣传统，并赢得现代化条件下人民战争的胜利。当我能在人民军队中做一点工作，并担负着一定的责任的时候，我更加感激爸爸的培养教育，更加怀念爸爸。

（粟戎生）

陈赓之子：感受父亲

父亲的老家湘乡是湘军的发源地，民风剽悍，尚武之风盛行，乡间乃至近代中国素有"无湘不成军"之说。我的曾祖父是湘军中最有战斗力的曾国荃部的一员战将。生性倔强豪侠，仗义疏财，膂力过人，武艺高强。"为官致富"后，"热心公益慈善诸事，灾荒之年不惜卖田贷粮施与本乡饥民。族中有窘于生计者贷以金，虽不偿亦不较也。"家中单设一屋，"老而无依者养之于家直至安葬"。祖父秉承其父正直、豪爽、乐善好施之家风，在"乡间微有声望"。仅尊父命，不求功名，但事农桑，身处乡里，心怀天下。对康梁变法、辛亥革命、讨袁义举、北伐战争、湖南农运无不同情支持。在这种家风的熏陶下成长起来的人，是很容易接受共产主义世界观、走上革命道路的。毛泽东在湖南作农民运动考察时曾与我祖父交谈，得知祖父支持三个儿子和一个女婿（父亲陈赓、三叔陈亮、五叔陈拔黄、姑夫谭政）参加革命。1927年在井冈山时，谭政曾任毛泽东秘书，毛泽东对他说："你那老岳父可是个对社会、对革命有贡献的人。"我们老家距毛泽东、刘少奇、彭德怀、彭绍辉的家乡都很近，就在三县交界处的几十华里方圆之内。从我们家里竟然走出共和国的两位大将——陈赓和谭政，这片土地的确是人杰地灵！

陈赓受命创建哈军工铜像群雕

多年以后，毛泽东从湘乡走到长沙、北京、上海，成为中共一大代表，成为一名职业革命家和中国共产党最早的创立者之一。1921年秋天，在湘军中度过了四年军旅生涯而又厌倦了旧军队黑暗生活的陈赓，也辗转来到长沙，并有幸成为了早期中国共产主义者何叔衡、毛泽东等先驱们的学生。马克思主义的新思想在他心中燃起了希望的曙光，他在长沙、上海读夜校，学英语、学马列，旺盛的求知欲望和对政治的激情，迅速将父亲塑造成一个年轻的布尔什维克。目睹了太多的军阀混战、生灵涂炭、西方列强凌辱中华的惨痛社会现实，父亲很快就自觉地坚定了自己的共产主义信仰，并在1922年加入中国共产主义青年团，年底转为共产党员。

那一年，全中国的共产党员加起来也只有200多人。

谈起自己入党的事情，父亲常常这样说"第一年有党，第二年有我"。其实，这句话应该是"第一年就有我"。他在军事工程学院工作时曾经对张衍同志说过："我的党龄应该是与党同龄。1921年我就在湖南党的小组工作，提出入党申请，可当时党的负责人说，陈赓出生于地主家庭，是个大少爷，应该多考验一个时期再说，就这样1922年才批准我入党。"

像他这样一个出身于旧式官宦大户人家的子弟，人生的第一次背叛，是逃避这个家族的包办婚姻。13岁那年就离家出走投奔了湘军，扛起了三尺半的"汉阳造"。第二次背叛，是离开旧式军阀队伍，投入到了刚刚组建的中国共产党的怀抱。从此以后，无论风吹雨打，无论国内外政治局势如何风云变幻，无论遇到多么巨大的诱惑和多么残酷的折磨，他的人生理念和信仰再也没有发生过丝毫的动摇和改变。

在湘军部队中，彭德怀和黄公略都是和他同一个团的中下层军官。彭德怀嫉恶如仇的刚烈个性和果敢仗义的处世方式，给父亲留下了深刻印象。尽管彭大将军的党龄要晚他六年，但在共同的革命道路上，父亲一直视他为兄长，他说这是他在湘军四年军旅生涯中最有价值的记忆之一。

时逢第一次国共合作，黄埔军兴，中国共产党积极推荐和选择大批优秀进步青年党团员投考黄埔军校。在毛泽东等湖南共产主义者的精心策划下，父亲和一批同乡青年南下广州投身黄埔。1924年夏天，500名齐聚在黄埔革命旗帜下的热血男儿，怀着满腔赤诚的报国之心，开始了一段他们生命中最富有传奇色彩的人生旅程：从1924年到1949的25年之中，他们像亲兄弟一样携手东征北伐，十年内战却又反目为敌，八年抗战同仇敌忾共赴国难三年解放战争一决胜负导致最终彻底决裂。中外的历史学家们惯于用"黄埔一期"这样的一个专有名词，来称呼这一代后来影响了中国革命进程的国共两党的精英人物。

在黄埔军校，他们接受了当时最正规的军事的教育。教材主要是采用苏联的军事教程，并吸收了德国、日本的军事理论以及中国传统的军事思想。可以说是当时世界上最先进的军事教育。对于父亲这样一个信仰共产主义的有文化有实战经验的士兵，成为第一期的佼佼者实属必然。黄埔一期最具盛名的优秀学生，时称"黄埔三杰"的蒋先云、贺衷寒和陈赓（有"蒋先云的笔、贺衷寒的嘴，都快不过陈赓的腿"之说），他们早期都是共产主义的信徒。1927年春天，蒋先云北伐战死在河南临颍；贺衷寒投靠到国民党右翼的蒋介石反革命阵营；陈赓坚守自己的人生理想，矢志不渝，为了新中国浴血奋战、九死一生，成为"黄埔三杰"中唯一仅存的"硕果"。

的确，父亲是世纪交替时代变迁的历史见证人，在他所身处的那个时代，像他那样能与众多的世纪伟人相识、相交以至相知的不为多见：四年湘军生涯中，他结识了彭德怀这样值得尊敬的兄长；在长沙投身革命之时，得到了革命导师毛泽东的言传身教；黄埔军校读书期间，他有幸做过孙中山先生和宋庆龄的忠实卫士，以至他在上海两次治疗腿伤期间，都得到了宋庆龄表弟牛惠霖大夫的特殊关照；后来他被捕入狱，和廖仲恺先生之子廖承志关在同一间牢房，正是宋庆龄四处奔走呼号，向新闻界大力宣扬"陈赓是中山先生和三民主义的忠实信徒"；才使蒋介石不敢冒天下之大不韪杀掉陈赓；也就是在上海，父亲竟有缘与文化巨匠鲁迅先生相识，他用火一般的激情、诗一般的语言向鲁迅先生讲述了红军在鄂豫皖的反"围剿"战斗，引起鲁迅先生莫大的兴趣，他随手画的一张鄂豫皖斗争形势图，一直被鲁迅先生珍藏；黄埔时期，年轻而坚定的共产主义者周恩来，深深地吸引了父亲，周恩来人格的魅力让父亲终生受益；东征陈炯明时，他是蒋介石的救命恩人，他的忠义和勇敢让蒋介石心动，让老蒋发出优秀青年被共产党搜罗一空的"浩叹"。

在人民解放军高级指挥员长长的行列中，与众多驰骋疆场的将帅们不同的是，父亲还有着白区地下斗争的经历。上海特科那段白色恐怖笼罩之下的艰难岁月，将他塑造成一个冷静沉着、刚毅果敢的男人。镇压形形色色的叛徒，秘密地潜入敌人心脏获取情报，在各种复杂形势下营救我党被捕同志……这种系生死于一线、大智大勇的独特斗争方式，真正显示出了他的英雄本色。（陈知建）

王树声之女忆父亲：对党忠诚　谦虚谨慎

我父亲那一辈的共产党人，可以说绝大多数都是用自己的一生去诠释什么是为人民服务。我父亲去世以后，读他的一生，你能看到有很多战争残酷的考验，还有政治磨难的考验，所以在那个年代，我觉得有的只是流血牺牲，没有什么名利。我的父亲曾有很多次跟我讲过一句话，就是中国革命死了多少人啊。我那个时候还小，只有十二三岁，但是我能感觉到他那种感叹。最近几年我走过很多地方，也读了很多历史，能更加理解父亲当年讲的这句话。因为我走过很多地方，像湖北、四川、甘肃这些地方，你看到那儿的烈士碑、烈士墓，就可以加深理解父亲当年说的那句话。对于我父亲来说，有太多的亲人、百姓、战友死在他的前面。对于他来讲，他是属于那种有崇高理想、被赋予伟大历史使命的那一辈人。他们属于无私奉献的一代人。

对党忠诚：穿越沙漠　一路乞讨回延安

父亲的革命经历随意地抽一段，对于现在来讲都能编出很好的影视题材。但是我感觉说到历史，真正的历史是血腥的，是残酷的。1937年3月14日，在甘肃肃南县的石窝山红西路军军政委员会召开了最后一次会议，对于西路军来讲，这段历史是挺沉重的。1936年10月份，西路军的21800名将士西渡黄河，到了1937年3月份，已经折兵大半，仗打不下去了。会议最后决定由我父亲率领一个支队，大概也就六七百人，打出去。最后我父亲在祁连山打了三个多月的仗。

最后打到剩他一个人的时候，我父亲一心要回延安，要找到党。他越过腾格里沙漠，在过民勤县的时候，因为没有吃的，什么都没有，他就昏死在沙漠里了。这时候有一个老乡，有人说是一个小商贩把他给救了。这段历史我父亲没有给我们讲过。但是后来我知道，到解放以后我父亲一直在找这个人，有名有姓的，当时托兰州军区，托部队找这个人，一直没有找到。到我父亲1974年去世以后，我母亲还在找这个人，也找不到。找不到这个人，也找不到他的家人。

王树声和女儿合影

还有一个故事。1944年11月，我父亲当时受毛主席嘱托，组建河南人民抗日军和河南军区，他任司令员。1944年底他离开延安南下。1945年2月8日，他们走到山西南边的中条山，刚刚翻过中条山，要渡过黄河，当时很冷，黄河里都是大块大块的冰。波涛滚滚黄河水，掀起很多巨浪，无数漂浮的大冰块从上游撞击过来，互相撞击挤压，发出的声音让人毛骨悚然。

当时他们到的那个地方，三面环山，一面临水，上没有村庄，下没有店铺，后头还有日本鬼子在追，当时的情况特别紧急。正在这个时候，看见黄河对岸过来一个人，一个挑着担子的老乡。他们说："快看，有一个老乡挑担子过来，赶快问老乡。"老乡说冰桥很快就会冲散了，你们要过的话要赶快。当时我父亲就命令部队赶快过黄河，几千人就这么过去了。刚刚过去就听见一声巨响，冰桥一下就没了。这时候日本鬼子追过来，只能朝着黄河打几枪。这个故事在当地变成了一个传说，就叫龙王架冰桥。

全家为革命付出巨大代价，牺牲了13位亲人

我父亲是1926年2月加入的中国共产党，是家乡的早期革命者之一。我父亲的个人经历挺坎坷的。他童年的时候就没有父母，是他奶奶把他带大的。那个时候我们家被叫做破落地主，家里还有地可以出租，有作坊。那时候我四叔还在我们家打工，家庭条件还可以。所以我父亲可以去读书，他的奶奶把他送去读书。他不读书也不能接受革命思想。后来我父亲在叔伯大哥王幼安的影响下接受革命思想，参加革命。王幼安大约是1922年、1923年的党员，是我们家乡传播革命思想的第一人，1928年被杀害了。

我父亲刚开始接受革命思想以后是革自家的命，当时组织王氏家族起来造反。后来到了红四方面军。1932年离开鄂豫皖苏区的时候，我们这个家因为战斗牺牲的，还有当时张国焘搞肃反扩大化被杀的，被国民党抓走后来失踪的孩子一共有十多个人。最后只剩下我父亲一个人。这里还可讲一个小故事。我父亲的奶奶姓丁，和当时的一个很大的恶霸地主是很亲的关系。她是恶霸地主的姐姐。后来我父亲他们打土豪分田地，打过来打过去，最后那个大恶霸就被我父亲抓起来杀了。这个大恶霸就是我父亲的亲舅公。这也可以说是大义灭亲。这样的话人家才服你。要不然的话，你又是地主，跟恶霸又是亲戚，怎么可能跟你去闹革命？

父亲有人格魅力，是一个有担当的人

我父亲有很强的人格魅力，是一个很有担当的人。有资料称，我父亲是一位写"检查"最多的将军，在《王树声军事文选》中，建国前的文章有46篇，文章标题中带有"经验教训"和"检讨与反省"的，就有6篇之多，甚至在生命的最后一刻都在检讨。我父亲很有担当，一场战役打下来，写总结的时候，从来都是说我哪个地方做得不够，哪个地方有错误。

在"文化大革命"的时候，周总理让我父亲负责一些军事外交方面的事情。那时

候经常来一些外宾,他就跟总理一块儿去陪同接见。有一天下午,他要跟总理一块儿去见外宾。午休时,他让警卫同志到时间叫醒他。结果叫晚了点,我父亲起来的时候大发脾气。生过气以后,他还跟警卫道歉,说自己的态度不好。　　　　　　（王宇红）

跨越时空的大爱
——倾听革命后代讲述过去的故事

我们曾经被压迫,我们更拥有英雄。

历史铭刻从 1840 到 1949 年中华民族百年沉沦。

历史瞩目从 1949 到 2050 年中华民族百年复兴。

中国人民不会忘记,千千万万革命先驱用鲜血和生命为新中国奠基。他们经历过无数艰难、挫折与困苦,经受过血与火的洗礼考验,他们更体验过实现心中理想的幸福与荣光,奏响了一曲曲豪迈激越的民族精神凯歌。

这样的父亲母亲,不仅凝留于后代心中,更永远镌刻在民族和人类的永恒记忆中。

一边是会随时掉脑袋和一个暂时望不到胜利的理想,一边是可能的升官发财和生活舒适,他们毅然选择了为穷苦大众求解放的大业——

义无反顾的抉择　　舍生忘死的追随

1927 年风云突变。血流成河的大屠杀考验着成千上万名共产党员,他们需要用血肉之躯再一次坚定自己的理想。

革命最低谷的时候,叶剑英挺身加入了共产党。

女儿叶向真说,父亲在井冈山的境遇与他当年在国民党军队当师长时可谓天壤之别:当师长时,行军中找不到水洗手,就用白兰地来消毒;当年做盐税监管大员,在根据地连盐巴都很难看到。

"他放弃高官厚禄,脱掉皮鞋穿草鞋的举动,许多人不理解,但是父亲义无反顾地跟从了自己的内心:为人民的利益而奋斗。"叶向真说。

黄克诚当时有国民党员和共产党员双重身份,在北伐军中已任团政治教官,与团长关系不错,月收入上百大洋。

对于一个出身贫苦农民家庭,从小饱受欺凌压迫的农民儿子来说,革命绝非一句口号。1927年10月,黄克诚谢绝了团长的挽留,毅然离开国民党部队,冒着生命危险到武汉寻找党组织。

"鲜血淋漓的历史,已涤净了他对个人的意识。在以后艰难困苦的岁月里,他舍生忘死追随共产党和红军,为劳苦大众的解放和国家的独立富强奉献了一生。"黄克诚之女黄楠说。

信仰的力量是神奇的。共同的信仰凝聚在一起,足以撼天动地。从1921年成立时只有50多名党员到28年后夺取全国政权,千千万万共产党员在信仰的指引下,疾风骤雨般摧毁旧制度、建立新中国,中华民族从此由苦难走向辉煌。

历史忘不了——"眼底烟云过尽时,正我逍遥处"的"秋白绝笔"。福建长汀罗汉岭下一块草坪上,面对行刑者,瞿秋白盘膝而坐,微笑点头:"此地甚好,开枪吧!"

人民忘不了——"杀了夏明翰,还有后来人"那大义凛然、气壮山河的就义诗。这位冲出封建家庭的"夏府少爷"身上所体现的革命气节,鼓舞着一代又一代年轻人。

民族忘不了——《可爱的中国》这一"爱国主义的千古绝唱"。用皮鞭抽打、坐老虎凳、灌辣椒水……方志敏毫不动摇,始终饱含着激情和对党的忠诚……

革命先辈的执著追求、艰苦奋斗、英勇牺牲……作为后人,永不忘记。人民共和国的屹立,就是对他们最好的怀念。

他们常常缅怀那些牺牲的战友,对于党和国家给予的"高官厚禄",总是深感"内疚",他们对党、对人民——

充满深情的热爱　一心一意的奉献

在北京解放军报社家属区,绿树掩映着一处普通平房,那是开国大将王树声的家。穿过仅容两人侧身通过的狭窄走廊,是他生前的书房,简朴大方。写字台前黑白相框中的将军,神态威武,眉宇间英气十足。

"父亲一生征战无数,遇到的都是难啃的骨头,太行山抗日、中原突围、大别山剿匪……"女儿王宇红追忆——

1936年,父亲抱病参加西路军,与兵员和装备数量超出我军数倍的敌军喋血战斗。西路军被打散后,他孤身一人,从祁连山一路乞讨,一路惊险,辗转回到延安……

新中国成立后,王树声常常缅怀那些为了革命事业牺牲的战友们,对于党和国家给予的"高官厚禄",他总是深感"内疚"。"爸爸总说,他只是革命的幸存者。"

王宇红说。

"为党和民族做一点事情",这是1973年底王树声弥留之际留给后辈的遗言。在父亲影响下,儿子王鲁光身残志坚,投身残疾人事业。多年后,妹妹王宇红接过哥哥未竟的事业,至今工作在中国残疾人福利基金会的岗位上。

行经万里身犹健,历尽千艰胆未寒。

开国中将赵镕是我军优秀的后勤工作领导者和指挥员。循着父亲足迹,70多岁的赵沱洲来到井冈山,做传播革命精神的志愿者。"长征途中,父亲总是身背两个布袋,一个装着银元,一个装着账簿,白天布袋不离身,晚上睡觉用钱袋子当枕头,用脚压住账簿袋。中央领导称他为顾全大局的好管家。"他深情回忆。

曾志在井冈山的墓

1998年6月21日,红军老战士曾志在北京溘然长逝。一则"生命熄灭的交代"感动世人——

"死后不开追悼会,不举行遗体告别仪式,不在家设灵堂,遗体送医院解剖。骨灰一部分埋在井冈山一棵树下当肥料,另一部分埋在白云山有手印的那块大石头下。三个月后再发讣告,只发消息,不要写生平……"遵照遗愿,家人将骨灰安葬在井冈山小井红军烈士墓旁一处僻静山坡上。

在江西省委组织部井冈山党员干部培训中心红色课堂,曾志的孙子石金龙感慨万千:奶奶生前非常节省,从不乱花钱,去世后,家人在抽屉里发现了她准备交给党组织的80多个信封,上写:"这是我的工资剩余,留给那些需要帮助的孩子们……"

革命一生，轰轰烈烈，弥留之际，淡然从容——当革命先辈将自己化为"零"的时候，却把"无限"留给了后来者。

他们不贪权、不谋私，胸怀如大海一样宽广。他们做人、做事，只求对党和人民的事业有利——

豁达从容的胸襟　大公无私的情怀

在朱新春眼中，父亲朱良才对权力"拿得起，放得下"。上世纪50年代中期，中央提出领导班子年轻化问题。经过一番认真考虑，朱良才决心率先响应号召，主动从领导岗位上退下来。

"听到父亲的想法，登门做工作的简直是络绎不绝。"朱新春回忆，当时不少好心的伯伯、叔叔劝父亲放弃这个想法，还有人上门做母亲的工作。老战友推心置腹："不能下呀！一下去，可就什么权力都没有啦！"老朋友善意提醒："你不为自己考虑，也要为老婆孩子考虑考虑呀！"

时隔多年，朱新春仍记得当年父亲说的那番话："我们是共产党的干部，权力是党和人民的，不是私人财产。我们凭什么只能上不能下？凭什么只能得不能让？主动让权这个头，我带定了！"

不久，经中央批准，朱良才从领导岗位上退了下来。

"纵然给我更大的权力，我也决不以权谋私；纵然给我更多的金钱，我也决不丢掉艰苦奋斗；纵然让我再活80岁，我也决不止步不前。"这是开国上将李聚奎80岁时给自己写下的一段"座右铭"。

海纳百川，有容乃大。壁立千仞，无欲则刚。他们的胸怀如大海一样宽广。做人、做事，只求对党和人民的事业有利。

不谋私利，不搞特殊化，不居功自傲。正是秉承这样的权力观，一些革命前辈甚至要求自己的孩子隐姓埋名，不允许他们沾前辈的光。

对此，开国上将张爱萍的长子张翔深有感触。印象中，父亲从不允许子女借用权势谋取任何好处。张翔说，上世纪70年代，妻子与他长期两地分居，很想调到北京。一些父亲的老部下得知后，都表示愿意帮忙。当他把这个"好消息"告诉父亲时，得到的却是严厉的批评。

岁月孕育艰辛，奋斗成就辉煌。对于普通人来说，追忆逝去的岁月是一种幸福的享受；然而对于他们，更多了一份沉甸甸的历史责任感和使命感。

不忘昨天，把握今天，展望明天。

信仰的力量 践行卷

20世纪60年代，张爱萍陪同毛泽东同志接见部队指战员

无数革命先辈用生命和智慧开创中国历史崭新篇章。子孙后代更应继承先辈遗志，在民族复兴伟大征程中奋勇进发。

在一代代优秀共产党员的奋斗和努力下，中华民族必将以更加雄伟的气魄，更加昂扬的姿态，屹立于世界民族之林！　　　　（卫敏丽　崔静　余晓洁　李兴文）

九 信仰之路

信仰引我跟党走

梦想,从这里启航——记习近平瞻仰中共一大会址、南湖红船

杜尚泽　霍小光

上海,兴业路76号;浙江嘉兴,南湖红船。两个具有重要标志意义的中国革命原点,在时隔近百年后的大地上依然闪耀着指引未来的光芒。

10月31日,在党的十九大胜利闭幕一周之际,习近平总书记带领中共中央政治局常委专程赶赴这里,沿着早期共产党人的足迹,探寻我们党的精神密码。

从哪里来,到哪里去。翻开风云激荡的红色篇章,在历史中汲取力量,为的是不忘初心、牢记使命、永远奋斗。习近平总书记强调:"上海党的一大会址、嘉兴南湖红船是我们党梦想起航的地方。我们党从这里诞生,从这里出征,从这里走向全国执政。这里是我们党的根脉。"

惊雷划空

上海,11时许。习近平总书记一行下车,缓步走向绿荫下的中共一大会址。秋叶静美,大门上的铜环熠熠生辉。1921年7月,身着长衫、中山装、西装的10多位有志之士,怀着对马克思主义的憧憬,从四面八方赶到位于法租界的这个幽静小院,轻轻叩响铜环。

那时的中国积弱积贫、九原板荡、百载陆沉,被称为是一艘"无一处没有伤痕"的破船。经过翻天覆地的历史变迁,今天的此刻,习近平总书记和其他常委同志迈过门槛,伫立于复原的中共一大会场旧址,倾听历史回响。

青色砖墙、红色窗棂、精致条桌、硬木椅、小圆凳、雕花茶杯、粉色花瓶、紫铜烟缸……习近平总书记凝视着、思索着。

中共一大会址纪念馆馆长说起当时情形。习近平总书记动情地说,毛泽东同志称这里是中国共产党的"产床",这个比喻很形象,我看这里也是我们中国共产党人的精神家园。

当日下午,习近平总书记一行循着革命先辈的足迹,从上海乘坐火车赴嘉兴,瞻仰南湖红船。那时,中共一大会议因被巡捕窥探、被迫中断,代表们随后辗转来到浙江嘉兴,泛舟于"轻烟漠漠雨疏疏"的南湖之上,继续会议议程。

96年前的那一天,7个小时,从日头正浓到夕阳西下,中共一大代表们讨论通

过了中共第一个纲领和第一份决议，选举产生了中央局。抚今追昔，习近平总书记感慨："小小红船承载千钧，播下了中国革命的火种，开启了中国共产党的跨世纪航程。"

总书记伫立岸边，久久眺望清波荡漾的远方。革命先辈们也曾一次次望向远方、追寻未来。"莽莽神州，已倒之狂澜待挽；茫茫华夏，中流之砥柱伊谁"，谁能想到，正是这条小船摆渡了暮霭沉沉的中国。

5分钟车程，抵达南湖革命纪念馆。习近平总书记和其他常委同志拾级而上。气势恢宏的序厅，穹顶上的铁锤镰刀分外醒目。一艘复建的红船破墙而出，似在告诉人们正是这一把橹桨摇醒了在茫茫黑夜中摸索了半个多世纪的中国。

站在这条红船前，习近平总书记的讲话回荡大厅："党的十九大擘画了党和国家事业发展的目标和任务，全党同志必须坚持全心全意为人民服务的根本宗旨，不断带领人民创造更加幸福美好的生活；牢记共产主义远大理想，坚定中国特色社会主义共同理想，一步一个脚印向着美好未来和最高理想前进；始终保持谦虚谨慎、不骄不躁的作风，不畏艰难、不怕牺牲，为实现'两个一百年'奋斗目标、实现中华民族伟大复兴的中国梦而不懈奋斗。"

初心不改

走得再远、走到再光辉的未来，也不能忘记走过的过去，不能忘记为什么出发。上海、嘉兴，习近平总书记多次讲到"初心"二字。

初心是什么？

欲知大道，史可为鉴。中共一大会址纪念馆，视频短片《追梦》吸引了他们的目光。共产党领航，中国从生灵涂炭、一穷二白，到世界第二大经济体；从铁钉、火柴都要进口，到自力更生造出"两弹一星"，"嫦娥"奔月"蛟龙"入海……一个政党的成长和一个国家的复兴紧密相连。

短片播放了习近平总书记党的十九大报告的一席话，此情此景听来更令人心潮澎湃："中国共产党人的初心和使命，就是为中国人民谋幸福，为中华民族谋复兴。这个初心和使命是激励中国共产党人不断前进的根本动力。"

为什么不能忘记初心？因为共产党人的初心，是我们这个中国共产党长盛不衰、枝繁叶茂的动力源。

1920年9月印刷出版的《共产党宣言》中文译本，安放于展厅陈列柜。习近平总书记多次讲述了陈望道在翻译《共产党宣言》时"蘸着墨汁吃粽子，还说味道很甜"。真理的味道如此甘甜，一代代共产党人前仆后继。讲解员说起这一译本由一位共产党人的老父亲放在衣冠冢中方才保存下来，总书记听了连称很珍贵，说这些文物是历史的见证，要保存好、利用好。

习近平总书记站在《中共第一个纲领》前、站在《中共第一个工作决议》前，逐字逐句细细品阅。他走到栩栩如生的一大代表群雕前，听讲解员的讲述。习近平指出，中国共产党一开始就在自己的纲领文件中开宗明义确立了坚持马克思列宁主义，鲜明写下"工人阶级""无产阶级"这些字句。尽管处于初创阶段，但奠定了我们党的前进方向和基石。

纪念馆一层序厅，巨幅党旗如鲜血浸染。习近平总书记带领其他常委同志一道举起右拳、庄严宣誓。"我志愿加入中国共产党，拥护党的纲领，遵守党的章程……"他们的声音交汇在一起，一字一句，句句铿锵。习近平总书记说，入党誓词字数不多，记住并不难，难的是终身坚守。每个党员要牢记入党誓词，经常加以对照，坚定不移，终生不渝。

我们党从弱小到强大，从九死一生到蓬勃兴旺，从只有50多位党员到拥有8900多万党员、450多万个基层组织，成为世界最大执政党。之所以能如此，根本在于我们党能"始终同人民想在一起、干在一起"，保持初心不改、壮志豪发，在风云变幻的百年史册上留下不朽传奇。

信念如磐

道路决定命运。

习近平总书记驻足于革命先辈谢觉哉的日记本前。1921年6月29日，日记写道："午后六时叔衡往上海，偕行者润之，赴全国〇〇〇〇〇之招。"为避免搜查所画的五个圆圈，意为"共产主义者"。

那个年代，信仰的选择也是生命的抉择。习近平总书记一行站在中共一大代表的浮雕前端详。大浪淘沙，个人坚守信仰力量的强弱决定着人生命运的方向。有用马克思主义引领中国改天换地的毛泽东，有为真理献身的何叔衡、陈潭秋、邓恩铭，也有信念中途夭折、背叛党和人民的周佛海、张国焘、陈公博……一代代共产党人高举信仰的火炬，挺起民族的脊梁，推动中国浩荡前行。

从中共一大到党的十九大，跨越96年的对话。一条主线一脉相承——党的领导、党的建设，任何时候都要坚如磐石。在浙江工作时，习近平为南湖革命纪念馆奠基。2005年6月，他刊发于《光明日报》一篇文章，对"红船精神"作出概括："开天辟地、敢为人先的首创精神；坚定理想、百折不挠的奋斗精神；立党为公、忠诚为民的奉献精神。"

"从纪念馆奠基那一刻起,我就一直想着落成后要来看一看,今天如愿以偿了,确实深受教育和鼓舞。"他说,我们要结合时代特点大力弘扬"红船精神",让"红船精神"永放光芒。

96年前,中共一大会议闭幕时的场景令人感怀:"让我们再喊一遍口号吧!记得声音要轻一点。""嗯!""中国共产党万岁!"……声音低沉却铿锵有力。

96年后,嘉兴南湖游人如织;上海一大会址纪念馆,每日迎接着来自五湖四海的瞻仰者。在这些地方生起的火种,一代代共产党人接续前行。习近平总书记强调说:"秀水泱泱,红船依旧;时代变迁,精神永恒。"

永远奋斗

两个纪念馆,在三幅相似的图片前,习近平总书记久久凝视。

一幅,中国近代时事漫画《时局图》。列强瓜分,熊、鹰、犬、蛤蟆盘踞中国版图……

一幅,清末给列强赔款的惊人数字,白银令人痛心地如开闸河水般涌出国门。

一幅,马克思观察中国国情后写下的一段话:"一个人口几乎占人类三分之一的大帝国,不顾时势,安于现状,人为地隔绝于世并因此竭力以天朝尽善尽美的幻想自欺。"

习近平总书记连连感叹:"多屈辱啊!多耻辱啊!那时的中国是待宰的肥羊。"

中国共产党推动了历史上最广泛最深刻的社会变革,中国从半殖民地半封建社会到民族独立人民当家作主的新社会,从站起来、富起来到强起来。盘点昨日苦难与今日辉煌,总书记强调说:"这体现了中国共产党领导的社会主义制度的优越性。"

一路走来,细节中处处标注着我们党孜孜以求的奋斗精神。习近平总书记同其他常委同志边走边看,不时交流——

解放战争胜利前夕,毛泽东致函李达:"吾兄系本公司发起人之一,现公司生意兴隆,望速前来参与经营。"

李大钊挥毫泼墨:"铁肩担道义,妙手著文章",这句话也成为他人生的生动写照。

……

穿越革命年代、建设时期,跋涉一段段改革历程,我们迈入意气风发的新时代。

一周前的新一届中央领导集体见面会上,习近平总书记为未来中国标注了大事记——2018年,改革开放40周年;2019年,新中国成立70周年;2020年,全面建成小康社会;2021年,建党100周年。路漫漫其修远兮,奋斗永远在路上。

中共七大上，毛泽东引用了《庄子》中的一句话"其作始也简，其将毕也必巨"。习近平总书记在瞻仰时再次引用，他指出，96年来，我们党团结带领人民取得了举世瞩目的伟大成就，这值得我们骄傲和自豪。同时，事业发展永无止境，共产党人的初心永远不能改变。唯有不忘初心，方可告慰历史、告慰先辈，方可赢得民心、赢得时代，方可善作善成、一往无前。

从中共第一个纲领、第一份决议，到党的十九大报告，中国共产党带领人民一步接一步，从蓝图到现实，前所未有接近实现中华民族伟大复兴的梦想。不忘初心、牢记使命、永远奋斗——这是中国共产党人永葆青春活力的秘诀，这是一个肩负历史重托的政党对人民的承诺。"只要我们团结一心、苦干实干，就一定能乘风破浪……"习近平总书记挥动手臂，笑着说："从小船一直划到巨轮上，驶向光辉的彼岸。"

信仰的味道

伍正华

1920年的春夜,浙江义乌分水塘村一间久未修葺的柴屋。两张长凳架起一块木板,既是床铺,又是书桌。桌前,有一个人在奋笔疾书。

母亲在屋外喊:"红糖够不够,要不要我再给你添些?"儿子应声答道:"够甜,够甜的了!"谁知,当母亲进来收拾碗筷时,却发现儿子的嘴里满是墨汁,红糖却一点儿也没动。原来,儿子竟然是蘸着墨汁吃掉粽子的!

他叫陈望道,他翻译的册子叫《共产党宣言》。

近日,金华市总工会机关党委组织全体党员赴义乌陈望道故居和浦江郑义门开展党员主题教育活动。全体党员重温入党誓词,重温"信仰的味道",激励全体党员坚定理想信念,继承和发扬革命精神,做合格的共产党员,为金华市"走在前列、共建金华"贡献自己的力量。

墨汁为什么那样甜?原来,信仰也是有味道的,甚至比红糖更甜。正因为这种无以言喻的精神之甘、信仰之甜,无数的革命先辈,才情愿吃百般苦、甘心受千般难。

信仰是朴素的。宋庆龄在写给美国同学的信中说:"孙中山好几次告诉我说……他下了决心,认为中国农民的生活不该长此困苦下去。中国的儿童应该有鞋穿,有米饭吃。就为这个理想，他献出了他四十年的生命。"

信仰是无私的。1930年8月27日，临刑前的几分钟，共产党员裘古怀有感于"每一个同志在就义时都没有任何一点惧怕，他们差不多都是像完成工作一样跨出牢笼的"，匆匆写下《给中国共产党和同志们的遗书》，饱含深情地用"满意"和"遗憾"四个字诠释自己对信仰的理解："我满意为真理而死！遗憾的是自己过去的工作做得太少，想补救已经来不及了。"

历史证明，谁守住了这份朴素和无私，谁就能获得人民最可靠、最永久的支持。历史和人民为什么最终选择了中国共产党？那是因为"共产党、红军信仰他的主义，甚至于每一个兵，完全是一个思想"。

91年过去了，嘉兴南湖的红船依旧，而党的实力、中国的面貌早已发生了巨大的变化。那时，我们的党员不过几十人，如今则是拥有八千万党员的大党；那时，我们党哪有什么家当，连开会的路费都是想方设法筹来的。如今，单从经济总量来看，中国已经跃居世界第二。

嘉兴南湖的红船依旧

"我们错了！"美国《时代》周刊这句迟来的道歉，也许可以看作对中国共产党执政业绩的生动旁注。1995年香港回归前夕，其姊妹杂志《财富》曾作出《香港之死》的错误预判。然而，谁也不得不承认，香港不仅"舞照跳，马照跑"，而且"比殖民地时更繁荣"。

从《财富》杂志的悲观断言，回溯到毛泽东当年带领党中央进京时的"赶考"之说，几十年来，我们党可谓大考不断，小考不停！面对一场场严峻的考试，中国共产党不仅没有被考倒，反而无数次考出了让世界惊叹和震撼的好成绩，让"中国崩溃论"一次次崩溃。世界看到的是一个更加繁荣富强的中国，一个更加充满生机活力的中国共产党。

若论今昔生活对比，相信许多党员同志都会由衷地说："够甜，够甜的了！"然而，越是在日子够甜的时候，每一名共产党员越要自觉保持纯洁性和先进性，越要深味服务人民的精神之甘，复兴民族的信仰之甜。

恽代英在文中写道："我们吃尽苦中苦，而我们的后一代则可享到福中福。为了我们崇高的理想，我们是舍得付出代价的。"

墨汁为什么那样甜？这种信仰的味道，只有真正的共产党人才能品味得到。

（原载2012年11月27日《人民日报》）

【链接】

追求"有味道"的表达
——《信仰的味道》一文创作谈

伍正华

"有味道"，这是《信仰的味道》忝获的最高评价。窃以为，改进文风，简而言之，就是少一点八股味、说教味，多一点人情味、文化味，追求"有味道"的表达。

讲故事，不是教训人

信仰是个大题目，也是个老题目，很容易写高了、写空了，没有什么"味道"。如何把这道"菜"做出味道？

例证虽是评论的重要论证方法，但往往惜墨如金，很少有展开来说的，也极少用在开头。《信仰的味道》却一反常态，不仅开头叙事，而且放开叙事，不紧不慢，娓娓道来。

评论也要学会讲故事，善于"抖包袱"。通过说事顺便把理说清楚了，写的人省事，读的人省心。

《信仰的味道》开头的叙事，就是有情节、有画面的——儿子寒夜疾书，母亲爱子情深。墨汁满嘴，红糖未动，反道"够甜"。两个自然段的叙事，像一部跌宕起伏的情景短剧，充满了温情的力量。

在一篇千字短文中，读者可能什么也没有记住，但不会不记住这样一件事。记住了这样一件事，也就记住了《信仰的味道》。

评论的前缀不能丢——新闻，此之谓新闻评论也。解放军报新闻研究中心主任张弛在点评《信仰的味道》时说：此文讲信仰是朴素的、信仰是无私的，其实也不算新道理，但是讲了点具体的故事。写新闻提倡故事化笔法，写评论时讲点故事也是出新的重要手法。毛主席的文章中写出了多少愚公移山之类的故事啊！

说事还有一个好处，平易近人而非盛气凌人。这篇文章不是教训式的，而是内省式的、自我检讨式的——以自我为镜像，以自我为靶子，先说服自己，再说服别人；先打动自己，再触动别人。

为文之道，忌矫揉，贵真情，不求文秀句秀，但求骨秀神秀。

解剖麻雀，折射现实问题

作为一名党的新闻工作者，我们的职业价值在哪里呢？八字而已：文字忧党，文章报国！这是职业价值，也是职业信仰。有信仰的职业，从来不是价格驾驭价值，价值才是价格的主子。这种深层次的精神愉悦与内心富足，也只有"有党性的作者"才能体味得到。

毛泽东在谈到开会的方法时风趣地说："材料不要多，能够说明问题就行，解剖一个或几个麻雀就够了，不需要很多。"《信仰的味道》就重点解剖了一两个麻雀。

麻雀一：宋庆龄的一封信。信仰不是什么玄之又玄的东西，他朴素得很。孙中山革命40年的信仰，就是认定"中国的儿童应该有鞋穿，有米饭吃"。所以，信仰并非高高在上、遥不可及，而是可亲可近、可触可感。

麻雀二：裘古怀的一封遗书。一个党员干部有没有信仰，检验的办法很简单——是把自己的利益搞得少少的，还是把群众的利益搞得少少的。利欲熏心、权欲膨胀，只有舌尖上的口腹之欲，哪有心尖上的灵魂之舞？

这两个"麻雀"虽小，却折射了信仰缺失的一些现实问题。当填饱肚皮早已不是问题，8000多万党员信仰的原动力到底在哪里？当不正之风的沉疴顽疾屡受诟病，我们党又如何让人民坚定对自己的信仰？这是一枚硬币的两面，没有第一面，断不会有第二面。倘使共产党员自己都没有信仰，人民群众又怎会信仰党？

文风之风，乃情感之风，思想之风，文采之风。情怀为最，思想与文采次之。自古以来，有大情怀者，始成文章之大气象。

打牢根底，有"文"才有"风"

纽约时报是最早报道相对论的，因为总编辑范?范安达就是一个卓有成就的数学家、物理学家。爱因斯坦讲课讲错的时候，他就敢说，你这个方程式有什么毛病。

如果你认为这仅仅是一个巧合，那就大错特错了。范安达的博学不止于此，埃及古墓里的文字他能翻译，战争可能会在哪里打响他也能准确预测。他是美国新闻界公认最博学的。

以说，新闻的底子是文化，底子不牢，地动山摇。

写作《信仰的味道》时，有个细节让我特别感慨。陈望道翻译《共产党宣言》，把墨汁当红糖，这个新鲜的史料来自三卷本的《社会主义五百年》。

文章完稿后，在一个星期天上午发至人民日报评论部杨健同志邮箱。他当天晚上就在家里给作者回了邮件。除了指出两处明显的引文错漏外，还专门求证了原文开头"滴水成冰，手连毛笔都握不稳"这句话，引用的是陈望道儿子陈振新的回忆。其学识之渊博，治学之严谨，令人感佩。

毛泽东曾向中央各部，省、专区、县三级发出号召，比培养"秀才"。因为，没有知识分子不行，无产阶级一定要有自己的"秀才"。这些人要较多地懂得马克思主义，又有一定的文化水平、科学知识、辞章修养。

广大新闻工作者是党的"秀才"、"笔杆子"，没有深厚的文化功底，马克思主义如何实现中国化、大众化？

胡耀邦也曾向中青年干部提出了一个要求，即需要阅读两亿字的书。换算下来，一个人要用50年的时间才能实现这个要求，每年读400万字，每天读一万多字。

这个要求，落实起来的确不易。但是，笔下走千言，胸中藏万卷。它让我想到，文风，文风，有"文"才有"风"，失却"文"字，岂非空穴来风。

（作者系解放军报评论员）

信仰的味道：陈望道首译《共产党宣言》

邹伟农

上海市档案馆350多万卷馆藏档案中，红色经典档案是其一大特色，其中尤为珍贵的是入选中国档案文献遗产名录的《共产党宣言》中文首译全本。被称为《共产党宣言》"姐妹本"的8月红色初版和9月蓝色"再版"重印本，如今已极为罕见，而上海市档案馆同时藏有这两种珍本，堪称独家。

《共产党宣言》中文首译全本是中国著名教育家、新中国成立后复旦大学首任校长也是任期最长的校长陈望道翻译的。1919年底，刚从日本留学回国不久的陈望道，在浙江杭州接到上海《星期评论》编辑部邀他翻译的约稿信和一本日文版的《共产党宣言》。他立即回到家乡浙江义乌县城西的分水塘村，开始秘密翻译《共产党宣言》。那时，他的家乡生活条件十分艰苦，又是寒冬连早春，天气非常冷，加之翻译所需的参考资料匮乏，使他付出的精力要比平时译书多花费数倍的功夫。经过几个月的潜心研究和辛苦忙碌，他依据《共产党宣言》日文版并参照陈独秀通过李大钊从北京图书馆借到的英文版，终于完成了全书的翻译。

习近平同志在谈到坚定理想信念时，讲过陈望道翻译《共产党宣言》时的故事。陈望道在翻译这本书时，他的妈妈为他准备了一碟红糖蘸粽子吃，后来问他红糖够不够，他说："够甜，够甜了。"当他妈妈来收拾碗筷时，却发现儿子的嘴上满是墨汁。原来，陈望道是蘸着墨汁吃掉粽子的。这就是信仰的味道，信仰的力量！

1920年9月，《共产党宣言》中文再版

1920年5月，陈望道接到《星期评论》编辑部要他去上海的电报后，即携带译稿赴沪。不料上海当局对《星期评论》实施邮检，造成该刊停办，使得在该刊连载《共产党宣言》的计划无法兑现。于是，陈望道找到自己的学生俞秀松，托他将译稿转交给陈独秀。陈独秀、李汉俊将译稿校阅一遍后决定出版单行本，但在筹措出版经费上遇到了困难。这时，恰好共产国际特使维经斯基和翻译杨明斋来到上海，陈独秀在和他们讨论中共建党问题时，提及此事，维经斯基当即表示愿意资助出版。为此，上海的共产党早期组织在辣斐德路（今复兴中路）成裕里12号秘密建立了一个取名"又新"的小型印刷所，承印陈望道翻译的《共产党宣言》。

1920年8月，《共产党宣言》中文首译全本终于问世了，这是一本用比小32开还稍小的白报纸印刷的小册子，平装，封面除书名外，还自右至左横排印有几行小字："社会主义研究小丛书第一种""马格斯、安格尔斯合著""陈望道译"，书末版权页除写明著者及翻译者外，还竖排印有几行字："一千九百二十年八月出版""定价大洋一角""印刷及发行者社会主义研究社"。封面印有水红色马克思微侧半身肖像，这是马克思1875年在伦敦拍摄的肖像。全书无扉页、序言和目录，内文共56页，每页11行，每行36字，采用繁体字和新式标点，用5号铅字竖版直排，页侧印有"共产党宣言"的页边字，页脚注汉字小写页码。全书以意译为主，许多新名词和专用术语以及部分章节标题如"贵族""平民""宗教社会主义""贫困底哲学"等都用英文原文加括号附注，因此书中随处可见英文原文。在"有产者与无产者"一章标题旁，除标明英文原文外，还用中文注释："有产者就是有财产的人资本家财主……无产者就是没有财产的劳动家。"全书错字、漏字有25处，如第一页中"法国急进党"误为"法国急近党"。值得注意的是，由于排版疏忽，封面书名《共产党宣言》错印成了《共党产宣言》。马克思、恩格斯被译为"马格斯、安格尔斯"。书初版1000册，全部送人。当年9月再印1000册，封面书名更正为《共产党宣言》，马克思肖像的底色改成了蓝色，书中正文只字未动。这虽然只是一次重印，但封三的版权页上却印着"一千九百二十年九月再版"字样。

上海不仅是《共产党宣言》中文首译本的诞生地，也是《共产党宣言》的传播地。陈望道翻译的《共产党宣言》诞生于中国共产党成立之前，为中国共产党的建立从理论上和思想上作了积极的准备，成为当时国内流传最广、影响最大的一部马克思主义的经典著作，它对于宣传马克思主义，推动中国革命的蓬勃发展，起到了非常重要的作用。毛泽东生前曾多次谈到这本经典著作。1936年，他对美国记者斯诺说："有三本书特别深地铭刻在我的心中，建立起我对马克思主义的信仰……"毛泽东谈到的这三本书其中就有《共产党宣言》。周恩来在新中国成立后也曾对陈望道说："我们都是你教育出来的。"陈望道所译的《共产党宣言》不仅在国内广为传播，而且还流向了国外，对当时在国外勤工俭学的中国青年产生了重要的影响。邓小平就是在法国勤工俭学时读到《共产党宣言》的，他后来说："我的入门老师是《共产党宣言》和《共产主义ABC》。"

（原载《中国档案报》2015年4月24日 总第2751期 第四版）

韶山寻根

王真波

韶山的名字，联系着多少人的感情心弦。一首关于韶山的歌，一幅韶山的画，一张韶山的照片，都会有力地拨动人们心中的感情琴弦，激发起我对韶山的向往之情。

这种感情不仅深厚，而且是多方面、多层次的。20世纪五六十年代，人们向往韶山，是因为韶山同井冈山、遵义、延安一样，是中国革命的圣地。"日自韶山出，日出东方红。"韶山孕育她的骄子，一代伟人毛泽东。赤县神州，因为有了毛泽东而改变面貌。所以对每一个革命者来说，访问韶山意味着寻根，寻革命之根。我伯父是1966年夏季初从贵州一个偏远小山村来韶山的。他当年为了寻根，寻革命之根，每到一处都要认真地把看到的资料记录下来，把涌上心的诗的灵感用札记的形式写下来。因为回到乡里后，他还要把在韶山的所见所闻告诉给他的乡亲们。许多年后，他每当回忆这次访问，伯父总是动情地说："能到毛主席故乡参观，感到非常荣幸。在那里度过的美好时光，我一生难忘。"这种寻根的感情，对于每一个革命者来说，既自然又强烈。

信仰的力量 践行卷

韶山毛泽东故居

　　二十年后，即1986年，也是夏季，我在女友的陪同下访问韶山。途中，女友给我讲述了一个关于韶山的古老而又动人的传说：很早很早以前，虞舜南巡经过这里，兴致勃勃地登上巍峨险峻的山顶，并尽情地演奏"韶乐"助兴。后来，人们便把这里称作"韶山"。说实在的，我当时对这个故事并无多大关切，因为我当时的心情和伯父二十年前来时的心情相似。作为一个在毛泽东思想阳光雨露下成长起来的一代青年，瞻仰韶山这个联结着自己感情之弦的革命圣地，才是我多年的心愿。那座普通农舍——毛泽东上屋场，那长满苍松翠竹的前山后岭，那碧波荡漾、清澈见底的南岸池塘，那高耸陡峭被誉为"音山之山"的巍峨韶峰，那景美情美传说的"西方山洞"……这一切的一切无不吸引着我。我发现，韶山非常美，山美、水美、翠竹美，天空也美，那样清明、深邃。她不仅是革命的圣地，也是风景秀美的旅游地。在那气势磅礴的韶峰顶上，只见翠峦耸峙，林海茫茫，既雄伟又奇秀，使人不由想起李太白"登高壮观天地间"的诗句，顿觉胸怀无比开阔，大有天下尽收眼底之概。那滚滚韶河，显得更加汹涌激荡；整个十里冲，显得更加丰采俊秀。放眼连绵起伏的群山，片片橘林，条条银渠，铺金叠翠，斑斓多姿……在韶山参观，每一次都给人以美的享受。身临此地，真乃乐而忘返。

也许你会认为，山水之美，风光之美，在一切名胜游览的地方都可以看到，可以享受。但是，韶山不同于它处的是：她显得更加自然。当你联系毛泽东、联系中国二十世纪的革命史，你会觉得如此。那天，我们来到上屋场，就有这种体验。这是栋普普通通的农家院落，毛泽东就在这里诞生，并且度过了他的童年和少年时代。屋前，碧波荡漾的池塘，毛泽东在那里游过泳；绿荫覆盖的小山，毛泽东在那里砍过柴；平展如镜的禾田，毛泽东在那里插过秧、锄过草……总之，这里的一山一水，一阡一陌，都洒着毛泽东的汗水，都留下毛泽东的足迹！我想，在那风云变幻的半个世纪，不就是这栋普通的农舍，给挣扎在水深火热之中的劳苦大众，带来了解放的希望吗？前不久，我再次来到韶山。在毛泽东铜像前，我看见许多的人们默默地举起右手，重温入党誓词；在毛泽东纪念园，我看见许许多多的人沿着"毛泽东之路"，寻找着中国革命的轨迹……

我爱韶山。韶山的一草一木，一山一水，都经历过人间的欢乐。韶山是优美的风景旅游风景区，她让我们在享受美好的自然风光时，感受到中国革命怎样孕育，怎样走向成功……

红船，让我们共沐风雨

周铁株

一

盛满前尘旧事的梦境。盛满柔婉江南的烟雨。盛满骚人墨客的字字珠玑。盛满家国襟怀的豪情。

嘉兴南湖，盛满激昂澎湃的音符。

轻轻的水气，柔柔的雨雾，茫茫白水之上渺焉一岛，湖岛胜处细草春碧，柳拂雕栏。

那是乾隆帝钟情的烟雨楼。他六次南巡八次登临，盛赞"雨意复烟意"的方壶仙境。

鉴亭侧壁，刻有宋代米芾的手迹。那位负气不羁的"襄阳狂士"，潇洒散朗的笔意，透出他玩世满足的欲望。

一派豪儿风采的苏轼也来了，他刚刚唱罢大江东去，又沉湎南湖的烟雨。还有黄庭坚、苏辙、董其昌等名家沛然作雨的翰墨，挥洒着得意的手笔……

岁月封尘，古风脉脉。拨开历史的雨雾，便觉得有声声深沉的咏唱。

二

在翠荇绿藻间作环岛游，我眼前一亮，顿时驻足不前。岸边，一条游船，安祥地被拥在湖的怀抱。

哦哦，红船！

嘉兴南湖红船

鲜红的党旗就在这里升起，中国革命的航船从此扬帆起航！

光彩流丽的画舫，是如此雍容典雅。您曾为帝王卿相解缆问桨？曾为儒生寒士越时空之幽玄，让他们煮茶吟咏因寄所托？是非名利被荡远了，翻捡那些往事已淡若烟水。

一次偶然的际遇，一件现代史开天辟地的大事，游船被赋予全新的使命。

神州大地的阴霾，湮没不了一个伟大民族的血气肝胆；一代又一代揭竿而起的抗争，正是憧憬一个强国的崛起。长夜漫漫，路在何方？

不在沉默中奋起，就在沉默中死亡！

听！播火者的足音响起了，由远而近，由弱而强，他们要扭转乾坤，他们要闯开民族生死路。烟雨掩护着一棹中流,他们不是醉听箫鼓,吟赏烟霞,更不是听那不知亡国恨的商女,犹唱凄切的后庭遗曲。在鹰犬环伺中,播火者通过了中国共产党第一个纲领和第一个决议,党的一大庄严宣告:中国共产党正式成立!

从此,中国革命有了引路明灯。

三

万里烟霞,千年风露,都涂染在党旗上,辉映亮丽。党的一大到十七大,90年风雨征程,一个伟大民族不屈的追求。大渡河的浊浪,浇灭不了井冈山的火种;岷山雪岭,又怎可以遮挡延安宝塔的光芒!红船,一艘鼓满风帆的舟舸,英气勃发,一直驶进巍峨的新中国,驶进更为任重道远的新纪元。

中华世纪坛的圣火似冲天霞阵。昨日的长征,已被新的长征超越。

湖水微漾,红船被浸润得更加沧桑厚重。岁月风蚀您的容颜,霜雪磨砺您的骏骨,但您永远不会搁浅啊,红船!

与你同行,我该怎样跟上您的步伐?

党旗下,从五十多名播火者,壮大到七千多万先锋战士。我只是雄壮队列中一员,是南湖一滴水,是万里长江一朵浪花,却传承了矢志不渝的忠诚。

舐风蘸雨,红船继续中流击楫。

哦,红船!让我们共沐风雨……

军旗从这里升起

卞民德

中山路,英雄城南昌的商业中心,车辆川流不息,人群熙熙攘攘。喧嚣声中,八一起义纪念馆那份独有的庄严与静谧格外引人注目。

84年,弹指一挥间。

硝烟早已散尽,岁月留痕如故,曾经热闹非凡的江西大旅社旧貌犹存。这座始建于1922年的民国建筑,取中西合璧之风,楼高4层,呈回字形,内设茶楼酒馆、中西餐厅等,有客房96间。

1927年7月25日,贺龙率国民革命军第二十军从九江开赴南昌,以"二十军第一师师部"的名义把江西大旅社包租下来。随后,周恩来等起义领导人陆续抵达,指挥打响武装反抗国民党反动统治的第一枪。

起义军撤离南昌后,江西大旅社继续营业,直至1949年南昌解放后被当作江西省政府交际处的招待所。1959年,八一起义纪念馆正式建成并对外开放。

每一件看似普通的展品背后,几乎都有着一段感人或有趣的故事。它们虽不会言语,却真正切切地见证了石破天惊的历史时刻。

南昌起义总指挥部旧址

在众多的展品中,有一张收条和一封回信。寥寥数语,记录着当年社会各界对起义军的一片深情。收条上写着:"今收到贵会慰劳革命将士捐款一万元整……"回信则说明捐款去向:"已分别送交十一军与二十军两政治主任领收……"这两份由当年的经办人珍藏多年的宝贵资料,如今被列为纪念馆的一级文物。

走进大旅社的天井,抬眼便见一口盛满水的水缸。本来,天井里摆放着4口水缸,平时养金鱼,失火时用于汲水扑救。由于起义正逢南昌最热的时节,旅社老板便找人把水缸擦洗干净,烧好茶水装了满满4缸,让起义将士解渴降暑。抗战期间,3口水缸辗转丢失,仅剩的1口被挪至他处。后经多方查寻,才得以恢复旧观。

随着时间流逝,展品不断丰富,江西大旅社的保护和扩建迫在眉睫。在建军80周年时,南昌市在江西大旅社旁边新建起一幢与其高度相近、颜色和风格相仿的陈列大楼,并千方百计恢复江西大旅社当年起义时的面貌。

为修旧如旧,馆方特邀1958年就参与筹建并一直工作于此的老馆员凌家传担任顾问。当时他已是80岁高龄,而且刚刚因病住院接受手术。但他仍然高兴地接受了任务，与另外两位老馆长一起查史料、找图片。什么地方该恢复、怎么恢复，三人一起回忆、争辩，几千字的意见书改了一遍又一遍。工程开始后，凌家传又一次次地从病床"逃"到现场，边看边提意见。

如今，八一起义纪念馆又增添了许多的文物和历史资料，而且引入了高科技的声光电布展方式。虽然周边商铺林立，但纪念馆的人气绝不输于现代商业。单看每天早上和午后免费票发放窗口排起的长龙，便可见分晓。而84年前那一声震撼世界的枪声，依然真切入耳！

井冈三章

王保安

信念的雕塑

走进井冈山烈士陵园，扑面而来的是一张张生动的面容。有秋收起义的农民，有南昌暴动的军人，有留学归来的莘莘学子，有黄埔军校的热血青年，还有远渡重洋回国的华侨、风华正茂的女学生……是什么让他们走到一起？在这"人口不满两千，产谷不满万担"的深山沟，经历艰难清贫的岁月，忍受生命的苦痛，常常是食不果腹、衣衫褴褛、伤无所医，他们在炮火连天中用鲜血和生命维护的是什么？应该说，在早期参加革命的成员中，不乏穷苦大众、"逼上梁山"的农民群众。但也有不少生活富裕、出身名门的社会精英和高级知识分子。又是什么使他们背叛了自己的阶级阶层，抛弃优裕的生活，甘愿抛头颅洒热血？答案只有一个：是理想信念、是信仰责任激励着他们！秋收起义总指挥卢德铭、红四军主力师长张子清，都是黄埔军校的杰出学生，战死时只有22岁和28岁。34岁的莲花县委书记刘仁堪，在刑场上慷慨陈词宣传革命真理，当敌人割下他的舌头，他却用脚尖沾着自己的鲜血，在地上写下了"革命成功万岁！"

纪念馆的正厅，有一尊汉白玉的无名烈士碑。在井冈山斗争时期共牺牲了4.8万人，而有名有姓的只有1.5万多人，可知，有多少无名先烈把自己的理想信念铸造在了这块无名碑上。井冈山这本厚重的"红色教材"，写满了共产党人的高尚情怀，这就是共产党人的精神支柱、立命之本。现场视觉的冲击力，确实是语言教学无法比拟的。生动的雕像、无名的丰碑，凝聚的是穿越时空的力量。置身其间，无疑是经历了一次思想信仰的淬砺、一次人生境界的升华。

信仰的力量

践行卷

井冈山烈士陵园

乡间足迹

在茅坪农舍、永新和兴国乡间小道，到处都是革命领袖与群众打成一片的足迹。当地流传的民歌："苏区干部好作风，自带干粮去办公。日着草鞋干革命，夜走山路访贫农。"勾勒出党的干部形象与干群关系状况。重走"朱毛挑粮小道"，使我们感受到领导与群众水乳交融的真正含义。井冈山斗争时期人民群众最大的利益是土地，5%的地主占有80%的土地，党的工作重点首要就是解决土地公平、耕者有其田问题，土地改革实现了中国农民千百年来的梦想；其次是办学，提高农民文化水平，当年苏区适龄儿童入学率达到了60%；再就是发展生产，为群众打井修渠。不难看出，党的群众路线在红色根据地扎根发芽、硕果累累，根据地蓬勃壮大的一个重要原因就是忠实地执行群众路线。在黄洋界保卫战中，人民群众与红军众志成城，同仇敌忾，为取得胜利发挥了决定性作用。

峥嵘岁月渐渐远去，历史的剪影越发清晰。重温井冈山精神，我们真切地认识到无论革命、建设时期，还是改革开放的今天，我们的一切工作都要为了群众、立足群众、依靠群众。只有深深地扎根泥土，我们的党才能成为茂盛参天大树，才能承接大地厚重的气息。在实际工作中，一定要努力建造"问政于民、问需于民、问计于民"的机制，把党的群众路线、惠民政策真正落到实处。

"雷打石"上有宣言

荆竹山一块普通的石头，虽仅盈尺，却与我党我军的纪律建设有着不同寻常的渊源。这块半山坡上的飞来石,号称"雷打石",毛泽东同志就是站在这块石头上,正式宣布了"三大纪律,六项注意"。到了"龙江书院",在与朱德同志历史性的会师大会,毛泽东首先强调的还是纪律问题。如今品读墙壁上的标语口号,质朴、简单而实用。其中的"上门板"背后还有故事,原来的规定是"还门板",实际执行中发生过还错门板的情况,给群众带来许多不便。经过研究决定改为"上门板"。再比如原来的规定是"不拿群众一个红薯",太具体了带来执行中的一些问题,后来就改为"不拿群众一针一线"。高度的组织纪律性还表现在党的领导干部的清廉,不仅纪律面前人人平等,而且带头艰苦奋斗。在大井毛泽东同志故居,听到这样的事:邻居邹福业夫妇看到毛泽东和战士一样吃野菜,心里过意不去,趁他不在房间悄悄送来一瓢鸡蛋,毛泽东同志知道后坚决退回去,在百般说服不成后,自己拿钱交给了邹福业家,又把鸡蛋送给了伤病员。我党在总结工农武装割据取得成功的原因时指出:有很好的群众,有很好的党,有相当力量的红军,再就是有铁的纪律。可见,"加强纪律性,革命无不胜"成为中国革命成功的基本保证和制胜法宝。

古田的灯光

李立泰

古田在群峦叠嶂的幽谷之中,古田会议会址远靠逶迤莽莽的彩眉岭,近傍碧水流欢的古田溪,房前镜面般的稻田,背倚树木葱郁的社下山。

我们怀着敬仰之情走进了它。走进相隔七八十年的历史,走进腥风血雨交织的悲壮。当年发生的事情依然历历在目。会场六列学生桌凳,主席台两张方桌上放着泥瓷茶碗和一把大壶。"中国共产党红军第四军第九次代表大会"的会标及中国共产党党旗,马克思列宁的像,木柱上遗留着当年用毛边纸书写的"中国共产党万岁"、"反对机会主义"、"反对盲动主义"、"反对冒险主义"标语。地板有几处炭黑印迹。会间天降大雪,代表们边开会,边烤火,留下了这铭心的历史烙印。

那个时代的风雷声,那些革命志士为追求和平与自由的奔波、呐喊激荡人心。

信仰的力量 践行卷

古田会议旧址

1929年12月28日至29日，古田会议胜利召开，冒着纷飞的大雪，120多名红四军党代表、士兵代表、地方干部代表和妇女代表参加了会议。代表们聆听了毛泽东、朱德、陈毅等同志的报告。滚滚炭火，为代表们驱寒，毛泽东的报告，更温暖了代表的心。代表经过热烈讨论，一致通过了毛泽东起草的《古田会议决议》。决议八部分，"关于纠正党内的错误思想"是决议的核心和精华。决议确定了"党指挥枪"的中国共产党建军纲领。选举产生了新一届红四军前委，毛泽东当选为书记。

古田会议在中央"九月来信"精神指引下，总结了两年多红军建设的经验，批判了红军党内存在的单纯军事观点、非组织观点、极端民主化。重申支部建在连上和党对军队绝对领导等重大原则。

彪炳史册的古田会议是建党建军史上的里程碑，"古田会议决议"是我党我军建设的纲领。

古田会议纪念馆珍藏着土地革命战争时期的文物、史料。置身其中，仿佛回到了那"红旗跃过汀江，直下龙岩上杭。收拾金瓯一片，分田分地真忙"的热血岁月。

古田会议凝聚着毛泽东的心血，他为筹备古田会议，白天参加士兵、赤卫队员、农民等各种座谈会,晚上起草文件。冬天的古田寒气袭人。夜幕降临,贺子珍为毛泽东擦净灯罩,点亮油灯,生一铁锅炭火。这锅热腾腾的炭火和照亮革命征程的油灯,伴毛泽东度过许多不眠之夜。毛泽东的雄才大略,他的果敢刚毅表现在与党内错误思想不调和斗争上,最终取得了战友们的理解和支持,"党指挥枪"的原则才得以确定。一支在农村打游击的军队,逐步建设成为人民军队,在党的领导下,不断发展,从小到大,从弱到强,从胜利走向胜利。从井冈山到闽西,从闽西到瑞金,从瑞金到遵义,从遵义到延安、到西柏坡、到新中国成立。中国人民解放军成为钢铁长城。

　　古田会议的丰碑是:成功地把马列主义普遍原理与中国革命具体实践相结合的光辉典范。古田会议决议是马列主义的经典著作,为毛泽东思想形成奠基。

　　古田的灯光,放射的是毛泽东和他战友的光芒。

　　当红四军党内争论越来越激烈时,陈毅被推为红四军七大的主持人。面对争辩的双方,血气方刚的陈毅为打破僵局,避免红四军的分裂,采取调和折中,对他们进行了组织处分。在红四军七大上陈毅当选为前委书记,这个结果陈毅也不乐意。在向上海中央领导李立三、周恩来汇报时,向中央提交了《关于朱毛红军的历史及其状况的报告》,陈毅的客观公正和坦荡胸襟有口皆碑。他毫不隐讳毛泽东在政治上正确,在周恩来的授意下,陈毅代中央起草给红四军前委的指示信("九月来信")。回到红四军后,陈毅自我批评以挚诚之心把毛泽东请回红四军复任前委书记。陈毅的坦荡胸怀,深深烙印在毛泽东脑海里。

　　红四军党内的争论,是在于党怎样领导军队,农村武装斗争怎样进行。在陈毅向中央汇报的两个月里,朱德从大局出发,请毛泽东回红四军主持前委工作。在上杭临江楼前的大榕树下,他与毛泽东交谈,肝胆相照。当陈毅从上海带回"九月来信"和周恩来"毛同志应为前委书记"的口头指示时,朱德以坚强的党性表态:"过去的东西我收回,请毛泽东同志回来。"毛泽东回到红四军后,他们在连城新泉整训,毛泽东、陈毅深入连队进行调查研究,朱德领导纵队以下各级干部军训,提高指战员的军事政治素质。全力筹备古田会议,在古田会议上他们精诚团结。

　　周恩来虽没参加古田会议,但他发现毛泽东超凡的天才远见卓识和雄才大略,给处于逆境中的毛泽东以极大的信任和支持。他授意陈毅起草"九月来信",充分肯定毛泽东提出的党指挥枪、农村包围城市一系列思想,为古田会议定了调子。

　　这里还有个小插曲。导游讲,古田会议会址选的颇具匠心。周围的山光秃秃的,唯独社下山树叶繁茂、郁郁葱葱、雾气腾腾、灵气萦绕。古田会议召开时,蒋介石调集几万兵力对闽西革命根据地进行"会剿",最近的敌人离古田仅三十里,毛泽东就敢在这里开会……

古田会议胜利闭幕之时,正是新春佳节来临之际。新春昭示着希望,经过古田会议洗礼的红四军面貌一新,"山上山下,风展红旗如画。"

古田会议决议不但在红四军中贯彻执行了,后来全国各地红军先后照此做了。直到现在中国人民解放军的政治工作有很大的发展,但是它的根本原则,"党指挥枪"还是古田会议奠定的。

为古田会议增光添彩的不光毛泽东、朱德、周恩来、陈毅还包括罗荣桓、谭震林等一大批开国将帅,也包括当年在闽江赣水浴血奋战的英雄儿女,他们似天空闪闪的红星和古田的灯光融为一体,点亮了红军战士的心灯。

红旗跃过汀江

张胜友

1929年2月11日,大柏地伏击战,堪称中国工农红军的一场绝地反击。离开莽莽井冈山已近一月。

自1929年1月14日,毛泽东、朱德、陈毅率领一支年轻的红军——中国工农红军第四军主力向赣南崇山峻岭挺进,实施"围魏救赵"的军事战术以来,国民党军阀部队前堵后截,穷追不舍,红四军一路奔袭而五战皆告失利,损兵折将,人困马乏,几乎陷入绝境。

大柏地离瑞金县城以北约30公里,两侧山头树林密布,正是诱敌深入、聚而歼之的绝佳战场。毛泽东、朱德商议在此打一场伏击战,以彻底扭转被动挨打局面。

这年大年初一拂晓,细雨蒙蒙,山路泥泞,红军且战且退,将孤军深入的国民党赣独立七师刘士毅部两个团,全部引入红军预设的"口袋阵"。朱德军长一声令下,埋伏于两侧山头的红军将士,如猛虎下山猛扑向前,杀声震天。粟裕大将曾回忆说"与敌在血泊中挣扎",几经拼杀,从下午三时一直激战至次日正午,终于歼敌大部,俘虏800余人,缴获枪支800多支(挺)。

时隔四年,1933年夏日,中华苏维埃共和国临时中央政府主席毛泽东因指导苏区查田运动而重返大柏地,面对"当年鏖战急,弹洞前村壁"这一旧战场,抚今追昔，当即口占小令："装点此关山，今朝更好看。"

对于大柏地的胜利，陈毅感慨系之："红军成立以来最有荣誉的战斗。"且欣然赋诗云："闽赣路千重，春花笑吐红。铁军真是铁，一鼓下汀龙。"

军事斗争形势一直既凶险又严峻。

留守井冈山的彭德怀红五军，终因寡不敌众，已被迫撤离井冈山根据地。

此时的红四军正艰难地沿着闽赣两省交界处迂回挺进，时而江西，时而福建，以避敌追兵……正巧遇邓子恢派专人送来闽西军情报告。毛泽东、朱德当即决定：挥师入闽。

1929年3月14日，红四军入闽首战告捷。

长岭寨一役，仅三个小时即全线击溃国民党福建省防军第二混成旅，击毙少将旅长郭凤鸣，歼敌2000余人，缴获2000多支步枪、三门迫击炮及大批武器弹药。坊间老百姓奔走相告："活该郭麻子死期到啦！"人们争相传说：平日郭麻子骑着高头大马耀武扬威欺压百姓横行乡里，今晨那匹大白马就是死活不肯出征，郭麻子一气之下只好换乘轿子抬着上前线，结果挨一枪子就呜呼哀哉上西天啦……

红四军浩浩荡荡开入千年古城汀州。

这是自井冈山会师创建"朱毛红军"以来取得的第一个大胜利。红四军士气高昂，在长汀南寨广场举行了第一次阅兵式，贺子珍、康克清等英姿勃发的女兵们坐在缴获来的一辆国民党破吉普车上，着实让汀州民众大开眼界。

汀州为闽西富庶之地。

古城枕一江活水，船舶相接，商贾云集。史籍记载："上三千，下八百"，形象地记述了每日汀江上游航行着三千条小船，下游则有八百条大海船接货转运的繁忙图景。

红四军在汀州城云骧阁成立了闽西第一个县级红色政权——长汀县革命委员会。

发动群众打土豪筹粮款，第一次筹集到五万银元，除送去上海两万银元资助中共中央机关的活动经费外，还赶制了四千套列宁式军装，红四军全体官兵第一次穿上崭新的统一军服，军容焕发，斗志昂扬。

红四军第一次拥有了自己的医院——福音医院，还创办了红军被服厂、红军斗笠厂、苏区合作供销社。

在日后的中央苏区时期，汀州作为苏区经济中心被誉为"红色小上海"。宁化则被称作苏区的乌克兰，为后勤、保障、兵源等供给基地——共同支撑起了艰苦卓绝的苏区斗争。

1929年3月20日，红四军在汀州辛耕别墅召开了前委扩大会议。其后，毛泽东致信中共中央："前敌委员会决定四军、五军及江西红军第二、第四团之行动，在国民党混战的初期，以赣南、闽西二十余县为范围，用游击战术，从发动群众以至于公开苏维埃政权割据，由此割据区域以与湘赣边界之割据区域相连接。"

显而易见，伫立在清风习习的汀江畔，驻足于别具客家风韵的辛耕别墅，毛泽东在闲庭信步之中，心中已清晰地勾勒出全国苏维埃运动的"大本营"和中央苏区武装割据这一宏伟蓝图。

朱德军长与女游击队长康克清还在辛耕别墅喜结良缘。

时隔八年之后，虽经历了漫漫二万五千里长征路，朱德在延安回首往事时，这位"红军之父"面对美国记者、著名传记作家艾格尼丝·史沫特莱，仍然深情款款地说道："汀州，果然是中国革命历史上的一个转折点啊！"

随后，爆发蒋、桂军阀混战。毛泽东、朱德审时度势，率领红四军二度入闽，开辟闽西根据地。

1929年5月19日，长汀县濯田镇水口村码头山欢水笑。一杆中国工农红军第四军战旗插立船头，迎着江风猎猎飞飘。随着军号声响起，三十二条粗壮的胳膊划动十六根丈二长的竹篙，八条乘满红军的木船劈波斩浪直指江对岸……如此美妙的景致，让人浮想联翩：它莫非就是二十年后人民解放军"百万雄师过大江"的战术预演么……从晌午直至傍晚，红旗招展，众声喧哗，三四千名红军官兵和几十匹战马全部顺利渡过了汀江。

龙岩为闽西重镇。国民党福建省防军第一混成旅陈国辉主力正远赴广东参加军阀混战，龙岩城防务空虚。

5月23日拂晓，红四军一举攻克龙岩城，歼敌两个营大部，俘虏300余人，随即主动撤离龙岩而进驻永定；6月3日，红四军突然从永定回师龙岩，敌溃不成军逃往漳平永福，红四军再次撤离龙岩；6月19日，待陈国辉率主力回援，红四军从南、西、北三面包抄，第三次突袭龙岩，歼敌2000余人，旅长陈国辉仓皇潜逃，龙岩守敌全军覆灭。

"三打龙岩"——堪称红军早期战争史上的成功战例，凸现出毛泽东灵活机动的战略战术思想，几乎可以视作日后长征途中"四渡赤水"的一次前期彩排！

至此，驻防闽西的郭凤鸣、陈国辉两支土著军阀部队已全部被歼。闽西民众欢欣鼓舞，闽西子弟踊跃参军，闽西地方武装上升为红军正规部队，整编为中国工农红军第四军第四纵队，张鼎丞任党代表，傅柏翠任司令员。

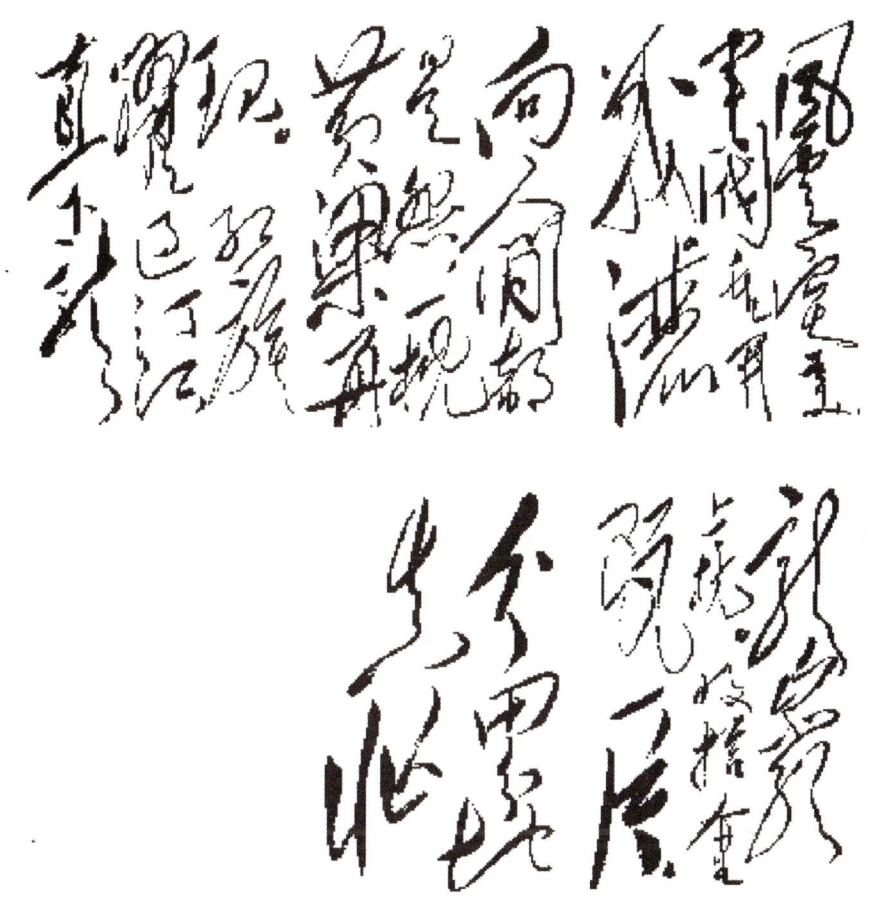

毛泽东《清平乐·蒋桂战争》手迹

红四军挥师入闽时，全军建制为三个纵队，总计兵力约 3600 人；"三打龙岩"战役之后，红四军已扩充到近 6000 人，兵强马壮，军威大振。

与此同时，以龙岩、永定、上杭为中心区域，延伸至连城、长汀、武平等县的闽西革命根据地初具规模，且很快与赣南革命根据地连成一片，形成红色割据的中央苏区。

由此，也留下了毛泽东脍炙人口的诗句：

"风云突变，军阀重开战。洒向人间都是怨，一枕黄粱再现。

红旗跃过汀江，直下龙岩上杭。收拾金瓯一片，分田分地真忙。"

子弹碑下

毛 眉

在瑞金逛街时，惊奇地看到很多人家的门牌上都有"烈属"的字样，这个细节让我蓦然间感觉出：的确，瑞金是一个庞大的历史现场。

这些烈属，有的是当红军牺牲的，有的是被反扑的国民党杀害的。所以，当时身在瑞金的毛泽东，早就有修一个烈士塔的想法，这对于当地百姓来说，是一个公墓。

周恩来让钱壮飞来设计这个烈士塔，要体现出三层意思：一、党指挥枪，二、战无不胜，三、留给后人的纪念。

瑞金红军广场上的纪念碑

今天，当我们来到红军广场时，在绿草地上，沿着用石头铺出的一行大字："踏着先烈血迹前进"，就走向了烈士塔。

整个纪念碑呈子弹状，呈现一副待发的姿态。"弹"高13米，直指蓝天，主题鲜明地体现了"枪杆子里面出政权"的理念，象征着苏维埃共和国是靠工农武装在炮火中打出来的。它于1933年8月1日破土动工。工程一开始，瑞金就掀起了募捐的热潮。在捐款故事中，叶坪村的谢益辉老人让人难忘。当时，他唯一的儿子在第四次反"围剿"中牺牲，家中只有他和老伴，听说要给红军烈士修一个塔，他将攒下来买棺材的三块大洋捐了出来。工程筹备处的同志说什么也不肯收，大爷说："我连儿子都献给了苏维埃！"

没人数得清，子弹形的塔身上镶嵌了多少小石子，就像没有人能数得清，到底多少人为新中国献出了宝贵的生命。

河床上的石子，本身并不奇特，它们成了那个时代最朴实的记录员。最终，历史把那些石子都变成了星星。

在这些石子中，有一个拥军支前模范杨姑发的故事：1984年，这位年近90岁的老人面对采访，从床头一个旧式小箱里取出一个小包裹。包裹里装的是叠放整齐的5件衣服。老人说，这些，是她牺牲了的5个儿子穿过的衣服；有位杨显荣老人，在第五次反"围剿"最为激烈的时候，将8个儿子全部送去参加了红军，全部战死沙场。这就是著名的"八子参军"的故事。

1934年10月，红军主力长征后，国民党反扑至此，陈诚在这个塔下，徘徊良久：为什么，国民党抓丁都抓不到，共产党却被百姓们泪汪汪地送了情郎送儿子？

他从各个角度给这个塔拍了照片，然后，炸掉了它，只剩塔基。

烈士纪念塔被炸毁后，一位大娘冒着生命危险，绕过看守，把从纪念塔废墟中拆下一个完整的"烈"字，抬回家，藏了起来，一直藏到全国解放。

1955年，遗址按原貌修复时，大娘把这个"烈"字献了出来，整个烈士塔，就按照它的尺幅制定。

而这个塔在修复时，意外地找到了陈诚当年拍摄的照片，其他部分就按照照片加以复原。——历史，在演完了正剧、悲剧后，还上演了一出讽刺剧。

斯诺在他的文集中说：今后20年里在中国发生的事情，将会是举世轰动的大消息。领头人物的首级被割下了，但是他们的躯干还会长出新的脑袋来。

刘伯坚像是对自己的行为做注解，为将要有的那次带镣长街行写下《带镣行》：

带镣长街行，志气愈轩昂，
拚作阶下囚，工农齐解放。

那一年，他留下一封绝命书，扬着脸走进了历史，再也没有出来。

在兴国将军馆，陈列着的54位兴国籍将军的黑白图片，面对那么多的黑白照片，我沉思。所有那些战死而不屈的灵魂，静坐着，向时间示威。死亡，使他们成为"在场的缺席者"。任凭光荣，任凭我们伸出双手，也无法接你们回家，你们的名字，构筑了历史，那些黑白的照片，是血，冲洗出来的。

在理解他们之前我就已经读过无数《英雄传》，但，唯独在我真正理解了时，他们，才得以复活。此一趟红色行，让我珍视每座坟墓和字的正义。

为了告慰数以万计的烈士，挺直的京九铁路在赣南绕了个弯进了兴国。

子弹碑的塔身是朱红色的，浸染着鲜血。那些轻扬着黑发的青春的头颅，在罪恶的子弹面前昂扬着。他们的生命，在我的阅读中，一点点地，成为青铜的文字，青铜铸就的玫瑰，与荆棘。

我觉得，在这红色的土地上，一切都有灵性，只要一被樟树枝划破了，被杜鹃花刺破了，就会止不住血，然后，所有的血都会自动地去与那些烈士的血寻求汇合，其势，不可阻挡。这，就叫"血缘"？

红军广场上，站满了樟树。樟树下，绿草如茵，如茵的草地上，阵阵清风吹过，我像一个墓地诗人，听见一支长管，在墓碑上日夜吹颂。

作为一个今天的阐述者，我所能获得的最好的馈赠，是通过对他们的探寻和阐释，形成自身的哲学人格，使漫漫历史长河中沉淀下去的那些石头获得新生。

在"身在瑞金，家有红军"的历史现场，那些过去了的黑白影像人们的美德，似一束遥远的光线，在他们的探照下，我平凡的生活得到了增色。我以眺望的姿态，看到了曾经的那些事物，以它们的顺序排列着，以它们的节奏行列着。我终于把那些线，那些点，用自己的深情，串联起来。

上游的孩子注定要漂流，而下游的孩子则注定要回溯。每每清明，学生们前来祭奠。因为，记住他们，是我们对于历史的持守。每一天，每一分钟，都会有人诞生，每一天，每一分钟，都会有人死亡。唯有怀念，是我们与他们之间不断的纽带。

终于，那些飞着的子弹，落地成碑，整个世界在祭奠的氛围里安静下来，享受和平。

瑞金，共和国的摇篮

周铁株

在这个不产生战争英雄的年代，有一根拽回我们目光的丝线……

红　井

这是一口清清浅浅的井，清浅如月。

这是温情与炽爱的凝聚，炽爱如火。

井旁立一碑石，见证了干群的鱼水情深。一井甜甜的水，一腔浓浓的情。

喝一口吧，不忘前人"挖井"的辛劳。

洗一洗吧，把目光洗得更加清亮。

尤其是，那些罔顾群众疾苦的权贵，不择手段敛财的败类，更应让灵魂来一次彻底的洗礼。

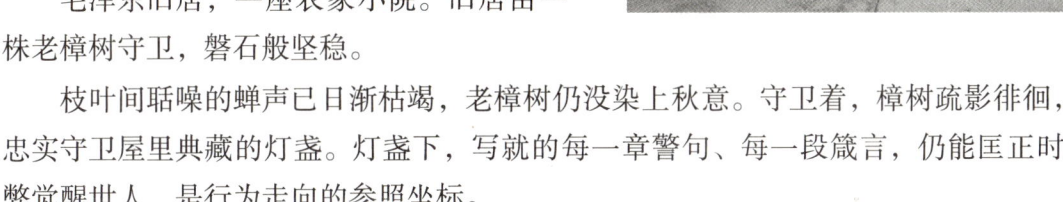

老樟树

毛泽东旧居，一座农家小院。旧居由一株老樟树守卫，磐石般坚稳。

枝叶间聒噪的蝉声已日渐枯竭，老樟树仍没染上秋意。守卫着，樟树疏影徘徊，忠实守卫屋里典藏的灯盏。灯盏下，写就的每一章警句、每一段箴言，仍能匡正时弊觉醒世人，是行为走向的参照坐标。

临风而立的老樟树，守卫着，如同守卫真理的尊严。

八角礼堂

一片树林，护卫着一顶红军八角帽。不，是外观形肖八角帽的礼堂。

造型别致的礼堂，营造的是一种崛起。正门上方，塑有国徽图案，两旁灰雕是鲜红的军旗，此刻，庄严在我心底升起。共和国的象征浓缩在一枚国徽上，而绚丽的军旗，是反"围剿"战火映红的么？人的红颜在岁月的潮汐中褪色了，但战旗永不褪色。

任天空晦晴变幻，任俗世浮云沉溺，国徽、军旗，在这里凝聚成一种信仰。一代代，我们的信仰永在！

红军广场

旷然大气的红军广场，曾经风云激荡神采飞扬，被革命的激情涨满。

如茵草地金盏菊盛开，簇拥着检阅台和红军烈士纪念塔。在这里，每一株小草都有一颗洁净的素心,都是一颗不屈的魂灵。我默默在此凝思,纵然自觉渺乎其小,也不会感到生命的虚无。

广场外,是接瓦连檐一排排平房,是中华苏维埃共和国临时中央政府,以及各部委办的所在。中国第一个红色国都,不是超然物外的神坛,今天的政权,正与此一脉相承。

贫瘠的土地孕育出旷古的传奇。尽管黑暗是那样地不情愿离去,太阳,还是冲出了地平线……

瑞金中央根据地历史博物馆

红军烈士纪念塔

一发炮弹,高昂成永恒的碑塔。纪念塔呈炮弹形,由烈士们血肉之躯垒筑。草坪铺上八个大字:踏着先烈血迹前进!

让牺牲者在纪念塔的光环中永生。

在这里,我们可以听到五次反"围剿"的隆隆炮声,看到"大柏地战斗"的滚滚硝烟,还有"十送红军"的感人场面。

苍穹下,那发炮弹或许明天就会出击,或许永远沉默。我们宁可让它保持定位,直至永远。

长征第一山

云石山怪石突兀,显出曾经沧海的久远,云山古寺就隐藏在奇石中。后期,临时中央政府迁驻于此。

古寺的钟声从纵深处荡来,那是岁月的回声。是的,回声。无眠的冷月挂在高枝上,临照着毛泽东读书阅报处。梧桐树下,古樟树旁,他正运筹帷幄策划长征的路线?

实行战略转移,摆脱敌人围追堵截和北上抗日,是一条没有退路的路。中央领导机关在此迈出了长征第一步。

循着那颗北辰的昭示,背着干粮和道义踏上征程。云路迢迢,红军队伍带走了多少人的期盼,带走了多少人的祝愿。曾经失语千年的苍山,沙哑了喉咙,飘出山歌和《十送红军》的旋律;山月多情,又有多少人把一腔柔情搓成长线纳在鞋底?于是,红军战士再也走不出红区人民的牵挂。

无从再现的动人情景,迎来了,新一轮的辉煌。

那柔肠百转却又坚毅决绝的身影

马卡丹

敞开怀,最后一次让婴儿的小嘴贴紧乳房。小嘴吮吸着,急切、贪婪,小嘴的上方,那双早已蓄满泪水的眼睛终于开闸,泪水啪嗒、啪嗒,降落在婴儿的唇边,泪水与乳汁交融。

然后,抹去泪水,系好襁褓;

然后,托举起生命的一部分,走向某一双沾着泥巴的腿、打着老茧的手,托付;

然后,扛起枪,在锤子镰刀的旗帜辉耀下,义无反顾……

行走在闽西、赣南,这片被称作中央苏区的红色土地上,我在追寻党旗托起的红色岁月。我的眼前,一次又一次地,总是出现这样的场景:那一个个年轻母亲的身影,那柔肠百转却又坚毅决绝的身影,雕塑一般,定格——

那是毛泽东的妻子贺子珍的身影:1930年,在闽西龙岩的一条小巷,泪眼婆娑的她,托举着她生命的至爱——刚刚3个多月的长女毛金花,那么庄重地,托付,那么坚毅地,转身,与毛泽东并肩,前行,在闽西赣南反"围剿"的硝烟中,在雪山草地非人的煎熬中。

那是陆定一的妻子唐义贞的身影：1934年，在闽西长汀的一个乡村，同样泪眼婆娑的她，最后一次给尚未满月的儿子陆小定哺乳，转身就跋涉在打游击的崇山峻岭中。仅仅一个多月之后，年仅25岁的唐义贞被捕，种种酷刑之下坚贞不屈，那么惨烈地，血染刑场。

贺子珍

唐义贞

那是刘伯坚烈士的妻子王叔振的身影：1931年，在闽西连城新泉的一幢老屋，曾任新泉县委书记的王叔振留下一份"抱约"，挥泪吻别了她的第三个儿子——刚满月不久的刘熊生，踏上通向红都瑞金的征途。4年之后，她与刘伯坚几乎同时，分别在闽西和赣南牺牲，双双献出了年轻的生命。

那是……

这些身影，这些柔肠百转托付亲生骨肉的身影，这些义无反顾走进党旗经纬的身影，在生离死别的那一刻，那年轻的心头，萦回着怎样的柔情，凝聚着怎样的坚毅？

王叔振烈士亲笔书写的"抱约"，是这柔情与坚毅交织的绝唱：

刘门王氏生下小儿名叫熊生，今送给黄家抚养成人，长大后在黄家承先启后。但木有本，水有源，父母深恩不可忘，仍要继续我等志愿，为革命效力，争取更大光荣。特留数语，以作纪念。

母王叔振字
公历一九三一年四月十六日写于闽西芷溪

"抱约"书写在巴掌大的红纸上，成为博物馆的珍贵文物。书写"抱约"的身影，所有那些托付骨肉奔赴疆场的身影，已经一一走进了历史。她们，闪耀在共和国的星空中，那般璀璨，那般柔情。

那些被珍重托付的婴儿，数十年间经历了不同的遭遇、不同的命运。有的不幸夭折，多数则在农家、贫民家的艰难中，成长为革命的后人。他们多数未能与亲生父母重逢，那托付便是永诀。极少数幸运地重逢了父亲或母亲，演绎的则是另一种悲欢。唐义贞烈士的儿子小定托付给范家，依辈分取名家定，新中国成立后历经周折他与父亲陆定一相认，父亲要他不忘养父母的深恩。于是，百家姓中就添了"陆范"这最新的复姓；身份证上就有了这样的姓名——陆范家定。

长汀城郊罗汉岭上，距瞿秋白烈士纪念碑不远，是唐义贞烈士的墓地。1997年10月，遵照陆定一的遗言，他的一部分骨灰葬在这里相伴烈士。"再见已无期，惟有心相知"，陆定一沉痛、深情的低吟，依稀回响在罗汉岭的阵阵松涛声中。来这里瞻仰祭拜的人络绎不绝。伫立坟前，唐义贞的身影，那怀抱亲生骨肉珍重托付的身影，那么真切地，仿佛就在眼前。环顾闽西、赣南大地，那数也数不清的唐义贞、王叔振们的身影，那些托付骨肉在锤子镰刀旗帜辉耀下坚毅前行的身影，一一在眼前升腾。她们，在向珍重托付的亲生骨肉，在向我们所有的后人，昭示什么呢？

这些身影失去了很多很多，包括骨肉，包括青春，包括宝贵的生命；这些身影拥有了很多很多，包括信念，包括理想，包括真正的人生。

在有些人眼中，那是傻；而在那些被深深感动的心灵中，那是圣洁，无与伦比的圣洁。

默默地，我仰望，那些身影。

信仰与激情的力量

曾纪鑫

毛泽东的著作、诗词曾在"文化大革命"时期作为主流强势话语深深地楔入了我的学生生活，他的不少篇章我至今记忆犹新。其中一篇叫做《星星之火，可以燎原》的通信，印象更是深刻，因写于上个世纪二三十年代的井冈山革命斗争时期，主要针对林彪"红旗到底能打多久"的悲观情绪有感而发，于是我便一直想当然地以为毛泽东于戎马倥偬之际写于井冈山某地。直到今年4月应邀前往闽西上杭古田参加"红土地·蓝海洋"笔会，当我确凿无疑地站在了毛泽东当年创作《星星之火，可以燎原》的协成店前时，才纠正了盘踞心中长达二十多年之久的错误。

协成店位于福建上杭县古田镇赖坊村，距古田会议会址及古田会议纪念馆不远，是一栋砖木结构的两层楼房，一进两厅，面宽三间，建于1922年，距今已有80多年的历史了。称之为店，而不叫楼或房，原来这里是上杭县白砂镇商人傅光甫经营土纸及木材生意的商号店铺。

毛泽东《星星之火，可以燎原》写作旧址——协成店外景

如今的协成店掩映在鳞次栉比的村落房舍间，暗红色的外墙，紫瓦铺就的屋顶，二楼砌着一道高可及腰的白色护栏，护栏下雕有龙纹图案。一眼望去，其结构、面积、气势一点也不比周围新建的民居差多少。据有关资料介绍，当年房主耗费巨资修造此楼，历时长达三年。可以想见，当年的协成店该是多么的华丽而气派。

然而，一栋位于闽西崇山峻岭间的楼房与店铺，生命力再强，也只能兴盛于特定的时期，影响力再大，也无法超越有限的空间，随着社会的剧变与岁月的淘洗，恐怕早就逸出人们的视野了。

这一切，因为毛泽东的介入，协成店的命运发生了根本改变，受到了历史的特别关注与垂青，由一栋普通楼房升华为一处革命遗迹与红色象征。

1929年12月28日、29日古田会议召开，会议不仅选举毛泽东任红四军前委书记,更确定了党指挥枪的原则。古田会议刚刚结束,毛泽东便搬进了协成店。林彪于12月20日率红四军第一纵队经新泉整训后移师驻扎赖坊村,早就入住于此。面对新的客人,热情好客的主人傅光甫让出楼上采光、通风最好的房间,而毛泽东考虑到傅家女性全住楼上,上下出入颇为不便,就住在楼下的一间小房内。

而这时,国民党正紧锣密鼓地准备对红军进行闽粤赣三省"会剿",各路敌军呈合围之势,咄咄逼人向闽西扑来。面对强大的敌人,林彪感到红军夺取胜利的希望相当渺茫,对革命前途产生了怀疑。于是,便以新年献词为名,给毛泽东写了一张贺卡,文字虽短,但字里行间,却流露出一种强烈的悲观情绪。早在半年前瑞金召开的一次红四军前委会议上,林彪便提出过"红旗到底能打多久"的疑问。其实,林彪的怀疑也是个人心迹的一种袒陈,当时的红军与国民党军队相比,力量的确过于弱小,弱小得简直不成比例。

当时的毛泽东,不仅在年龄上比林彪年长十四岁,而且阅历丰富,视野开阔,理论成熟。更为难得的是,他对共产主义理想,对革命的前途与未来,信仰从来就没有动摇过。不论革命处于何种险境低潮,毛泽东的内心深处,始终保有一种浪漫主义的诗人情怀,一股昂扬的激情与充沛的活力。

坚定的信念与昂扬的激情对成就一番事业,当起着举足轻重的作用。

林彪旧调重弹,不仅是一种个人情绪的流露,其实代表了红四军中的普遍思想。对革命的前途与命运产生悲观乃至怀疑,必将弱化红军的素质与作战能力,影响革命大业。对此,毛泽东高度重视,决意认真回复。

饶有意味的是,林彪与毛泽东同住一村一院,却以贺信的形式表明心迹;而毛泽东呢,见信后也不与林彪面谈,而是以同样的方式书信作答。

面对三省敌人的"会剿",红四军决定转战江西。1930年1月3日,林彪留下贺信后不待毛泽东回复,便率第一纵队先行离开赖坊村,向目的地进发。毛泽东率第二纵队后行一步,也在1月7日离开了协成店。战争一触即发,局势相当危急,而坚定红四军的革命信念,提高全体指战员的认识更是刻不容缓,这不仅关系到眼前的生存,更关系到革命大业的发展与成败。于是,在着手部队转移、阻击敌人的前两天,也就是1930年1月5日,毛泽东在协成店那间栖身的小房内,洋洋洒洒地写下了一篇7000多字的回函。

毛泽东住在协成店一楼左侧,房间不足6平方米,室内陈设简陋,唯有一桌、一凳、一床而已。而伏案写作的毛泽东,在一星如豆的油灯下,目光早已穿透小小的陋室,射向广阔的世界与未来;桌上闪烁的灯火,在他眼里也漫成了熊熊燃烧的通天火光。他激情昂扬地写着,身体处于一种最佳竞技、亢奋状态。不知不觉间,公鸡打鸣，长夜远逝，天边的一缕曙光透过窗棂射进房间，在即将完篇的文稿上跳跃浮动。毛泽东站起身来，探身望望窗外，深深吸了一口山间清冽的空气，以一种盎然的诗意与豪迈的激情在回函的结尾继续写道："我所说的中国革命高潮快要到来，绝不是如有些人所谓'有到来之可能'那样完全没有行动意义的、可望而不可即的一种空的东西。它是站在海岸遥望海中已经看得见桅杆尖头了的一只航船，它是立于高山之巅远看东方已见光芒四射喷薄欲出的一轮朝日，它是躁动于母腹中的快要成熟了的一个婴儿。"

此文虽为私人通信，但针对的是当时存在的一种普遍倾向，所以，毛泽东题名为《时局估量和红军行动问题》，油印成小册子散发给红四军的基层党支部公开传阅、讨论、学习。

如果说古田会议确立了共产党对军队的绝对领导，那么，《星星之火，可以燎原》则为中国革命夺取胜利指明了前进的道路与方向——实行工农武装割据，走农村包围城市之路。古田会议旧址与协成店这两座标志性的建筑相距约一公里之远，它们相互辉映，犹如一对"双子星座"，在共产党武装夺取政权的革命时期，起过里程碑式的重要作用。

《星星之火，可以燎原》一文坚定了共产党人的信念与斗志，把准了发展道路的脉搏，其科学预见很快变成现实，革命浪潮席卷全国，星星之火燃遍神州。"中国人民从此站起来了！"19年后，毛泽东那站在天安门城楼上响彻寰宇的湖南口音，将成为一阙永恒的辉煌，凝固在每一个中国人心中。

然而，恐怕令毛泽东当年没有想到的是，一场轰轰烈烈的造神运动中，他本人也由一星闪烁的"火花"，变成了一轮夺目的"太阳"，受到全国人民如疯似狂的景仰与朝拜。

而《星星之火，可以燎原》这篇文章，也随着时代的变迁及当事人命运的沉浮几经改头换面。1947年，《毛泽东选集》收入此信时，题目简截明了，名为《毛泽东写给林彪同志的信》。1948年，身居东北野战军司令员、中共东北局书记的林彪致函中共中央宣传部，要求以后印行《毛泽东选集》收录这封信时，不要公开他的名字，以免"在群众中引起误会"，在国外造成"种种无益的推测"。毛泽东善解人意，不仅同意了林彪的请求，还对信的开头及结尾进行了相应的删节修改，标题改为后来人们所熟知的《星星之火，可以燎原》。1951年中共中央毛泽东选集出版委员会编辑《毛泽东选集》时，在此文的注解中写道："这是毛泽东同志的一篇通信，是为批判当时党内的一种悲观思想而写的"。在我收藏的三种不同版本、不同时期的《毛泽东选集》中，都无一例外地标有这一注解。

1971年，林彪谋反事泄，仓皇出逃，因飞机失事摔死在蒙古温都尔汗。于是，一人之下，亿万人之上的党中央副主席变成了反动恶魔与跳梁小丑，鼻梁给涂上了一抹象征性、符号化的白色。《星星之火，可以燎原》成为他反党、反革命、反毛主席的罪证与批判材料，在铁的事实面前，林彪无可置疑地成为历史上的逃兵、动摇革命的怀疑分子、反对革命的破坏分子。

历史不是任人装扮的小姑娘，不能为了某一目的而刻意篡改，或拔高伪饰，对待它，我们应该采取科学认真的客观态度，拂去尘埃，还其本来面目。林彪既不是神，也不是鬼，而是一个有血有肉的人。正如对毛泽东的功过是非分为不同的历史阶段进行评价一样，对待林彪，我们也不能因为他那身败名裂的归属而抹杀从前的所有功绩。一个无可否认的事实是，林彪的军事天才在中国革命战争中确曾发挥过他人难以企及，或曰难以替代的重要作用。在低潮时期对革命的未来产生悲观情绪，也是人之常情，即使如此，毛泽东在删去的段落中也曾一分为二地写道："我知道你相信革命高潮不可避免的要到来，但你不相信革命高潮有迅速到来的可能。"

八十多年过去，弹指一挥间。导游掏出钥匙，打开了挂在协成店大门上的铁锁，我们一行人踏入了森森的院落。院里已有好久没住人了，不仅清冷，还散发着一股潮湿与霉味，与上世纪20年代末30年代初的红火热闹相比，形成了一种强烈的反差。每一时代都有着它特定的主题与烙印，如果说我们所置身的时代是由农耕文明向工业文明的转型，是以商品化为特征的全球化浪潮侵袭，那么上个世纪的二三十年代的时代主题，则是革命，是斗争，是通过武装手段夺取政权。每一置身那一时代的热血青年，都会身不由己地卷入其中。

从一楼来到二楼，从一个房间走向另一个房间，我们的脚步在铺设的木地板上橐橐作响。同行的厦门、福州及闽西作家大多走出了清冷的院落，而我仍站立二楼，沉浸在当时的氛围之中。此时，太阳正在西下，一道血红而艳丽的阳光越过新建的赖氏宗祠射了过来，一瞬间，我的心头一闪，不禁找到了一种特殊的感觉。我将目光推向前方，挥了挥手，学着毛泽东的样子，大声叫道："中国人民从此站起来了！"已然走出院落，站在协成店门楼前的同行们闻言仰头，不由得异口同声地笑道："哦，还真有点天安门城楼的味道呢。"

我不知道，八十多年前的毛泽东站在协成店的二楼时，是否有过天安门城楼那一幕动人情景的预演；但我知道，毛泽东与他的战友们，正是凭着一股对共产主义坚不可摧的激情与信念，才使得星星之火燎原，创建了一个崭新的人民共和国。

体验红军路

钱万成

读小学的时候，有一篇课文叫《朱德的扁担》，讲的是在井冈山革命斗争时期，为了粉碎敌人的"围剿"，朱德军长和毛泽东委员带领红军战士冒着枪林弹雨，挑粮上山的故事。当时是1928年冬天，井冈山革命根据地建立之后，山上除正规红军部队外，还有党政军机关工作人员、800多名伤病员以及2000多名老百姓。山中土地稀少，土壤瘠薄，年产谷不足万担。为了解决军民吃饭问题，必须从百里外的宁冈、永新、遂川三县运粮上山。井冈山山高坡陡，车马难行，在羊肠小道上运送粮食，只能靠肩膀和扁担。为了鼓舞军民士气，毛泽东和朱德带头挑粮。

我们这次在井冈山学习，上体验课，也走这条路。学员大多是老同志，最小的也有43岁，比当年的朱德军长还大一岁。一大早，大家就像孩子一样穿上红军服、戴上红军帽、背上红军包、挎上红军粮袋、披上斗篷扛起木枪，到食堂去吃饭。还有人张罗加量，要为上山攒体力。兴奋程度真和小时候参加少先队活动差不多。

队伍准时从井干院出发，沿红军北路进山，盘旋而入，绕山前行。一个小时后到达了黄陇镇，这是井冈山中较大的一个镇子，是当年红军集中给养的地方。出镇区左行又十几分钟便到了我们这次体验课的起点源头村。村民已经等在那里，他们为我们每个人准备了一根竹竿，大家不解，老乡说山上有蛇，而且是毒性很大的竹叶青，竹竿在手可以防蛇。9点钟，我们并成一列纵队向山上进发。井冈山最高峰也不过1800米，黄洋界只有1300米，但山势陡峭，坡滑路窄。我们并没有真的挑着粮食，只是象征性地背着粮袋和枪支。开始一段大家斗志昂扬，欢声笑语。走在最前面的，是领路的老乡，是井干院花钱雇来的向导。接下来是旗手，先是我们的组长，后来组长有点体力不支，就交给了宁夏的老宋，老宋人高马大，始终走在前头。这段挑粮小路只有6里，是红军挑粮路135里中最险要的部分，虽然不长，却极其难走。行至半公里的时候，队伍就分成了前中后三拨儿，个个大汗淋漓，有三位学员还因体力不支决定原路返回。还有一拨儿已经坐下来休息，扶着竹竿气喘吁吁。我和带队的老师，随队医生以及两位扛担架和氧气袋的老表走在最后。行至1000米处，也感到了艰难。喘气更加急促，腿已经发软，但谁也不提议停下，大家相互鼓励，奋力前行。

在当年革命先辈战斗的地方进行现场体验,这是井干院在干部教育中的一大创举。为了保证学员安全,他们雇用当地老表在沿途修了6个休息站。学员走累了可以在站点上坐一会儿,喝点水,吃点东西补充能量。据说,当年红军也只有这样才能从山脚爬到山顶。我们虽然个个汗流浃背,却依然一路兴致勃勃。有人背诵毛泽东"红军不怕远征难"的诗,有人高唱"黄洋界上炮声隆"的歌。山路弯弯曲曲,下望坡陡涧深,一会儿是竹林,一会儿是松海,一阵风来,波涛阵阵。路边偶尔还可以见到一朵朵六个瓣的蓝色小花,老表告诉我们这就是井冈兰,是朱德最喜欢的花。上世纪60年代,已当上全国人大委员长的他,重上井冈山时还带走了一棵。登到1300米的时候,我们在一排木板房前休息。卖给养的大嫂说,这里就是当年朱军长和毛委员休息的地方,当年是三间泥土房,后来被国民党兵给烧了,这个房子是前几年他家新盖的,门前的老荷树仍是当年的原物。她说,在老荷树下原来有一块小草坪,每当挑粮歇脚的时候,战士们都要围在毛泽东身边听他讲革命道理。有一次毛泽东问身边的战士:"你站在荷树下能看多远?"有的说能看到江西,有的说能看到湖南,毛泽东听了十分高兴。他说:"我们革命就要站得高看得远,站在井冈山不仅能看到江西、湖南,还要看到全中国、全世界。"老荷树上还挂着一个烈属证,证明他们是烈士后代。当年,井冈山地区有数万人参加朱毛红军,像这样的烈士后代比比皆是。12点钟,我们登上了黄洋界,那个当年让敌人魂飞胆丧的地方,虽说个个满怀喜悦,却已人人筋疲力尽。

在这次体验中,大家除了深切感受到中国革命成功的不易和红军将士的艰辛,还有很多感悟:比如万事开头难,能够坚持更难,谁能坚持到底谁就会取得最后的胜利;信心有时候比实力更重要,没有信心就会被困难吓倒。就在大家生发感慨的时候,我却忽然想到另一个问题。我在路上和老表聊天,他说,他们家有6口人,每人有七分田,全家有四亩二分田。一亩田一年能生产500斤粮食,一年不过2000多斤粮食,仅够年吃年用。好在山林承包后,政府允许他们每年砍点竹子卖,再加上一点旅游收入,一年可以剩个万儿八千块钱。听了他的话,我才意识到在进山这一路上,确实只见到路边的一点点田地,一条一块,最小的地块恐怕真比屁股大不了多少,一不小心坐下去压死一片秧苗,很可能一家人会少一顿饭吃。这是一片金贵且贫瘠的红土地,不要说当年喂养中国革命取得胜利,就是靠它的产出能让世世代代生活在这里的人们活下来都实属不易。

生死攸关的转折点——走近遵义会议会址

李惊亚

81年前,在黔北小城遵义,位于老城子尹路中西合璧的两层灰砖小楼上,中国共产党人做出了一次生死攸关的重大抉择,从此开启了中国革命从胜利走向胜利的进程。

遵义会议的历史,人们早已从课本和电影中熟悉,但实地寻访,仍然使许多参观者感到强烈的震撼。

登上二楼,一间仅27平方米的小客厅里,十几把藤木椅子静静地围绕着一张赭色的长桌。那场决定中国革命前途的重要会议,仿佛刚刚结束。

1935年1月7日,红军攻克遵义。当年1月15日至17日,在这幢二层小楼里,中共中央召开了政治局扩大会议。会议开始,由博古作关于第五次反"围剿"的总结报告,周恩来接着作了副报告。毛泽东进行了长篇发言,对博古、李德在军事指挥上的错误进行了切中要害的分析和批评,并阐述了中国革命战争的战略战术问题和此后在军事上应该采取的方针。会议通过了"毛泽东同志选为常委"等4项决定。

"历史实践已经证明,遵义会议是中国共产党历史上一笔重要的精神财富,随着时间的推移,必将越来越显示其伟大历史意义。"遵义会议纪念馆馆长陈松说。

党史专家认为,遵义会议标志着中国共产党在政治上开始走向成熟。遵义会议确立了中国革命的基本方针原则,从此中国共产党开始在全党范围把马克思主义基本原理同中国革命具体实际结合起来,独立自主地解决中国革命重大问题。1955年10月,遵义会议会址经初步维修筹展,开始对内部开放。1957年7月1日,纪念馆正式对外开放。2015年1月15日是遵义会议召开80周年纪念日,当日,经改扩建的遵义会议新陈列馆正式向公众免费开放。

整个馆内展陈内容分为"战略转移、开始长征""遵义会议、伟大转折""转战贵州、出奇制胜""勇往直前、走向胜利""遵义会议、光辉永存"五个部分,运用了大量的历史文物、文献、图片资料和雕塑、绘画、场景模拟,并通过声光电的多媒体运用和数字化、信息化手段,全方位提升了展示效果。

2008年,遵义会议会址开始向公众免费开放,每年参观人数不断上升。据介绍,2015年,遵义会议纪念馆共接待海内外观众400多万人次。随着建党95周年纪念日的临近,遵义再次迎来了一股红色旅游热。

有一个地方叫"鸡鸣三省"

张笑天

在来到云南昭通前,我还真不知道在云贵川交界有个叫"鸡鸣三省"的地方,听上去很富诗意,给人以无穷尽的联想,引人入胜。那是白云深处的所在,群山环抱,风光险秀,被称为是"枕乌峰而襟赤水,领巴蜀而锁滇黔"之地。从地域上讲,它包括赤水河与渭河交汇处的岔河流域,水田寨、大河滩、扎西皆在其中。这一带山水相望,村寨毗连,水田寨有山叫"鸡啄嘴"、还有鸡鸣山,名实相符,是云南威信、贵州毕节、四川叙永三县交界处,一村寨彼此听得见鸡鸣犬吠。

我从明代大才子杨升庵的《赤虺河行》中找到这样叙述鸡鸣三省的文字:"君不见,赤虺河源出芒部,虎豹之林猿猱路"。在他笔下,鸡鸣三省地方分明是瘴疠蛮荒之地。

使扎西和鸡鸣三省永载史册的,并非由于"金鸡齐鸣,三

扎西会议会址

省皆知",三省知,天下人并不晓得。真正让扎西扬名的是,76年前的1935年2月,中共中央在这里曾召开过决定中国命运的几次重要会议。偶然的机遇,使名不见经传的扎西成了红色征程上一个闪亮的符号。但这段历史,鲜为人知,连《中国共产党历史》中,也只寥寥几笔。1997年中共党史出版社出版了《光辉的扎西会议》这本书,诸多党史专家撰文,对扎西会议给予了极高的也是恰如其分的历史定位。

遵义会议结束了博古的错误路线,毛泽东补选为政治局常委,但因为匆忙北上,急于渡江与川东的红四方面军会师开辟川南根据地,组织上的问题只能说"基本上解决了",因为博古依然是党的总负责人,毛泽东只作为"在军事上党内下最后决心

者"、周恩来的"帮助者"身份出现，而且遵义会议决议也没有最后通过，广大指战员还不知道遵义发生了什么惊天巨变，直到在扎西召开干部会议由张闻天传达遵义会议精神时，连时为中央红军地方工作部长的李维汉也才第一次听说遵义会议内容，并喜悦地说"解开了我思想上许多疑团"。杨尚昆后来撰文称，"2月5日到了鸡鸣三省这个地方，常委决定闻天同志在党中央负总的责任，这是在当时条件下党的集体意志作出的选择，他的任职保证了毛泽东同志的军事指挥，在实际上确立了毛泽东在全党全军的领导地位"。

其时红军北上受阻，土城一战，损失惨重，毛泽东说"也可以说是个败仗"。在强敌扼守长江之际，渡江计划已不可能，中央决定向鸡鸣三省的扎西集结，这就造就了扎西的历史地位。遵义会议所作的决定中，关于"常委中再进行适当分工"和"指定洛甫起草决议，委托常委审查"两项议定而没来得及完成的大事，都是扎西会议落实的。

1935年2月5日，在扎西县境内水田寨的花房子召开了中央政治局常委会，决定由张闻天代替博古作中央的总负责人。用周恩来的话来说，"当时博古再继续领导是困难的，再领导没有人服了，毛主席主张应该让张闻天做一个时期，人总要帮嘛"。

毛主席的《忆秦娥·娄山关》手书巨大镌刻石碑

于是博古"撂挑子"，有趣的是，这是真正的"撂挑子"。因为当时总负责人保管的中央文件、印信等，全装在几个铁皮箱子里，由战士一路从瑞金挑过来，如今是张闻天接过了这象征权力的挑子。

随后在石坎子、大河滩，又召开了政治局扩大会议，议决暂缓执行渡江入川计划，回兵黔北，在2月8日的政治局会议上，讨论并通过了《中共中央关于反对敌人五次"围剿"的总结决议》（即《遵义会议决议》），这是党和红军集体智慧的结晶，是以毛泽东为代表的军事思想第一次系统概括。2月9日，在扎西江西会馆的政治局扩大会议上，讨论中央红军缩编问题和二、六军团战略方针与组织问题的决议。

遵义会议决议也是在扎西传达下去的，在指战员中引起的振奋是无与伦比的。可以说，扎西会议是遵义会议的延续，遵义会议精神在扎西画上了完满的句号。为全党、全军实现伟大的战略转变进行了切实的部署。扎西会议完成了以遵义会议为标志的中国革命的伟大历史转折的一系列决策和部署，从此中国革命进入了一个新时期，一步步从胜利走向胜利。

此后不久，毛泽东进入了指挥军事的"新三人团"，在当时，军事指挥是压倒一切的要务，毛泽东执掌兵权，才扭转了危机，中央红军从瑞金、于都出发时有8.6万人，历经重挫，此时不到3万人，广大指战员对错误的指挥怨声载道。毛泽东为将士重树信心，在几十万敌军前堵后截中镇定自若，声东击西，佯攻镇雄，从扎西出奇兵，二渡赤水，回师东进，一路攻克娄山关，二占遵义，消灭国民党王牌军吴奇伟两个师，击溃贵州军阀王家烈8个团，把敌人调动得团团转，打得晕头转向，毛泽东在二占遵义后写下气吞万里的诗句："雄关漫道真如铁，而今迈步从头越"，正是此情此景的写照。

丢盔弃甲的吴奇伟逃到乌江边要自尽，毛泽东嘲笑吴奇伟，他既当不了项羽，也效法不成西楚霸王，此乌江非彼乌江也。这一仗，是1934年10月红军长征以来，第一个痛快淋漓的大胜仗，战士们欢呼"毛泽东和他的打法又回来了"。此后四渡赤水，抢渡金沙江……毛泽东终于带领红军跳出了国民党围追堵截的层层包围圈，踏上了北上抗日的光辉道路。

置身这宁静的扎西山水间，不能不感慨系之。扎西能成为革命史的一个节点，除了山川灵秀，宜于卧虎藏龙，我们无法忘却扎西可爱的民众。在红军过境的十天里，小小的扎西竟有三千子弟参加红军。

我查阅过扎西籍红军战士名录，几千人人多战死沙场、骨埋他乡，他们和扎西一样，应当为后来人所铭记。

扎西对于毛泽东来说，是他引导革命成功的转折点，也留下了心底的伤痛。就在进出扎西日子里，贺子珍临阵又生下一个女孩，像在中央苏区把儿子毛毛送人一样，在残酷的环境里别无选择，贺子珍甚至都没仔细看一眼自己的亲骨肉，就叫人抱走了，这成了做母亲的心上永远的痛。当毛泽民夫人要她给孩子留下点日后相认的念物时，贺子珍含泪拒绝了，她说，日后孩子如参加革命，或有相逢的一天，不然，就当一个普通老百姓吧。

也是在此后不久，在遭遇敌机轰炸时，贺子珍为掩护担架上受伤的团长钟赤兵，自己身中17处弹片，生命垂危。按当时的条件和惯例，伤员只能离队，留在老乡家养伤，含悲忍痛的贺子珍也这样打算。但毛泽东激动地对休养连的同志在电话里喊道：留下来一无医药、二无安全保证，就是抬，也要把她抬上！

这故事让我心潮起伏难平，在这里，毛泽东的人情、人性光辉耀人眼目，无情未必真豪杰，为革命，毛泽东奉献了多少亲人！

中国工农红军中鲜为人知的故事

静 流

时光送走了我们党辉煌执政的60华诞，人们还沉浸在欢乐和美好的喜悦之中，时针又悄悄地指向了我们党成立90周年光辉的日子。而在欢乐和辉煌的背后，中国共产党人付出了巨大的代价。在建党之初，中国共产党人就是凭借对共产主义信仰和对中国革命的坚定信念，靠着信仰与信念的力量，靠着对美好未来的追求，不怕牺牲自己年轻的生命。用对共产主义的信仰和信念，满怀对中国未来社会的美好愿景，前仆后继、浴血奋战，走过了艰辛的历程，用生命和鲜血换来今天美好生活。可以说信仰的力量是无穷的。信仰，是人们对某种理论、学说、主义的信服和尊崇，并把它奉为自己的行为准则和活动指南，它是一个人做什么和不做什么的根本准则和态度。信念，是人们在一定的认识基础上，对某种思想理论、学说和理想所抱的坚定不移的观念和真诚信服与坚决执行的态度。

今年是中国工农红军长征胜利75周年。75年前，中国共产党率领中国工农红军谱写了一首可歌可泣、雄浑壮阔的伟大史诗。是靠无数中国共产党人的坚定的信仰与信念凝聚成的胜利。从我们党的革命历史看，我们党对中国革命贡献巨大，解放前夕党员发展到300万，但仅全国有名可查的党员烈士就有370万，可以说，我们共和国的江山，是用共产党员生命和鲜血换来的。长征胜利了，革命成功了。人们总会记住那些在历史上取得成功的英雄，而往往忽视胜利是由成功与失败一点一滴积累而成，成功的英雄要赞颂，失败的英雄依然要赞颂，胜利是由量的积累带来质的变化，这是符合事物发展规律的。他们是英雄，他们是失败的英雄，但他们的故事可歌可泣。他们就是中国工农红军第十军团,又称"红军北上抗日先遣队"的英雄们。而像刘畴西、寻淮洲、胡天陶等烈士的故事,真正能够了解的并不多,有的故事更是鲜为人知。要想真正了解,还得从"红十军团兵败怀玉山"说起。具体地说,我是从原国民党山东省主席兼第二绥靖区司令官王耀武在回忆录中看到三位烈士在兵败怀玉山后,被俘或牺牲的故事。

故事之一:刘畴西。1935年1月,红十军团辗转至闽浙赣苏区边缘时,周围军情已非常危急。粟裕要求连夜突破封锁线,但刘畴西认为部队过于疲劳,当晚最好休息一下。方志敏后来让粟裕带领先头部队先走,他留下来等刘畴西一起行动。粟裕带领少数部队,当晚坚决地冲过了封锁线。大部队由于耽搁,在怀玉山被敌军14个团重兵包围,苦战连天,最终兵败。方志敏、刘畴西等相继被俘。

蒋介石依然记得黄埔一期的刘畴西,决定党军生死的棉湖之役中那个英勇的教导第一团第三连党代表、黄埔同学会总务科长刘畴西。可以说,没有黄埔就没有蒋介石,没有棉湖恶战就没有黄埔军的威名。蒋介石特别嘱咐驻赣绥靖公署主任顾祝同,一定要将

刘畴西

刘畴西争取过来。于是黄埔老同学过来探望,黄埔教官顾祝同也亲自来了三次。刘畴西面对死亡和友情、爵禄毫不为之所动。世人可以责怪他在战斗中的骄傲轻敌,犹豫不决,但他坚强的革命意志令人钦佩。审讯他的恰是黄埔的同学俞济时。俞提审刘畴西时,正值天寒地冻,俞济时身披将军大氅、对着炉子向火,当衣衫褴褛、饥寒交迫冻得浑身发抖的老同学被带到胜利者面前时,这位胜利者骄傲得连寒暄客套都没有,挥挥手令卫兵押走了刘畴西。方志敏在《可爱的中国》一书中,曾用"囚寿"这个名字,记叙了他在狱中的不屈斗争。

俞济时对老同学耍态度的故事传到了同为黄埔一期的黄维耳朵里,黄维颇恼怒,当面深责俞济时无礼:"同学之谊,那么冷的天,怎么也该给人一餐饱饭,一件棉袄!同学一场,何如此狠心?"

他面对死亡,心里坦然,毫不畏惧,他对战友们说:"死是不可避免的,至于什么时候死,我不知道,因为生命已经握在最凶恶的敌人的掌心。"1935年8月6日凌

晨，被押往南昌市百花洲下沙窝刑场，他拖着沉重的铁镣，昂首挺胸，与被难的战友连声高呼："中国苏维埃万岁！""红军万岁！""中国共产党万岁"，英勇就义，时年38岁。

故事之二：寻淮洲，红十军团第十九师师长。
1935年1月，他率第十九师从怀玉山和德兴东北通过敌封锁线，向浙皖赣边进发，在击溃尾追的国民党浙江保安纵队两个团后，又击溃国民党王牌军王耀武旅。他亲自带一个排争夺乌泥关制高点，不幸腹部中弹。在弥留之际，口中还在反复地念着："北上抗日！北上抗日！"因流血过多，壮烈牺牲，年仅22岁，是红军中最年轻的军事指挥员。

寻淮洲

回忆录中是这样描写的：像是头刚刚被关进笼子的饿虎，国军独立旅旅长王耀武正在屋子里焦急地踱来踱去，不时地他会停下脚步，凝神侧耳去倾听隔壁屋子里的动静。

"说，那到底是谁？活着还是死了？说，快说呀！"听不见有人回答，只有一片冰冷的沉默，就像是铜钱大的雨点急泻而下，却落在浩瀚的沙漠中激不起半点回响。

"不说就枪毙，毙了他！"随着一声又一声的呵斥，远处不时会响起几声短促的枪声，接着又是大声的询问和无声的沉默……

王耀武焦急地皱紧了眉头，这已经是今天晚上枪毙的第17个战俘了，却仍然没有一个人肯说出实情。可远处败退的红军正在迅速转移，也许他们很快就会融入雪后的群山再也找不见踪影，可他却仍然不知道在刚才那场战斗里究竟发生了什么事，为什么会出现那样一幕令他永生难忘的场景：

那场战斗是在清晨时分突然打响的，当时他正率领全旅成四路纵队在急行军，突然从左侧的山坡上倾泻下一阵急骤的弹雨，接着响起了一片手榴弹的爆炸声。王耀武立刻像是中弹般地滚鞍下马，脑海里涌上的第一个念头就是：糟糕？中了红军的埋伏，也许今天自己就会兵败被红军俘虏，然后像张辉瓒那样被戴上高帽子游街示众，砍下脑壳顺着长江流到南京……

又是一阵枪响，接着从高高的山冈上传来了一片嘶哑的怒吼。王耀武的部队不愧是国军主力，急骤的机枪声立刻狂风暴雨般地响起，压倒了红军冲锋的怒吼声。

久经战阵的王耀武从望远镜里观察了一下战场，他立刻发现今天的情况有些异样,红军的火力远远没有往常那样猛烈,冲锋的速度也远没有往常那样迅猛。再细细观察一会,王耀武心里突然有些明白了,眼前的这支对手已经不再是前几次反"围剿"时的红军,而是一支已经近乎一无所有的队伍了,最初那阵猛烈的枪声可能已经耗尽了他们仅剩的枪弹,在这1934年严冬的漫天大雪里冲锋的,是一支只穿着破旧单衣和草鞋的队伍。

王耀武心里顿时有了胜利的信念,他指挥部队连续打退了红军两次冲锋。于是血腥的战场上出现了一阵令人心悸的短暂沉寂,然后突然又有一股汹涌的浪潮浩浩荡荡地出现了,红军冲锋队形的最前边是个精灵般敏捷的瘦小个子,身后紧紧跟着千百个跃动的身影。王耀武心里立刻明白,这肯定就是最后的搏击,红军已经是在孤注一掷了?他紧紧压抑住心头的恐慌,举枪击毙了一个正要往后逃跑的营长,然后声嘶力竭起来:"弟兄们,不能退,退一步就全完了,咱们都拼命吧?!"

被巨大恐惧笼罩着的白军士兵拼命抵抗,所有的枪管都在这寒冷的严冬里喷射着灼热的旋风,可红军仍然冲破了白军第一道防线。就在这时几颗枪弹击中了那个冲在最前面的瘦小个子,那人在奔跑中突然停下步子,身子像面漫卷的旗帜般缓缓卷过半个圈,然后慢慢地倒在了地上。

战局就在这时发生了一个奇特的变化:所有正在冲锋的红军战士突然不再向前了,而是一齐蜂拥着扑向那个曾经冲在他们队伍最前面的瘦小身躯,白军的枪弹也在这时跟踪而至,打得那人周围的土地就像是滚开的沸水,尽管前面的红军像火中的芦苇那样成片地倾倒,后面的红军却仍然前仆后继地向着那片土地猛扑……

冰冷的钢铁终于也在那些灼热的血肉面前退缩了,有一队红军奇迹般地突破火力封锁,他们抬起那具瘦小的身躯向后退去,于是整个红军队伍都像是猛然撞在了礁石上的潮水般席卷而去,消失在那片已经被雪花染白了的山峦。王耀武被这急转直下的战局惊呆了,竟然忘了下达追击的命令,直到红军队伍退去许久,他才回过神来,第一个拔腿奔向他刚才曾经死死瞄准过的那块土地。

那是一片会令任何一方的军人都目瞪口呆、心惊胆战的场景:成百个红军的尸体横躺竖卧,浓浓的灰色覆盖了这片不久前还是白雪皑皑的山地,所有的尸体的头颅都只朝着一个方向,朝着那片曾经躺下过那具瘦小身躯的土地。

一只炸断的手伸展开五指,每个手指都在痉挛地指着那个方向……

一个身首异处的士兵死不瞑目,凝固的眼神一眨不眨地盯着那个方向……

"马上查明那个倒下的人是谁?他是否还活着?"这是王耀武醒过神来之后下达的第一道命令。

于是审讯进行了整整一天,可是……

"报告，总算有个俘虏招供了。"门口出现了满脸写着疲惫的副官，"据他说，那个带队冲锋的人就是寻淮洲，已经因伤重而死，就葬在了后山顶上。"

一片火把立刻把那个荒芜的山头照耀得如同白昼，王耀武一边看着士兵们急急地挖掘，一边心里仍然止不住地浮满疑团：真的能击毙这个著名的游击专家吗？这个18岁就当上红军师长，22岁时就担任红军第七军团军团长的名将？

所有的挖掘声突然在一瞬间停止，王耀武就在这一片寂静中急步上前，看见了墓穴里有一张年轻苍白的脸，"他真年轻？"这是闪过他脑海的第一个念头，然后他突然吃惊地问："为什么他光着身子？谁，是谁剥走了他的衣服？"

没有人能回答他的问题，好半天，才看见副官又匆匆地赶来向他报告："我已经询问过俘虏了，这支红军部队早在一个月前就已弹尽粮绝，是寻淮洲亲自下的命令：所有战死者的衣服一律留给活着的战友，他自己也不能例外。"

王耀武吃惊地抬起脑袋，火光映出了他那双瞪得溜圆的眼睛，许久许久，他才用嘶哑的不像是他自己的嗓音颤抖地说："按委员长电令砍下脑袋，解送南京，尸首……安葬……"

故事之三：胡天桃。红二十一师师长胡天桃负伤被俘，由王耀武主持审讯。

回忆录中是这样描写的：但第一次见面就令王耀武惊呆了，"这位师长上身穿着三件补了许多补丁的单衣，下身穿两条破烂不堪的裤子，脚上穿着两只不同色的草鞋，背着一个很旧的干粮袋，袋里装着一个破洋瓷碗，除此以外，别无他物，与战士没有什么区别。"

时值严冬，天寒地冻。若不是被别人指认出来，王耀武绝不相信面前这个人就是红军师长胡天桃。

令他震惊的一次对话：

王耀武：蒋委员长对你们实行宽大及感化教育，只要你们觉悟，一样得到重用。

胡天桃：我认为只有革命，坚决打倒帝国主义、封建主义及军阀，中国才有办法。

王耀武：共产主义不适合中国国情，你们硬要实行，这样必然会失败。

胡天桃：没有剥削压迫的社会，才是最好的社会，我愿为共产主义牺牲。

王耀武：你家在哪里？家里还有什么人？告诉我们，可以保护你的眷属。

胡天桃：我没有家，没有人需要保护。

胡天桃后来被押解到王耀武的上司俞济时那里，也无多余的话。俞济时说：你是红军的高级人员，不会不知道红十军团的情况。胡天桃回答：我不知道，你把我枪毙了吧。

胡天桃被枪杀了。

我想，这些中国工农红军优秀的军事指挥员，我党的先进分子，为了共产主义理想、信念献出自己年轻生命。特别是寻淮洲与战士一样身先士卒，腹部中弹后，口中还在反复地念着："北上抗日！北上抗日！"剥下上衣送给战友，光着身子离开了。而王耀武一身戎装，与寒冬中衣衫褴褛、脚穿草鞋、干粮袋内只有一个破洋瓷碗的红军师长胡天桃谈论国家命运和个人生死。在那场唇枪舌剑中，他不是胜利者。故事读到这里，我久久地默思着，是什么力量使得他们有如此的斗志和意志。我们都读过美国未来学家阿尔文·托夫勒的《力量的转移》一书，他把人类有史以来的力量表现为三种形式，"暴力、财富、知识。"我想实际上他忽略了另外一种力量，我觉得就是"信仰与信念"这种精神的力量，如果中国共产党人没有这种力量是不能取得中国革命胜利的。共和国的江山就是用无数烈士的鲜血换来的。想起了一句诗："未有牺牲多壮志，敢叫日月换新天。"

"星星之火，可以燎原"。这就是信仰与信念的力量，转化为无穷无尽精神力量，共产党人一代一代薪火相传，这就是我们党的生命力、凝聚力、战斗力的所在，是我们党的制胜之本。

探究中国工农红军由弱到强的动力之源

黎 云

在西方人埃德加·斯诺的眼中，中国共产党以及领导的军队和中医一样让他迷惑。他很难理解，为什么会有成千上万的中国人，以各种形式去同情或追随共产党，并为之流血牺牲。70年前，这位美国军事记者辗转到达陕甘宁边区，四个月以后，斯诺用他的长篇纪实报道作品《红星照耀中国》回答了他和他的西方朋友的疑惑。他说：一是信仰的力量，二是红军领袖的个人魅力。

一支受东方传统精神浸染的军队

"在敌人面前直不起腰来算什么玩意儿！"西路军战士王定烈把心一横，猛地挺起了脊椎，那颗卡在他腰脊上的7.9毫米的子弹"嘎嘣"一声脆响。因伤被俘，一直佝偻着背的王定烈终于在敌人面前挺起了受伤的腰杆。

血战到底的决死之心，也许就是中国工农红军不屈的脊梁。

1934年的湘江血战，为了掩护党中央过江，先期过江的中央红军死守渡口，一颗炸弹投下来，成片的红军战士倒下去，但旋即又有战士补充上来。"我们连只剩下7个人，但我们仍然没有后退。"红军战士黄家祥所在的红八军团是长征出发前刚刚组建的，这支一万一千多人的红军部队在湘江之战中几乎全军覆没，红八军团的番号也永远消失。"湘江边的石头上，溅满了红军的鲜血。"那场恶战同样也铭刻在红三军团老兵王道金的记忆深处。和他同时参加红军的两个伙伴，在敌机的扫射下倒在浮桥边上。一同倒在湘江边的还有成千上万红军战士——但是，即便是这样，伤亡达三分之二强的中国工农红军，没有溃散，它仍像一只拳头，勇猛地在向前穿插。美国将军麦克阿瑟认为，一支部队伤亡达到三分之一，就意味着这支部队失去了继续作战的能力。但对于红军，历史已经证明他的话是错误的。1936年1月，红六军团的营长张铚秀带领的一个营被黔军一个营挡住了去路，大部队全被堵在了后面。

张铚秀拿过军号站上一块高地，正对着敌人阵地吹响了冲锋号。

张铚秀连吹了三遍。当第一遍号音响后，营部和各连的所有军号，都从四面八方一齐吹响。

那是多么威武雄壮的集团冲锋号啊，伴着军号，一个营的红军像老虎一样扑向一个营的黔军，激昂人心又令敌胆战心惊的喊杀声从不同方向响起——这场战斗在半个小时内就结束了。是役，张铚秀的一个营，不仅全歼了黔敌一个营，还击溃了随后赶来增援的一个营，缴枪近300支，俘敌100多人。

"吓死滇军、拖死湘军、脚踏川军、打倒中央军，英雄是红军！"张铚秀说。营长张铚秀后来在皖南事变中又成建制率部队突围，成为我军战史上一位战功卓著的将军。"怕？老子是红军，怎么能怕？"脑袋上中了三枪的彭永清这样说。

一群聚集在布尔什维克旗帜下的理想主义者

如果要问红军老兵为什么要当红军，几乎所有老兵都会异口同声地回答：为了有口饭吃！千百年来，苦难的中国农民为之抗争和流血的目标和梦想，就是能有饭吃，能有衣穿。而留过洋、念过书的红军领袖们用最朴实的语言，为广大的红军战士描绘了一个能有吃饭、能有衣服穿的美丽图画。

在"不参加红军就没有活路，不被饿死就被冻死。"红五军团老兵刘迎达说。同样为了一口饭吃的红军老兵还有彭富九、赵德仁、颜吉连、肖正朝……因为相信当了红军就能有饭吃，放牛娃、船工和佃户们扔下了手中的农具，拿起了枪和梭镖。如果要谈信仰，我们是否可以理解为，对红军领袖的崇拜和让天下穷人都有饭吃、都有衣穿的目标就是让所有红军老兵极其相信和尊重的一种信仰呢？"我们的文化都是路上学的,指导员在前一个人背包上写字,边走边认。"夏精才回忆说。放牛娃出生的他一天学都没有上过,共产主义四个字他是在过草地时一个一个学会的。不得不承认毛泽东同志的智慧,他没有照搬俄国十月革命胜利的经验,而是开创性地把无产阶级的革命中心放在到了代表绝大多数中国人的农村,他应该是对理想和信仰最好的实践者和诠释者。"党组织被破坏了,要继续革命就得到队伍中去。"黎东汉回忆说,"我和爸爸、叔叔都先后参加了红军。"

黎东汉是红军基层士兵中为数不多因为信仰共产主义而参加红军的人。他的父亲和叔叔都是湖南长沙早期革命运动中的共产党员。遗憾的是,看到革命胜利的,只有黎东汉一个人。

1934年,湖南女子师范学校的女学生蹇先佛找到了姐夫贺龙。日本占领东北三省后,蹇先佛早就已经不能安心在学校读书了。开明的商人父亲在纵观中国时局以后,对女儿说:"你要想抗日,就去当红军吧。""父亲对共产主义和三民主义都有些研究,我们都相信共产主义可以救中国。"蹇先佛和他的哥哥、姐姐还有大弟都在父亲的支持下参加了红军。"敌人只能砍下我们的头颅,决不能动摇我们的信仰!因为我们信仰的主义,乃是宇宙的真理!"即便是在和平的今天来读方志敏的这首诗,仍然能觉荡气回肠。

一个视忠孝仁义勇为至上美德的伟大民族

当中央红军不足万人的疲惫之旅到达陕北的时候,几乎弹尽粮绝。

但危机很快得到了缓解。已在陕北创建了根据地的红十五军团军团长徐海东来到了毛泽东的面前,除了给中央政府带来了部分粮食以外,徐海东还用骡子驮来了5000个大洋——红十五军团苦心经营的全部积蓄总共只有7000元。

在中国人心中,永远是忠奸分明,连看戏先看他是黑脸还是白脸。抛弃了个人私念的红军政治家以他博大的胸怀,再一次展示了一种超越山头和派别的民族精神。"红二、六军团会合后,贺龙把六军团的政治部全部搬到了二军团,很快二军团的政治工作就得到了恢复和重建。"红二方面军老兵刘月生回忆道。贺龙的红二军团几经厮杀,干部损失严重。而面对贺老总求贤若渴的"抢人才"行动,红六军团肖克军团长大手一挥,豁达开朗。

红四方面军老兵李中权他至今清晰地记得自己与母亲的最后一面。50岁的老母亲得了严重的寒腿病,仍然在两个孩子的搀扶下坚持行军。李中权希望能留下来照顾妈妈,但被断然拒绝。母亲已经知道自己无法走出草地,厉声赶走了李中权,甚至没有说一句动感情的话。

"是妈妈带着我们兄弟姐妹参加红军的,我们全家人有4个倒在了草地上。"91岁的李中权说起长征,仍然老泪纵横。

当忠孝不能两全之时,李中权取了大忠,尽了大孝。

1931年,吴瑞山说弟弟说:"走,跟我当红军去,哥哥一定会好好照顾你。"兄弟两人成为了红四方面军的战士。但是,激烈的战斗很快就让吴瑞山多次负伤,多次转隶,和弟弟分别。"他是怎么死的我们都不知道。"吴瑞山将军边讲边流泪。那天他们已经在倾盆大雨中艰难地进行,已经断粮三天三夜了。突然有个人跑过来问他是否认识一个叫吴绍荣的人。吴瑞山一听弟弟的名字,疾步随来人而去。弟弟躺在草地上,瘦骨嶙峋,奄奄一息,两眼无力地看着哥哥,缓缓地闭上了眼睛。吴瑞山大哭,但他甚至连掩埋弟弟尸体的力气都没有,只好把他抱到一棵杨树下,又跟随部队艰难出发。1992年,退下来的吴瑞山带着老伴驱车弟弟牺牲之地。但茫茫草地之中,那棵杨树已经早不见踪影,吴瑞山把自己珍藏的一套军装埋在了弟弟长眠的地方。"弟弟没能看到他和战友们打下的江山。"吴瑞山两行清泪盈眶而出。

寻梦延安

杨绍碧

从初中时代吟诵贺敬之的长诗《回延安》起,延安就成了我心中神往的一方圣地。

汽车从古城西安出发,在黄土高原腹地的高速公路上行驶,一路上时隐时现的窑洞,一望无际的苹果基地,纵横交错的沟壑使我们尽情领略了大西北的风情。

凝望车外,眼前仿佛浮现出一幅壮观的画面:尘土飞扬、旌旗猎猎、炮声隆隆、战马嘶鸣的西北高原上,一群身着棉纺灰军装、脚踏草鞋、背着刀枪的战士随着一位留着飘逸长发、披着半卷棉衣、骑者羁傲战马的湖南人纵横在高原沟壑、黄河岸边……演绎出一部《保卫延安》的壮丽史诗。

奔驰在通往延安的高速路上,两边丘陵起伏,沟壑纵横,在一片绿茵茵的山岗上,一排红色的大字"几回回梦里回延安,双手搂定宝塔山",映入我们的眼帘。车内同伴们几乎异口同声地吟诵着贺敬之先生那首脍炙人口的长诗……《回延安》,不仅抒发了贺敬之对延安的热爱,也表达了许许多多和我一样向往宝塔山的人的心情。

到达延安已是晚上七时左右,我们住进了距宝塔山最近的的宾馆。在亚圣饭店8

延安宝塔山

楼,正对着宝塔山,当我拉开窗帘,五颜六色的灯光交相辉映,将宝塔山映衬得更加雄伟壮丽。巍巍宝塔,屹立山巅之上,放射着耀眼的光芒,在半天云雾之中熠熠生辉。

到延安不到宝塔山,那将是一件最令人遗憾的事。这里苍松翠柏蔽日,新树嫩枝招摇。楼宇、亭阁、烽火台,清晰可见……我抚摸着那些被风霜磨砺焰火熏黑的宝塔的古砖,抚摸着呼啸的枪炮子弹留下的痕迹,不得不浮想联翩。塔上的每一块青砖,每一个弹洞,承载着它曾经经历过的那个时代和人物,记忆着一个个古老而久远的故事。

延河在宝塔山下与一条小河相遇,然后拐了个弯又悄悄地前行去了,去投奔我们的母亲河——黄河。遗憾的是延河已经干涸,阳光下裸露着宽阔的河床。延河桥静静的横架在宝塔山与延安城之间,似乎将古老的延安与现代的延安沟通。眼前的延安城变得热闹、繁华,高楼大厦依山而建,几条宽阔的街道上挤满了蠕动的汽车和闲逛的人群。怀着敬仰的心情,我们参观了毛主席等老一辈革命家在杨家岭的旧居。眼前看到的,才是地地道道的窑洞。黄土高坡上,依靠人力凿挖而成的洞穴,显得有点粗糙,在岁月的剥蚀下,门窗上的油漆已斑驳风化,窑洞前的枯草正随风飘动着,仿佛在向我们娓娓叙说着老一辈革命家在这里奋斗的点点滴滴。毛主席、周恩来、朱德、彭德怀等都是比邻而居，窑洞内的摆设非常简陋，都仅有一桌、一椅、一床而已。我们真的很难想象，这简陋的居室，竟然是我们的革命前辈运筹帷幄、决胜千里的根据地。站在窑洞前，我神情专注而虔诚，是他们，在最艰难的岁月里，用青春和热血为我们铺就了今天洒满阳光的路。

窑洞不远处的大树下有一套小石桌椅。1946年8月，主席在这里会见了美国记者安娜·路易斯·斯特朗，针对当时流行的"恐美病"，提出"一切反动派都是纸老虎"的著名论断。抚摸石桌，我耳边似乎回荡起伟人带有浓厚的湖南口音的幽默谈笑声，心中有了一种纵观世界风云变化，洞察历史发展的远大目光。

杨家岭中央大礼堂旧址

中央大礼堂是杨家岭最辉煌的建筑，外形酷似一架平伸双翼大飞机。走进大礼堂，当年的会标和主席台的摆设依然如故。就是在这其实不大的礼堂里，召开过党的"七大"和"延安文艺座谈会"等许多重大会议，奠定了马列主义毛泽东思想是中国革命的理论基础和指导思想。在这里，我仿佛看到当年战场归来的将军们拍着征尘、点燃烟斗，坐在这些破旧的长条木椅上，和台上的领袖们一起讨论中国革命的重大决策。

在中央办公厅里，导游唱起了《东方红》。她说：这首歌原为陕北民歌《骑白马》，歌词是：骑白马，挎洋枪，三哥哥吃了八路军的粮，有心回家看姑娘呼儿嘿呦，打日本就顾不上。要穿灰，一身身灰，肩膀上要把枪来背，哥哥当兵抖起来呼儿嘿呦，家里留下小妹妹。1943年冬，陕西葭县（今佳县）农民歌手李有源（1903—1955）依照《骑白马》的曲调编写成一首长达十余段歌词的民歌《移民歌》。《移民歌》既有叙事的成分，又有抒情的成分，表达了在毛主席、共产党领导下的广大贫苦农民追求幸福生活的欣悦心情。歌曲编成后由李有源的侄子、农民歌手李增正多次在民间和群众集会上演唱，很受人们欢迎。随后，延安文艺工作者将《移民歌》整理、删改成为三段歌词，并改名为《东方红》。

我们带着朝圣归来的感觉，带着净化和升华后的灵魂，依依不舍离开延安城，原路返回西安。回首望延安，心潮彭湃依旧。延安是一部深奥的大书，她博大精深的人文内涵，璀璨夺目的精神宝藏，让人一辈子都读不完。

延安窑洞颂

周新寰

延安的窑洞是最革命的，延安的窑洞有马列主义。

——毛泽东

莽莽黄土高原，最美的还是延安窑洞。

为了看窑洞，我来到革命圣地延安。就像久别的亲人重逢，一切都是那么熟悉，那么亲切。站在杨家岭窑洞宾馆楼上，举目四望，巍巍宝塔山下，滚滚延河水旁，随处可见的一排排一孔孔拱形门窗毗邻相连的窑洞，构成了延安一道著名的风景。上凤凰山，过王家坪，进杨家岭，再赴枣园。每到一地一处，我都仔细观看这些山沟沟里的黄土窑洞。令人难以忘怀的是，革命领袖居住的窑洞里，木桌、木椅、土墙、土炕……每一处摆设都简单到不能再简单，朴素得不能再朴素。

在毛泽东等领导同志住过的窑洞里，就散发出这种朴素而高尚的气息。延安的窑洞同延安的小米一样，培育了一代革命志士。窑洞里，油灯下，毛泽东同志和他的战友们部署一次次惊天动地的战斗。他们在世界上最小的司令部里，从容指挥着世界上最大的革命战场。窑洞简陋，油灯如豆，却如沉沉夜空中明亮的北斗，照亮了中国革命的航程。

我在窑洞里久久徘徊，看着绵软的黄土，不禁勾起了遥远的追忆。1938年抗战全面爆发后，面对气焰正盛的日本侵略者，迷茫和焦虑的情绪在全国各地传播蔓延……正是在凤凰山麓那孔简陋的窑洞里，毛泽东同志写出《论持久战》这篇光辉著作，拨开了当时笼罩在国人头上的阴云，也留下了因为专心写作直至棉鞋被炭火烧穿方才发觉的佳话。

一夜夜的挑灯苦思，一夜夜的奋笔疾书，不知花费了多少心血，不知熬干了多少灯油。在延安革命纪念馆的展厅里，就陈列着一盏小小的煤油灯。当年，在延安老一辈无产阶级革命家的办公桌上，都摆放着一盏这样的灯。在灯下，毛泽东等领导同志写下了卷卷雄文，指引中国革命阔步前进。正是在异常困苦的环境下，中国共产党人创造性地开展了轰轰烈烈的大生产运动，走出一条具有中国特色的民族解放坦途。

或许当初很少有人会想到，十二年后，就是这群住土窑，点油灯，吃小米，穿草鞋的共产党人掌握了全国政权，带领人民当家做主人。历史的兴替，竟然定于几孔土窑！静默的延安窑洞向世人宣告了一个颠簸不破

1938年毛泽东在抗日军政大学作《论持久战》报告

的真理：强弱易势，只在弹指之间。而这类兴亡之数，也引发了一位名叫黄炎培的老人的关注。不知是否天意，历史把他和毛泽东同志的一段著名对话，就安排在了延安窑洞，时值1945年7月国共强弱易势的拐点。黄炎培先生说："我生六十多年，耳闻的不说，所亲眼看到的，真所谓'其兴也浡焉'，'其亡也忽焉'，一人，一家，一团体，一地方，乃至一国，不少单位都没有能跳出这周期率的支配力。……中共诸君从过去到现在，我略略了解的了，就是希望找出一条新路，来跳出这周期率的支配。"毛泽东同志肃然回答："我们已经找到新路，我们能跳出这周期率。这条新路，就是民主。只有让人民来监督政府，政府才不敢松懈。只有人人起来负责，才不会人亡政息。"

转眼65年过去了，当年的对话者逝去久矣。然窑洞依旧，言犹在耳。今天，我们党站在了新的历史起点，紧紧依靠全国各族人民推动科学发展，构建社会主义和谐社会，深入开展反腐倡廉建设，都是战胜历史"周期率"的法宝。战争的硝烟早已散尽，但烽火年代用血肉铸成的延安精神日益彰显出强劲的生命力。延安窑洞，如同一尊无字丰碑，一座长鸣警钟，一面历史明镜。而宝贵的延安精神，就蕴藏在

这大大小小的窑洞里。无论过去、现在还是将来,这一孔孔窑洞都像一只只巨手,招引人们走进那个火红的时代,用滚烫的薪火温暖自己的胸怀。

访八路军西安办事处有感

李 敏

八路军西安办事处纪念馆静静地坐落在西安老城墙一角的七贤庄。青灰色的砖瓦、朱红色的门窗,这座几进几出的院落,宠荣辱不惊地承载着过往岁月的传奇,展示着红色经典的风华。

从1936年夏天起,七贤庄就是中共中央的一个秘密联络站和转运站。它对外挂出的第一块公开招牌,名称就是"德国医生海伯特牙科诊所"。海伯特是位医学博士,德国共产党员,是经宋庆龄由上海介绍来西安,专为联络站做掩护工作的。此后至1946年,这里还相继设立半公开的"红军联络站"和公开的"国民革命军第八路军驻陕办事处"。

走在纪念馆内,实木地板发出了浑厚的脚步回声,地下手术室凉气袭人,电台室、译电室灰尘斑驳的仪器,无不把人带回那段惊风密雨的年代。

八路军西安办事处

采访的那天,不是周末,也不是什么特殊的纪念日,但短短两小时时间中,我遇到了近50位参观者。在一幅幅图片和文字面前,大家都收住了繁忙的脚步和驿动的心灵,静静地阅读,虔诚地参观。最让我难忘的是,采访了三位六七十岁的老人。面对话筒,他们几乎都是未语泪先流。老人们感念那段岁月,老人们坚守那份信仰,老人们更无比珍惜着今天的幸福生活。

这让我想到了近期电视连续剧《潜伏》的热播。除了情节要素、表演要素,还有什么能让一部谍战片如此受到大众广泛好评?是信仰——百折不挠的信仰的力量,能穿破现实与影视剧的屏障,能穿破60年岁月的风尘,给我们以感动,赐我们以启示。

曾几何时，信仰缺失成为年轻一代的标签。"我们不会言必称主义，因为我们信仰并执行着'生存主义'"，也有年轻人如是辩解。然而，比起胸怀天下、立意高远的前辈，我们的"空白主义"、"生存主义"何其渺小！

或许正因为如此，《潜伏》会热播，八办纪念馆会让人感触连篇；也正因为如此，我意识到了此次采访活动非同寻常的意义和责任——传播红色经典，树立远大信仰，让我们今天的生活充满阳光和力量。

上饶集中营观后感

吴　名

对于上饶集中营，我最早是从小说《红岩》中获得的一点信息。作品塑造了一个新四军战士龙光华的英雄形象。他是从江西上饶集中营被押解到重庆渣滓洞集中营的。那种英勇不屈、大义凛然的壮举给我留下深刻印象，因之也记住了上饶集中营这个名字。2011年11月初，我终于有机会去了一趟江西上饶，上饶集中营对于我，也从肤浅的概念变成伸手可触的现实，对皖南事变后上千名新四军战士和进步人士在这座人间地狱所遭受的迫害与折磨，感同身受，刻骨铭心。

信江岸边，群山环抱之中，耸立着厚重庄严、布局对称的上饶集中营纪念馆。绵绵秋雨中，她仿佛在唤起人们心头沉重的记忆，将那一段血雨腥风的岁月凝固进钢筋混凝土中，成为永恒；将破碎的历史碎片拼接为一个整体，还原出她的本来面目。1941年1月，震惊中外的皖南事变后，新四军将士六七百人被俘，和东南各省被捕的爱国人士二三百人一起被国民党反动派关在上饶集中营，遭受残酷迫害。其中就有叶挺将军和著名诗人、学者兼文艺评论家冯雪峰。如果不是颜色发黄、支离破碎的历史档案和实物图片，我真不知道世界上还有如此惨无人道、令人发指的刑法和刑具。新四军女战士施珍被俘前是军部的文员，从照片上看，是位杜鹃花一样美丽的姑娘，竟被十几个国民党官兵轮奸。很难想象，这种兽行居然是由国民党第三战区顾祝同麾下的主力军犯下的，可见，当年的老百姓将中央军称为"遭殃军"，实在没有冤枉他们。"天作孽，犹可恕；自作孽，不可活"，国民党不失败，天理难容。尽管如此，弱女子施珍始终不向反动派低头，他们选择了更加疯狂的惩罚手段——坑杀。这是一种人类在蒙昧时期处决犯人的刑法之一，在地上挖一个坑，让犯人站在坑底,然后在他四周填土并踩实。当土填到胸口的时候,犯人就会喘不过气来,脸皮憋得通红;等填到肩膀,犯人的眼睛都会突出来,七孔流血,甚至嚼烂了自己的舌头,直到窒息而死。上世纪40年代,电视机已经在西方普及了,工业文明已经惠及普通百姓。实在无法理解国民党的正规军何以对自己的同胞如此的残酷,更无法理解一位弱女子何以如此的刚烈。只能有一种解释——信仰的力量。

江西上饶集中营

淅淅沥沥的秋雨,让我们的思绪变得湿漉漉、沉甸甸的。纪念馆的东边有个叫毛家岭的小山包,是由一座"葛仙庙"改造成的监狱旧址,基本上是实物原貌。最触目惊心也最让人毛骨悚然的是一排并列的刑具——"站笼",有单人的,多人的。"站笼"也叫"立枷",我是通过作家吴越的小说《括苍山恩仇记》了解到这种刑具的。这是纯粹由中国人发明的"国粹"之一,专门用来处死罪大恶极的人。方法是:先绑起犯人的手,将其脖子套进两块木板合成的圆孔——"枷"里,然后把这个木枷放置在一个栅笼的顶端。这样,犯人就被悬吊起来,脚尖离地大约半尺。通常需一两天的时间,犯人才会断气。目的是为了增加犯人死亡前的痛苦。但国民党特务对其进行了重大技术改造,在木制的站笼四周增加了尖锐的铁丝网,"犯人"稍有动作就会被尖锐的铁丝刺得血肉模糊。我想触摸一下那锈迹斑斑的铁刺,但既不敢又不忍,这冷冰冰的铁刺后面不知掩盖了多少惨绝人寰的罪恶,无法想象无数根铁刺戳进人的皮肉的极端痛苦。但无论是"坑杀"还是"站笼"都没有让哪怕一位新四军官兵"悔过"、"自首",1942年5月,日寇进逼金华,衢州时,国民党特务裹胁被俘人员南撤,行至赤石,被俘人员在地下党组织的领导下,成功地举行了著名的茅家岭暴动和赤石暴动,作家冯雪峰任编剧的同名电影忠实地记录了这段峥嵘的岁月。

信江,是江西境内的一条主要河流,穿越上饶市区汇入烟波浩渺的鄱阳湖。信江两岸,高楼林立,林荫大道上车流不息。蒙蒙细雨,恰好为徜徉在绿树花丛中的对对情侣平添了几分烂漫,丝丝缕缕的温馨。我们的心情也随之恢复常态。青山遮不住,毕竟东流去!

不能忘却的记忆
——走进息烽集中营

鲁 楠

位于贵州省息烽县城南6公里,是抗战期间国民党坚持"消极抗日、积极反共"的反动政策而设立的关押中共党人和爱国进步人士的最大秘密监狱,与重庆白公馆、渣滓洞集中营、江西上饶集中营同为抗战期间国民党设立的四大集中营。息烽集中营对内称"新监"或"大学",对外挂牌是"国民政府军事委员会息烽行辕"、重庆白公馆、渣滓洞监狱和望龙门看守所则分别称为中学和小学。

走进息烽,一栋栋民居建筑被围在高墙铁壁之内,让我们感受到什么是集中营、什么是对生命、对人性的摧残!走进息烽,那一间间牢房,使我们体验

息烽集中营革命历史纪念馆

到什么叫做战争、什么是不屈、什么是意志!走进息烽,那一件件刑具和一件件遗物,给我们传达了凝结于文物中的思想内容和精神价值!

人只有献身社会,才能找出那实际上是短暂而有风险意义的生命意义,生而为英,死而为灵。烈士们的身躯不复存在了,人死后不能再作为人而继续存在,人的

个性不能失而复得，但烈士的奉献精神，烈士的凛然正气却万古永存。在人类历史发展的长河中，人格的不朽这一事实的确立，使生命的伟大意义充分地展示在人类面前。人会被利益所支配是一个客观事实。但是，人在客观中更会被信仰所支配，这也是一个千真万确的事实。综观人类历史发展的进程，人在信仰支配下奋斗作为的结果，确立了人格不朽这一伟大的事实。它对认识自然、改造自然的人有着不可忽视的激励作用。人格不朽这一事实的确立，使人的生命意义得到充分的展示。息烽集中营革命历史纪念馆的价值作用在今天显得特别有现实意义。

颂歌一曲动九州
——《没有共产党就没有新中国》创作始末

陈建强

没有共产党就没有新中国，
没有共产党就没有新中国。
共产党辛劳为民族，
共产党他一心救中国。
他指给了人民解放的道路，
他领导中国走向光明，
他坚持抗战八年多，
他改善了人民生活，
他建设了敌后根据地，
他实行了民主好处多。
没有共产党就没有新中国，
没有共产党就没有新中国。

（词曲 曹火星）

有这样一支歌，它的音符从太行山里飞出，越过崇山峻岭、平原大川，在华夏大地不绝回响……

"没有共产党就没有新中国，没有共产党就没有新中国。共产党辛劳为民族，共产党他一心救中国……"1943年10月，年方19岁的曹火星在北京房山区霞云岭乡堂上村创作了这首《没有共产党就没有新中国》。这朴实的歌词就是真理的载体，这滚烫的旋律，表达出亿万中国人民的心声！历经近70年的吟唱，这首歌成为中国革命音乐的不朽之作，被誉为"颂党第一歌"。

"我写这首歌是动了感情的"

一个月前，十位耄耋老人相聚在天津市和平区睦南花园，他们都是当年华北群众剧社的早期成员。见到了昔日的战友，老人们像孩子一般笑逐颜开，手拉着手骄傲地唱起了自己战友创作的《没有共产党就没有新中国》。

86岁的张学明告诉记者，他是《没有共产党就没有新中国》的第一位歌唱者："1943年，我和火星还有另外几位同志，一起在剧社教唱歌曲。这首歌创作出来后，大家都十分喜欢，我先是唱给大家听，然后教大家唱，村里的孩子们也跟着我们学唱——如今这些孩子也都是六七十岁的老人了……"

在老人们的深情叙述中，曹火星创作这首歌的过程清晰地呈现在我们面前。

曹火星原名曹峙，1924年10月出生在河北省平山县岗南镇西岗南村。1937年，七七事变爆发，日本帝国主义的铁蹄践踏了华北平原，曹火星的求学道路被迫中断，他怀着一腔救国热忱，参加平山县农民抗日救国会，走上了革命道路。同年调平山县抗日救国青年联合会宣传队（即"铁血剧社"）任演员、音乐队队长。1939年，在华北联合大学文艺学院学习期间创作了第一首歌曲《上战场》。

1943年，曹火星所在的铁血剧社改由晋察冀边区抗日联合会领导并更名为群众剧社。这一年在曹火星的生命中具有特殊的意义：4月，他光荣地加入了中国共产党；10月，他和战友们深入平西根据地开展抗日宣传，创作出了《没有共产党就没有新中国》这一传世之作。

这一年抗日战争进入第6个年头，中国已由战略防御转为进攻。3月，蒋介石发表《中国之命运》白皮书，提出"没有国民党就没有中国"。对此，中共发表了题为《没有共产党就没有中国》的社论予以驳斥。读着社论，曹火星心潮澎湃。他在回忆文章中说："我写这首歌是动了感情的。抗日根据地的广大人民群众在共产党的领导下，克服种种困难坚持抗战，搞民主建设，使人民当家作主。搞土改发展生产，给人民改善生活……这些活生生的事实是我亲眼所见，人民的抗战积极性，对党的深情，我有亲身体会。没有共产党怎么会有坚持抗战到胜利的局面？没有共产党怎么会有今天？"

他把自己对党的热爱和对历史实践的亲身感受，化作铿锵的旋律。他坐在霞云岭乡堂上村老乡家的土炕上，借用当地流行的《霸王鞭》民歌形式，边写边唱，经过一天一夜的反复修改，《没有共产党就没有中国》这一历史名篇诞生了。

《没有共产党就没有中国》诞生后，剧社的战友们首先教会了堂上村的儿童团员、村剧社的演员们。后来他们又打着"霸王鞭"边舞边唱,很快把这首歌唱遍了霞云岭。这首歌的词曲在《晋察冀日报》刊登后,很快又唱遍了晋察冀边区,唱遍了各个抗日根据地。真情的旋律飞出山坳,飞上云端,不朽的歌曲随着抗日战争和解放战争的节节胜利传遍全中国。

后来,毛泽东为这首歌加了个"新"字。至今,这首《没有共产党就没有新中国》依然回荡在九百六十万平方公里的大地上。

"我要永远为党歌唱"

在战争年代,群众剧社以文艺为武器,宣传群众,鼓舞战士,足迹遍布太行山麓。这支有着光荣传统的文艺队伍,在新中国成立后留在了天津,成为天津第一支专业文艺团体,成为天津人民艺术剧院、天津歌舞剧院的基础。曹火星历任天津歌舞剧院院长、市文化局局长、市文联副主席、市音乐家协会主席等职。

无论在哪个岗位上,曹火星一直坚持以饱满的革命热情进行艺术创作。他思考的问题是,写出的歌一定要易于传唱,所以他一般都采用民歌素材使其曲调流畅上口,他有个朴素的想法,写的歌首先要群众喜欢唱、乐意听,才能起到它应有的作用。

曹火星一生创作了1500多首歌曲,热情讴歌伟大的祖国和人民,被誉为"人民音乐家"。他创作的《我们的祖国到处是春天》、《人民总理人民爱》、《拥护共产党》、《我愿》等作品贴近群众、深入生活,紧扣时代脉搏,反映亿万人民艰苦奋斗、投身社会主义建设事业的热忱,深受群众喜爱。

1994年,中共房山县委与天津解放区文学研究会等单位决定在堂上村刻石铭文,以纪念这支不朽歌曲的诞生,并把它作为革命文化遗址和爱国主义教育基地保留下来,教育青少年一代。同年9月纪念碑落成,曹火星与群众剧社的老战友经过长途跋涉,到房山县堂上村参加揭幕仪式。50年后故地重游,曹火星望着满山的果树和山坡上一幢幢红砖房,喃喃赞叹:"变了,变了……"

纪念碑铭文刻在他当年写歌时住过的宿舍旁边一块青色大理石上,详细记载着《没有共产党就没有新中国》歌曲的产生年代和创作过程。红色帷幕揭开,曹火星轻轻抚摸着碑文,面对他热爱的父老乡亲们,声音有些哽咽:"是人民和党养育了我,教育了我。我永远忘不了堂上村的乡亲,忘不了老区人民。我要永远为党为祖国为人民而创作、而歌唱。"

正是这个信念支撑着他,在离休后,曹火星仍然抱病创作了《水之歌》、《江南柳》等百余首不同风格、不同体裁的声乐作品。住院治疗期间,他还念念不忘为澳门回归作曲。1999年4月16日，曹火星在天津走完了自己辉煌的音乐人生。就在去世前的几天，曹火星还在病床上谱写一首纪念新中国50岁华诞的歌曲《啊，我叫中国!》。

"没有共产党就没有新中国"——激越高亢的歌声响彻祖国大地，这是亿万人民跨越历史长河的内心共鸣，是中国共产党领导中国革命和建设从胜利走向胜利的可靠保证。《没有共产党就没有新中国》的歌声必将世世代代永远传扬。

西柏坡的彩霞

曹 昱

西柏坡离北京并不遥远，几次出差匆匆而过，便留下了一个念想。前些日子，机关组织优秀党员前往参观，我的念想才得以实现。

这天，雨淅淅沥沥下着，待行至目的地，广场中央毛泽东、刘少奇、朱德、周恩来、任弼时5位书记的铜像前已围满了人。我们列队，神情肃穆地走向塑像。

在雨中，重温入党誓词的仪式开始。雨水打湿了我们的脸颊，眼前一片朦胧。在合唱《没有共产党就没有新中国》的时候，一种庄重的氛围在雨中蔓延、凝聚，我的心中涌起阵阵激情。

随后，我们进入西柏坡纪念馆。一份份发黄的电文，一件件陈设的文物，在我们面前铺展开来，让人感到时光在倒流。特别是到距纪念馆不远的中共中央旧址，这种感觉更加浓厚。

走进一个个院落，这里能给人一种回到"老家"的感觉，并且是一个乡亲四邻都很和睦的"老家"。董必武旧居里的农家土炕，炕上的那架纺车，墙上的那张全家福，这在多少平民家里不也是如此的写照？周恩来旧居里那台交直流两用收音机，是华东野战军解放我的家乡许昌时的战利品，是陈毅托人转来让他和夫人邓颖超闲时"可以跳舞"，这不是远方好友的温馨关爱？

朱德旧居原本是准备给毛主席住的，毛主席觉得总司令上了年纪，把房子让给总司令住，远方的、前线的亲人回来了，总司令又把这里当做了招待所，甚至连床铺都让了出来，这种友情该是何等的纯正？

指挥千军万马的统帅们，围坐在毛主席旧居前的磨盘旁、楸树下，就像平原乡村里的"饭市儿"，讨论的却是关系国家和民族生死命运的大事。

四间小平房，几张简陋桌椅，一张全国地图，就是指挥了三大战役、扭转中国命运的军委作战室。那个时间里，这里的灯光彻夜明亮，人影晃动，几个衣衫破旧甚至打着补丁的人，在这里全神贯注地研究地图，靠着一封封电报指挥我军，把国民党几百万军队打得落花流水。

　　一个个院落里，也住着卫士和秘书，但我们无法从房屋和院落来区分房主职位高低和官位大小，无论是住的、吃的、穿的、用的，还是每个人的权力和地位，统统变得如此渺小，如此不值得关注，人们的注意力都集中在前方的战事、新中国的诞生。所有人都自觉自愿地围绕革命事业大局，最大限度地降低个人生活上的要求。当年成立的华北人民政府，那是与后来的共和国政府一样的班底，一夜之间，说撤就撤，没有人留恋权位，更没有人因为失去已得的利益而抱怨。

　　我相信，当那位败军之将黄维几十年后再次来到这里，感慨的绝不只是这里作战指挥室的简陋，更在于他在这里所感受到的一种氛围，一种励精图治干事业的精神。这种精神，也包括面对胜利时的头脑清醒。

西柏坡游人络绎不绝

　　在那间南北狭长的小土屋，一代精英汇集在这里，召开党的七届二中全会。毛主席主持这次会议，说了一句至今犹在耳际的名言："夺取全国胜利，这只是万里长征走完了第一步。"告诫全党："务必使同志们继续地保持谦虚、谨慎、不骄、不躁的作风，务必使同志们继续地保持艰苦奋斗的作风"。根据毛主席的提议，会议还规定：不做寿；不送礼；少敬酒；不拍掌；不以人名作地名；不要把中国同志和马、恩、列、斯并列。毛主席的谦虚代表着经历大风大浪的共产党人面对革命胜利时的一种冷静。

　　毛主席把进北平城称之为"进京'赶考'"，并指出"退回来就失败了。我们决不当李自成，我们都希望考个好成绩。"

近年来，一些学者提出并探讨"西柏坡精神"，我倒觉得，如果一定要提出"西柏坡精神"，至少应以这种"赶考"精神为内核，至少包括可上溯到延安时期的那种干事业的精神，一种团结得像一个大家庭一样的和睦，一种不骄不躁、谦虚谨慎、艰苦奋斗的作风，一种不计个人得失、不讲究功名利禄、不争权势地位的精神境界……

下午，雨不知什么时候停下了，我们参观学习也结束了。沿着当年"赶考"的路线，踏上返京的归程。回望西柏坡，但见新雨初歇后的晚霞璀璨绚丽。

不经历风雨无法品味此时彩霞的美丽，而只看到彩霞，没有经历过风雨，又怎能珍惜彩霞的绚丽！回望历史，从革命党到执政党，无论距离那段艰苦创业的岁月有多远，必须清醒："赶考"进京以来，这场考试至今还没有结束，这将是一场贯穿几代甚至几十代人的"世纪大考"。

在那遥远的小山村
——走进西柏坡

叶 兴

1948年的5月26日，毛泽东从晋察冀的阜平县城南庄花山出发，乘车前往二百多里外的平山县西柏坡，开始了他在这里为最后解放全中国而运筹帷幄、决胜千里的二百多个日日夜夜，也使这个隐藏在太行山里的普普通通的小山村成了当时中国革命的中心。

或许是巧合，但更像是冥冥之中的某种安排，五十多年后的这一天，我追寻领袖的足迹，千里迢迢来到西柏坡，探访那个令人神往的遥远的小山村。

曲曲折折的盘山公路依山势而建，将偌大的岗南水库——当地人更愿意把她唤作柏坡湖——环绕其间。据导游介绍，当年作为中央工委、中共中央和解放军总部所在地的西柏坡村早已成为泽国，淹没在水库中央，现在的西柏坡旧址是解放后经中央同意当地政府择地按原貌重建的。透过车窗，不时可以看到沿途一些普通的山冈土丘上赫然肃立着诸如中共中央统战部遗址之类的标志，让人不禁慨叹半个多世纪沧海桑田的世事变迁，从而更加增添了对西柏坡的崇敬与向往。

一个地方或一个人的成名与否，固然有许多的必然因素，但突如其来的偶然事件往往可以改变历史,确也是不争的事实。其实当年毛泽东最初选择的驻地并非这个依山傍水的小山村,而是交通、通讯条件更适宜指挥作战的晋察冀军区所在地城南庄。但1948年5月16日,由于叛徒的告密,敌机轰炸城南庄,这才使得西柏坡这个默默无闻的小山村从此走上了中国革命的巅峰。

西柏坡纪念馆

就像人类文明的发源总离不开江河水域一样,我们的革命根据地也始终与孕育他们的母亲河连在一起,正如延安之于延河,西柏坡之于滹沱河,只不过后者的名声远不如前者那么响亮罢了。擦村而过的滹沱河,静静地倒映着蓝天白云,这让西柏坡的秀丽在太行山的苍茫里,显得颇为另类,也使来此观光者无不感叹她的人杰地灵。

走进西柏坡,迎面就是纪念馆前毛泽东、刘少奇、朱德、周恩来、任弼时"五大书记"的铜铸像。每一个来到西柏坡的人,都要在这铜像下留影。在初夏明亮的阳光下,他们周身闪烁着熠熠光彩,显得那么意气风发,从容淡定,让人的心灵为之悸动,给人以强烈的力量和震撼。伴随着西柏坡纪念馆讲解员声情并茂的述说,我仿佛置身当年那战火纷飞的火热年代。西柏坡,这个在地图上根本找不着的小山村,当年却是风云际会、雷电交鸣之地,两种命运、两种前途,在这里进行着殊死的较量。这里是解放全中国的最后一个农村指挥所,是震惊中外的辽沈、淮海、平津三大战役的总指挥部;在这里,召开了具有重大历史意义的中共七届二中全会，制定了建国方略，奠定了新中国的基石；在这里，毛泽东以他伟人的睿智，发出了振聋发聩的预言："可能有这样一些共产党人，他们是不曾被拿枪的敌人征服过的，他们在这些敌人面前不愧英雄的称号；但是经不起人们用糖衣裹着的炮弹的攻击，他们在糖弹面前要打败仗"。他谆谆告诫全党："夺取全国胜利，这只是万里长征走完了第一步……中国的革命是伟大的，但革命以后的路程更长，工作更伟大，更艰苦。这一点现在就必须向党内讲明白，务必使同志们继续地保持谦虚、谨慎、不骄、不躁的作风，务必使同志们继续地保持艰苦奋斗的作风"。根据毛泽东的提议，中央还作了六条规定：一不做寿；二不送礼；三少敬酒；四少拍掌；五不以人名作地名；六不要把中国同志同马恩列斯平列。这一切即使在五十多年后的今天，仍然具有深刻的现实意义。这也是几代国家领导人和众多游客不断探访西柏坡的真正价值所在。

"屋内一盏明灯亮，窗外万树石榴红"。漫步在毛泽东同志故居，一种圣洁的情愫始终萦绕我的心中。尽管战争连战连捷，但人民领袖在这里依然过着艰苦朴素的本色生活。毛泽东来到西柏坡后，把专门为他修建的一座冬暖夏凉的石窑洞让给了年长的朱总司令，自己则住进了这个普通的农家平房。这里的桌椅床柜，都是主席当年用过的原物，唯一的"奢侈品"，是缴获的一个德国产的浴缸，但却没有进出水口，全凭水桶盛水倒进舀出。正是在这间不足十平方米的小屋，他写下了一篇篇光照史册的著作——七届二中全会报告、《将革命进行到底》等，收入《毛泽东选集》的就达 20 篇；也正是这间不足十平方米的小屋，让前来参观的傅作义、黄维等当年国民党的败军之将们羞愧难当，发出了"国民党当败！蒋介石当败！"的喟叹。

静静的小院，寂寞的山路，西柏坡人民不无自豪地说，新中国从这里走来；幽幽的树林，无声的河水，胡锦涛同志意味深长地讲，"两个务必"永不能忘。

半个多世纪转瞬即逝，斗转星移，荣枯更迭。不变的，是西柏坡，你依然年轻，依然美丽，一如那永不衰老的日月星辰，时刻给我们以智慧和启迪；不变的，是以"两个务必"为核心的西柏坡精神，你那么博大，那么蕴藉，正像那滔滔奔涌的黄河长江，永远激励着我们克服万难，破浪远航。我想，今后不管经济如何发展，社会怎样变迁，但我们永远都不能忘记那个太行山里的遥远的小山村，因为，那是我们党、我们国家真正的命脉所在。

信仰之路
信仰引我跟党走

两条"红色小路"

林治波

这原本是两条普普通通的小路,但由于它们与毛泽东、朱德、邓小平的名字连在了一起,而具有了非同寻常的意义。后人为表达对伟人的敬意和缅怀,将之称为"红色小路"。这两条"红色小路",一条叫"朱毛挑粮小路",一条叫"小平小道"。前者,位于井冈山黄洋界的密林丛中;后者,地处南昌市新建县拖拉机修配厂的院外。

很荣幸,我曾先后踏上这两条"红色小路"。

那是个春雨霏霏的3月,我登上了井冈山,来到了黄洋界,踏上了那条闻名遐迩的"朱毛挑粮小路"。

雨中的五百里井冈,一派烟雨朦胧的景象,一阵紧似一阵的松涛声,仿佛在讲述一个发生在这里的真实故事:1928年4月,毛泽东率领的秋收起义部队与朱德领导的部分南昌起义部队在井冈山胜利会师,合编为红四军。恶劣的自然条件和艰苦的生存环境,以及敌人的经济封锁和武装"围剿",使红四军处于"炊断粮"的境地。为解决给养问题,毛泽东、朱德发起了一场自救运动——挑粮进山!毛泽东、朱德身先士卒,亲临一线,带领红军战士们靠肩扛背驮硬是把30多万斤粮食运上了井冈山,从而粉碎了敌人欲将红军困死在山里的图谋。

重走朱毛挑粮小路

伫立在"朱毛挑粮小路"上,我思绪万千:当年在这条小路上挑粮的毛泽东、朱德和红军战士们，他们肩负的不止是扁担、箩筐、粮食，还肩负着中华民族的前途和希望；他们开辟的不止是一条挑粮小路，还开辟了一条"农村包围城市、武装夺取政权"的胜利之路，一条把马克思主义基本原理同中国革命实际情况相结合的成功之路！

不多时，太阳从雨帘后闪了出来。远处，山峦时隐时现；近处，山岚时浓时淡。在这出神入化的景象中，我仿佛看到了红四军主力从"朱毛挑粮小路"出发，进军赣南、直驱闽西、爬过雪山、越过草地、转战陕北、挥师华北、挺进北平……历经21年浴血奋战，终于在天安门升起了五星红旗！

踏足"朱毛挑粮小路"，抚今追昔，怎不让我心潮激荡，感慨万千。

说来也巧，我也是在一个春雨纷飞的3月，踏上"小平小道"的。

"小平小道"是一条宽不足两尺、长约1.5公里的田间小道。1969年10月，被打成"党内第二号走资派"的邓小平，由北京"下放"到江西，被安排住进了原福州军区南昌步兵学校的一座"将军楼"内。与"将军楼"相邻的新建县拖拉机修配厂则是邓小平接受"劳动改造"的地方。起初，邓小平从"将军楼"去拖拉机修配厂劳动，要绕很远的路。当时邓小平已65岁，工人们考虑到他年事已高，且"身份特殊"，便在"将军楼"与工厂之间的田埂上整修出一条距离最近的小路。后来，人们就把这条小路称为"小平小道"。

我沿着坎坷而泥泞的"小平小道"朝"将军楼"前行。远远望去，"将军楼"宛若一位长者茕茕孑立于清风冷雨之中。我不禁想起，当时正是邓小平一生中最为艰难困苦的"非常时期"：政治上，被剥夺了党员的基本权益；家庭上，长子被迫害致残；环境上，与外界隔绝联系，即使每天上下班，也有军管人员"陪护"……然而，身处逆境的邓小平，不因厄运而怨天尤人，不因不幸而心灰意冷。他像泰山之巅一棵迎风挺立的劲松，因为信念，不畏严寒，始终对党和人民葆有一颗赤诚之心，表现出一名共产党人特有的铮铮风骨、崇高品德和博大胸怀。可以说，这条小路承载着邓小平对中国命运与前途的忧虑，更承载着他对中国社会主义建设与振兴的思考。邓小平在这条小路上行走了3年又4个月，也思考了1200余天。1973年2月，邓小平由江西奉调回京，恢复了副总理等职务。或许，邓小平主持国务院工作之后，力主开展的"全面整顿"，其最初的设想，就是在这条小路上形成的？而他倾力主导的改革开放政策，其最初的构想，也是在这条小路上萌发的吧？

我在绵绵细雨中缓缓而行，思绪随着崎岖的小路而延伸，从脚下的"小平小道"想到了"朱毛挑粮小路"，进而又想到用两个人名字命名的伟大思想和伟大理论——毛泽东思想和邓小平理论：毛泽东思想是关于中国革命和建设的正确理论，在它指引下，中国民主革命取得了胜利，建立了中华人民共和国；邓小平理论是关于建设中国特色社会主义的理论，在它指引下，中国正在走向社会主义现代化强国之路。我想，绵延于江西革命圣土上的这两条小路，不仅见证了中国革命和社会主义建设事业艰难曲折、波澜壮阔的历史，更见证了用两个人名字命名的伟大思想和伟大理论的形成，这正是这两条小路的非同寻常之处。

壮哉，"朱毛挑粮小路"！

伟哉，"小平小道"！

"小平小道"

面向未来的赶考
——习近平谈党的信仰：坚守它炼就金刚不坏之身

李从军　赵　承　李柯勇

65年前的今天——1949年3月23日，西柏坡，一个特殊的历史节点。

土坯房前，老槐树下，握别依依不舍的父老乡亲，毛泽东率领中共中央机关动身前往北平。

春风料峭，朝阳流金。毛泽东面带微笑，大手一挥："进京赶考去！"

2013年7月11日，同是西柏坡，同是一个重要的历史节点。

站在九月会议旧址前，习近平神色凝重，目光穿越历史。此时中国，正处在全面建成小康社会、实现中华民族伟大复兴中国梦的关键阶段。

面对历史和未来，他再次提出"赶考"问题："要继续把人民对我们党的'考试'、把我们党正在经受和将要经受各种考验的'考试'考好，努力交出优异的答卷！"

赶考在继续。在新的历史起点上，以习近平同志为总书记的党中央发起了群众路线教育实践活动。习近平将西柏坡所在的河北省作为第一批教育实践活动联系点，深入实际，指导工作，推动全党教育实践活动向纵深拓展。

与此同时，其他中央政治局常委李克强、张德江、俞正声、刘云山、王岐山、张高丽分别到广西、江苏、甘肃、浙江、黑龙江、四川指导教育实践活动。

这是一次跨越历史、面向未来的"赶考"。

一场心灵洗礼的行动，在中华大地迅速深入展开。

最近，记者深入河北，回访习近平总书记指导河北省开展群众路线教育实践活动的过程，感受这一活动给燕赵大地带来的巨大变化，感受我们党在新时期赶考路上正在书写的壮美答卷。

考题之一："总开关"拧得紧不紧？

> 坚定理想信念，切实解决好世界观、人生观、价值观这个"总开关"问题。理想信念就是共产党人精神上的"钙"，没有理想信念，理想信念不坚定，精神上就会"缺钙"，就会得"软骨病"。"总开关"问题没有解决好，这样那样的出轨越界、跑冒滴漏就在所难免。　　——习近平

有了理想，才有活的灵魂。

丧失信念，堤坝就会崩溃。

习近平将共产党人的信仰，形象地称为"总开关"。

赶考路上，教育实践活动中，这成了第一大考题。

面对各种诱惑和挑战，习近平号召全体共产党员，"坚守崇高信仰，炼就金刚不坏之身"。

燕赵大地，自古多慷慨悲歌之士。

现代革命史上，这片土地哺育的一代又一代共产党人血沃中华。

1927年春，寒气袭人。

森然兀立的绞刑架下，李大钊目光坦荡，平静如常："不能因为你们今天绞死了我，就绞死了伟大的共产主义！"

一个共产主义者倒下了，千万个后继者奋起，光照神州。

习近平指出："在我们党90多年的历史中，一代又一代共产党人为了追求民族独立和人民解放，不惜流血牺牲，靠的就是一种信仰，为的就是一个理想。"

正是因为信仰，革命时期，共产党人高唱"砍头不要紧，只要主义真"，前赴后继；

正是因为信仰，和平年代，共产党人"心中装着人民，唯独没有自己"，鞠躬尽瘁；

正是因为信仰，共产党人引领中华民族，从百年沉沦走向民族复兴。

习近平说："我们党现在已经90多岁，马上要进入百年了。一个政党，如一个人一样，最宝贵的是历尽沧桑，还怀有一颗赤子之心。"

理想信念的缺失，乃百病之源。

习近平指出，如果丢失了共产党人的远大目标，就会迷失方向，变成功利主义、实用主义者，最后意志消沉，奉行及时行乐的人生哲学，甚至产生"人不为己，天诛地灭"的想法，把当干部作为一种谋取私利、巧取豪夺的手段。

"总开关"一旦松动，行为、作风焉能无恙？

习近平在河北省委常委班子专题民主生活会上说，有一个道理要反复讲，就是党的干部必须永不动摇信仰，矢志不渝为中国特色社会主义共同理想而奋斗。

2013年9月23日下午，石家庄，民主生活会正在进行中。

"坚定理想信念，应该从我们走过的道路上去体会它、认识它……"

插话的，是习近平。

党的最高领导人全程参加一个省委的民主生活会，史无前例。这个会究竟怎么才能开得好？这给河北省委领导班子出了一道难度很大的考题。

2013年8月，习近平对前来汇报的河北省领导开门见山："我参加你们的专题民主生活会，可不是听你们讲莺歌燕舞的，要有真正的批评和自我批评。"他告诫说："现在民主生活会，往往是对上级放'礼炮'，对同级放'哑炮'，对自己放'空炮'，最后是你好、我好、大家都好。这样无助于解决问题。"

总书记的指导，如春风沐面，又如泰山压顶。

河北动了真格，省委常委们反思自己"走过的道路"，不遮掩、不回避，敢于揭短亮丑，批评和自我批评的锋芒直指世界观、人生观、价值观的根本问题。

河北省委书记代表班子集体检讨，剖析"四风"产生的原因，总病根就是理想信念淡薄了，"补钙"强骨抓得不够经常；总源头就是理论学习放松了，把中国特色社会主义理论体系内化于心、外化于行做得不够。

志在顶峰者，不会半坡退却。

信念迷失者，常有歧路彷徨。

"反思自己，心理不平衡，自我膨胀，这几年开拓进取的精神松懈、干事创业的劲头不足，从根本上来说是理想信念不够坚定，是精神上的'缺钙'。"

"怕接触矛盾，多栽花少栽刺，当'圆滑官'，表面看是一个处世哲学问题，根子还是理想信念蒙上了灰尘，思想路线出现了模糊。"

……

一种久违的率真会风，让众人凛然振作。

前后4个半天的民主生活会，既有红红脸、出出汗的紧张和严肃，又有加加油、鼓鼓劲的宽松与和谐。在尖锐与坦诚中，大家不断加深着对理想信念的认识。

点评时，习近平再次突出强调"总开关"——

"你们都知道温水煮青蛙的故事吧？"

他接着说，温水煮，青蛙不知不觉就死去了。一个人也是如此，职务升迁了，生活变好了，信念就可能慢慢消失了。如果你自己不去自我警醒，我们作为一个党不能去自我警醒，那么谁还能叫醒你呢？

说者从容论析，连类感发；听者醍醐灌顶，心潮澎湃。

新华社、中央电视台记者深入采访，集中反映这场民主生活会的长篇纪实、焦点访谈迅即播发。

举国震动！中央和国家机关、各省区市领导班子连夜组织收看，以此为范例，纷纷召开高质量的专题民主生活会。

俗话说，大凡一户人家馒头蒸得好，只需把他的面团给别人，全村的馒头便都会发得好。这，就是酵母的作用。

"照镜子、正衣冠、洗洗澡、治治病。"教育实践活动，让很多党员、干部经历了一条从不自觉到警醒、由不情愿到震动的心路历程，经受了一次先"痛"后"快"的心灵涤荡。

在学习思考和查摆剖析中，党员、干部正视理想动摇、信仰迷失、精神"缺钙"、道德失范问题，清洗思想灰尘，清除政治微生物，为世界观、人生观、价值观这个"总开关"拧紧了螺丝。

大海航行，唯有信仰的灯塔才能穿透迷雾，指引前行的方向。

毛泽东、邓小平、江泽民、胡锦涛，都对此作过深刻论述。他们是坚守理想信念的典范，无论遇到何等风浪，都矢志不移。

1925年，在填写"少年中国学会"改组委员会征询意见调查表时，毛泽东写道："本人信仰共产主义，主张无产阶级的社会革命。"

1985年，邓小平在中国共产党全国代表会议上指出："过去我们党无论怎样弱小，无论遇到什么困难，一直有强大的战斗力，因为我们有马克思主义和共产主义的信念。有了共同的理想，也就有了铁的纪律。无论过去、现在和将来，这都是我们的真正优势。"

1999年，江泽民在纪念中国共产党成立七十八周年座谈会上强调："我们共产党人的根本政治信仰是社会主义和共产主义，世界观是马克思主义的辩证唯物主义和历史唯物主义，这是任何时候都丝毫不能动摇的。"

2006年，胡锦涛在纪念红军长征胜利70周年大会上指出："崇高理想，坚定信念，是凝聚人心、催人奋进的伟大旗帜，是战胜困难、赢得胜利的力量源泉。"

2013年7月，教育实践活动启动后，曾多次到过西柏坡的习近平，重回西柏坡，重温"进京赶考"，重新沐浴信仰之光。

他说，我怀着崇敬之心来、带着许多思考走。

这一次，他思考些什么呢？

也许，他在思考，在机遇与挑战并存的历史交汇点上，在风云变幻的世界舞台上，如何把握中国的前途和命运；

也许，他在思考，实现"两个一百年"奋斗目标，还需要付出哪些艰辛努力；

也许，他思考的仅仅是怎样着眼当下，把教育实践活动扎实有效地推向深入……

无论如何，他思考的核心都离不开这一点——共产党人怎样更好地承担历史和人民赋予的责任。

考题之二：作风"篱笆"扎得严不严？

> 作风问题关系人心向背，关系党的执政基础。我们一定要牢记"奢靡之始，危亡之渐"的古训，对作风之弊、行为之垢来一次大排查、大检修、大扫除，切实解决人民群众反映强烈的突出问题。
> ——习近平

1983年夏，河北正定县农村，一辆吉普车陷在泥泞里。

有干部见村民走了过来，便请帮着推车。不料，见是当官的，村民不仅不推，嘴上还骂骂咧咧。

那位干部正要发火，一旁的新任县委书记习近平一把拉住他，说："群众为什么骂人？应该反思我们自己。"

不久，正定县改进领导作风六项规定出台。

正定老干部程宝怀说，今天的中央八项规定与当年正定六项规定体现了同样的革命传统。

翻开30年前那份文件，作风俨然成为关键词。"反对官衙作风，注重工作实效"、"以身作则，不搞不正之风"，还有限制会议、接待等活动的要求，历历在目。

令人感慨的是，上面赫然写道："对各种不正之风，要坚持原则，敢问、敢顶、敢管，敢于碰硬。"

更令人感慨的是，30年时光飞逝，当年那种勇毅依然萦驻于怀，呼之欲出——

如今，当共产党人踏上赶考的新征程，重点审视的还是作风。

先是中央八项规定出台。随之，教育实践活动聚焦形式主义、官僚主义、享乐主义和奢靡之风这"四风"问题。

作风，看似无形，却无处不在。

作风，看似平常，又与群众息息相关。

用"延安作风"打败蒋介石的"西安作风"——毛泽东这句话，道出了共产党人夺取政权的奥秘：以优良作风赢得人心、赢得天下。

成也作风，败也作风。

习近平惟妙惟肖地给"四风"画了四幅"肖像"：

形式主义——知行不一、不求实效，文山会海、花拳绣腿，贪图虚名、弄虚作假。

官僚主义——脱离实际、脱离群众，高高在上、漠视现实，唯我独尊、自我膨胀。

享乐主义——精神懈怠、不思进取，追名逐利、贪图享受，讲究排场、玩风盛行。

奢靡之风——铺张浪费、挥霍无度，大兴土木、节庆泛滥，生活奢华、骄奢淫逸，甚至以权谋私、腐化堕落。

河北的一些领导干部说，对照一下，就会出一身冷汗。

俗话说，"篱笆扎得紧，野狗野猫钻不进"。

作风"篱笆"，该如何扎严扎紧呢？

善禁者，先禁其身而后人。

2013年7月，习近平在与河北省委领导班子成员座谈时说："邓小平同志说过：'在中国来说，谁有资格犯大错误？就是中国共产党。'那么在党内，谁有资格犯大错误？我看还是高级干部。高级干部一旦犯错误，造成的危害大，对党的形象和威信损害大。"

这道"篱笆"，首先从中央政治局"扎"起。

自中央八项规定出台以来，中央政治局认真贯彻落实，在改进调查研究、精简会议活动、精简文件简报、规范出访活动、改进警卫工作、改进新闻报道、严格文稿发表、厉行勤俭节约等方面，为全党加强作风建设带了一个好头。

习近平身体力行：先后十几次国内考察，不封路、不清场、不扰民。

习近平对河北省委常委们说，作风面前人人平等，你们要以普通党员身份把自己摆进去，马克思主义手电筒既照别人更照自己。

河北省委常委班子专题民主生活会上，有人谈到越野车配备问题。

习近平插话："我看常委们不要配越野车，书记、省长也不要配。真要下乡，就临时调用。"他还说，中央下一步要就此作出规定。

很快，河北省委常委们的越野车全部上交。

清理超标办公用房，从书记、省长开始。

清理"吃空饷"，纪委监察厅先清出4个人。

……

但立直标，终无曲影。

教育实践活动开展半年多来，干部队伍风气为之一新。

各地区各部门纷纷大幅精简会议、文件、考核评比；行政审批普遍提速三成以上；"三公"经费普遍压缩，节庆论坛展会、公费出国团组更是减少了半数以上……

老百姓拍手说，这回可是来真的了！

扎作风"篱笆"，须防微杜渐——

2013年9月3日,"严禁用公款送月饼送节礼",中央一声令下,商场里高档月饼出现从未有过的滞销。

以中央名义管公款月饼,细微之举,显见态度之真、决心之大!

20天后,习近平在河北省委常委班子专题民主生活会上说,那就是抓月饼里面隐藏的腐败嘛。虽然看起来好像事情不大,但针尖大的窟窿能透过斗大的风,一定要防微杜渐、一尘不染、两袖清风。抓了中秋节抓国庆节,抓了国庆节抓新年,抓了新年抓春节,抓了春节抓清明节、抓端午节,就这么抓下去,总会见效的,使之形成一种习惯、一种风气。

抓滥用公款、抓借机敛财、抓冒吃空饷……2013年,河北在全省开展正风肃纪专项行动,共查处违反中央八项规定精神的问题1723件,处分2445人。

截至2013年底,全国共查处违反中央八项规定精神的问题24521起,处理30420人,给予党纪政纪处分7692人。

习近平说:"办好一件事后再办第二件事,让大家感到我们是能办成事的,而且是认真办事的。这样才能取信于民、取信于全党。"

扎作风"篱笆",要扎严制度的笼子——

在作风问题上,并非没有"篱笆",但"四风"乃至腐败行为却屡禁不止,为什么?

习近平打了个生动的比方:"牛栏关猫是关不住的,空隙太大,猫可以来去自如。"

在教育实践活动中,建章立制,扎紧约束权力的"笼子"。

在党员干部直接联系群众、畅通群众诉求反映渠道、厉行节约反对浪费、民主决策和工作落实、干部选拔任用和考核评价等方面,一批党内法规得以建立健全。"红线"划出来了,"高压线"架起来了。

每个人都感受到了身边的变化。

西柏坡,记者与当地群众座谈。

在景区开餐馆的陈素梅说:"公款买单、点大菜的人少了,自掏腰包、点家常菜的散客多了。"

"去工商局办事,窗口单位工作人员态度和气了、耐心了。"这是梁家沟村生意人陈习飞的感受。

西柏坡村村民闫志强说:"以前都是我们去找干部,现在干部主动来找我们了。"

……

关于作风考题,65年前,革命先辈曾留下那个时代的答案。

七届二中全会针对党员干部作风的六条规定：一、不做寿；二、不送礼；三、少敬酒；四、少拍掌；五、不以人名作地名；六、不要把中国同志同马恩列斯平列。

2013年7月11日，习近平在西柏坡这块展板前驻足良久，一一对照：

"不做寿，这条做到了；不送礼，这个还有问题，所以反'四风'要解决这个问题；少敬酒，现在公款吃喝得到遏制，关键是要坚持下去；少拍掌，我们也提倡；不以人名命名地名，这一条坚持下来了；第六条，我们党对此有清醒的认识……"

是的，在作风问题上，党始终努力保持清醒。

从七届二中全会六条规定到中央八项规定，始终绷紧的是作风这根弦，始终保持的是赶考的心态。

习近平告诫全党：作风问题关系人心向背，关系党的执政基础。如果解决不好，也有可能出现"霸王别姬"这样的时刻。

这一告诫，出自对执政党命运的深刻思考；

这一告诫，值得每个共产党人自律和警醒。

考题之三：发展轨道正不正？政绩观正确不正确？

> 要坚决把中央关于推动经济社会又好又快发展的要求落到实处，不要顾虑重重、瞻前顾后，更不要为生产总值增长率、全国排位等纠结。要坚持不简单以国内生产总值增长率论英雄。
> ——习近平

隆冬季节，太行东麓。

"五、四、三、二、一，爆破！"

"轰隆隆……"阵阵巨响，一座座巨人般的水泥高塔轰然倒地。

2013年12月17日，河北一天内集中爆破拆除18家水泥企业。到2017年，河北将压减6000万吨钢铁、6000万吨水泥、4000万吨煤、3000万标准重量箱平板玻璃，大幅度砍掉产能。

河北发展终于突破重围，开始历史性转轨。

发展轨道正不正？政绩观正确不正确？

这是一道关键的考题，又是一道复杂的考题。

"以国内生产总值论英雄，你们已经排在全国第六位，假如过两天到第五位了，就能一俊遮百丑了吗？全国10个污染最严重城市河北占了7个。再不下决心调整结构，就无法向历史和人民交代。"

在河北省委常委班子专题民主生活会上，习近平一针见血。

正是为了全国国内生产总值排名，河北省一再增加钢铁、煤炭、水泥产能。甚至有人戏言，钢产量"中国第一、河北第二、世界第三"。

产能在不断增长，利润在不断缩水，污染在不断加重。

河北省领导干部不是没有调整的想法和行动，他们在纠结，在犹豫……

习近平说，河北结构失调，污染严重，群众意见大，要过结构调整的坎，爬转型升级的坡。你们国内生产总值即便滑到第七、第八了，但在绿色发展方面搞上去了，在治理大气污染、解决雾霾方面作出贡献了，那就可以挂红花、当英雄！

国内生产总值"紧箍咒"就这样解除了！河北解了套，全国也在松绑。

这是一次发展思路的大转变，更是一次政绩观的再升华。

"总书记的话，管根本、管长远。"河北省省长张庆伟说，"绿色发展，比追求国内生产总值要难得多，对领导干部素质要求高得多。"

他们以这样的方式成功转型——

被誉为"水泥之乡"的鹿泉，当年韩信"背水一战"的古战场，如今回响着转型发展的集结号。高峰期水泥产能5000万吨，如今要压掉4/5；而电子信息产业、物流业、休闲服务业正在崛起。

由此，2013年鹿泉工业用电量下降了1.3亿度，财政收入却增加了3.6亿元。

是不是有虚报？有人怀疑。

省里、市里派人来查，结果查出一个转型的好典型。

尽管国内生产总值增长不再靠前，鹿泉却被评为"2013年河北省经济发展先进市"，成为石家庄市23个市县区唯一一朵"红花"。

"红花"盛开，是昙花一现，还是四季常鲜？轨道扭正，是坚持不懈，还是半途而废？

在河北省委常委班子专题民主生活会上，习近平再次强调，要发扬钉钉子精神，踏石留印、抓铁有痕，过了一山再登一峰，跨过一沟再越一壑，一张蓝图抓到底。

2013年12月9日，习近平在中南海听取汇报时，对河北教育实践活动给予充分肯定，他同时说："调整结构、治理污染，你们是立了军令状的。军中无戏言，到时候就要看结果。"

就任总书记以来，面对经济下行压力、国外唱衰中国论调，习近平不为所动。他说，速度再快一点，非不能也，而不为也。我们坚定不移推进转型升级，宁可主动将增长速度降下来一些，也要从根本上解决长远发展问题。

一切都源于共产党人全心全意为人民谋幸福的责任。

数九寒冬，阜平县骆驼湾村。

我们走进一年前习近平曾经来过的唐家小院。

屋里没有生火，有点清冷，但炕头收拾得干干净净。

一年前的情景又浮现在唐荣斌老人眼前："那天，总书记就坐在这里，跟俺拉家常。他叮嘱俺把小孙子的教育搞好，说希望在下一代。"

唐荣斌一直记着总书记那句话："只要有信心，黄土变成金！"

阜平县委书记郝国赤告诉我们："总书记来了一年，教育实践活动开展了大半年，咱这里变化不小，变化最大的是人，人的精神状态。"

"只要有信心，黄土变成金。"在这个灰暗、冰冷、破旧的房子里，几乎什么都没有，可我们感到一种希望之火在燃烧。

唐荣斌心脏不好，需做搭桥手术。看出我们的关切，老汉挥挥手："总书记来了，心里亮堂了，生活就有盼头了！"

接着，他就掰着指头摆他的希望："与乡亲合伙贷款在山沟里养牛，母牛可以生牛犊，一头小牛犊能卖一万五千块钱……"

我们的领导干部，应该怎样加倍努力，才能让这希望之火越烧越旺？

这是最重要的考题，是共产党人必须答好的考题！

考题之四：为了谁？依靠谁？我是谁？

> 我们党来自人民、植根人民、服务人民，党的根基在人民、血脉在人民、力量在人民。失去了人民拥护和支持，党的事业和工作就无从谈起。
>
> ——习近平

夜阑人静。

走出塔元庄，回首远望，农家新居的灯光如点点繁星。

这一天是农历大寒，刚才采访时，村庄似乎还沉浸在半年前那个夏日的热烈之中。

习近平到河北指导教育实践活动，期间重访塔元庄。他的一举一行、一言一笑，村民回忆起来，仍是那么清晰，仿佛就在昨天。

这次重访，乡亲们并不意外。

"他上一次来咱这儿是2008年，那时就说下了：'过个三五年，等你们新楼盖好以后，我一定再来。'你看，这不就来了嘛？"村支书尹小平说。

"总书记来了！"

"总书记好！"

2013年7月11日上午，习近平出现在塔元庄街头，村民纷纷围了上来，大声招呼着。

"老书记好！"一声特别的问候从人群中传来，习近平转过身，微笑着把手伸向这位村民。

喊"老书记"的是67岁的章同兵，30年前就见过当县委书记的习近平，还记得当时的招待饭是大饼、油条、豆腐脑。

我们问，如果现在让你来招待总书记，用什么饭菜？

章同兵脱口而出："当然还是家常饭。"

这使我们想起正定一些老干部的回忆，当年，县委书记习近平每天和大伙儿一起蹲在大树下吃饭，左手三根指头托着碗，无名指和小拇指夹着饼，右手拿筷子。秋高风急，尘叶飞扬。偶有树叶落到饭碗里，他吹掉叶子，接着吃；尘土落到饭碗里，他剔掉尘土，接着吃。

所有这些，正如尹小平所感受的那样，固然时光穿梭、岁月流淌，总书记那种源自泥土的人民情怀和百姓本色依然如故。

"为了谁、依靠谁、我是谁"——

教育实践活动中，习近平要求全党重新思考，认真作答。

这似乎是一道简单的考题。

这又是一道极难回答的考题。

有人用生命去回答。焦裕禄倒在了带领百姓治沙的路上。

有人用挚爱去诠释。孔繁森最喜爱的名言是：一个人爱的最高境界是爱别人，一个共产党员爱的最高境界是爱人民。

有人用心灵去感悟。杨善洲常说："多想一想我们的工作怎么样，有没有对不起党和人民的地方。"

……

时代考卷上，共产党人为什么必须答好这个考题？

习近平说，如果领导干部弄不清"为了谁、依靠谁、我是谁"，如果"四风"问题蔓延开来又得不到有效遏制，就会像一座无形的墙把党和人民群众隔开，就会像一把无情的刀割断党同人民群众的血肉联系。

回塔元庄"接地气"，到西柏坡重温革命史，与群众交流座谈，参加河北省委常委班子专题民主生活会……指导河北教育实践活动，习近平一直在思考，如何在新时期保持党同人民群众的血肉联系。

"为了谁、依靠谁、我是谁"——

教育实践活动中，党员、干部在反思中作答。

2013年7月22日，栾城县北屯村。石家庄市委书记孙瑞彬来到自己的联系点，一下车，村民迎上来："书记啊，平时都见不到你，这回可看见了。"

村民说得很真诚，可孙瑞彬的脸"刷"就红了。他反思："我看到了平时离老百姓有多远。"

河北省委常委班子专题民主生活会上，常委们谈感受：

过去步行或骑自行车下乡，同群众一条板凳聊天，一个锅子吃饭。现在进出小轿车、空调房，成天看材料、批文件，自以为对群众了解，实际上已同群众拉开了距离。

是什么让我们疏离了群众，又是什么让我们疏离群众后还没有自觉呢？

驻村干部钟学荣对此有所感悟。

滦平县南大庙村以前也曾来过帮扶干部，可大多打个照面、摆个样子，就再不见人影。初见钟学荣，村里的王秀荣大娘突然冒出一句："你不会也是打个旋儿就跑了吧？"

那天，王大娘给他送来野菜玉米面饽饽，说："野菜有点苦，但眼下这节令吃了能败火。"

后来，驻村干部扎根在村里，为村民打井、解决吃水难问题，以实际行动赢得了村民的称赞。

钟学荣在日记里写道："野菜，苦在嘴里，败的是身体的实火；驻村，苦在身上，泄的是心中的虚火。"

如习近平所言，开展教育实践活动，正是要泄掉党员干部身上的虚火、邪火，这样才能接上淳厚地气，在胸中养起浩然正气。

"为了谁、依靠谁、我是谁"——

教育实践活动中，共产党人在行动中作答。

按照总书记"眼睛向下、为人民做事、多雪中送炭"的要求，河北省广泛征求群众意见建议，共计46万多条。还请基层代表"当面锣、对面鼓"地给省委领导提意见。

一条条意见，就是一道道考题。

石家庄市桥西区新石南路第二社区，曾是一个垃圾成山、下雨成河的地方。群众反映过，居民建议过，没见领导来过。

去年夏天，桥西区包社区干部带着施工队来了，昔日垃圾山成了休闲绿地。

63岁的居民高风笑着说："我不是太了解群众路线活动，只知道共产党为我们办了实在事，这就好！"

……

多年积存的问题在解决，曾经的距离在拉近。

在阜平骆驼湾村，我们走进69岁的唐宗秀家。

土坯房低矮简陋，在深冬里显得破败而冷清。一进屋，女主人把水壶提起，通红的炉火"腾"地蹿了上来。

一年多前，习近平曾坐在这炕头，与唐宗秀拉家常。

"总书记都问你些什么？"

"问我一年下来有多少收入，问粮食够不够吃，问过冬的棉被有没有，问取暖的煤够不够，问小孩子上学远不远，问看病方便不方便……"

这是唐宗秀家最珍贵的一张照片：狭窄的土路上，习近平挽着她和另一位村民，走着，说着，笑着。两侧墙面斑驳脱落，午后金色的阳光斜照在他们身上，把长长的身影投在路旁的积雪上。

党的最高领导人和两位普通农民，三人相携前行，如同迎归了回乡串门的亲人。这画面，不禁让我们怦然心动，它不正是"为了谁、依靠谁、我是谁"所包蕴内涵的精妙图解吗？不正是"为了谁、依靠谁、我是谁"这道考题的最佳答案吗？

笼罩他们的阳光是那样温暖，一如此刻我们眼前的炉火，穿透了隆冬的严寒，穿透了小村的贫穷，穿透了山野间沉寂的岁月……

"赶考"永无止境

> 从实现"两个一百年"奋斗目标到实现中华民族伟大复兴的中国梦，我们正在征程中。党面临的赶考远未结束。所有领导干部和全体党员要继续把人民对我们党的"考试"、把我们党正在经受和将要经受各种考验的"考试"考好，努力交出优异的答卷。
>
> ——习近平

65年前，共产党"进京赶考"前的那段对话，至今犹在耳边：

周恩来说："我们应当都能考试及格，不要退回来。"

毛泽东说："退回去就失败了。我们决不当李自成，我们都希望考个好成绩。"

字字千钧，意味深长。

赶考，赶考，65年来，中国人民从站起来到富起来，如今正走在实现民族复兴中国梦的征程上。中国取得巨大进步，但挑战更加严峻，考试仍未结束。

这场群众路线教育实践活动，本身就是一场考试。

及格没有？能否优秀？

我们尝试着请河北省基层干部群众为党风现状打分。

塔元庄会议室里，村民们你一言我一语，讨论热烈。

"95 分。"大部分村民众口一词，打出了高分。

"我给 100 分。"村民刘朝快人快语，"我亲眼见到了总书记，他接地气。我们党有希望。"

"王韶华书记，你打多少分？"

这位正定县委书记思索片刻："打 90 分吧。"

"那 10 分是怎么扣的？"

他说出自己的理由："一是经济转型离群众的要求还有很大差距。二是党风改善有了好开端，还不等于好结果。三是改善民生还有不尽如人意的地方，比如大气污染，就压得我们喘不过气来。"

在另一个场合，何玉等三位正定县老同志打了 80 多分——"良"。

"我要留点余地。"何玉解释说，"人们有一个担心，担心今天抓作风力度大，明天会不会又没劲儿了；大伙儿有一种盼望，盼望好作风能长久坚持下去。"

谈到这次教育实践活动，大家普遍给党风加了 5 分。

5 分，不算多，也不算少，从中看到广大群众对这场考试的肯定，以及对未来的期待。

——面向未来的赶考，共产党人必须心怀历史的忧患。

2013 年 7 月 11 日，在西柏坡，习近平告诫全党同志：要居安思危！

旧居、军委作战室、二中全会旧址、九月会议旧址，一座座土坯房，虽泥灰匝顶，却备感亲切。置身其中，与历史对话，与先辈交流……

"务必使同志们继续地保持谦虚、谨慎、不骄、不躁的作风，务必使同志们继续地保持艰苦奋斗的作风。"

枣红色的展板上，毛泽东 65 年前留下的这两句话，让习近平陷入深思——

"这里面，包含着对我国几千年历史治乱规律的深刻借鉴，包含着对我们党艰苦卓绝奋斗历程的深刻总结，包含着对胜利了的政党永葆先进性和纯洁性、对即将诞生的人民政权实现长治久安的深刻忧思，包含着对我们党坚持全心全意为人民服务根本宗旨的深刻认识"。

……

历史孕育着真理，往日的教训转为后世的鉴戒。

2012 年，在主持党的十八大报告起草工作时，习近平主张写下这样一段话："发展中国特色社会主义是一项长期的艰巨的历史任务，必须准备进行具有许多新的历史特点的伟大斗争。"

新的国内外环境下，执政考验、改革开放考验、市场经济考验、外部环境考验……挑战不断；

新的发展阶段中，精神懈怠危险、能力不足危险、脱离群众危险、消极腐败危险……暗流涌动。

"杭州雷峰塔是怎么倒掉的？"

在河北省委常委班子专题民主生活会上，谈到作风建设，习近平突然这样发问。

接着，他作出分析：

"就是因为去捡砖的人多啊，今天你拿一块，明天他拿一块，最后塔就轰然倒掉了。倒下来是顷刻之间的事，但过程是渐进的。"

他语重心长地说："有的事，总觉得不是燃眉之急的事，但恰恰是危亡之渐啊！"

——面向未来的赶考，共产党人必须肩负起时代的重任。

从党成立的那一天起，共产党人就踏上了赶考的旅程。为了答好这份考卷，多少先烈不惜抛头颅、洒热血；为了考出一个好成绩，多少共产党人殚精竭虑、鞠躬尽瘁！

时代已经给出新的考题。

习近平说，中国共产党人能不能打仗，新中国的成立已经说明了；中国共产党人能不能搞建设搞发展，改革开放的推进也已经说明了；但是，能不能在日益复杂的国际国内环境下坚持住党的领导，坚持和发展中国特色社会主义，还需要一代一代中国共产党人继续作出回答。

在西柏坡，习近平谈到当今时代的考题："中国梦，两个百年，我们正在实现第一个百年的征程中，这是有时间表的，考试仍在继续。"

对于这场考试，他有着清醒的自觉："我们新一届中央领导集体接过了党、国家、人民交给我们的沉甸甸的接力棒，我们一定要接好这一棒。"

——面向未来的赶考，共产党人必须引领民族的希望。

作风在抓，风气在变。

干部群众评价，党的十八大以来，以习近平同志为总书记的党中央，开新局、树新风，给中国带来新气象、新希望。

第一批教育实践活动中，其他中央政治局常委深入联系点，实地调研，给予有力指导。

李克强指出，集中解决群众反映强烈的突出问题，使党全心全意为人民服务根本宗旨更好落实，使人民政府为人民性质更好体现。

张德江强调，要让群众成为中国梦的实践者和受益者。领导干部要善于换位思考，站在群众立场上看问题、想问题、解决问题。

俞正声指出，发扬坚持真理、修正错误的整风精神，把问题摆清、把差距找准、把方向定明，达到自我净化、自我革新的目的。

刘云山强调，群众的意见就是我们的镜子，百姓的期待就是我们努力的方向，要对照群众意见找差距，对着群众要求去整改。

王岐山指出，以落实八项规定、改进作风的新成效，赢得群众支持，坚定群众对党的信心，巩固党同人民群众的鱼水关系。

张高丽强调，在任何时候任何情况下，都必须始终保持党同人民群众的血肉联系，始终与人民心连心、同呼吸、共命运。

……

面向省以下机关单位和基层组织的第二批教育实践活动已经展开，涉及单位和人员范围更广、领域更宽、数量更大，与群众贴得更紧，解决的问题更实际，必将对新时期党的建设产生更加深远的影响。

习近平指出，贯彻群众路线没有休止符，作风建设永远在路上。

在与记者座谈时，正定老干部王志敏对追梦充满希望。他激动地站起来说，现在中国的希望，就像遥望海中经看得见桅杆尖头的一只航船，就像立于高山之巅远看东方喷薄欲出的一轮朝日。

他引用的，不正是毛泽东当年对中国革命胜利的壮丽展望吗？

此刻，我们不禁想起习近平和中央政治局其他常委集体参观《复兴之路》展览时的讲话。谈到"中国梦"，他说出了回响在时代上空、让国人为之振奋的那句话——

"我们比历史上任何时期都更接近中华民族伟大复兴的目标，比历史上任何时期都更有信心、有能力实现这个目标！"

早春时节，滹沱河水苏醒了，从太行山麓向大海奔流，西柏坡的山岭生机萌动。

一路向前，一个朝气蓬勃的未来正在向我们招手，一个百年魂牵的梦想就要实现！

（新华社北京2014年3月23日电）

信有长风破浪时

——坚定"四个自信"推进中国特色社会主义伟大事业述评

新华社记者 秦杰 霍小光 张晓松 罗宇凡

自信，一个民族的精神脊梁；

自信，一个国家的前行动力；

自信，一个政党的勇气担当！

穿越数千年厚重历史，世界上没有任何一种文明能像中华文明一样，源远流长、生生不息，在传承与赓续中赋予中华儿女不竭动力。

历经百年苦难辉煌，没有任何一个政党能像中国共产党一样，矢志不移、奋斗不懈，带领中华民族走过风雨如晦的岁月迎来世纪梦圆的曙光。

面向未来，在以习近平同志为核心的党中央坚强领导下，中华民族正以前所未有的道路自信、理论自信、制度自信、文化自信推进中国特色社会主义事业，昂首阔步迈向民族复兴的伟大征程。

一列列车行驶在兰新高铁线上

大道之行——我们从未像今天这样接近中华民族伟大复兴的目标，我们从未像今天这样信心满怀

2017年6月5日，正在中国访问的美国加利福尼亚州州长布朗，登上了从南京驶往北京的高铁列车。

"高铁看起来很不错，车很棒，很高兴能乘坐。"这位美国经济实力第一大州的州长在车厢里兴奋地来回走动，不时与中国乘客握手交谈，对中国高铁列车的速度、服务称赞有加。

此时此刻，中国高速铁路通车里程已居世界首位。

时光流转。1978年10月26日，正在日本访问的邓小平登上了从东京开往京都的"光—81号"新干线列车。

工作人员问他对乘坐新干线有什么感受。邓小平回答说：就感觉到快，有催人跑的意思。

时空转换，映射出一个国家和民族史诗般的巨变。

从驶向世界的中国高铁到飞向蓝天的国产大飞机，一个落后的农业国建成了世界上最完备的工业体系，在现代化道路上加速奋进；从一穷二白跻身世界第二大经济体，中国对世界经济增长的年均贡献率超过30%；从探索大洋深处的蛟龙号到遨游星汉的神舟飞船，中国向世界展示着下五洋上九天的自信与豪情……

习近平总书记用坚定的语气揭示出这一切奇迹背后的精神底色——

"当今世界，要说哪个政党、哪个国家、哪个民族能够自信的话，那中国共产党、中华人民共和国、中华民族是最有理由自信的。"

2017年7月1日晚的维多利亚港湾，溢彩流光，恍若仙境。绽放的烟花、动人的音乐、欢乐的市民，演绎着庆祝香港特别行政区成立20周年的盛况。

曾记否，20年前，美国《财富》周刊封面上写着大大的几个字："香港将死"，断言香港回归后前途黯淡。

如今的香港，风华正茂。

"今天的香港，超出了20年前人们的期望。"美国驻香港及澳门总领事唐伟康说。

从唱衰回归后的香港特区，到唱衰调整中的中国经济；从怀疑新中国，到怀疑改革开放……面对疾驰而来的"中国号列车"，那些戴着"有色眼镜"者却一再"大跌眼镜"。当"中国崩溃论"一次次在中国奇迹面前崩溃时，升腾的是中国人民与日俱增的自信心。

是的，中国有理由自信！

30多年高速增长，7亿人摆脱贫困，世界稳定一极……中国道路铺就了中国奇迹，中国奇迹印证着中国道路。当世人慨叹"我们的星球病了"的时候，中国正坚定不移沿着自己选择的道路奋力前行。

2017年1月9日，瑞士日内瓦雪花飞舞。

在中国主题图书全球新年展销月活动启动仪式上，日内瓦大学博士研究生皮埃里克·波尔谢手捧一本法文版的《习近平谈治国理政》："我很早就听说过这本书，大家都说这是了解中国领导人治国理念、执政方略的必读书目。"

这部收录了习近平总书记重要讲话的图书出版千日，已以600余万册的发行量覆盖了世界160多个国家和地区，风行天下。

来宾在瑞士日内瓦举行的中国主题图书全球新年展销月启动仪式上浏览《习近平谈治国理政》。

是的，中国人有理由自信！

站在新的历史方位，以习近平同志为核心的党中央以实践丰富理论、以理论指导实践，形成一系列治国理政新理念新思想新战略，领航中国奔向伟大复兴。

春天的西藏乃村，烂漫野花点缀着绿绿的草场，为千年古村换上新装。这里有个美丽的传说：周边环绕的雪山是凤凰翅膀，乃村就坐落凤凰之背。

位于西藏日喀则市的桑珠孜新区

2015年4月,尼泊尔发生8.1级地震,乃村几乎被夷为平地。两年过去了,村民们亲眼见证了家园一步步走出灾难、实现凤凰涅槃的历程。

"新房正在盖,两层,200平方米。"村民次旺多吉高兴地告诉记者,政府为每户补贴近20万元,"没有共产党、没有人民政府,这是不可能的。"

"制度的优越性都是在比较中产生的。"中央党校教授辛鸣认为,这种优越性不仅表现为能够在危机面前空前团结、众志成城、万众一心、攻坚克难,更表现为能够在危机过后一方有难、八方支援、高效运作、迅速崛起。

是的,中国人有理由自信!

应对非典疫情、汶川地震等重大自然灾害和突发事件,克服国际金融危机带来的巨大冲击……一个个教科书般的典型案例、一次次浴火重生的成功实践,向世人展现了中国特色社会主义制度的强大力量。

2016年,一场名为"跨越时空的对话——纪念文学巨匠汤显祖和莎士比亚逝世400周年"的文化巡展走向全球20多个国家。

两种伟大文明的碰撞辉耀出人类精神之光:在莎士比亚的故乡斯特拉福德,莎翁的"粉丝"为《牡丹亭》的唱腔凝神驻足;在汤显祖的故乡临川,汤公的后人隆重纪念莎翁……当莎士比亚与"东方的莎士比亚"携手同行,世人对中国文化有了新的认识。

在与世界文明的交流互鉴中,绵延五千年的中华文明展现出独特魅力。正如德国《南德意志报》所指出的:"面对西方的文化输出,以中国为代表的第三世界国家,一味照单全收的时代已经结束。"

是的,中国人有理由自信!

通过继承传统文化、升华革命文化、吸收世界文明成果,社会主义核心价值观已经成为国家软实力最核心的呈现。中华民族伟大复兴正在从物质层面上升为物质、精神的全面复兴,文化自信也日益成为中国自信的根基所在。

2017年春节,一组中国百姓自拍的短视频《厉害了 我的国》在互联网上火了起来。

当长征火箭带着中国人的飞天梦想奔向未知的宇宙时,当五星红旗在奥运赛场高高飘扬时,当中国科学家接过诺贝尔奖章时,当中国军舰护卫着华侨、华人撤离战乱地区时……

6月15日11时00分,我国在酒泉卫星发射中心用长征四号乙运载火箭,成功发射硬X射线调制望远镜卫星"慧眼"。

人们以这种自发的形式为国家和民族点赞。"厉害了,我的国!"满满的自信通过短短的6个字让亿万人的心灵同频同振。

"上溯100年,我们从未像今天这样充满自信。"在北京交通大学马克思主义学院院长韩振峰看来,这种自信表现在方方面面——做好自己事情的坚持上、大步走向世界的胸怀上、全面从严治党的勇气上、主动调低经济增速的定力上,甚至"四个自信"的提出本身就是一种自信的表现。

这种自信正化为中国航船继续前行的推动力、中国人民万众一心的凝聚力、中华民族伟大复兴的向心力，使中国特色社会主义伟大事业生机无限。

自信者强——我们走自己的路，具有无比广阔的舞台，具有无比深厚的历史底蕴，具有无比强大的前进定力

今年21岁的浙江台州人陈楚白，刚刚从中国科大少年班毕业。这几天，他仍在加紧学习，为即将赴美留学做准备。

"学成以后回国工作。"已被美国加州大学伯克利分校录取的陈楚白憧憬着五年后的人生，"中国发展那么快，国家每年的科技研发投入我们也看得很清楚。如果有条件，相信大多数人都想回来。"

每年数以万计出国留学人员，每年数以万计海外引进人才……今天，一个充满活力的中国正以博采众家之长的自信将莘莘学子送向世界各地学习深造，又以海纳百川的胸怀吸引着千万海外人才前来建功立业。

然而，一个多世纪前，中国第一批公派留学生的求学与归国之路是怎样的沉重和无奈？

1872年，被两次鸦片战争洞穿国门的清政府终于意识到"器不如人"的现实，选派120名平均年龄只有12岁的幼童赴美留学，希望他们学成归来后能够"师夷长技以制夷"。

谁知短短9年后，这次原定15年的留学计划就夭折了。清政府的官员们发现，这些留学生不仅难以成为垂死封建王朝的挽救者，反倒更有可能成为旧制度的掘墓人。

留美幼童的悲情结局如同一个历史的注脚，清晰展现出这个"老大帝国"的深深自卑。

从洋务运动到维新变法，从太平天国到辛亥革命……中国人一次次奋起，又一次次失败，直到中国共产党登上历史舞台，中华民族才真正走上了再造自信的人间正道。

时空可以压缩，但过程无法省略。

回望来路，中国人历经百年的精神重构比自信本身更发人深省、更令人震撼。

"一个民族的自信心总是与她的兴衰荣辱交织在一起。"在中央党史研究室研究员王新生看来，"四个自信"是从中华民族百年复兴进程中走来的、从中国5000年文明史中走来的、从人类发展的长河中走来的。

——这种自信植根于中华文明深沉醇厚又海纳百川的文化沃土。

尽管近代中国曾堕入历史的深渊，但如果将时间的标尺放大到百年、千年，辉耀世人的仍是绵延数千年不曾断绝、长期引领世界风气之先的中华文明。以这个时空尺度，曾经的挫折和低迷不过是历史洪流中的一次蓄势。

实事求是典出《汉书》，小康之喻语出《礼记》，选贤举能、德法相依、和衷共济的理念来自传统文化中的精髓。全国政协常委杨胜群认为，所谓中国特色，一个重要来源就是具有深厚的中华传统文化内涵。

——这种自信来源于中华民族不屈不挠的精神威力。

2017年6月，国歌法草案首次提请全国人大常委会审议。

听闻此讯，曾经无数次指挥奏唱国歌的中国人民解放军军乐团一级指挥于海感慨万千："'中华民族到了最危险的时候'，传递出超越时空的危机意识；'冒着敌人的炮火'，彰显势不可挡的钢铁力量；'用我们的血肉筑成我们新的长城'，展现了中华儿女勇往直前的大无畏精神……国歌中蕴含着伟大的民族精神。"

正是这种精神，让中国人民一次次书写出波澜壮阔的革命、建设、改革、复兴的史诗，不断创造出人类的奇迹、筑造起自信的大厦。

——这种自信坚定于中国共产党的正确领导。

2016年12月30日上午，全国政协礼堂。

党和国家领导人同各民主党派中央、全国工商联负责人和无党派人士代表等欢聚一堂，共迎元旦。全场齐声高唱《没有共产党就没有新中国》，热烈的气氛达到高潮。

70多年前，当19岁的八路军战士曹火星在京西的山沟沟里创作这首歌曲时，他恐怕没有想到，这首歌会有一天响彻祖国大地、唱进亿万人民的心坎里。

从万里长征的悲壮史诗到全民抗战的砥柱中流，再到解放战争的神州既白，在中国共产党领导下，中华民族再次挺起不屈的脊梁，迸发出前所未有的精神力量。

作为中国道路的开拓者、理论的践行者、制度的创立者、文化的弘扬者……人们从这个永葆先进本色、勇立时代潮头的政党身上看到了民族复兴之光。

"中国体制优越性最大的体现就是中国共产党领导。"清华大学国情研究院院长胡鞍钢认为，中国共产党这样的政治组织、制度安排、治理方式是人类历史上从来没有过的，这是中国体制既高效又灵活、既民主又集中、既多样又团结的根本所在。由此，中国政治体制才更具生命力、创造力和竞争力。

——这种自信升华于马克思主义的科学理论。

上世纪八九十年代，在世界社会主义运动陷入低潮之时，邓小平同志预言："我坚信，世界上赞成马克思主义的人会多起来的，因为马克思主义是科学。"

只要手握真理，目光总能穿透历史的迷雾。

中国共产党自诞生之日起，高擎起马克思主义的旗帜。一代代中国共产党人在革命、建设和改革进程中，接力书写马克思主义中国化的时代篇章。党的十八大以来，以习近平同志为核心的党中央提出一系列治国理政新理念新思想新战略，使马克思主义的科学理论在中国的实践中焕发出新的光芒。

实践是检验真理的唯一标准，真理是坚定自信的理论源泉。从民族独立、人民解放，到国家富强、人民幸福，马克思主义中国化的每一次飞跃，都伴随着中华民族跨越式前行。

参天之木，必有其根；怀山之水，必有其源。

"站立在960万平方公里的广袤土地上，吸吮着中华民族漫长奋斗积累的文化养分，拥有13亿中国人民聚合的磅礴之力，我们走自己的路，具有无比广阔的舞台，具有无比深厚的历史底蕴，具有无比强大的前进定力。中国人民应该有这个信心，每一个中国人都应该有这个信心。"习近平总书记的话语充满自信。

长风破浪——历史没有终结，也不可能被终结。中国共产党人和中国人民完全有信心为人类对更好社会制度的探索提供中国方案

2017年5月在北京举行的"一带一路"国际合作高峰论坛，成为世界观察中国的重要窗口。

约2000名外国记者报名参加这次报道，规模甚至超过了一年一度的全国两会。与之相伴随的是，"中国贡献""中国模式""中国方案"频频登上外媒头条。

中国的一举一动越来越为世界所关注，也越来越大地影响着全球发展的脉动。

获悉中国"慧眼"卫星发射成功、量子技术取得突破、超级电脑蝉联冠军，法新社认为，这标志着中国国力正在增强；调查显示中国大学生正在减少到外企工作的兴趣，CNN第一时间评论指出，中国本土公司发展迅速且更具有创新精神；南昌一夜之间拆除了一座立交桥，英国《每日邮报》惊叹，这就是我们所说的中国效率！

中国奇迹提升了中国自信。

路走对了，就不怕遥远。纵观近代以来跌宕起伏的发展历程，坚定"四个自信"无疑是实现中华民族伟大复兴的必然选择，是凝聚磅礴力量的精神动力。

"中华民族的伟大复兴不仅是物质的复兴，更是精神的复兴，是民族自信的完整重塑。"中央党校教授祝灵君说。

在庆祝中国共产党成立95周年大会上，习近平总书记明确指出，要坚持中国特色社会主义道路自信、理论自信、制度自信、文化自信，坚持党的基本路线不动摇，

2016年12月10日，在西藏阿里观测站，"墨子号"量子科学实验卫星过境，科研人员在做实验（合成照片）。

不断把中国特色社会主义伟大事业推向前进。

"道路自信是根本，理论自信是引领，制度自信是保障，文化自信是支撑，'四个自信'作为一个有机整体，统一于中国特色社会主义伟大实践。"韩振峰指出，在实现中华民族伟大复兴的征程上，必须坚持我们的道路、创新我们的理论、完善我们的制度、弘扬我们的文化，才能永远保持昂扬自信的姿态。

——坚持我们的道路，就要始终坚持中国共产党的领导。

党的领导是中国特色社会主义最本质的特征。

党的十八大以来，我们党切实把全面从严治党的要求落到实处，力求把自身建设成为世界上最强大的政党。

"为什么要把党建设成为世界上最强大的政党？一言以蔽之，就是理想所寄，使命所使，事业所需。"中央党校常务副校长何毅亭撰文指出，在兴党强党问题上，必须坚持不忘初心，牢记使命，从严治党，砥砺前行，使党具有强大的政治引领力、民心感召力、组织动员力和自我革新力，才能不断坚定我们的道路自信。

——创新我们的理论，就要不断推进马克思主义的中国化时代化。

"中国为什么能？中国共产党为什么行？"近年来，国外学界不断追问。

英国知名中国问题专家马丁·雅克认为，从历史的角度看，中国共产党有生命力和成功的原因，就是她成功地把马克思主义本地化和中国化，使马克思主义符合中国的条件。而这一过程仍在继续。

在新的时代，结合新的实践，针对新的任务，马克思主义中国化的新成果、新飞跃，将为伟大复兴提供有力的思想保障，也将进一步坚定我们的理论自信。

"在未来的时代进程中，人类将不断见证与体认这一历史性转折的意义。"畅销书《大道之行》的作者之一白钢说。

——完善我们的制度，就要实现国家治理能力和治理体系现代化。

制度自信源于制度效能。

党的十八届三中全会提出"完善和发展中国特色社会主义制度，推进国家治理体系和治理能力现代化"这一全面深化改革的总目标，为增强制度自信注入了新的动力。

"中国特色社会主义制度的优越性，归根结底还要体现在国家综合实力的持续提高、人民生活的不断改善和社会公平正义的有效保障上。"中国社会科学院副院长李培林认为，只有不断满足人民日益增长的物质文化需要，不断加强和创新社会管理，把各方面制度和机制的优势转化为管理经济社会事务的实际效能，才能不断坚定我们的制度自信。

——弘扬我们的文化，就要对中华文化不断进行创造性转化和创新性发展。

"固守传统和抛弃传统，都是中华民族文化的断流。"中国人民大学哲学院教授

5月5日，中国首款国际主流水准的干线客机C919在上海浦东国际机场首飞成功。

陈先达说，文化自信是包括对中华优秀传统文化、革命文化和社会主义先进文化在内的自信。

从"留取丹心照汗青"的文天祥，到"为中华崛起而读书"的周恩来，再到"心有大我"的黄大年，爱国主义精神生生不息；从"哀民生之多艰"的屈原，到"为人民而死"的焦裕禄，再到"不忘初心"的廖俊波，家国情怀一脉相承……

陈先达认为，文化自信既是基于我们民族苦难和奋斗史的文化自觉与自豪，又是我们民族寻找自身伟大复兴之路的文化史的展示；是一种既热爱自己的民族文化又海纳百川的包容精神，是一种既积极奋进又不卑不亢的文化精神。

天行健，君子以自强不息。

今天，我们能够清晰感受到一个民族复兴进程中的自信之力。那是挺立潮头勇于担当的责任，是着眼长远计定千年的手笔，是无惧挑战勇于开拓的气魄，是放眼全球引领世界的胸怀……这种力量激励自我，感召世人。

2017年，火热的夏天——

一条由中国公司主持修建并全部采用中国最新技术的铁路，在非洲大陆正式开通运营，它使肯尼亚首都内罗毕和海岸城市蒙巴萨紧密连接在一起；

一场由中国公司阿里巴巴举办的中小企业论坛在美国底特律举行，3000多名美国中小企业主与合作伙伴把握商机、蜂拥而至；

5月31日，由中国企业承建的肯尼亚蒙巴萨－内罗毕标轨铁路（蒙内铁路）正式建成通车。

信仰之路
信仰引我跟党走

这是 2017 年 10 月 1 日在北京东单路口拍摄的"五位一体"花坛

一辆载着尼泊尔主流媒体与友好团体考察团的大巴驶入浙江省委党校，专程倾听有关治国理政新实践的专题讲座，希望把中国经验带回国内。

德国前总理施密特曾说，中国的持续成功发展不仅解决了中国问题，也为西方走出困境提供着启示。

一个蓬勃向上的世界离不开 13 亿多自信的中国人，日益自信的中国正在为人类社会的共同繁荣提供着越来越多的经验、方案和正能量。

以开放彰显自信——从筹建亚投行到提出"一带一路"倡议，中国向世界传递出更加积极主动对外开放的诚意和决心。

以文化诠释自信——讲好中国故事，发出中国声音，彰显文化软实力，一个越来越丰富和生动的中国形象为全世界人民所接受。

以引领塑造自信——通过倡导构建人类命运共同体、推动全球治理，谋求共同发展，在走近世界舞台中心的进程中，中国展现大国风范，引领前行方向。

"历史没有终结，也不可能被终结。中国特色社会主义是不是好，要看事实，要看中国人民的判断，而不是看那些戴着有色眼镜的人的主观臆断。中国共产党人和中国人民完全有信心为人类对更好社会制度的探索提供中国方案。"习近平总书记斩钉截铁的话语向世人展现出中国自信的宏阔格局。

自信人生二百年，会当水击三千里！

新的使命，新的召唤。在以习近平同志为核心的党中央坚强领导下，不断坚定"四个自信"，我们就能不为任何风险所惧，不为任何干扰所惑，坚定不移开辟新天地、创造新奇迹。

（新华社北京 7 月 25 日电）

再版后记

为了解读中国共产党人的精神密码，探寻中国革命建设改革的成功基因，使广大党员干部重温红色经典，感悟精神力量，坚定理想信念，无怨无悔地继续投身中国特色社会主义伟大事业，中宣部党建杂志社和红旗出版社联合相关单位，倾力打造了精品力作《信仰的力量（三卷本）》。本书初版曾荣幸入选"中宣部、新闻出版总署纪念建党九十周年重点推荐书目"。中共中央党史研究室在审读意见中对本书予以高度肯定："全书围绕信仰这一主题，深刻阐述了正是因为信仰，使1921年成立时只有50多名党员的中国共产党，28年后夺取了全国政权，到2016年，拥有近8800多万党员；正是因为信仰，在中国共产党的带领下，中华民族以最富史诗意义的壮举，从'东亚病夫'到东方巨龙，从百年沉沦到百年复兴，从苦难走向辉煌。95年来，中国共产党对信仰的追求一脉相承；信仰，绵延95年并将继续传递下去；信仰，如生命的火炬长明不熄，似奋斗的旗帜指引方向。该书稿政治导向正确，在庆祝中国共产党成立95周年之际，出版这样一部大型图书，对于党员领导干部更加坚定理想信仰，对进一步推动全国范围内开展的党史学习教育宣传活动，进一步加强青少年爱党、爱社会主义，无疑具有非常重要的现实意义。"

《信仰的力量》编辑团队在中宣部出版局的指导下确定主题，并联合中共中央党史研究室、中共中央党校、中组部党建研究杂志社、中宣部党建杂志社以及中国社会科学院、中国人民大学等单位的领导、专家、学者共同编写完成。

《信仰的力量》一书，是我们向中国共产党成立95周年的献礼作品。此次再版，收录了党的十九大报告全文、党的十九大新修订的《党章》全文和学习党的十九大精神的相关文章。这对于全党认真学习贯彻落实党的十九大精神，牢固树立"四个意识"、全面增强"四个自信"、全面做到"两个维护"、积极统揽"四个伟大"，在思想上政治上行动上同以习近平同志为核心的党中央保持高度一致，不忘初心、牢记使命，为隆重纪念中华人民共和国成立70周年，决胜全面建成小康社会，夺取新时代中国特色社会主义伟大胜利、实现中华民族伟大复兴的中国梦、实现人民对美好生活的向往而继续奋斗，都具有重要意义。

本书在编写出版过程中，得到中央有关部门领导的重视关心和部分省、市、自治区党委组织、宣传部门领导以及专家学者的大力支持，在此谨致衷心谢忱。

2019年4月